中華書局

陳明銶

史學文存

陳明銶 —————— 著

文灼非　區志堅 —————— 主編

陳明銶史學文存

陳明銶　著

文灼非　區志堅　主編

責任編輯	許福順
裝幀設計	簡雋盈
排　　版	楊舜君
印　　務	劉漢舉

出　　版　中華書局（香港）有限公司
　　　　　香港北角英皇道 499 號北角工業大廈一樓 B
　　　　　電話：（852）2137 2338　傳真：（852）2713 8202
　　　　　電子郵件：info@chunghwabook.com.hk
　　　　　網址：http://www.chunghwabook.com.hk

發　　行　香港聯合書刊物流有限公司
　　　　　香港新界荃灣德士古道 220-248 號
　　　　　荃灣工業中心 16 樓
　　　　　電話：（852）2150 2100　傳真：（852）2407 3062
　　　　　電子郵件：info@suplogistics.com.hk

版　　次　2024 年 7 月初版
　　　　　© 2024 中華書局（香港）有限公司

規　　格　16 開（230mm×170mm）

ISBN　　　978-988-8861-88-0

陳明錄教授在胡佛研究所。

16th. Sep 1956

陳明銶教授幼時與家人合照。

少年陳明銶教授照片。

陳明銶教授負笈史丹福大學。

陳明錸教授與友人。

陳明錸教授畢業照。

陳明銶教授留學期間的生活照。

陳明銶教授與著名歷史學者周策縱教授。

陳明銶教授出席國際學術會議。

陳明銶教授在戶外運動。

陳明銶教授與學生合照。

1986 年陳明銶教授獲得香港大學學生會舉辦的最佳教學獎。

陳明銶教授在史丹福大學。

陳明錄教授進行演講。

陳明錄教授生活照。

陳明銶教授（右一）出席灼見名家論壇，右六為本書主編文灼非。

左起分別為周佳榮教授、陳明銶教授、蘇維初教授、李金強教授，右一為本書主編區志堅。

陳明銶教授和他的著作。

第一次国内革命失敗後の党組織と党活动

Dai ichiji kokunai kakumei haibokugo no tō soshiki to tō katsudō.

排外罢业的経済的考察

労働運動の諸潮流

Rōdō undō no shochōryū.

中国労働运动史の研究动向

Chūgoku rōdō undō shi no kenkyū dōkō.

香港の罢工

Kō no hiko.

中国鉄道労働の発展とその構造

Chūgoku tetsudō rōdō no hatten to sono kōzō.

中国近代産業労働者の状態

Chūgoku kindai sangyō rōdōsha no jōtai.

1930-22年香港労働者の闘い

Sen-kyūhyaku nijūninen Honkon rōdōsha no tatakai.

友希国云連動に去……

中国における労働者階级の形成过程

Chūgoku ni okeru rōdōsha kaikyū no keisei katsei.

辛亥革命期の労農运动と中国社会党

Shingai kakumeiki no rōnō undō to Chūgoku Shakaitō.

都市の角级と労动者階级

Toshi no kaihō to rōdōsha kaikyū.

中国におる初期労动の性格

Chūgoku ni okeru shoki rōdō no seikaku.

アジアの労动者 階级と统一戦线研究 序説

Ajia no rōdōsha kaikyū to tōitsu sensen kenkyū josetsu.

陳明銶教授的書目筆記。

陳明錄教授就國際議題所作的筆記。

工運史研究

區域史研究

出版説明

　　陳明銶教授是國際著名工運史、華南史研究專家，其學術成就早已獲學界公認。陳教授著作等身，但卻一直沒有一本個人的中文專著或文集問世。有見及此，香港中華書局編輯於 2017 年 10 月趁陳教授訪港出席講座的機會，誠意邀約陳教授，表示希望能出版一本反映他歷年來在不同研究範疇學術成就的中文文集，以饗讀者，亦可為其將至的七十大壽錦上添花。陳教授欣然應允。經過一段時間的準備後，他於 2018 年 9 月 28 日發來電郵，表示於該年 10 月 30 日至 11 月 6 日前來香港，望能見敍商談出版事宜，並暫定在 11 月 1 日早上見面。豈料陳教授於 2018 年 10 月 29 日猝然辭世，世事難料至此，出版事宜亦只得無奈暫時擱置。

　　其後，在陳明銶教授兩位友人 —— 灼見名家傳媒社長及行政總裁文灼非先生，以及香港樹仁大學歷史學系副教授區志堅博士積極推動下，出版計劃得以重啟。如今，陳教授第一本中文學術文集終於順利面世，可謂了卻其生前的心願。

　　《陳明銶史學文存》收錄了陳教授撰於 1970 年代至 2010 年代的三十多篇具代表性中文學術文章，按內容性質，分為工運史、地區史及史學研究三大類別。由於文章均寫於多年前，最早的一篇已是四十五年前發表，故此文章措辭、用語方面，未必符合現時的一般規範，但基於尊重原作者的原則，我們亦原文保留，望讀者能注意。此外，我們已盡最大努力，就所刊登文章作出轉載申請，唯部分原出版社或期刊未能聯絡，如出版社或期刊發現有關文章版權為其擁有，可聯絡本局，當即補辦申請手續。

中華書局（香港）有限公司編輯部

二〇二四年六月

前言

　　陳明銶教授（Prof Chan Ming Kou, 1949-2018）為國際著名研究近代中國工運史、廣東歷史文化的專家學者，也是發表時事評論及政論的重要人物，有關陳教授的行誼及治史思想，甚值得研究！世人極重視陳教授研究近代粵港澳工人運動的成果，他從近現代中國整體時局及多元化的角度，考察工運發展，尤其把工運發展放在華南地區歷史文化，進行考察。

　　陳教授指出，自民國建元至 1970 年代，國際學界對近代中國工運以及勞工地位的研究「量少質差」，而且觀點頗為「狹隘」，甚至出現「誤解」。早在 1989 年，他已經提出學者們習慣把五四運動定為中國近代工運起點，而且多從「文化」分析，研究成果即使提到勞工在運動的角色，其重點依然放在城市區域的新式工廠企業工人。他分析學界對中國近代史的研究，認為大部分學者，尤以是西方學者為多，偏向以「由上而下的鳥瞰式」角度看待中國工運。同時，海外學者研究中國現代革命歷史也多看重「農村動員」。

　　不少海外學者集中討論 1949 年以後的勞工狀況，忽略了前期中國工運在華南地區醞釀的活動。有這種現象，是由於 20 世紀初中國經濟以「商業化」（commercialization）農業為主，工人所佔人口及分佈率不及農村人口，因此看輕了工人在民初時群眾運動的地位。但陳教授認為儘管人口較少，其在重要的國際城市所發動的工運影響深遠。他一向主張中國工運史的起源，應該提至中華人民共和國成立之前的晚清革命運動。為求全面客觀的歷史事實，他認為應採取「由下而上的仰視式」研究觀點，注重社會的微觀層面，即關注都市和城鎮的新舊式勞動群眾。海外學者之所以無法深入研究廣東工運的課題，因為其對中國文化與知識的侷限，忽略了廣東一地中國人愛國思想、廣東地區的行會意識和廣東工人的特徵。他的獨特觀點成為研究中國近

代工運的新方向。

　　除了研究工運以外，陳教授更關心港澳地區推動中外交流。他在文章中運用自創學術用語論述自己的觀點，如葡式／伊比利亞式—天主教—商貿—全球化，突出澳門在連接中國內地與國際的「跳板」地位，甚至在 2012 年以後推論中國內地、港、澳地區的未來局勢時，使用「邁向 2047」、「完全融合」、「後特區時代」等詞彙，為清晰的歷史劃分，為學界留下重要的啟發和貢獻。事實上，中央政府及香港特區政府推動的「粵港澳大灣區」概念，早見於陳氏在 1990 年代發表有關廣東及澳門歷史文化的研究和政論觀點，可見陳教授甚具卓見！

　　2018 年 10 月 29 日，陳教授於美國舊金山國際機場辭別人間，其研究也戛然而止，成為學術界一大遺憾。為使陳教授的研究成果獲更多的社會大眾認識，特編此書，其中收錄了 35 篇論文，內容涵蓋陳教授研究民國史、工運史、嶺南互動史、香港及澳門社會發展等課題，內容翔實。

　　　　　　　　　　　　　　　　　　　　　　　文灼非、區志堅
　　　　　　　　　　　　　　　　　　　　　　　二〇二四年六月

陳明銶教授生平

求學及學術經歷

陳明銶教授生於 1949 年，年幼時就讀香港培英中學長達十年（1956-1966）。在香港中文大學崇基書院修畢一年後，便前往美國留學，從此開始他在海外讀書及任教的漫長人生。

1969 年 5 月，陳教授獲得愛荷華州立大學（Iowa State University）歷史學士學位（副修政治學與經濟學學士學位）。1970 年 6 月，他取得華盛頓大學歷史學碩士學位，在畢業後開始修讀漢學。當時陳教授受教於專門研究辛亥革命史的 Winston Hsieh，故陳教授日後的研究重點基礎，於此時建立。

陳教授於 1971 年就讀史丹福大學期間，在 Lyman Van Slyke 的指導下完成論文 "The Study of the Chinese Labor Movement, 1860-1927: A Preliminary Survey of Selected Chinese-Source Materials in the Hoover Library"。1972 年，他在德國的聖奧古斯丁出版第一篇有關宋朝史學的漢學文章 "The Historiography of the *Tzu-chih T'ung-chien*"，並在翌年 7 月在巴黎索邦大學第 29 次國際東方主義大會（ICO）進行第一次有關中國勞工運動的公開學術演講，題為 "The Chinese Labor Movement in the Canton Delta, 1895-1927"。1972 年 9 月至 1973 年 9 月的一年間，他獲得「外國研究獎學金」，先後在亞洲及倫敦準備博士論文資料，並頻密地與當時《中國季刊》執行編輯、後來出任港督的衛奕信（David Clive Wilson）進行學術交流，翻閱衛奕信手上尚未被公開、有關工運問題的資料及學者研究此課題的論文。1975 年 6 月，陳教授完成論文 "Labor and Empire: The Chinese Labor Movement in the Canton Delta, 1895-1927"，獲授史丹福大學歷史博士學位。

　　自 1971 年 2 月起，陳教授投身高等院校的教學行列。他曾分別在史丹福大學（胡佛研究所、歷史系、東亞研究中心）、加州大學洛杉磯和聖克魯茲分校、墨西哥市墨西哥學院、香港大學、杜克大學、斯沃斯莫爾學院（康奈爾講座教授 Julien & Virginia Cornell Professor）、曼荷蓮學院（Mount Holyoke College）、格林內爾學院（Grinnell College）擔任過教學助理、訪問教授、講師等不同職務。

　　對專治近代中國史陳教授而言，胡佛研究所（Hoover Institution）應該是其學術生涯裏其中一個最重要的地方。研究所當年為了解香港問題，成立香港文獻庫，加強收集香港各方面的文獻資料，陳教授是當時的香港文獻庫主管。因此，胡佛研究所作為美國政府專門分析東亞地區（尤其是香港）局勢的重要橋樑，為陳教授提供了不少香港政府與社會的各方面檔案。

　　至 2018 年離世前，陳教授仍是史丹福大學東亞研究中心的教授，一生主要在美國學院進行學術研究與教學。所以他一直強調自己是「北美國際歷史學者」的身份，在研究中國近代史方面有別於其他大中華區或個別亞洲地區的學者。

家庭及個人能力

　　陳教授祖籍廣東台山，其先祖陳宜禧先生曾於 1904 至 1911 年在中國興建新寧鐵路。國共紛爭下，陳氏一家定居香港，維持舊業。由於家庭長期留居廣東地區，加上其父母關照勞工生活，獨特的生活環境塑造了陳教授日後對勞工研究的興趣。

　　陳教授能運用多種語言進行研究。在美國生活與工作，以及一生著作大約一半皆以英文撰寫，充分反映陳教授的英語能力。此外，他也熟悉日文與葡文，有助研究東亞史與澳門史，其翻譯日文羅馬拼音書名的手稿及其藏書中有葡文書籍可作證明。

　　從遺留的手稿可以看出，陳教授時常寫下日程與相關資料，包括他人的聯絡信息，以及瑣碎筆記，反映其做事有規劃、有條理。但因不懂中文字輸入法

的緣故，所以他出版的中文文章皆先委託他人口述代筆，如《中國與世界之多元歷史探論》的序言，就是由林浩深先生整理字稿，再由陳教授審閱和修改。

個人旅遊興趣

對於如何享受旅遊，陳教授有自己獨特的見解。他偶爾在報刊撰文，記述郵輪旅遊的詳細經歷與船公司資訊，可見他偏愛海上旅遊。陳教授旅遊足跡遍佈世界，曾到訪北歐波羅的海沿岸、南極、美洲、地中海、北非等地。這些文章近似郵輪「旅遊攻略」，除了向讀者分享與他母親多次船遊經驗，也會從消費者的角度，分析及總結如何安排郵輪旅遊。例如針對季節、航線、船公司、郵輪類型、船上設施等，多項綜合考慮，提醒讀者切勿盲目追求最大和最新的郵輪。

除了海上旅遊，陳教授也偶爾在外地公幹期間到處遊覽，於工作時娛樂；甚至利用自身經驗，擔任友人的旅遊策劃嚮導。商人李龍鑣先生及其家人便曾多次向陳教授諮詢有關天津以及歐洲多國的歷史景點，並受其安排，得以順利完成歷史地理旅遊，甚感滿意。

著作目錄

學位論文

1. Ming K. Chan, "The Canton-Hong Kong General Strike and Boycott, 1925-1926," M. S. thesis, University of Washington, 1970

2. Ming K. Chan, "Labor and Empire: The Chinese Labor Movement in the Canton Delta, 1895-1927," Ph.D. Dissertation, Stanford University, 1975

中文書籍

1. 梁寶霖、梁寶龍、陳明銶、高彥頤合編：《香港與中國工運回顧》（香港：香港基督教工業委員會，1982 年）

2. 陳明銶、梁寶霖：《中國與香港工運縱橫》（香港：香港基督教工業委員會，1986 年）

3. 陳明銶：《落日香江紅：衛奕信政權的歷史挑戰》（香港：信報有限公司出版，1989 年）

4. 陳明銶、饒美蛟編：《嶺南近代史論：廣東與粵港關係，1900-1938》（香港：商務印書館，2010 年）

5. 陳明銶、鮑紹霖、麥勁生、區志堅編：《中國與世界之多元歷史探論》（香港：香港城市大學出版社，2018 年）

英文書籍

1. Ming K. Chan, *Historiography of the Chinese Labor Movement, 1895-1949: A Critical Survey and Bibliography of Selected Chinese Source Materials at the Hoover Institution* (Stanford: Hoover Institution Press, 1981)

2. Ming K. Chan & David J. Clark, *The Hong Kong Basic Law: Blueprint for Stability and Prosperity under Chinese Sovereignty?* (Armonk: M. E. Sharpe, 1991)

3. Ming K. Chan & Arif Dirlik, *Schools into Fields and Factories: Anarchists, the Guomindang, and the National Labor University in Shanghai, 1927-1932* (Durham, NC: Duke University Press, 1991)

4. Ming K. Chan, *The 1991 Elections in Hong Kong: Democratization in the Shadow of Tiananmen* (Lanham, Md.: University Press of America,1993)

5. Ming K. Chan & John D. Young, *Precarious Balance: Hong Kong Between China and Britain, 1842-1992* (Hong Kong: Hong Kong University Press, 1994)

6. Ming K. Chan & Gerard A. Postiglione, *The Hong Kong Reader: Passage to Chinese Sovereignty* (Armonk: M. E. Sharpe, 1996)

7. Ming K. Chan, *The Challenge of Hong Kong's Reintegration with China* (Hong Kong: Hong Kong University Press, 1997)

8. Ming K. Chan, *Hong Kong Workers toward 1997: Unionisation, Labour Activism and Political Participation under the China Factor* (Oxford: Blackwell Publishers, 2001)

9. Ming K. Chan & Alvin Y. So, *Crisis and Transformation in China's Hong Kong* (Hong Kong: Hong Kong University Press, 2002)

10. Ming K. Chan, *Different Roads to Home: The Retrocession of Hong Kong and Macau to Chinese Sovereignty* (Oxfordshire: Carfax Publishing, 2003)

11. Ming K. Chan & Wai-man Lam, *Understanding the Political Culture of Hong Kong: The Paradox of Activism and Depoliticization* (Armonk: M. E. Sharpe, 2004)

12. Ming K. Chan & Sonny Lo, *Historical Dictionary of the Hong Kong SAR & the Macao SAR* (London & Lanham: Scarecrow Press, 2006)

13. Ming K. Chan, *China's Hong Kong Transformed: Retrospect and Prospects beyond the First Decade* (Hong Kong: City University of Hong Kong Press, 2008)

14. Ming K. Chan, *The Luso-Macau Connections in Sun Yatsen's Modern Chinese Revolution* (Macao: International Institute of Macao, 2011)

15. Ming K. Chan, *Sino-U.S. Links with a Twist: Historical and Contemporary Perspectives on American Relations with China's Hong Kong and Macao* (Macao and SinoU.S. relations, 2011)

16. Ming K. Chan & Elio W. Y. Yu, *China's Macao Transformed: Challenge and Development in the 21st century* (Hong Kong: City University of Hong Kong Press, 2014)

工運史研究

五四與工運

近年來有不少研究中國近代史的學者，對於中國勞工運動史產生一個普遍而基本的誤解，即以為近代中國勞工運動是源始於民國八年，係五四運動之產品。另一方面，部分學者又以為五四運動本質上是一個提倡新文化、推廣白話文、大量引進西洋思想的文化學術潮流；換言之，雖有北京學生的愛國示威，但五四大體上仍是一個文化運動，與社會狀況（包括勞工情形）無直接關係。以上這兩種論調，實際上均未能深入了解五四運動對中國政治社會形態的影響，以及中國勞工運動的發展過程。[1]

簡略地說，近代中國勞工運動在五四時期（1918-1920）以前已發生，然而五四運動與中國工運，亦有直接而重大的關係。1920 年代及其以後中國工會的發展，勞工界的政治性、社會性和經濟性集體行動，無論在質與量方面，均受到五四時期的新思想、群眾組合、社會風氣和學界活動等的深遠影響。

---

1   有關近數十年來，外國學者對中國勞工運動研究成果的綜括評介，可參考 Ming K. Chan, "Labor in Modern and Contemporary China," *International Labor and Working Class History*, no. 11 (May 1977)。

近代中國勞工運動的源起

鴉片戰爭以後——尤其是中日甲午戰爭以後——由於列強在華設置通商口岸及租界（包括英國在華南的殖民地香港）和建立近代工業，也由於同治以來清廷在自強運動範圍內創辦了各種新式工業，再加上其他「官督商辦」和民間自辦的工業，中國開始出現大批的企業勞工，其中包括工廠工人、運輸工人、海員和礦工等等。另一方面，傳統手工業和舊式行業裏的工人，亦因晚清中國社會經濟所受到的外來內在刺激，而發生極大的變化。一般傳統的行會（成員包括僱主和工人）的功能，已不能充分滿足工人的需求，而新興的工廠企業，更根本不在舊式行業的組織範圍之內；故大批工業勞工、手工業者和舊式行業僱員，頗着意於組織純工人性質的組合，而採取以工人立場為基礎的集體行動。從這個角度來看，由於客觀環境的改變和主觀自覺的影響，這些工人已逐漸趨向近代勞工的意識形態和結聚方式。所以近代中國勞工運動的起源，可以上溯至晚清；其關鍵則在於新式工業勞工的產生，和手工業、舊式行業工人的趨向近代化，遂致有新式或半新式的工會出現。

新式工業勞工既然產生，西方工業化社會的思想與制度，乃經由通商口岸和歸自海外的僑工而傳入，於是更促進了勞工的自覺。據中國勞工研究權威陳達的記載，因為廣州之直接對外接觸頻繁日久，而香港又漸從英國殖民地發展為遠東重要商埠，得風氣之先，故華南港粵工會運動，乃成為全國新式工業的先驅。咸豐年間（1851-1862），廣州已有「打包工業聯合會」的成立，[2] 而廣東郵政工人則在光緒三十二年（1906）以前，已有「廣州郵員俱樂部」之組織；宣統元年（1909），廣州機器工人經官方批准成立「廣州機器研究會」。[3] 至於香港之機器工人，亦於光緒三十四年（1908）有各種工人「俱樂部」、「學社」、「公論社」等小型團體，次年更成立「中國研機書塾」。

2　陳達：《中國勞工問題》（上海，1929年），頁99。
3　李伯元、任公坦：《廣東機器工人奮鬥史》（台北，1955年），頁27-29。

當時連香港的理髮工人，也有小規模的組織。廣州英國租界沙面的外商企業華人僱員八百餘人，據説亦曾組織一個「惠群工社」。[4] 此等工人團體雖因欲避免官方及社會壓力，而未有正式公開地標示「工會」名稱（「廣州機器研究會」的成員且包括工人出身的廠主在內），但就其結構、成員、目的及活動而言，實已開中國近代新式工人組織之先河。

　　除半新式或新式的勞工團體以外，純工人性質或以工人為主幹的集體活動（如罷工、怠工和杯葛等）亦可算是近代勞工運動發展的一種指標。自十九世紀晚期以來，頗具規模的罷工和杯葛，在中國各通商口岸和內陸工商城市，便經常出現。這一方面固因為當時社會經濟結構改變，引起與勞工生活直接有關的許多問題，另一方面也因為帝國主義對中國社會經濟的壓迫日益嚴重，使中國民眾不斷爆發經濟性和政治性的反抗。中國工人或身居外國租界及殖民地，或受僱於外商，或其行業遭到洋貨的競爭打擊，對帝國主義侵略的感受，尤其深切，遂在保障其本身權益和民族主義愛國思想的雙重鼓舞下，舉行了不少兼具反抗帝國主義和維護勞工利益性質的罷工、杯葛活動。早在道光二十一年（1841）鴉片戰爭期間，廣州機房紡織工人即參加武裝反抗英軍入侵之三元里事件；[5] 六年後廣州和佛山的三行建築工人，又以集體杯葛制止了英人租地建屋的計劃。[6] 後來在咸豐八年（1858）英法聯軍之役中，更有兩萬多名香港的市政工人、搬運工人和其他行業勞工，為反對英法聯軍佔領廣州城而罷工返回廣東，這可算是近代中國工人反抗帝國主義的一次較早的大規模行動。[7] 比較晚近的例子，則有光緒十年（1884）中法戰爭期間，香港船塢工人以罷工來拒絕法國受創軍艦赴香港修理；這些工人得到當地其他行業工人（如碼頭苦力、人力車夫、轎夫和旅店員役等）的大力支

4　陳達，前揭書，頁 99。

5　陳錫祺：《廣東三元里人民的抗英鬥爭》（廣州，1956 年）。Frederic Wakeman Jr., *Strangers at the Gate* (Berkeley & Los Angeles, 1966), pp. 11-28, 對此事件有頗詳細之研究。

6　彭澤益編：《中國近代手工業史資料》（北京，1957 年），頁 509-511。梁廷枏：《夷氛紀聞》（廣州，1874 年），卷 5，頁 89-91。列島編：《鴉片戰爭史論文集》（北京，1958 年），頁 299-300。

7　夏燮：《中西紀事》（1865 年，1962 年台北重印），卷 13，頁 8-9。

持，後者因而舉行了為期兩週的同情罷工。同時中國朝野亦認此舉為一種值得讚賞的愛國行為。[8] 這次政治罷工對日後的中國民族主義者和革命家亦有相當之影響，孫中山先生即深受此一事件的感動；他比照工人反抗帝國主義的實際行動與清廷的無能辱國、喪權失地，而認為中國人民尚存愛國之心。[9]

二十世紀初年，列強在華勢力日張，以同盟會為首的革命團體和以梁啟超等為首的立憲派紛起鼓吹，中國民間反抗帝國主義的心理益趨強烈。在這種背景之下，中國勞工乃於光緒三十一至三十二年（1905-1906）爆發出全國性的反美杯葛運動，其目的在抗議美國政府阻止華工赴美的禁令。雖然學界和士紳、商人在這次杯葛運動的初期，擔負了發動和領導的責任，但是其基層組織與行動，則仍賴各地勞工團體及行會的支持，和各行業工人的實際執行。此種情況以廣東最為明顯，蓋赴美華工絕大多數來自廣東珠江三角洲西隅的四邑（即台山、新會、開平、恩平四縣），此一運動既在爭取赴美華工之權益，則這個地區的勞工自然最為積極。故反美杯葛運動在上海、漢口等地歷時數月，便於光緒三十一年（1905）冬結束，唯獨在廣州能繼續維持至翌年方止。雖然中國方面的強烈抗議未能使美國政府改變其對待華工之政策，但這次杯葛對美商在華利益和美貨在華市場，的確構成打擊。[10] 從某

8　詳情可參閱李明仁：〈1884 年香港罷工運動〉，《歷史研究》，1958 年第 3 期。Lloyd E. Eastman, "The Kwangtung Anti-Foreign Disturbance During the Sino-French War," *Papers on China,* vol. 13, pp. 1-31. G. B. Endacott, *A History of Hong Kong* (London, 1958), p. 208. Odette Merlet, "En marge del'expedition du Tonkin: Les ementes de Onen-Tchecn et de Hong Kong," *Revue Historique*, vol. 216, no. 2 (October – December 1956)。邵循正等編：《中法戰爭》（上海，1955 年），第 5 冊，頁 37-38，載有張之洞奏京電文，內謂此乃義民之舉。Jean Chesneaux, *Secret Societies in China* (London, 1971) 則認為當地之秘密會社「三合會」對此愛國政治罷工頗有影響。

9　孫中山：《國父全集》（台北，1957 年），第 2 冊，頁 80。Paul M. A. Linebarger, *Sun Yat-sen and the Chinese Republic* (New York, 1925), pp. 180-181. Harold Z. Schiffrin, *Sun Yat-sen and the Origins of the Chinese Revolution* (Berkeley & Los Angeles, 1968), pp. 18-19 均述及此事。

10　對此一杯葛運動有詳細研究之著作頗多，如張存武：《光緒卅一年中美工約風潮》（台北，1966 年）；金祖勳：〈1905 年反美運動片斷〉回憶及丁羽：〈1905 年廣東反美運動〉，《近代史資料》，第 5 冊（1958 年）；阿英（錢杏邨）編：《反美華工禁約文學集》（北京，1960 年）；朱士嘉編：《美國迫害華工史料》（北京，1957 年）；Margret Field, "The Chinese Boycott of 1905," *Papers on China*, vol. 11 (1957); Edward J. M. Rhoads, "Nationalism and Xenophobia in Kwangtung (1905-1906)," *Papers on China*, vol. 16 (1962)。

種角度來看，這次全國性的抗議反美運動，是一種多階層的愛國聯盟（工、商、學、農），亦可視之為民國八年（1919）五四運動時，全國群眾動員罷工、罷市、罷課的先驅。從此以後，抵制外貨的杯葛活動在中國逐漸普遍，而成為反抗帝國主義壓迫的一種民間愛國武器。[11]

　　除在民族主義的感召下，參加和支持政治性的反帝國主義罷工、杯葛外，工人對本身在社會、經濟體系中的地位亦漸趨醒悟，於是他們開始加強彼此的聯繫組織，以保存或爭取其應得的權益。經濟性的工業行動遂隨之發生。十九世紀末至二十世紀初，這類行動有數十起之多。如光緒五年（1879），上海耶松松廠工人因被剋扣工資而罷工；同年祥生船廠工人因外籍監工欺壓工人而罷工；光緒九年（1883）和十六年（1890），江南製造局工人因反對延長工作時間而罷工；光緒十七年（1891），開平煤礦的礦工因外籍工程師欺壓工人而展開大規模的抗拒行動，逼令所有外籍技師離開礦場；光緒二十一年（1895），漢陽鐵廠的粵籍工人集體罷工，以抗議笞責工人；光緒三十一年（1905），上海華新紗廠工人反對盛宣懷將該廠賣與日商經營，蓋日商欲裁減工人，故釀成暴動；同年上海另一外資紗廠的四千二百名工人，則以罷工抵制工頭的額外剝削與拖欠工資；宣統元年（1909），漢口之阜昌、順豐、興泰等茶磚廠，有九千名工人聯合罷工，反對工頭剝削並要求增加工資。綜括言之，從甲午戰敗到辛亥革命這段時期中，國內規模較大的罷工在五十次以上，且其中多半（超過三分之二）起因於反對例假工作、延長工時、剋扣工資、拖欠薪酬、工頭剝削、廠方壓迫和拘押開除工人等事故。[12] 這些勞動者的集體抗拒，足以顯示當時中國工人已有相當的醒悟，與組織行動的能力。

　　中國工人的醒悟，也導致他們對國家社會的基本問題產生關切，從而逐漸參加實際行動。當時同盟會在國內與海外的活動，便吸引了不少中國工

11　C. F. Remer, *A Study of Chinese Boycott* (Baltimore, 1933) 乃這方面的權威之作。

12　李時岳：〈辛亥革命的中國工人運動和中華民國工黨〉，《史學集刊》，1957 年第 1 期，頁 67。

人，特別是知識水準較高的熟練工人（如機器工人及海員等）；又因同盟會的領導者如孫中山先生等多為廣東人，故更以同鄉關係號召了一些粵籍工人投身反清革命的工作，其著者有馬超俊（廣東台山人，機器工會領袖，後來成為國民黨勞工運動元老）、蘇兆徵（廣東中山人，海員領袖）等。[13] 二十世紀初年，中國沿海商埠的海員、碼頭工人、苦力及機器工人，常有冒險替革命黨傳遞消息、運送彈械、偷渡黨人、私製火藥和散播宣傳等工作。[14] 部分工人更直接參加了歷次起義行動，如光緒三十二年（1906）同盟會在萍鄉、瀏陽、醴陵地區起事，便以六千名安源礦工為其主力；[15] 而宣統三年（1911）三月二十九日的黃花崗之役，殉難黨人八十五名中，就有十七人是勞工出身（十二人為機器工人）。[16] 此外，革命黨活動中心之一的秘密社會 —— 會黨 —— 更有大批的都市搬運工人及苦力等非熟練工人在內，光緒二十一年（1895）廣州密謀起義時，曾涉及六百名香港來的苦力，就是這種參加革命的工人。[17] 至於在立憲派方面，工人也扮演過重要角色。立憲派所鼓吹的「收回利權」運動，往往有工人參加；如宣統三年（1911）的「鐵路國有化」風潮，便得到川漢鐵路築路工人的配合。

武昌起義後，京漢、川漢鐵路的工人均曾參加革命軍，直接與清軍作戰；並曾配合革命軍之行動，破壞清軍的糧台、兵車、路軌、軍械庫等。當時馬超俊曾組織一支「敢死隊」 —— 有一百名隊員，多係海員及僑工 —— 由香港北上，參加漢口之役。上海的工人也參加了光復上海之役，以內外夾

13　馬之出身及初期工運經歷，已詳載於《廣東機器工人奮鬥史》，頁 22-31。蘇之傳記可見 Nym Wales (Helen F. Snow), *The Chinese Labor Movement* (New York, 1945)。又二人之生平均錄入 Howard Boorman, ed., *Biographical Dictionary of Republican China* (New York, 1967-1971), vol. 1 and vol. 3。

14　中國勞工運動史編纂委員會：《中國勞工運動史》（台北，1959 年），頁 50-57。

15　李時岳，前揭文，頁 68。

16　鄒魯：《廣州三月二十九革命史》（長沙，1939 年），頁 87-167。

17　有關興中會、同盟會利用秘密社會來動員反清志士的情形，可參閱 W. P. Morgan, *Triad Societies in Hong Kong* (Hong Kong, 1960), pp. 60-75；王天獎：〈十九世紀下半期中國的秘密會社〉，《歷史研究》，1962 年第 2 期。Harold Z. Schiffrin, *Sun Yat-sen and the Origins of the Chinese Revolution*, chapter IV 對此事件有詳細的記載。

攻的方式，奪佔了江南製造局。[18]

　　工人在反清革命中的貢獻，可以稱作他們本身的覺醒。他們受到政治環境與民族意識的感染，而作出強有力的實際行動。雖然在人數上說，工人並不佔革命黨人的多數，但是勞工界的確是此一推翻數千年君主專制、建立共和政體的革命運動之重要分子。更值得注意的是，中國工人從這些爭取自己和國家權益的集體行動中，慢慢成長、茁壯了起來。

五四運動前夕的中國經濟與勞工

　　辛亥革命之後，民國成立，整個中國社會都有深遠的改變，其影響及於政治形態、言論思想，和風氣人心。在這種比較自由開放的環境下，勞工運動亦一度表現出蓬勃的氣象。僅僅上海一地，從民國元年 7 月至民國二年 6 月的一年間，便發生了十餘次罷工，其中包括絲廠、紗廠、紙廠和翻砂業的工人；同時國內各大都市亦罷工屢見，如民國元年 12 月北京郵政工人及漢陽兵工廠罷工，同時廣東順德亦有五千名絲廠女工罷工；民國二年 1 月長沙染工聯合罷工，5 月長沙火柴工人及漢陽兵工廠等罷工；這些罷工多半是因為工人要求增加工資或減少工時，這證明工人已能利用時機，為爭取經濟利益而大規模地進行集體反抗。[19]

　　不過比這些罷工更為重要的，乃是當時勞工運動在性質上的變化。由於一些新的因素開始滲入，勞工運動逐漸進入了一個新的階段。五四運動前後正是這個新階段的起點。這些新的因素可以簡單地歸為兩大類：（一）政治社會性的因素，（二）實質經濟性的因素。

　　在政治社會性的因素中，最明顯的莫如學術界和政治界開始對勞工情況發生注意與採取行動。民初政黨政治的口號風行的時候，頗有些政壇人物倡

18　李時岳，前揭文，頁 68-69。《中國勞工運動史》，頁 61-64。

19　李時岳，前揭文，頁 69-70，80-82；趙親：〈辛亥革命前後的中國工人運動〉，《歷史研究》，1954 年第 2 期。

議成立與勞工界有關的政黨 —— 儘管這種「關係」可能只是名義和理論上而非實際上的。如戴季陶曾在其所創辦的上海《民權報》上鼓吹組織「勞動黨」，而譚人鳳主持的「自由黨」和陳其美成立的「工黨共進會」，也都吸收了一些秘密社會系統下的勞工；著名政客江亢虎所創辦的「中國社會黨」，更曾把一部分上海浦口碼頭工人和北方幾條鐵路的工人組織了起來。[20]比較上真正有點勞工基礎的，要算 1911 年底上海工人徐企文等發起的「中華民國工黨」。這個政黨的總部即設在上海，據說各省市有其支部者達七十餘處，其中尤以湖南和河北（唐山）的支部勢力最大。「中華民國工黨」基本上傾向溫和的社會主義，採取勞資協調的路線來謀求改善工人的生活、提高工人的教育水準和社會政治地位，故資本家及學界人士亦有加入為黨員者。它曾經出版《覺民報》、設立工人學校和醫局等文化福利機構，也曾經領導或支持多項罷工，以反抗個別的「無人道」的資本家。民國二年 5 月，由於反對袁世凱實行獨裁，徐企文等組織工人進攻上海江南製造局，不幸失敗，「中華民國工黨」遂就此消滅。[21]袁世凱專政期間，因其破壞約法、解散國會、禁止政黨，最後更企圖恢復帝制，工人活動亦受到壓制，而暫時陷入低潮。不過民國初立的那一年半之間，因為政黨的鼓吹、輿論的同情、和社會風氣的開放，工人的確發生很大的覺醒。

這裏再舉一個例子。在那段時期裏，上海、南京、廣州、武漢等地，出現了許多勞工團體，如南京的津浦鐵路南段職工同志會，上海的繰絲女工同仁會、江南製造局工人同盟會，漢口租界的人力車夫同益會，漢陽的翻砂幫聯合會，廣州和香港的機工團體（其後正名為「廣東省機器總會」和「中國機器研究總會」），以及與「中華民國工黨」有關的上海「工黨翻砂同義會」、「工黨首飾團」等等。[22]

二次革命前後，工人曾經以實際行動支持倒袁運動，除上述的「中華

20　鄧中夏：《中國職工運動簡史（1919-1926）》（北京，1953 年），頁 5-6。

21　李時岳，前揭文，頁 72-86；《中國勞工運動史》，頁 73-78。

22　李時岳，前揭文，頁 71-75；《中國勞工運動史》，頁 78-81。

民國工黨」外，廣東海員有不少加入了孫中山先生的中華革命黨，為反袁革命而效力。民國二年，廣東海員奉孫中山先生之命在日本橫濱成立「聯義社」，此社之香港分社，實即日後中國各種工會中實力最強之「海員工會」的前身。[23] 這不僅顯示出中國工人和國民革命的淵源，而且為中國工人在五四時期的愛國活動奠下基礎。

至於學術界 ── 即知識分子 ── 對勞工運動之開始注意，更不容忽視。其實早在辛亥革命前夕，有些海外華人的刊物在介紹歐西近代思想如社會主義、工團主義和無政府主義時，已常連帶提及歐西各國的勞工情況。最有名者為巴黎的《世界報》和《新世紀》，均係吳稚暉、李石曾、張靜江和張繼等所主持的。東京的《天義報》亦然，此係劉光漢夫婦主持。然而真正的積極注意還要等到民國以後。民國初年，劉師復在廣州成立「晦鳴社」，創辦理髮工會和茶居工會，並出版《民聲》；劉是一個激進的無政府主義工團派（Anarcho-syndicalist），也是學術界中直接投身於工運的一人。他的活動雖因袁世凱的壓制而停頓，但他所宣傳的無政府主義工團思想，在廣東的工人中影響頗深；民國六年孫中山先生在廣州成立護法政府時，無政府主義工團派便捲土重來，繼續從事工運，直至 1920 年代而不衰。[24] 學術界的參與，對啟發勞工新知及引導工會運動，極具助力。及至第一次世界大戰前後，社會主義思潮在中國十分流行，國內知識分子受其感染者頗眾，對勞工問題遂更加關切起來。這股潮流到五四時期而達於頂點。

在實質經濟性的因素中，則首推第一次世界大戰對中國工業發展的影響。一次大戰爆發後，歐西列強因戰事需要關係，其國內的生產運輸體系均發生很大的改變，無力控制中國市場，故中國本國的工業家和資本家，乃利用這個機會努力進行投資、發展工業，造成所謂中國「民族工業」的黃金時代。（惟日本亦利用歐西列強無暇東顧的機會而加強其在中國的投資、擴大

23　《中國勞工運動史》，頁 86-87。

24　同上注，頁 85-86。另鄧中夏，前揭書，頁 5-6；Robert A. Scalapino and George T. Yu, *The Chinese Anarchist Movement* (Berkeley & Los Angeles, 1961)。

其在中國的市場。）故自民國三年至民國七年，是中國工業空前發展的時期，也是中國工人數量急增和力量壯大的時期。

列強在中國的直接工業投資，以紡織業為最重要；而中國人自己經營的新式企業，亦以紡織業為主。因此以紡織業為例，最可看出當時國內工業發展的情況。自民國三年歐戰爆發，至民國十一年為止，華資紗廠共增加 48 間，紗錠數目增加二倍有多（民國二年為 484,192 錠，民國十一年為 1,506,634 錠），而織布機亦增加二倍有多（民國二年為 2,016 台，民國十一年為 6,767 台）。日資紗廠的紗錠數目與織布機則由民國二年的 111,936 錠和 886 台，增為民國十一年的 621,828 錠和 2,986 台。[25] 此外，國內其他企業如麵粉、煤砂、鐵砂、煙草、水泥，和機器等的生產，亦形巨增。[26]

新式工業內的工人數目，大約增加了一倍（由民國元年的一百五十萬人，增為民國八年的三百萬人）。[27] 雖然就全中國四億以上的人口而言，三百萬新式工業工人實在比例很小，但是由於這些工人集中的程度相當大——如上海、廣州及香港、武漢、青島、天津等工業較發達的城市，往往擁有十萬至數十萬不等的新式工業工人——再將手工業者和其他舊式行業的工人計算在內，力量亦頗可觀。五四時期中國都市勞動者的總數和分佈情況，實在代表着一股很大的社會、經濟和政治潛力。

第一次世界大戰除了給予中國境內華資和日資工業一個擴充發展的機會，從而產生一大批新式工業工人以外，也直接間接地導致中國境內物價的上升。這次物價上升部分由於物資原料供應不足，部分也由於銀元和銅幣的比值加大，於是造成嚴重的通貨膨脹。工人（個人及家庭）的生活費隨之日漸增高。在這種壓力之下，工人為了維持原有的生活水準，不得不要求加薪以配合上升的物價，於是構成了經濟罷工的先決條件。而這時國內工業發展

25　嚴中平：《中國棉紡織史稿》（北京，1955 年），附錄表一、表二；嚴中平：《中國近代經濟史統計資料選輯》（北京，1955 年），頁 134。

26　周秀鸞：《第一次世界大戰時期中國民族工業的發展》（上海，1958 年）對各企業均有詳細之分析。

27　劉立凱、王真：《1919-1927 年的中國工人運動》（北京，1975 年），頁 5-9。

突飛猛進，又使國內出現局部的經濟繁榮，此一方面加劇了通貨膨脹，一方面也造成對熟練勞工的高度需求，因此工人本身的經濟價值亦較提高，能夠提出一些改善待遇的要求。這又構成了經濟罷工勝利的本錢。當然，工人數量隨工業擴張而增加，其聲勢愈來愈大，對資本家的威脅也與日俱增，自亦有助於經濟罷工的勝利。

　　由廣州市 1913 至 1922 年間的批發物價指數上升情形，可知工人生活的艱苦；為維持其本已甚低的生活水準，實非要求調整待遇不可。

表一　1913-1927 年間廣州市批發物價平均指數及勞工工資平均指數對照表[28]

年份	物價指數	工資指數
1913	100.0	100.0
1914	103.6	102.9
1915	111.8	105.0
1916	118.7	109.3
1917	123.2	114.4
1918	129.4	117.4
1919	132.9	121.2
1920	132.4	126.7
1921	140.5	133.5
1922	146.6	146.1
1923	183.1	151.4
1924	162.0	156.1
1925	172.0	159.8
1926	171.8	168.0
1927	173.0	213.0

　　綜觀民元以來政治、經濟、社會及思想方面種種因素的影響，中國勞工運動已因而慢慢走往一個新的方向，五四運動這股波瀾壯闊的洪流，更把中國工人推入了一個空前活躍的階段。

28　廣州市政府：《廣州市政府統計年鑑》（廣州，1929 年），頁 361。《中國勞工運動史》，頁 125，277-278，770-772。

五四運動時期的勞工運動

1. 知識分子的活動與勞工地位的提高

　　從思想文化與社會風氣的角度來看，五四運動的確是中國近代史上一個重要的分水嶺。在這段時期裏，一向少受注意的中國勞工問題和缺乏普遍同情的勞動者，都得到知識分子的重視和關懷，從而促進了勞工運動的成長。最初學界人士對勞工情況可能並沒有專門深入的研究，他們之所以注意勞工，很多時候只是因為覺得勞工問題是中國社會經濟發展中重要的一環；然而由於知識分子在中國社會上所處的領導地位，他們的言行往往有很大的影響力，因此他們對工人的痛苦和社會經濟種種不平現象的申論，以及有關國際工運消息的介紹，的確引起廣泛的注意，也有助於工人本身的覺醒和社會風氣的改造。

　　知識分子在這方面的貢獻與努力，可由當時他們的言論、出版活動中充分見出。遠在二十世紀初年，吳稚暉已在巴黎發行的《新世紀》中撰文主張「勞工神聖」，他並且自己去作排字工人，以身體力行來改變中國儒家「勞心者治人，勞力者治於人」的傳統觀念。及至民國成立，全國第一個注意勞工的雜誌，也是吳稚暉主編的《勞動》月刊，這個刊物於民國七年3月在上海創刊，到同年7月止，共出了五期。它的主要思想即是前文述及的無政府主義工團派，其宗旨在「尊重勞工、提倡勞動主義、維持正當之勞動與排除不正當之勞動、培養勞動者之道德、灌輸勞動者以世界知識普通學術、記述世界勞動者之行動以明社會問題之真相、促進勞動者與世界勞動者一致解決社會問題。」撰稿人包括蔡元培、李石曾、陳獨秀等，皆為五四時期新思潮新文化的倡導者。其第三期（民國七年5月）曾向國人介紹「五一」國際勞動節的意義；而每期亦均報導海內及海外華工情況，與歐美各地工運的消息。就當時的思想和風氣來說，《勞動》算是一個學界啟發工人的重要指標。民國七年5月1日，廣州舉行了中國第一次公開慶祝國際勞動節的大會；這次大會係由廣東機器總工會和華僑工業聯合會（此非純粹工人性質的團體，而是廣東同盟會員、工團主義者謝英伯所創辦的）共同發起，到會

者有各工廠工人及印字行、茶居行、理髮行、公眾社團、職業團體代表等一百六十餘人。雖然其中雜有舊式行會和非勞工分子在內，但是這次大會仍具相當重大的意義；可知道近代化的勞工運動，已在中國蓬勃發展。[29]

第一次世界大戰在民國七年 11 月以協約國勝利而停戰，戰後初期的中國知識分子極傾心於歐西之自由、民主、平等思想；再加上 1917 年（民國六年）俄國革命的成功，使部分知識分子對社會的改造和工人地位的提高，更為熱心。如當時的學界領袖、北京大學校長蔡元培，即於民國七年 11 月 28 日，在北京的「協約國大戰勝利慶祝會」上說：

> 諸君！此次世界大戰爭，協商國竟得最後勝利……但是我們四萬萬同胞，直接加入的，除了在法國的十五萬華工，還有甚麼人？這不算怪事，此後的世界是勞工的世界啊！我們說的勞工，不但是金工、木工等等，凡用自己的勞力作成有益他人的事業；不管是體力、是腦力，都是勞工……我們都是勞工，我們要自己認識勞工的價值！勞工神聖！[30]

以蔡氏在當時學界（特別是新文化新思潮）中的聲望言之，他對「勞工神聖」觀念的鼓吹，真有不可抗拒的影響。更值得注意的是，蔡氏將「勞心者」與「勞力者」視為平等的說法，雖使勞工的界定稍顯模糊，但的確打破了傳統上輕視勞工的偏見，也為日後知識分子直接參與勞工運動作了「合理化」的鋪路工作。

五四時期的青年知識分子和學生大力提倡白話文與新文化運動，創辦了不少深具影響力的新式刊物。這些刊物對歐西近代思想如社會主義、自由主義、民主政治等的介紹，以及對中國傳統社會、文化的批判，都直接間接地在灌輸勞工界新知、喚醒工界覺悟方面起了相當的作用。例如當時最具影響

29　《五四時期期刊介紹》（北京，1959 年），第 2 冊，頁 167-173；Chow Tse-tsung, *Research Guide to the May Fourth Movement* (Cambridge, Mass., 1963), p. 41；《中國勞工運動史》，頁 105-106。

30　孫德中編：《蔡元培先生遺文類鈔》（台北，1961 年），頁 469。

力的《新青年》雜誌（創刊於民國四年 9 月）在其第七卷第一期（民國八年 12 月）所發表的〈本誌宣言〉（由陳獨秀執筆）內，強調中國新社會的《新青年》，應該尊重勞動；而次年 5 月 1 日國際勞動節，《新青年》更出版了第九卷第六期「勞動節紀念專號」，該期載有十五篇有關中國各地勞工實況的短文，另有十一篇介紹各國工運發展及勞工理論的專文，其內容反映出當時中國知識分子仍受自由主義和社會主義思潮的影響較深，尚未有明顯的馬克思和列寧主義的傾向。《新青年》之左傾共產化，乃是以後的事。[31] 前文述及的中國第一本勞工雜誌——吳稚暉主編的《勞動》——亦在這段時期內創刊。

　　五四時期把近代西洋思想制度和國際勞工運動實況，直接傳播於中國勞工界的，部分亦歸功於第一次世界大戰後由歐返國的華工。當中國在民國六年對德絕交而參加第一次世界大戰時，曾派遣二十萬以上的華工赴英、法等國服勞役，他們或在工廠生產、或在戰場作工，以表示中國對協約國的效力。因為華工在歐期間，與當地社會和工人發生多方面的接觸，親身了解到歐洲工人的生活水準和工作條件都比較好，也了解到他們以強有力的工會組織來爭取權益的有效。除此之外，許多華工也在歐洲得到了提高其教育程度的機會，並且也有了一些實際工會組織集體行動的經驗。例如在法國的華工就曾有「旅法華工工會」的組織，頗具規模。[32] 同時有些留學當地的青年學生，也熱心為參戰華工設立工人學校、舉辦福利娛樂活動，他們並在巴黎出版《華工雜誌》（蔡元培、李石曾等曾為撰稿人），鼓勵華工多向西洋文化及社會學習；這個刊物亦抨擊僱主管工苛待工人，而主張工人應組織工會以維護本身權益。[33] 華工在歐的各種經歷——對西方社會及勞工運動的直接觀

31　Chow Tse-tsung, *The May Fourth Movement: Intellectual Revolution in Modern China* (Stanford, 1967) 為五四運動權威之作，其中對《新青年》之背景和變遷，有極詳細之分析，如 pp. 41-48, 174-178, 248-250。

32　《中國勞工運動史》，頁 108-119，對華工參戰的情況和「旅法華工工會」的章程等，均有詳細記載。另 Judith Blick, "The Chinese Labor Corps in World War I," *Papers on China*, no. 9 (1955)，亦有頗多資料。

33　Chow Tse-tsung, *Research Guide to the May Fourth Movement*, p. 39，留學生中之著名者，有日後中華平民教育會的創辦人晏陽初，其最早的平民教育經驗，即由戰時為旅法華工服務而來。

察、本身教育程度的提高，和實際組織的經驗等——都對他們的眼界、見識有很大的影響；他們在英、法等國身受外人的欺壓，更激起其民族意識和反帝國主義的情緒。他們回國以後，便大力介紹歐西工業社會的勞工運動，積極提倡工人組織新式工會，並發揚鼓舞工人的愛國心，成為一股中堅力量。成立於上海的「留法勞工會」，就是由他們所組成的，這個團體對當地社會活動出力頗多。附帶值得一提的是，由於這二十萬華工是中國參戰的唯一實力根據，也是中國對協約國勝利的唯一貢獻，故工人在國內的地位，也因一次大戰而提高了。[34]

2. 五四事件與愛國罷工

　　從較狹窄的觀點來說，五四運動主要是指民國八年 5、6 月間的愛國示威事件。當年春天中國在巴黎和會上受到協約國列強的壓制，未能收回戰前德國在山東的利權，反而被迫拱手轉讓給日本；消息傳來，群情激憤，北京的大學生和中學生率先行動，在「外爭主權、內除國賊」的口號下，展開一連串的示威活動。他們罷課、演講、遊行、散發傳單反對親日賣國的北洋官僚和日本帝國主義。故此抵制日貨、倡用國貨也是當時主要活動之一。學生們的活動漸漸得到全國各地的同情與支持，工商界都響應了。到 6 月 10 日晚上，北洋政府終於讓步，將曹汝霖、陸宗輿、章宗祥三人免職，並拒絕在巴黎和會的對德和約中簽字。一般學者研究此次事件的重點，都集中在學生們的角色上。這種看法當然有理由的，但或許尚未能涵蓋全面。如果用比較廣闊的觀點來看，學界的領導地位固然重要，社會各界的貢獻亦不容忽視。尤其是工人，自始至終都極力支持北京學生的奮鬥。[35]

　　學界的各種集體行動，早與勞工的實際組織和行動有密切的關係。在

34　陳達，前揭書，頁 604，610-611；《中國勞工運動史》，頁 132。

35　前述 Chow Tse-tsung（周策縱）之巨作，對整個五四運動在時間上，歷程上，及思想、社會、政治、文化諸方面的特色，都作了充分的探討與分析，其對勞工界在 1919 年夏所扮演的角色，亦予以相當的注意，故可稱是一本均衡而標準的參考著作。惟其他學者往往偏重學界之活動而忽略勞工的貢獻。

「五四」前兩天，民國八年 5 月 2 日，山東省工人已在濟南舉行收回青島大會，到會者三千餘人，氣勢高昂，引起全國的注意和日本的震驚，這種勞工界民族意識的表現，可稱為五四學潮的先聲。[36]

從 5 月 4 日的北京學生示威開始，愛國活動不斷擴大，到 6 月 3 日終於有千餘學生為北洋政府所逮捕，引起全國輿論大譁，這可稱為五四事件的第一階段，其重心在北京，而主要方式是學生及知識分子的學潮。自 6 月初起，全國各大都市乃積極響應北京學生的行動，工人罷工、商人罷市、學生罷課，大規模的抗議活動不斷爆發，直至同月 11 日北洋政府向民意屈服為止，可稱為五四事件的第二階段，其重心在上海、天津等工商都市，而主要方式已由學潮擴大為全國各階層民眾的聯合愛國行動。勞工界的政治罷工多屬於第二階段，其結果對此一愛國運動有很大的貢獻。[37]

這其中當然以上海方面的響應最為激烈。上海的勞工界於 6 月 5 日開始愛國大罷工，參加者在紡織業中有內外棉第三、四、五廠，日華紗廠、上海紗廠，及其他幾家日商紗廠的工人；在金屬業中有祥生造船廠、江南船塢、浦東和平鐵廠、銳利機器廠、札新機器廠的工人，及其他船塢的鐵匠、銅匠等；在運輸業中有滬寧、滬杭兩鐵路的工人、浦江各輪船的水手、滬南商輪公會的員役等；在市政方面，有英美電車公司、法租界電車公司、華商南市電車公司的工人，全市的汽車、馬車工人，華洋德律風（電話）公司和中國電報局的工人，及街道清潔夫等；此外亞細亞美孚煤油棧、大有榨油廠、榮昌火柴第一和第二廠、華昌梗片廠、華章造紙廠、商務印書館、中華書局、英美煙草公司煙廠、禮查飯店等處的工人，以及各種漆工、泥水匠、洋行及旅店的職員等，也都參加了罷工。總計上海這次愛國罷工的參加者，達七萬人之多；其結果使上海經濟停頓、對外交通斷絕，日資和其他外商的企業首當其衝，所受打擊尤其嚴重。中國商人廠家對這次反帝國主義的勞工集體行

36　《中國勞工運動史》，頁 131；劉立凱、王真，前揭書，頁 14。

37　Jean Chesneaux, Francoise Le Barbier, and Marie-Claire Bergère, *China from the 1911 Revolution to Liberation* (New York, 1977), pp. 67-68 即有此兩階段之看法。

動，亦表同情與支持，故商店罷市或拒絕買賣日貨的事例，十分普遍。這固
然對華商本身有直接的利益，可是學界和勞工界的壓力，是主要原因之一；
如先施和永安兩大百貨公司，便是先受到揭發警告後，才停售日貨的。[38] 由
此可見，上海的愛國活動是一種勞工界、學界和商界的聯合行動：學界負責
領導及宣傳，勞工界以實力（人數眾多，對經濟的直接控制）為後盾，商界
則在前二者的影響下積極合作。他們發展成近乎全面性的罷工、罷課、罷
市，以群眾動員來爭取國家利益。

　　上海一地的形勢之大與氣氛之烈，是全國各地工商學界的表率，數日內
其他地區的罷工、罷課、罷市、便風起雲湧。當時南方有南京、鎮江、寧
波、蕪湖、揚州、杭州、安慶、長沙、漢口、廈門等地的罷工、罷市，廣州
亦有示威遊行；北方的京奉鐵路唐山站工人，與京漢鐵路長辛店站工人，
都舉行示威遊行，濟南也有示威遊行；至 6 月 10 日左右，天津方面傳出消
息，謂將有數十萬工人準備大罷工，兼帶罷市，北京的工商界可能隨同行
動[39]——天津總商會急電北京云：「……津埠之勞動者數十萬，現已發生不
穩之象……」——北洋政府聞訊大驚，方知全國民意之不可侮，乃被迫懲辦
國賊、釋放學生。上海及其他城市於是相繼復工開市，但抵制日貨、倡用國
貨，和堅持不簽對德和約的活動仍然繼續，直到 6 月 28 日中國出席巴黎和
會代表拒簽和約（這也是受到旅法中國工人和學生的直接壓力）以後，才告
一段落。故勞工對五四愛國運動的貢獻，是直接而重大的。[40]

38　對上海罷工、罷課、罷市之愛國聯合行動的詳細與有關的資料，可參考上海科學院歷史研
　　究所編：《五四運動在上海史料選輯》（上海，1960 年），及 Joseph T. Chen, *The May Fourth
　　Movement in Shanghai* (Leiden, 1970)。

39　劉立凱、王真，前揭書，頁 15。

40　當時各地工人罷工示威的情形，可參考 Jean Chesneaux, *The Chinese Labor Movement, 1919-1927*
　　(Stanford, 1968), pp. 151-176; Chow Tse-tsung, *The May Fourth Movement*, pp. 151-167；中國科學
　　院歷史研究所編：《五四愛國資料》（北京，1959 年）。

3. 五四時期工會和罷工的發展

　　以新式工會的組織而言，五四時期實可算是中國勞工運動「黃金時代」的開端。第一次世界大戰後，由於歐西近代思想及政治理論風行於學界，而工業又迅速成長，加以袁世凱帝制失敗後，國內風氣略為開放，勞工運動逐漸恢復生機。即以「中華民國工黨」而言，該黨因徐企文於民國二年參加討袁之役事敗被殺而無形解散；至民國五年冬，該黨又恢復原有組織，改名「中華工黨」，以韓恢為首領，總部初設上海，其他各地如廣州等亦成立支部；據稱在民國六年 3 月時，其支部共有二十多處。[41]

　　廣東的政治社會風氣較其他各地開放為早，清末以來，工人活動已甚活躍，故在五四前夕，近代化的勞工團體，亦出現較多。如民國四年，廣州有工團總會的成立，其中包括七種行業的工人；民國六年，海員工會的前身「中華海員慈善會」在香港成立，由當地政府核准立案，以陳炳生為會長；而前述廣州的「廣東機器總會」與香港的「中國機器研究總會」，亦因國內海外的粵籍機器工人頗多，為團結力量計，乃於民國六年多合力籌設「中國機器總會」於廣州（民國八年秋會所落成）。民國七年秋，廣州市茶居職業工會成立，使茶居業工人脫離行會形態，而集舊有四十三個單位行會的工人，組成純勞工性質的職業團體。[42]凡此種種，均足表現華南工會在五四時期之初，已趨向蓬勃新象。這當然與在廣州成立之「護法政府」的開明政治風氣亦有關係，孫中山先生素來同情工人活動，廣州市茶居職業工會的成立即獲其贊助。

　　五四愛國罷工以後，工人的政治社會地位日益提高，社會各界對群眾運動亦愈加重視。經過學界的宣傳及教育，勞工界覺醒更深；而反日示威的「三罷」，更令勞工界認識到團結乃是爭取、維護權益的基本條件。因此民國八年到九年，各地工會或半勞工性質的團體，如雨後春筍般紛紛成立。

41　《中國勞工運動史》，頁 96-97；李時岳，前揭文，頁 83-84。

42　同上注，頁 97-99，103-104，136。

　　這種情形以五四罷工重心的上海最為明顯。各種有聯合性質的工團組織都在上海出現。至民國九年 5 月 1 日，此種組織如中華工業協會、中華工界聯合會、中華工會總會、中華全國工界協進會、中華工業志成會、電器工界聯合會、船務棧房工界聯合會、藥業友誼聯合會等，更共同舉行上海第一次紀念國際勞動節的大會，當日不顧軍警之阻止，亦有三、四百人到會。大會之主題在宣揚「勞工神聖」。[43]

　　在華中方面，湖南無政府主義者黃愛、龐人銓以知識分子的身份從事勞工運動，頗有成績；民國九年冬，他們集合了同情工運的學界人士和工人中有自覺者，在長沙成立「湖南勞工會」，開湘省風氣之先。兩年以後，類似的工會已有十個。[44]

　　華南方面，在五四之後已有堅實之基礎，五四「三罷」之後，發展更速。民國八年內，僅僅廣東一地因排日運動即產生了二十六個工會，而民國九年時廣東已有工會 130 個。[45] 不少原有的雛型勞工團體，亦蛻變為近代化的工會，如香港之「中華海員慈善會」於民國九年冬改組為「中華海員工業聯合會」（由孫中山賜名，即後來通稱之「海員工會」），以陳炳生為主席。而廣州市內的各業工人有俱樂部組織者，亦多在民國九年秋冬之際改組為工會，如旅業工會、革履工會、西式家私工會等，其餘理髮、泥水、木藝、布業、棚業、榨油等業之工會，均先後成立，頗為活躍。[46] 而原來已改組為近代化工會的「廣東機器總會」，則着力於建立基層組織，逐漸在各地區、各鐵路、各企業內成立機器工人的「俱樂部」——實即總會之分支——此種健全的基層單位，對日後機工團體的發展有重大之貢獻。[47] 由以上數例，略可見五四時期勞工團體的發展；除各地有新式工會成立外，原有的團體亦或

43　《五四運動在上海史料選輯》，頁 582-591；《中國勞工運動史》，頁 138-139。

44　《中國勞工運動史》，頁 151；陳達，前揭書，頁 140-141。

45　王清彬等編：《第一次中國勞動年鑑》（北平，1928 年），第 2 篇，頁 6。

46　《中國勞工運動史》，頁 149-151。

47　李伯元，前揭書，頁 57-60。

革新而近代化，或加強其內部組織，它們擴張範圍、鞏固基礎，無論在質與量方面，都有相當的進步，為民國十五年至十六年間工會組織的高潮，打下根基。

　　陳達嘗謂勞工之所以能夠在社會裏促成一種運動，至少必須具備三種元素：（一）覺悟、（二）組織、（三）奮鬥。其中覺悟是勞工運動的原動力，組織是工人互相聯絡的工具，奮鬥則是勞工運動的主要目標。由於這三種元素的醞釀，勞工運動乃得以產生和發達。[48] 以之觀察五四時期的工人在覺悟和組織方面的迅速增進，自不難明白其為爭取、維護本身權益而作的集體行動，亦將有長足的發展。民國八年夏全國各地勞工的愛國大罷工，在政治上有重大之影響，既見前述；民國七年至九年間的經濟性罷工，則對工人生活之改善與勞工運動的成長，有深遠之貢獻。

　　如上所述，第一次世界大戰以來，物價上升、通貨膨脹，對勞工界生活產生很大的壓力，加上當時國內工業生產突飛猛進，對工人又需求正殷，故工人對僱主提出要求而獲得同意的可能性甚高。同時，在當時學界新思潮的推動下，勞工自覺日深，工會組織亦與時俱增。故一方面工人需要改善待遇以應時艱，一方面主觀的因素也都有利於工人為爭取合理待遇而奮鬥。於是民國七年後，國內罷工發生的次數與罷工的人數、時間遂急劇增加，其中大多數均起因於要求經濟條件之改良或組織工會之權利。據陳達研究之結果，從民國七年至民國十五年，有記載的國內罷工共 1,232 次，其中大多數（百分之七十以上）都和加薪或其他經濟因素有關。同時自五四愛國運動以來，勞工運動在社會上勢力大增，工會組織亦比較發達，工人要求組織工會而罷工的，或罷工的結果有利於工會組織的，時有所見。由下列統計中，可以看出五四運動對工人活動的直接影響：[49]（表二）

48　陳達，前揭書，頁 586-587。

49　陳達，前揭書，頁 146-164。

年份	有記錄的罷工次數
1918	25
1919	66
1920	46
1921	49
1922	91
1923	47
1924	56
1925	318
1926	535
九年總計	1,233

　　此處舉兩宗當時較為重要的經濟性罷工為例，略述如下：

　　五四事件爆發之前，上海在民國八年 2 月，已有一宗罷工事件。那是日商日華紗廠的女工因發薪制度問題而罷工，歷時一週，對廠方打擊頗大，最後終於獲得勝利。此為中國工人第一次對日本在上海的紗廠罷工。女工們竟敢對強橫的日本紗廠，提出發薪制度依舊與撤換毆打工人的日人等要求，且終獲成功，對當時上海的工人，實為一大鼓勵；翌年上海日商紗廠便發生三次罷工。日商紗廠之苛待華工，也是日後上海、青島工潮惡化，而致終於爆發出「五卅慘案」的主因。[50]

　　五四事件之後，中國勞工界第一次大規模的經濟性罷工勝利，則屬民國九年 3 月香港機器工人的大罷工。該次罷工之參加者逾九千人，歷時十九天，最後終於獲得百分之二十至三十的加薪。當罷工爆發後，罷工的機器工人離開香港返回廣州，受到廣州機器工會和其他工人團體的支持與照顧，海外的華工機工團體亦多予援助，故罷工能夠持久，使香港的公用事業及交通服務陷於困境，洋商和英殖民當局不得不接受加薪的要求，以求復工。這項勝利不僅為勞工帶來經濟的改善，也是華工反抗帝國主義殖民地剝削的光榮

50　陳達，前揭書，頁 180-181。另《中國勞工運動史》，頁 129-130，141-142。《五四運動在上海史料選輯》，頁 18-20。

成績。國內勞工運動受其影響，咸知團結方能成功，於是對工人活動的進行更加努力。翌年廣州的機器工人亦舉行罷工，要求改善待遇，同樣獲得勝利。[51] 民國十年內，廣州共有罷工二十八次，涉及工人五萬名，結果增加工資百分之二十至五十。[52] 民國十一年的香港海員大罷工，固然是受民國九年香港機工罷工勝利的鼓勵，惟廣州勞工界對罷工回穗之海員的支持，也是最後成功的重要因素。這些罷工的勝利，對工會組織當然有推動的作用。民國十年機工罷工勝利後，半年內廣州即新增工會十四所；根據民國十一年的統計，香港大約有一百個工會，廣州則有八十個工會。[53]

簡言之，五四時期的罷工行動，在許多方面都反映出當時工人的日漸成熟；他們開始知道把握時機、團結合作，有組織地爭取生活的改善和權益的保障。如表一所示，1920 至 1922 年間及後來 1925 至 1927 年間，廣州工人平均工資的增加，已與物價的上升保持相當的平衡，皆與成功的經濟罷工有直接關係，可見勞工界在這方面的努力，已具有相當的效果。

五四運動對中國勞工運動的影響

五四愛國運動對中國工人和他們的運動，在若干方面都有直接而重大的影響。從勞工界本身來看，他們直接參加了這次近代中國第一次的全國性大規模群眾運動，不止反映出他們在社會、政治和經濟上日益重要的地位，並且使他們由實際的示威抗議活動中，增長了經驗。同時他們在學界知識分子的宣傳和教育下，深切覺醒，其社會政治知識與民族國家意識，都大為加強。他們又親眼見到學生組織與聯盟（如「北京中等以上學校學生聯合會」、「全國學生聯合會」等等）的效果，以及群眾團結的力量，更加了解到組織

51　李伯元，前揭書，頁 61-64，68-71。

52　Chen Ta, "The Labor Movement in China," *The International Labor Review* (March 1927), p. 359；木村郁二郎：《中國勞働運動史年表》（東京，1966 年），頁 87-95。

53　陳達，前揭書，頁 100。

工會的必要。這些影響對後來中國勞工運動的迅速發展，有莫大之幫助；民國十四年至十六年間勞工成為反軍閥反帝國主義的國民革命中堅，並為本身生活的改善而奮鬥（見表二之罷工潮），率皆種因於此。

　　就另一方面而言，五四時期的愛國活動和新思潮，也改變了學界知識分子和一般勞動者的關係。新思潮（尤其是無政府主義、工團主義和社會主義）使學界人士開始對勞工問題積極注意和關懷；民國八年夏天的集體行動，更予知識分子以直接與工人連繫的機會，和實際參與工運的經驗。這當然有助於勞工界的覺醒和初期的工會組織。由於學界人士本身的強烈政治性和激進思想傾向，亦導致後來勞工運動的急劇政治化，甚至捲入黨派的權力鬥爭；這種勞工界以外因素的滲入，使「五四」以後勞工運動的性質、手段、目標和發展過程，都發生了基本的改變。

　　此種改變的源起，或可溯至民國九年底、民國十年初，當時左傾青年和學生在北京、長辛店、長沙、上海和廣州舉辦工人學校和出版工人刊物 —— 如《勞動者》、《勞動音》、《勞動界》、《勞動與婦女》等 —— 作為參加勞工運動之初步；至民國十年夏中國共產黨正式成立後，即設立一「中國勞動組合書記部」為其勞工運動的總機關（總部在上海，以張國燾為首，而廣州、武漢、長沙等地均有支部），在各大城市進行直接的勞工運動。[54]這是學界激烈分子領導工人的開始。

　　這種改變可以從民國七年至十一年，及民國十四年至十六年兩階段工運中清楚地看出。從民國七年一次大戰結束，到民國十一年香港海員大罷工，各地工人的經濟性、社會性罷工，以及民國十一年5月在廣州舉行的第一次全國勞動大會（出席者一百六十二人，代表一百多個工會，二十萬名會員），其性質均較溫和而注重實質的經濟性目標。然而民國十四年至十六年北伐前後的五卅運動（民國十四年）、省港大罷工（民國十四年至十五年）、漢口九江收回租界事件（民國十六年），以及上海工人武裝抗拒孫傳芳（民國十六年）

54　《中國勞工運動史》，頁157-158，200-202；鄧中夏，前揭書，頁14-17；劉立凱、王真，前揭書，頁17-19。

等，均屬反軍閥反帝國立義的政治性罷工和集體行動；而第二次（民國十四年）、第三次（民國十五年）、第四次（民國十六年）全國勞動大會中所提出的激烈綱領，鼓吹革命性的工人鬥爭，也反映出工運氣味目標的不同。[55]

　　由此看來，中國群眾運動的本質，似乎好像是從五四時期學生作先鋒而工人追隨其後的情況，慢慢轉為國民革命時期以勞工界為主力而學界退處於配角的地位了。[56] 這個觀點大部分是正確的。自五四時期以來，國內思想潮流、社會風氣、政治局勢和經濟環境等因素的影響，的確使勞工運動漸趨成熟、勢力日增，勞工的確已能在歷史舞台上扮演主角，而於民族主義高揚時成為革命力量的核心。可是換個角度觀察，學界知識分子自五四以來，一直在中國的政治、社會運動中擔任領導者。在勞工運動方面亦復如此。「五四」之後青年學生不僅為工人辦學校、編報刊，更公開組織工會，直接出任工會領袖，策劃動員、指揮罷工（此在一些新成立而激烈政治化的工人團體中，尤其明顯）。部分激進而熱心的學界人士，簡直變成了工運的首腦人物。因此，若謂學界退處於配角的地位，又並不盡然。雖然這種學界人士由外面滲入和領導工人活動的現象，對工人本身和中國社會的利害影響，至今尚難作定論，但是五四時期滋生的種種因素，在中國工人的成長和覺悟方面，在中國知識分子的直接參與勞工運動方面，以及在整個中國工運的發展方面，所發生的長遠影響力，則是絕對而肯定的。

原載：汪榮祖編：《五四研究論文集》（台北：聯經，1979 年），頁 57-88

55　Ming K. Chan, "Labor and Empire: The Chinese Labor Movement in the Canton Delta, 1895-1927" (PhD diss., Stanford University, 1975; a revised version will be published as a monograph by the University of British Columbia Press, Vancouver, Canada).

56　陳端志：《五四運動之史的評價》（上海，1935 年），頁 265-283。本文所用中文資料頗多，不能盡列；詳情可參閱 Ming K. Chan, Historiography of the Chinese Labor Movement: A Critical Survey and a Bibliography of Selected Chinese Source Materials on the 1895-1949 Period (Hoover Institution Press, Stanford, forthcoming 1980) 之第 6 章。

清末反美杯葛運動（1905-1906）

　　晚清以來，華工出國謀生是廣東、福建沿海兩省的一個普遍現象，而海外華僑（大多數都是工人或工人出身）匯款回鄉，亦成粵閩兩省一項重要收入。這種賣身出洋的華工（俗稱「豬仔」）固然對國家的經濟有貢獻，但他們本身在國外所受的種種壓迫苦楚，則非一般筆墨所能形容。二十世紀初年，民智漸開，愛國主義興起，在列強壓力之下民眾開始爭取國家和民族的利益，終於爆發了 1905 至 1906 年（清光緒三十一、三十二年）的反美杯葛運動，這是中國近代史上第一次發自民間的全國性抵制外貨愛國運動，為海外華工爭取權益。

　　清末中國與列強關係中，似乎以中美關係比較和平友好，因為美國是後起的帝國主義國家，比英法俄起步遲，在中國境內未佔有租界、殖民地或「勢力範圍」，而主張公平的經濟發展機會，所謂「門戶開放」政策，但美國國內對待中國移民的作風政策，則有別於英法兩國在其亞洲、非洲屬地的辦法，對華工歧視迫害，以致觸發此反美杯葛運動。

　　自從 1849 年美國西岸加州舊金山（三藩市）附近發現金礦後，西部開發，需求大批勞工服務，而當時適值中英鴉片戰爭（1838-1842）後，廣東地方經濟衰落，為謀生養活，大批廣東工人出洋遠赴美國西部為廉價勞動。由 1849 至 1860 十年內有六萬多華工（差不多全是廣東工人）進入美國，至美國南北內戰結束，中西部墾植，連貫東西兩岸的鐵路建設，勞工的需求益

形迫切，美國一方面想用勤苦耐勞而工資低廉的華工，另一方面又想擴展對華貿易和保障美僑在中國利益，所以 1868 年（同治七年）中美訂定《蒲安臣條約》，規定兩國自由移民，雙方僑民在僑居國均享有最惠國人民待遇。自此華人往美國者日眾，1871 至 1880 年間為數十多萬人（90％為廣東工人），而分佈地區，由西岸擴至中西部、南部，甚至東北部。

不過自 1860 年代開始，加州已有白種工人歧視排斥華工的事發生，其後日趨激烈。因歐洲勞工（尤其愛爾蘭人）大量移美，他們在華工出力築成的太平洋鐵路通車後，更大規模向西岸移進，以致工作機會因路礦完工而減少，失業人多。華工因工資低較易謀生，遂引起白種工人仇視，且華工多不入美國籍，不參加選舉，不為美國政壇重視，故在白種工人影響下，政客以排華為號召，州議會立法苛待華工，由加州而擴至全國聯邦政府。1880 年中美簽訂續修條約時，美方規定對華人入口「可以或為整理，或定人數，年數之限，並非禁止前往」，自此，美國排華工運動從民間的社會行為變成官方政治法律的行動。

1882 年美國會通過限制華工法案，十年內制止華工入美，此法案除經幾次補充修正再加種種限制外，又經兩次展期十年，至 1904 年更變為永久有效。華人的商販亦被列為工人，全面禁止入口。這法案不僅違背美國立國精神和憲法，實在公然破壞中美條約保障及互惠條件，造成國際外交上的背信棄義不法立場。其後排斥對象由華工擴大至全體中國人；及美佔領夏威夷、菲律賓後，更於 1898 至 1900 年將排華法律推行於該兩地。當時美國民間排華日漸激烈，常以殺掠焚燒驅逐種種暴行對付華人，1855 至 1876 二十年間華人在美遇害案達 262 件。

當時清政府國力日衰，深恐外患，故無法作有力的抗議，以致 1894 年尚與美簽訂限禁華工條文。此約至 1904 年 12 月期滿，旅美華僑紛紛力主清政府廢約不續，另訂平等優惠新約，朝中有見之士如伍廷芳、張之洞，兩廣總督岑春煊亦支持此立場，但中國駐美公使梁誠自 1904 年夏開始交涉新約，直至 1905 年春因美方無理搪推拒絕，無結果而中斷。當時朝野各方均十分重視這廢約問題，一般士紳、商會、行館、工團以事關華工在海外身份

經濟利益和中國國際地位，非力爭不可，更恐此約不廢而引致其他各國仿效，則海外華工處境危險。既然談判無法解決，惟有動員民間力量，先行發動抵制美貨，以民情為外交後盾。結果演成一個大規模全國性的民眾愛國反美支持海外華工運動。

因為赴美華工絕大多數為廣東人，故初時此杯葛運動準備在香港或廣州發動，後以上海為全國對外經濟重心，亦為各地商行工幫總匯及交通要樞，號召動員較易奏效。1905 年 5 月上海總商會公開議決阻止清政府簽訂禁工新約，限美方兩月內修改排華法案，否則實施抵制報復（不用一切美貨，貨運不用美船，不入美人所設學堂攻讀，不受僱於美商行，不為美國人服務），通電全國二十一處商埠商會，協力實行，而國內各地和海外華僑很快就起而響應，商界為先導，學界為中堅，新聞界為喉舌，工幫行會實力，他們集會討論，宣傳華工在美苦困，並函電報刊發表，熱烈支持上海的主張。此時清政府亦深知華工在美受苛虐及國內民情激盪，故亦取同情默許態度，朝中大臣（漢人除袁世凱外）亦多支持。袁世凱受美方活動主張禁壓，激引了民間國內的學、紳、商嚴厲批評他「媚外」。

由此可見當時民族主義之發煌及國人之醒覺合力。抵制杯葛之發展，有如火焰一經點燃不易撲滅，各地民情激揚，天津、福州兩地已決定不等兩月期限，於 6 月先行實施拒美貨，成立機關宣傳執行，違者重罰。至 7 月正式抵制期限到，上海各界「相戒不用美貨」，各行業會館均集會決定實施辦法，並請學界名流演說鼓勵，有關華工旅美景況和宣傳抵制的書刊，亦紛紛出版。沿海各省多仿上海方法抵制美貨，宣傳廢約。其中當然以旅美華工的故鄉廣東省情況最為激烈。

5 月時廣州八十善堂及七十二行會和學界曾經集會，討論設立機構及實施杯葛辦法，在 7 月中成立過「廣東籌抵苛約不買美貨總公所」，並通過辦理章程，組織完善，除董事評議員外，另有專人為會計、核數、演說、調查、編輯等，以作全面宣傳和徹底杯葛美貨，經費來源由國內海外捐助，當時廣州萬眾齊心，街上貼滿各種抵制美約字樣的長紅條，家家店鋪門外有「本號不售美貨」六個大字，下面細書「美虐華工不合理，今我國民聯謀

抵制，不售美貨，義所應爾，與交易是無恥」。入夜之後街頭巷尾盡是人頭聚攏來聽拒約演說，逢星期日「不買美貨總公所」開會討論都擠滿了人。各行業分別集會，簽名不買賣美貨，如餅行酒樓拒用美國麵粉，以土製麵粉代替，藥材行、洋布行、金行、鐵器業，完全改用土製原料，各行同時停止租僱美商小輪，而全省渡船不載美貨入內地，報關行停報美貨入口，搬運工人亦集體宣誓拒運美貨。有些店主商家初時尚存觀望態度，亦為工人店夥以罷工相脅而拒美貨，工會亦明禁工人吸食美香煙，建築工人罷工拒建美商物業。任職在美商洋行的文員亦不少罷工或辭職。

　　由於學界熱烈支持，師生動員，拒約宣傳深入鄉村，連農民亦起而響應，不用美布美煙美燈油。而各學校亦多改用土布為校服，亦有規定私購美貨者，開除學籍，美國教會開辦的嶺南學堂（嶺南大學的前身）且有數十學生退學作抗議。廣東杯葛運動之深入是有賴各界協力，其中宣傳成功是重要因素：有力工具如《拒約報》週刊發行，由學界三十多人負責編輯（內容分社論、短評、要聞、事件、調查、輿論、雜文、歌謠、彙記等，連廣告在內所載均屬拒約禁貨之事），第一期出版後登時搶購一空，以後要預約方買到，連城內工人伙夫亦爭讀為快。此外各報章尚刊出宣傳漫畫，免費贈閱，流傳甚廣，深入內地百餘哩，廣州之外，如佛山、新會、南海、順德、中山、台山、江門、東莞、花縣、潮州、汕頭各處莫不同聲抵制，至為積極。就算省外的粵籍工人亦支持拒貨，在漢口的杯葛運動由廣東搬運工人首先發起，而遠至新加坡，廣東籍碼頭工人亦拒搬美貨。可見廣東民情之激烈，至1905年秋天，全國各地杯葛運動因為上海商會內部分裂，和清政府受美國壓力而下令禁制，漸變衰息消沉。但廣東省內杯葛運動仍維持至1906年春方告終止。

　　這一次杯葛運動雖然未能達成使美國廢苛待華工條約的目的（至1943年因中美共同對日本作戰時方廢止），但這次全國性及多階層（士紳、學界、商界、工界）協力合作的爭取權益愛國運動仍有極大的歷史意義和影響。它顯示雖然清政府無力反抗帝國主義壓力，但民眾並未完全甘心屈服，而自發地採取集體行動，以求爭取國民權益和國家民族的平等及尊嚴，美國

排華違反此原則就抵制美貨，清政府禁壓杯葛，所以反對清廷。同時在實際
行動和宣傳上，民眾都加深了愛國意念和民族主義的認識，知道自己的團結
力量，取得組織動員經驗，信心加強，日後更積極爭取對國事的主動參與。
在這次杯葛過程中，雖然學界和士紳商人在初期擔負了發行和領導的責任，
但基層組織和執行，則仍賴各地勞工團體和行會的支持，和靠各行業工人的
切實推動，在廣東的情況至為明顯。社會各界因而明白工人們在現代社會的
重要性，無論在國內或海外，華工都是站在抗拒帝國主義壓迫的第一防線
上，而工人利益是國族利益的一環，故應該加以支援。

　　從某種角度來看，這次全國性的杯葛運動，是一種多階層的愛國行動聯
盟（工、商、學、農），實開了由 1919 年「五四」至 1925 年「五卅」多次
大規模全國性罷工、罷課、罷市運動的多階層愛國「聯合陣線」的先河，當
然在後來這些愛國鬥爭中，工人們變得更熱心積極，成為經濟和社會行動的
主力。

原載：梁寶霖、梁寶龍、陳明銶、高彥頤合編：《香港與中國工運回顧》
（香港：香港基督教工業委員會，1982 年），頁 5-8

機工元老 —— 馬超俊（1885-1977）

　　馬超俊、廣東台山人，廣東機器工會的元老，亦是國民黨工運的領導人物，曾三度出任南京市長。

　　1900 年馬超俊十五歲時來香港九龍江南船塢馬宏記機器廠為學徒習藝，並在工餘在香港少年學社補習中英文，二年後修業學師期滿。1902 年赴美國舊金山機器船廠工作，由當地致公堂關係，加入興中會而追隨孫中山參加革命工作，承命組織策動各地軍事、交通工業的粵籍機工支持反清活動。

　　1906 年馬返香港，上廣州、上海、漢陽各處兵工廠船塢聯絡粵籍機工，鼓動他們以學術研究或工餘娛樂等方式進行組織，以避官府注意和資方干涉。故此 1908 年香港機工因太古船塢壓迫工人而集體怠工收效，知團結成力量。在 1909 年成立「中國研機書塾」，而省港兩地工界本來就有密切聯繫，故廣州機工亦在 1909 年成立「廣東機器研究公會」，這是省港兩地日後機器工會的前身。

　　馬超俊一方面在國內外各地聯絡粵籍機工，而當時廣東機工亦有因秘密會社的關係而參加反清革命行動，故此 1907 至 1908 年間各地革命黨人起義，如潮州、惠州、欽廉、鎮南關各役均有機器工人和其他各業工人的參與，在 1910 年更有廣州機工炸死清將孚琦，1911 年行刺清將李准、鳳山，而 1911 年黃花崗起義八十五烈士中，工人烈士十七位，而其中粵籍機工有

十二位，至 1911 年雙十武昌起義後，馬超俊更發動海外歸國機工海員，組成敢死隊北上漢陽，協助黃克強革命軍反攻，而戰地犧牲者過半，可知當時機工，因為屬於專業技術者，教育水準，意識見解可算是工界的先驅，故能激發愛國心和革命理想，這些因素亦造成日後機工組織的成功和領導工運的地位。

民國成立後，社會政治風氣較為開放，1912 年「廣東機器研究公會」改組為純勞方團體，正名字為「廣東省機器總會」，而香港的「中國研機書塾」亦改組為「中國機器研究總會」，至 1919 年改稱「香港華人機器會」。而馬超俊亦在北京任民國首屆國會議員以至 1913 年反對袁世凱的「二次革命」爆發時止。馬應孫中山命在 1914 至 1916 年又至日本進行反袁活動。

1917 年孫中山在廣州成立西南護法軍政府，令馬超俊負責策動全國工運工作，馬提出八項基本原則：（一）扶植工會組織，（二）規定標準工時，（三）提議工資增加，（四）倡導工人福利，（五）培植工人教育，（六）培養政治知識，（七）確認勞資合作，（八）協助罷工運動等。（其中第七項實為針對馬克思主義的階級鬥爭，馬認為當時中國無大資本家，只有外國帝國主義迫害中國工人，故中國勞資雙方應調和以增生產發展國力。）

在機工方面，馬超俊當時有見東南亞各地及國內各礦山鐵路的粵籍工人相當多，有些亦成立本地的機工團體，故在鄉誼聯繫，同業團結方面有成立全國性機構的必要，乃在 1918 年發起成立籌建全國機工會，向海內外粵籍機工募捐基金，在廣州河南購得會址，1919 年會所舉行奠基典禮，而「中國全國機器工會」在 1926 年正式在廣州成立（當時屬下國內地方性機工會三個，國外的二十一個。）同時馬超俊亦着意加強廣東機工總會的基層組織，鼓勵省內各地各業各廠的機工在 1919 年紛紛成立各種工人俱樂部，日後機工會的發展與實力實有賴這些基層組織；而又積極支持 1920 年香港機器工人的經濟罷工，由廣東機工會招待由香港罷工返穗機工食宿，直至罷工勝利。至 1922 年香港海員罷工時，馬超俊又代表廣州當局援助接濟返穗的罷工海員，同時亦至香港與船公司調解加薪復工。同時在 1921 至 1922 年間由馬超俊領導下，以機工組織和其他廣州新成立的工會為基礎，廣東工界有

「廣東總工會」之籌備，同時馬又被選出任廣州市民選市參事會的工界代表「市參事」。

　　1922 年 5 月 1 日由中國共產黨的「中國勞動組合書記部」召集發起的「第一次全國勞動大會」在廣州開會，以廣東總工會派和機工會派為主的右派與左派分子在會中抗拒，故所通過的決議案頗為中和，但亦成日後左右兩派在工運中政治鬥爭之初步。至 1923-1924 年國共兩黨合作，左派分子加入國民黨，並積極參與民眾組織，意圖控制工會，赤色工會紛紛成立，馬超俊一直都反對與共產黨合作，而機工會，廣東總工會系統的工會亦標榜反共。左右兩派在組織上、地盤上、政策上、意識上更水火不相容，故 1925 年 5 月左派在廣州舉行的「第二次全國勞動大會」受到機工會和廣東總工會的右派工團反對杯葛拒不參加，而會上左派更通過剷除馬超俊等十九位機工會、廣東總工會領導人物為「工賊」的決議，而會上成立「中華全國總工會」更把右派工運人物擯諸外面。在 1926 年左派分子更企圖在國民黨的第二次全國代表大會上把馬超俊開除黨籍驅逐黨外，至此馬超俊與左派工運分子成了死敵，至 1927 年春夏國共分裂，國民黨清黨，着手解散改組左派工會，同年 7 月以馬超俊出任南京國民政府勞工局局長，總管全國勞工行政，並負責起草勞動法。同年 12 月共黨在廣州暴動三日，成立「廣州公社」，機工會、廣東總工會會所大受破壞，而國民黨軍隊反攻時，機工會的武裝自衛隊出任先鋒而平亂。

　　1928 年 1 月馬超俊出任廣東省政府農工廳長，提出施政六方針：（一）解散附赤團體，（二）嚴防共黨活動，（三）統一工會組織，（四）改善農工生活，（五）救濟農工生產，（六）推廣農工教育。馬一方面大力肅清左派勢力，廣州市內有 110 工會被解散，而現存工會則受嚴密監制和改組，另一方面主張勞資調協，投資生產，馬超俊在粵年半全是廣東工運進入一個比較保守低潮的時期。1929 年 5 月馬由國民黨委派，為「中國勞工代表」，出席日內瓦第十二屆國際勞工大會，（此為中國第一次有「勞工代表」參加國際勞工大會），馬在大會中提議四案：（一）不得歧視有色人種，（二）華工應須同工同酬，（三）取銷包工制度，（四）請國際勞工組織（ILO）設分局於中

國，均經通過。

　　以後馬返南京出任立法院委員，主持勞動立法並兼任國民黨中央訓練部部長，1932-1935 至 1937 年兩度出任首都南京市長，任內並提議建設「南京市勞工住宅區」，抗日戰爭時馬隨政府西遷重慶出任國民黨社會部副部長，組織部長，戰後 1945-1946 年再出任南京市長，1946-1950 年出任國民黨中央農工部長，1949 年隨國民黨撤退至台北，曾主持「中國勞工運動史編纂委員會」，在 1959 年出版五冊的《中國勞工運動史》。馬超俊其他有關工運的著作有：《中國勞工問題》（上海 1925 年），《中國勞工運動史》（上冊，重慶 1942 年），《中國勞動運動史》（小冊，南京 1947 年），《馬超俊先生言論集》（四冊，台北 1967 年），和與余長河合著的《比較勞動政策》（兩冊，重慶 1946 年）。

原載：梁寶霖、梁寶龍、陳明銶、高彥頤合編：《香港與中國工運回顧》
（香港：香港基督教工業委員會，1982 年），頁 24-26

香港海員罷工（1922）

　　第一次世界大戰時，西方列強着力歐戰，無閒控制中國市場，故中國的工業家和資本家乃利用機會投資發展工業，造成「中國民族工業」的繁華時期。同時日本亦乘機加強發展其在中國產業，擴大在中國的市場，所以1914 至 1918 年是中國新式工業空前發展時期，也是中國工人數量急劇增加和力量擴大的時期。不過這也直接導致中國境內物價的上升。這次物價上升部分由於物資原料不足，部分由於銀元對銅幣的比值加大，於是造成嚴重的通貨膨脹。工人的生活費亦隨着日漸增高。在這種壓力下，工人為了維持生活水平，唯有要求加薪以配合上升的物價，於是構成罷工的先決條件。這時國內工業突飛猛進，出現局部的經濟繁榮，一方面加劇了通貨膨脹，另一方面造成對熟練工人的大量需求，因此工人本身的經濟價值提高，可以提出一些改善待遇的要求，增加了經濟罷工的本錢。

　　民國成立以來，政治社會風氣都比較開放，在五四運動前學界推動下，西方各種主義流傳國內，知識分子對勞工問題亦加以注意和鼓吹，使工人自己漸趨醒悟。工人亦因參加五四運動的愛國罷工，排日貨，示威等活動，受到學界的領導和衝擊，更加深了勞工的自覺，知道要團結組織起來，才能發揮最大力量，為本身的權益而奮鬥，所以新式工會紛紛出現，造成工運的蓬勃發展。

　　中國勞工問題專家陳達教授曾謂勞工若要能在社會裏促成一種運動，必須最少具備三種元素：（一）覺悟，（二）組織，（三）奮鬥，這三種元素的

醞釀，導致勞工運動的產生和發達。中華海員工會之成長和 1922 年香港海員罷工的勝利就是明證。

現代中國海員的正式組織始於廣東海員積極分子陳炳生在 1915 年成立的「中華海員公益社」。成立地點在太平洋線商輪上，並在日本橫濱設通訊處。1917 年陳炳生把公益社改組為「中華海員慈善會」，在香港設總部並向政府立案，但仍未算正式純勞方的工會。最後在 1921 年 3 月改組成為工會，由各海員宿舍成員支持，為互助福利性質，由孫中山賜名為「中華海員工業聯合總會」（通常簡稱「海員工會」），由陳炳生任主席，林偉民為交際，會址設香港中環德輔道中。

海員工會成立後首要任務是爭取海員加薪。因為自大戰以來省港一帶物價上漲（1913 年指數為 100、1921 年時為 140），而 1921 年初，香港貨幣對外匯率又貶值 50％，船公司自然提高運費，這令物價更上升，加上戰後香港租金大幅升脹，一般工人生活水準實難以維持。海員更不滿他們工作環境惡劣，工時長（平均在十二小時以上，有時甚至十七、十八小時者），船上食住條件差，工資卻十分微薄，平均每月只得 20 至 30 元左右，不及同樣工作的外國海員四分之一，更令他們不平者是香港的船公司在戰後已把外國海員工資加增調整，故兩者差距更大。此外許多海員對於海員介紹行辦館的包僱扣薪剝削不滿，亦要求改善。

1921 年 5 月海員工會幹事部通過向船公司提出加薪要求，得各海員熱烈支持，並在 6 月初成立一個「海員加薪維持團」專理要求加薪事務。它內部組織嚴密，設交際、代表、調查、動員、疏通、文書各部，以分工合作向內外活動，同時亦積極進行罷工的各種安排，預備增薪要求一旦被拒，立即集體行動。1921 年 9 月海員工會正式向各船公司提出三項要求：（一）增加工資，現時工資 10 元以下者加 50％，10 元至 20 元者加 40％，20 元至 30 元者加 30％，30 元至 40 元者加 20％，40 元以上者加 10％。（二）工會有權介紹海員就業。（三）簽訂僱工合約時，工會有權派代表參加。可是各船公司不予理睬。同年 11 月海員工會再次向船公司提出要求。就在當時，各輪船上的外國海員工資又增加了 15％，而香港海員的要求卻被置之不理，因

此激發了海員的公憤，決定用強硬手段來鬥爭以達到要求。1922 年 1 月 12 日海員工會第三次向船公司提出增加工資要求，同時限令在二十四小時內給予圓滿答覆，否則香港海員就到時一致罷工。次日早上，船公司仍毫不在意，海員們終於忍無可忍實行罷工抗議。

最初參加罷工的船隻共九十多艘，約一千五百人，一星期內已增至一百二十三艘船上的六千五百海員，而且罷工還漸蔓延到汕頭、海南島、江門、上海，甚至新加坡，從香港開往各港口的輪船一經靠岸，香港海員就紛紛上岸罷工。所有抵達香港的船隻是來一艘，停一艘，船上海員馬上參加罷工。海員工會有預備和組織，兼有積極的領導人物，立場堅定依計行事，他們仿照 1920 年香港機器工人罷工返廣州先例，海員罷工後紛紛返廣州，一來避免英國殖民地當局和船公司的壓力，同時有粵方支援較易解決罷工海員生活問題。在 1 月 15 日已有一千五百海員上廣州，至 1 月底總數約有一萬海員。廣州各界熱烈支持援助，各工會社團積極安置罷工海員食宿問題，廣東省政府亦支持海員，每日借出數千元作罷工維持經費，並協助安排海員住宿所需。海員工會的海員罷工總辦事處亦設在廣州，內分總務、財政、食糧管理、糾察、宣傳、慰問、運輸、招待等各部門辦理各項事宜，辦事處設有十幾座宿舍安置海員，又在珠江上租了很多「紫洞艇」作為海員的飯堂。另外香港、汕頭等地也設有罷工辦事分處。這一切組織保證罷工可長期進行直至勝利。

香港方面，罷工爆發後，對外地的海上交通幾乎完全斷絕，罷工海員在廣州和內地更組織糾察隊封鎖香港，使香港日常食品供應來源斷絕，物資不足，物價日上，市面混亂，民眾緊張。香港政府當局自罷工開始就採高壓手段企圖鎮壓，與船公司聯手，令純經濟性的罷工蒙上反帝國殖民地主義的愛國政治色彩。殖民地當局的壓力（如下令戒嚴，派軍警巡邏）和船公司的強硬態度，使雙方在 1 月中的談判距離太遠（船公司應允加的工資與海員所要求平均相差 10%）而無成果。1 月 21 日香港當局又派人到廣州與海員工會代表蘇兆徵等接觸，要求派代表到香港談判復工及供糧問題，為海員所拒絕。同時香港當局決意破壞罷工，企圖在上海召請寧波新工海員來香港替工以解除困境，但海員工會早有準備，已成立「防護破壞罷工隊」來對付那些

分裂工人的包工頭辦館，亦與上海各工會聯絡，阻止寧波新工海員來香港，結果英方招來的一千名新工一半留在上海不能落船，又有一些在船到汕頭時上岸，最後到香港的只有不到三百人，這可算工人們自己團結互助的成果。

到 1 月底時，香港各種運輸工人、碼頭苦力等同情海員為生活而鬥爭亦舉行同情罷工。到 2 月初香港罷工人數達三萬人。香港當局處此困境時更向工人再施壓力，在 2 月 2 日以海員工會「運動其他工人罷工」，「危及香港之治安與秩序」為名，宣佈海員工會為「非法團體」，派軍警到會所搜查封禁，並把「中華海員工業聯合總會」的招牌除下。一星期後，香港當局又封閉三個在罷工中的苦力貨運工會（海陸理貨員、同德、集賢工會），又拘捕四名運輸工會辦事人員。至此事態被嚴重化和擴大。海員工會香港會所被封禁，不但對已遷往廣州的罷工總部指揮罷工無影響，更造成了法律上面嚴重的死結。海員工會堅持香港當局一日不解禁把工會復原，就一日不談判復工。

罷工至 2 月 10 日時，香港港口因罷工而停泊的船有一百六十八艘、二十六萬噸，其中以英輪為多（七十六艘，十二萬七千噸）。加上帆船和運貨船工人也一律罷工，香港水上交通完全停頓，而市面食物短缺，物價飛漲，除船公司外不少洋行商戶生意亦一落千丈，損失巨大。香港當局見社會輿論壓力和高壓手段均不奏效，只好改用「調停」辦法，請香港華人船東、商紳出面向海員疏通，海員亦派代表蘇兆徵等來香港談判，但無成果。因為海員仍維持原來加工資要求並堅持要恢復海員工會原狀，釋放被拘禁之工會人員，而香港當局卻要顧全「面子」不肯公開承認錯誤，反而提出請海員工會更改名稱，遷移會址，重選工會辦事人「先行復工，再談條件」，海員代表們當然不會答應，亦不受英方資本家的金錢收買，反而更積極去擴大香港的各業工人同情罷工。

結果在 2 月底，各業工人不理香港當局的壓制和破壞，陸續開始同盟罷工，作罷工海員的後盾。其中有飲食行，旅館業，公用事業，船塢，報館，印刷廠，屠宰業，市場，連外國人家中的僕役亦參加罷工行列。至 3 月初全香港罷工人數達十萬人，交通中斷，生產停頓，店戶關閉，歇業者有三十多行，市面大為混亂。當局為制止罷工者返廣州而停止火車服務，禁止船隻進出。罷工工人索性步行離港返廣州。當局企圖用軍警鎮壓，結果在 3 月 4 日

演成「沙田慘案」，港方軍警在沙田制止罷工者步行回廣州時引起衝突而開火，結果當場打死四人，傷數十人，慘案發生後省港兩處都民意激動，香港工人更積極擴大同盟罷工抗議，各業罷工者日眾，工商停頓，使香港差點成了「死港」、「臭港」。

事態嚴重惡化，香港當局至此亦山窮水盡，無法可施，只好向罷工海員讓步，以求解除香港的經濟社會癱瘓狀態。最後，在廣州政府調協下，海員以林偉民等為代表到香港與船東談判增加工資，同時與香港當局談判恢復工會事項。最後三方面在 3 月 5 日達成協議，船公司增加工資 15% 至 30%（因不同航線而定），海員回原船復工，而香港政府則在 3 月 6 日發表特別公報，宣佈取消海員工會為不法會社的封禁令，並且在 3 月 7 日派原來除下「中華海員工業聯合總會」招牌的警員，在海員們的掌聲和爆竹聲中，把這歷史性的招牌掛回原處，至此，這五十二天的罷工最後以海員的重大勝利結束。

這次海員罷工令船公司損失約五百萬銀元，香港當局在緊急措施中花去起碼五十萬元，1922 全年度香港外洋船出入口減少了 9%，而貨運減少了大約一億五千萬元，其他工商行業的損失則不可計算。但這次罷工的重大影響非數字所能表達，因為香港海員的勝利直接鼓勵了其他中國工人為改善生活待遇而奮鬥，使整個中國勞工運動進入一個新的高潮，工會的成立、經濟罷工的發生、工人獲得加薪二三成，……凡此種種在 1922 年內變成省港兩處甚至國內其他大城市工運的潮流。當然自此以後海員工會聲望日隆，蘇兆徵，林偉民亦變成全國工運領袖，香港海員能有組織地長久爭持，而廣州和上海各地工人出力為後盾是罷工成功的因素。這次罷工成功加深全國工人的團結互助，為 1922 年 5 月 1 日在廣州舉行的第一次全國勞動大會奠定基礎。此外香港政府雖然直接介入，但華人海員仍然勝利。這是中國民族主義和反帝國主義奮鬥的勝利，全國民心為之鼓舞。這次罷工的種種經驗更為 1925 至 1926 年省港愛國大罷工做了重要的準備。

原載：梁寶霖、梁寶龍、陳明銶、高彥頤合編：《香港與中國工運回顧》
（香港：香港基督教工業委員會，1982 年），頁 29-33

省港大罷工（1925-1926）

　　1925 年夏天，為了抗議因帝國主義壓迫工人而在上海爆發的「五卅慘案」，愛國的工人、學生們在全國各大城市舉行了一連串的罷工、罷學、罷市、排英日貨的行動，而其中規模最大，歷時最長久，對帝國主義在華利益打擊最深的，就是長達十六個月的省港大罷工（由 1925 年 6 月至 1926 年 10 月），比起 1922 年的香港海員罷工的影響力強大許多倍。

　　當時的廣州是（已經與共黨合作）國民黨左派的大本營，而在 1925 年舉行的第二次全國勞動大會時，更確定左派的工運目標，在統一團結香港和廣東的各種工會，發動工人力量來支持反帝國主義反封建軍閥的國民革命，同時初成立了「中華全國總工會」（以蘇兆徵、林偉民、鄧中夏等為主腦人物，總部設在廣州），這都成為後來省港大罷工在組織上、行動上、政策上的重要準備。

　　當上海「五卅慘案」和各地愛國罷工消息傳到廣州時，各工會、農會、學生團體與左派當局立即在 6 月初舉行示威遊行，同時中華全國總工會亦準備在 6 月中，待廣州左派政府平定滇桂軍叛亂後，發動省港兩地愛國大罷工，至 6 月 13 日，中華全國總工會所組織的「省港罷工委員會」臨時辦事處在廣州成立，1925 年 6 月 19 日省港大罷工正式爆發，首先領導的就是海員工人（他們是 1922 年罷工的勝利者亦是蘇兆徵、林偉民的追隨者），當晚電車工會亦參加罷工，這時香港對外和市內的交通開始陷於癱瘓，印刷工

人、洋務工人、碼頭工人、煤炭、郵務、清潔、土木、洗衣、旅業、油漆、食品、煤氣、電器等各行業工會的工人積極支持參加。兩星期內，整個香港各行業的中國工人都發動起來，罷工人數有二十五萬人，而其中大部分都陸續回到廣州，至 7 月 7 日已有二十萬人，部分返回廣東各地鄉村。全港工團委員會在 6 月 21 日發表罷工宣言，誓與帝國主義鬥爭，向香港政府當局提出六項要求，爭取華人的政治權利、法律平等、勞工法保障、和減租 25％等。

廣州工界方面亦採取行動，6 月 21 日廣州的沙面島（英、法兩國租界所在地）的華工三千人罷工離開沙面，成立「沙面中國工人援助上海慘案罷工委員會」，同時在廣州市內為英日美法外商洋行、外人住宅服務的工人亦紛紛參加罷工，同時對沙面實行封鎖，組織罷工糾察隊維持，不准船艇貨物人口出入，而在沙面工人罷工後，英法租界當局即下令戒嚴，廣州港內英法軍艦上水兵在 6 月 22 日登陸沙面防守，如臨大敵。

香港和廣州的罷工行動成為廣州各界聯合愛國活動的基礎，廣東對外協會在 6 月 23 日舉行廣州工農商學兵各界聯合省港罷工工人的示威遊行，各界群眾與五萬多人出席，下午 1 時半，示威遊行開始，隊伍按照工農學商軍順次排列，有秩序進行，由東較場出發至西瓜園散隊。下午 2 時 40 分，當嶺南大學等隊伍行至沙基西橋時，沙面方面突然向對岸的遊行隊伍開火，華界內的群眾走避不及，共死五十二人，傷一百一十七人，造成了「六・二三沙基慘案」，這是繼英帝國主義者在上海「五卅慘案」後，在中國領土上又一次對中國人民進行的暴力壓迫，更加激起廣東和全國人民的愛國反帝憤慨，罷工封鎖行動則更進入高潮，罷工工人紛紛由香港回廣州，準備作長期鬥爭。

為了更有效的發揮罷工工人力量，罷工的領導人建立了一具規模的罷工組織，7 月 3 日，在中華全國總工會領導下的「省港罷工委員會」正式成立，由一個以蘇兆徵為首的十三人委員會組成（香港工界代表七人，廣州工界四人，中華全國總工會二人），下設幹事局；財政委員會，工人糾察隊，保管拍賣處，會審處，工人學校，醫院，宣傳部，水陸調查隊，勸捐處，築

路委員會，及後來加設的法制局，騎船隊，審查仇貨委員會，驗貨處，北伐運輸委員會等單位，而最高決策機構則為省港罷工工人代表大會，由各行業罷工工人按人數比例選出代表八百多名組成，代表大會會議時，罷工工人都可出席旁聽，自 1925 年 7 月 15 日首次代表大會以來，每隔一天便舉行一次，風雨不改，歷次罷工工人代表大會總共通過了二百八十三項決議案。而有關罷工排英貨封鎖香港沙面等重大事情都經代表大會集體討論通過，一方面保證罷工的各種政策措施都能夠民主決定和順利貫徹執行，同時亦保證罷工工人的團結合作，對罷工委員會的各單位作出有效的監督，宣傳部在罷工期內出版了《工人之路》期刊，發行量達一萬份，並時常印發各種宣言，傳單，畫冊，和小冊子，宣傳罷工意識，進行愛國教育，並舉辦各種訓練班給罷工工人及子弟學習政治時事，組織宣傳到各地活動，使罷工反帝鬥爭口號深入人心。

在經濟支持方面，這一批罷工工人的食宿和活動花費頗巨，每天達七、八千元，一部分是國內工會各界和海外華僑的捐助，一部分是違反罷工排貨的罰款及拍賣充公貨品，不過其中大部分是廣州當局的撥款（佔了罷工委員會由罷工開始至 1926 年 6 月止支出五百萬元中的二百八十萬元），而廣州政府則靠特別的租金附加稅，商業附加稅來籌措這筆罷工經費，可見這次愛國罷工杯葛運動是受到國民黨左派和共產黨控制下的廣州政府大力支持。

在實際執行上，罷工委員會擁有一強大有力的糾察隊，負責維持罷工工人紀律，封鎖香港沙面交通，截留糧食，查緝私貨，逮捕破壞者。工人糾察隊共編成五大隊，下有四支隊，每支隊下有三小隊，每小隊設三班，每班十二人，到 1925 年 8 月已組成三十二支隊，每支隊一百二十五人，共二千多人，其中部分有武器，並由黃埔軍校軍官訓練，後來增加了一支由十二艘小船組成的緝私艦隊，隨着廣州國民政府勢力的擴張，罷工糾察隊的活動範圍亦由廣州市珠江口伸展至全省沿海各縣，而罷工期內糾察隊員因公殉職的有一百二十多人，這隊伍可算中國工人革命武裝的一個先例。

隨着罷工活動的展開，整個省港罷工的中心策略亦漸明顯，由反對一切帝國主義在華侵略變成集中力量，「單獨對英」，當香港工人開始罷工行動

後，香港政府實施對廣州封鎖，禁止糧食，金銀紙幣出口，廣州方面亦宣佈
對香港封鎖，不供應食糧，禁止一切交通來往，抵制所有英貨，不准英籍輪
船出入，廣東對外出入口均不經香港，不用英輪運載，而外國商船如停泊香
港亦不准往來廣東，8 月中罷工委員會實施「特許證」入口制度，總之廣東
境內，凡非英貨，非英輪，非輸往、或途經香港者，均可自由貿易往來。這
是利用帝國主義列強在華利益不一致，內部矛盾日深，故可拆散帝國主義之
聯合，一方面爭取外界支持和同情，促進廣州經濟發展，另一方面可以集中
力量來拒抗香港和英帝國主義勢力，同時亦可用這愛國罷工杯葛運動來把廣
東民眾發展成為一個各社會階層聯合的革命統一戰線，而廣東則變為反軍閥
反帝國主義的國民革命根據地，所以那廿多萬罷工工人亦變成了左派的民眾
動員，製造政治高潮氣氛的重要生力軍。當時「工農商學大聯合」等口號在
廣州流行一時，而廣州商界的支持亦有助於對英杯葛的成功。

　　「單獨對英」罷工政策的有效執行，使到廣州脫離歷來在經濟上受香港
的控制而達到空前的繁榮，本來香港是華南對外出入口的最主要商港，「單
獨對英」的政策實施，各國輪船公司改變航線，不經香港，直接由海外通航
廣州，而一些原在香港經營的外商洋行亦遷往廣州經營，連在沙面的外商亦
遷出租界至廣州市區恢復營業。至 1925 年 11 月由香港或沙面遷到廣州內的
外國商號共八十多間，而廣州對沿岸各商埠或外洋的航線網亦打通了，尤以
上海廣州間直接班次最密，有十多間公司的輪船行走，廣州與黃埔間之港口
每日平均有外洋船三十艘停泊，出入口行業當然生意大增，同時華資工業和
手工業亦大加發展，取代英貨地位。總之廣州經濟繁榮可由廣州海關稅收可
見，1924 年 7 月為 229,523 兩銀，1926 年 1 月為 422,971 兩，比罷工前增加
八成。

　　不過香港的情況與廣州剛好相反，在罷工封鎖雙重打擊之下，社會和經
濟都陷於一片混亂和空前困境，街道堆積垃圾，市內交通停頓，對外交通接
近完全斷絕，糧食短絀，食物價格暴漲，政府要限制居民的柴米購買量，許
多一般食用物品根本無貨供應，在這「臭港」「餓港」中，居民的日常生活
（尤其在傭人罷工離去的洋人家庭）實在狼狽萬分。

　　商業方面，則市面蕭條，由於海員、碼頭搬運、海陸理貨和機器行業工人罷工，大批輪船停滯港內，貨物出入不得，商號店鋪紛紛停業，報紙停刊，股票價格暴跌，而股市交易所被迫停業（連滙豐銀行的股票亦大幅下降），總之商場人心惶惶不可終日，引起銀行擠提風潮，政府又要限制市民提款和金銀出口。至 1925 年底，香港有三千多宗商行倒閉破產案，七間銀行停業，香港的幣值亦不斷貶值（與廣州貨幣比換價由每百元高出三十元跌至每百元高出十八元，為歷年來所罕見）。此外因罷工工人和華籍居民紛紛離去，一直以來嚴重的房屋問題變為到處有空屋，而屋租和地價亦不斷跌落（有些低至原價三分之一）。

　　香港政府的財政收支亦因罷工封鎖而陷入困境，1921 至 1923 年間每年溢餘約二百萬至三百七十萬元，但在 1925、1926 年則出現大量赤字，商場不景而稅收賣地減少，但應付罷工封鎖而支出激增，1925 年度出超赤字在五百萬元以上，1926 年在二百四十萬元左右。情況之差，要由倫敦英政府借款三百萬鎊幫助香港渡過難關，如果連貿易上、工業上、金融上、和罷工工人工資等損失一起計算在內，則這省港大罷工每日起碼令到香港損失四百萬元。香港不只本身遭受空前的經濟危機，更失去作為華南轉口港金融交通中心的地位，在社會方面，心理上、聲譽上、政治上對香港當局的打擊，則難以用統計數字來表達了。而英國在華南貿易的利益亦被嚴重破壞，例如在 1924 年平均每月有一百六十至二百艘英國輪船出入廣州，罷工爆發後，英輪在華南的交通貨運幾乎完全由其他外國輪船取代，罷工期間，英貨輸入廣東全省只及平時 10%，而英貨出口到中國全國都大幅下降，由 1924 年的18,900 萬元降到 1925 年的 14,000 萬元，英貨在中國全國外貨入口總價所佔比率由 1924 年的 12.4% 跌至 1925 年的 9.8%，1926 年的 10.3%，可知這次由「五卅慘案」引起的全國性反帝國主義運動，尤其是省港大罷工，對英帝國主義在中國和香港的利益有嚴重而徹底的打擊，英方在華的經濟地位和政治聲譽都一落千丈。

　　在省港大罷工的壓力下，英方和香港當局初時是維持強硬態度，但時間一久，社會和經濟方面損失日漸重大而處尷尬地步，轉而尋求破壞和軟化罷

工的各種辦法（甚至希望可推翻廣州的左派革命政權，以圖消除大罷工的支柱），這些辦法無效之後，英方最後希望通過用華商間私人和正式官方談判交涉來結束罷工封鎖，但因有廣州左派政府的大力支持，罷工委員會不肯隨便讓步，堅持基本上屬於政治性的要求（取消不平等條約，解決上海、沙基等地的慘案，為罷工工人復員作保障等），而雙方無法達成協議。整個大罷工封鎖運動由 1925 年夏維持至 1926 年秋天，其中經歷了廣州政局的左右派鬥爭，為左派的國民革命聯合陣線提供了一個重要的群眾基礎，使在廣州舉行的第三次全國勞動大會（1926 年 5 月）和香港各工會的團結統一工作順利進行，同時亦加強了廣東的革命氣氛，有助於在 1926 年 7 月北伐的出師北上。

　　因為國民革命軍的北伐需要人力、財力、政治和外交上集中力量應付軍閥，要結束省港大罷工，罷工委員會代表，廣州政府代表和英方代表在 1926 年 7 月舉行中英談判，但雙方條件距離太遠而破裂，到 9 月時，北伐軍到湖北，革命政府亦準備北遷，省港罷工工人代表大會決定改變鬥爭策略，在 10 月 10 日國慶日結束罷工封鎖，而廣州當局宣佈徵收入口貨品附加稅 2.5% 至 5%，作為結束罷工後津貼罷工工人善後費用，至此，堅持了十六個月的省港大罷工正式終止，雖然未能完全消除帝國主義在華勢力，但罷工工人始終對敵人不妥協，對英在華和在香港的利益嚴重打擊，動員了省港勞工界作國民革命的群眾基礎，使當時廣東工運蓬勃發展，而工人們在罷工裏對組織、執行、宣傳等事，均取得經驗，有重大的進步，故此省港大罷工亦可算勝利收場，為中國工運史上一個重大的里程碑。

原載：梁寶霖、梁寶龍、陳明銶、高彥頤合編：《香港與中國工運回顧》
（香港：香港基督教工業委員會，1982 年），頁 43-47

抗戰中的勞工（1937-1945）

　　自 1931 年「九一八事變」日本開始大規模武裝侵略中國，佔領東三省，並成立所謂「滿洲國」的偽政權後，國內民意愛國心日漸激動，有見之士多主張停止國共兩黨內戰，全國團結動員抵抗日本帝國主義，至 1936 年 12 月「西安事變」後，國共兩黨實行第二次「聯合陣線」，以圖抗日救國，這些政治形勢的改變，對 1927 年以後已變成政治氣氛低沉的勞工運動亦有相當影響。

　　由 1937 年 7 月 7 日盧溝橋事件而爆發全面抗戰，戰爭初期，雖然軍事上不利，國軍一路向後撤退，一部分工人們隨着沿岸各大城市，商港的相繼失陷，和他們的工廠機構一齊向西南內陸撤退，作長期持久抗日，有些或搬遷到香港，一小部分則投向中共的「邊區」（如在陝甘寧邊區的延安），這些工人們均投入所謂生產救國行列，但另有許多工人無法離去只好留在日軍或偽政權管理下的淪陷區，所以戰時勞工的情況亦可據這幾個地區分述：

　　（一）在國民黨統治的「大後方」：抗戰爆發後，北平、天津、上海、南京一帶在 1937 年底之前全部失陷，部分工廠機構搬遷到四川、雲南、貴州，而以重慶為戰時首都。抗戰初期，政府以武漢為總部，當時國共合作關係尚和洽，一般軍民士氣仍高，1938 年 5 月 1 日國際勞動節慶祝是多年來全國最熱烈的，在武漢的慶祝大會上，陳誠代表國民黨，周恩來代表共產黨致詞（此為 1927 年來中共首次公開在國民黨統治區慶祝五‧一），而與會

的左派學生工人在遊行時還高唱當時國際左派在西班牙內戰的名曲「保衛馬德里」（希望武漢亦如西班牙首都馬德里一樣，可持久堅守）。可惜好景不常，到 1938 年 10 月，武漢陷落，而廣州亦失守，至此全國沿海港口盡失，以前從華中由粵漢鐵路經廣州香港的國際物資輸送帶亦斷了，國民黨被迫困守西南大後方，時間一久，軍事上又無進展，變成士氣漸漸低沉，人心不振。另一方面，抗戰中期和後期的國民經濟亦因嚴重的物資缺乏，高幅度的通貨膨脹，法幣貶值，普通工人的日常生活在戰時遷徙流離下，更百上加斤，十分艱苦。當時國民黨的官方勞工政策是以「抗戰至上」為號召，禁止罷工，提倡勞資調和，增加生產以供應國防需求，置國家政府的利益於民眾勞工的利益之上。主管勞工事務之社會部更公佈「戰時勞工政策」，除國防工業外，其他一切工業工人均須加入由國民黨幹部控制的工會，而工會不准舉行罷工，可知當局對戰時勞工並不放寬管制。由郵務人員出身的朱學範適逢戰時官方對外國際宣傳之需要，亦變為全國工運首要人物，因為國民黨當局有戒於 1925-1927 年左派「中華全國總工會」的勢力，故自 1927 年以來禁止任何有全國性的總工會形式性質的工人團體成立，而朱學範主理的「中國勞動協會」，是一個非工會性質的溫和改良主義的勞工福利教育機構。國民黨無全國性的工人組織，在對外的國際宣傳國際會議上均以「中國勞動協會」為代表。抗戰時這協會因得美國工會的大量捐款支持，在重慶建有自己的會所，經常舉辦工人的文娛活動，同時出版《中國勞動月刊》，一時間成了大後方最活躍的有關勞工的社團，但朱學範的政治立場卻因受中共影響，漸漸由右向左慢移。當時中共工運的幹部在國民黨地區利用兩黨合作抗戰比較開放氣氛，向大後方的工會工運人物接觸聯絡，希望打破在中共邊區內赤色工會的孤立，同時亦滲透一些工會組織和吸收左派同情分子，作為日後共黨在兩黨鬥爭的準備。不過整體來説，工會組織與工人運動在抗戰時的大後方沒有甚麼大突破，除了有些愛國工人從軍出發或作運輸隊到前線外，大部分工人與抗戰的正面軍事行動無直接關係，而在生活和工作上嘗到戰爭的悲慘。

　　（二）局部繁榮的香港：因為是英國屬土的關係，香港在 1937 至 1941

年底之間無直接介入中日戰爭，因而成了中國對外物資接濟，國際宣傳的重點，部分資本家亦把工廠設備由國內搬移來香港，各處難民（包括很多工人）亦來避戰亂，故香港人口一時大增，工商繁華（有如上海的租界區），生活程度亦上漲，所以亦常有小規模的經濟性勞資糾紛，而部分香港工會亦為抗戰而捐款作宣傳和回國從軍，到 1941 年 12 月日軍攻陷香港，有不少工人回鄉謀生，亦有一少部分參加廣東的地下抗日工作，但 1937 至 1945 年不算工運活躍時期。

（三）在中共的「邊區」：這些赤色「邊區」大都是位於荒遠的地帶，工商業不發達，原來只有少許手工業和體力勞動者，抗戰時雖有小數城市工人投到這些「邊區」，但基本上「邊區」是以農業為經濟主力，手工業為輔助生產，不過中共要堅持其為無產階級的政黨，故對工運在政治上的意義十分重視，所以亦有各「邊區」的工會，總工會的組織。如在 1940 年有「陝甘寧邊區總工會」在延安成立，號稱有工會會員五萬人（約佔全邊區工人人數的 90%）。不過其中差不多三分之二是農工，三分之一是手工業工人，只有很少（最多 5%）是產業工人，後來陝甘寧的「工業生產」大力發展，產業工人人數大增，由 1939 年的七百人變成 1944 年的一萬二千人，在其他的邊區內，如山西和河北，因為那裏有煤鐵礦及其他地方工業，所以產業工人比例亦較高，可能佔當地工會會員人數的 15%。

到抗戰後期中共控制下的許多「邊區」都有一個頗為可觀的地方性工會組織系統，（由整個邊區到縣再到市、鎮、村等層面的工會，以職業和產業分類）。根據中共官方資料，在 1945 年 2 月中共所有各「邊區」內共有 925,640 名工會會員（其中起碼四分之三是農業工人），而這些工會亦常舉辦各種會議和工人活動，在 1941 年前國共兩黨關係尚佳時，中共亦有請國民黨「白區」的工會代表出席邊區工會會議。為了政治上配合當前抗戰的「聯合陣線」，中共對「邊區」內的民眾團體（包括工會）採取了比較溫和開放的作風，施行「三一制度」（工會的辦事人員只有三分一為黨員，其他則為勞動界的代表），而工會的作用，除在政治上作為思想教育，抗戰宣傳，吸收積極分子入黨入軍，協助中共的地方行政等的工具外，亦有重大的

經濟任務，就是由工會鼓勵工人增加生產，一方面使邊區可在經濟上獨立，自給自足，同時亦能支援紅軍。

在 1937 至 1940 年國共合作比較和諧期，中共邊區的勞動立法不單提出改善工人的工作環境，福利等保障，更主張勞資協調，增加生產援助抗戰。當時產業工人的工資特別提高，每日只須工作八小時的也很普遍，當然是中共要特別優待和突出在赤色邊區內這少數真正的城市工業無產階級勞動者，為其政治宣傳和思想教育上一項實際的「樣板」或「事實基礎」。1941 年之後，由於國共關係變得緊張，國民黨加緊對邊區封鎖，日軍推進的壓力，同時中共黨內亦進行政治改革（如整風運動），中共在邊區的勞工政策亦改變，減輕了以前工會對工人福利、工資、工時的重視，而改為更關心工人的政治態度，生產貢獻和社會紀律，更有「勞工英雄」運動的推行，選出各行業、農業、手工業、軍需工業、新式產業的模範工人和模範女工（當然又是農業工人為大多數），工業工人模範中以一農具廠管工趙占魁最有名，廣加宣傳，作為工人政治生產教育的「道具」，這樣不但能提高生產額，亦希望提高工人在邊區內的形象與地位，而且趁機會發掘吸收訓練積極分子入黨入軍成為工運幹部。凡此種種，都與 1949 年之後中共當局的某些勞工政策措施有深厚的淵源。

（四）在日軍佔領的淪陷區：在淪陷區內的許多工人因實際環境，無法撤退至大後方或邊區，只好在日軍和偽政權的鐵蹄下求存，但淪陷區內不單政治氣氛緊張，許多工廠為戰火毀壞，失業或轉業的工人眾多，日方控制的產業則苛待工人，強制勞動，待遇惡劣，以暴力恐怖政策壓迫工人，而物資亦極缺乏，生活程度日漸高漲，故一般工人生活比戰前更為困苦。但在日軍控制之下，原來的工會民眾社團均不敢公開存在和舉行活動，更遑論組織罷工抗議來爭取工人福利。除一少部分愛國工人參加抗日的地下工作，破壞日方的軍需生產和運輸外，另一些工人施行總罷工，反日宣傳等鬥爭手法，其他工人都無可奈何地在淪陷區中生活。雖然偽政府在各大城市如上海、廣州亦有幾個民會俱樂部的組織，但都是利用工棍漢奸走狗出面主持，缺乏基層的工人參加，只是空頭的組織，更談不上甚麼工人運動了。

　　總而言之，八年抗戰中國內的工人大都為現實生活而刻苦求存，有些更受流離失散，家破人亡之慘痛，根本談不上有大規模自發性的工會活動，除了部分愛國工人加入抗戰軍伍或進行地下抗日工作，及在中共邊區的工人參與各種政治生產運動外，抗戰時期是中國工運黯淡的一段。

原載：梁寶霖、梁寶龍、陳明銶、高彥頤合編：《香港與中國工運回顧》
（香港：香港基督教工業委員會，1982 年），頁 75-78

香港在中國工運的角色

　　因為地理上、經濟上、人口上、歷史上的客觀因素，香港對中國工運，尤其是廣東地區，有過十分密切而直接的關係，有時可算「省港工運一家」。

　　香港自開埠以來，漸成南中國之國際商港，近代西化工業的重點，亦為華南移民海外之出口港，而居民多來自三江流域，是以在工商業、交通、社會文化、人際關係而言，香港簡直是廣東的一個不可分割的部分，尤以對外經濟關係而言，此種情況亦影響香港與廣東及對全中國工運發展的過程。

　　省港互相在工運上的影響可在民國初期至 1920 年代兩個主要工會的發展活動的歷史中清楚看見，這兩個就是較保守親國民黨的「機器工會」和左傾激進的「海員工會」。這兩個規模頗大的工會系統都是經過一段緩進演化的過程，由工人為主的「俱樂部」性質的組織，變革更新多次改組成為純工人的新式、現代化「工會」組合。而在這過程當中，香港的機工和海員都擔當了先鋒的角色。香港的工人組合都比廣東和中國各地的機工或海員組織先走一兩步，成了他們的典範（海員工會的全國總部在 1925 年夏天之前根本就設立在香港）。在實際的集體行動（經濟和政治性的罷工，杯葛）方面，香港的機工、海員亦當仁不讓，勇作先鋒，例如香港的 1920 年機工罷工，1922 年的海員罷工都是大規模的工運勝利，直接鼓勵國內各行各業工人組織工會，爭取權益。當然 1925 年 6 月至 1926 年 10 月為期十六個月的省港大罷工更是中國近代史上一個重要的群眾運動，成為當時「國民革命」，反

帝國主義，北伐統一的一個直接鼓動力，而其中香港二十萬罷工工人的貢獻是絕對的。在工運的領袖人物中，無論保守派（如機工首腦馬超俊）或激進派（海員領袖蘇兆徵、林偉民）都在香港「出身、入行」進行初期的工會活動，後來再在國內發展，終成全國工會的首腦人物及政府工運的主管（馬為南京國民政府的勞工局長，蘇為武漢政府的工人部長）。

　　從歷史的角度來看，香港的工人能夠在中國工運發展上擔當重要角色有其特殊的條件，其中重要者為香港本身的政治背景是外資控制的現代新式工商業交通的要點，有工業就有工人，而香港工人特別容易感到勞資雙方之對立利益，尤其當資方是外國的工業家，經理人時，勞資差異更加上了民族主義的色彩，此是一種有加強香港工人本身的勞工階層的醒悟性及加深香港工人與中國工運及中國國家民族利益的關係。例如 1858 年中英法戰爭時，就有二萬香港工人罷工以抗議英軍佔據廣州城，而 1884 年中法（越南）戰爭時，香港船塢工人為拒絕修理法國軍艦而罷工，香港政府的施壓力以圖復工不但無效，更激發成為時兩週之同盟大罷工。1925-26 年之省港大罷工更是最轟烈的工人愛國行動。另一個對香港工運有利的條件就是中國當局，特別是廣東廣州政府及當地的工會對香港工人的支持與同情。1920 年之機工罷工，1922 年之海員罷工，及 1925-26 年省港大罷工時，香港之罷工者都是返回「省城」而不必受香港資方和英殖民地當局的壓力，故此能夠有長期作戰之後盾（廣東的官方和工會對香港返國的罷工者，簡直是出錢出力的支持鼓勵）。

　　由此可知省港工會組織、行動，人事上的關聯很深，不易隨便劃分界線，（今次的題目幾乎是可以改為由另一角度來看，「中國對香港工運的影響」）。現時本港的一部分工會仍有因中國政局而分左右兩陣營，則可知研究香港工運時，不能忽略中國的直接影響。

原載：梁寶霖、梁寶龍、陳明銶、高彥頤合編：《香港與中國工運回顧》
　　　（香港：香港基督教工業委員會，1982 年），頁 84-85

民國初年勞工運動的再評估

一些研究中國近代史的學者，常常以為現代中國的勞工運動始自 1919 年五四時期，至 1921 年中共成立後再加劇發展，以激進的知識分子和學界人物為推進工運之重心，或視工會組織和工人活動為左派和共黨之專利產品。[1] 平心而論，知識分子對中國社會群眾運動的貢獻是絕對不可忽視，但就歷史演進過程來看，現代中國的工運在十九世紀晚期已漸露端倪，工人曾積極參與多次大規模的愛國罷工杯葛運動，至二十世紀初年，中國工人在思想意識上、在團結組織上、在集體行動上都有相當的進展，取得實際的經驗。到民國成立後，政治社會風氣比較開放，又受到西方思潮的衝擊，加上各政治團體、學界人物對社會問題的關注，在多方面都直接間接鼓勵了工運的發展，但民國初年以來的工運實有賴於當時的客觀的經濟條件和帝國主義列強壓迫中國而引起的刺激。這互相關聯的兩大因素 —— 工人的經濟權益

1　普遍來説，不少研究中國近代史的學者常有兩種錯誤的傾向，或是輕視勞工運動在近代中國政治、和革命過程中的歷史價值，或認為中國之工運始自五四運動和中國共產黨的成立，而到 1927 年中共城市暴動政策失敗，轉入農村根據地階段時終止。這裏誤會可能起源於中共之農村革命政策在日後之重要性，導致城市的勞工運動被相對地忽略。其實近代中國勞工運動不單在 1919 年五四運動前早已發生，在 1927 年後亦有相當的發展。請參閱：Ming K. Chan, "Labor in Modern and Contemporary China," *International Labor and Working Class History*, no. 11 (1977); Ming K. Chan, *Historiography of the Chinese Labor Movement, 1895-1949* (Stanford, 1981), "Introduction"；Lynda Shaffer, "Modern Chinese Labor History, 1895-1949," *International Labor and Working Class History*, no. 20 (1981)。

和愛國主義 —— 不單為民初工運的基本推動力，亦是 1920 年代中期中國工運空前盛況的基本因素，甚至北伐後南京時代亦以這兩因素為當時工運的關鍵。本文旨在簡單地再評估民國初期十年間中國勞工界在蓬勃的經濟發展下及在帝國主義壓迫下，兼受當時政治社會風氣和學界思潮的推動，在覺悟、組織和奮鬥方面的迅速成長的主要因素，以明白 1925-27 年國民革命軍北伐前夕之勞工運動的真正動力和發展的基礎。（在這裏，「再評估」之意是針對本文作者以前發表過的著作，以及對其他學者有關這問題的研究中所提出的觀點和結論來作出修訂）。

一、清末工人的愛國運動

1838-42 年鴉片戰爭後，列強藉不平等條約之蔭助在中國沿岸開港設租界，發展現代交通運輸，建立新式工業；中日甲午戰後，更大規模在華作工業投資，是以中國之有現代工業設施，及新式勞工的出現，根本就與帝國主義有直接關係。同時十九世紀中葉以來，華工大批出洋謀生，遠及美洲、非洲、澳洲及東南亞，身受帝國主義和殖民地政權的滋味，民族意識遂油然而生。新式工業勞工既出現，西方工業化社會的思想與制度，漸由通商口岸和海外回歸的僑工傳入，由是更加速勞工的醒覺。例如廣州因對外接觸頻繁，而香港又漸從英國殖民地發展為遠東重要商埠，得風氣之先，故華南港粵工人組織為全國工團的先驅。在咸豐年間廣州已有「打包工業聯合會」的成立，而廣東郵政工人則在光緒三十二年（1906）之前，組成「廣州郵員俱樂部」。宣統元年（1909）廣州機器工人成立「廣州機器研究會」，而香港機工則成立「中國研機書塾」。[2] 風氣所及，連當時的香港理髮工人亦有小規模的組織。而廣州沙面英租界的外商企業華工八百餘人亦組織「惠群工社」。雖然當時因欲避免官方和社會壓力，尚未正式公開標示「工會」名號，但就

2　　李伯元、任公坦：《廣東機器工人奮鬥史》（台北，1955 年），頁 27-29。

其結構、成員、目的及活動而言，已成中國近代新式工人團體之先河。[3]

除有此種新式或半新式的勞工組織外，純工人性質或以工人為主幹的集體工業行動如罷工、怠工、杯葛、抗議、示威等近代工運行為，亦常在各通商口岸和內陸工商城市發生。一方面固因為當時社會經濟結構有所改變，引起勞動者在工作上和生活上的許多問題；同時亦因為列強對中國壓迫日益嚴重，如租界與殖民地的租讓，巨額之戰敗賠款，關稅受控制，鐵路礦山內河航權受侵奪等，使中國社會經濟不能正常發展，國民生計深受打擊，中國勞工或身居外國租界和殖民地，或受僱於外商企業，或其服務行業遭外資壓力及洋貨競爭，對帝國主義侵略的感受，尤其直接和深切，遂在保障其本身基本經濟權益和民族主義愛國思想的雙重鼓舞下，展開了結合反抗帝國主義和維護勞工利益的大規模罷工、杯葛等活動，其中有些非常轟烈，影響深遠，震動中外的工人鬥爭，如鴉片戰爭時之廣州機房工人的「三元里反英事件」；[4] 咸豐八年（1858）英法聯軍之役中，香港兩萬華工罷工返粵抗議英法軍攻佔廣州；[5] 光緒十年（1884）中法戰爭期間香港船塢工人拒修法軍艦而引起的兩週的同情大罷工，受到中國朝野一致讚賞。[6] 而當時孫中山先生亦深受工人愛國表現的感動。[7] 至光緒三十一年（1905）更因抗議美國政府禁止華工赴美而引發了全國性的長期反美杯葛運動，在上海、漢口歷時數月，而在廣州一帶（因屬赴美華工原籍），更維持至翌年，這回愛國運動雖由學界和紳商發動、宣傳，但基層組織與實際執行，則賴各地勞工團體、行會的支持，雖杯葛運動未能改變美國禁止華工之政策，但已開日後五四以來多階層

3　　陳達：《中國勞工問題》（上海，1929 年），頁 99。

4　　陳錫祺：《廣東三元里人民抗英鬥爭》（廣州，1956 年）；Frederic Wakeman Jr., *Strangers at the Gate* (Berkeley & Los Angeles, 1966), pp. 11-28。

5　　夏燮：《中西紀事》（1865 年，1962 年台北重印），卷 13，頁 8-9。

6　　參閱李明仁：〈1884 年香港罷工運動〉，《歷史研究》，1958 年第 3 期；G. B. Endacott, *A History of Hong Kong* (London, 1958), p. 208；邵循正等編：《中法戰爭》（上海，1955 年），第 5 冊，頁 37-38。

7　　孫中山：《國父全集》（台北，1957 年），第 2 冊，頁 80。Harold Z. Schiffrin, *Sun Yat-sen and the Origins of Chinese Revolution* (Berkeley & Los Angeles, 1968), pp. 18-19。

性的愛國聯盟——工、學、農、商——的先河，自此以後，排外貨的杯葛
活動在國內漸成一反抗帝國主義的有力工具。[8]

　　除愛國性質的罷工、杯葛外，工人對本身在社會、經濟體系中的利益亦
漸趨醒悟，開始加強彼此的聯繫和組織，以保存或爭取應得的權益，故經濟
性的集體工業行動遂隨之發生。粗略的統計，從甲午戰後到辛亥革命期間，
國內規模較大的罷工達五十次以上，其中大多（超過三分之二）都是經濟性
質，目的在反對例假工作、延長工時、剋扣工資、拖欠薪酬、工頭剝削、廠
方壓迫和拘禁、開除工人等事故。[9] 從這些工人的集體抗拒，可見當時中國
勞工已有相當的醒悟，明白爭取維護本身的經濟權益，而且亦有大規模組織
行動的能力。

　　勞工的反帝國主義，經濟權益上的醒悟及行動，亦導致他們對國家社會
的前途問題的關切，從而逐漸參加實際的革命行動，當時同盟會在國內與海
外的活動，便吸引了不少中國工人，特別是知識水準較高的熟練勞工如機器
工人和民族意念較強的如海員等。二十世紀初，中國沿岸港口的海員、碼頭
工人、機器工人常有冒險為革命黨傳遞消息、運送彈械、偷渡黨人，暗製
火藥和散播宣傳等工作，部分工人更直接參與多次起義，如光緒三十二年
（1906）同盟會在萍鄉、瀏陽、醴陵起事，以六千安源礦工為主力，而宣統
三年（1911）3 月 29 日黃花崗之役，殉難黨人八十五名中，就有十七人為
勞工出身（十二名為機器工人）。[10] 武昌起義後，京漢、川漢鐵路的工人均
曾參加革命軍直接對抗清軍，而工人亦參與光復上海之役，以內外夾攻的方
式，奪佔了江南製造局，可見工人在反清革命中的貢獻是一定的，同時亦加
深他們自身的覺醒，而作出強有力的革命性行動。

8　這杯葛運動之研究著作頗多，可參考張存武：《光緒卅一年中美工約風潮》（台北，1966 年）；阿
　　英（錢杏邨）編：《反美工禁約文學集》（北京，1960 年）；朱士嘉編：《美國迫害華工史料》（北
　　京，1957 年）；Margret Field, "The Chinese Boycott of 1905," *Papers on China*, vol. 11 (1957); Edward J.
　　M. Rhoads, "Nationalism and Xenophobia in Kwangtung (1905-1906)," *Papers on China*, vol. 16 (1962).

9　李時岳：〈辛亥革命的中國工人運動和中華民國工黨〉，《史學集刊》，1957 年第 1 期，頁 67。

10　中國勞工運動史編纂委員會：《中國勞工運動史》（台北，1959 年），頁 50-57，61-64。鄒魯：
　　《廣州三月二十九革命史》（長沙，1939 年），頁 87-167。

二、民國初年的政治社會、思潮、經濟與勞工

　　辛亥革命之役，民國成立，整個中國社會都有深遠的改變，在政治形態、言論思想、風氣民心等方面都有新的發展。在這種比較自由、開通的環境下，勞工運動亦一度出現蓬勃的氣象，工人以新國民分子自居，不甘受無理壓迫，力爭待遇的改善。僅上海一地從民國元年至民國二年 6 月之間，便發生十餘次罷工（絲廠、紗廠、紙廠、和翻砂業工人），國內各大城市亦常有罷工爆發，如民國元年 12 月北京郵政工人及漢陽兵工廠工人罷工，同時廣東順德亦有五千名絲廠女工罷工，次年 1 月長沙染工聯合罷工，5 月長沙火柴工人及漢陽兵工廠等亦罷工。這些罷工多半因為工人要求增加工資或減少工時而發生，證明工人明白情勢，能把握時機，為爭取經濟利益而大規模地進行集體鬥爭。[11]

　　不過更為重要者，乃當時勞工活動在性質和方向上的轉變。由於一些新的因素開始滲入，工運逐漸進入新的階段，在民國初期十年間，有許多方面的發展。這些新的因素可簡單地歸劃為三大類：（一）政治社會性的；（二）學界思潮推動的；（三）實質經濟性的。這裏依次加以分別討論。

政治社會性因素

　　在政治社會性的因素中，最明顯的莫如政治界和學術界開始對勞工情況關注而採取行動。民初政黨政治口號風行的時候，大大小小的新政治團體紛紛成立，頗有些政界人物倡議成立與勞工有關的政黨。不過這種「關係」可能只是名義上和理論上而非實質上的。例如戴季陶曾在其創辦的上海《民權報》上鼓吹組織「勞動黨」，而譚人鳳主持的「自由黨」和陳其美成立的「工黨共進會」，也都吸收了一些秘密會社系統下的勞動分子。江亢虎的「中國

11　李時岳，前揭文，頁 69-70，80-82；趙親：〈辛亥革命前後的中國工人運動〉，《歷史研究》，1954 年第 2 期。

社會黨」更曾把一部分上海碼頭工人和北方鐵路工人組織了起來。[12] 但比較上真正有點勞工基礎的，要算 1911 年底上海工人徐企文等發起的「中華民國工黨」，設總部在上海，有七十多個各省市支部，尤以湖南、河北唐山的支部勢力最大。「中華民國工黨」基本上傾向溫和的社會主義，採取勞資協調的路線改善工人的生活，提高工人的教育水平和社會政治地位，故商家及學界人物亦有加入為黨員者。它曾經出版《工黨民報》，設立工人學校和醫局等文化福利機構，亦曾領導或支持多次罷工，以反抗「無人道」的個別資本家。民國二年 5 月，由於反對袁世凱實行獨裁，徐企文等組織工人進攻上海江南製造局，不幸失敗，「中華民國工黨」遂就此消滅。[13]

袁世凱專政期間，因其破壞約法解散國會，禁止政黨，施行治安條例，禁止罷工，工人活動亦受到壓制而暫時陷入低潮，不過民初那一年半之間，因為政黨政客的鼓吹、輿論的同情，和社會風氣比較開放，工人們的確發生了很大的醒覺，在組織上亦有進步。在上海、南京、武漢等地，出現了許多新式的勞工團體，如南京的津浦鐵路南段職工同志會，上海繰絲女工同仁會，江南製造工人同盟會，漢口租界的人力車夫同益會，漢陽的翻砂幫聯合會，廣州和香港的機工團體的再改組等等。二次革命前後，工人曾以實際行動支持倒袁，除「中華民國工黨」起事外，廣東海員有不少加入孫中山先生的「中華革命黨」，為反袁革命效力。民國二年，廣東海員奉孫中山先生命在日本橫濱成立「聯義社」，此社之香港分部，實即日後有名之海員工會，亦為民國十一年香港海員罷工的總機關之前身。[14] 可見中國工人和國民革命的淵源，亦為工人在五四時期及 1920 年代中葉的全國性愛國動員奠下基礎。

另一個有關政治社會的因素，就是 1914 年第一次世界大戰的爆發（對國內經濟之影響可詳見下節），英法俄三國因國內壯丁大多數被徵調往前線作戰，以致工廠勞動人力缺乏，生產不足，於是先後到中國招募華工到歐

12　鄧中夏：《中國職工運動簡史（1919-1926）》（北京，1953 年），頁 5-6。

13　李時岳，前揭文，頁 72-86；《中國勞工運動史》，頁 73-78。

14　《中國勞工運動史》，頁 86-87。

洲，以填補國內勞動力的空缺，維持戰時生產。歐戰初期，北洋政府採取中立，至 1917 年 8 月在英法慫恿下，對德宣戰。但因內戰關係，且財政上有困難，不能派兵赴歐直接參戰。因法國面對勞工短缺，故北洋政府提議中國方面「以工代兵」。1916 年冬，第一批為數八千名的華工抵法服務，至 1919 年初，赴歐華工已逾二十萬人，分佈英、法，或服務軍營，或在工廠生產。在歐期間，華工與當地社會和工人有多方面的接觸，聽到並親身體驗現代工業社會的各種理論、主義和實際情況，了解到歐洲工人的生活水準和工作條件比較良好，和他們以強力的工會組織來推動工運，爭取權益的有效。同時，許多赴歐華工亦有機會接受教育，在留學生、翻譯員、青年會（YMCA）辦理的工餘學校上課，亦取得組織工人團體從事集體行動的經驗。華工之間，曾有種種的團體成立，以照顧華工福利，加強聯繫與團結，以保障在海外的自身權益，例如在法華工就有「旅法華工工會」的組織，頗具規模。[15] 同時在巴黎的中國知識分子學生亦出版「華工雜誌」，鼓勵華工向西洋社會文化學習，同時亦抨擊僱主管工苛待工人，而主張工人組織工會以維護權益。[16] 大戰結束，十多萬華工返國，他們不單只是中國參加第一次大戰的唯一實質貢獻，提高了國家及工人的地位，同時華工在歐洲的各種經歷，不只對他們的眼光、見識大有影響，他們在英法身受外人壓迫，更激發起民族意識和反帝國主義情緒。回國後，他們大力介紹歐西工業社會的勞工運動，積極提倡工人組織新式工會，並發揚工人的愛國心，遂成為工界內一股中堅力量，在上海的「留法勞工會」就是由他們組成，這些華工對工運的啟導作用，實在功不可沒。

---

15 《中國勞工運動史》，頁 108-119，對華工參戰的情況和「旅法華工工會」的章程等，均有記載。另外 Judith Blick, "The Chinese Labor Corps in World War I," Paper on China, no. 9 (1955) 亦有報導。最新近和詳細的研究分析可見：陳三井：〈華工參加歐戰之經緯及其貢獻〉，《中央研究院近代史研究所集刊》，第 4 期上冊（1973 年）；及陳三井：〈歐戰期間之華工〉，《中國現代史專題研究報告》，第 5 輯（1976 年）。

16 Chow Tse-tsung, Research Guide to the May Fourth Movement (Cambridge, Mass., 1963), p. 39。留學生中之著名者，有日後中華平民教育會的創辦人晏陽初，其最早的平民教育經驗，即由當時為旅法華工服務而來。

　　從民初政治社會風氣而言，工人的成長、工會的成立、工運的開展，實與政權對工人的態度有莫大關係。當時工會工運尚未有正式的法律地位，故當局往往可任意加以扶植或破壞（make or break）。廣東工運的能夠比較蓬勃發展，固因當地工人得風氣之先，又直接受帝國主義刺激，歷來已多經濟及愛國性的鬥爭，但孫中山先生在廣州開府（先為護法政府，後為大元帥府）革命，一方面拒抗軍閥獨裁，一方面與帝國主義鬥爭，重視社會基層和同情勞工，所以廣東工人能夠配合有利的主觀客觀條件，大力發展工運，如有名的「廣東機器總會」和香港的「中國機器研究會」在民國六年冬合力籌設「中國機器總會」。民國七年秋，廣州市茶居職業工會成立，均獲當時的護法政府贊助，許以立案。全中國第一次公開慶祝國際勞動節的大會，就是民國七年 5 月 1 日在政治風氣比較開明的廣州市舉行的，由廣東機器總會和華僑工業聯合會（由老同盟會員、工團主義者謝英伯所）共同發起，到會者有各工廠工人，及印字行、茶居行、理髮行、公眾社團、自由職業團體代表一百六十餘人，亦算當時工界創舉盛事。[17]

　　海員工會的組織成立，更與中山先生有直接關係。其前身之「聯義社」為二次革命反袁時的革命組織，海員領袖亦多為中山籍之同盟會舊人（如陳炳生、蘇兆徵、林偉民等）。民國十年 3 月海員工會在香港成立，工會的正式命名「中華海員工業聯合總會」為中山先生所定，工會招牌亦為中山先生親手題字。次年 1 月香港海員因要求加薪而舉行大罷工，罷工海員陸續返回廣州，受到粵省當局和當地工會支持，給予經濟援助，海員因此得以堅持立場，對抗港英當局和外資船商的壓力，後來廣州政府出面調解，使海員罷工得以全面勝利收場，可見有同情工人的政治後盾對工運的重要。當然這次海員罷工雖因經濟改善而爆發，但後來因英殖民地當局之暴力鎮壓，實質上已演變成工人反帝國主義的鬥爭，孫中山先生和廣州各界對海員的支援，亦是

17　《中國勞工運動史》，頁 105-106，149-151。李伯元，前揭書，頁 57-60。

一種多階層愛國動員的表現。[18]

在這種「天時、地利、人和」的條件下，民國九年廣州已有新式工會八十個，廣東全省有工會一百三十個（而香港則有一百個），實為全國之冠。[19]孫中山先生的支持亦使第一次全國勞工大會可順利地於民國十一年五一勞動節在廣州開幕，共有來自十二個城市的一百六十代表出席（代表百餘個工會二十萬工會會員，百分之八十來自廣東）。此外廣州當局亦以其他法律行政設施來鼓勵工運，扶植工人為國民革命的民眾基礎。民國十一年海員罷工勝利後，中山先生特令廢止北洋政府所頒佈的臨時治安條例第二二四條（禁止罷工），同時又在廣州市民選市參事會中特設工界代表（由馬超俊代表工界出任市參事）。[20]可見開明的政治領導人物亦深知勞工日益醒悟，漸成有組織的政治社會力量，如加以培養，強有力的工運亦可成愛國活動的有力支柱。

學界新式思潮和熱心分子之鼓勵

學界知識分子對勞動問題、工人組織和運動的鼓勵和關注，亦不容忽視。早在民國成立前，海外已有些華人報刊，在介紹歐西現代思潮如社會主義、工團主義和無政府主義時，經常報導歐西各國勞工情況，其中最著名者為吳稚暉、李石曾在巴黎出版的《世界報》和《新世紀》。到民國以後，知識分子更積極的參與工人活動。民國初年一個激進的無政府主義工團派（Anarcho-Syndicalist）分子劉師培直接投身工運，在廣州設立「晦鳴社」，創辦理髮工會和茶居工會，並出版《民聲》（1913-1921）。他在工人中的活動雖曾暫時因袁世凱的壓迫而停頓，但他所宣傳的無政府主義工團思想，在廣東的服務行業工人中頗有影響力。至民國六年孫中山先生在廣州成立護法

18　海員工會的建立和 1922 年海員罷工的發展可參考 Ming K. Chan, "Labor and Empire: The Chinese Labor Movement in the Canton Delta, 1895-1927" (PhD diss., Stanford University, 1975; University Microfilm 75-25, 504) 第 10 章；章洪：《香港海員大罷工》（廣州，1979 年）。

19　王清彬等編：《第一次中國勞動年鑑》（北平，1928 年），第 2 篇，頁 6；陳達，前揭書，頁 100。

20　Jean Chesneaux, *The Chinese Labor Movement, 1919-1927* (Stanford, 1968), pp. 185-187, 201-203.

政府，風氣比較自由開放，無政府主義工團派便捲土重來，直至 1920 年代而不衰，如茶居工會會員逾萬人，為廣州一重要之工人團體。[21]

學界的參與，對於啟發勞工新知，加速工人的醒悟，和輔導工會組織等方面，均有極大貢獻。及至第一次世界大戰後，俄國革命爆發，各種西方社會主義思潮在中國學界內十分流行，國內知識分子受感染者頗眾，從而對中國社會深入探討，連帶對勞工問題亦更加關切注意，到五四運動時期，這股新思想帶來的洪流更加高漲。

五四時期，一向少受注重的中國勞工問題和缺乏普遍社會同情支持的工人們，都得到進步知識分子的重視和關懷，後者開導社會風氣，領導社會輿論，促進工人自覺和工運的發展。最先學界人士對中國勞工情況多無專門深入研究，他們之所以注意勞工，許多時候只是因為勞工問題為中國社會改革和經濟發展中的一環，是由於從古以來中國知識分子在社會上所處的領導地位，言行舉止皆有相當的影響力，因此他們對工人所受的種種痛苦和所受的壓迫，和社會經濟種種不公平現象的申論抨擊，以及有關國際工運消息的介紹，的確引起過廣泛的注意，使勞工情況成為受一般人所重視的現代社會經濟問題。

知識分子在這方面的貢獻和努力，可從他們的言論出版活動中充分表現。民國成立後，全國第一個專門報導勞工的雜誌，就是吳稚暉主編的《勞働》月刊（民國七年 3 月在上海創刊，至同年 7 月止，共出五期），旨在打破「勞心者治人，勞力者治於人」的傳統觀念，提倡勞動主義，介紹世界工運消息，培養工人之道德和知識。撰稿人包括蔡元培、李石曾、陳獨秀等。[22]

第一次大戰後初期中國知識分子對西方之自由、民主、平等思想極為傾心。而俄國革命的成功，使進步的學界人士對社會改進，和工人地位提高更為熱心。如當時北大校長蔡元培於民國七年 11 月 28 日在北京舉行的大戰勝

21 《中國勞工運動史》，頁 85-86；鄧中夏，前揭書，頁 5-6；Robert A. Scalapino and George T. Yu, *The Chinese Anarchist Movement* (Berkeley & Los Angeles, 1961); Arif Dirlik and Edward Krebs, "Socialism and Anarchism in Early Republican China," *Modern China*, no. 2 (April 1981).

22 《五四時期期刊介紹》（北京，1959 年），第 2 冊，頁 167-173。

利慶祝會上，公開鼓吹「勞工神聖」，把「勞心者」和「勞力者」視為平等，打破傳統上輕視勞工的偏見，亦為日後熱心的學界人士直接參與工會工運作了思想上的鋪路工作。[23] 當時最具影響力之《新青年》雜誌在第七卷第一期（民國八年 12 月）發表的〈本誌宣言〉內，強調中國新社會的青年應當尊重勞動。而次年 5 月 1 日國際勞動節《新青年》第九卷第六期更成為「勞動節紀念專號」，刊登了二十六篇有關國內和各國工運的專文。[24] 其時知識分子大多仍受自由主義和社會主義思潮影響，故未有明顯的馬克思、列寧主義傾向，故這專號亦未提出「無產階級革命」等左傾共產化口號，可見當時學界熱心分子多本社會改良主義（social reformism）眼光來看工運。溫和社會改良主義之行動表現在乎改善工人自身的生活條件和教育，如 1917 年有上海男女青年會（YMCA, YWCA）在浦東建造一處「勞工新村」，在滬西建一個「滬西公社」，和滬江大學合辦一個滬東公社，發展工人學校福利等。[25]

　　民國八年五四運動中的愛國活動，雖由北京學界率先行動，罷課、演講、遊行示威，反對北洋政府媚日賣國，但真正演變成一全國性各階層的愛國群眾總動員，則要算 6 月初各大城市，尤其以上海為中心的三罷（罷工、罷課、罷市）。把知識分子的愛國學潮，通過工人店員們的實際集體工業行動，變為一全面的大規模愛國抗議，予北洋政府當局和外國帝國主義者直接和實質上的打擊。由上海勞工界在 6 月 5 日起開始愛國大罷工，參加工人逾七萬，使各輕重製造工業、服務行業、公共事業、通訊運輸等都完全陷於停頓。同時工人店員親身提倡拒日貨用國貨，亦使這方面能有效地執行，可知以上海為例，五四愛國活動是一種勞工界、學界和商界的聯合，學界負責領導與宣傳，勞工界以實力執行（因其人數眾多，對經濟和社會服務有直接致

23　孫德中編：《蔡元培先生遺文類鈔》（台北，1961 年），頁 469。

24　Chow Tse-tsung, *The May Fourth Movement: Intellectual Revolution in Modern China* (Stanford, 1967) 為五四運動經典權威之作，其中對《新青年》之背景和變遷有極詳細之分析，見 pp. 41-48, 174-178, 248-250。

25　高顏頤：〈青年會與勞工〉，載陳明銶、梁寶霖、梁寶龍、高顏頤編著：《香港與中國工運回顧》（香港，1982 年）。

命的控制能力），商界則在二者的影響和壓力下合作。如無勞工界之參與與支持，絕對不能達到有效而直接的大規模群眾動員，迫使北洋政府就範，使五四愛國活動以勝利收場。[26]

　　當然在這次愛國動員中，工人完全以民族主義為目標，並無提出任何經濟條件，並在聯合拒抗帝國主義的目標下，與華資廠方合作。但在這些愛國活動中，工人們在學界分子之領導下，對自身的醒悟，明白帝國主義、軍閥政治迫害之情況均有增進，而在團結組織和實際鬥爭動員方面，亦增加了不少經驗。五四愛國三罷的成功，不只提高工人在社會政治上的地位，同時大大加強勞工界的自信心和勇氣，積極發展工人組織和發動爭取本身經濟權益，抗拒帝國主義壓迫的種種鬥爭。可算學界在五四時期對工人有啟導之作用，而工人熱心支持愛國活動作出貢獻，亦從中取得經驗和信心來推進工運。五四之後上海、廣州等各大城市的新式工會如雨後春筍，紛紛成立，而許多原來帶傳統色彩的工人團體亦改組變革，演化為現代化的工會（如加強內部和基層結構、擴張範圍）。

　　五四運動之後，亦引起部分激進的知識分子直接介入工運，或出力組織工會，或領導罷工，如湖南無政府主義者黃愛、龐人銓於民國九年冬，集合同情勞工的學界人士和工人中有自覺者，在長沙成立「湖南勞工會」，開湘省風氣之先。兩年內，類似的新式工會成立者有十個。[27] 但影響最深遠、規模最大的則為左傾青年和學界人物所組織者。民國九年底至十年初，熱心的左傾分子和大學生漸在北京、長辛店、長沙、廣州、上海舉辦各種工人學校和出版工人刊物，如《勞動者》、《勞動音》、《勞動界》、《勞動與婦女》，

26　整個五四運動在文化、社會、思想、政治各方面的歷史意義、發展過程，當以周策縱（Chou Tse-tsung）前述巨著為基本的參考著作。在上海方面的資料可參考上海科學院歷史研究所編的《五四運動在上海史料選輯》（上海，1960 年），及 Joseph T. Chen, *The May Fourth Movement in Shanghai* (Leiden, 1970)。

27　《中國勞工運動史》，頁 151；陳達，前揭書，頁 140-141。當時湖南工運的一般發展可參考湖南省哲學社會科學研究所現代史研究室編：《五四時期湖南人民革命鬥爭史料選編》（長沙，1979 年），頁 60-88。Lynda Shatter, *Mao and the Workers: The Hunan Labor Movement, 1920-1923* (New York, 1982)。

作為參與工運的初步。這些方法和手段（以文化教育思想宣傳為主）直接反映當事者以局外人的身份介入，常常未能完全明白中國工人基本的要求和權益。到民國十年中國共產黨正式成立後，其黨內即設「中國勞動組合書記部」，為其勞工運動的總機關（總部在上海，以張國燾為首，而廣州、北京、武漢、長沙等地均有支部），正式在各大城市直接進行勞工運動，開了學界激烈分子以馬列主義領導工人之始，但除了在京漢路長辛店和安源礦兩處外，共黨分子的初期工運活動均無大成績。[28] 因為原有由行會演化而成的新式工會、無政府工團主義的工會等，均為左派工運的競爭者，而軍閥當局對極端和激進的工人組織和活動亦大力鎮壓，而共黨工運人物亦未能把握利用工運的經濟性和愛國性兩大特性。故要到 1924 至 1927 年間國共合作時期，左派利用國民黨的軍事政治財政基礎和群眾號召力，打着國民黨的招牌，在反軍閥反帝國主義之愛國聯盟動員下，方才有機會大規模有力地發展工運，設立左傾的「中華全國總工會」系統。但在 1924 年之前，左派分子在工運中的作用頗為有限。例如由共黨的「中國勞動組合書記部」在幕後策劃的第一次全國勞動大會要在國民黨的實力根據地，孫中山先生歷次革命之發源地廣州市舉行，會場要借用比較保守的「中國機器總會」會所，而會議時又受機器工會和廣東省總工會的保守派工運領袖影響，所以通過之議案都是溫和平實，不曾發揮馬列主義工運主張。當時共黨所組成的「廣東工會聯合會」亦流為一空頭機關，缺乏基層的工會和工人參加。[29]

客觀經濟因素

上述的各種政治社會風氣、思潮的影響和學界的推動，都對工運的發展有相當的重要性，但從另一角度看，都是屬於外沿條件；客觀的經濟條件往往是最基本的內在動力。而實質的經濟因素中，則首推第一次世界大戰對中

28　鄧中夏，前揭書，頁 14-17；《中國勞工運動史》，頁 157-158，200-202；劉立凱、王真：《1919-1927 年的中國工人運動》（北京，1957 年），頁 17-19。

29　《中國勞工運動史》，頁 201-202。

國工業發展的影響。

　　第一次大戰爆發後，歐西列強因戰事關係，國內生產及國外貿易運輸均大為變動，無暇亦無力控制中國市場，中國國內的工業家和投資者，遂利用機會，大力發展新式工業，造成所謂「中國民族工業」的「黃金時代」。而日本亦趁機加強在華的工業投資，擴大其在華市場和經濟影響力，故自民國三年至十一年，為中國工業空前發展時期，亦是中國工人數量急劇增加和力量強大時期。

　　外資在華投資以紡織業最為重要，而國人自營新式工業亦以紡織為主。故略觀紡織業即可見當時國內工業發展盛況。自民國三年歐戰起至民國十一年止，華資紗廠共增加四十八間，紗錠數目增加二倍多，而織布機亦增加二倍多（1912 年 484,192 錠 2,016 台，1921 年 1,506,634 錠 6,767 台）。日資紗廠的紗錠數目與織布機由民國二年之 111,936 錠 886 台增為十一年的 621,826 錠 2,980 台。此外國內其他企業如麵粉、煤炭、鐵砂、煙草、水泥和機器等生產，均有巨增。[30]

　　新式工業的工人數目，大約增加了一倍（由民國元年的一百五十萬人增為八年的三百萬人）。[31] 雖然就全中國四億以上的人口而言，三百萬新式工業工人實在比例很小，但是由於這些工人集中的程度相當大 —— 如上海、廣州及香港、武漢、天津等工業較發達的城市，往往擁有十萬至數十萬不等的新式工業工人 —— 再將手工業者、服務行業工人和其他舊式行業的工人計算在內，力量亦頗可觀。五四時期中國都市勞動者的總數和分佈情況，實在代表着一股很大的社會、經濟和政治潛力。

　　第一次世界大戰除了給予中國境內華資和日資工業一個擴充發展的機會，從而產生一大批新式工業工人以外，也直接間接地導致中國境內物價的

30　張玉法：〈一次大戰期間中國棉紡織業的發展〉，載《中央研究院國際漢學會議論文集》（台北，1981 年）。統計數目出自：嚴中平：《中國棉紡織史稿》（北京，1955 年），附錄表一、二；嚴中平：《中國近代經濟史統計資料選輯》（北京，1955 年），頁 134。

31　劉立凱、王真，前揭書，頁 5-9。

上升。這次物價上升部分由於物資原料供應不足，部分也由於銀元和銅錢的比值加大，於是造成嚴重的通貨膨脹。工人（個人及家庭）的生活費隨之日漸增高。在這種壓力之下，工人為了維持原有的生活水準，不得不要求加薪以配合上升的物價，於是構成了經濟罷工的先決條件。而這時國內工業發展突飛猛進，又使國內出現局部的經濟繁榮。此一方面加劇了通貨膨脹，一方面也造成對熟練勞工的高度需求。因此工人本身的經濟價值亦較提高，能夠提出一些改善待遇的要求。這又構成了經濟罷工勝利的本錢。當然，工人數量隨工業擴張而增加，其聲勢愈來愈大，對資本家的壓力也與日俱增，自然亦有助於經濟罷工的勝利。

由廣州市 1913 年至 1922 年間的批發物價指數上升情形（見表一），可知工人生活的艱苦；為維持其本已甚低的生活水準，實非要求調整待遇不可。

由此可知，第一次世界大戰以來，物價上升、通貨膨脹，對勞工界生活產生很大的壓力，加上當時國內工業生產突飛猛進，對工人又需求正殷，故工人對僱主提出要求而獲得成功的可能性甚高。同時，在當時學界新思潮的推動下，勞工自覺日深，工會組織亦與時俱增。故一方面工人需要改善待遇以應時艱，一方面主觀的因素也都有利於工人為爭取合理待遇而奮鬥。於是民國七年後，國內罷工發生的次數與罷工的人數、時間急劇增加，其中大多數均起因於要求經濟條件之改良或組織工會之權利。據陳達研究之結果，從民國七年至十五年，有記載的國內罷工共 1,232 次，其中大多數（百分之七十以上）都和加薪或其他經濟因素有關。[32] 同時自五四愛國運動以來，勞工運動在社會上勢力大增，工會組織亦比較發達，工人要求組織工會而罷工的，或罷工的結果有利於工會組織的，時有所見。表二統計中，可以看出當時工人經濟鬥爭的蓬勃。

此處舉一二當時較為重要的經濟性罷工為例，略述如下：

32　見表二；及〈1911-1921 年中國工人罷工鬥爭和組織情況資料彙輯〉，《中國工運史料》，1960 年第 2 期，頁 51-101。

表一　　1913-1927 年間廣州市批發物價平均指數及勞工工資平均指數對照表

年份	物價指數	工資指數
1913	100.0	100.0
1914	103.6	102.9
1915	111.8	105.0
1916	118.7	109.3
1917	123.2	114.4
1918	129.4	117.4
1919	123.9	121.2
1920	132.4	126.7
1921	140.5	133.5
1922	146.6	146.1
1923	183.1	151.4
1924	162.0	156.1
1925	172.0	159.8
1926	171.8	168.0
1927	173.0	213.0

根據：廣州市政府：《廣州市政府統計年鑑》（廣州，1929 年），頁 261；
馬超俊、任公坦等編：《中國勞工運動史》（台北，1959 年），頁 125-277

表二　　1918-1926 年間國內有記錄罷工統計

年份	有記錄罷工次數
1918	25
1919	66
1920	46
1921	49
1922	91
1923	47
1924	56
1925	318
1926	535
九年總計	1,233

根據：陳達：《中國勞工問題》（上海，1929 年），頁 146-164

　　五四之前，上海在民國八年 2 月，已有一宗罷工事件。那是日商日華紗廠的女工因發薪制度問題而罷工，歷時一週，對廠方打擊很大，最後終於獲得勝利。此為中國工人第一次對日本在上海的紗廠罷工。女工們竟敢對強橫的日本紗廠，提出發薪制度依舊與撤換毆打工人的日人等要求，且終獲成功，對當時上海的工人，實為一大鼓勵。翌年上海日商紗廠便發生三次罷工。[33] 日商紗廠之苛待華工，也是日後上海、青島工潮惡化，而致終於爆發「五卅慘案」的主因。

　　五四之後，中國勞工界第一次大規模的經濟性罷工勝利，則屬民國九年3 月香港機器工人的大罷工。該次罷工之參加者逾九千人，歷時十九天，最後終於獲得百分之二十至三十的加薪。當罷工爆發後，罷工的機器工人離開香港返回廣州，受到廣州機器工會和其他工人團體的支持與照顧，海外的華人機工團體亦多予援助，故罷工能夠持久，使香港的公用事業及交通服務陷於困境，洋商和英殖民當局不得不接受加薪的要求，以求復工。這項勝利不僅為勞工帶來經濟的改善，也是華工反抗帝國主義殖民地剝削的光榮成績。國內勞工活動受其影響，咸知團結方能成功，於是對工人活動的進行更加努力。翌年廣州的機器工人亦舉行罷工，要求改善待遇，同樣獲得勝利。影響之下，民國十年內，廣州共有罷工二十八次，涉及工人萬名，結果增加工資百分之二十至五十。[34]

　　第三宗則為震動中外的 1922 年香港海員大罷工，由一純經濟性的工業行動，因港英殖民地當局壓迫而變為抗拒帝國主義的同盟大罷工。[35] 1921 年初海員工會正式成立後，即爭取為海員加薪，因大戰後物價飛漲，而 1921年初港幣對外匯率貶值百分之五十，而香港租金又大幅升漲，海員生活本已刻苦，工時長，工作環境惡劣，工資卻十分微薄，平均每月二十至三十元，

33　陳達，前揭書，頁 180-181；《中國勞工運動史》，頁 129-130。

34　李伯元，前揭書，頁 61-64、68-71。Chen Ta, "The Labor Movement in China," *The International Labor Review* (March 1927), p. 359；木村郁二郎：《中國勞働運動史年表》（東京，1966 年），頁 87-95。

35　見注釋 18。

不及外國海員四分之一。更令華人海員不滿者，是香港的洋船公司在戰後已把外國海員工資增加調整，故兩者差距更大。1921年初夏，海員工會向船公司提出要求加薪，按原來工資加百分之十至百分之十五，但無結果，終激起海員公憤，用強硬手段，以致1922年1月13日爆發罷工，一週內已有一百二十三艘船上六千五百海員參加。同時亦蔓延至汕頭、海南島、上海，甚至新加坡等港口華籍海員，亦起而響應。抵達香港的船隻來一艘停一艘，船上海員馬上參加罷工，而海員工會有組織和預備，兼有能幹積極的領導人物，立場堅定，依計行事，罷工海員仿1920年機器工人罷工先例，海員罷工後紛紛返廣州，一來避免英國殖民地當局和船公司壓力，同時有粵方的支援招待，較易解決生活問題。至1921年1月底已有一萬多罷工海員返回廣州，粵當局每月支出數千元作罷工維持經費，各工會社團安置罷工海員食宿，而海員工會在廣州設「罷工總辦事處」，內設各部門掌理各項實務，以上種種條件保證這次罷工可長期進行以至勝利。

香港方面罷工爆發後對外的海上交通運輸幾乎完全斷絕，食品物資不足，物價上漲，市面混亂，居民緊張，香港政府與船公司聯手一開始就以高壓手段鎮壓，無誠意談判，且企圖招請上海寧波海員來破壞罷工，但因國內工會支持香港海員而無效。至2月初，其他香港運輸工人亦同情罷工，達二萬多人，而香港政府更封禁海員工會及其他三個苦力貨運工會。至此事態惡化，各行各業工人亦同情而舉行大罷工，至3月初全港罷工人數逾十萬，交通中斷，百業停頓，店戶倒閉者三十多家，實把香港變為「臭港」，而罷工工人不理政府中斷火車服務，步行返廣州，英方企圖用軍警鎮壓，結果在3月4日演成「沙田慘案」，打死罷工回粵者四人，傷數十人，至此省港兩處都民意激昂，香港工人更擴大同盟罷工，「臭港」更變成了「死港」。香港當局至此亦山窮水盡，無法可施，只好向海員讓步，以解除香港的社會經濟癱瘓的慘狀，在廣州政府調解下達成協議，3月7日復工。船公司加薪百分之十五至三十，而香港政府亦取消海員工會封禁令，至此這五十二天的經濟和愛國性大罷工終於以海員勝利結束。此次罷工令船公司損失五百萬元，港英當局應急措施中花去五十萬元，而全香港當年出入口總額減少一億五千萬

元，其他工商行業的損失則不可計。但這罷工的重大影響非統計數字所盡能表達，因香港海員的勝利直接鼓勵了其他中國工人為改善生活待遇而奮鬥，引使中國工運到達一個新的高潮。當然以後海員工會聲望大增，海員領袖蘇兆徵、林偉民變成全國工運要角。這次海員們有組織有計劃，更能長久爭持，亦有賴廣州當局、工會和全國工人之支援。更加深全國工人的互相團結，加強了廣州國民黨當局和工人的聯繫，而為 1922 年 5 月 1 日在廣州召開的第一次全國勞工大會奠定實質的基礎。此外香港政府雖直接壓制，但華人海員和其他工人合力奮鬥終於勝利，實是中國工人階級的民族主義、反帝國主義鬥爭的勝利，全國民心為之鼓舞，這次罷工的種種經驗更為 1925 至 1926 年五卅運動和省港大罷工做了重要的準備（不過中共的工運人物除海員罷工爆發後在國內宣傳上略有貢獻外，並無其他實際的參與，而海員工會之左傾，蘇、林等海員領袖之成為共產黨員乃 1924 年之事）。[36]

三、小結

近代中國勞工問題研究權威陳達嘗謂勞工之所以能夠在社會裏促成一種運動，至少必須具備三種元素：（一）覺悟；（二）組織；（三）奮鬥。其中覺悟是勞工運動的原動力，組織是工人互相聯絡團結的工具，奮鬥則是勞工運動的主要目標。由於這三種元素的具備，勞工運動乃得以產生和發達。[37]

以之觀察民初十年之間的工運發展，可知中國勞工在覺悟、組織、奮鬥三方面，在質和量上均有迅速的增進。其中最重要當然為工人對自身的經濟權益的直接覺悟和爭取。但因中國仍處列強帝國主義壓迫下，而工人飽受外資企業和殖民地租界當局的剝削，故在反帝國主義的鬥爭上，工人個人的經濟利益和國家民族利益是一致的。所以長遠來說工人爭取經濟權益和愛國主

36　蘇兆徵之傳記可見 Nym Wales (Helen F. Snow), *The Chinese Labor Movement* (New York, 1945)；及 Howard Boorman, ed., *Biographical Dictionary of Republican China* (New York, 1971), vol. 3。

37　陳達，前揭書，頁 586-587。

義活動是不容易劃分，這兩大動力因素的結合不單為 1912 至 1922 年間工運最基礎的條件，而後來國共合作期間，雖然中共十分活躍於工會組織和工運推動，但當時工人的要求和奮鬥的目標乃屬經濟權益和反帝國主義兩項。故共產黨當時在工運中的最大的有效作用並非在介紹新的目標或理想，而只是在組織上、宣傳上和行動上的作出全面性和比較有系統的推行和鼓勵，使工運變成國民革命的一股主流和重要的民眾力量。（當後來 1927 年冬廣州公社暴動時，共黨強欲改變工運的目標，指向國內社會革命階級鬥爭以工人武裝來進行城市暴動時，其缺乏真正的工人支持和群眾基礎，為其失敗致命之傷。）而西方思潮、社會風氣、及政權當局對民初工運發展的影響或貢獻，亦非左派分子的專利。總而言之，中國工人自始已由切身的愛國性和經濟性的醒悟而產生新式組織，作自發性的奮鬥，故工人運動，實非一黨一派可長期完全支配或控制的。

原載：中央研究院近代史研究所編：《中華民國初期歷史研討會論文集（1912-1927）》
（台北：中央研究院近代史研究所，1984 年），頁 875-891

孫中山先生與華南勞工運動之發展
── 民族主義、地方主義和革命動員

一、前言

　　一般學術著作中常謂當代中國勞工運動起於 1919 年的五四運動，而於 1925-1927 年在國共聯合陣線的支持下，達到了高峰。雖然在 1919-1927 年間，工會之群起、罷工之洶湧，向所未見，但是作為一個有組織的社會經濟勢力，中國勞工政治意識之覺醒及愛國性之動員，實早於 1919 年，並經歷過一段漫長卻又極其重要的醞釀時期。其中頗為重要之例證，為自 1895 年興中會時代開始，以迄 1925 年孫中山先生去世時為止的這三十年間，孫氏與華南勞工間所有的密切及相互支持的關係。

　　事實上，從清末的反帝制起義以至民國初期打倒軍閥及帝國主義之鬥爭，中國的勞工，不論以個人身份或以集體行動，均曾積極參加孫氏的革命活動。對於覺醒的中國勞工所表現出的愛國情緒及其潛在的政治力量，孫氏不但深為所感，並能將之融入其革命組織及行動大業中。在此過程中，孫氏亦直接和間接地促成中國勞工政治意識之覺醒與組織之成熟。勞工對孫氏個人之效忠及對其革命理想之支持，亦極其重要及巨大。孫氏與華南勞工間關係的密切及合作之無間，不只是政治意識覺醒及民族主義利益相同而已，更是二者間有着共同的地方主義意識，以及人際關係的價值連繫。

　　因此，似乎此種「傳統」規範及傾向，對於「現代」社會組織及民眾動員，非但無所妨礙；反而在此歷史時空的關鍵中，對於中國勞工團體間或團

體內的溝通、合作及團結等功能的成長及發展，有促進、助長及加強的作用。本文第一部分為簡單的歷史回顧，將在民族主義、地方主義、勞工本身政治意識的覺醒及其組織成長等背景下，説明在廣州三角洲的勞工運動從 1895 年至 1922 年間是如何的開展。第二部分為分析觀察，將扼要指出孫氏與勞工關係中值得注意之處。

二、歷史的回顧

1. 從清末至 1911 年

此一階段廣州三角洲地區勞工運動的特徵，為勞工們在同業公會、士紳及秘密會社的領導下，對外國帝國主義實行抗議的愛國行動；尤其自 1895 年以後，勞工們更參加了孫中山先生領導的革命活動。

在此時期，現代形式的勞工組織，在廣州尚未發展出來。由於發展不夠成熟，力量也不夠強大，不足自負領導大任，是以勞工們多靠賴商人、同業公會、學者、士紳及秘密會社之領導，來保護自己的利益。然而，勞工們多次與其他社會經濟團體聯合力量，在三角洲地區為保護「社區利益」的集體行動中，有非常突出的表現。儘管廣州勞工大眾沒有自發的領導，他們卻也經常能夠確認及表達自己團體的利益，而且在逐漸的醒覺中，他們更將自己的利益與較為廣大的集體目標及地方利益相結合，其後更與日漸高漲的民族主義情緒相結合。是故，就反對他們所認為是外國侵害之大規模動員廣州勞工一再多參與，其為時之早，甚至在 1840-1842 年鴉片戰爭發生之前。

早在 1741 年，勞工即參加了抵制碇泊於廣州的荷蘭船隻之行動，以抗議荷蘭在爪哇屠殺華人。九十年後，即在 1831 年春，廣州附近之南海及番禺縣的勞工，對於英國棉紗進口大量增加，威脅了當地紡紗工業的生存，所發動的抵制行動，獲得了部分的成功。抵制（杯葛）──一種由大規模勞工參加的集體行動，從前甚為少見，但卻逐漸成為當代勞工運動常見的特色。[1] 鴉片

1　本節有關清末民初時期的討論，乃根據 Ming K. Chan, "Labor and Empire: The Chinese Labor Movement in the Canton Delta, 1895-1927" (PhD diss., Stanford University, 1975; University Microfilm 75-25, 504), pp. 10-46。

戰爭期間及其後的反英行動，即明顯表現出廣州勞工為了維護自身的利益，以及保衞家園的存亡，決心抵抗外國的威脅。在士紳的領導下，紡織工人及其他城市勞工構成了地方團練的骨幹。在鴉片戰爭期間，此種地方團練得到組織及壯大；其後的二十年中，在防衞地方及抵抗英方壓力，扮演了重要的角色。[2] 其中著名的例子，如在 1841 年 5 月發生的三元里事件，全廣州地區的工人 —— 團練奮起抵抗英軍，並獲得勝利；1847 年的「進城危機」，建築工人的抵制實為民眾反對英人進廣州城內要求的主要力量；此外，香港約二萬華工為抗議英軍在第二次鴉片戰爭中攻打廣州，亦在 1857 年舉行大罷工。

　　由於鴉片戰爭的結束了廣州為唯一商埠獨佔外貿的時代，重要的茶絲貿易大量地自然的轉移到佔地理優勢的上海及其他新開埠的「通商港口」中進行。影響所及，廣州三角洲地區社會變遷經濟衰退，致使勞工們對英帝國主義極為憎恨。工運之迭起，也反映了另一個重要因素，即愛國主義。愛國主義加上經濟自利等因素，促使廣州工人動員採取行動。1857 年的大罷工，顯示出華工雖然享受到英殖民地發展所帶來的經濟機會，但是民族主義的情感，有時更能超越狹隘的及眼前的經濟自利。1920 年代在廣州及香港發生的大規模反英帝國主義工運活動，即再度顯示了此點意義，並反映出英人在三角洲地區主宰經濟及控制政治之不受歡迎，乃一不變的現實，而孫中山先生反帝鬥爭的主要目標，亦在於此。

　　廣州工人的集體行動，儘管其性質並非經常，連繫亦欠緊密，但自鴉片戰爭後，卻有重大之進展。勞工們不斷對抗外來勢力及參加民運活動，逐漸成了三角洲地區一種新的社會、政治及經濟勢力。在 1884-1885 年中法戰爭中，香港發生的反法罷工活動，即為一個很好的例子。1884 年 9 月，一艘法國軍艦在法國進攻福建及台灣中受損，進入香港待修。但是香港所有船塢工人群起罷工拒抗，最後該軍艦不得不駛離，轉往日本修理。同時香港的加煤苦力、裝卸工人、載貨艇夫、旅業工人及其他服務工人，也發動了長達兩

2　有關三角洲地區地方團練體系及反英運動，見 Frederic Wakeman Jr., *Strangers at the Gate* (Berkeley & Los Angeles, 1966), especially pp. 22-28, 61-70。

個星期的同盟罷工，以此全面性的抵制活動，來支持船塢工人。當英國殖民
當局試圖予以壓制，逮捕罷工者，更引發了民眾的暴動。[3] 此項成功的政治
罷工活動，雖非純由勞工所發動，但卻也顯著而有效地表現了廣州勞工日漸
增高的自覺意識。中國許多革命家及民族主義者亦深受鼓舞，孫中山先生即
為其中之一。孫氏深受勞工們出自愛國心的抵抗所感動，認為這與滿清政府
拱讓中國權利予外人的行動相比，實有天淵之別。[4]

　　實際上，這些事件顯示出廣州勞工的潛質，如果適當地加以鼓舞及組
織，實可為愛國運動及革命活動的主力。1895 年後之發展，即可見此。例
如，為了抗議美國歧視性的移民政策及虐待在美華工，在 1905-1906 年發動
的反美抵制行動中，廣州勞工即為其中之一股強大的力量。此項民眾運動，
在範圍上是全國性的，在精神上則是民族主義性的。由於在美華人中，絕大
部分是來自廣州三角洲地區的勞工，因此在三角洲地區對美國貨物及商業交
易所進行的抵制，其程度遠較在中國其他地區所進行者，為時更為長久，效
果更為顯著。雖然領導抵制活動者，主要為商人及士紳─學者，但是此抵制
活動之能持續進行及發生效果，廣州勞工的貢獻最大，在物質上所付的代價
也最多。在某種意義上，此次抵制實開 1920 年代中期大眾為基礎包括了勞
工、學生及商人的愛國運動之先例。

　　在參加革命上，從 1895 年首次起義失敗起，以至 1911 年以後，廣州勞
工對於孫中山先生的各項策劃，無不積極響應，在孫氏的革命事業裏，海外
華僑社會及廣州─香港軸心，事實上一直為其財政的主要來源及行動的主要
基地。1894 年，孫氏在檀香山成立其第一個革命組織 ── 興中會，香港設
有支部。在次年興中會的一百五十二名會員中，勞工即佔了四十九名。[5] 勞

3　　Jean Chesneaux, *Secret Societies in China* (London, 1971), pp. 34, 126; and Jean Chesneaux, *The Chinese Labor Movement, 1919-1927* (Stanford, 1968), p. 132; Jung-fang Tsai, "The 1884 Hong Kong Insurrection: Anti-Imperialist Popular Protest during the Sino-French War," *Bulletin of Concerned Asian Scholars*, vol. 16, no. 1 (1984).

4　　Harold Z. Schiffrin, *Sun Yat-sen and the Origins of the Chinese Revolution* (Berkeley & Los Angeles, 1968) pp. 18-19.

5　　Schiffrin, *Sun Yat-sen,* pp. 54-55.

工所以佔了這麼大的比例，原因在海外的廣州華僑，大部分是來自勞工階層。勞工參加革命陣營的基本因素有很多，如同鄉關係、對個人的忠誠、華人迫切救國意識之普遍覺醒以及秘密會社關係等。在孫氏革命事業的初期，秘密會社組織網即為其最重要的動員機構。孫氏本人為三合會會員，而三合會則為三角洲地區及許多海外華僑社會中最有力的地下組織，其在苦力及其他非技術性勞工中，力量尤其強大。[6]

1895 年 10 月，興中會在廣州首次起義失敗，多類勞工牽涉其中；約有六百名香港苦力，約定前往廣州，恐係充任革命軍士兵；另有三千名廣州及二千名澳門織工，據報導亦有參與；另有四十名海員因參加起義而被捕。[7]

起義雖然失敗，但是 1895 年卻象徵了革命新時代的開始，民族主義及反對帝制的民氣愈益伸張。廣州勞工中之有識之士如機工、海員及其他技術工人，參加革命運動者日益眾多，有時甚至採取暴力行動，如 1900 年 10 月密謀炸毀廣州總督衙門，以及 1911 年相繼刺殺駐防將軍滿人孚琦、鳳山，及行刺水師提督李準。[8]

孫氏成立的第二個革命組織，為 1905 年的同盟會，基礎面更加廣闊，對於吸收技術性工人進入革命行列，極有幫助；而在此之前，只有秘密社會吸收了一些邊際性的勞工，參加反對帝制的活動。革命理想與個人關係，二者往往相輔相成，而與秘密社會的老關係，也不妨礙加入革命組織。前國民黨勞工領袖及同盟會會員馬超俊，即透過了三合會的關係與孫氏首次見面。而另一同盟會會員蘇兆徵（其後成為中共有名的工人領袖），則為孫氏中山縣之同鄉。[9]

6　有關三合會在廣州勞工中之活動，見 W. P. Morgan, *Triad Societies in Hong Kong* (Hong Kong, 1960), pp. 60-63, 67-68, 74-75。

7　Schiffrin, *Sun Yat-sen,* chapter IV.

8　李伯元、任公坦：《廣東機器工人奮鬥史》（台北，1955 年），頁 35-36。

9　馬氏之經歷，見 Howard Boorman, ed., *Biographical Dictionary of Republican China* (New York, 1968-1970), vol. 2, pp. 461-463；蘇兆徵之經歷，見上引書第 3 卷，頁 153-155。蘇氏傳略，亦請參閱：Nym Wales (Helen F. Snow), *The Chinese Labor Movement* (New York, 1945), pp. 208-212。

　　走私武器彈藥、偷運黨人以及傳遞秘密消息，為致力革命之廣州海員、碼頭工人及打包工人等的主要任務。廣州機工則致力於秘密製造炸彈及武器，並從事行刺工作。1911 年 10 月 10 日，武昌起義，各地群起響應，終致清室覆亡；而在武昌起義前後，許多勞工甚至參加了與清軍作戰的行動。在參加革命運動及軍事行動中，廣州勞工在政治上逐漸成熟，經驗也逐漸豐富，此對日後勞工運動的成長，實極具價值。

2. 民國初期（1912-1922 年）

　　民國初期，社會氣氛較為緩和開通，一般中國勞工似乎受到新的動力鼓舞。新的勞工組織紛紛設立，大規模的經濟罷工層出不窮，知識分子及政黨更加關懷勞動問題。[10] 在當時的知識分子中，涉入工運程度最大的是無政府主義者（其中一些人曾與孫氏合作致力反清活動）。到 1920 年代初期，無政府主義—工團主義者對某些廣州勞工，特別是理髮工人及茶居工人等，具很大影響力。

　　1913 年末，袁世凱奪取政權，施行政治壓制，禁止政黨及勞工組織，致使勞工活動趨於消沉。1913 年討袁的「二次革命」失敗後，孫氏成立了中華革命黨，一些廣州工人參加了此秘密的革命團體。廣州海員更受命承擔傳送資金和消息，以及走私武器人員之工作。為了促進這些活動之開展，孫氏在橫濱改組中國海員俱樂部，特別增設海外交通部（Overseas Communication Department），此為 1920 年在香港正式成立、力量強大的中華海員工業聯合總會的先聲。[11]

　　1917 年，孫氏在廣州成立「護法政府」，三角洲地區的勞工活動再度復活，此為 1917-1918 年間全中國勞工運動唯一昌盛的地區。在一個如當時中國的社會，勞工組織之合法性尚待建立，是以勞工運動能否發展，政府之支

10　本節討論，乃根據 Ming K. Chan, "Labor and Empire," pp. 38-78。

11　迄 1927 年止，有關海員工業聯合總會之發展，請參閱 Ming K. Chan, "Labor and Empire," chapter 6。

持與否影響確實很大。在孫氏保護的有利形勢下，1918 年 5 月 1 日，在廣州公開首次在中國慶祝勞動節。在三角洲地區，現代的工會蓬勃發展，其中有一些乃自傳統的同業工會演化出來。

由於廣州政府與北京政府敵對，故廣州勞工對於 1919 年五四運動的反應，便不若上海或其他城市所發生的大罷工那樣激烈。在與提倡國貨這民眾運動同時，在廣州也發動了抵制日貨的行動。五四運動除了激發地方勞工的民族主義情感外，也產生了其他具體的影響。據報導，1919 年在廣東地區就成立了二十六個新工會，都和進行抵制及示威有關。[12]

其中在廣州及香港兩地的機器工人聯合會，在 1919 年末重新組織成為純正的工會。其後在三角洲地區大多數機器工作間、工業廠房、公用事業設施及鐵路，勞工俱樂部如雨後春筍般紛紛成立。這些俱樂部吸收了許多從未參加組織的機工，成為了廣州力量強大的機工總會之草根單位。作為一個有組織的團體，廣州機器工人在工運或在地方政治中，均為孫氏及國民黨的重要支持者。[13] 機器工人在政治活躍的角色，可從其在 1919 年及 1920 年的罷工上看出。此兩次罷工，目的在支持親孫中山團體的「粵人治粵」運動，使廣東省不至淪為廣西軍閥所控制。

在此時期，廣州勞工行動關懷的觸角也延伸到更為根本及廣泛的社會經濟改良方面。1920 年代初期的勞工行動，有一連串成功的經濟罷工，及競相成立工會組織。在戰後數年中，廣州工人的第一個重大經濟勝利，為 1920 年 3 月九千名香港機器工人所發動了持續十九天的罷工，工資獲得增加 20-30％。此次罷工最大的特色，是廣東及中國內地之工會給予了支持。[14] 在孫中山先生主政下的廣州，成為香港罷工者的庇護所，對於 1920 年機器工人罷工、1922 年海員罷工以及 1925-1926 年省港大罷工的成功，有決定性

12　*International Labor Review*, vol. 8, no. 1 (July 1923), p. 15.

13　有關機器工會之歷史，見李伯元前引書，及 Ming K. Chan, "Labor and Empire," chapter 5; Pauline L. S. Chow, "A Study of the Hong Kong Chinese Engineers' Institute from 1909 to 1949" (BA thesis, University of Hong Kong, 1985)。

14　李伯元，前引書，頁 61-64。

之作用。

　　對於其他勞工來説，機器工人的勝利，顯示出有成立工會的需要，並鼓舞他們一旦組織成功後，採取較為強烈的立場，來保護自己的利益。在機器工人罷工後六個月之內，單僅廣州一地區，就成立了十四個工會，而其他接踵而起的罷工行動，也都得到了類似的勝利。在 1921 年間，廣州共發生了二十八起罷工，參加的勞工約有八萬六千人，其中大部分都得到勝利，工資增加達 20-80％。這些工運的成功，促成更多工會的設立。到了 1922 年，香港約有一百個工會，而廣州則約有八十個。[15]

　　在三角洲地區，這種工會化─罷工─工會化的循環發展，在 1922 年春的香港海員罷工中達到了巔峰。此為時六星期、破壞力甚大的罷工行動，由新組織成立的中華海員工業聯合總會所發動；在過程中，贏得其他工團普遍同情而擴展為同盟大罷工，使整個殖民地陷於癱瘓。罷工結束，海員工資得到 30％的增加，而英國當局的各種鎮壓手段 —— 包括封閉海員工業聯合總會 —— 也終歸失敗，被迫啟封，讓聯合總會重開，使得英國在華的勢力及聲望，遂遭到了慘重打擊。對廣州勞工而言，此次罷工除了是巨大的經濟勝利外，罷工對政治及心理產生了巨大的影響。世界頭等強國，第一次受挫於有組織的中國勞工之手，對於在華所有外國僱主，乃是一個嚴厲的警告。此次罷工也顯示出全國勞工團結一致，支持海員；而海員的勝利，則刺激了全國工運之蓬勃開展。在 1922 年間，全國即發生了一百次以上的罷工，其中許多發生在外資所經營的企業。此外，有組織之勞工力量逐漸增強，成為一股社會經濟及政治勢力，已在海員罷工中清楚展現，使孫氏及國民黨更加注意到勞工的革命潛力。[16]

15　*Hong Kong Administration Report*, 1920, 1921, 1922; Kimura Ikojiro（木村郁二郎）comp., *Chugoku rodo undo shi nenhyo*（《中國勞働運動史年表》）(Tokyo, 1966), pp. 70-116; Chen Ta, "The Labor Movement in China," *International Labor Review* (March 1927).

16　有關海員罷工，請見 Ming K. Chan, "Labor and Empire," chapter 10; Gary Glick, "The Chinese Seamen's Union and the Hong Kong Seamen's Strike of 1922" (Unpublished MA essay, Columbia University, 1969)。

罷工後不久，為了具體地表示對勞工的善意，孫中山先生廢止了暫行刑律第二二四條條文，此條例原規定罷工為違法並科罷工者罰金及拘禁。如此一來，更加強了孫氏及其國民黨與廣州勞工及工會間的人際情誼與組織關係。罷工後兩個月，在孫氏准許下，1922 年 5 月 1 日廣州舉行了第一次全國勞動大會，其一百六十名代表來自十二個城市，代表為數一百以上、會員總數達二十萬人的工會。[17] 海員罷工在經濟及民族主義上獲得的勝利，加上此次大會的舉行，象徵了中國工運開始了一個新的階段，並在 1925-1927 年達到高峰。此一發展，孫氏自始密切參與，但是天不假年，未及親見其開花燦爛。

三、民族主義、地方主義及革命動員

從上述之華南工運發展過程中，以下幾方面皆出現了一些顯著的形態：廣州勞工之民族主義及地方主義之意識及力量，孫中山先生與勞工在個人與組織上之關係，以及孫氏之革命動員與勞工集體行動主義二者之互動及匯合。

1. 民族主義及地方主義

廣州三角洲地區工運史的明顯特徵，是勞工具有非常強烈的愛國情感。由於與帝國主義勢力接觸最早也最密切，面對着外國的侵害，對他們而言，不管身為一個中國人或作為廣州之勞工，都深深影響其集體自覺意識之發皇。在清末所進行的抗議及抵制行動中，廣州勞工早已能夠具體有效地來表達其愛國情緒。或更可以說他們對集體的團體職業利益，已能十分明確的表達，以致能與與其較廣的社區目標及利益相互一致及結合。在面對外來入侵時所表現的強烈地方主義意識，如同其他邊陲社會的人民一樣，並不因此就排斥或妨礙了廣州勞工對民族主義之號召做出積極的回應。相反的，他們對

17　有關第一次全國勞動大會，見 Chesneaux, *The Chinese Labor Movement*, pp. 185-187；以及馬超俊、任公坦等編：《中國勞工運動史》（台北，1959 年），頁 201-202。

於團體職業利益所具有的集體自覺意識，一旦提升到社區地方層次，就能夠輕易地被超越，而進入民族主義之範疇。二十世紀以來，這日益高漲的民族主義浪潮就吞噬大多數的中國城市。廣州勞工在 1905-1906 年積極參加的反美抵制，即可視為勞工體認團體、地方及國家利益後，所表現的一種抗議行動。就他們看來，這三種利益並無內在矛盾，實為相同之核心關懷在不同層次中相輔相成的表現。民國初期，在中國都市，民眾在情緒上及政治上對民族主義的吸引力，表現非常廣泛及激烈的反應。三角洲地區的勞工，反應最為積極，並能充分利用民族主義高潮所產生的動力，來促進其團體及地方之利益。

　　在 1920 年機器工人罷工及 1922 年海員罷工中，廣州庇護那些來自香港的罷工者，即清楚而且生動地說明了此點。1920 年，廣東機器總會及其他廣州勞工團體，對於其來自香港參加罷工的袍澤，在道義上及物質上，提供了迫切需要的支持，即可視為職業及階級團結的具體表現。此外地方民眾對於香港罷工者所給予更為廣泛的協助及鼓勵，即強烈地表現了社區本土對同鄉子弟在香港與英人利益爭鬥中，他們的支持。在許多廣州愛國人士眼中，香港是英帝國主義在華南的根據地，控制了廣州三角洲地區的經濟命脈，此一事實使得廣州民眾支持罷工者的情緒更加激奮。[18]

　　同樣情形也出現在 1922 年的海員罷工上，不過規模則更大、時間更久，而程度更加熱烈。廣州支持香港罷工者所激發之民族主義高潮，在 1922 年 3 月 4 日香港英警射擊前赴廣州的罷工者後（其中四人死亡，多人受傷）達到了頂峰。此次警察屠殺事件，加上早在 2 月 2 日香港政府封閉海員工業聯合總會，卸下懸於該會門額、由孫中山先生親手書之招牌，使是次原為經濟性罷工之事件，變成為民族主義的政治鬥爭。廣州勞工團體，尤其是機器總會、互助社及其他民眾團體等，全力支持並在物質上踴躍捐輸，在這個過程中實不可缺少。這種在民族主義的大前題下，地方社區動員支持勞

18　Ming K. Chan, "A Tale of Two Cities: Canton and Hong Kong," in Dilip Basu, ed., *The Rise and Growth of Colonial Port Cities in Asia* (University of California, Santa Cruz, 1979).

工的盛況，只有 1925-1926 年長達十六個月的省港大罷工方能夠越過。[19]

　　值得指出的是，這些民族主義行動，不僅提高了廣州勞工整體的自覺意識及增加了他們動員的經驗，更使全廣州的勞動界，不論在作為勞工或為廣州同鄉的身份上，產生了一股更清晰及激昂的團結意識。從民族主義爆發的過程及教訓中，勞工們學習到如何界定及保護他們在地方社區的層次中最廣的集團利益。民族主義確有助於職業及鄉土關懷的覺醒，也對地方層面的組織及動員，提供一個嶄新的境界。從 1920 年及 1922 年的罷工中，勞工們清楚地認識到，不管就團體或職業利益的促進，或就身為勞工及中國人去捍衛自己的生存及對抗英帝國主義，地方支持及社區團結實有無比的重要性。

　　因此，至少在廣州勞工的集體自覺意識及現實生活的鬥爭上，民族主義與地方主義實非相互排斥、相互對立的二個極端，它們在勞工身上也沒有作出競爭性和敵對性的要求。廣州三角洲地區社會經濟的現實，以及所處之國際政治背景，令勞工們必須體會、承認及接受地方主義及民族主義此二勢力必須加以匯合，以及此二者對勞工社會經濟利益長期之進展，有着根本之密切關係。因此，廣州勞工們以其斑斑可考的民族主義紀錄及強大的政治潛力，成為孫中山先生自清末以來革命大業之強大吸引。孫氏身為廣州三角洲地區人士的條件，也加強了他領導愛國活動及革命的資格，此並有助及加強其與地方勞工間的關係。

2. 孫氏與勞工關係

　　孫氏與廣州勞工間的密切關係，無疑的是在個人及組織兩個層面上，以一種雙向的、相互支持及加強的方式發展起來。

　　在個人方面，孫氏歷年以來對革命的熱誠，令廣州勞工對他極為景仰及尊敬。尤其是機器工人及海員，遭受外國帝國主義侵害的極大痛苦，自然地以孫氏的反清活動為自己團體利益之保障，並成為國難解除之具體而直接之

19　有關省港大罷工，見 Ming K. Chan, "Labor and Empire," chapter XI。

途徑。孫氏透過了極着重個人關係的廣州秘密會社組織網,吸納一些勞工進
入興中會及同盟會。機器工人以其在工藝上的技術,而海員們以其工作之戰
略性,分別成為孫氏革命陣營中,特別有作用的人員。孫氏既然身為廣州三
角洲地區人士,自然能夠很輕易而且直接地與其勞工追隨者接觸。在一個如
廣州三角洲地區的「邊陲」社會,來自於宗親及鄉誼、地緣及方言性組織的
「傳統」人際關係,對社會、經濟甚至政治關係,都有很大的影響力。孫氏
身為廣州人士,對其號召勞工及其他人士支持革命主張,都有很大的幫助。
以廣州海員來說,接受孫氏主義號召的海員領袖,許多為孫氏中山縣(位於
三角洲地區西南)的同鄉,其中著名者,如海員工業聯合總會領袖人物蘇兆
徵、林偉民及項英等,俱為同盟會會員(自孫氏去世後,此三人皆轉而參加
共產黨)。[20] 至於技術性之機器工人,孫氏與其同盟會同志馬超俊及謝英伯
(為著名的工團主義者及草根階層機工們參與的互助社社交康樂俱樂部組織
網之創始人)間的密切個人關係,為溝通及動員的重要關鍵。因此,似乎孫
氏與海員及機工間(由於同鄉、同盟會關係)密切的個人關係,而促使這兩
團體參與其革命陣營。

　　海員及機工團體在參加孫氏的革命運動後,政治意識更加覺醒,組織更
加成熟,動員經驗更加豐富。同樣重要的是,在廣州主政時期,孫氏個人的
支持及官方的照顧,為工運提供了十分需要的合法性、社會接納及法律保
障,有助於機工及海員團體逐步走向工會化,以至 1919-1920 及 1921 年,
分別成立了現代形式的工會。部分固然由於本身獨特的歷史發展,但也因為
得到官方的支持,令機器工會(具有強烈行業公會心態的技術性工匠之組
織)及海員工會(擔負國際運輸之工業組織),不但在廣州三角洲地區也在
全國性的工運中成為最強大的二個工會組織。

20　另一位中山縣同鄉及同盟會會員楊殷,為廣州鐵路工人中主要的工會主義者。是以孫氏關心
　　運輸工人之支持,也須透過其與同鄉間之個人關係。本文所提及的幾位工界領袖人物之傳記
　　可參考 Lucien Bianco and Yves Chevrier, eds., *Dictionnaire Biographique du Mouvement Ouvrier
　　International: La Chine* (Paris, 1985)。

　　在組織方面，孫氏以「本鄉人士」的身份，使他能夠利用三角洲地區為其清末民初革命活動的根據地。在 1917-1922 年間，孫氏分別三次建立了反對政府，以對抗軍閥控制下的北京政權。作為一個在廣州的政治領袖，孫氏與廣州勞工界建立了友好和密切的官式關係。在他的同意及鼓勵下，現代形態的工會化及其他勞工活動，得以在廣州公開而合法地進行，此一種現象在中國地方當局經常壓制民眾組織及以工會為非法之當時，實為少見。因此在 1918 年 5 月 1 日，在由同盟會會員所成立之進步團體 —— 華僑工業聯合會的支持下，廣州出現了中國首次公開慶祝五一國際勞動節，實極為自然而恰當。

　　在極其重要的勞工罷工上，孫氏政府的「中立」及「不干涉」，以及在法律上給予容忍，令廣州勞工享受到前所未有的待遇，並使他們在如第一次大戰後的罷工浪潮中，能夠獲得社會經濟的勝利。對於 1920 年的機器工人罷工及 1922 年的海員罷工，廣州政府外表採取的「仁慈中立」態度，嚴格說來，孫氏本人實同情罷工者，國民黨的組織網及與孫氏親信的重要幹部，皆在政治及物質上，公開支持香港罷工者。在反帝國主義上，勞工之主張及革命領袖之立場，二者契合之良好，合作成果之豐碩，亦無過於此。由於孫氏及其重要幹部之協助，海員罷工能迅速解決，並使勞工自英帝國主義手中獲得巨大的經濟及民族主義勝利。海員罷工後不久，孫氏即具體表示有意利用工會為基幹，來動員群眾革命，反對軍閥及帝國主義。是以孫氏不但廢止暫行刑律有關罷工者罰款及監禁規定之第二二四條，並且在新成立的廣州市議會中，分配席位與勞工代表。這種讓各種社會職業團體及一般大眾參與的方法，實為地方自治深具革命性的一項發展。

　　廣州勞工不僅以個人效忠及政治盡忠來回報孫氏，並且在地方的內部鬥爭上，執戈而起，與孫氏（及其自己）的敵人相搏鬥。在爭取廣州人自治、反對陳炯明叛變及商團事變上，勞工們所作的種種奮鬥，清楚地說明了孫氏與廣州勞工們在現實政治的利益上，如非完全一致，也至少是非常的密切、相近以及平行。

　　總括來說，孫氏與勞工的關係，可分作兩個不同的時期和背景來觀察。

在第一個時期，1895 至 1911 年，孫氏與勞工的關係帶着反對滿清王朝政權的民族主義革命性動員，吸納社會基層分子；在後一個時期，1917 至 1925 年，孫氏實在是一個政府的領袖，（然而就有效管轄範圍和現實政治因素來說）卻只是一個地方性政府，雖然這個政府有帶全國性及民族愛國主義性的號召、目標和理想，同時孫氏亦多次嘗試過動員地方上的社會資源，藉着勞工分子的支持而完成統一大業。在某種意義層面，這階段的孫氏勞工關係，可被視為頗典型的政府與社會關係，然而在另一層面上，亦可被視為一個友善的地方政府，動員一些已經醒覺而有組織的勞工分子之互相支持，來向一個得國際承認之所謂「中央政權」挑戰拒抗。

　　孫氏的革命運動，在範圍上是全國性的，在精神上是民族主義性的，但只要其繼續以有限地方為根據地，則民族主義與地域主義之勢力實難區分。在許多重要關頭上，廣州勞工所具開明的地方主義及民族主義（為其共有之團體職業自利的自然延伸）意識，使他們出面支持孫氏的主張。即使在 1924 年國民黨改組及容共之前，孫氏即具有遠見，認識到勞工的潛力，在其兼容各階級、逐漸走向群眾動員的革命行動中，將勞工納入其內，並積極發揮其潛力。在一個如民國初期的社會，勞工運動尚未得到法律的承認及政治與社會的接受，工會組織之存亡操於政府。是以孫氏與勞工之關係，即使說這是「傳統的」、「鄉黨性的」及「地方主義性的」，亦已經是非常進步及具革命性。這也是一個好例子，說明了國家與社會的互動關係，如何因為部分基層群眾之革命動員，是建立在民族主義與地方利益之相關基礎上，而有了一些改變。（劉志攻譯）

原載：《孫中山先生與近代中國學術討論集》第一冊，
（台北，孫中山先生與近代中國學術討論集編輯委員會，1985 年）

愛國工人與漢口、九江英租界之收回

前言

　　1925-27 年，是中國國民革命的高潮，同時亦為中國工人運動中反帝國主義鬥爭的歷史里程碑。1925 年夏，上海爆發的「五卅慘案」引致全國性之罷工、罷市、罷課愛國運動，展開了近代中國城市民眾集體動員，向在華之帝國主義勢力作大規模，全面性最激烈的鬥爭。英國因為一直以來在華之勢力為列強之冠，亦是作為給予列強種種剝削中國權益的「不平等條約」制度之始創魁首，加上「五卅事件」和同年 6 月 23 日廣州「沙基慘案」中，開槍屠殺中國工人學生者，均是英國在當地租界所駐軍警，故英帝國主義和其在華之租界和殖民地，自然成為當時中國民眾革命動員的攻擊目標，打倒對象。例如在華南廣東的「省港大罷工」，歷時達十六個月（由 1925 年 6 月至 1926 年 10 月），動員罷工人數二十多萬，幾乎把香港完全封鎖麻痺，對英在華勢力聲望造成極嚴重的打擊。

　　1926 年 7 月，國民革命軍由廣州出師北伐，同年 10 月 10 日克復武漢，革命政府和國民黨、共產黨的領導層亦北遷至武漢，一時間鼓動華中地區工運農運的突飛猛進，當地民眾愛國情緒日益高漲，拒抗帝國主義，收回租界主權治權，更變成萬眾一心，刻不容緩之事，兼且 1925 年夏「五卅」運動高潮時，武漢九江兩地的反帝活動亦曾受租界當局武力壓鎮，愛國民眾

記憶猶新，所以中英雙方在武漢、九江兩地之衝突是形勢所迫，無可避免之
現象，而在這兩處英國租界被收回事件當中，工人和工會作為愛國運動民眾
動員的主流和先鋒，更是明顯表露、發揮無遺。

帝國主義侵略與漢口、九江租界之由來

　　1838-42 年鴉片戰爭中國失敗，清廷被迫向英國求和而簽定《南京條
約》，規定中國向英方賠償二千一百萬銀元，同時割讓香港島作英國殖民
地，另開放廣州、廈門、福州、寧波和上海為中外通商港口，予英人自由出
入貿易、居住，並駐有英國領事，此實開晚清以來列強侵略中國的「不平等
條約」制度之始端。其後英方對這五口通商條款仍深感不足，欲再擴大其權
益範圍，特趁中國正陷「太平天國」內戰之際，遂借在香港發生的「亞羅號」
船事件，英方強以主權受辱為藉口，在 1856 年發動第二次鴉片戰爭（即英
法聯軍之役）。開戰不久，清軍節節敗退，英法聯軍攻陷廣州後，北上打入
天津大沽口，佔據首都北京，火燒圓明園，清廷再次戰敗，被迫簽約求和，
與英國訂立 1860 年的《北京條約》，除賠款八百萬兩銀，更將九龍半島割
讓英方，併歸入其香港島殖民地範圍內，並予英方長江內河航行權，此外更
增開十個通商港埠，即漢口、九江、南京、青島、煙台、鎮江、營口、台
南、汕頭、瓊州等地，故漢口、九江均在「不平等條約」壓力下開港予列強
通商，設租界。

　　除英、法兩國在漢口設置租界外，德國、俄國和日本亦先後憑藉「最惠
國」條款，在漢口割劃租界，故漢口市內共有五處外國租界。及至 1918 年
第一次世界大戰後，德國戰敗，俄國發生大革命，政權改易，故中國政府可
收回在漢口之德、俄兩國租界，但尚有英、法、日租界三區。而英租界為三
區中最寬大，濱臨長江，佔地達 115 畝，據 1927 年初報導（《申報》，1927
年 1 月 8 日），英租界內居民外僑有 772 人，華人有 7,288 人（三外國租界
區內全體外僑共 1,158 人，華人共有 13,789 人），漢口、武昌、漢陽所組成
之武漢三鎮人口總和逾 200 萬人，是華中最大的都城，為華中水陸運輸之樞

紐，京漢鐵路和粵漢路接匯處，亦長江中流兩湖貿易和工業生產重心，形勢險要。

自漢口沿長流東西一百四十哩，再與下游上海相距四百五十哩為江西省之九江（又名江州），人口五萬餘，其中外僑百餘人，因地處交通要道，亦為長江中下游沿岸港口重點，地位僅次於上海、漢口，自 1860 年開埠通商以來，經濟亦頗為發達。自十九世紀九十年代末期，帝國主義列強爭相在華劃分「勢力範圍」，英國以廣東穗港地區和長江流域為其經濟活動、政治影響主要地盤，所以漢口和九江兩地英租界實為英在華利益要塞，可趁地利吸納華中和長江流域兩岸之資源和市場。

武漢、九江之「五卅」反帝運動[1]

1925 年上海「五卅慘案」爆發，消息傳至武漢後，各界即開會抗爭。6 月 1 日，漢口學生議決罷課，而湖北省軍閥蕭耀南召集武漢官僚軍警嚴防罷工、罷課、罷市，並於華界租界邊境處戒嚴。3 日，武漢學生罷課，有些工人亦自動罷工。4 日，武昌二萬名學生舉行大會，要求即收回租界，取消領事裁判權，懲辦上海「五卅」慘殺案禍首，英、日政府撤換駐滬領事並向中國道歉謝罪，取消外人在華設立工廠權。

隨後八天，武漢三鎮學生各處演講，散發傳單，並發動商戶罷市，但受軍警阻撓，蕭耀南不准罷工、罷市，惟恐學生觸犯帝國主義者在漢口租界利益，禁止活動擴大，不過當地民意激憤，不顧軍閥阻制，武昌商界店員三萬餘人在 8 日舉行大遊行，次日更有四萬五千學界團體大遊行，武漢工人亦秘密進行動員，預備在 13 日組織工人反帝大示威，14 日發動五萬工人同盟大罷工，以達成工、學、商愛國反帝大聯合，但帝國主義者先出手鎮壓。

1　任建樹、張銓：《五卅運動簡史》（上海，1985 年），頁 118-121；傅道慧：《五卅運動》（上海，1985 年），頁 131-133。

　　6 月 10 日，英資太古輪船公司職員因卸貨錯誤而毆傷碼頭工人，引起工人公憤。11 日，約數千碼頭工人罷工，日資日清汽船會社華人船員亦響應罷工，同情碼頭工人的各業工人、學生、市民聚集太古碼頭，並到租界質問，當晚 7 時，英租界一印度籍巡捕毆打工人，致群情激昂非常，漢口英領事即調海軍陸戰隊登陸，武裝義勇隊出動架設機關槍，同時蕭耀南也派軍警至華界租界邊境鎮壓，群眾紛紛退避之時，英軍用機關槍掃射群眾，當場殺死華人九名，重傷十餘人，輕傷者不計其數，造成「漢口大屠殺」慘案。

　　慘案發生後，蕭耀南即宣佈緊急戒嚴，更受英領事壓力，禁制罷工、排貨活動。6 月 16 日，蕭逮捕民眾團體分子八人，以「鼓動工潮」罪名，槍斃其中四人，命令各校提前放暑假，以圖摧殘各界民眾愛國運動，工界原定 6 月 14 日之反帝同盟大罷工亦無法實現，但在慘案次日，漢口租界華人商戶全體罷市抗議。15 日，外文報紙和英資各印刷館華工一律罷工。20 日各群眾團體議決對英、日實行經濟外交絕交，繼續反抗。

　　在江西省九江，6 月 4 日民眾團體開聯席會議支援上海「五卅」運動，議決嚴重抗議，抵制外貨。8 日，當地怡和、太古、大阪各輪船碼頭工人、學生共二千七百餘聚集開會巡行。次日，九江招商局、三北公司、太古、怡和、日清公司等各碼頭工人，及印刷工人、皮鞋工人、建築工人和裁縫等均參加遊行。12 日（即漢口慘案次日），學生公開演講，聽眾激動，群起拆毀租界鐵欄。13 日，數千工人學生再度遊行，突破租界巡捕防線，衝向英、日領事館示威，並損毀日領事館窗戶，和扯下英國旗焚燒，由當地中國軍警壓止散去，英日方亦調長江面軍艦示威，但反帝風潮未再擴大。

　　「六・一一漢口慘案」和同時期廣州「六・二三沙基慘案」，均是當地民眾支援上海「五卅事件」而引發之兩地英租界軍警屠殺華人的帝國主義暴行，但漢口案因湖北軍閥懼外媚洋心理，只知鎮壓愛國工人學生而成懸案，無法伸張正義和維護國家主權民族自尊，而廣州沙基案則因革命政府立場堅決，鼓勵支持民眾愛國動員，並與其配合連結成政治社會力量，予帝國主義行兇者嚴重打擊，武漢、九口兩地工人學生要等待 1927 年初，隨革命洪流衝激，得黨政當局支持，才成功地向帝國主義租界進行反擊，收回主權。

漢口和九江工運的蓬勃

　　1926 年秋，隨着國民革命軍北伐的推進，克服華中地區，不少當地的工會和工人曾出力協助北伐軍消滅軍閥割據，如在交通運輸，敵後起義響應，均對北伐勝利有相當貢獻，而國民政府黨政當局，亦大力扶助華中的工運和農運，使其成為革命動員的有組織社會力量和基礎。

　　湖北方面，自武漢光復後，在左派分子的策動下，工會組織快速增長。9 月 14 日，北伐軍佔領漢口剛一星期，一個工界懇親會即假國民黨漢口市黨部舉行，有工人代表四百餘人，出席代表一百多個工會，其他黨、政、軍機關亦有派出代表出席。在左派支持下，「武漢工人代表會」乃宣佈成立。9 月 20 日武漢工人代表會舉行第二次會議，國民政府代表宣佈當局對工運的立場，謂「對於民眾組織抱贊成的態度，希望工界努力組織為工人謀幸福。」同時大會議決：（1）促進反英運動；（2）召開國民會議；（3）鼓勵工會與政黨聯絡；（4）提倡經濟鬥爭。10 月 10 日「雙十節」武昌光復時，武漢工人代表大會便正式改組為「湖北全省總工會」，以船夫出身的向忠發為主席（向日後更在名義上出任中共黨中央總書記），號稱有三十萬工人會員。[2]

　　在光復前，武漢三鎮共有工會十三間，到 10 月中，新成立與恢復的工會，已增至三十四間。一個月後，武漢大工廠企業內有組織的產業工人，約有十六、七萬人已被納入湖北全省總工會的組織。至 1926 年底，武漢工會已發展到二百個以上，有組織的工人已達三十萬人。[3]

　　左派工運領導分子的努力和黨政當局的支持，是主要因素，亦即主觀扶植和客觀條件之配合，予工會組織有突進開展機會。1926 年 9 月中武漢總工會成立後，即將武漢三鎮劃分為碼頭、店員、車伕、紡織、棉業、五金

2　張國燾：《我的回憶》（香港，1974 年），頁 555；馬超俊、任公坦等編：《中國勞工運動史》（台北，1959 年），頁 577；Harold Isaacs, *The Tragedy of the Chinese Revolution* (Stanford, 1957), pp. 112-113（中文版，伊羅生：《中國革命史》[上海，1947 年]）。

3　劉立凱、王真：《1919-1927 年的中國工人運動》（北京，1953 年），頁 48。

業、燃料業、煙廠、水電市政、糧食、木船等十一個武漢產業總工會系統，預備正式成立，但各產業總工會的分會、支部、小組，則已紛紛依其產業性質，於各生產單位設立。全省總工會又組織為數達二千五百人之工人糾察隊。這些糾察隊員均着藍色制服、配徽章，並領用來自戰敗軍閥部隊中之武器，受軍事訓練，儼然成為有組織之工人武裝力量。[4]

　　1926 年 10 月中，「中華全國總工會漢口辦事處」成立，會中主要領導人物由廣州移轉至武漢，辦事處主任為李立三、秘書長為劉少奇、宣傳部長為項英，均中共黨內工運要員。12 月初，中華全國總工會更在漢口辦事處舉行擴大執行委員會，除正式及候補委員外，還有各省區代表五十餘人出席，而全國總工會之實際領導核心，至此已全部轉移至漢口。這與國民政府在同一時間由廣州遷至武漢有關，可見革命軍事勝利，黨政領導機關的建立，使華中地區民心士氣旺盛，社會團體之組織和運動自然活躍。從 1926 年秋華中為革命軍收復，至 1927 年仲春武漢政府左右派分裂之前，左派在湖北全省共建立了工會 186 間，工會分支部共 2,485 處，全省工會系統內有組織工人共 512,700 餘人。[5] 在 1927 年元旦，湖北全省總工會在武漢召開第一次代表大會，發表宣言，強調中國工人階級是反帝、反軍閥，爭取國家民族獨立，爭取民眾自由之先鋒鬥士。可見當時華中工運之積極，革命戰鬥氣氛，已為全國之冠。

　　這種工運的急劇高漲，在江西省亦有同樣的發展，北伐軍在 1926 年 11 月克復江西後，一個半月之內，江西全省就建立了七十三間工會，工人入會者達二十萬人。1927 年 1 月 1 日，「江西省總工會」亦正式成立。這些工會會員以搬運苦力、人力車伕、運輸工人和店員佔大多數，產業工人僅佔總數四分之一，江西工運不單在省會南昌，而且在九江等城市，亦迅速發展

4　　馬超俊、任公坦等編：《中國勞工運動史》，頁 599-560；李雲漢：《從容共到清黨》（台北，1966 年），頁 568。

5　　蘇啟明：〈北伐期間工運之研究〉（台北國立政治大學歷史研究所碩士論文，1984 年），頁167。

起來。[6]

　　正如中國勞工問題權威學者陳達所云，工人運動的發展過程，通常是先發始自工人的意識醒覺，對自身的經濟、職業利益的了解，甚至擴大至政治和社會問題的關注，進而發展團結組織，再推升為集體動員，為權益和理想而奮鬥。在這三部曲過程中，還需有客觀的「機會」和形勢之可能性。[7]故華中地區工人，在北伐軍到達後，趁有利的政治條件，盡量利用機會，配合左派黨政領導人之有力扶植，由革命意識愛國情緒高漲，從而迅速發展工會組織系統，然後很自然地由新的工會領導，進行集體動員以謀求改善。

　　故 1926 年秋冬之際，武漢工潮頗為激烈，為了爭取薪酬待遇、工作條件和僱傭制度的全面改善，很多行業工人都舉行示威或罷工，向資方作經濟性鬥爭，因社會風氣和政治形勢所及，工人們普遍都能獲取相當勝利，以致當時武漢的工資水平亦提升不少。例如紡織工人日薪本為三十五仙，經罷工增至四十八仙，苦力工資由每月三元增至七元，童工及女工的平均薪酬更數倍增加。[8]可見革命黨政軍當局的支持，直接給予工界在組織和動員方面的機會和獲取改善的有利條件。

　　當時外國租界和外資企業對當地經濟和工人生活亦有直接、不容忽視之關連，故此工人們經濟性的動員奮鬥，亦往往很自然地涉及帝國主義在華的權益，如主觀因素和客觀形勢配合，更容易擴展成為反帝國主義的民眾運動，武漢和九江兩地亦自不例外。

　　事實上早在革命軍出師北伐的前夕，武漢一帶的工人經濟性反英帝國主義運動就已持續不斷，如 1926 年 5 月礄石英資香煙廠的女工，反對廠方藉口添設機器而裁員，發動了三千餘人的罷工，適逢為「五卅慘案」一週年紀念，而擴大為各界社會團體之愛國示威運動，風潮持續半個多月始告平息。

6　　蘇啟明：〈北伐期間工運之研究〉，頁 167-215。

7　　陳達：《中國勞工問題》（上海，1929 年），頁 586-587；Charles Tilly, *From Mobilization to Revolution* (Reading, Mass., 1978)，特別提出工人組織和集體動員之「機會」條件重要性。

8　　En-han Lee, "Chinese Restoration of the British Hankow and Kiukiang Concessions in 1927"，《中央研究院國際漢學會議論文集》（台北，1981 年）。

至同年秋天，革命軍政勢力到達湖北後，這種民間反英情緒更為激烈。11月中，漢口有郵務工人反對英籍郵務長之罷工，和英美煙草公司工人要求改善待遇及撤換英籍監工之罷工。11月底，漢口洋務工會工人和印刷工人為求改善待遇而罷工，12月海員工會在漢口英、日輪船公司服務的會員也為增加工資而罷工。[9] 這種種民眾集體經濟工業行動中的反英情緒，到12月底武漢國民政府成立後，民間愛國革命情緒高漲，更演變為一觸即發，不可阻遏的程度。

漢口一‧三慘案和英租界收回

武漢工人得左派黨政當局之支持，有效地在國內勞資糾紛中取得勝利成果。另一方面，左派領袖亦希望憑藉工會組織工人力量，推進對外之反帝群眾動員。適值1926年11月23日，天津英租界當局逮捕了十七位國民黨幹部，並將其引渡交給佔據北京之軍閥張作霖，其中七人更遭張作霖槍斃，同時在上海的國民黨喉舌《民國時報》，亦剛為上海公共租界英方警察所封禁，此外更盛傳總稅務司英人安格聯借款給張作霖以對付國民革命軍。消息傳來，令武漢當局和民間反英不滿情緒惡化。在12月22日武漢政府國民黨中央聯席會議上，曾議決抗衡英帝國主義辦法，主要項目如下：（1）採取對英經濟絕交，或其他必要報復手段；（2）通知各地黨部，召集群眾大會以示抗議；（3）通知軍隊，不能忍受此種恥辱，並不能坐視同志被捕殺；（4）租界已成反革命大本營，收回租界應為國民革命當前之急務。[10]

12月26日，湖北全省總工會和學生會，婦女會等民眾團體，在漢口舉行「反英市民大會」，到會群眾二十多萬人，由中共工運領袖李立三任大會主席（李當時為湖北全省總工會副委員長），聲討英帝國主義歷來在華種種

9　《申報》，1926年11月16、18日、12月5日；Lee, "Chinese Restoration," p. 1443.

10　蔣永敬：《鮑羅廷與武漢政權》（台北，1972年），頁9395；李守孔：〈北伐前後國民政府外交政策之研究〉，《中華民國初期歷史研討會論文集（1912-1927）》（台北，1984年），頁226。

暴行，並通過決議案：

（1）通電全國，全世界，一致反對擾亂世界和平，干涉中國獨立的英帝國主義。

（2）請政府再向英政府提出嚴重抗議，限其立即啟封國民黨天津市黨部，交出被捕黨員，賠償損失。

（3）如英方不啟封黨部，釋放黨員，請政府立即照例逮捕在華作反宣傳的英人作抵償。

（4）通電全國實行對英經濟絕交，必要時各界聯合檢查英貨。

（5）警告英籍總稅務司，反對借款張作霖與中國革命勢力為敵。

（6）請政府與英方交涉，儘速解決英國兵艦歷次在華慘殺中國同胞慘案，並撤退英駐華海陸軍。

（7）請政府救濟英美煙廠失業工人，並收回該廠，一致不吸吃英美香煙。

此外大會更宣言要求政府即收回「妨害革命工作的租界」。[11] 這是中英雙方在武漢衝突之始端，由於民間各界反英運動漸入高潮，漢口英租界當局一面於租界各要道設鐵網沙包，增派英軍加強巡邏，同時更由上海增調英艦以增聲勢。

1927 年 1 月 1 日至 3 日，武漢各界慶賀新年、北伐勝利及國民政府北遷武漢，湖北全省總工會等四個團體發動群眾，在漢口市區舉行集會遊行和反帝示威，群情洶湧，英租界軍警更嚴加戒備，雙方關係益趨緊張。

1 月 3 日下午，學生宣傳隊在漢口海關附近毗連英租界的廣場上演講，民眾聚集聽講者頗多，極為擠擁，與英租界防線漸漸逼近，當時英方急調大批武裝水兵登岸干涉，與英方義勇隊一同驅逐被擠入租界的民眾。民眾乃向華界退去，而英軍並不罷休，竟用長槍刺刀向人叢戳擊。中國群眾憤不可遏，但是他們手無寸鐵無可抵抗，當場為英軍刺死一人，打傷者數十

11　湖北省社會科學院歷史研究所編：《漢口九江收回英租界資料選編》（武漢，1982 年，以下簡稱為《漢口九江》），頁 4-5；Lee, "Chinese Restoration," p. 1443。

人，其中不少為工會會員。至此中英雙方全面衝突爆發，是為漢口「一‧三慘案」。[12]

　　慘案發生後，武漢民情更加激昂，民眾在英租界外圍聚集示威，與英軍對峙，幸當時國民政府派員及時趕至現場，公開宣佈革命政府反帝反英決心，勸喻群眾暫先退離，等候政府向英方用外交途徑來解決。同時，武漢外交部長陳友仁警告漢口英總領事，如英方仍不檢束節制，則漢口民眾將使英租界夷為廢墟，故英方必須從速撤退軍警，解除武裝，租界秩序完全由中國軍警接防，以平民憤，否則中方不負責當地英人安全。[13] 當時武漢群眾仍在英租界外圍結集，與英兵對峙。至晚上，愛國民眾愈聚愈多，更有高喊：「向租界衝去！」情勢已到不可收拾之境。

　　同時，中共工運領導人李立三、劉少奇等在 3 日晚上，召開湖北省全省總工會、全省農民協會、全省學生聯合會等二百多個團體五百餘代表的緊急會議，根據湖北省第一次工人代表大會的全國通電，提出下列各項要求，請政府向英帝國主義當局交涉：

　　（1）英方須立即撤退駐漢口英艦及租界沙包、電網等軍事設施。

　　（2）英方須負責賠償此次同胞死傷損失。

　　（3）英方須立刻將肇禍兇手交國民政府依法懲辦。

　　（4）英方須向國民政府道歉，並保證以後不再有此等事件發生。

　　（5）英租界巡捕和義勇隊一律解除武裝，租界內永不得有外國武裝軍警駐紮，由中國政府派軍警維持治安。

　　（6）英租界內華人應有集會、結社、言論、出版、遊行、演講之絕對自由。

　　同時大會為準備動員民眾反英鬥爭，亦通過下列辦法，包括：（1）實行抵制英貨，對英經濟絕交；（2）準備封閉英租界及對英方總罷工。還更要

12　《漢口九江》，頁 5-9；李守孔：〈北伐前後國民政府外交政策之研究〉，頁 228-229。

13　李守孔：〈北伐前後國民政府外交政策之研究〉，頁 229；《申報》，1927 年 1 月 7 日；蔣永敬：《鮑羅廷與武漢政權》，頁 100-101。

求政府主動力爭下列四項：（1）立即收回英租界；（2）立即收回海關管理權；（3）立即取消英輪在中國之內河航行權；（4）立即撤消英人在華領事裁判權。[14]

1月4日清晨，武漢的工會糾察隊及大批民眾從華界各路口衝進英租界。英領事見中國政府和民眾立場一致，全武漢革命反帝氣氛激昂，局面無法再強硬支持，非接受中方條件不可矣。當日下午，武漢政府派代表至漢口新市場召集各民眾團體代表開會，宣佈政府對工農商學各界聯席會議所提的各項條件，決定全部接受，已交由外交部與英方交涉，此次對英事件政府與人民立場完全一致，已命令軍警入駐英租界，維持秩序。

形勢發展至此，英方水兵及義勇隊乃悉數撤退至長江岸邊，並解除武裝，更拆去租界周圍鐵網沙包等障礙，通知中方速派軍隊接防，及至當晚7時，國民政府派兵一營入英租界，並由工人糾察隊協助維持秩序。但愛國群眾湧入租界者極多，並四處張貼反英，反帝國主義標語，英租界工部局（即市政局）無法支撐局面，只好退卻。雖然中方軍隊已入駐英租界後，秩序逐漸回復，但英方僑民頗為惶恐。從1月4日開始，已紛紛登上長江英艦和商船，預備全部撤離漢口。英租界內各商業機構如滙豐銀行和各大洋行，亦於5日起完全停業，錢財貨物亦送上英船，至當晚英租界巡捕及其他公務人員亦逃避一空，至此英方已完全放棄租界一切。

5日晚上，國民政府成立「英租界臨時管理委員會」，打理英租界內治安和市政事務，同時外交部亦宣佈中國負責維持秩序，切實保護租界內華人外僑生命財產。1月6日起，英租界內英水兵營房均變為中國軍隊臨時駐所，英方巡捕房和海關均高懸中方黨旗國旗，而英國漢口總領事館原址更變成湖北全省總工會的新會址。至於租界內形勢穩定，亦實際上完全由中國

14　丁守和：〈劉少奇在中國早期工人運動中的卓越活動〉，《中國現代史論集》（北京，1979年），頁310；Lee, "Chinese Restoration," p. 1445；《漢口九江》，頁9-13。

政府收回管理。[15] 此為自鴉片戰爭以來，帝國主義列強侵華迫訂不平等條約下，中國群眾工人集體動員奮鬥，作政府外交有力後盾，而成功收回損害國家主權利益的外國租界之第一響炮。

九江「一·六事件」和英租界被收回

當武漢「一·三慘案」爆發，中英對峙之際，長江中游的九江市，亦空氣緊張。自江西省為革命軍所克復後，工會組織和工運亦在黨政當局的扶植下，發展蓬勃。九江碼頭工人素來已對英資的怡和、太古和日資的日清三大輪船公司待遇極為不滿，現趁政局風氣劇改，工會得以組織成立，工人感到本身團結力量壯大，即欲改善待遇，故在 1926 年底工會向三外資船公司提出要求，雙方正在交涉中，適遇九江英租界一華籍巡捕，因不肯解除中方一經入租界軍官之武裝，而被英方革除，激發租界華人巡捕罷工，於是碼頭工人亦趁機援助華籍巡捕，乃實行罷工，罷工工人逾千。

及至華巡捕罷工解決後，九江各民眾團體和政府當局乃着手調解日清碼頭工潮。但日資船公司無誠意解決，其出席勞資談判代表對碼頭工人工會所提條件無答覆，以至各民眾團體頗為激憤，遂將工人與日資糾紛，擴大為各民眾團體與日清輪船公司之交涉。日方恐局勢惡化，乃將工會原本要求略加修改而接納，至此碼頭工潮內中日勞資爭議遂以勞方勝利而告一段落。各團體繼續調解英資怡和、太古兩船公司之碼頭罷工，但雙方磋商有破裂趨向，並傳聞工人準備擴大罷工，工人糾察隊因嚴防英方破壞罷工，而不停往來巡梭租界碼頭附近，情勢頗呈緊張。[16]

及至漢口英租界事件發生，消息傳至九江，當地民眾召開市民大會遊行

15　李守孔：〈北伐前後國民政府外交政策之研究〉，頁 229；蘇啟明：〈北伐期間工運之研究〉，頁 173；H. O. Chapman, *The Chinese Revolution* (London, 1928), pp. 33-35；Lee, "Chinese Restoration," pp. 1446-1447；《漢口九江》，頁 16-20。

16　《漢口九江》，頁 27-28；蘇啟明：〈北伐期間工運之研究〉，頁 173-174；陳榮華、何友良：〈九江通商口岸史略〉（南昌：1985 年），第 6 章。

示威，表示支援。英籍僑民人心驚惶，亦紛紛登艦撤離。至 1 月 6 日下午，海關英籍職員搬運行李上船，為罷工糾察隊所阻，引起衝突。英租界水兵介入，槍殺工人糾察隊員，其他工人群起救援，場面混亂，而長江面英炮艦更向空中鳴炮示威，英海軍陸戰隊登陸上岸，民情更激憤，風潮益更擴大，是為九江「一・六事件」。慘案爆發，九江全市各界大為公憤，相繼罷工罷市，數萬愛國民眾更欲群起衝佔租界，形勢嚴重，不可收拾。

　　九江英領事向當地中國駐軍請求派兵維護租界安全，中國軍方應允，但同時要求英租界的海陸軍須退出租界，撤回軍艦上。當夜，租界內英僑及水兵完全撤離登艦，至 7 日上午，中國軍隊正式入駐英租界，英人商業機構由工人糾察隊暫時看管，秩序始漸恢復，並由國民政府外交部派員組織「九江英租界臨時管理委員會」，保護租界內中外人民安全。[17] 至此，中國政府配合愛國工人民眾動員，繼漢口之後，再度成功收回第二處外國租界，成為轟動當時的「革命外交」大勝利。

小結

　　漢口、九江英租界被收回，使長江一帶的民眾反帝運動極受鼓舞。1 月中，南昌、長沙均舉行了十多廿萬人的反英群眾大會，抗議英帝國主義在華暴行，而這種市民愛國動員，亦相繼在沙市、宜昌、萬縣、重慶等長江口岸爆發。[18] 英國政府在國內和國際壓力下，亦向中國革命運動表示退讓，以圖緩和中國政府和民眾間的反英氣氛。甚至向武漢當局表示願意承認其對英國三大部分要求。[19] 其後中英雙方政府經歷多次談判，終於在 1927 年 2 月 19

17　《漢口九江》，頁 26-32；李守孔：〈北伐前後國民政府外交政策之研究〉，頁 229-230；蘇啟明：〈北伐期間工運之研究〉，頁 174；Lee, "Chinese Restoration," pp. 1447-1448；陳榮華、何友良：《九江通商口岸史略》，頁 185-196。

18　同注 5，頁 174-175。

19　李守孔：〈北伐前後國民政府外交政策之研究〉，頁 226-227，230-234；《漢口九江》，頁 64-103；Arthur Ransome, *The Chinese Puzzle* (London, 1927), pp. 9-10。

日及 20 日分別簽署協定，正式由英國把漢口和九江兩租界交回中國國民政府。[20] 此為 1925-27 年間，中國國民革命過程中，黨政領導層與愛國民眾工人團結一致，軍事外交勢力與社會力量民眾動員，相互支持，為維護國家主權和民族尊嚴，正面向帝國主義鬥爭所取得的空前成果。

廢除不平等條約一直是孫中山先生自晚清以來革命活動民族主義理想的重點在所，亦是 1924-27 年國共兩黨聯合統一戰線，國民革命主要奮鬥目標之一。故自 1925 年全國性反帝運動興起以來，各大通商口岸的外國租界，自然變成愛國民眾與帝國主義列強抗衡的戰場和焦點。「五卅」和「沙基」慘案爆發後，收回租界更變成了全國一致的熱烈急切要求。故北伐軍和革命政府到達華中後，工運蓬勃，民意激昂，在漢口、九江兩租界之收回過程中，工會和工人群眾力量成了革命動員的社會主流，亦是繼承了晚清鴉片戰爭時，1841 年廣州「三元里事件」紡織機房工人奮勇抵抗英軍侵略以來，中國工人經常站立在堅決維護自身行業、地方社區，國家民族權益之前線。中國工人運動作為一股有意識醒覺，有組織的社會、經濟、政治力量，能配合利用客觀局勢來動員發展。在國際歷史舞台上，是具有相當重要性和影響，絕對不容輕視。

原載：陳明銶主編：《中國與香港工運縱橫》
（香港：香港基督教工業委員會，1986 年），頁 36-52

20　《漢口九江》，頁 106-172；李守孔：〈北伐前後國民政府外交政策之研究〉，頁 234-237；Lee, "Chinese Restoration," pp. 1452-1456。

「知識與勞動結合」之教育實驗：無政府主義派的國立勞動大學簡史 1927-1932

無政府主義與民初工運

在近代中國工運歷史上，無政府主義（Anarchism）特別是其中工團派（Syndicalism）曾經有相當的影響，尤對工人們的政治醒覺，西方激進社會思想和國際工運潮流的介紹傳播，以及在團結基層工人，推動新式工會組織等各方面，在民國初年至五四運動前後，無政府主義者曾極為熱心投入，貢獻不少。

無政府主義思潮，在二十世紀初期的中國知識界中頗為活躍，在日本和法國的一些中國留學生和革命流亡分子，成為初期無政府主義思想傳入中國的主要源流。無政府主義在某一層次來看，是一種極端的個人主義，主張絕對自由、民主、平等，反對任何壓迫性紀律組織，反對一切權威，國家和政府，包括馬克思主義的無產階級專政的政權，而希望經民眾革命，消滅國家政權，建立平等，博愛正義的社會，以「人人勞動，互相合作」，達成「各盡所能，各取所需」的生活，由是可見勞動和互助為其思想中重要因子。

在這種主義思想熱誠策動之下，不少無政府主義者在民國初年努力實踐，有時簡直成為當時中國工運的前衛人物。例如在廣州，無政府主義者劉師復在 1912 年 5 月組織了「晦鳴學舍」，這是中國國內的第一個無政府主義團體，並出版期刊《民聲》，同時又組織理髮工人和飲食業工人成立新

式工會（其茶居工會後來有會員八千多人，為當時廣州極有勢力的勞工團體），劉師復的活動雖因袁世凱的壓禁而暫時停頓，但他所宣傳的無政府主義工團思想，在廣東工人間仍頗有影響力。

　　1917 年孫中山在廣州成立護法政府後，無政府主義工團派分子便捲土重來，如老同盟會會員、工團主義「互相派」倡導者謝英伯，便在 1918 年 5 月 1 日在廣州與勞工團體舉行了全中國首次的公開慶祝「五一」國際勞動節大會，他又曾在廣東各處機器工人間成立了不少「互助社」形式的工人俱樂部，成為廣東省機器總工會之下的草根單位。此外廣東無政府主義者梁冰弦、劉石心等於 1920 年 10 月在廣州創辦一份《勞動者》週刊，主要是宣傳工團主義和消滅一切政權和法律的無政府主義，該刊以為工人的政治參與是不正當的，只有工團主義的罷工，才是真有意義、價值的罷工，把工人運動理解為組織工會，認為只有工人團體才是領導工運的唯一組織，工會只需「提倡勞動主義，謀工人的福利，普及工人教育」而對政治鬥爭和建立工人階級的政黨是很反感，故極反對馬列式共產主義活動。

　　在湖南，無政府主義者黃愛、龐人銓以知識分子身份從事工運，亦頗有成績。1920 年冬，他們集合同情勞工的學界人物和工人當中有醒覺者，在長沙成立「湖南勞工會」，開華中風氣之先，兩年之後，湖南全省類似的工人組織已有十個。可知當時無政府主義者之工運活動，實開創了近代中國知識分子主動關注參與勞工問題的先例，亦是「知識與勞動結合」的實踐和發揮。

勞工神聖和工讀主義

　　上海國立勞動大學之創辦，與國民黨政治元老中留法無政府主義者李石曾、吳稚暉和著名教育家、深受無政府主義影響的蔡元培等人一直以來鼓吹「勞工神聖」，推動「工讀主義」理想有直接關係。李、吳、蔡三位由宣傳主義理想，出版刊物，進而發起「留法勤工儉學運動」，參與第一次世界大戰時旅法華工教育活動，成立里昂中法大學（1921 年），以至後來強烈反

對中國共產黨，及在 1927 年國民黨清黨後，成立國立勞動大學等一連串活動，都是反映他們的無政府主義的立場來從事社會改造的教育實踐。

在 1907 年，李石曾、吳稚暉在巴黎主辦《新世紀》雜誌，以克魯泡特金（Kropotkin）的「互助論」為根據，宣揚無政府主義，吳在雜誌中撰文提倡「勞工神聖」，他並且自己去作排字工人，以身體力行來改變傳統儒家「勞心者治人，勞力者治於人」的觀念。及至民國成立，全國第一本專門注意勞工問題的雜誌，也是吳稚暉主編的《勞動》月刊，於 1918 年 3 月在上海創刊，到同年 7 月止，共出了五期，其宗旨在「尊重勞工，提倡勞動主義，維持正當之勞動與排除不正當之勞動，培養勞動者之道德，灌輸勞動者以世界知識普通學術，記述世界勞動者之行動以明社會問題之真相，促進勞動者與世界勞動者一致解決社會問題。」撰稿人包括蔡元培、李石曾、陳獨秀等，皆為五四時期新文化的倡導者，這一點反映了當時知識界先進分子多受無政府主義。第三期（1918 年 5 月）曾介紹「五一」國際勞動節的意義，而每期內容亦報導國內海外華工情況，與歐美各地工運的消息，就當時的思想潮流和社會風氣來說，《勞動》是民國初期知識界啟導工人醒覺，提高勞工地位的重要指標。

同年 11 月 28 日，在北京天安門慶祝第一次世界大戰勝利的大會上，當時的學界領袖，北京大學校長蔡元培以「勞工神聖」為題演說：

> 諸君！此次世界大戰，協商國竟得最後勝利，可以消滅種種黑暗的主義，發展種種光明的主義，我昨日曾經說過，可見此次戰爭的價值了。但是我們四萬萬同胞，直接加入的，除了在法國的五萬華人，還有甚麼人？這不算怪事！此後的世界，是勞工的世界呵！
>
> 我說的勞工，不但是金工、木工等等。凡用自己的勞力作成有益他人的事業，不管他用的是體力，是腦力，都是勞工。所以農是種植的工；商是載運的工；學校教員、著述家、發明家，是教育的工；我們都是勞工。我們要自己認識勞工的價值！勞工神聖！我們不要羨慕那憑藉遺產的紈絝兒！不要羨慕那賣國營私的官吏！不要羨慕那剋扣軍餉的軍官！

不要羨慕那操縱票價的商人！不要羨慕那領乾薪的顧問諮議！不要羨慕那出售選舉票的議員！他們雖然奢侈點，但是良心不及我們的平安多了！我們要認清我們的價值！勞工神聖！

由此可見在 1919 年五四愛國三罷（罷課、罷工、罷市）、學界和工界聯合反帝國主義聯合動員之前，先進的知識分子、學界主流人物，已大力鼓吹「勞工神聖」和「知識與勞動結合」的觀念，成為當時中國社會文化革命思潮重要的一環節。

蔡元培演講中所提指是旅法華工，是第一次世界大戰期間，赴歐工作的二十多萬華工之最大部分，他們為中國對盟國勝利的主要貢獻，這些旅法華工的教育，與「工讀主義」的「勤工儉學運動」有密切關係。1909 年李石曾、齊竺山等在巴黎創辦生產製造食品的豆腐公司，在河北招來工人三十餘人，為提高他們文化知識，李讓他們白天工作，工餘從事學習，後來法國有人造絲廠需要工人，齊竺山從中國招來工人四十八人，也是白天工作，工餘學習的「以工兼學」。蔡元培、李石曾、吳稚暉等對此辦法極為讚賞，並撰寫文章在國內外刊物加以介紹，並在 1912 年本着「工讀主義」的思想，成立了「留法儉學」來推動工讀留法，到第一次世界大戰前，旅法勤工儉學的華人已有二百多位。

至 1915 年夏，這工讀運動更擴大，成立了「留法勤工儉學金」，宗旨是「勤以工作，儉以求學，以進勞動者之知識」，並出版《華工雜誌》，廣為宣傳「以工兼學」，吸納不少青年學生赴法工讀。而當時旅法華工因歐戰需勞動力而大增，工人教育成為迫切問題，華法教育會與勤工儉學會合辦了「華工學校」，在 1916 年春開課，蔡元培編輯德育、智育講義四十回，李石曾講生理衛生，另有中文、法文、算學、理科、圖藝、工會組織等課程，一些赴法勤工儉學學生亦參與華工學校的教授。

及至五四愛國新文化潮帶動下，「工讀運動」更急劇增長，全國各地成立不少勤工儉學的團體學會，而頗多非真正無政府主義，非工團運動者也支持提倡工讀留法，如當時北大教授、新文化運動健將之一（亦後來中共創始

人之一）李大釗就積極鼓吹知識分子參加工農勞動，作為一種高尚理想的人生生活，有謂「工不誤讀，讀不誤工，工讀打成一氣才是真正人的生活。」這種「知識和勞動結合」的重要意義不獨在消除傳統士大夫讀書人輕視，不參與實際勞動的作風，而且更有社會革命文化改造的作用——一方面知識分子加入勞動取得自身的社會體驗，同時藉勞動來和工人取得密切連繫，發展勞工教育，促進勞工們的醒覺，故學界和工界的結合，可動員成為社會文化的革命主流先導力量的雙重目的。

到 1920 年底，國內知識學生界內，出現留法勤工儉學的空前熱潮，各地赴法工學的學生達到一千六百多人，但他們多非無政府主義的信徒，事實上有些勤工儉學生在留法時接受馬列主義，加入共產黨，這包括中共領袖人物如周恩來、鄧小平、蔡和森、向警予、蔡暢、李富春、陳毅、聶榮臻、趙世炎、陳廷年、王若飛、李維漢和中共著名工運領袖李立三等（李立三初為工團主義支持者，後受蔡和森之影響，才膺服馬列共產主義），而蔡和森、李立三等在 1921 年更因待遇不平等的激憤抗議，與蔡元培、李石曾、吳稚暉等所設立的里昂中法大學當局發生衝突，而被法國政府驅逐出境，亦可見無政府主義者之工讀運動所產生之政治後果，實非如初始能料及，而國民黨內的無政府主義分子與中共人物亦早在這時結下仇怨，及後 1924-27 年間之國共兩黨合作，李石曾、吳稚暉等極力反抗，並成為堅決反共的「西山會議派」主力人物。至 1927 年春，國共合作破裂，蔡元培、李石曾和吳稚暉在上海對壓禁消滅共黨人物的清黨反共活動亦頗為積極，不少留法的中共分子亦被波及，這樣變成了勤工儉學之倡導者與部分勤工儉學之「產品」學生，因政治分歧對立而勢如水火，亦可算是歷史悲劇。

勞動大學之創設和宗旨

1927 年春，國民黨的國民政府奠都南京，除堅決反共外，亦標榜統一和建設，並注重發展教育，蔡元培出任大學院院長，掌理全國教育行政，李石曾、吳稚暉等仍本以前無政府主義「知識與勞動結合」理想，欲發展大學

教育，以培植領導工農社會運動的實幹人才。適值上海江灣區有遊民、模範兩工廠，虧資停業，呈請政府維持，李石曾時為南京當局教育委員之一，趁機建議留此兩廠為創辦國立勞動大學之基礎，得蔡元培、吳稚暉等黨政元老支持。同年夏天，勞動大學籌委會成立，蔡元培任主席，一方面通過大學章程，組織大綱，學科課程和經費預算，同時又物色各部教職員，並開工修葺廠房為校舍，至同年 9 月，決定首任大學校長人選，至此勞工大學的籌備工作告完成。

在歷史層次來看，勞動大學是承繼了無政府主義派自清末以來已鼓吹和推動的「勞動神聖」，「知識與勞動結合」等的理想信念，亦是繼五四時期的勤工儉學運動之後，正式在中國國內首次大規模的教育實踐試驗。勞大的創辦宗旨、校風精神可從蔡元培於 1930 年在江灣勞大校內，以「勞動學的意思和勞大學生的責任」為題的演講中，清楚道出：

　　（甲）勞動的意義 —— 勞動是對人類做點有益的事情，勞動的主要的部分是工和農。農人養蠶、造林、培養天然種子，而獲得其生產：工人改造自然生產的性質，適應人類的需要，兩者都從事於有益人類的事業，沒有他們工作，人類便不能生存。中國古時，或分士、農、工、商四階級，管子所謂士之子恒為士，農之子恒為農，工人之子恒為工，商人之子恒為商；那時階級極嚴，士為特別受教育的人。現在教育普及，農工也要受教育，所以士的階級可以不要。商人運輸貨品、運輸貨品，亦是勞動的工作，也是工的一種。正當的商人，只處於轉運貨品的地位，決不能壟斷居奇，投機買賣；現在社會制度不良，所以還有這種現象存在。可是這四個階級歸納起來，只有農工兩類，所以農工便是勞動。

　　（乙）勞動教育的意義，農工為勞動的主要者，農工是人民生活所繫的，中國本是農業國，以農為最好。工的方面，中國發達也很早，二千年前已有《考工記》，他們雖然未受教育，但他們製造得很好，也能應人類的需要；到了現在，因為人口增多，舊的方法不能滿足人類的

需要，於是世界上有了一種新的方法，這種新方法的原則是出力少而生產多，不費多大的力量而使增多的人口能夠滿足需要。這種方法也是永遠在進步的，要學習這種新方法而且要不斷的加以改良，所以要勞動教育。從前老圃老農為孔子所不及，可見他們並非沒有教育的。但是工場的學徒，從前不施以任何教育，這是因為方法簡單，容易學得；現在有了機械，方法複雜，不是從前那樣法可以學到，所以必須施行教育。

（丙）勞動大學的意義 —— 自從中國採用外國制度以後，就有甲種農業學校、工業專門學校及大學的農科和工科等，這種學校，本係學理與實際並重的；但到了中國後，就變了性質，跑到工農學校去讀書的人，專以書本為事，不做實際工作，他們更一變而為士了。農人的子弟，一進學校而後，回到家裏便看不起他們的父兄；工人的子弟，也是一樣。他們一出學校，便去做管理工農的事，或竟做與工農毫無關係的事。因此，那時對於教育行政委員會諸先生提議創辦勞動大學為先例，勞動大學雖然說與工業專門學校不無相同，然而也可以說是一個革命，他們的功課，專門注意於實際工作，課堂工作不過是補助而已；其最高級為大學，大學畢業也可得和其他大學相同的地位，但是不希望學生出去作技師，希望他們能夠去做實際工作，要打通從前專門以打揮工人為事的工程師，使能實際工作。那末我們為甚麼要辦大學呢？因為我們現在必須採用世界新法，這是一層。但現在需要日增，方法必須改新，採用他國的新法，以加應用還不夠，我們更須負責發明，尚學的目的即在能夠應用固有方法而又進而發明，以供給社會的需要。有錢的人來讀書可以不勞動，現在他們既然肯勞動，來做實際工作，我們當然歡迎他們，所以勞動大學的學生，並不限於農和工。

（丁）勞動大學生的責任 —— 勞動大學用意，即是學生要實際工作，做工即是唯一的勞動。諸位同學在此讀書、在進校以前，必須立志做實業工作，尤其是工院方面，從前此地是模範工廠，本來就有很多的工廠，將來能夠工廠都開辦完全，使各人都能做一點工，各個學學都能做工，人人都須工作，是最高的理想。將來社會改造必在於這一點，學

校生活便是這一點的開始，而且一切發明都是從實際做工而得，所以勞工學校的同學，應該腳踏實地去做。要功課及格，第一便是要做工。將來全國要設勞動大學，各處都要辦學校，那時必定要請此地學生去做指導，如果現在沒有做過工，則將來如何指導呢？所以現在必須努力工作，使將來有了基礎，如果現在不做工，將來必定沒有基礎，一切實習必歸失敗，都不能切實，所以現在必須切實工作。還有一層，勞動大學的學生享有特殊權利，外面的人便很妒忌，都說勞大學生享有很多利益，如清朝的貴族一樣；那我們可以回答他們，我們是生產的，學校要我們做工，我們便有生產，我們既然盡了義務，我們當然享有權利，我們可以這樣對他們解釋，反過來我們如果專在讀書用功，而不去做實際工作，如舊式農業學校和工業學校一樣，便不對了。勞大學生的責任在做工，不但工院農院如此，社會科學院的學生也應如此，社會科學院的學生，應該努力於世界現在正在要解決的社會問題，即生產分配的問題。在我們的理想，將來世界只有農工。所以農工問題即社會問題，勞動大學要辦社會科學院，是因為要養成實際知道農工困難問題的人，能夠走入農工群眾中與他們一道，應用所學的原理，為其同業工人解決一切問題，定政策，設方法，改善他們的生活狀況，所以社會科學院的學生也應該做工。我們現在可以下一個結論說，勞動大學係以勞動為立腳點，以勞動為基礎，不論何院何科都須勞動，我們每天須自己檢點，終身如此，方不負了勞動大學及政府培植的苦心。希望諸位各自努力，各自檢點，不要負了現在供給諸位的勞動群眾才好。

勞大之組織和設備

1927 年 9 月，國立勞動大學正式成立，初時設有兩學院，即勞工學院、勞農學院。勞工學院分二科，大學本科和中等科，每科各二班，每班學生五十人，又設二師範班，二訓練班，每班亦五十人，勞工學院共招學生

四百人，同年 10 月中開學。而勞農學院則 10 月招生一班，11 月中上課，至 1928 年春，勞農學院復召本科及中等科新生各兩班，至暑期中本科分為農藝、園藝、農藝化學三系，有學生一百五十餘人。同時勞工學院師範訓練兩班學生修業完畢，而本科舊生一百人這時亦分勞工教育、工業社會，及機械工程三系，並新增土木工程一系，招新生一班，工、農兩學院是時共有學生二百八十九人。後來由工、農兩學院再增設社會科學院，以符合當時國民政府大學組織之規定（起碼有三個學院方可稱大學），而附設之中等班亦改為中學，兼加設小學，故勞動大學全校共有大學本科三學院，另有中小學，有完整的國民教育系統三個階段課程，此外更開辦成人教育，兼謀社會教育的發展，所以勞動大學與普通一般大學比較注重純學術研究的重點頗不相同，而勞大附設的工廠、農場，予學生真正勞動實習機會，亦為其特色。

　　勞動大學創立之初，以上海江灣車站西側的模範、遊民兩工廠廠房為校址，1927 年更開始修葺，作為勞工學院校舍，勞農學院及中等各班亦在此上課，後以校舍不足，適值距校園不遠的上海大學（為共黨分子所辦），在 1927 年春國共分裂國民黨清黨時所封禁，乃請求南京國民政府撥歸勞大，修葺一新後，勞農學院在 1928 年初遷至這邊校舍。同年夏中學部正式成立，再增購吳淞泗塘橋民地七十餘畝，建築中學校舍、農學院亦新購嶺南路民田二十四畝作為農場，以供學生實習，但場地太少，且離校遠，往來不便，後請政府撥給原來陸軍在吳淞大場鄉所購擬建兵工廠的民地三百五十餘畝，至 1929 年夏獲准得地，因新農場與勞大附設中學部較近，故農學院逐與中學部互易校舍，社會科學院成立之初，與工學院共處同一校舍，至 1931 年夏，中學部停辦，社會科學院即改用其校舍。

　　由 1927 年夏至 1931 年夏四年間，勞大校舍的增建和修葺一直動工不停，除教室外，新建學生宿舍數座、大禮堂、體育館各一所。農學院設備增添頗多，如化學及生物實驗室、農產製造室、農場農具室等，在吳淞的實驗農場，有田三百五十餘畝，設事務部、試驗部，農場內為植稻、麥、棉、豆、和林牧，蠶絲、實驗、製造、雜作，新農等十一區。工學院所附屬的工廠二所，其內分工場十數處，但 1927 年夏勞大接收時已停工者八所，僅印

刷、罐盒兩工場開工。至 1928 年初改名「勞大工廠」，整理復業，計有造機、翻沙、印刷、橡皮、梘燈各場，相繼開工，但橡皮工場久已虧累，與及梘燈廠一並出租與人承辦。勞大校內工廠農場共有正規工人二千，亦算略有規模，校內圖書館至 1931 年底，收藏已編目之中外書籍 42,500 餘冊，而校內醫院診分設江灣吳淞兩處。此外復有為推廣成人社會教育而設的民眾圖書館、民眾茶園、民眾俱樂部、民眾電影場等。建設數年，勞大的組織與設備已粗具規模，本科學生達四百人，而大學本科三學院分設三處校舍，以配合實習工廠或實驗農場所在地，亦算是勞大的特別之處。

勞大與外界壓力及其結束

　　勞動大學之創辦宗旨理想着重勞力實踐與社會改革功能，自始已與其他普通一般大學不盡相同，其主要支持者如蔡元培、李石曾、吳稚暉不獨為當時國民黨政治元老和教育系統的巨頭，他們受歐洲工團無政府主義的深刻影響，提倡「勞動神聖」，而以國立勞動大學為其社會勞動教育學術訓練融合為一的實驗基地，故勞大學生，均須參與實際勞動，或在工廠操作，或在農場生產，以求打破傳統的勞心勞力上下層統治與被治者分界，每位學生每天在正式上課外，平均實習工作三小時，予其充分勞動體驗，是他們受訓練成為工運農運動幹部領袖的不可缺少經歷。

　　勞大首任校長（1927-30 年）易培基，曾任長沙湖南第一師範學校校長，北京政府教育總長，及 1928-30 年為南京國民政府的農礦部長，勞大第二任校長（1930-32 年）為留法外交家王景岐，曾任中國駐比利時公使，均為當時黨政界要人，亦為李石曾、吳稚暉派人物，兼值 1927-29 年間，蔡元培出任綜管全國教育行政（仿照法國制度）的「大學院」院長，故李、吳、易等得蔡之有力支持，創立勞動大學，且可在創校初期屢次獲政府撥款劃地來擴建校舍農場。

　　勞動大學性質風格與其他國立大學有異，學生入學的水準程度較低，而該校課程非純注重書本學術研究，而兼重勞動實踐，社會參與等，是以勞大

常被教育界看低，但同時勞大因為性質較特殊，而設備特多，因為附設工廠農場，校舍又分三處，兼且開設不久，創始建設費用必多，而學生人數極少，員工特多（因工廠和實驗農場僱用二千工人），經費支出亦巨，所以勞動大學與當時其他國立大學在平均每一學生所用經費比較，比著名的北京大學、清華大學尤多，勞大平均每生每年耗費昂達 2,248 元，僅次於以醫科及工程馳名全國的國立同濟大學，故被當時《國聞周報》（1930 年 4 月 28 日，7 卷 16 期〈再論大學教育之合理化〉）專文斥責，指所謂勞動大學，學生僅中學程度，而所耗費僅次於同濟大學，這是非常不合理，只因學閥要人為後盾，官官相護，故勞大能夠成立，預算能夠批准云。

由於所用經費過昂，學生學術成績水平較低，勞動大學受外界壓力不少，至 1930 年國民政府取消大學院制度，改成教育部，易培基去校長職，形勢更不利。及至 1932 年「一・二八」之役，日軍襲擊上海，江灣為日軍炮轟焦點，勞動大學校舍慘遭日軍炮火破壞，損毀過半，兼且當時校內學生因種種問題，學潮迭起，政府遂趁機下令停辦，勞動大學短短五年歷史至此亦告終結。

在這數年間，雖然學生人數不多，但勞大的成立與發展，亦是中國近代教育史上尤其勞工社會教育方面的一個新穎獨特的創舉，從實習運動來打破傳統士大夫知識界的勞心勞力鴻溝，把學生由課室帶進工廠農場以作領導社會服務基礎等等，都可算是有崇高理想，遠大抱負的嘗試，雖在施行發展方面範圍太少，勞大歷時不久，無機會大規模發揮收效，但仍為一個值得誌念的實驗。

著名的勞動問題專家陳振鷺曾任勞大社會科學院教授，其所著有關勞工研究專書本 ——《現代勞動問題論叢》（上海，1933 年），《勞動問題大綱》（上海，1934 年），《勞工教育》（上海，1936 年）等，部分內容是他在勞大授課的講義。而勞大師生所著述出版的紀念創校二週年《勞大論叢》（由勞大的編譯館在 1929 年出版刊印），亦登載了不少有分量關於中國工運、中外勞動問題、社會研究的學術論文，故不能過分指責勞大完全無學術程度。

小結

　　從勞大創立目的在知識勞動結合作社會改革培養訓練工運幹部這精神來看，似乎勞大在實質上亦承繼了一點革命歷史和民眾社會運動的淵源。勞大社會科學院所在的江灣校舍，原為上海大學校址，上海大學為當年中共在上海的重要機關和城市群眾動員要塞，中共著名領袖如瞿秋白、蔡和森和左派工運先驅鄧中夏等均曾在 1920 年代初期中期在上海大學任教和主持校務，傳播馬列主義思想，進行政治教育和革命動員（鄧中夏在 1923 年出任上大校務長，實際負責校政；瞿秋白為社會學系主任，兼授社會哲學；蔡和森為社會學系教授，主講社會運動史）。在 1925 年「五卅慘案」反英日帝國主義的民眾運動中，上海大學師生均激烈參與作先鋒並領導鬥爭，師生多人被英警毆而拘捕，以致 6 月初上大為上海國際租界當局派兵封禁，後經校方師生努力，得國內各界捐助，上大在江灣購地建築校舍，1926 年 4 月 1 日上海大學在江灣新校舍再上課，但 1927 年春國共分裂，上海「四·一二」事變，上大在創辦五年後終被國民黨當局在清黨中所封禁，而再五年後至 1932 年春，國立勞動大學先受日本帝國主義炮火摧毀，再被國民黨政府當局以校舍損毀，學潮頻起為理由停辦，似乎在上海江灣先後使用這同一校舍的兩所進步獨特，又與勞工運動有密切關係的大學都遭受類似打擊，終踏上了被迫結束的相同命運。

　　或許這是在二十世紀初期的中國政治現實之下，激烈的城市革命動員和開明進步的知識與勞動結合教育嘗試，均是頗難有完全充分的客觀條件和機會可能性，予熱心的知識分子在鼓吹傳播思想意識之外，用教育行動來實踐發揮與勞工的連合，以建設一個新的社會基礎。勞動大學之短暫歷史和上海大學之失敗收場，亦代表當時學界知識分子在城市試圖推動社會政治教育改革的局限性。

主 要 參 考 資 料

中國學生社編：《全國各大學圖鑑》（上海，1933 年）

國立勞動大學：《勞大校刊》（上海，1928-1931 年）

《勞大論叢》（上海，1929 年）

趙紹祥：〈抗戰前中國大學教育的新方向（1927-37）〉（台北：中國文化學院歷史學碩士論文，1973 年）

黃美夏、石源華、張雲編：《上海大學史料》（上海，1984 年）

《國聞周報》，第 7 卷第 16 期，1930 年

王永祥、孔繁豐、劉品青：《中國共產黨旅歐支部史話》（北京：中國青年出版社，1985 年）

黃藝傳：〈無政府主義者在廣州搞工會活動回憶〉，《廣州文史資料》第 5 輯，1962 年

林修敏、唐純良：〈論留法勤工儉學中的勞動學會〉，《北方論叢》，1985 年第 3 期

林茂生、王維禮、王檜林：《中國現代政治思想史（1919-1949）》（吉林：黑龍江人民出版社），1984 年

陳敬編：《無政府主義在中國》（長沙：湖南人民出版社，1984 年）

蔡元培：《蔡元培全集》（台北：王家出版社，1975 年）

中國第二歷史檔案館編：《中國無政府主義和中國社會黨》（南京：江蘇人民出版社，1981 年）

呂明灼：〈五四時期李大釗的知識分子與工農相結合的思想〉，《社會科學戰線》（長春：吉林人民出版社，1981 年）

黃利群：《留法勤工儉學簡史》（北京：教育科學出版社，1982 年）

沙東迅：〈評介勞動者周刊〉，《廣東社會科學》，1984 年第 2 期

清華大學中共黨史教研組編：《赴法勤儉學運動史料》（北京：北京出版社，1979-1981 年），第 1 冊至第 3 冊

郭笙：《「五四」時期的工讀運動和工讀思潮》（北京：教育科學出版社，1986 年）

Ming K. Chan, *Historiography of the Chinese Labor Movement, 1895-1949* (Stanford, 1981).

Arif Dirlik, "The New Culture Movement Revisited: Anarchism and the Idea of Social Revolution in New Culture Thinking," *Modern China*, vol. II, no. 3 (July 1985).

原載：陳明銶主編：《中國與香港工運縱橫》
（香港：香港基督教工業委員會，1986 年），頁 61-77

國民政府南京時期之勞工政策
—— 由上海工運片斷分析觀察

　　關於 1927-37 年間南京時期國民政府的性質，領導層和政策的論述經已有頗多學術著作，概括而論，它是一個以城市為基礎的多省份地域性政權，有保守，民族主義，高度軍事化和傾向獨裁的政權。[1] 本文的討論焦點在這政權與社會關係的層面 —— 其勞工政策的政治形態基礎和實踐效果。

　　大致來説，很多學者認為南京政府並無特別刻意眷顧大資本企業家的利益，[2] 而對城市民眾草根階層的勞動者，亦是運用行政與法律手腕來管制領導，目的在於維持勞資調協，求取社會秩序安穩，以謀其最高目的 —— 國

1　可參考：Chien Tuan-sheng, *The Government and Politics of China 1912-1949* (Stanford, 1970); Hung-mao Tien, *Government and Politics in Kuomintang China, 1927-1937* (Stanford, 1972); Lloyd E. Eastman, *The Abortive Revolution: China under Nationalistic Rule, 1927-1937* (Cambridge, Mass., 1974), "China Under Nationalist Rule: Two Essays" (Illinois Papers in *Asian Studies*, vol. 1 [Urbana, 1981]), *Seeds of Destruction*, (Stanford, 1984)。

2　Marie-Claire Bergère, "The Chinese Bourgeoisie, 1911-1937," *Cambridge History of China*, vol. 12 (New York 1983); Sherman Cochran, *Big Business in China: Sino-Foreign Rivalry in the Cigarette Industry, 1890-1936* (Cambridge, Mass., 1980); Parks M. Coble, *The Shanghai Capitalists and the Nationalist Government, 1927-1937* (Cambridge, Mass., 1980); Richard Bush, *The Politics of Cotton Textiles in Kuomintang China* (New York, 1982); Hsi-sheng Chi, *Nationalist China at War: Military Defeats and Political Collapse* (Ann Arbor, 1982). 均推翻從前一般學者以為國民黨是偏護大資本家之説法，而更指出國民黨政機關之軍事化本質。

家的統一和建設。[3] 故自 1927 年後，其勞工政策就有這種局限性，但當時國民政府要同時面對的，是中國共產黨不斷挑戰和反抗，國際性經濟危機，和日本帝國主義侵略和西方不平等條約箝制等多重打擊，其勞工措施推行可收之成果可以預見。事實上南京當局的勞工政策法例，在這十年間始終未能起積極作用發動中國勞工，為國家社會建設盡力。

　　根據近年一般學術推論，南京政府既然偏重城市為立足點，而不特別提攜大企業資產階層，照常理就應該以城市的藍白領職工人為其群眾支持的社會基礎。但事實上，並無甚麼明確例證顯示國民黨當局在 1927-37 年間的社會政策有主動扶植勞工組織，鼓勵工運發展，促進勞工福利的特別傾向，可見南京政權一直以來並沒有以勞工為其主要社會支持力量的骨幹。反過來看，當時勞工界對國民政府的普遍態度也是被動和消極的默認和接受，而非積極熱烈的支持。因此立足於城市的南京政權在事實上欠缺了廣大堅定的草根階層支持和參與。在表面上，算是較為支持它的台柱為都市的中產階級和鄉鎮的士紳地主，但其可能只是一個軍事政治機構集團，缺乏明顯獨特的階級基礎，而除其自身之外，也不刻意代表着甚麼階層團體的特殊利益。[4]

　　但南京政權能夠掌政統治，經歷了多次危機仍不倒台，可以顯示其具備某些條件能力求駕馭、穩定和安撫管治下各種不同的社會階層和利益團體，因此究竟南京政權是否漠視勞工，抑是勾銷激進活躍的勞工運動？還是它控制、操縱勞工的政策不能配合時局，針對問題，以致缺乏實效呢？本文嘗試從此角度以上海工運的某些資料為主，來分析南京政權之黨政架構和勞工團體之間錯綜複雜的關係，這亦包括：國民黨勞工控制的本質和策略，1927-37 年間之工運活動和工人集體社會經濟性動員的趨向大概，以圖進一步了解南京時期政權與社會相互影響。

3　　Robert E. Bedeski, *State-Building in Modern China: The Kuomintang in the Prewar Period* (Berkeley, 1981).

4　　Bradley K. Geisert, "Toward a Pluralist Model of KMT Rule," *Chinese Republican Studies Newsletter*, vol. 7, no. 2 (February 1982).

近期背景

　　1925-27 年間，在國共兩黨聯合統一陣線，國民革命和北伐勝利等高潮下，全國工運因受黨政當局之積極扶持，加上工人的醒覺，利用革命形勢來求改善生活，使工運高漲及極度政治化。有些學者更認為南京政權成立初，領導層因前車之鑑，恐怕大規模有實力、自主、自發兼政治化的激進工運，不受其約制，而甚至放棄這城市勞工為其政權的社會基礎。[5] 故國共兩黨分裂，國民黨反共清黨後，中國的勞工運動，作為一種有組織，具政治影響的社會力量，已暫告低退，甚至在許多層次上終結，很多曾經一度活躍的工會均被迫改組和接受官方黨部的嚴密控制。隨着南京當局的大力徹底鏟除消滅左派在工界的影響，再加上行政措施和立法管制等手段廣泛應用下，甚至連非左派的工人組織亦被波及，陷入低潮。

　　南京政府對內採取強壓手段，對外為保持黨和政府形象，應付國際和國內壓力，維持社會穩定和謀求經濟建設，於是逐步向勞工組織和工人實行有法律基礎或藉口之規限和管制。當局的口號是當時中國國家民族（當然包括了工人）的真正壓迫者，是帝國主義和外國資本，並非尚在萌芽階段的國內資本主義，故此中國目前所進行的是國民革命來爭取主權獨立，領土完整，而不是社會革命或階級鬥爭。[6]

勞工立法概況

　　由 1929-36 年間，南京當局曾經制定了十三套勞工和工業法規，內容涵蓋管制工會的成立和發展，勞資糾紛，工業安全，工礦生產環境

5　Nym Wales (Helen F. Snow), *The Chinese Labor Movement* (New York, 1945); and Harold Isaacs, *Five Years of KMT Repression* (Shanghai, 1932).

6　馬超俊：《中國勞工問題》（上海，1925 年）；《中國勞工運動史》（重慶，1942 年）；《馬超俊先生言論選集》（台北：1967 年）；均強調中國國內需要勞資調和以求建設。

等。[7] 這些法例可以分為兩大類別，一種是為方便政府嚴密控制勞工組織，而提供法理上根據的管制壓抑者法例。這些包括：《工會法》（1929 年頒佈，1931、1932、1933 年修訂），《團體協約法》（1930 年），《勞資爭議處理法》（1930 年頒佈，1932 年修定）等。另一種是維持政府形象，仿效西方先進工業國所制定的勞工保護福利性法規，例如《工廠法》（1929 年頒佈，1932 年修定），《工廠檢查法》（1936 年），《礦場法》（1936 年）等。

壓抑性的勞工法規大部分由國民黨右翼保守派（胡漢民等為首）控制的行政立法機關於 1931 年以前擬定頒佈，保護福利性的勞工法例以及對壓抑性法規的修訂（目的在減輕放寬其壓制程度範圍），則大部分於 1932-36 年間由比較溫和開明的行政院（汪精衛）和立法院（孫科）領導層所提出通過，這些保護性勞工法例如能切實有效執行，中國勞工狀況當會有所改善，可惜事與願違，因南京當局的工業法監管機構，對外資企業和設立在外國租界的華資工業（頗多是新式和大規模，僱用工人眾多者），因不平等條約治外法權等所阻，主權不逮，鞭長莫及，無法收效。[8]

勞工行政

南京當局對工運（或其他社會群眾運動）的最明顯官方態度，是在政府行政架構和國民黨黨務系統內，主理勞工問題工會運動的負責機關之變動。南京政權成立的初期，在 1928 年 2 月廢除國民黨中央之「勞工部」（同時亦廢「農民部」、「青年部」），而以新成立之「民眾運動訓練委員會」取代，此「民訓會」由上而下，指揮各省、市、縣黨部的「民訓會」或其他黨機

7　陳國鈞：《勞工立法新論》（台北，1960 年），頁 64-66；和 Augusta Wagner, *Labor Legislation in China* (Peking, 1938) 均為國民政府勞工法權威之作，有關南京時期勞工立法背景和中文參考資料，可見 Ming K. Chan, *Historiography of the Chinese Labor Movement, 1895-1949* (Stanford, 1981), pp. 9-16。

8　Tien-tsung Sih, "Factory Inspection in China," *Economic Information Bulletin*, vol. 2, no. 6 (November 1936, Nanking), and Chen Ta, *Study of the Applicability of the Factory Act of the Chinese Government* (Shanghai, 1931).

關如「工會整理委員會」，管理控制勞工及各種其他社會民眾組織活動。至
1929 年 5 月，國民黨中央又新成立一個「訓練部」，專司一切民眾運動，取
代被廢止的「民訓會」職責，並以國民黨反共派工運元老馬超俊（亦廣東
機器工人領袖）為「訓練部」部長。1932 年 4 月，隨南京中央政治領導層
的大改組，國民黨中央又廢除這「訓練部」，而另外成立「民眾運動指導委
員會」，以汪系大將陳公博為主席（陳曾在 1925-26 年間在廣州國民政府時
代出任黨中央之勞工部部長），綜觀國民黨轄下地區的各種民眾運動。[9] 由這
些黨內工運負責機關之改變，可見國民黨對民眾運動由扶植贊助改為「訓
練」，再改為「指導」的官式態度立場之不同。

　　在國民政府的行政系統內，主管勞工事務的機關，其地位和影響力自
1927 年以來一直下降，在南京時期之初，有「勞工局」之設立，直轄國民
政府以管理全國勞動行政，馬超俊為局長。但至 1928 年初，勞工局被取
消，而在新成立之工商部（至 1931 年改稱為實業部）之內設置一個「勞工
司」，內分四科，分別負責指導、保護、調查、國際聯絡等勞工事宜，在
1933 年勞工司內增添一個「工礦檢查處」，其後至 1937 年，實業部改組為
經濟部，勞工司及工礦檢查處均被取消，全國勞工事務改為隸屬於經濟部工
業司之下的「勞工科」管理。[10] 上述連串黨政制度主管勞工事務機構的改組，
明顯表現一個公開趨向，即勞工問題和有關的官方單位，在南京政權內地位
和實力分量逐漸降低。

　　而在政府系統內有關勞工事務的工作，主要是朝着提供專業技術性資料
和統計調查研究方面發展（當然可作勞工立法之參考基礎）。當時有不少留
學美國、法國和國內大學畢業的社會學和經濟學人才曾投入政府的勞工事務
工作，但他們所協助制定的勞工保護福利法例，未能有效施行。除前述的帝

9　　《中國國民黨年鑑》（1929 年）（南京，1929 年），頁 54-57，145-147，1109-1116 及《中國國
　　民黨年鑑》（1934 年）（南京，1934 年），頁 65-66，200-211 及下篇頁 123-126。

10　陳國鈞：《勞工立法新論》，頁 72-73；Ming K. Chan, *Historiography*, pp. 21-22, 29-30，列有當時
　　實業部各種調查報告。

國主義不平等條約造成的主權治權問題外，南京當局的上層常欠缺政治勇氣和推動力量決心，而其下層黨政機關則無系統切實執行，再加上黨政當局的內部人事派系分歧，不相調配，甚至明爭暗鬥，終致這些表面上看來頗具崇高理想，而內容亦詳備原則細節條文的保護性勞工法例，結果徒具條文，無助勞工情況的實際改善。

　　同時在另一方面，對工人活動和工會組織具壓制性的法例，則因為當局者要維護政權本身權力和控制社會秩序，故被嚴厲密切施行，對工運整體發展打擊甚深。雖國民黨中央上層人事和政策，甚至主管機關經常變異，但在地方下層實際日常對工會工運監管控制權力，則始終牢固地為「CC派」所支配的地方黨部架構所掌握。[11] 例如上海不獨為南京政權轄下最大城市，全國工商業交通重鎮，勞工問題和工運情況，自然值得重視。當地國民黨黨部一直以來為「CC派」所把持，工會活動亦在其職權範圍之內，而上海市政府市長雖歷來由「政學系」人物出任，但市政府社會局局長一職，在1928-37年間均由「CC派」分子擔任，故上海市黨部和市政府社會局完全在「CC派」領導下，頗有效和緊密地管理全市工會活動。一方面剷除共黨左派勢力，另一方面建立效忠「CC派」之嫡系工會基礎。不過「CC派」亦非自始完全包攬工運控制大權，1927年4月反共清黨後，由「黃埔系」軍人控制的上海警備司令部成立了「上海工會組織統一委員會」以主理工會改組事宜，但「CC派」的上海市黨部又設立一個「上海工人總會」為其基礎，加上共黨以前組織的「上海總工會」雖被封禁而改作地下活動，但仍有些活動，以致上海國民黨內部分歧，未能完全合力消除左派在工界影響，至1927年5月，南京中央黨部為平息內爭，特成立一個「上海工會整理委員會」由市黨部負責，至此工運全歸「CC派」掌握。[12] 在控制工會，解決勞資糾紛和其他工潮的實際工作上，「CC派」上海幹部常與秘密會社系統，如

11　有關「CC派」可參考 Hung-mao Tien, *Government and Politics*, pp. 47-52。

12　馬超俊、任公坦等編：《中國勞工運動史》（台北，1959年），頁807-811；北平社會調查所：《第二次中國勞動年鑑》（北平，1932年），第2編，頁38-39。

青幫之杜月笙等聯手合作（1927 年 4 月上海清黨，剷除左派工會之「白色恐怖」為此黨政和地方特殊分子兩股勢力合作的例證）。[13] 有時「CC 派」過分庇護地方勢力或工界內部的派系利益，甚至公然違抗南京中央黨政當局之訓令指示，引致一般工人的憤怒不滿，爆發激烈集體抗議行動來反擊地方幹部無法橫行，1932 年夏的上海碼頭工人糾紛，可作一清楚實例。

　　當時上海市黨部工運幹部為了祖護與青幫有勾結的碼頭包工頭，竟然漠視不切實監察施行，南京中央當局為平息 1928、1929 年上海碼頭工人與包工頭爭議的解決方案，即工人與包工頭各佔八成與二成的「二·八分帳」辦法，上海碼頭工人當然激憤不平，遂組織一個「八·二制委員會」，未經上海市黨部同意，直接向南京國民政府實業部和國民黨中央民眾運動指導委員會登記註冊、極力爭取實施中央認許之「八·二分帳」制度，上海市黨部與包工頭聯合反擊，意圖改組碼頭搬運工人工會，以消除激進工人勢力。1932 年 9 月底，上海碼頭工人因反抗黨部改組工會的企圖，雙方發生衝突，大打出手，互有損傷，以致有些工人為地方黨部所拘捕，但碼頭工人再派代表到南京向陳公博請願（陳時任國民政府實業部部長，同兼黨中央民眾運動指導委員會主席，是法制上為南京政權黨、政兩體系工運方面的最高負責人）。結果陳公博派出高層調查團到上海實地解決，先釋放了被上海黨部違法拘禁的工人，再禁止工人的八·二制委員會和黨部的碼頭工會改組委員會同時停止活動，並由南京直接監管八·二制度在上海確實施行。[14] 這次碼頭工潮絕非一般的勞資糾紛，而涉及了地方幹部和「半資方」包工頭惡勢力互相勾結，壓榨工人抑制工會，甚至妄圖對抗中央高層比較公平合理的政策，最後仍因工人內部團結，了解並有效地利用黨政領導層之內部矛盾（即「CC 派」與汪派之分歧對立），而為勞工根本權益作出成功的動員鬥爭。

13　可參閱章君穀：《杜月笙傳》(台北，1967-1969 年)，第 2、3 冊；及 Edward Hammond, "Organized Labor in Shanghai, 1927-1937" (PhD diss., University of California, Berkeley, 1978)。

14　馬超俊、任公坦等編：《中國勞工運動史》，頁 1140-1141；《中國國民黨年鑑》(1934 年)，頁 207；《第二次中國勞動年鑑》第 2 篇，頁 212-214。

1927 年後的工會活動

（一）赤色工會

自 1927 年國共分裂後，左派工會受國民黨反共清黨而「改組」工會的壓力所籠罩，不少左派工會領導人被捕殺，另一些則遁跡，赤色工會系統組織和會員人數劇減。例如在上海市，由 1927 年春左派上海總工會屬下之六十萬工會會員收縮至 1929 年只有二千七百名，僅能勉強維持微弱的地下活動。[15] 而國民黨當局繼續反共掃蕩，加上黃色工會的迅速擴張，在這雙重壓力下，赤色工會無機會可以公開吸納會員和作大規模活動，而中共歷次武裝動員的失敗，尤其「立三路線」的盲動自殺式城市暴動，最後連中共在勞工界中的剩餘局部影響力也賠失了，結果除少數匿藏在上海內的赤色工會地下組織外（例如在法租界內法電公司的單位），中共在國民黨控制下城市工人間的力量幾乎蕩然無存。[16]

（二）黃色工會和特種工會

在南京時代十年間，興起的黃色工會和官式特別組織成立的「特種工會」，成為當時合法公開勞工組織的主流，黃色工會多是由職業性的工界人物、管工、包工頭、秘密會社領袖等所建立和辦理，初時在黨政當局和各行業顧主的容忍和蔭護下，緩慢發展。稍後，工人們對本身的權益和所處的社會經濟環境關切日深，欲圖改善，而較為溫和，無太鮮明激烈政治色彩，能公開合法活動還可提供一些工人福利、文娛康樂服務的黃色工會，對工人們頗具吸引力，吸納不少工人參加，有相當草根階層基礎。[17] 而南京當局則認為如在嚴密行政法律管制範圍內，按職業工作性質，依地域分界，由工人逐

15　有關 1928-31 年赤色工會活動，可參考《第二次中國勞動年鑑》，頁 199-203。

16　Edward Hammond, "Organized Labor," chapter 6.

17　Edward Hammond, "Organized Labor," chapter 4; and Walter E. Gourley, "Yellow Unionism in Shanghai: A Study of Kuomintang Techniques in Labor Control," *Papers on China*, vol. 7 (February 1953)，均詳論黃色工會。

漸組成各種工會，正式登記註冊，公開活動，亦可減低過激工人政治性秘密組織活動和傾覆政府的危險。

　　總之在南京政權官方管制和改組下，工會和工會會員人數急劇減少；例如在 1927 年春上海工運全盛期共有 82 萬多工人，分別為 502 個工會之會員（其中 70% 與左派上海總工會有聯繫），佔全市 125 萬工人的大多數。[18] 經初步的整肅後，上海市社會局在 1928 年中至 1930 年中共登記了 249 間合法工會，共有會員 133,000 餘人，[19] 至 1933 年上海全市只有 97 間工會，會員人數共 12 萬人左右。[20] 從這些數字可見政治壓力、法律管制再加上了經濟不景，失業普遍都對南京時代工會組織和活動構成嚴重打擊。

　　對於有戰略性重要的公共事業，通訊運輸，南京當局早在 1928 年即已制定臨時規定管理鐵路工人、海員、郵電職工等所組織的各種「特種工會」。但 1929 年 11 月所頒佈的「工會法」禁止全國性、省、市、縣各級總工會的成立，對特種工會則無明確規定。至 1932 年制定了四套特種工會法，才有明確的法律基礎。[21]

　　至 1936 年，全國共有 15 間特種工會，會員人數達 137,000 人。[22] 國民黨中央民眾運動指導委員會曾直接參與一些特種工會之創辦和發展，其中部分原因是要刻意洗除這些工會範圍之工人曾經一度為赤色工會所支配的印痕陰影，雖在南京時期，這些特種工會已完全脫離左派的影響，但亦不代表他們完全接受順從國民黨當局的政策，因為不少特種工會的會員均有較高的教育程度和專業技能，比較黃色工會更有自主性的活動傾向，加上經歷過左派工

18　《第一次中國勞動年鑑》（北平，1928 年），第 2 篇，頁 70-71。

19　《第二次中國勞動年鑑》，第 2 篇，頁 40-42。

20　中國國民黨中央執行委員會民眾運動指導委員會：《二十二年各地工會調查總報告》（南京，1934 年），頁 1-44；及《全國人民團體統計》，頁 2。

21　馬超俊、任公坦等編：《中國勞工運動史》，頁 1137-1140，1147-1156；實業部：《二十一年中國勞動年鑑》（南京，1933 年），第 3 篇，頁 1-10。

22　《國際勞工通訊》，第 7 卷，第 5 期（1940 年 5 月），頁 18-19；中華民國郵務工會全國聯合會：《五十年來中華民國郵工運動》（台北，1980 年）；馬超俊、任公坦等編：《中國勞工運動史》，第 3 冊；及 Edward Hammond, "Organized Labor," chapter 5。

運作風，着重基層組織和內部團結，同時亦因其服務行業的戰略性地位，所以對僱主或政府有較強硬之集體談判力量，這可從 1920 年代末期 1930 年代初期，海員工會和郵務工會所介入的工潮中可見。

經濟性罷工和愛國抗議

整個南京時期的工運趨向，與 1920 年代中期勞工的激烈革命動員和政治參與有顯著的差異。經政潮黨爭後，在南京當局壓制下，工人們最失着的，即為與日常工作生活有關的經濟問題。在 1928-30 年間，經濟繁華，勞資糾紛，工人罷工多為爭取加薪和改善工作條件，雖不及 1920 年代中期罷工之頻密熾烈，但仍有相當影響。例如在 1928 年，上海有記錄的罷工共有 118 宗，涉及 244,000 餘人次，在 1931 年共有 122 宗罷工中，參加工人達 74,000 餘人次。[23] 自 1932 年以來形勢逆轉，東三省為日本所奪，東北市場隨之喪失，更適值世界經濟大衰退，中國產品向國際出口急降，加上美國收購政策導致白銀外流，種種因素壓力，造成全國數年間經濟嚴重不景，通貨收縮，失業大增，工廠倒閉或開工不足，普遍減薪等經濟社會問題。陷於困境絕路的工人，唯有採取各種集體行動求取生存，甚至挾持官方認可而一向作風溫和的工會來帶領工業行動。在經濟最低潮的 1932-35 年間，上海每年平均有記錄的罷工約 85 宗，涉及 62,500 人次，多是為了反抗解僱和要求最低限度合理工資。[24]

因為在客觀上，南京當局欠缺截然壓制完全禁止勞工的經濟性集體行動的有效能力，同時亦無法及時正面解決全國所陷之經濟危機，故政府與社會下層只能相互妥協，工人們接受政治權力和經濟制度的大致維持原狀，仍受國民黨統治，以換取某些局部的改善和集體動員的機會，[25] 尤其當工人採取

23　上海市政府社會局：《近十五年來上海之罷工停業》（上海，1933 年）。

24　《近十五年來上海之罷工停業》；《國際勞工通訊》，第 5 卷，第 5 期（1938 年 5 月）。

25　Lucien Bianco, *Origins of the Chinese Revolution* (Stanford, 1971), p. 85

經濟性行動來對抗外國資本或租界當局時，亦希望中國政府可支持中國勞工。[26] 但南京政權的黨政有關勞工部門和幹部，不會積極發動領導這種有民族反帝意義的工潮，而只是以愛國民族主義立場來響應。但如勞工集體行動是愛國政治性濃於純粹經濟性者，勞工團體（尤其特種工會）有時還迫使黨政當局採取較為強硬立場，來支持工人對外國租界資方抗爭，郵政職工因不滿外籍郵務司之管理而發動的全國郵政大罷工即其一端。[27]

　　勞工團體之關注和介入愛國性政治活動，是由 1931 年「九‧一八」日本侵佔東三省和 1932 年「一‧二八」日軍攻襲上海所引起，其後日本帝國主義繼續在華北活動，工人們開始參與城市民眾的各種愛國運動，如反罷工罷市，排貨杯葛，示威遊行等。南京政府最初對工人的愛國活動還示嘉許，但當政府的退縮姑息對日外交政策愈與民眾愛國反日行動不能配合時，黨政當局的暴力鎮壓反日運動，結果引來民間更強烈反對政府「不抵抗主義」的責難。左派分子就趁機於 1930 年代中期，藉民眾愛國情緒和對國民黨堅持「先安內，再攘外」的繼續反共內戰，而對日本屈讓政策的普遍不滿，試圖捲土重來，利用抗日愛國群眾活動向城市工人滲透，這亦非南京當局原來意料所及的。

南京當局控制工運的其他措施

　　南京黨政幹部除用上述的行政、立法措施和有限度的經濟性容忍外，還運用人際關係，工人黨員吸納、滲透工會領導層和會員基層等方法來企圖控制工會，這種手段主要希望可以從內部操縱工會的人事和活動，避免工運趨於過激或政治化，因而引發外來壓力將官方管制的工會系統摧毀，但事實上經濟性罷工和工業糾紛頻密發生，顯示國民黨未能及時有效消除工人對社會

26　Alain Roux, "Une grève en 1928 à Shanghaï: un détournement d'héritage?," *Le Mouvement Social*, 89 (October-December 1974), p. 31.

27　馬超俊、任公坦等編：《中國勞工運動史》，頁 947，967，993，1083，1100。

經濟問題的怨憤不平。

　　國民黨從人際關係制度上，除從獎勵和扶植手法吸納工會領導層來支持官方政策外，亦試圖在基層一般工會會員間，公開大規模的招納工人作為黨員，除了以官方提倡贊助勞工福利外，更動以愛國民族情緒。根據國民黨中央 1929 年官方調查佈告，上海市內黨員總數之 22％是列為「工人」，另有12.7％是列為「群眾運動者」。這比全國黨員總數中「工人」只佔 2％高出甚多，同時在七條國營鐵路中的特別黨部，共有黨員 3,452 人，其中 1,440人即 42％為「工人」。[28] 1933 年國民黨中央民眾運動指導委員會調查結果，在上海 97 個工會中，63 間工會（65％）會員中並無一人是黨員，在其他 34個上海工會中共有國民黨黨員 354 人，在這眾多工會間，黨員人數最大量密集者是上海郵務工會的 100 個黨員，但仍只佔工會全體會員 3,520 人之極少數。在全國九個鐵路特種工會的 85,262 個會員中，國民黨黨員只有 2,171人，候補黨員 1,705 人。[29] 由此可見，就算在郵務職工和鐵路工人的特種工會裏，國民黨的吸引工人群眾入黨政策收效甚微，實不足造成強固穩健的草根層支持力量。

　　此外，控制地方黨部系統的「CC 派」亦與秘密會社勾結，以圖利用地方特殊勢力來加強對工運的控制。在上海「CC 派」的兩位郵務工會領袖更是杜月笙集團「恒社」的要員，結交吸納地方下層勢力，包括黃色工會的領導人物等。[30]「CC 派」有時更安排差遣其嫡系工運幹部，直接出任重要黃色工會領導層職位，以圖從上而下，由內而外或操縱工會。

28　中國國民黨中央執行委員會統計處：《中國國民黨各省市總登記合格黨員統計》（南京，1929年）。

29　中國國民黨中央執行委員會民眾運動指導委員會：《二十二年各地工會調查總報告》，頁 1-44。

30　章君穀：《杜月笙傳》，第 3 冊，頁 59；Marie-Claire Bergère, "The Other China: Shanghai from 1919 to 1949," in Christopher Howe, ed., *Shanghai: Revolution and Development in an Asian Metropolis* (Cambridge, 1981)。

總結

　　從上述各方面之觀察，國民政府在南京時期並未完全忽視其立足之城市基礎內勞工問題，其對勞工的主要策略是清除中共一度對工人團體廣泛的影響，駕馭非左派工運活躍分子，減低工會活動政治化程度，將經濟性罷工和工業糾紛規限至可被容忍的範圍內，甚至希望吸納勞工組織的領導層和草根層，成為對國民黨支持和效忠的社會力量，其所採用的方法，包括將工會在行政和法律上加以約束改組和嚴密監管，因為清共反左和全面壓制工會發展，是南京當局勞工施政的主題核心，所以對保護促進勞工基本利益的立法和行政措施，徒具形式，成效至微，故當時國民黨政府的勞工政策大概可以「強制化」一詞作其主流精髓。

　　事實上，工人接受國民黨的控制亦只是接受政治現實，而試圖盡量尋求自身個人和集體權益的改善，南京政權勞工政策的成果，僅為消極地維持了社會的安定而非積極鼓勵社會基層力量，而勞工界卻伺機從南京領導層內部，和中央與地方間的人事派系衝突夾縫中，爭取機會來局部發展，但在本質上，國民黨南京時期的強制手段，不適合於鼓勵和引導勞工積極支持，參與國家建設此一長遠廣大的目標。

　　1932-36 年間，南京中央派略較開明的勞工政策和孫派比較進步保護性勞工立法，對勞工活動實際影響有限，因為不獨不能全面徹底修正改變1928-31 年間極度壓制性的勞工政策和立法，亦一直以來不能穿越「CC 派」所控制的地方黨務機關，無法與工會基層和普通勞工有直接密切的聯繫，而其半硬半軟的對抗外國資方和帝國主義租界當局的態度，更令保護勞工的法規淪為紙上談兵施行無效。兼且再背負上對日本侵略的「不抵抗主義」形象，使其無法以民族主義愛國情緒來取得勞工的支持，作為其統治下城市群眾的強大基礎。

　　更廣泛來說，南京時期國民黨政府勞工政策和措施，可被視為抱持保守意識形態的執政國民黨，在內部派系分歧，經濟發展薄弱，領土未能統一，受帝國主義大規模侵略而不積極反抗，但仍着力反共內戰等困境之下，作

為一黨專政的政權，加諸在一個無可奈何的社會上的欠缺成功積極作為的現象。

　　本文乃節譯自作者英文原著："Labor in China Under the Nanking Regime, 1927-37: Some Preliminary Observations of the Shanghai Labor Scene." (Paper presented at the Western Conference of the Association for Asian Studies, Tempe, Arizona, November 1983)

原載：陳明銶主編：《中國與香港工運縱橫》
（香港：香港基督教工業委員會，1986 年），頁 92-107

戰前香港勞工調查
—— 畢特報告書 (Butters Report) 簡介

　　十九世紀開埠初期，香港政府為禁止黑社會以及政治性的活動，對民間的結社，包括勞工團體，都加以控制和約束。1920 年所通過的社團法例，以危及香港和中國的治安理由，使大部分工會淪為非法組織。後由於 1922 年的香港海員罷工和 1925-26 年省港大罷工，工會活動更增添了愛國性和反帝國主義的色彩，政府乃進一步在 1927 年立例禁止一切政治性的罷工和工會組織，海員工會和香港總工會也同時被解散。當然港府政策注重壓制工會的非法活動而非鼓勵合法工會的發展，勞工運動一時受到打擊，在隨後的十年間也趨於平淡。

　　1930 年，英國政府開始正視勞工問題，明白若要減少殖民地區內的勞工糾紛，非要鼓勵有「責任感」的勞工團體成立不可，故在 1930 年代後期，乃立令視乎需要，在各殖民地成立勞工署或勞工主任一職，於是港府亦依照指示，委任畢特（H. R. Butters）為香港歷史上首位勞工主任（Labor Officer，等於現時勞工處長地位）。

　　畢特上任後，除積極提倡英國模式的工會組織和勞工法例外，更對香港勞工界和勞工有關的社會事務，如法例、工廠、工資、房屋、教育、醫療、社會架構和生活指數等，進行研究。畢氏在 1939 年發表了香港工人和勞工狀況報告書；從這份報告書裏，我們不但可得知當時勞工組織和活動的一般狀況，還可認識當時港府在處理勞工問題的立場和政策。

由 1842 年開始，雖然在政治上香港與中國劃分，但由於地理因素，始終與中國大陸保持不可割切的關係，經濟上不但仰給自中國，而市民更保留着濃厚的鄉土觀念，這些都影響了香港工運的發展。

因為耕地不足，捕魚方法落後，加以礦產量少，故此戰前香港經濟主要倚賴一個優良的天然港口。作為南中國的主要轉口港，轉口貨額佔了香港對外貿易總額的五分之四，而事實上，當時中國內部的種種發展，對香港經濟的增減，有着重大而直接的影響。例如在 1935 年，中國採取貿易保護政策，香港在缺乏其他資源支持下，貿易便曾一度陷入低潮。

另一方面，中國內地移民的不斷湧入，也影響香港的經濟。一般的中國移民很少打算在香港作長久的發展，大部分仍以中國為依歸，待國內局勢稍定或香港經濟狀況欠佳時，便會回歸中國，他們只把香港視為暫時謀生的地方。由於沒有歸屬感，因此早期的工會，組織多非完善而內部亦欠團結。雖然 1921-27 年間因經濟原因和中國政治氣候所推動，工會運動曾有突破性的高度發展，但經過政府壓制後，也歸於平淡。直至 1937 年中日戰爭爆發，為逃避戰亂，大批難民從國內四處湧入香港，其中來自上海者，不少是商人和工業家，他們帶同資金和技術來港創業經營，原來的技術工人也南移來香港，繼續謀生，同時世界經濟也在此時開始復甦，所以自 1937 年起，香港經濟尤其新式工業有陸續增長的趨勢，1933 年官方已登記的工廠共有 403 間，到 1938 年則增至 829 間。自從 1927 年後，工會組織經過一段沉寂期，隨着工業的增長，這時又像雨後春筍般紛紛成立。正如畢特報告書所指出，這時期的工會，傳統鄉族色彩濃厚，聯誼互助性多於為會員爭取生活權益。究其原因，一是移民眾多，資方不愁沒有廉價勞工，大大地削弱了勞工待遇條件方面的談判力量；二是大多數工人是離鄉別井來港謀生，工會常是他們個人福利的照顧者。

大量移民湧入香港，除了引致人口過多，勞工廉價、生活水平下降，以及失業率增加外，房屋不足亦成為另一大社會問題，其次又由於工人為節省交通開支，他們大多聚居於工場附近，由此而導致的公共衛生問題，亦可想而知。

　　當時一般人都認為，香港既不能對外採取貿易保護政策，工人待遇又因生活水平物價高，故比鄰近地區如中國較高，所以若施行西方先進工業國家模式的社會改革和推動勞工法例，必須小心謹慎，不可急進，否則雖然可以暫時改善工人的狀況，但香港整體都不能和附近的廉價勞工地區作有利的經濟競爭，結果全香港的經濟發展將受到阻礙。

　　畢特的報告書就是針對以上的各種問題，提出建議以求合理改善。首先他提出一個新觀念，認為當制定勞工法例時，政府應當考慮的，不是一小撮工人階級的福利，而是全部香港市民集體的利益。換句話說，政府立法時，不應只局限關注部分地區或行業，而應顧及其統一和全面性。如 1933 年的工廠及工場法例，有關防止工業意外的條文只適用於工廠及工場，其它如礦場則不受管制。而有關女工和童工的僱傭條例亦只用於工業及危險性行業，農業和家庭服務性行業又不受此限。畢氏乃建議修改現行法例，擴大管制範圍，由勞工主任專責監管工廠內的工作環境情況。此外，當時的勞工督察只負責監督已註冊的工廠，畢氏認為應擴大監督範圍，並增加華籍女督察，專責監察「妹仔」行業。

　　基於 1920 年的社團法例取消了會社的登記，使一些真正的工會沒法得到政府的合法承認，畢氏認為要溝通勞資意見，改善雙方關係，必須有強大而有健全組織的工會。相反地，萎靡不振的工會，只會帶來更多的工業糾紛和勞資衝突。故畢氏提議香港仿照英國模式，工會向官方註冊登記，而政府亦給予其合法地位和灌輸團體責任感。至於監管工會活動，則着重培育有才幹和可靠的工會領袖，亦即說工會領導者的工作，只是代表工人，為他們爭取福利，改善生活，並不是實現個人野心或從事黨派政治活動。

　　其次，取消 1932 年的最低工資法例，在每行業內成立行業委員會的提議，也是報告書中比較進步的一環。委員會的成員，應包括該行業的勞資代表和工會領袖，由勞工主任作主席。其工作範圍，除釐定最低工資外，還可規定工作時間，加班工資及協助勞工處調解工業糾紛。

　　最後畢氏強調社會保障立法的重要，指出以往一般人所認為若改善香港工人生活便削弱香港經濟競爭力的觀念是錯誤。過去十五年內，香港房屋、

教育及醫療方面，已經有所改善，但香港經濟並無衰退，正是有力證明。因此報告書呼籲港府注意教育發展、醫療健康設備、糧食研究、工業安全和保險賠償等，在那時可算是一重大突破。但在居住問題方面，畢氏認為雖然目前大量移民流入引致房屋不足，但當國內形勢改善或香港經濟不景時，他們便會離港返回中國，繼續謀生。到時香港租金便會自然下降，所以港府應採取不干預政策，容許業主在房屋需求較高時，收取較高租金，以彌補經濟不景時的損失。

　　畢特報告書，可算是香港政府首次全面探討勞工問題的一份重要文獻，它不但總結了過往政府的勞工政策，還提出了一個新方面，作為日後港府制定勞工法例時的依據。1930 年代後期的勞工政策改革，雖不久因第二次世界大戰，1941 年底日軍佔領香港而告中斷，戰後港府再度提出畢特報告之建議，而開展了 1950 年代的勞工法例修訂，為今日香港的工業立法和社會立法奠定了基礎。

　　由這 1939 年公佈的畢特報告書可見，香港政府亦非一貫以來盲目地採取所謂「不干預」的自由放任主義（so-called "positive non-intervention", laizze-faire）來作為其經濟社會政策之基礎和方針，遠在第二次世界大戰前官方有識之士已深知開明進步的政權在現代經濟發展中所必須負起的責任和對民眾的義務，尤其在保障民生福利，維持公平和合理的生活環境和生產條件方面，政府在立法施政時，有不能推卸的積極承擔和介入糾正作用，使經濟繁華可配合社會整體安定而邁向公平進步。

參 考 資 料

H. R. Butters, *Report by the Labor Officer on Labor and Laboring Conditions in Hong Kong* (Hong Kong, 1939).

與單瑞蓮合著，原載：陳明銶主編：《中國與香港工運縱橫》
（香港：香港基督教工業委員會，1986 年），頁 111-115

當前香港工會發展及其歷史淵源
——行會意識、政治紛爭，和內部分裂

在一周甲六十年前，即 1925-26 年間，香港的工運正處於極為蓬勃時期，當時整個珠江三角洲地區都正經歷着轟烈的省港大罷工，這始於 1925 年 6 月長達十六個月至 1926 年 10 月才結束的愛國性大罷工和杯葛運動，原是抗議英帝國主義在上海「五卅慘案」中殘殺中國工人及學生而引起。[1] 但經歷了 1925 年 6 月 23 日英軍在廣州開火殺死五十二位和打傷一百一十七位中國示威者的「沙基慘案」後，局勢惡化，反帝行動升級。在大罷工巔峰期，有二十萬罷工工人離開香港返回廣州，而廣東方面又對香港和英資利益實行全面經濟封鎖，導致香港交通停頓，百業凋零，物資供應不足，民生困擾，

---

[1]　「五卅慘案」起源於 1925 年 5 月 30 日上海國際租界英籍巡捕向中國工人學生為抗議 5 月 15 日日資紗廠殺死中國工人代表所舉行的示威遊行開火，當場殺死十五人傷及四十餘人，而引起全國性之反英帝國主義罷工排貨愛國運動，延續至 1925 年 9 月底，請參閱：Richard Rigby, *The May 30th Movement* (Folkstone, 1980); Nicholas R. Clifford, *Shanghai, 1925: Urban Nationalism and the Defense of Foreign Privilege* (Ann Arbor, 1979); Jean Chesneaux, *The Chinese Labor Movement, 1919-1927* (Stanford, 1968), chapter XI；傅道慧：《五卅運動》（上海，1985 年）；任建樹、張銓：《五卅運動簡史》（上海，1985 年）；及上海社會科學院歷史研究所編：《五卅運動史料》第 1 冊（上海，1981 年）。

經濟衰退。[2]

　　本文重點不在省港大罷工對國共兩黨聯合陣線帶來的政治後果，或是對英國在華利益的打擊，而是集中在當時香港勞工界組織的某些表徵，尤其對目前本地勞工情況仍尚有關連者。雖自第二次大戰後，香港在經濟上有極大的發展，但香港社會至今尚保留不少所謂傳統因素和受着中國社會文化和現實政治的直接影響。工會組織的發展尤其與以下三種因素有密切關係：（一）行會意識；（二）特殊化人際和地緣關係，及（三）中國黨派政治。這三種因素對 1925-26 年間香港工會的繁衍及分裂和工人間欠乏內部團結一息息相關。從許多角度來看，這些因素對香港目前勞工組織的發展仍具相當影響。

　　1925 年夏省港大罷工爆發時，全港共有各種形式的勞工團體二百多個，其中多為技術行業式的工會 —— 這與最傳統形式的工人組合，以手藝技能及同一行業為基礎的傳統行會頗為相似，其組織活動的範圍是依據明確劃分的行業分界線，而其會員亦嚴限於從事某一行業或服務的工人。一方面由於這種行會制度而形成的行會意識，歷來在廣東工人間根深蒂固，另一方面由於傳統式小規模手工業工場為本地經濟生產的主力，故此技藝行業式工會為最普通的工人組合模式。[3] 這情況實際反映了珠江三角洲的地區之經濟發展實處於「雛型工業化」過程中極高度成熟且複雜階段。不少在香港新式的工會是由傳統舊式行會經歷了逐漸演化過程而產生的，例如著名的香港華

2　有關省港大罷工的研究，請參閱：陳明銶等編著：《香港與中國工運回顧》（香港，1982 年）；蔡洛、盧權：《省港大罷工》（廣州，1980 年）；廣東省哲學社會科學研究所歷史研究室編：《省港大罷工資料》（廣州，1980 年）；中國第二歷史檔案館編：《五卅和省港罷工》（南京，1985 年）；Ming K. Chan, "Labor and Empire: The Chinese Labor Movement in the Canton Delta, 1895-1927" (PhD diss., Stanford University, 1975), chapter 11; Cheneaux, *Chinese Labor Movement*, chapter XII; Rosemarie Chung, "A Study of the 1925-26 Canton-Hong Kong Strike-boycott" (MA thesis, University of Hong Kong, 1969); Earl Motz, "Great Britain, Hong Kong and Canton: The Canton-Hong Kong Strike and Boycott of 1925-26" (PhD diss., Michigan State University, 1972)。

3　有關廣東工人之強烈行會意識和傳統行會組織，可參閱：Ming K. Chan, "Labor and Empire," chapter 6; and Ming K. Chan, "Guildas Tradicionales y Sindicatos Modernos en China Meridional: Evolución Histórica," *Estudios de Asia y Africa*, no. 32 (1976); J. S. Burgers, *The Guilds of Peking* (New York, 1928) 之有關中國一般行會情況。

人機器總工會正式成立於 1919 年，但起源於 1909 年創辦的中國研機書塾。[4]

　　雖然香港這些技藝行業工會有着現代的名號和形式，在其實際功能和作風仍保留和發揮着行會意識和附帶的「保守」「偏狹」價值取向。有時甚至帶上了宗族、同鄉、同方言、同姓、會館的功能和特徵。故除了因專業技能為劃分界線外，這些技藝行業工會在吸納會員時更加上了這些特殊化的條件，尤其着重出生來源的「地緣」為基礎。[5]

　　相對地有些比較大規模的工業或產業工會是把同一產業或企業範圍內的各種工人聯結組織起來，包括了熟練工匠、技師、操作工人及其他勞動者，故始終產業工會的範圍常打破或超越行業和技藝界限，香港最著名的產業工會是成立於 1921 年的「中華海員工業聯合總會」。該會所領導的 1922 年的海員大罷工中，行動鬥爭過程和對香港政治經濟的影響，可以説是 1925-26 年省港大罷工的前奏。[6]

　　在組織基礎、吸納會員和所包括職業範圍上工業、企業工會常與技藝行業工會起衝突，前者更似乎漠視甚至抗衡當時大多數香港工人所帶着的強烈行會意識，故導致不獨工會組織繁雜，而且工會間關係緊張和工界內部欠團結一致。

　　另一種導致 1920 年代香港工界內部分裂的因素是中國政治派系和意識形態的紛爭，中國共產黨在理論和實踐方面提倡比較現代化和動員效果較高

4　有關機器工會的工會和活動，可見李伯元、任公坦：《廣東機器工人奮鬥史》（台北，1955 年）；Pauline L. S. Chow, "A Study of the Hong Kong Chinese Engineers' Institute from 1909 to 1949" (BA thesis, University of Hong Kong, 1985)。

5　有關廣東社會的地緣主義和特殊人際關係之影響力，可見：Ming K. Chan, "Labor vs Labor: The Revolutionary Mobilization of Workers in 1920s Canton" (paper presented at the 37th Annual Meeting of the Association for Asian Studies, Philadelphia, March 23, 1985); and Ming K. Chan, "Retrospective on the Labor Movement in Late Ch'ing China: Observations on the Collective Mobilization of Workers in the Canton Delta" (paper presented at International Conference on Ming-Qing History, University of Hong Kong, December 15, 1985)。

6　有關海員工會之歷史和 1922 年海員大罷工，可參閱章洪：《香港海員大罷工》（廣州，1979 年）；易彬：《香港海員大罷工》（上海，1955 年）；宋超等：《中國海員運動史話》（北京，1985 年）；Gary Glick, "The Chinese Seamen's Union and the Hong Kong Seamen's Strike of 1922" (MA thesis, Columbia University, 1969); Ming K. Chan, "Labor and Empire," chapter 10。

的企業工會組織辦法，而立場比較保守且常與國民黨有關係者多為技藝行業工會，這些比較狹窄的工會通常是多有長遠的歷史淵源和受傳統、特殊化人際關係的影響，故此工會內部領導層和會員間頗為團結，足以抗衡左派企業工會化的壓力和干擾，但這些分裂因素令 1920 年代全港勞工界在組織上頗為亂雜、零碎，常有一行業內有數個工會出現的現象。

　　故此，當省港大罷工爆發時，香港二十五萬工人和二百多個工會當中並無一個統一性的工人組織，亦如今天一樣，基本上分為四個派別，有兩個互不相容的總工會，即「華工總會」和其三十個屬下工會，以及「工團總會」及其七十多個隸屬工會，此外還有二十多個工會包括華人機器工會，保持獨立不隸屬這兩總工會。[7] 大罷工爆發時才有臨時性中央機關 ——「全港工團聯合會」，後來大罷工正式歸於中華全國總工會之下特設的「省港罷工委員會」所領導。1925 年底，全港工團聯合會被在廣州成立國共兩黨所支持的「香港總工會」所取代，有一百二十多個流亡在廣州的香港工會加入。[8] 可惜，因愛國動員而在廣州出現的香港各工會間的團結局面，是暫時性而不完整的。

　　香港工界內部分歧由本地兩大工會在省港大罷工中所擔任完全相反角色可見，左派主力，亦為企業模式工會的海員工會，首先在 1925 年 6 月 19 日大力推動這次反英鬥爭，而其領導人蘇兆徵不久即成為省港罷工的首腦。另一位領袖林偉民，即為全國總工會委員長，二人均為中共黨員。[9] 在另一極端，比較保守的華人機器總工會，根本拒絕支持和參與這次愛國性大罷工，

7　鄧中夏：《中國職工運動簡史（1919-1926）》（北京，1953 年），頁 222-223。

8　鄧中夏：《中國職工運動簡史（1919-1926）》，頁 228-229；北平社會調查所：《第二次中國勞動年鑑》（北平，1932 年），頁 80-90。

9　蘇兆徵（1885-1929）之生平歷史，可見和中共廣東省委黨史研究室編：《蘇兆徵研究史料》（廣州，1985 年）；工人出版社：《中國工人運動的先驅》第 1 冊（北京，1983 年），頁 5-70；中華全國總工會中國工人運動史研究室編：《中國工會歷次代表大會文獻》第 3 冊（西安，1981 年），頁 66-100；Nym Wales (Helen F. Snow), *The Chinese Labor Movement* (New York, 1945), appendix; Howard Boorman, ed., *Biographical Dictionary of Republican China* (New York, 1970), vol. 3, pp. 153-155; Lucien Bianco and Yves Chevrier, eds., *Dictionnaire Biographique du Mouvement Ouvrier International: La Chine* (Paris, 1985), pp. 567-569；有關林偉民之生平歷史，可見鄧中夏：《中國職工運動簡史（1919-1926）》，頁 179；Bianco and Chevrier, *Dictionnaire*, pp. 386-388; Nym Wales, *The Chinese Labor Movement*, appendix.

其領導人認為這運動與機工會員工作和生活無關，純粹為一反英殖民地主義
的政治性罷工。華機會會員多為技術熟練，薪酬優厚，工作穩定的專業技工
與其他一般普通工人有深闊之鴻溝。華機會歷來與殖民地當局和諧相處，在
必要時只求取純經濟性改善的一貫作風，亦在其拒絕參與省港大罷工中表露
無遺。[10] 這回兩大工會立場相異，反映了當時香港工人組織間的內部團結、
政治醒覺和狹隘價值取向存在着嚴重問題，同時亦反映了香港工會的政治活
動與本地直接關係不及與中國大陸關係之深。正如省港大罷工爆發之初，香
港罷工者除了支持上海五卅罷工的十七項要求外，另向香港政府提出下列要
求：政治言論、結社、出版自由；華人與洋人法律平等；華人應有選舉權
利；勞動立法，提倡八小時工作，最低工資，集體談判權，勞工保險及廢除
包工制；華人在任何地區自由居住權；和減低房租等；可見其政治色彩。[11]

　　省港大罷工正式在 1926 年 10 月 10 日結束，隨着 1927 年春夏間中國政
治劇變，國共分裂，左派勢力被消除，香港政府亦趁機採取行動壓制本地激
進工會及其政治活動。1927 年後港府頒發了非法罷工條例，嚴禁威脅政府
或牽涉行業內部糾紛以外之罷工行動，連運用工會經費來支持香港以外之政
治目的，和本地工會成為中國任何工會的分支部均為法所禁，港府更利用中
國政治局勢來報復以前受激進工會之大打擊，故海員工會被港府宣佈為非法
工會而遭封禁及解散。[12] 及至 1927 年 12 月中共之廣州公社暴動失敗後，廣
東當局大規模徹底鏟除激進的工運，更以港府壓制機會，終於導致其後二十
餘年間香港工會陷於不振。故此 1939 年港府勞工署長在回顧省港大罷工對
本地工會長遠影響時指出：「大罷工以後香港尚存的工會幾乎淪為福利組

10　鄧中夏：《中國職工運動簡史（1919-1926）》，頁 169；Pauline Chow, "Chinese Engineers'
　　Institute," pp. 89-93。

11　鄧中夏：《中國職工運動簡史（1919-1926）》，頁 225；Chesneaux, *The Chinese Labor Movement*, p.
　　291。

12　Ming K. Chan, "Labor and Empire," p. 73 and note 142; also Virgil K. Y. Ho, "Hong Kong
　　Government's Attitude to the Canton-Hong Kong Strike and Boycott of 1925-1926" (MS thesis,
　　University of Oxford, 1985), p. 74.

織，照顧死者喪事多於為生者爭取生活改善，1927 年以來香港已無重大勞工糾紛。大罷工弄至工會破落和不受歡迎，中國當局對工會之壓制及數年來之經濟不景更無助於工會之復甦。」[13]

由此可見，六十年前的中國政治不但加深了原已四分五裂的香港工界內部分歧，中國政治劇變更帶來了本地工運受到嚴厲的官方壓制，但內部分裂和深切介入中國政治紛爭仍為 1949 年以來香港工界之特徵。

近三十年來，香港經濟突出的增長和急劇工業化，已為工會的發展和工運復甦，提供了客觀條件和人力基礎，雖然香港工會數目和會員總數均有量的增長，而勞動人口之教育程度亦日漸增長，但自戰前以來一直擾攘着工會發展的許多問題至今尚仍存在。[14]

據官方 1985 年資料顯示：在香港現時 254 萬受僱勞動人口中共有 391 間工會，會員人數達 359,100 人。[15] 工會總數似乎可觀，但平均會員人數每工會只 918 人，則頗偏低，而工會會員人數與會員人口相對密度，只有 14%，絕非強大而健全工會發展之象徵。

中國政治之影響，亦引致工會數目繁衍，而工會人數薄弱，整個本地勞工界組織嚴重分歧的狀況。這 391 間工會，其中有三分之一的工會是隸屬於兩個政治性相對的總工會：左派「香港工會聯合會」（工聯會）和右派「港九工團聯合總會」（工團會）。其他那 251 個工會共有會員約 157,170 人，主

13　H. R. Butters, *Report by the Labor Officer on Labor and Laboring Conditions in Hong Kong* (Hong Kong, 1939).

14　有關近年香港勞工情況之比較著名學術研究包括：Keith Hopkins, ed., *Hong Kong: The Industrial Colony* (Hong Kong, 1971); Joe England and John Rear, *Industrial Relations and Law in Hong Kong* (Hong Kong, 1981)，及其初版原名為 *Chinese Labour under British Rule* (Hong Kong, 1975); Eugene Cooper, *The Wood-carvers of Hong Kong* (Cambridge, 1980); H. A. Turner et al., *The Last Colony: But Whose? A Study of the Labor Movement, Labor Market and Labor Relations in Hong Kong* (Cambridge, 1980); and Janet W. Salaff, *Working Daughters of Hong Kong: Filial Piety or Power in the Family*, (Cambridge, 1981)。對上列最後二書之評價和近年香港社會經濟發展之總評，可參閱 Ming K. Chan, "Stability and Prosperity in Hong Kong: The Twilight of Laissez-faire Colonialism?" *Journal of Asian Studies*, vol. 47, no. 3 (May 1983)。

15　Hong Kong Government Information Service, *Hong Kong 1986*, p. 74; Labor Department, *Brief on General Labor Matters-Hong Kong* (April 1985), p. 5.

要在公務員和專業行業中。

　親北京的工聯會成立於 1948 年，現有屬下工會 70 個，會員共 166,380 人（即平均每工會有 2,377 名會員），正如其在 1920 年代的趨向，這些左派工會當中很多是企業、產業工會，主要吸納船塢、紡織、公共事業、印刷、木藝等工人，當然亦如 1925-26 年工運高潮期，現時仍會員眾多（19,605 人）之海員工會，亦是左派陣形中重要工人團體。親台北之工團會亦創設於 1948 年，現有系屬工會 70 個，會員共 35,500 人（即平均每會 508 會員），其中多是技藝式工會，吸納建築、飲食服務行業等工人。[16]

　工會的右左派分裂在某種程度上反映了產業模式及技藝模式的兩種組織基礎，同時政治鬥爭亦導致在功能上工會組織的重複性現象。例如左派工聯會有「電車職工會」於 1948 年成立，現有 457 會員，而右派工團會其下則有「電車自由工會」，在 1952 年成立，現有會員 512 人。對於在其他汽車運輸業的工人，左派設有「香港摩托車職業工會」，是成立於 1949 年之產業工會，現時人數達 26,533 人，為全港人數最多的藍領工會，在右派那邊則分別有 7 個工會共有會員 802 人，主要是巴士和的士司機（即「港九汽車司機工會」、「香港營業汽車司機工會」、「九龍巴士職工總會」、「香港中華汽車公司職工會」、「九龍的士司機自由工會」、「香港的士司機技工自由工會」、「港九公共小型巴士司機職工會」）。[17] 從這些數字可顯示規模和會員人數較弱小的右派工會，似乎較傾向於傳統行會化技藝式的工會組織方法，這些工會的會員雖同是公共交通司機，但被清楚的劃分為七個不同的小團體，依據着工作地點（香港或九龍），僱主（九龍巴士公司或中華汽車公司），所駕駛車輪類型（巴士、小巴、的士）而有所差別，可見除政治因素引致的工會分歧和重複外，職業技藝和行會生態亦影響到沿着狹窄之技術、工作性質、工具、工作地點的分界線來組織工會，亦導致勞工界的嚴重內部分歧。

16　伍錫康：《勞工問題面面觀》（香港，1984 年），頁 76；Hong Kong Government Information Service, *Hong Kong 1986*, p. 74。

17　Registrar of Trade Unions, *Annual Departmental Report 1984-1985* (Hong Kong, 1985), pp. 37-40.

進一步來説，香港工業發展的特徵 —— 由數量眾多的小型工廠及工場構成現時工業生產主要的骨幹，而除運輸及公共企業外，本地之大規模企業為數甚少 —— 亦為工會組織帶來相當問題。事實上，在新興的製造業內，例如電子業，工人間之工會會員比率頗低，而工人流動率則頗高，當然這亦反映了香港製造業以波動極大之外國市場為主的極度依賴出口現象。[18]

　　這種組織上和功能上所導致的勞工團體割裂，在香港工會新興之第三勢力尤為明顯，這裏所指是那些基本上算是中立非政治性的獨立公務員工會。這一百六十多個公務員工會會員總數共達七萬五千人，為全港十七萬公務員之 43%，[19] 比全港勞動人口之工會會員密度 14% 高出數倍。這些公務員工會風起雲湧般的出現，是 1970 年代以來之新發展，因直至 1962 年止，全港只有二十間公務員工會，而且多為藍領式工會。[20] 雖然這些公務員工會的歷史較新，而其會員之教育水平亦一般較高，這些工會的龐大數目證明，新興的工會亦不能逃避傳統以來本地工運一直存在的組織繁衍分裂，欠缺內部團結的歷史現象。公務員工會割裂分歧原因頗多，組織和發展上主因是公務員系統內各類職級繁多，而眾多公務員散佈於各種性質、職業、不同工作環境、地點，加上 1967 年後政府在各方面的新承擔和發展，導致了公務員系統急劇膨脹。此外公務員間不但藍領與白領公僕差異頗多，下層職級員工亦與較高監督或管理階層公務員有相當距離；但傳統技藝行會式之因素導致公務員工會的割裂繁衍，常因着職級、身份、收入、薪酬標準、專業技能、行業或職業範圍、工作地點、甚至種族和「來源地」（所謂本地和外籍公務員）而自成一會。其中有些公務員工會是以所服務的政府部門為組織基礎，有些還

18　England and Rear, *Industrial Relations and Law in Hong Kong*, chapter 3, 8; S. H. Ng and David A. Levin, eds., *Contemporary Issues in Hong Kong Labor Relations* (Hong Kong, 1983).

19　這些數字是來自公務員工會聯合會主席黃偉雄 1985 年 9 月之報告。

20　有關公務員工會之發展，可參閱：Jack Arn, "Public-sector Unions," in Ian Scott and John P. Burns, eds., *The Hong Kong Civil Service: Personnel Policies and Practices* (Hong Kong, 1984); Mayer Ng, "Staff Relations Practices in the Civil Service," in S. H. Ng (1983); England and Rear, *Industrial Relations and Law in Hong Kong*, chapter 6。

以單一目標如爭取加薪和改善工作環境為其工會創始成立及活動中心。這種
小團體因共同利益密切而產生堅固的內部團結，同時亦造成了整體的內裏分
歧而致缺乏上層大團結。[21]

在另一方面僱主亦即香港政府絕不放過任何機會來利用公務員工會間的
分歧割裂來實行其「分而治之」手段。甚或可說港府當局不但容忍公務員陣
形之內部不團結，反而更採取行動來制度化或促進這種割裂程度。除官方鼓
勵以政府部門為組織基礎外，現行工會法例亦妨礙了較高層次、不同行業、
技能的公務員工會統一聯合，[22] 更為重要者是政府之公務員薪俸服務條件檢
討決策的程序和架構，不獨在勞方諮詢上有欠公平和代表性，更加造成和加
強公務員團體間的分歧和對立。[23]

最近公務員工會因追補加薪的爭議中，公務員工會領袖間的歧見完全顯
露，其會員們實處於一尷尬困境，一方面政府態度強硬不妥協，但他們的工
會間又未能團結一致採取共同立場，這種內部不和現已嚴重損及公務員工會
之集體談判實力，更危及他們未來發展。不過至今這些公務員工會間有限度
的局部合作和聯合抗議行動，已引起傳播媒介和公眾的關注，政府被迫承認
目前公務員評議會諮詢制度，和薪俸檢討核定程序存在問題甚多，必須徹底
改善，可見殖民地當局以前對工界組織可以隨意施行「分而治之」的時間和
空間，均已飛逝不存。[24]

一直以來本地工會的左右派政治分歧，予港府有機會玩弄權力均衡手
段，右派雖是數目眾多，卻是會員人數稀少；而左派工會雖然直至 1980 年
代初期，在工會的數目上略遜於其右派對頭，但有比較堅固充實的會員基
層。直至 1980 年代初期右派通常對政府採取較合作的態度，在政府官方諮

---

21   M. K. Lee, "Emerging Patterns of Social Conflict in Hong Kong Society," in Joseph Y. S. Cheng, ed., *Hong Kong in the 1980s* (Hong Kong, 1982), pp. 28-29.

22   Jack Arn, "Public-sector Unions," p. 240; *Trade Unions Ordinance*, chapter 332.

23   有關港府公務員之諮詢和薪酬評核程序架構，請參考：Jack Arn, "Public-sector Unions," pp. 251-254; Kathleen Cheek-Milby "Staff Relations," in Scott and Burns, eds., pp. 186-226; Myer Ng。

24   *South China Morning Post*, March 10, March 14, and March 24, 1986.

詢組織「勞工顧問委員會」中，右派工團會一直有一個或以上的代表出任，但直至數年前左派之工聯會始終杯葛這官方組織。事實上港府亦曾刻意獎勵或收納比較溫和及妥協的右派工會，如在 1976 年委任工團會之英文秘書為立法局非官守議員，這是真正科班出身的工人分子，首次在這殖民地高層架構中取得一席位。[25]

　　傳統上比較激烈之左派工會在 1967 年之騷動裏，在公眾形象和政府反映態度上，均遭受嚴重打擊，[26] 從很多角度來看，1967 年的騷動可算是港府採取比較開放和順應民意的政策來照顧社會低下層福利的轉捩點。這些新發展與 1926 年省港大罷工後港府的壓制措施恰成強烈對比，很明顯地港府已認真的記取 1967 年之教訓。有一位社會學家甚至認為 1967 年之騷動如被視為左派工會領導下之工人階級與殖民地政府和資產階級的重大階級衝突，則這會是香港歷史上最後一次的這類行動，因為勞動階級團結之基礎不復存在。[27]

　　似乎 1967 年左派騷動所帶來的後果確實有建設性（雖原非本意如此），是港府在許多方面作出大規模和革新的社會承擔，意圖減低公眾的不滿情緒和解決社會下層勞工界的合理怨憤。大規模的勞工立法及官方工業福利措施是港府社會政策改向之明顯標誌。此種政府措施當然另有目的，就算不能全面消除，起碼可大量減低激烈的工會組織和勞工運動起因和動力，以免社會安定和經濟繁榮受到衝激和破壞。1967 年以來，新興工會之第三力量即公務員和教師工會，其勞資抗衡對象為港府，這種新發展大大削減港府傳

25　九龍市政事務署職工總會之梁達誠在 1976-80 年被委任為立法局非官守議員；England and Rear, *Industrial Relations and Law in Hong Kong*, p. 13。

26　有關 1967 年騷動及其影響，可見：England and Rear, *Industrial Relations and Law in Hong Kong*, pp. 16-23; John Cooper, *Colony in Conflict: The Hong Kong Disturbances May 1967-January 1968* (Hong Kong, 1970); Stephen E. Waldron, "Fire on the Rim: A Study in Contradictions in Left-wing Political Mobilization in Hong Kong, 1967" (PhD diss., Syracuse University, 1976). John D. Young, "China's Role in Two Hong Kong Disturbances: A Scenario For the Future?" in *Journal of Oriental Studies*, vol. 19, no. 1 (1981) 亦把 1925-26 年省港大罷工與 1967 年事件作一比較。由比較同情港府之立場來看 1967 年後的工運發展者為 Yan-nang Yiu, "Trade Union Policy and the Trade Union Movement in Hong Kong" (MSS thesis, University of Hong Kong, 1980)。

27　M. K. Lee, "Social Conflict," p. 31.

統以來比較簡單的左右派勢力均衡,「分而治之」手段的周轉餘地。直至最近,本地工會參與的政治與香港的直接關係甚少,但與中國大陸政局息息相關。有位學者甚至認為殖民地政權實際上是降低了並不是加強了政治緊張程度。[28] 毫無疑問,左右派政治競爭在另一層面上亦減低勞工界對資方管理階層所加施之社會經濟壓力。不過事至今天,這種特殊局面快將結束。

1983 至 1984 年中英香港前途談判及協議,以及港府在這最後關頭所作的政治參與開放和官僚本地化帶來許多可能性和機會,但同時亦打破了原已分裂的工會陣形內部權力分配和官方「分而治之」的有效程度。首先,左派工聯會系統現已從 1967 年的陰影中復甦過來,放棄其以前對港府及社會下層的不參與立場,他們不再杯葛,反而積極介入勞工架構,但仍如 1970 年代對工業糾紛和其他勞工問題一樣,採取比較低調溫和甚至消極的態度。工聯會實則上正努力維持北京對香港的要求 —— 即繁榮與安定而避免製造社會混亂和經濟激盪。右派工團會陣營近年來會員年老消逝而劇減,同時亦受到 1997 中國壓力及台北政權的國際地位消沉,故實力衰退。[29] 故此左派因政治影響而趨向溫和,並與本地官方資方合作,右派亦因政治而導致消沉無力,事實上有助減低工業界之整體緊張程度。

中國政治之發展似乎又為香港帶來了祝福,自 1985 年中,「邁向1997,中國收回香港」過渡期之開始以來,左派工會的聲威及影響自然高漲。1985 年 9 月立法局首次選舉中,功能團體的兩位代表勞工界席位,由左右兩派在無對手競爭情況下平分秋色,各佔一席,表面看來似乎這回合裏權力均衡的舊辦法仍有效,這兩勞工議席之選舉基礎是每工會一票,所以工團會、工聯合各有轄屬工會七十間,可分羹同享,各據一席,另一方面,新興之第三勢力公務員工會因其領導人及會員均為政府各部門的僱員,故不能

28　此種觀察見於 Joe England, "Industrial Relations in Hong Kong," in Hopkins, ed., *Hong Kong: The Industrial Colony*, 及其專書 *Industrial Relations and Law in Hong Kong*。

29　有關最近左右派工會之發展,可參閱:David Lethbridge and S. H. Ng, "The Business Environment and Employment," in David Lethbridge ed., *The Business Environment in Hong Kong*, 2nd Edition (Hong Kong, 1984), pp. 86-88; S. H. Ng (1984), pp. 73-84。

輕易出任「非官守」議員。第三勢力之另一工會「香港教育專業人員協會」有 30,719 會員，為全港最大之工會，而其會長成功當選為代表教育界（非勞工界）進入立法局。故此左右派工界在立法界選舉權力均衡只是表面文章，絕不能確實反映左派工界日漸高漲之勢力和影響，九七前途協議已把傳統以來勞工界權力均衡局面結束。

中英協議中所構想 1997 年後，香港為中國特別行政區有其獨特之《基本法》，引起勞工團體高層政治積極參與和權力重組，基本法起草委員會之二十四個本地委員中兩位為工界領袖，基本法諮詢委員會一百八十位成員中七位是屬工會團體的代表，另有十二位與勞工組織有關。似乎現因九七形勢而水漲船高之左派工會正極力推行其溫和有容納性的「統一戰線」來應付港府、資方、市民大眾，當然同時亦包括中立之工會第三勢力及右派工會。有位學者認為現時香港勞工團體很明顯地正在趨向內部團結和合作。[30] 不過在最近勞工會提名推選基本法諮委過程中曾有不和諧場面，加深了左派和非左派工界分子間的衝突。[31]

自九七中英協議以來，香港在政治、社會、憲法制度上有急劇之演化和尚未可料的發展。在這多方面的變化中工人團體之影響日益重要。故此在六十年前曾一度有力地影響香港工會的意識、心態、組織、基礎、內部團結和政治傾向等歷史因素至今仍具相當作用，不容遺忘。過去歷史動力及當今中國政治是了解現時香港工運的最基本考慮。

原載：陳明銶主編：《中國與香港工運縱橫》
（香港：香港基督教工業委員會，1986 年），頁 203-217

30　S. H. Ng, "Annual Review of Labor Situation in Hong Kong: A Brief Report for 1985" (for the Japan Institute of Labor).

31　梁三喜：〈香港工運前路茫茫〉，《學苑》，第 4 期（1985-86 年），頁 28；及《華僑日報》，1985 年 11 月 21 日。

略評近期國外對中國工運史之研究

　　中國勞工和中國工運對現代中國的發展與及中國共產黨之興起，有頗重要之影響，但西方學者在過去對這方面的研究，都極之貧乏。1949 年以前，也曾有過幾本有關中國勞工的書出現，不過，其水準並不使人滿意。

　　或許有人認為自 1949 年，中華人民共和國成立以後，會為中國勞工的研究帶來轉機，因為中國的領導層是以馬克思主義、無產階級革命，以及全面工業化為國家建設目標，在這情況下，中國工人很自然地扮演重要的角色，而中國勞工運動的研究，亦有助於我們去了解中國共產黨的革命，所以中國工人的狀況，尤其在晚清以後之歷史發展，理應成為學術研究的重點。但實際上，西方學者對中國勞工的興趣，卻是始於 1970 年代中期，而且所研究的範圍，又極之狹窄，大部分都是集中在 1949 年以後的發展，缺乏歷史的層次。

　　其實，我們可從歷史的角度，對 1949 年以前的中國，尤其是延安時期的中國共產黨的勞工政策和活動，作出一個有意義的比較，而當時的政策對中華人民共和國成立以後的勞工施政亦有相當的影響。

　　現時，西方學界依然忽視中國工運的研究。由一位法國左派歷史學家謝諾教授（Jean Chesneaux）所撰寫的《中國工人運動：1919 至 1927 年》一書，便成為 1949 年以後的唯一重要著作。直至 1981 年，才再有幾本有關中國工運的著作出版，陳明錄的《1895 至 1949 中國勞工運動：中文史料評介》、

薛花（Lynda Shaffer）的《毛澤東與中國工人：1920 至 1923 年的湖南工人運動》及湯馬士（S. B. Thomas）的《勞動階級和中國革命：1928-48 年中國共產主義的階級鬥爭與矛盾》。除此之外，便只有些零散的論文和文章。

中國工運研究的貧乏，究其原因，可有以下幾點：中國的經濟並不是以工業為主，而是以商業化農業為主的經濟，非農業工人只佔勞動人口和城市人口的一小部分，而這類工人又多集中於某幾個大城市。因此，對中國工運的研究，是構成一定程度上範圍和目標的困難，難怪乎中國工運這個題目，長時期被拋離於中國歷史研究的主流。

不過，發生於城市的工運，卻是有着深遠的影響，例如省港大罷工，1922 年的海員大罷工等等，都引起一連串波瀾壯闊的勞工運動，帶給國內、國外不少衝擊，尤其是現代中國革命的歷程。

何以這少數的工人竟在中國革命中扮演着如此重要的角色，如謝諾教授所指出，他們人數雖少，但集中在具有戰略性的地區，而且他們工作於「現代化」的環境，套用馬克思的分析，由於「現代化」所帶來的疏離思化感，已足以推使他們投身革命，成為整個革命的動力。

有不少學者錯誤地認為，中國工運史是始源於 1919 年的五四運動，和 1921 年中國共產黨創立之時，一些學者再妄下結論，認為中國工運是中國共產黨的專利產物，因此，當中國共產革命的城市勞工動員策略失敗後，共產黨亦退卻到農村時，勞工運動也隨之而結束。以上的不正確觀念，導致研究機會變得似乎非常狹窄有限。

中國共產黨的農村革命策略對其在 1949 年的勝利之貢獻，似乎被誇大了，事實上，有着其集體意識力量的中國勞工活動，早於 1919 年以前已經出現，1927 年後仍然活躍。而在 1945-49 年間，中國共產黨所採用的新城市勞工戰略，配合紅軍行動，更加速了共產黨的最後勝利和 1949 年後的重建進度。因此，中國共產黨的勝利，中國農民固然扮演了重要的角色，但城市工人的角色，卻是不可以忽略的。毛澤東把農民看成是「主要力量」，城市工人看成是「帶動因素」，這種區分，亦是給研究中國工運與現代中國革命帶來一種不同角度。

　　基於以上的分析，謝諾的《中國工人運動：1919 至 1927 年》一書，便呈現出不少缺點，首先是對「工人」下的定義，非常狹窄，其次是他所選的時間和地點以作為研究的重心，都是不夠代表性的，所以導致整本書的視野極為有限，而且帶出一些錯誤的觀念。

　　謝諾對「現代」工人的界定，目的是要將注意力集中於一群最具革命意識的中國工人身上，不過，在實際上卻存在很多問題，謝諾便惟有把他的定義作出顯著的修改，把礦工和人力車夫等也包括在內，最後還把技工和城市工匠列入他的研究對象中。顯然，他亦開始注重這一班傳統的工人，以及他們的組織。

　　謝諾認為一個無產階級革命政黨在中國的建立，傳統工人的角色是不容忽視的，因為他們除了人數眾多之外，更有緊密的聯繫。不過，他們的影響力，已經逐漸由工會化的現象和中國共產黨的動員力量所取代。

　　在某一程度上，謝諾對「現代工人」的定義，雖然充滿自相矛盾，但亦從中反映到他在這本書最終關心的，就是中國工人在導致國民黨於 1927 年上台的那一場革命中所扮演的角色，他認為集中分析「現代工人」，可有助我們對這場革命的了解，而蔣介石後來的叛變，造成 1927 年中的工運極為政治化，更成為一股革命的力量之悲慘命運。

　　此外，謝諾解釋他為何選擇了上海及以 1919 至 1927 年這段時間為研究範圍，是由於上海乃中國當時最繁盛的城市，現代工業的中樞，謝諾因此相信當地的工人亦是最具革命意識的。而 1919 年至 1927 年間，工運在共產黨的影響下，變得更為激進和政治化。換言之，謝諾欲分析現代工人在這段期間的革命參與和貢獻，但這又似乎把集體意識轉變的頗複雜過程來簡單化了。一個以知識分子作領導，工人為基礎的共產黨，看來並沒有改變中國工人的現實情況，及當時的社會秩序，除非是透過具體的集體鬥爭，使到一般工人意識到他們組織的不足，這牽涉到意識形態、組織的動員問題，亦是當時共產黨內裏的年青勞工組織者所面對的首要問題。

　　謝諾沒有考慮到集體意識的複雜性，使到中國的情況表面看來，是大部分出身農民的工人遷移到城市後，由於客觀環境的造就，工運得以朝着激進

化的方向發展，而且還可結合農民運動，推動全面性革命的群眾動員，在這情況下，中國工人自然較傾向於支持中國共產黨的革命領導。不過，此論點似乎有欠史實，目的只是將 1920 年代前後所發生的事件，與政策合理化而已。

最近，從陳明銶與薛花兩位的歷史研究中反映出，將「傳統」工人辨別於「現代」工人，並不可以有助我們分析 1920 年代勞工激進化的原因。陳君指出，廣東工運的發生，主要源於民族主義、反帝國主義和經濟主義的動力，而湖南工運發生的成因，據薛氏的分析，是因為傳統工人感到受現代化的威脅所致。

薛花指出，傳統工人及其組織，是共產黨爭取的對象，目的是為了在湖南建立強大的工運，而當時的湖南工人，已是具有高度組織性，這可部分解釋到共產黨的迅速發展及其成功的原因。我們可看到，薛花主要集中在傳統工人面對着的現代化壓力和矛盾之下，所引發出來的力量，這是與謝諾只強調「現代工人」的不同之處。因此，薛花認為，若要了解中國的無產階級革命，着眼點應該放在工業資本主義和世界市場，所帶給整個中國經濟的直接或間接影響，而不是在於現代化行業。（1982 年第 209 頁）

從辯證的角度去看，中國工人的階級意識發展，應該着重於傳統與現代的變化關係，尤其是生產關係的變化。在前期資本主義的生產模式與現代資本主義的生產模式相互影響之下，我們不難看到中國工人的集體意識的形成基礎。

陳明銶的研究，給予中國工運和階級意識形成的複雜過程，更深一層的社會秩序分析。陳氏指出，中國共產黨的工人幹部其實是很遲才介入廣東的勞工陣營，當時要面對的是工團主義者和國民黨保守派的鬥爭。後來共產黨趁着 1924 至 1927 年期間，與國民黨組織聯合陣線，才有機會利用國民黨的資源，去發展其「紅色」工會的網絡。不過，共產黨卻在組織和動員的策略上，犯了幾點重大的錯誤，而最致命的因素，要算廣東工人自己內部的分裂。

廣東工人的傳統行會心態，加上他們個人與組織的緊密關係，有效地維

護了其傳統的生產模式，由此產生出一種強烈的地方主義情感，這種情感是很容易對帝國主義的壓迫爆發出激進的反抗。另一方面，以上的意識形態亦強化了他們的集體意識，促使他們走向集體行動，來爭取社會上和經濟上的利益，但與此同時，他們亦是在抗衡着外來的侵略。在廣東工人的心目中，他們的經濟利益、特殊地域人際關係、傳統價值觀念和民族感情，都是在相互維繫影響着，此種情況已存在於共產黨來臨之前，及共產黨離去後仍然繼續存在。我們可從 1925 年前及 1927 年後，在參與工會和罷工情況的統計分析上清楚可見。

因此，在某一程度上，經濟主義、人際地緣特殊主義和民族主義，其實是阻礙廣東工人的純粹階級意識的發展，就是集體意識出現於廣東工人之中，亦與馬克思、列寧那套用作革命性階級鬥爭的「無產階級意識」扯不上直接關係。當然，我們不能否認有部分工人是具有真正的集體意識，而事實上他們在過去確實發動過具有歷史價值的大規模工業行動。但廣東工人是否正如謝諾所說，有別於一般工人呢？如果是真的話，那便不可忽視了。最近，漢寧（Honig）與向沙提（Hershatter）所發表兩篇有關上海和華北工人情況文章，他們採取比較合乎實際的研究方法，去了解二十世紀初期的中國工人的特徵，和所處的社會環境。

中國近期的發展情況，對研究中國工運史的學者來說，是具有一定的鼓舞作用，原因是資料比以前豐富多了。此外，中國共產黨的主要工運組織者：劉少奇、李立三和鄧中夏，亦可重新在中共新的政策下，恢復了原來的歷史地位。看來我們可以放心檢討過去中國共產黨的城市勞工戰略的經驗，以及整個現代中國的革命。現時中國的四個現代化政策，其中的目標是要達到工業化和提高生產力，看來中國工人與及其集體意識又會成為研究的主要課題，而探討中國工人與中國共產黨的歷史關係，現在正是最適合的時候了。

（英文原文 "Workers and 'Proletarian Consciousness' in the Modern Chinese Revolution: A Marxian Deviation?" 為原作者在 1985 年 3 月 25 日在杜克大學 Duke University，亞太研究中心研討會講演稿。）

參 考 資 料

陳明銶：〈五四與工運〉，汪榮祖編：《五四運動論文集》（台北：聯經出版事業公司，1979 年）。

陳明銶等編著：《香港與中國工運回顧》（香港：香港基督教工業委員會，1982 年）。

Ming K. Chan, "Labor and Empire: The Chinese Labor Movement in the Canton Delta, 1895-1927" (PhD diss., Stanford University, 1975).

Ming K. Chan, "Traditional Guilds and Modern Labor Unions in South China: Historical Evolution," *Estudios de Asia y Africa*, no. 32 (1976).

Ming K. Chan, "Labor in Modern and Contemporary China," *International Labor and Working Class History*, no. 11 (1977).

Ming K. Chan, "Price, Wage, Strike and Unionization in the Canton Delta, 1912-1933" (paper for the Southwest Research China Colloquium, Los Angeles, 1979).

Ming K. Chan, *Historiography of the Chinese Labor Movement, 1895-1949* (Stanford, 1981).

Ming K. Chan, "Labor Activism in Early Republic China, 1912-1922," in *Proceedings of the Conference on the Early History of the Republic of China, 1912-1927* (Taipei, 1984).

Ming K. Chan, "Labor vs Labor: The Revolutionary Mobilization of Workers in 1920s Canton" (paper for the 1985 AAS Annual Meeting, Philadelphia, 1985).

Jean Chesneaux, *The Chinese Labor Movement, 1919-1927* (Stanford, 1968).

Jean Chesneaux, *Le Syndicats Chinois, 1919-1927* (Paris/The Hague, 1965).

Gail Hershatter, "Flying Hanners, Walking Chisels," *Modern China*, vol. 9, no. 4 (1983).

Emily Honig, "The Contract Labor System and Women Workers," *Modern China*, vol. 9, no. 4 (1983).

Stephen Morgan, "Secret Societies and the Chinese Labor Movement: A Review of Historiography and Proposal for Research." (manuscript, 1985).

Mark Selden, "The Proletariat, Revolutionary Change and the State in China and Japan, 1850-1950," in Immanuel Wallerstein, ed., *Labor in the World Social Structure*, vol. 2 (Beverly Hills, 1981).

Lynda Shaffer, "The Chinese Working Class: Comment on Two Articles," *Modern China*, vol. 9, no. 4 (1983).

Lynda Shaffer, *Mao and the Workers: The Hunan Labor Movement, 1920-1923* (Armonk, New York, 1982).

Lynda Shaffer, "Modern Chinese Labor History, 1895-1949," *International Labor and Working Class History*, no. 20 (1981).

S. Bernard Thomas, *Labor and the Chinese Revolution: Class Strategies and Contradictions of Chinese Communism, 1928-48* (Ann Arbor, 1983).

S. Bernard Thomas, *"Proletarian Hegemony" in the Chinese Revolution and the Canton Commune of 1927* (Ann Arbor, 1975).

最近出版有關中國工運史書籍還有下列幾種：

Peter Kar-nin Chen, *The Labor Movement in China, 1840-1984* (Hong Kong, 1985).

Gail Hershatter, *The Workers of Tianjin, 1900-1949* (Stanford, 1986).

Emily Honig, *Sisters and Strangers: Women in the Shanghai Cotton Mills, 1919-1949* (Stanford, 1986).

Lai To Lee, *Trade Unions in China* (Singapore, 1986).

Michael Summerskill, *China on the Western Front: Britain's Chinese Work Force in the First World War* (London, 1982).

原載：陳明銶主編：《中國與香港工運縱橫》
（香港：香港基督教工業委員會，1986 年），頁 271-279

機器工人和海員的早期活動史略

　　孫中山先生自清季的革命活動至民國初年的二次革命，護法，反軍閥反帝國主義民族革命運動時期，不單在全國性，甚至國際性上層政治有重要的介入和作用，他之愛國革命活動對中國社會之草根基層亦有相當的影響，他之贊助、支持和參與，在很多方面都與中國工人們的意識醒覺，新式工會之創設組織，集體動員鬥爭是有十分明顯和積極性的貢獻。中山先生與近代中國勞工運動的關係，可比較明確清楚地在華南的兩大勞工團體 —— 機器工會和海員工會的演化成長，動員罷工勝利的過程中顯示出來，同時亦可察知以當時中國的政治環境，社會風氣，新式工會之建立和工運的開展是困難重重，故此如果有比較開明進步的政府領袖對工會工運予合理合法的承認和扶植，是有十分關鍵性的作用。而孫中山先生對近代中國工會發展之影響和貢獻，足以證明他是能及早察覺發掘工人之愛國熱誠和革命潛能，並盡量引導扶植中國工人集體化的醒悟組織和動員，成為他領導的愛國活動，革命奮鬥中的一種社會基層群體力量；亦由之可見孫中山先生在 1924 年國民黨改組以前，已實際地重視和發揮多階層性的社會動員作為革命的基礎和支持力量，在這方面，是絕對與舊式中國政治以上層精英領導分子為主之局限性完全不同。而且中山先生與勞工界的密切關係，除民族愛國情緒，革命意識之外，亦頗有賴於所謂「傳統」化的人際、地緣關係的連繫和推動，可知某些「傳統」之價值和作風，有時還能夠對「新式」,「現代化」，甚至「革命性」

的社會動員之推進，團體組織之創建發展有正面積極性之作用。

（一）晚清廣東工人之集體動員愛國鬥爭

　　鴉片戰爭以前，清朝施行閉關政策，全國唯一開放華南廣州為中外通商港口，廣東工商界得風氣之先，由貿易與外國利益接觸頻密而產生相當明確強烈的民族意識與愛國情緒，常因為保障自身集體權益而爆發抗衡鬥爭。例如 1831 年春南海、番禺兩縣的紡織工人群起策動杯葛英國的棉紗入口，實開近代廣東工人集體動員以爭取群體甚至地方、國家、民族權益之先河。[1]

　　鴉片戰爭後，列強更藉不平等條約在中國沿岸開港通商，設租界，發展現代交通運輸，中日甲午戰後，更樹立勢力範圍，大規模在華在工業投資，設置工廠，更有大批新式勞工的出現，廣東不獨為中外交往沖激重點，而自鴉片戰爭《南京條約》，英國取得香港為殖民地作其國際經濟活動基地後，在開設的船廠和航線網中，產生大批的新式工人，尤以海員和機器工人為主，同時十九世紀中葉以來，大批華工在廣東出洋謀生，尤以北美洲及東南亞為多，他們身受帝國主義和殖民地政權的壓迫，遂產生強烈的民族意識和愛國情緒。故華南港粵工人在政治醒覺，團結組織，動員鬥爭可算為全中國工界的先驅。當他們深受日益嚴重的帝國主義之害，如戰爭侵擊，租界割讓，巨額賠款，關稅受控制，鐵路航權喪失，而至工人們所服務行業，遭外資壓力和洋貨入口競爭，再加上租界或殖民地當局無理苛待，實在無可忍受，遂在保障工界集體權益和愛國思想，民族主義的雙重鼓舞推動下，爆發些一時轟烈，影響深遠的工人鬥爭，如鴉片戰爭時（1841 年 5 月）廣州紡織機房工人的「三元里反英事件」；[2] 1847 年廣州及佛山的建築工人「三行仔」

1　　Peter Arben, *China* (London, 1834), pp. 64-65.

2　　Frederic Wakeman Jr., *Strangers at the Gate* (Berkeley & Los Angeles, 1966), pp. 11-28；陳錫祺：《廣東三元里人民的抗英鬥爭》（廣州，1956 年）。

的反對英國人違約建屋杯葛；[3] 1858 年英法聯軍之役中，居香港的兩萬華工罷工返粵以抗議英法軍攻佔廣州市；[4] 及至 1884 年中法戰爭期間，香港船塢工人拒修法國軍艦，遭英殖民地當局壓迫而爆發歷時兩週之多行業工人同情大罷工，終使法艦他去，不單受當時中國朝野一致讚賞，[5] 而當時剛開始革命事業的孫中山先生亦深受廣東工人愛國行動的感動，覺得正與滿清無能辱國成強烈的對比。[6]

（二）廣東工人與清季民初革命運動

中山先生對中國工人之革命潛能，愛國熱誠自始至終是頗為重視的。當他在 1894 年建立興中會於夏威夷時，會員人數約有三百多，其中背景可考者二百七十九人，其中工人有五十四名，約佔五分之一，而工人會員中當然以廣東籍為最。[7] 及至 1900 年，興中會之史堅如與四位機器工人會員圖謀炸廣東總督衙門而事敗被殺。[8]

1905 年，中山先生在日本東京聯合各革命團體成立同盟會，初期入會會員近一千人，其中華僑工人（多為廣東籍）約佔 7%，其後隨着反清革命形勢的發展，同盟會會員不斷增加，由於革命領袖如中山先生等多為廣東人，藉鄉族淵源，和秘密會社的聯連號召一些廣東工人投身革命，其中有著名的機器工人元老馬超俊（台山人）、海員蘇兆徵、楊殷、林偉民（均中山

3　彭澤益編：《中國近代手工業史資料》（北京，1957 年），頁 510-511；列島編：《鴉片戰爭史論文集》（北京，1958 年），頁 299-300。

4　夏燮：《中西紀事》（1865 年，1962 年台北重印），卷 13，頁 8-9。

5　李明仁：〈1884 年香港罷工運動〉，《歷史研究》，1958 年第 3 期；邵循正等編：《中法戰爭》（上海，1955 年），第 5 冊，頁 37-38；G. B. Endacott, *A History of Hong Kong* (London, 1958), p. 208; Jung-fang Tsai, "The 1884 Hong Kong Insurrection: Anti-Imperialist Popular Protest during the Sino-French War," *Bulletin of Concerned Asian Scholars*, vol. 16, no. 1 (January-March 1984).

6　孫中山：《國父全集》（台北，1957 年），第 2 冊，頁 80；Harold Z. Schiffrin, *Sun Yat-sen and the Origins of the Chinese Revolution* (Berkeley & Los Angeles, 1968), pp. 18-19。

7　Schiffrin, *Sun Yat-sen*, pp. 54-55.

8　馮自由：《革命逸史》（重慶，1944 年），第 4 冊，頁 25-65。

人）等，他們日後在華南和全國工運中均擔重要領導角色。[9]

　　當時廣東地區的機器工人和海員均比一般其他工人較為醒悟，機器工人是知識水準較高的熟練技術專業勞工，不少服務在英資香港的公共企業、船塢、工廠，而海員更受僱於洋輪行駛外洋，有明確強烈的民族意念，他們的反帝國主義，殖民地主義和集體經濟利益上的醒悟和行動，頗自然地引致對國家社會前途問題的關切，更由鄉族關係、秘密會社之連絡，遂漸參與實際革命行動。二十世紀初年，廣東地區海員、碼頭工人、機器工人常有個人或集體式冒險為革命黨傳遞消息、運送彈械、金錢、偷渡黨人、暗製火藥、散播宣傳等工作。有些工人更直接投身歷次起義，故此 1907 年至 1908 年間華南各地黨人反清舉事，如潮州、惠州、欽廉、鎮南關各役均有廣東機器工人和其他各行業工人的參與。至 1910 年春更有機器工人同盟會員溫生財自南洋返粵刺殺廣東清將孚琦。[10]

　　1911 年 3 月 29 日黃花崗之役，殉難黨人八十五名之中，就有十七人為勞工出身（而其中機器工人佔十二名，均廣東籍且亦全部由海外回歸。）[11]此役失敗後，同盟會在廣東實行一連串暗殺清廷官吏行動，成立暗殺團，機器工人擔當製造炸彈工作。如 1911 年 8 月林冠慈在廣州炸傷李準，10 月李沛基再在廣州炸死鳳山，使當地清兵士氣瓦解，鬆懈省防，擾攘半月後，廣東亦宣佈全省反清獨立投入民軍陣營。[12]廣東獨立後，同盟會更發動海外僑工回國，前赴武漢支援革命，回歸者皆廣東僑工，而且多為服務外國輪船公司之海員，有些更購備短槍回國，至 1911 年 11 月初，組合了九十多人，由馬超俊任領導，編成「廣東華僑敢死隊」到武漢前線，並勇守漢陽兵工廠十

9　這八位工界領袖人物傳記可參考 Lucien Bianco and Yves Chevrier, eds., *Dictionnaire Biographique du Mouvement Ouvrier International: La Chine* (Paris, 1985)。

10　李伯元、任公坦：《廣東機器工人奮鬥史》（台北，1955 年），頁 31-33。

11　鄒魯：《廣州三月二十九革命史》（長沙，1939 年），頁 87-167；馬超俊、任公坦等編：《中國勞工運動史》（台北，1959 年），頁 50-57，61-64。

12　李伯元、任公坦：《廣東機器工人奮鬥史》，頁 35-36。

數日，死傷過大半才撤出。[13]

　　辛亥革命，民國成立後，整個中國政治環境社會風氣都有改變，言論、思潮都略較開通，不少新式的工人團體漸次產生，而國內各大城市間有經濟性之罷工發生，但至袁世凱專政，破壞約法，解散國會，禁止工會罷工，工人活動亦受壓制而陷入低潮，但工界自清季以來歷經多次愛國性集體動員（如 1905 年至 1906 年的反美禁華工杯葛運動）和革命運動衝擊，已的確增深政治社會醒覺，在組織、集體動員上有歷史經驗和實質進步，漸次形成一股社會基層力量。所以在中山先生組織反袁力量，進行第二次革命時，成立中華革命黨，就有不少海員支持。及至二次革命失敗，中山先生避居日本，更與廣東籍海員有密切往來。1913 年旅居橫濱的黨員承中山先生命與「海地丸」海員組織「聯義社」，專以團結各地華僑及華籍海員，吸收入社，加強革命力量，該社社員以廣東海員為主，在海外交通運輸密秘工作方面，對革命黨人活動頗有貢獻，及後中山先生派人赴香港成立聯義社分社，實為日後有名之海員工會之前身。[14] 故可知工界之參與革命活動不但增加革命陣營之實質力量，擴闊其社會群眾基礎，而工人們亦屬此機會加強政治醒覺和自身的組織團結，更與開明政治領導層建立良好的合作關係，頗有助日後工運的開展，工會的建立。

（三）機器工人之工會創立和罷工勝利

　　華南兩大工人團體 —— 機器工會和海員工會都是經過一段比較長的歷史演化過程而到達現代新式工會的組織和規模，而且這兩工會的領導人物都曾參與清末民初的革命活動，與同盟會有直接淵源，而其工會領導之經

13　馬超俊、任公坦等編：《中國勞工運動史》，頁 61-64。

14　前揭書，頁 86-87。Gary Glick, "The Chinese Seamen's Union and the Hong Kong Seamen's Strike of 1922" (MA thesis, Columbia University, 1969)。

濟性罷工又與政治當局者之態度有關，亦可見中山先生與工會運動之密切聯繫。

　　機器工人元老馬超俊在美國舊金山時加入興中會參與革命工作，1906年承中山先生命返香港，廣州、上海、漢陽各處兵工廠船塢聯絡粵籍機工，進行初步組織。1908 年香港機器工人因英資太古船塢壓迫工人而集體怠工收效，益知團結成力量，在 1909 年成立「中國研機書塾」，故意取學術研究和工餘娛樂等方式進行組織，因當時風氣未開，須避官府注意和資方干涉，而粵港兩地工界本來在人事上業務上就有密切聯絡，故廣州機工亦在同年成立「廣東機器研究公會」，此為港粵兩地日後機器工會之前身。民國成立後，政治社會風氣較為開放，1912 年，「廣東機器研究公會」改組成為純粹勞方的團體，正名為「廣東機器總會」，而香港的「中國研機書塾」亦改組為「中國機器研究總會」，至 1919 年再改稱「香港華人機器會」。[15]

　　及至 1917 年中山先生在廣州成立護法政府，着馬超俊負責策動全國勞工運動。在機工方面，馬氏當時以東南亞各地及國內各礦山、鐵路、船塢的粵籍機器工人甚眾，有謂「無廣不成鐵」，有些亦已成立本地的機工團體，故在鄉誼聯繫、同業團結方面有成立全國性機構之必要，乃在 1918 年發起成立籌建全國機工會，向國內海外粵籍機工募捐基金，在廣州河南購得會址，1919 年全國機工會所舉行奠基典禮，由軍政府總裁伍廷芳主持。同時馬氏亦着意加強廣東機工總會的基層組織，鼓勵省內各地各業各廠的機器工人在 1919 年紛紛成立各種工人俱樂部，成為「草根」基本組織單位，而1920 年「廣東機器總會」亦改組成立「廣東全省機器工人維持會」，為全省機工團體之中樞，並推馬氏為主任，當時適值香港機器工人經濟罷工，正好及時支援。

15　李伯元、任公坦：《廣東機器工人奮鬥史》，頁 27-31，38-40；Pauline L. S. Chow, "A Study of the Hong Kong Chinese Engineers' Institute from 1909 to 1949" (BA thesis, University of Hong Kong, 1985).

第一次世界大戰後，香港百物騰貴，機器工人入不敷支，故 1920 年 3 月「香港華人機器會」代表工人向各廠主提出要求，增加薪金 40％，經多日的奔走交涉，資方對工人要求不答應，只允每人每月補給伙食費一元五角（當時機工平均月薪約三十元），機器工人當然不滿，在 4 月 1 日開始罷工，數日內罷工人數不下五千餘，大部分均離港返廣州。賴廣東機器工人維持會支持招待，不獨供應罷工機工住宿、膳食，並主持募集捐款，由廣州機器工人決定每人半月內捐出一日薪金以支持罷工的香港機工，同時又為援助罷工事務，特設總務、財政、交際、糾察、情報、翻譯等各項工作專責，使罷工能有秩序進行，罷工者可獲適當安頓。香港方面，罷工十日後殖民地政府當局及資方以各行各業工人相繼罷工，人數逾萬，均爭取加薪，漸起恐慌，請罷工機工派代表返港談判，至 4 月 18 日終於勞方勝利，取得加薪 32.5％，次日復工。[16]

這次經濟罷工之初，資方恃着港府之偏袒，對於勞方罷工甚為蔑視，認為工人缺乏金錢支持，不能長久罷工，更無團結力量，時期稍長，工人精神意志瓦解而一定被迫就範，但實際發展剛正相反，令資方對工人之輕視完全破產。香港各業機器工人的團結動員，他們所服務崗位之經濟社會性的重要，固然是他們罷工勝利的不可缺基本條件，但其他行業工人之支持響應質求聲應，唇齒相依，本行業工人更跨越地域性的局限而積極主動合作援助，廣州政府對由香港罷工返粵工人之收容，穗市工界對罷工者之招待，實際做到工界方面「省港一家」，一方面表現工界團結精神，但同時亦明確地表露廣東工人之強烈愛國心、民族意識和反帝國主義反殖民地主義的立場，這種精神和廣州作為香港罷工者的「後援基地」、「政治庇佑所」的功能，更在 1922 年海員罷工中完全發揮出來。

16　李伯元、任公坦：《廣東機器工人奮鬥史》，頁 61-64；Pauline Chow, Ibid。

（四）海員工會之成立和 1922 年大罷工 [17]

自從「聯義社」1913 年成立後，孫中山先生與海員的接觸機會增加，對他們革命意識，活動組織亦有直接影響。1915 年，「聯義社」負責人之一廣東海員陳炳生組織海員成立「中華海員公益社」，首先在洋輪「滿提」號成立，不久各輪粵籍海員相繼成立公益社，實力日強，更在日本橫濱成立「中華海員公益社通訊處」，以加強內部團結和對海員們的醫療福利服務。後來見及香港為國際航線重點，粵籍海員集中地，決定在香港設立公益社總社，以便爭取更多海員加入，在 1917 年「公益社」改名「中華海員慈善會」，向香港政府立案成立，陳炳生為會長，但因「慈善」名義甚廣泛，外界人士亦有加入，非純粹如中山先生所倡議的工會般團體。至 1920 年，香港海員因反對包工制和失業威脅，產生了組織純工人團體之必要，於是在慈善會之基礎上，組織了一個「海員工會籌備會」，呈請廣州政府和香港政府立案。1921 年 3 月，「中華海員工業聯合總會」在香港正式成立，這個工會的名稱是親由孫中山先生命賜，工會的招牌也是他親題的，並由他派眾議員王斧為代表到會主持揭幕。

海員工會正式成立後，即爭取為海員加薪，因大戰後物價飛漲，而 1921 年初港幣又貶值 50％，加上香港租金又大幅升漲，海員生活本已刻苦，平均每月工資二十至三十元，不及外國海員四分之一，更令華人海員不滿者，是香港洋船公司在戰後把外國海員工資加增調整，故兩者差距更大。1921 年夏，海員工會向資方要求加薪 10％至 50％，但無結果，終激起海員們公憤，集體動員採強硬手段，以致 1922 年 1 月 13 日爆發罷工。

罷工一週內已有一百多艘船上六千五百海員參加，同時亦蔓延至汕頭，海南島，上海，甚至新加坡等港口華籍海員亦起而響應，抵達香港的船隻來

17　海員工會組織及 1922 年罷工可見：Gary Glick, Ibid; Ming K. Chan, "Labor and Empire: The Chinese Labor Movement in the Canton Delta, 1895-1927" (PhD diss., Stanford University, 1975), chapter 10；章洪：《香港海員大罷工》（廣州，1979 年）。

一艘停一艘，船上海員馬上罷工。海員工會方面亦有組織和預備，罷工海員仿照 1920 年機器工人罷工先例，罷工海員紛紛返廣州。一來可避免受英殖民地當局和船公司壓力，二來有粵方的支持招待，較易解決生活問題。至 1922 年 1 月底已有一萬多罷工海員返回廣州，粵省當局每月支出數千元作罷工維持經費，各工會社團安置罷工海員食宿，而海員工會亦在穗設罷工總辦事處，內設各部門掌理各項實務，以備長期罷工鬥爭至勝利為止。香港方面則海上交通運輸幾乎完全斷絕，食品物資不足，物價高漲，市面混亂，民心緊張，但香港政府與船公司聯手一開始就以高壓手段應付，無誠意談判，且企圖招請上海寧波替工籍海員來破壞罷工，但因國內工會支持香港海員而無效，至 2 月初，苦力工人亦同情罷工，香港當局則封禁海員工會（並把中山先生親題的「中華海員工業聯合總會」招牌除下）和其他三個罷工中的苦力貨運工會，事態嚴重化和擴大，已遷廣州之罷工海員堅持香港政府一日不解禁把工會復原，一日不談判復工，至此各行各業工人亦激憤同情而舉行同盟大罷工。

　　至 3 月初，全香港罷工人數逾十萬，交通中斷，百業停頓，店戶倒閉者三十多家，而罷工工人不理會政府中斷火車服務，步行返廣州，英方企圖用軍警鎮壓，結果在 3 月 4 日演成「沙田慘案」，港方軍警制止罷工者步行回廣州時發生衝突而開火，當場打死罷工回粵者四人，傷數十人，至此穗港兩處都民意激昂，香港工人更積極擴大同盟罷工，使香港幾乎變成為「死港」。香港當局至此亦山窮水盡，無法可施，只好向海員讓步低頭，以求解決社會經濟癱瘓的慘狀，最後在廣州政府調協下，海員代表與船東及香港政府在 3 月 5 日達成協議，船公司應允加薪 15％ 至 30％，香港政府則在次日發表特別公報，宣佈取消海員工會為「不法會社」的封禁令，並在 3 月 7 日派原來除下「中華海員工業聯合總會」招牌的警員，在復工的海員們掌聲和爆竹聲中，把這歷史性的招牌掛回原處，至此，這歷時五十二天的由經濟性演變成愛國政治性的大罷工終以海員勝利結束。

　　此次罷工船公司損失五百萬元以上，香港當局在應急措施中花去五十萬元，而全港當年出入口總額減少一億五千萬元，其他工商行業的損失則不可

計矣。但這回罷工的重大影響實非統計數字所盡能表達，因海員之重大勝利直接鼓勵其他中國工人為改善生活待遇而加強團結，組織動員奮鬥，引使全國的工運達到一個新的高潮 —— 許多新的工會成立，經濟罷工發生，工人平均獲加薪二至三成，自此海員工會聲望日隆，蘇兆徵、林偉民等海員領袖亦成了全國工運的領導人。香港海員能有組織地持久鬥爭，而廣州的工人們和政府之出力支持亦是罷工成功的要素，這次罷工加深了粵港工人甚至全國工人的團結互助，為 1922 年 5 月 1 日在廣州舉行的「第一次全國勞動大會」奠定基礎（出席者有來自十二城市的百餘工會一百六十名代表，這些工會有會員二十萬人，80％來自廣東）。此外香港政府雖直接介入與資方聯手壓鎮，但華人海員有廣州政府和民眾為後盾，仍然勝利，這實為中國民族主義和反帝國主義奮鬥的勝利，全國民心為之鼓舞，革命熱誠更高漲，這次罷工的種種經驗更為 1925 年至 1926 年歷時十六個月的省港愛國大罷工做了重要的準備。

（五）孫中山先生領導下政府與工運關係

中山先生自 1917 至 1922 年間三度在廣州創建政府推行革命，這時期的廣州政府亦可算與全國其他政權當局有非常不同的社會政策，在中山先生領導之下，廣州當局對工會活動一向取比較開明，而甚至積極協助的態度，使廣州能在民國初年成為全國工運最蓬勃的重鎮。

因為從民初政治社會風氣而言，工人集體意識的成長，工會的創立，工運的開展，實與政權對工人的基本態度有莫大關係，當工會工運尚未有正式的法律地位被承認和保障，工人罷工未能有合法基礎時，政治當局往往可隨意加以扶植或破壞（make or break），廣東工運之能夠發展迅速，公開推行，固因當地理歷史條件，得風氣之先，又直接受帝國主義沖激，歷來已多經濟性及愛國性的動員和鬥爭，但中山先生自清末之革命運動給予機工海員等工人有政治醒覺，組織動員經驗，及至他開府廣州後，一方面拒抗軍閥獨裁，同時與帝國主義鬥爭，更能重視社會基層和同情勞工，所以廣東工人能配合

有利的主觀客觀條件，大力發展工運。

　　不單機器工會，海員工會之成立與中山先生有聯連，不獨機工，海員領導人多為同盟會舊同志或更為中山縣同鄉，連其他派系不同傾向作風之熱心分子亦把握機會，推動工運，如中國無政府主義者工團主義派，他們在民國成立初期，曾在廣州創立「晦鳴社」，創辦理髮工會和茶居工會，並出版《民聲雜誌》，但後受袁世凱的壓迫而停頓。至 1917 年中山先生開府廣州，風氣比較自由，無政府主義工團派便捲土重來，在是年秋正式成立「廣州市茶居職業工會」，獲當時護法政府贊助，許以立案，其會員逾萬人，為廣州一重要之工人團體。[18] 而全中國第一次公開慶祝五一國際勞動節大會，就是 1918 年在廣州市舉行的，由廣東機器總會和華僑工業聯合會（為老同盟會員、工團主義者謝英伯所創）共同發起，到會者有各工廠工人、印字行、茶居行、理髮行、公眾社團、自由職業團體等代表一百六十餘人，亦算當時工界空前創舉盛事。[19]

　　自 1920 年春，香港機器工人罷工勝利，廣東一般工人亦聞風而起，紛紛將原有舊式勞資混合的工業行會改組為純勞工性質的新式工會，如廣州市之茶居、革履、旅業、理髮、傢俬、酒樓、泥水、木藝、布業、棚業、榨油等工會紛紛成立。當時廣州有新式工會八十個，廣東全省一百三十個，實為全國之冠。[20] 但後來因政局改變，廣州之機器工人亦欲要求加薪，而資方竟與桂系軍閥勾結壓制，工人開始醒悟，是年夏天支持中山先生的打倒桂系軍閥動員，至次年 5 月中山先生再開府廣州任非常大總統後，局勢又趨有利，廣東機工要求改善待遇亦得滿意解決，可見政權當局對社會運動之直接

18　馬超俊、任公坦等編：《中國勞工運動史》，頁 85-86；鄧中夏：《中國職工運動簡史（1919-1926）》（北京，1953 年），頁 5-6。Arif Dirlik and Edward Krebs, "Socalism and Anarchism in Early Republican China," *Modern China*, no. 2 (April 1981).

19　馬超俊、任公坦等編：《中國勞工運動史》，頁 105-106；李伯元、任公坦：《廣東機器工人奮鬥史》，頁 57-60。

20　陳達：《中國勞工問題》（上海，1929 年），頁 100。

關係。[21]

　　1922 年春海員大罷工勝利後，中山先生特令廣州當局廢止北洋政府所頒佈的臨時治安條例第二二四條，因其禁止罷工，不予工人合理合法集體動員的基本權利。同時中山先生在廣州市設民選市參事會，其中特設工界代表（由機工會之馬超俊代表工界出任市參事）。[22] 凡此種種，可見中山先生不獨在愛國革命意識動員方面予工界正面衝擊啟導，他領導下的廣州政府亦能以實際法律，行政設施來鼓勵工運，扶植工會，提高工人地位，並吸納有組織、有醒覺的工人為國民革命的群眾基礎，發揮他們日漸強盛的政治、社會、經濟力量，成為愛國活動的支柱，可見開明的政治領導人物與工會工運發展可產生互相尊重和合作的關係，從而動員下層社會力量來推動革命，中山先生與工界之密切聯繫可作一個歷史的例證。

原載：《珠海學報》第 15 卷（1987 年），頁 354-361

21　李伯元、任公坦：《廣東機器工人奮鬥史》，頁 65-71。

22　Jean Chesneaux, *The Chinese Labor Movement, 1919-1927* (Stanford, 1968), pp. 185-187, 201-203；李伯元、任公坦：《廣東機器工人奮鬥史》，頁 77。

中國勞工運動史研究

（一）前言

在中國近代史眾多的重要課題中，尤其在當今國際學術界日益注視的社會經濟史範疇內，中國勞工運動史的研究成果不算是很豐碩，至今可說還是處於尚待全面開展的階段。但在以往六十年間，已出現一些值得重視的研究基礎和甚具參考價值的著述，本文嘗試以 1950 年為分界線，評介過往六十年間中外學者對中國勞工運動史研究的貢獻及可供參考的主要文獻資料，並指出今後的發展趨向。

（二）1950 年以前的資料和研究

1. 中國學者研究勞工問題的著述

以中國勞工運動作為學術研究課題的「拓荒」工夫，實肇始於 1920 年代中國早期的社會學者、經濟學者和社會工作專家。其中貢獻最大，影響最深遠者，首推清華大學社會學教授陳達。陳氏對工運研究的著述頗多，而其《中國勞工問題》（上海，1929 年）一書，至今仍是這方面的經典巨

著。[1]陳氏以社會學的角度來探討分析當時的中國勞工情況，所以嚴格來說，不是純粹歷史學的研究。該書共四十萬言，計分九章，除勞動實況（工人數目、分配、工資、工時、生活費）、勞動設施（教育、福利、勞工法規）的討論外，在勞動團體的發展以及歷年罷工的分析方面，均系統化地以歷史發展為經，以具體事例為緯。例如陳氏以報章資料為基礎，對1918年到1926年全國各區域的278次罷工加以分析，這也是工運歷史性發展過程的一種重要研究。正如陳氏自述其著書的三個目的：（一）敍述我國勞工問題的起源與發展，（二）解釋這類問題中比較切要的部分，（三）根據事實，介紹幾種解決問題的方法。

陳氏的專書，開中國近代社會學家對工運發展作深入研究的先河，其後還有幾位社會學者對中國工運發展的研究作出學術貢獻，而他們的著作，在規模格式與內容資料方面均受陳氏影響，例如林蔚《1919年以來的中國勞動爭議》、[2]馮福安《中國勞工》、[3]何德明《中國勞工問題》（上海，1937年）、及駱傳華《今日中國勞工問題》（上海，1933年）等通論性著述，都是從比較客觀的社會科學角度，以事實作例證來分析當時中國勞工實況、勞資糾紛和工運發展。

1　陳達（Chen Ta）有關中國勞工研究的英文著述包括發表在美國政府勞工統計局出版的《每月勞工評論》 *Monthly Labor Review* 的多篇論文："The Labor Situation in China," 11:6 (December 1920); "Labor Unrest in China," 13:2 (Auguse 1921); "Shipping Strike in Hong Kong," 14:5 (May 1922); "Labor Conditions in China," 19:5 (November 1924); "Labor in China during the Civil War," 31:1 (July 1930)；和 "Analysis of Strikes in China from 1918 to 1926," in *Chinese Economic Journal* 10, 11 (October - November 1927); "Fundamentals of the Chinese Labor Movement," *Annuals of the American Academy of Political and Social Science*, 152 (November 1932); "The Labor Movement in China," *International Labor Review*, 15:3 (March 1927); *Chinese Migrations with Special Reference to Labor Conditions* (Washington, D. C., 1923), *The Labor Movement in China* (Honolulu, 1927); *Study of the Applicability of the Factory Act of the Chinese Government* (Shanghai, 1931); "The Labor Policy of the Chinese Movement and its Reactions on Industry and Labor," *International Labor Review*, 59:1 (January 1949).

2　Lin Wei, *Chinese Labor Disputes Since 1919* (Nanking, 1932). 林氏為南京金陵大學教授。

3　Fang Fu-an, *Chinese Labour: An Economic and Statistical Survey of Labour Conditions and Labour Movements in China* (Shanghai, 1931). 馮氏為燕京大學社會系碩士，當時在國民政府實業部任職，此書由陳達作序介紹。

　　其實在此之前，也有一些通論性的著作，例如唐海《中國勞工問題》（上海，1926年）是就日人宇高寧所著的《支那勞働問題》（東京，1925年）翻譯及刪節而成，當然唐氏是採取比較同情中國民族主義的立場來分析工運的起因。祝世康在1928年以英文出版的《中國勞工運動》，[4] 亦可算是這方面比較嚴謹的學術著作。此外還有三位中國學者在法國或比利時出版他們的法文碩士或博士論文，都是研究當時的中國勞動問題。[5]

　　當時對中國工運發展比較深入的專題探討和個案研究不多，而且大都是偏重工人生活的調查和勞工糾紛的統計分析，例如著名的社會學家，北平社會調查所創辦人陶孟和對北平及上海工人家庭生活的研究；[6] 林頌河對塘沽工人的研究及對1932年全國勞工情況的分析[7] 和史國衡對抗戰時昆明工廠工人的研究。[8]

　　此外就是對勞動立法（尤其工會法例、工廠檢查、勞資糾紛三類）的歷史背景和條文的介紹和分析，例如中國國民黨元老邵元沖對廣州政府1924年頒佈的勞工法例做過頗為詳盡的條文分析，可視為最早介紹中國勞工法的著作。[9] 陶百川的《中國勞動法之理論與實際》（上海，1931年）曾提出比較全面的分析，而李劍華、孫紹康、羅運炎、史太璞、劉巨壑、林東海及王世

4　Sheldon S. K. Tso, *The Labor Movement in China* (Shanghai, 1928)，此書為祝氏在美國 Indiana University 的博士論文。

5　Tsing Chin-chun（曾錦春，法國里昂大學法學博士）, *Le Movement Ouvrier en Chine* (Paris, 1929); Koung Shien-ming（龔尚明，比利時魯汶大學政治社會科學博士）, *Situation Traqique des Travailleurs Chinois* (Baesrode, Belgium, 1927); Soh Chuan-pao（魯汶大學政治社會科學碩士）, *La Situation de l'Ouvrier Industriel en Chine* (Gembloux, Belgium, 1937).

6　陶孟和：《北平生活費之分析》（北平，1930年），英文版本為 L. K. Tao, *Livelihood in Peking* (Peking, 1928)；和《中國勞工生活程度》，以及陶孟和、楊西孟合著：《上海工人生活程度的一個研究》（北平，1930年），英文版本為 Simon Yang and L. K. Tao, *A Study of the Standard of Living of Working Families in Shanghai* (Peking, 1931)。

7　林頌和：《塘沽工人調查》（北平，1930年），英文本為 Lin Sung-ho, *Factory Workers in Tangku* (Peking, 1928)；〈民國二十一年之勞動界〉，《社會科學雜誌》（北平），卷4期2（1933年6月）。

8　史國衡：《昆廠勞工》（上海，1946年），英文版為 Kuo-heng Shih, *China Enters the Machine Age: A Study of Labor in Chinese War Industry* (Cambridge, Mass., 1944)，翻譯及編輯者為費孝通及許烺光。

9　邵元沖：《工會條例釋義》（廣州，1925年）。

杰等幾位學者與政府人士的專題著述，也為抗戰前國內勞動立法的概況提供
了理論基礎並展現國際性的比較研究。[10] 有些學者和機構也編輯出版了幾套
有關中國勞工法令的條文，[11] 所以這方面的研究資料可算豐富，由此亦可反
映當時勞工問題專家學者們大都以為開明進步的勞動立法可有效改善國內勞
工情況，可惜忽視實際施行的困難而淪為紙上談兵。

2. 期刊

　　由五四時期至抗戰的二十年間，國內有些具影響力的期刊、學術刊物經
常刊載有關當時中國勞工運動的報導和討論，例如《新青年》（曾在 1920 年
5 月出版「勞動節紀念號」）、《東方雜誌》、《國聞周報》、《獨立評論》、《現
代評論》、《時事月報》、《新中華》、《復興月刊》、《民族》、《勇進（半月
刊）》等。[12] 而學界（尤其社會學）對勞工問題的專題探討和研究成果也多
發表在各主要大學學報和專門性的學術期刊，例如《清華學報》、《國立勞
工大學月刊》、《教育與職業》、《社會科學雜誌》、《社會科學季刊》、《社會
學界》、《社會問題》、《社會學刊》、《社會學雜誌》、《社會科學》、《社會
科學月報》等學刊曾刊載陳達、陶孟和、李景漢、陳振鷺和其他知名學者的

10　李劍華：《勞動問題與勞動法》（上海，1928 年）、《勞動法論》（上海，1931 年）；孫紹康：《中
　　國勞工法》（上海，1934 年）；羅運炎：《中國勞動立法》（上海，1939 年）；史太璞：《我國工會
　　法研究》（重慶，1945 年）；劉巨塈：《工廠檢查概論》（上海，1934 年）；Lin Tung-hai（林東海），
　　The Labor Movement and Labor Legislation in China (Shanghai, 1933)；王世杰、陳宗誠：《勞工問
　　題》（上海，1933 年）。以上幾位作者不但具有專家或學者的資格，同時他們也有各種官方的
　　身份，或在國民黨組織，或在政府單位，或在立法院擔任有勞動法例的起草或執行的職務，故
　　此他們的著作也在某程度上反映了當時官方在勞動問題上的觀點和決策基礎。

11　商務印書館編：《工會法》（上海，1930 年）；顧炳元：《中國勞動法令彙編》（上海，1932 年）
　　和《勞動契約法》（上海，1937 年）；上海機制國貨工廠聯合會編：《工商法規彙編》（上海，
　　1930 年）；實業部編：《實業法規》（南京，1933 年）及《實業法續編》（南京，1935 年）；吳其焯：
　　《農工商業法規彙輯》（天津，1935 年）；中國勞動問題研究社：《勞工法規彙刊》（南京，1933
　　年）、《民眾運動法規方案彙編》（南京，1946 年？兩冊）；羅瓊：《陝甘寧邊區民間紡織業》（1946
　　年）；羅淵祥：《勞動法規》（上海，1934 年）；中央訓練團義務勞動高級人員訓練班編：《勞動法規》
　　（南京，1946 年）。

12　見 Ming K. Chan（陳明錄），*Historiography of the Chinese Labor Movement, 1895-1949* (Stanford,
　　1981), pp. 51-56。

勞工研究論著。[13] 此外，基督教男女青年會以國際性社會服務及溫和社會改革組織的立場對工人福利和勞工教育有積極的參與，而青年會的全國性期刊《青年進步》、《女青年月刊》也是一個探討中國勞工實況的主要論壇，而駱傳華之《今日中國勞工問題》亦由青年會出版。[14]

當時專門研究勞工問題和登載勞工實況資料的主要期刊有下列各種：

國民政府勞工局編刊的《勞工月報》，後來雖因政府改變組織，勞工局被取消而只出版了兩回（1927 年 12 月、1928 年 1 月），但它主要刊載官方公文和介紹勞動立法起草，這是中央政府官方勞動刊物的鼻祖。實業部勞工司所創辦的《勞工月刊》，在內容和格式上頗類似美國政府勞工部的《每月勞動評論》（*Monthly Labor Review*）和國際勞工組織（ILO）的《國際勞工評論》（*International Labor Review*），每期內容包括學術水準頗高的專題論文以及勞動界新聞、調查、統計報告、官方公文和法令等。

非官方出版的主要勞動期刊，最早是 1918 年在上海問世的《勞動》，頗能反映無政府主義工團派的立場，撰稿者包括吳稚暉和陳獨秀。規模較大的民間期刊是 1934-37 年間在南京出版的《勞動季刊》，其內容極為充實（每期厚達二百多頁），所發表的工運研究論文和評論，大部分流露出明顯的民族主義、反帝國主義和同情勞工的立場，而一部分文章常採用馬克思主義式的用詞和概念。

國際勞工局中國分局在上海編印的月刊《國際勞工消息》（1931 年 10 月至 1933 年 12 月）、《國際勞工》（1934 年 1 月至 9 月）、《國際勞工通訊》（1934 年 10 月至 1941 年 12 月），內容除了國際勞工事務報導外，也刊載了很多有關中國工運的學術研究和調查統計資料。

13　同上注，pp. 48-51。

14　英文本為 Lo Ch'uan-hua(Lowe Chuan-hua 駱傳華)，*Facing Labor Issues in China* (London, 1934)。

3. 官方出版資料

　　抗戰前的中央和地方政府當局對勞工實況的調查與統計也有點成績，所發表的資料亦為數可觀，對日後勞工運動史的研究提供了有價值的參考。其中最重要的就是 1928 年至 1934 年間分四次出版的《中國勞動年鑑》，第一、二回（分別於 1928 年、1932 年在北平出版）的《勞動年鑑》是由陶孟和領導下的北平社會調查所編修，而第三、四回（分別在 1933 年、1934 年在南京出版）是由實業部勞動年鑑編輯委員會主編，主要負責人為李平衡（當時為實業部勞工司司長，後出任中國駐日內瓦國際勞工組織常任代表）。這四回《中國勞動年鑑》對勞工情況、工運發展、勞動團體及政府政策、法例均有詳盡的資料，甚至對左派地下工會組織網亦有報導，是一套不可或缺的基本史料。

　　另一套值得注意的年鑑就是實業部編修出版的三回（1932 至 1933 年、1933 至 1934 年、1934 至 1935 年）《中國經濟年鑑》，也有頗為詳盡的勞工專編，其內容尤着重新式工業的勞動情況、工會發展、勞資爭議以及失業、工業安全等問題。在物價及生活程度編，也搜集了有關工人的生活經濟資料。

　　實業部的《實業部月刊》除刊載有關工運實況的統計圖表外，更有許多勞工問題的學術性研究論文及勞工新聞和有關勞工問題的期刊索引。

　　國民政府主計處的年刊《中華民國統計題要》及《統計季報》亦有刊載各大城市的勞工情況、工資和生活程度、物價指數的資料。《統計季報》的前身為《統計月報》，是由立法院統計處（在 1929 年 3 月至 1931 年 3 月）編印，常刊登社會科學家對勞動問題的研究和調查報告。

4. 地方性調查研究

　　地方當局對工運的調查統計，以上海市政府社會局的兩大系列調查統計報告最為可觀。第一個系列的十項中英雙語報告是大上海罷工停業及勞資糾

紛統計分析，[15] 第二個系列的七項報告是大上海工資、工時及工人生活水準的統計報告，[16] 把抗戰前十多年間的上海勞動界的情況提供了明確的量化統計。上海社會局的喉舌《社會周刊》，每期均刊載與工運有關的統計資料及專家學者的研究論著。

　　上海為全國工商運輸及出版重鎮，勞動人口密集，其工會網和工潮工運的發展自然舉足輕重，頗受官方關注及國際視聽所重視，故此國內其他大城市難以相比，而民間有關上海勞工的著述亦較其他城市為多，其中最著名者為朱邦興、胡林閣、徐聲合編《上海產業與上海職工》（香港，1939 年），全書分為廿四章，對上海各主要行業的生產組織、行政管理、工人工資、生活狀況以及從 1920 年代至抗戰前的工會組織和工運活動都有詳盡的紀錄和分析。至於戰後上海的工會工運，則被記錄在邵心石、鄧紫拔編《上海市勞工年鑑》（上海，1948 年）。

　　中國近代工運史的另一重鎮，是富光榮革命傳統的廣州市。廣州中山大學經濟調查所曾在 1934 年出版余啟中的兩本重要社會調查報告：《廣州工人家庭之研究》、《廣州勞資爭議底分析，1932-33》。而廣州市政府的幾種官方刊物也登載不少勞工活動資料和統計數字，[17] 中山大學經濟調查所與廣州市社會局更合作進行對廣州市內新式工業的調查，已發表的報告書包括余啟

15　上海市政府社會局編：《上海特別市十七年罷工統計報告》（上海，1929 年）、《上海特別市罷工停業統計》（上海，1930 年）、《上海特別市罷工停業統計》（上海，1932 年）、《近十五年來上海之罷工停業》（上海，1933 年）；〈近四年來上海的罷工停業〉，《國際勞工通訊》（上海，1938 年 5 月）；《上海特別市勞資糾紛統計報告：十七年七月至十二月》（上海，1929 年）、《上海市勞資糾紛統計，民國十八年》（上海，1931 年）、《上海市勞資糾紛統計，民國十九年》（上海，1932 年）、《近五年來上海之勞資糾紛》（上海，1934 年）；〈近四年來上海的勞資糾紛〉，《國際勞工通訊》（上海，1938 年 6 月）。

16　上海市政府社會局編：《上海特別市工資指數之試編》（上海，1929 年）、《上海特別市工資和工作時間，民國十八年》（上海，1931 年）、《上海市之工資率》（上海，1935 年）、《上海市工人生活費指數，民國十五年至二十年》（上海，1932 年）、《上海市工人生活程度》（上海，1934 年）；〈近六年來上海市工人生活費指數及零售物價〉，《國際勞工通訊》（上海，1938 年 7 月）及〈上海的工資統計〉，《國際勞工通訊》（上海，1938 年 8 月）。

17　廣州市政府、廣州市政廳：《廣州市市政概要》（廣州，1922 年）、《廣州市市政報告彙刊》（廣州，1926 年）、《廣州市市政報告彙刊》（廣州，1928 年）；社會局：《廣州市社會局業務報告》（廣州，1934 年）。

中《廣州之新興工業（第一編、橡膠業）》（廣州，1934 年）。而著名統計
學家陳炳權主理廣州工人工資及物價指數的編算和 1926 年至 1930 年全國工
人生活工資的統計調查，也提供有價值的數據研究資料。[18]

　　在天津的南開大學經濟研究所，對當地物價和工人生活程度的編算及工
業調查的研究，極有成果。[19] 例如著名經濟學家方顯廷的《天津地毯工業》、
《中國之棉紡織業》，均是南開工業叢書中的名著，兩書均對這兩行業內的
勞工情況、工會組織、勞資糾紛有深入的分析 [20]（後者更可與中央研究院社
會科學研究所學者王子健、王鎮中的《七省華商紗廠調查報告》［上海，
1935 年］互作補充）。而南開大學經濟研究所的《政治經濟學刊》（1932 年
3 月至 1934 年 7 月，刊名為《經濟統計季刊》）除每期附錄包括華北工人生
活程度和物價指數外，更常刊載方顯廷等學者研究天津各種工業和工人問題
的論文。

5. 工運史的專著

　　從以上各節可知，抗戰前國內學者對中國勞工問題的研究，幾乎全是集
中在社會學或經濟學的調查統計和分析及勞工立法的討論，而真正以勞工運
動歷史發展為主體的學術性著述尚未出現。第一本比較全面的中國工運歷史
專書，是抗戰時國民黨工運元老馬超俊的《中國勞工運動史（上冊）》（重
慶，1942 年），這本 156 頁的工運史內分四篇：（一）中國工運發展原因，
（二）中國勞工組織發展，（三）中國勞工運動史（取編年體，自民國元年至
抗戰爆發止），（四）中國勞工立法沿革及法例內容評論。此書實為馬氏長

18　廣東省政府建設廳、農工廳統計科：《統計彙刊》，期 2，「農產物價指數號」（廣州，1927 年）、
　　《統計彙刊》，期 1，「物價指數號」（廣州，1926 年）、《統計彙刊》，期 3，「工資指數號」（廣
　　州，1928 年）；工商部：《全國工人生活及工業生產調查統計報告書》（南京，1930 年）。

19　南開大學經濟研究所：《經濟周刊》、《統計周刊》、《經濟研究周刊》；南開大學經濟研究所：
　　《1913-1952 年南開指數資料彙編》（北京，1958 年）；《南開指數年刊（民國廿三，廿四，廿五
　　年）》（天津，1935 至 1937 年，三冊）。

20　H. D. Fong（方顯廷）, *Cotton Industry and Trade in China*（天津，1933 年、1934 年，上海再版）；
　　Tientsin Carpet Industry（天津，1930 年）。

達六十餘萬字原稿之部分，因戰亂關係原稿遺失過半，後只以原稿第一、二兩篇為上冊出版，但下冊始終未能完稿面世，實在可惜。但上冊內容資料頗充實，且馬氏居中樞要位，書中觀點和判斷在一定程度上也反映國民黨官方主流派對工運發展的立場。

馬氏尚著有另一本題為《中國勞工運動史》（南京，1945 年）的十四頁小冊，由國民黨中央執行委員會農工部出版，主要簡介國民黨對二十世紀前半期中國工運的領導。馬氏其他工運研究的著述還包括《中國勞工問題》（上海，1925 年），這可能是全國最早出版的探討勞動情況的通論式專書，以及馬超俊與余長河合著的《比較勞工政策》（重慶，1946 年），把美、英、德、意、蘇等國的官方工運政策相互比較，而馬氏在此書的總結所表示希望中國可以徹底執行已有的勞工法例來改善工人實況，正是當時官方勞工政策未充分實施的寫照。

1949 年以前，國內出版的比較學術性的工運史專著，尚有許聞天的《中國勞工運動史（初稿）》（重慶，1940 年），該書為國民黨中央社會部出版的「社運叢書之二」，其內容分三大部分：（一）工人組織的歷史，（二）工人奮鬥歷史，（三）國民黨的勞工政策及勞動設施。在內容資料、風格和維護民族主義及國民黨政治領導的基本立場上，此書與馬超俊的論著（1942 年）堪稱伯仲之間。另一本為賀嶽僧所編的《中國罷工史》（上海，1927 年），則是較專題式的分析幾次主要工潮的發展。大陸變色前的兩篇最具學術性工運史論文，一是應成一著的〈民國元年以來的勞工問題〉載於朱斯煌編《民國經濟史》（上海，1948 年）；另一為陳達探討中國政府勞工政策及其引起勞資反應的英文論文（發表於《國際勞工評論》，見注 1）。

此外社會學者黃開祿在美國威斯康辛大學的博士論文，是以帝國主義、民族主義和馬列主義三種理論角度來分析 1923 至 1927 年間的中國工運。[21]

21　Khai-loo Huang, *A Theory of the 1927 Chinese Labor Movement* (PhD diss., University of Wisconsin-Madison, 1938).

6. 早期的中共工運著述

　　視勞工運動為其「階級革命」主流的中國共產黨，在 1949 年以前曾在其出版刊物中不斷報導工運狀況和進行工運政策的討論，例如中共最早期的工運機關「中國勞工組合書記部」在 1921 年創辦《勞動周刊》，而在 1924 至 1927 年間其黨方喉舌《嚮導》（週報）和《中國工人》（月刊）常登載上海、武漢、廣東、浙江、山東、東北等地各行業勞動調查資料。在 1928 年至 1930 年代初期，其黨刊《紅旗》發表過惲代英等關於中國工人、工時和工資的調查和分析，而《紅色中華》則常介紹江西蘇維埃區工人生活和動員情況。抗日戰爭和戰後的黨方期刊《群眾》、《中國工人》曾刊載日本佔領區、國民政府管治的大後方、和中共陝甘寧及其他邊區工運報導，現時大陸的工運研究學者認為這些是「對中國工人階級歷史狀況的調查」，而這些刊物所記載中共工運領導人的政策討論和報告是對「中國工人階級的特點及其歷史地位的探討」，而中共方面在 1949 年以前真正工運歷史的著述 —— 亦即所謂「對工人鬥爭經驗的總結和工運史的初步研究」[22] —— 實在極少。其中最早的可算羅章龍在 1923 年所編著的《京漢工人流血記》，據作者在 1981 年「重版序言」稱，1923 年 3 月在北京印發初版後，曾在廣州複印了十五次，發行量十五萬冊，為工運史書刊所僅見。但影響較深遠，內容範圍更廣闊的是中共工運主要領袖鄧中夏的《中國職工運動簡史（1919-1926）》，此書最初於 1930 年在莫斯科出版，後來在延安、張家口、天津和南通等地多次再版，至 1953 年再在北京訂正出版。全書原定三十章，由五四運動開始至 1929 年中共在上海秘密舉行的「第五次全國勞工大會」為止，但鄧中夏在 1930 年夏因事返中國，只把已寫成的十三章（至 1925-26 年省港大罷工止）作為上卷先行出版，後來鄧於 1933 年 5 月在上海法租界被捕押解南京處死，故無下卷的延續。鄧不單是當年中共工運的主要負責者之一，也曾參與制定工運策略，而此書中所記述事件也多為其親身經歷，在資料和觀察

22　張注洪：〈中國工人運動史研究的進程與展望〉，《中國工運研究》（1987 年 7 月），頁 25。

方面皆有獨特之處。鄧更對中共初期工運活動失敗之處也坦白指出，這與以後大陸的工運著作所反映的政治顧慮和禁忌頗為不同，所以，此書至今仍被視為左派工運史之經典著作。[23]

　　1949 年前中共機構出版的主要工運史文獻則包括趙一波編的《中國職工運動文獻》（第一冊，上海，1946 年）；山東省總工會編《工運文集》（濟南，1946 年）以及有關 1948 年夏天中共在哈爾濱召開的「第六次全國勞工大會」的文獻兩項（林平編，1948 年在大連出版；黎光編，1948 年在香港出版）。

7. 外國的著述和史料

　　西方學者在這方面的著述也極少，真正的中國工運史專書只有一本 —— Nym Wales（Helen F. Snow）的 *The Chinese Labor Movement* (New York, 1945)。作者以極同情中國工人奮鬥的左派立場，把近代中國工運歷史依政治形勢分作五個階段來分析（即 1922-1923 年，1923-1925 年，1925-1927 年，1927-1937 年，1937-1945 年），尤其對中共赤色工會在 1927 年以後的活動頗為重視，這是當時國內學者著述中所比較少見的，但其明顯的反帝國主義態度則與大多數國內學者相近。在時間範圍及政治立場與 Snow 銜接的，是 Israel Epstein, *Notes on the Labor Movement in Nationalist China* (New York, 1949)，作者為著名的美國駐華左派記者，而此書由頗具影響力的太平洋關係研究所（Institute of Pacific Relations）出版，書中對國民政府管治區在抗日戰爭時期勞工情況和官方措施作頗詳細的介紹和批評，書中還附有前美國駐上海總領事館勞工參事 Julian R. Friedman 對國民政府統治區在 1945 至 1948 年間的工人情況的報告。

　　比較客觀和學術性的著述則有 Augusta Wagner, *Labor Legislation in China*

23　鄧中夏在廣州領導 1925 至 1926 年的省港大罷工時，還編著有三本在廣州出版分析當時工運實況的書冊：《省港罷工中之中英談判》（1926 年）；《省港罷工概觀》（1926 年）；《1926 年之廣州工潮》（1927 年）。

(Peking, 1938)，作者為燕京大學教授，居華十年，對工人情況極為關注，書中以中國工運歷史發展為背景來詳細分析抗戰前各階段和各類式的勞工立法，尤對工廠在上海因租界法權關係而不能全面實施的問題，有頗為深切的研究，而作者寄望抗戰勝利後中國政府可有效施行保護性的勞工法例。美國經濟學家 C. F. Remer 的 *A Study of Chinese Boycott* (Baltimore, 1933)，對中國民間在二十世紀初期至 1930 年代的政治性杯葛排貨運動作系統化的分析，而中國工人正是這種愛國經濟動員的主流力量，其歷史貢獻是不容輕視的。

　　以外國社會工作者和勞工福利專家的角度來報導分析抗戰前中國勞工實況的專著有兩本：Adelaide Anderson, *Humanity and Labour in China* (London, 1928)，以及 Eleanor M. Hinder, *Life and Labor in Shanghai* (New York, 1944)，均以上海的情況為主要焦點，雖非學術性的歷史研究，但仍提供不少有價值的專業性觀察和第一手資料。

　　日本學者和機構當年對中國勞工運動發展的研究著述，在質和量方面均遠勝西方學者。除前述宇高寧的《支那勞働問題》之外，比較全面通論性的日文專書還有長野朗《世界の脅威 ── 支那勞働者及勞働運動》（北京，1925 年），長野朗另一著作《支那の勞働運動》（東京，1927 年），小山清次《支那勞働者研究》（東京，1919 年），末光高義《支那の勞働運動》（大連，1931 年），宮脇賢之介《現代支那社會勞働運動研究》（東京，1932 年）等，他們大都強調中國工運的愛國排外活動和共產黨對工運的影響。這些學者有時還在東亞同文會的月刊《支那》發表他們分析中國工運和勞働問題的論文。

　　日本在華機構以政治及經濟因素對中國工運也極為關注，以大連為基地的「南滿洲鐵道株式會社」在這方面的調查研究著述頗多，例如其「庶務部調查課」曾出版《中國無產階級運動史》（大連，1930 年），並列為《滿鐵調查資料第百九編》，及《支那に於けろ勞働爭議調》（大連，1925 年）為《滿鐵調查報告書第二十卷》，及其「東亞經濟調查局」所發行出版的《經濟資料》經常有報導分析中國勞工狀況，例如第十二卷第三號（1926 年 3 月 1 日）《支那の社會組織》，就有幾個章節研究中國勞工團體。而「滿鐵」對其「特殊勢力範圍」──中國東三省的勞工問題最為重視，所以在大連出

版的情報式的調查統計報告之中，有關東北勞工情況的極多。[24] 同時其他日本軍政財經機關亦常對其在華「佔領區」內的中國勞工狀況作調查。[25]

　　整體而言，日方機構的調查統計資料通常是頗系統化和分類細密，雖有其特殊帝國主義侵華的「情報」性質，但仍為日後研究中國工運史提供相當可觀的參考史料。

　　大戰後日本學者研究中國勞工問題的著述有遊部久藏《中國勞働者階級の狀態》（東京，1949 年），塩脇幸四郎《中國勞働運動史》（東京，1949 年）；東京中國研究所《中國勞働運動の新しい動向》（東京，1948 年），這三書內容資料頗充實，而政治立場的左傾，實與大戰前的日人著作所反映的帝國主義心態不大相同。

（三）1950 年以來的資料和研究

　　隨着 1949 年中國大陸政局的劇變，共產黨政權的成立，有些學者以為這會替中國勞工運動史研究的發展帶來新的轉機，因為中共的領導階層是以馬列主義思想、無產階級革命和專政，以及全面工業化為其管治建設的目標。在這種情況之下，中國工人自應扮演日益重要的角色，而對現代中國工運歷史的研究，實有助於透徹了解中國共產黨運動和中國社會的變遷。實際上，一般外國學者不但對中國勞工問題的關注不足，他們在這方面研究著述多是 1970 年代才展開的，而他們研究的興趣和範圍，卻仍很狹窄，注意力多集中在 1949 年以後中國大陸的新情況，而忽略了較長遠廣闊的全面歷史

24　例如宮本通治：《滿洲工業勞働事情》（1925 年）、《滿鐵各箇所使役華工調查報告》（1928 年）；二村光三：《大連に於ける中國人勞働者の生活狀態》（1928 年）、《滿洲華工事情》（1931 年）、《滿洲の苦力》（1933 年）等，而南滿的「上海事務調查室」也極重視當地（已淪為日佔區）的勞工問題，並出版《上海勞働者生活費の高騰と勞働爭議の增加》（上海，1940 年）等報告。

25　例如青島守備軍民政部發表：《山東の勞働者》（青島，1921 年）。在九一八事變後，日方以偽滿為「獨立」範圍的勞働研究著述也不少。例如在瀋陽的「滿洲勞工協會」曾在 1941 年出版蛭田武雄：《入滿勞動者に關する統計的研究》，武居鄉一：《滿洲の勞働と勞働政策》（東京，1941 年）。

性發展過程。當然,中國工運史研究的不振,還有幾個理念上的因素。當時中國的整體經濟並非以工業為主,而是基於高度商業化的農業生產,非農業勞工只佔全國勞動人口的少數,而且這類勞工又多是結集在幾個大城市和口岸,相對於廣闊的中國疆土和主流的農村社會而言,似乎微不足道。所以,中國工運史的研究存在一定程度上的研究範圍和課題重要性的局限。

此外,不少學者更錯誤地認為,近代中國工運的歷史只是始源於 1919年五四運動和 1920-21 年中國共產黨創立之時。更有些學者再妄下結論,認為中國的工人運動完全是共產黨的專利品,故此,當 1927 年中共的城市工人動員革命策略失敗後,中共的主要活動被迫退離城市轉移到農村,中國城市的勞工運動也隨着這種策略轉變而結束,這種錯誤的觀察導致工運史可供研究的機會和時間範疇變得似乎非常短暫和狹窄有限,難怪中國工運這重要課題,長時期被拋離國際上中國近代史研究的主流。

其實,以城市為主要舞台的勞工運動,影響深遠。例如 1922 年的香港海員罷工,1925 年的五卅運動和省港大罷工,不獨時期長,涉及罷工人數眾多,這些工運大事當時都引起一連串波瀾壯闊的全國性工潮,更為國內及國際上的民族主義、反帝國主義動員帶來重大衝擊。近代中國工運的發展歷程,也絕非單從中共黨史的研究角度可以充分全面深入的了解。事實上,早在 1919 年以前,中國城市勞工已有不少憑其社會意識醒覺,進而組織團結,再演變為集體行動的具體例證。而在 1927 年以後,雖然中共被迫轉向農村革命的路線,中國城市勞工仍有其工會組織活動和罷工抗議鬥爭。在1946-49 年國共內戰期間,中共所採的新戰略是以農村包圍城市來奪取城市的控制權,雖然農民革命動員在當時扮演重要角色,但城市工人對中共攻取城市和維持生產的兩大目標的關鍵性,是絕對不容忽略的,尤其中共一直強調「無產階級革命」,可知中國工運的研究是現代中國社會、經濟和革命歷史中一個重要的核心環節。

從另一角度來看,1950 至 1976 年間,中國大陸方面在勞工運動史的研究著述,與史料的搜集、整理、出版的工作上,也投入相當的人力、物力和其他資源,而已出版的書冊和刊物在數量上也頗為可觀。不過在編彙取決、

題材選擇、研究重點、理念架構和時空範圍等基本學術原則要素方面，實在深受現實政治和官方框定的意識形態所影響，未能平衡地充分發展，在質素和方法角度等層面頗有許多不足之處，甚至有意或無意間加深了前述外國學者對近代中國工運歷史發展的性質、發展過程、時空範疇的偏見和誤解。幸而在最近數年間，大陸學者的中國工運史研究著述在質和量、學術水準、題材範圍、理念方法都有明顯的提升進步；尤其在意念及判斷方面，已較以前開放和客觀，這種新的趨向值得重視和讚賞。同時在 1980 年代，外國學者和台灣、香港的學者在中國工運史研究著述也有可觀的成果，在史料、理念和分析方法都更多元化和充實。

1. 中國大陸的著述出版（1950 至 1976 年）

據大陸學者最近的報導，在 1950 至 1966 年間，中國大陸上「共出版工運史小冊子十本，重要的工廠史，工運回憶錄二、三十種，有價值的論文資料一百多篇」。而這期間大陸上工運史研究的主要內容和特點則被認為是「（一）對舊中國工人生活和鬥爭情景的回顧；（二）重視用馬列主義觀點來研究中國工人工運史；（三）工運史料的整理和學科體系的設想。」[26]

從出版書冊的質和量來看，文化大革命以前大陸對工運史研究的主要成果，很明顯是集中在資料的收集、整理和出版，尤其基層勞動者的回憶和企業或行業的個案式調查，而學術分析性的工運史著述較少。

（甲）工業史資料、廠史和工人回憶

中共受馬克斯主義史學的影響，對經濟史，尤其與新式產業工人有直接關係的近代中國工業史極為重視，在 1950 年代後期至 1960 年代中期，曾出版三套大型的工業史資料集：孫毓棠編《中國近代工業史資料，第一輯，1840-1895 年》（兩冊，北京，1957 年）；汪敬虞編《中國近代工業史資料，第二輯，1895-1914 年》（兩冊，北京，1957 年）；陳真編《中國近代工業史

26　張注洪：〈中國工人運動史研究的進程與展望〉，頁 26-27。

資料》（四冊，北京，1958-62 年）。孫毓棠和汪敬虞這兩輯史料集以外資工業、中國官營企業，和中國民營私人企業（亦即「民族資本」）作分類，收集極豐富的中、外文史料包括官方文獻、報刊紀錄、統計數字等，而每輯的第五篇是專門記載工人狀況、工資工時、罷工等資料。陳真的資料集範圍較大，至 1949 年止，原定計劃應出版五冊，而第五冊正是中國工業工人狀況，可惜受文革影響，未能出版（現北京中國社會科學院近代史研究所的劉明逵正在整理陳真的第五冊遺稿，希望可儘早出版供學者參考）。另有彭澤益編的《中國近代手工業史資料，1840-1949》（四冊，北京，1957 年），也記錄了手工業工人的工作和生活，行會組織及罷工抗議活動的實況。

　　在 1950 年代的中期至後期，大陸上開展一項全國性的「四史」運動，其中包括編寫「勞動人民的家史和廠史」，這些「廠史」在資料收集，內容評述和編輯表達方面，均強調中國工人在 1949 年以前「舊社會」裏所受資方、帝國主義和中國官府的剝削壓榨，生活工作景況的低劣，更特別描述工人的集體反抗鬥爭（尤其在中共領導下的動員）。在學術水準與內容質量比較可觀的廠史或企業史多是大陸上一些學術機構的研究成果，例如：中國科學院上海經濟研究所與上海社會科學院經濟研究所合編和在上海出版的《南洋兄弟煙草公司史料》（1958 年），《大隆機器廠的發生發展與改造》（1958 年），《恒豐紗廠的發生發展與改造》（1959 年）。（這兩學術研究單位還合編一冊《上海解放前後物價資料匯編》[上海，1958 年]，其中包括 1921-49 年的工人生活費指數。）還有北京師範大學歷史系編寫的《門頭溝煤礦史稿》（北京，1958 年）；南開大學經濟研究所《啟新洋灰公司史料》（天津，1963 年）；青島市工商行政管理局史料組編《中國民族火柴工業》（北京，1963 年）；這些企業史系統地記述工廠或礦山的創辦，擴展過程和反映分析各時期工廠生產管理及工人情況的變化。

　　大陸上不少企業單位也出版一批較為普羅性通俗化和以老工人的回憶為基礎的廠史礦史，雖在史料整理和研究分析功夫的水準較低，有時還帶着頗為強烈的教條宣傳色彩，但對工運史的學術研究，仍具勞工草根層史料和現實政治反映的雙重參考價值，現特列舉不同地區或行業的廠礦史為例：

長辛店機車車輛工廠廠史編輯委員會：《北方的紅星》（北京，1960 年）；中共上海捲煙一廠委員會宣傳部：《戰鬥的五十年：上海捲煙一廠工人鬥爭史話》（上海，1960 年）；中共石景山鋼鐵公司委員會廠史編寫室：《鋼鐵的凱歌》（北京，1961 年）及《鋼人鐵馬》（北京，1964 年）；滬南車場：《在艱苦鬥爭的歲月裏》（上海，1958 年）；中共安源煤礦委員會宣傳部：《紅色的安源》（兩冊，南昌，1959 年）等，而當時比較充實嚴謹的行業則有上海市工商行政管理局與上海毛麻紡織工業公司聯合主持的毛紡織工業史料組所編寫的《上海民族毛紡織工業》（北京，1963 年）；上海市工商行政管理局和中國紡織品公司上海市公司還合編比較宣傳性的《商業資本家是怎樣殘酷剝削店員的》（上海，1966 年）。

大陸的「四史」運動帶來以城市或行業掌故和老工人回憶錄或訪問稿形式的工業和工運史料，雖然其表達形式頗為通俗化，而且文筆時常流於教條宣傳性，但仍可作為坊間基層史料。[27]

1970 年代中期，文革後的「四人幫」時期，這種普羅式的，富濃厚政治色彩的工人回憶、礦史廠史仍繼續大量出版。[28]

27　例如上海人民出版社的下列書冊：《上海的故事》（六冊，1963 至 1964 年、1976 年修定再版為四冊）、《罪惡的舊社會：舊中國經濟雜談》（1964-66 年）、《上海近代反帝反封建鬥爭的故事》（1959 年）。在北京的出版品包括工人出版社：《老工人話當年》（兩冊，1962 年）；潘芷汀：《發電廠裏五十年》（1959 年）；青年出版社：《砸碎鐵鎖舉紅旗》（1964 年）；王信敏：《藝徒血淚仇》（1966 年）；陸灝：《建設鞍山的人》（1953 年）；天津人民出版社編：《歷史的見證》（二冊，1964 年）。

28　下列各項在上海出版的：人民出版社：《聽老工人講童年》（1974 年）、《上海港碼頭的變遷》（1975 年，是原來陳港：《上海港碼頭的變遷》[上海，1966 年] 的修訂重版）；上海港務局：《扛棒的故事》（1973 年）；上海市城建局：《不屈的馬路工》（1972 年）；上海市輕工業局廠史編寫組：《長夜驚雷》（1975 年）；上海市工代會：《奴隸手譜新曲》（1973 年）；上海市內河裝卸公司工人寫作組：《內港春秋：蘇州河碼頭的變遷》（1975 年）；上海市冶金工業局廠史編寫組：《爐火熊熊：上海冶金工人鬥爭史片斷》（1975 年）。而在上海以外還有不少類似的「工人家史」的出版，例如：江蘇人民出版社編：《崢嶸歲月》（南京，1974 年）；河南人民出版社編：《長夜怒濤（工人家史）》（開封，1975 年）、《礦山怒火 —— 開灤煤礦工人家史》（邯鄲，1975 年）；遼源礦務局革命委員會政治部編：《革命家史代代傳》（長春，1972 年）；銅川礦務局政治部編：《礦工恨》（西安，1979 年）；佛山市文化局、石灣鎮革委會、廣東師院中文系合編：《陶工怒潮》（廣州，1975 年）；廣東人民出版社編：《今歌昔淚兩重天》（廣州，1975 年）等。從書題可見其政治宣傳階級意識教育的味道很重。

（乙）工運史的專著及文獻集

　　1949 年以後大陸上出版比較全面通論式的中國工運史專書極少，除在 1953 年重印鄧中夏《中國職工運動簡史（1919-1926）》外，早期的出版只有幾項：劉立凱、王真《1919-1927 年的中國工人運動》（北京，1953 年，1957 年修定再版），是一頗薄的短冊，簡介中國近代工業發展、中國工人階級的出現和力量的形成，並記述中共成立前（五四時期）至國共合作期間的工人與革命動員。

　　《第一次國內革命戰爭時期的工人運動》（北京，1954 年），是人民出版社的《中國現代史資料叢刊》系列其中一項，此書是取材於 1924 至 1927 年間各種左派報刊（主要是《嚮導》）所登載的工運分析、評論、宣言、報告等共四十九則文獻史料，原文作者包括鄧中夏、羅亦農等中共工運主要領導者，有幾項是轉載自瞿景白《中國職工運動材料彙編》（1922 年）。

　　張瑞人《中國工人運動史》（大連，1950 年），章回《工人運動的故事》（北京，1955 年）和張枫《中國工人階級和中國共產黨》（上海，1954 年），都是比較普羅性的「工人教育」讀物，簡略記述由 1920 年至 1949 年的工運歷史及中共領導工人鬥爭的貢獻為主。

　　除這幾本較廣闊的全國性工運史外，大陸方面還出版一些以重大工運事件或個別城市的地方性工運史為主題的書籍及資料彙編，尤其重視五四時期至 1927 年國共分裂、中共及其他左派分子較能積極參與領導的工人革命性動員。五四運動本身是大陸的史學研究一個重大範圍，不少研究五四的著述也強調工人在五四愛國動員「三罷」（罷工、罷市、罷課）的貢獻及中國工人階級在五四時期的意識醒覺，及集體鬥爭經驗，這些重視工運發展的著述有：華崗《五四運動史》（上海，1951 年，修訂版，1952 年）；洪煥春《五四時期的中國革命運動》（北京，1956 年）；中國科學院歷史研究所的《五四運動回憶錄》（北京，1959 年，其中六項是當時工運的回憶）和《五四愛國運動資料》（北京，1959 年，即《近代史資料》第四期［1959 年］）；上海社會科學院歷史研究所《五四運動在上海史料選輯》（上海，1960 年）包括愛國罷工及當年上海勞動實況的調查統計資料；中共中央馬克斯著作編譯局

研究室《五四時期期刊介紹》（三冊，北京，1958 年），其中對二十多種勞工期刊作分析；張靜廬《中國現代出版史料》（四冊，北京，1954-59 年）及《中國出版史料補篇》（北京，1951 年）對 1919 至 1949 年的勞工期刊及五四前後左派關注工運的刊物（如《嚮導》）、及出版印刷業內的勞工情況有分析介紹，這正是反映五四以來中國知識分子學界人士關注，甚至參與工運領導的指標。

　　大陸上出版有關 1920 年代的幾項重大工潮的專題性著述包括了易斌《香港海員大罷工》（上海，1955 年）；胡象《二七大罷工》（上海，1959 年）；而當年經歷二七慘案的京漢鐵路老工人的回憶則被收錄在北京市第十一女子中學政治史地組編《二七運動》（北京，1959 年）；而《現代史資料》（1955 年第一期）則登載了湖北工團聯合會京漢路總工會聯合辦事處在 1923 年出版的《二七工仇》全書。1925 年的五卅運動在大陸上一直被視為國共合作統一戰線領導下反帝國主義動員的高潮。許世華、強重華合著《五卅運動》（北京，1956 年）與梁曉明《五卅運動》（北京，1956 年）均屬短薄的簡史，帶有政治宣傳意味，頗能反映出當年大陸官方藉近代革命歷史事件的介紹，作政治思想教育的工具。這種作風在 1976 年「四人幫時代」在上海出版的《五卅運動》尤為明顯，該書除強調五卅動員反帝主義性質外，還特別攻擊劉少奇在事件當中與資方的「勾結」而「出賣」工人利益。五卅慘案所引起的全國性反帝工潮中，以歷時十六月的省港大罷工最為轟烈和影響深遠，大陸史學界早年的專著有北京大學教授蕭超然《省港大罷工》（北京，1956 年）及甘田《省港大罷工》（北京，1956 年）。兩書均為簡史性質，強調大罷工對國民革命反帝動員的貢獻，而指責國民黨領袖出賣革命理想，迫使大罷工結束，功敗垂成。廣東人民出版社在 1960 年出版的《怒濤》則是當年親歷大罷工的六位老工人回憶錄。

　　介紹 1926-27 年間上海工人武裝動員、協助北伐的簡史有三本：章遇凡《上海工人武裝起義》（北京，1956 年），魏芳艾《上海工人三次武裝起義》（北京，1951 年）及周國強《回憶上海工人的二次武裝起義》（上海，1957 年）。有關 1927 年 12 月的廣州公社暴動及 1920 年代湖南和湖北工運情況的

短文多篇曾被收集在武漢市馬列主義學校編《中國共產黨在中南地區領導革命鬥爭的歷史資料》（武漢，1951 年），其中關於湖南工運的六篇短文也被編入《新湖南報》編《中國共產黨領導湖南人民英勇奮鬥的三十年》（長沙，1951 年）。

　　有關 1920 年代工運事件中經歷者的回憶錄則有袁福清《長沙泥木工人的怒吼》（長沙，1963 年），朱道南《回憶廣州起義》（上海，1959 年），雷加《海員朱寶庭》（北京，1955 年）等。有關 1928 年中共退離城市工運主流後的工運史著述也自然大為減少。涉及中共江西時間的工會活動和勞動立法的研究不多，汪伯岩《第二次國內革命戰爭時期的農村革命根據地》（上海，1956 年），是較全面的介紹。而在 1920 年代後期和 1930 年代初期逝世的中共工運領袖（如鄧中夏、蘇兆徵）的傳記是華應申編《中國共產黨烈士傳》（北京，1951 年）。

　　有關抗日戰爭時期工人狀況的著述也極少，而中共戰時各「邊區」的工會活動亦以農業工人及手工業工人為主幹，有些最主要「赤區」陝甘寧的工人活動資料已被編入中國科學院編《陝甘寧邊區參議會文獻匯輯》（北京，1958 年）。抗戰時中共邊區曾推行「勞動英雄」運動，部分「模範勞工」的傳記曾被出版成集，例如上海總工會《工人階級的旗幟》（上海，1949 年）及穆青《工人的旗幟》（廣州，1950 年）。

　　大陸學者有關 1946-49 年內戰期工運的著述也極少，對上海工運的政治性資料文集有上海總工會《解放後上海工運資料》（上海，1950 年）及《三十年來的上海工運》（上海，1951 年）；劉長勝《中國共產黨與上海工人》（上海，1951 年）；人民出版社《在鬥爭裏壯大》（北京，1951 年）。關於當時武漢工人的政治活動的介紹有劉實《曙光就在前面》（武漢，1951 年）；中華全國總工會編《中國職工運動文獻》（北京，1949 年）則記載 1948 年第六次全國勞動大會的文獻；而中共有關 1948 至 1949 年間在東北的勞工政策和工會活動文獻可參見東北書店編《職工運動文獻》（瀋陽，1948 年，四冊）和廣東總工會籌備委員會《工運文獻彙編》（廣州，1950 年）。

　　由以上實例可見，1949 年至 1976 年間，大陸對工運史的出版物大部分

是資料文獻性質，另一些則是工人的回憶和廠史，以及帶着強烈政治宣傳氣味的工運事件簡史，尤其在 1966 至 1976 年期間，在政治化歷史和歷史政治化的嚴重影響下，有水準的嚴謹學術性工運史著述絕無僅有。在 1977 年前少數例外者均是在各大學學刊上發表的工運史研究論文，但也是套上了馬克思主義的觀點，而且主題多是集中在五四運動至 1927 年間的工運。[29] 在史料方面最重要的貢獻則是 1958 至 1960 年間由中華全國總工會中國工人運動史研究室編的《中國工運史料》的幾輯，但至 1960 年停頓下來，至 1978 年再恢復出版至今。

　　綜合來看，大陸早期的工運史研究和史料整理太受政治思想干擾，所以著述出版的量勝於質，課題及範圍亦欠平衡。

（四）1977 年至今的發展

1. 中國大陸的著述和出版

　　1977 年開始，隨着中共政局變化，中國大陸的學術界和出版界日益蓬勃，所出版書籍文獻種類數量均比以前倍增，而全國的工會系統亦已復甦，故此直接或間接，專題或局部有關中國工運歷史之著述和資料的出版，為數甚夥。尤其 1980 年以來，國內大學、研究機關、工會團體、黨政單位所編輯刊印的勞工領袖傳記和著作文集，工會文獻和工人期刊的重印，工運人物的回憶和訪問稿，和有關工廠、礦場，企業史料及工人家史生活工作狀況資料等，在質和量方面均頗為可觀。在此一新發展之下，有幾種比較值得注意的研究著作方向：

　　（1）最近數年來出版的書冊對中國工運史作了比較全面而平衡的回顧，屬於簡史性質的主要有兩本：唐玉良編《中國民主革命時期工人運動史略》（北京，1985 年）和錢傳水《中國工人運動簡史》（合肥，1985 年）。而較

29　例如趙親：〈辛亥革命前後的中國工人運動〉，《歷史研究》（1954 年）。

通俗演義式的通史有史兵《中國工人運動史話》（北京，1985 年，二冊）；
林天文、遲乃義、董天威合著的《中國工人階級》（吉林，1984 年），雖為
通論性介紹，但也有簡史的成分。此外，在各大學的學報上還刊載不少這類
概述和工運通史式的學術論文。

（2）從中共黨政當局對毛澤東的歷史地位作出全面的重新評估後，大陸
史學界近年來開始對毛澤東以外的中共歷史上的主要領導人提出了較正面和
公平的歷史分析（其中不少為中共過往工運方面的主要領袖如劉少奇、李立
三、鄧中夏等）。這些工運領袖的傳記、文集、研究史料的編輯出版，在一
定程度上代表了歷史的「平反」，減低毛澤東在中共歷史上的絕對權威性，
這同時也反映了現時大陸歷史界除了對農村革命路線重視外，也正面肯定城
市工人運動對中國近代革命歷史的貢獻。

這方面主要的著述有近六十多本，例如有關劉少奇的《劉少奇選集》（上
卷，北京，1981 年）；《劉少奇與安源工人運動》（北京，1981 年）；遼寧社
會科學院編《少奇同志在滿洲省委》（瀋陽，1981 年）；《懷念劉少奇同志資
料專輯》（複印報刊資料，北京，1980 年）；和主要歷史期刊及大學學報在
1980 年至今所發表近十篇討論劉少奇工運經歷和策略的論文。有關李立三
的有：唐純良《李立三傳》（哈爾濱，1984）；郭晨、劉傳政《李立三》（北
京，1984 年），這些著述對劉、李二人在工運史上的貢獻，尤其在領導安源
礦工的業績的介紹，相對來說，是減低毛澤東的歷史重要性。近年出版其他
工運領袖的傳記還有：姜平《鄧中夏的一生》（南京，1986 年）；魏巍、錢
小惠《鄧中夏傳》（北京，1981 年）；《鄧中夏文集》（北京，1983 年）；以及
學術性的論文和回憶多篇：盧權、褟素紅著《蘇兆徵傳》（上海，1986 年）；
《蘇兆徵研究史料》（廣州，1985 年）；《回憶陳郁同志》（北京，1982 年）；
周炎、王景泰、陳謙、譚秀珍《陳郁傳》（北京，1985 年）；廣東海豐縣紅
宮紀念館編《彭湃傳》（北京，1984 年）；《彭湃文集》（北京，1981 年）；彭
湃研究史料編輯組編《彭湃研究史料》（廣州，1981 年）；王曼、楊永《怒
海彭湃》（廣州，1984 年），對彭湃作為最早期工運及農運的推崇，間接上
即貶低了以前毛澤東作為中共運政策創始人「唯我獨尊」的地位。

　　大陸近年來亦出版了不少工運領袖的集體傳記，例如工人出版社的《中國工人運動的先驅》（北京，1983 年至 1985 年，一至四集）就有二十二項傳記。而高明岐與黃耀道編的《中國職工勞模列傳》（北京，1985 年）也有十項是 1949 年以前「模範職工」的簡傳。

　　（3）近年大陸對工運史研究向新方向開展，主要在研究範圍擴大到以前未有的專門化行業或企業式的工運史，地方性的工運史也漸受重視。

　　在煤礦工運方面的近期著述包括薛世孝《中國煤礦工人運動史》（開封，1986 年）；中共淄博礦務局委員會編《煤海風雲錄》（北京，1987 年）；郭士浩主編《舊中國開灤煤礦工人狀況》（張家口，1985 年）；南開大學經濟研究所經濟史研究室編《舊中國開灤煤礦的工資制度和包工制度》（天津，1983 年）；河南省總工會工運史研究室編《焦作煤礦工人運動史資料選編》（長沙，1984 年）；中共水口山礦務局委員會宣傳部編《水口山礦工人運動資料》（長沙，1979 年）；炎冰《安源路礦工人俱樂部史話》（南昌，1983 年）；安源路礦工人運動紀念館合編《安源路礦工人運動史料》（長沙，1980 年）；《華豐煤礦史話》（濟南，1983 年）。

　　交通方面的有江敏銳編《廣東海員的光輝歷程》（廣州，1987 年）；《中國鐵路工人運動史講義》（北京，1986 年）由葉向欣、杜萬啟、白雲亭主編；郵電史編輯室《中國近代郵電史》（北京，1984 年）。

　　地方性的工運研究除國內各主要省市的總工會工運史研究室以期刊形式出版的工運史資料外（例如：《北京工運史料》、《天津工運史料》），還有整體地區性的資料集如《北方地區工人運動資料選編》（北京，1981 年），以及以主要產業為焦點而帶地區性分佈的研究，如中國社會科學院經濟研究所主編《上海民族橡膠業》（北京，1979 年）；上海社會科學院經濟研究所主編《中國近代麵粉工業史》（上海，1987 年）和《江南造船廠廠史，1865-1949》（上海，1983 年）。

　　（4）過往工運史研究範圍的不平衡仍然存在着，例如對工人團體組織的歷史研究則尚未有充分的發展，全國性的只有中華全國總工會中國工人運動史研究室編《中華全國總工會：中國工人運動史簡介》（北京，1985 年），

地方性的有于士勤著《大連中華工學會》（瀋陽，1985 年），雖然有些學術期刊近年也刊載了一些研究全國及地方性工會的論文，但在質和量方面，仍可再推進。

　　對 1928 年以後工運史的研究成果已出版者極少，專書只有齊武的《抗日戰爭時期中國工人運動史稿》（北京，1986 年）和最近出版的《上海反日大罷工》（北京，1988 年），內收朱學範、張維楨、韓念龍、周林等工運領袖的文章。

　　但有關 1928 年以前的工運史主要事件及文獻檔案的出版則在近年有頗顯著的成果。例如在上海方面以五卅運動為主題的書冊有傅道慧著《五卅運動》（上海，1985 年）；任建樹、張銓著《五卅運動簡史》（上海，1985 年）；上海社會科學院歷史研究所編《五卅運動史料》（上海，1981 年第一卷，1986 年第二卷）；中國第二歷史檔案館編《五卅運動和省港罷工》（南京，1985 年）；有關上海的工運史著述還有周尚文、賀世友的《上海工人三次武裝起義史》（上海，1987 年），與沈以行《工運史鳴辨錄》（上海，1987 年）。

　　最近十年中共有關廣州、香港 1920 年代工運的主要出版書冊包括：章洪著《香港海員大罷工》（廣州，1979 年）；蔡洛、盧權《省港大罷工》（廣州，1980 年）；廣東省哲學社會科學研究所歷史研究室編《省港大罷工資料》（廣州，1980 年）；廣東省歷史博物館編《廣州起義資料》（廣州，1985 年，上、下冊）；花城出版社編《1927 年廣州起義實錄》（廣州，1986 年）。

　　（5）最近十年來大型多冊數的工運資料和官方文獻的出版，大力地促進了工運史研究的不斷擴展。最受重視的兩大套資料集為：中華書局出版的《華工出國史料匯編》（北京，1980 至 1985 年，十輯），由陳翰笙主編，搜羅了中外官方及民間的文獻及著述，涉及亞洲、美洲、歐洲、大洋洲及非洲的華工實況。另一套為中國社會科學院近代史研究所劉明逵編的《中國工人階級歷史狀況》（北京，1985 年第一卷第一冊），全套共十四冊，現已出版第一本，字數已達七十六萬，全套的字數應在八百萬字以上，可算是中國近代史的資料彙編中規模最空前巨大的。這第一冊中，輯錄了從中國近代產業工人出現之日起，至 1927 年止中國工人階級的來源、工人隊伍的發展、工

人在地區和產業部門間的分佈、工人階級的勞動條件和生活狀況，以及手工業和其他勞動者的狀況並有關勞動問題的政策和法令。由此可見，該套資料集的編輯、整理、規範及取材的原則都頗為嚴謹，他日十四冊全部面世後，對中國工運史及社會經濟史的研究，都將有極重大的貢獻。

官方的工運史文獻搜集出版工作以北京中華全國總工會中國職工運動史研究室為最主要動力，近年其資料文獻方面的貢獻包括下列各項多卷冊的出版：《中國工會歷次代表大會文獻》（北京，1984 年）；《中國工會歷史文獻》（北京，1956 至 1958 年，1980 至 1982 年重版，五冊）；《中共中央關於工人運動文件選編》（北京，1985 年，上冊）；《中國工運史料》（北京，1984 年，第一至八期重印，上下冊；九至二十五期，不定期單冊，至今尚在出版）。此外，大陸一些高等教育院校也開始着重工運史的教研工作而在教材資料上作出貢獻，例如中央人民大學中共黨史系編的《中國工人運動史教學參考資料》（北京，1986 年，三冊）。此外，全國和各省、市的政治協商會議所出版的《文史資料》（例如《廣東文史資料》和《廣州文史資料》等），也常刊載有關工運事件、工會活動和行業實況的回憶及文獻，亦是不容忽視的史料彙集系列。

（6）由於政治框限略為放寬，加上有關的檔案和資料紛紛出版，不獨導致比較有高水平分量的專書問世，而勞工史範疇也漸成大陸中國近現代史學者研究著述的重要焦點，這現象可從歷史學刊和各大學學報刊載大量勞工史專題論文可見。尤堪重視的是大陸勞工史研究著述除在數量（出版品和參與學者）的可觀增長外，最近兩三年間在研究內涵與質素的提升及觀念視野的拓寬也有些進展。雖然在關於 1920 年代工運事件的研究仍未完全擺脫中共黨史的陰影，但已較尊重歷史客觀事實，同時也漸大膽對過往一貫的觀點和判斷提出學術性的質疑和修定，對工運領導人物的評價作出「翻案」。此外，學者間就工運史的專題事證和理論，在主要的學術期刊上作公開的討論，例如《近代史研究》1986 年第二期與 1987 年第五期有專文討論 1922 年香港海員大罷工是否由國民黨所領導；《武漢大學學報》1982 年第四期的兩篇專文討論 1927 年武漢工人糾察隊交槍事件的性質（這是由最先在《武漢

大學學報》1978 年第二期及《歷史研究》1980 年第六期發表的專文引起，
《江漢論壇》1981 年第四期，及《黨史研究》1982 年第三期均有討論。）這
些近期工運史研究的趨勢是值得重視和鼓勵的。

2. 台灣、香港的著述和出版（1950 年至今）

　　1950 年代在台北出版兩項工運史主要的著述，可算台灣在這方面的早
期貢獻 —— 一是由馬超俊主持審議、任公坦擔任主編的《中國勞工運動史》
（台北，1959 年），是五巨冊內容極豐富的資料性通史，時間範圍由晚清伸
展至 1957 年；另一為李伯元、任公坦合著的《廣東機器工人奮鬥史》（台
北，1955 年）。兩書如其編著者的身份背景顯示，都是取採正統的國民黨主
流派的政治立場，對中共在工運的一切作為提出極嚴峻的抨擊。

　　1960 年代台灣學者有關工運史的重要著述極少，主要只有中央研究院
近代史研究所張存武的《光緒卅一年中美工約風潮》（台北，1966 年）。

　　自 1970 年代以來，台灣勞工界和學界對工運史研究較為重視，專述的
數量漸增，各大學研究所的碩士論文以中國勞工運動為題者有五篇，即花俊
雄〈民國八年到民國十四年的中國勞工運動〉（台灣大學歷史研究所碩士論
文，1976 年）；黃松義〈中共職工運動之研究，1919 至 1927 年〉（政治大學
東亞研究所碩士論文，1975 年）；俞行健〈中國國民黨與中國工會組織〉（中
國文化學院勞工研究所碩士論文，1977 年）；蘇啟明〈北伐期間工運之研究〉
（政治大學歷史研究所碩士論文，1984 年），而吳玉麟《三民主義勞工政策
研究》（台北，1977 年）原是其政治大學碩士論文。

　　中央研究院舉辦和合辦幾次大規模國際學術研討會論文集，也包括了幾
篇工運史的論文，例如：《國際漢學會議論文集》（台北，1981 年）載有李
恩涵〈北伐期間收回漢口、九江英租界的交涉〉及李守孔〈民國十四年五卅
慘案與國民救國運動〉等文；《中華民國初期歷史研討會論文集》包括了古
鴻廷〈省港大罷工〉（英文）及陳明銶〈民國初年勞工運動的再評估〉；《抗
戰前十年國家建設史研討會論文集》（台北，1984 年）刊載了賴澤涵〈戰前
我國的勞工運動〉；《孫中山先生與近代中國學術討論集》（台北，1985 年）

包括了陳明銶〈孫中山先生與華南勞工運動之發展〉等。而其他中國近現代史的文集也偶爾刊載工運史專文，例如汪榮祖所編《五四研究論文集》（台北，1979 年）其中一篇為陳明銶〈五四與工運〉。

中研院近史所近年出版的專刊系列中，亦有兩冊在 1986 年出版的專書為中國工運史研究的重要成果：陳三井《華工與歐戰》及李健民《五卅慘案後的反英運動》，都是內容充實，引用大量中外文原手史料的嚴謹學術著作，對中國工運發展與民族主義的連繫，中國國際關係的影響有深切的分析，可見工運史已是中國近代社會經濟史、政治外交史、革命史研究工作的重要一環。而工運史與華僑史的密切關係也是應當重視，如宋晞《清末華工對南非屈蘭斯瓦爾金礦開採的貢獻》（台北，1974 年）。重要的勞工團體的工會史出版不多，主要是中華民國郵務工會全國聯合會在台北出版的《四十年來中華民國郵工運動》（1970 年）及《五十年來中華民國郵工運動》（1980 年）反映出白領工運和公務員團體的力量。

在台灣出版有關大陸時期國民黨工運領袖的言論包括《馬超俊先生言論選集》（台北，1967 年，四冊）；劉昆祥《馬超俊勞工思想之研究》（台北，1978 年）；水雲祥《勞工問題論集》（台北，1985 年）；陸京士《中國勞工政策之理論與實際》（台中，1954 年）；陳士誠《勞工運動四十年》（台北，1986 年）等，對國民黨工運作歷史式回顧的專書有狄先介《中國國民黨勞工政策與勞工運動》（台北，1956 年）。

此外，台北當局黨與政府機構也出版一批有關中共工運資料、文獻集及對中共工運政策分析的專冊，例如司法行政部調查局編《中共「工人運動」原始資料彙編》（台北，1980-1982 年，四冊）及《共匪的工人運動》（台北，1962 年）。

台灣出版的學術期刊所刊載的工運史論文甚少，而且多與中共黨史人物與工運有關，如政治大學東亞研究所的《東亞季刊》（1973 年四卷三期，1977 年九卷一及二期）所發表的三篇論文分析中共與 1923 年京漢鐵路「二·七事件」的關係；中共研究雜誌社在 1970 年出版的《劉少奇問題資料專輯》也包括了中共工運策略的文獻。

　　近年來台灣學術界對中國工運研究最應受重視的一項新趨向，就是採用現代西方社會科學（尤其社會學、經濟學和工業關係學）的理念和方法，再參考西方史學家近期有關歐洲工運史的著述，以比較新鮮的科際綜合理論構思來研究中國工運的歷史發展，同時更把中國勞工的組織和活動歸入「社會集體行動」（collective social action）的類型作系統化的分析。這種工運史研究的主要推動者為中研院學者劉石吉，他現時主要着力明清兩代江南地區手工業工人抗議形態的研究；另一位中研院學者鄭為元的專題論文〈罷工工人之訴求與勞工運動之興衰──抗戰前中國工運的研究〉，《中央研究院民族學研究所集刊》第五十八期（1984 年秋），也是一個這種趨向的重要研究成果。

　　香港勞工界和學術界對工運史的研究比較不太重視，不過最近十多年來亦有一些研究香港工運發展，或把香港工運視為中國近代工運史重要環節的學術性中英文著述，現略舉其要：

　　兩位曾在香港大學任教的英國學者祖・英倫與約翰・雷里撰寫的《香港的工業關係與法例》（香港，1981 年），[30] 以工業立法的角度看戰前至今的香港勞工問題，實際的勞工史部分則甚少。一位在香港中文大學工商管理學院的教師陳嘉年在三年前出版的《中國勞工運動，1840-1984》[31]，基本上是 1949 年至 1984 年中共工會活動的介紹，全書正文 88 頁，只有 21 頁介紹1840 年至 1949 年的工運，而且極其狹窄，流於較表面化的政治事件及黨政路線，這可能與作者的學術專長非社會經濟史學有關。

　　真正的香港及中國工運史的中文著述，是要算香港基督教工業委員會在 1982 年及 1986 年出版的兩冊工運史文集，第一本為梁寶霖、陳明銶等合著的《香港與中國工運回顧》（香港，1982 年），內容包括介紹香港、廣東

30　Joe England and John Rear, *Industrial Relations and Law in Hong Kong* (Hong Kong, 1981)，此為修訂本，原版題為《在英國統治下的中國勞工》*Chinese Labour under British Rule* (Hong Kong, 1975)。

31　Peter Kar-nin Chen, *The Labour Movement in China, 1840-1984* (Hong Kong, 1985).

及全國工運主要事件、人物及機構的專題短文三十篇。第二本為陳明銶主編《中國與香港工運縱橫》（香港，1986 年），收集了中國及香港工運論文及訪問報告共二十八篇，另附有近年有關中國工運史及海外華工書籍及論文簡目兩篇，書中有幾篇論文原為作者的博士、碩士或學士論文的節要，或學術研討會英文論文的中譯稿。此外，香港大學歷史系在 1969 年的一位研究生碩士論文是研究省港大罷工。[32]

3. 海外學術界的研究著述（1950 年至今）

1949 年以後西方學術界對中國工運史的重要著述首推法國左派歷史學家前巴黎大學教授謝諾所撰寫的《中國工人運動：1919-1927 年》一書。[33] 此書資料豐富，內容詳實，分析細微，的確是一本極有分量，具開創性的巨著。不過，除了不容否定的重大學術貢獻外，此書在觀念及視野角度上，亦出現不少值得注意的缺點。

首先，謝諾對「現代中國工人」所下的定義過於狹窄，他的目的是將分析焦點集中在一群最富革命意識的新式工業勞動者身上，可惜中國工運史的現實是更為複雜及多元化，所以謝諾唯有把定義作出顯著的修改，連礦工、人力車夫和手工業匠人也包括在研究範圍內，可見當時中國的社會發展過程中，所謂「傳統工人」的實力和影響，是不容忽視的。

此外，謝諾書中所選的地理及時間重點也是較為狹窄，使人容易產生錯誤的印象，書中以 1919 年至 1927 年的上海為研究核心，不單因上海為當時全國工商業交通樞紐，更因謝諾以為當地工人也是最具革命意識，他欲分析現代中國工人在這期間因共產黨的影響變為激進和政治化，從而參與 1920 年代中期中國革命的主流。這亦即是強調中國工人在五四至國共分裂期間的

32　Rosemarie Chung, "A Study of the 1925-26 Canton-Hong Kong Strike-boycott" (MA thesis, University of Hong Kong, 1969).

33　Jean Chesneaux, *The Chinese Labor Movement, 1919-1927* (Stanford, 1968)；此為英文翻譯本，法文原書題為：*Le Mouvement Ouvrier Chinois de 1919 à 1927* (Paris, 1962)。謝諾另有一本工運文獻性質的姊妹作 *Le Syndicats Chinois, 1919-1927* (Paris/The Hague, 1965)。

集體意識，組織動員與左派群眾革命的關係。不過，當時中國工運的發展除
共黨的支持和領導外，還有許多其他的經濟和社會，甚至傳統因素。如將
1920 年代之前及以後的工運實況作出比較，則中共在工運的實際角色可比
較清楚顯示。[34]

　　謝諾的巨著面世後，至 1980 年代初期才再有幾本研究中國工運史的英
文專書出版，此即陳明錄的《1895 至 1949 年中國勞工運動：中文史料評
介》[35]、薛花的《毛澤東與中國工人：1920 年至 1923 年的湖南工人運動》[36]
及湯馬士的《勞工和中國革命》[37] 以及森瑪士喬的《中國在西線 —— 第一次
世界大戰華工在英國》[38]，和兩年前史丹福大學出版社出版兩位美籍女學者
所著的《上海紗廠女工》[39] 及《天津工人》[40] 幾本專著。

　　湯馬士的書有如他另一本討論 1927 年廣州公社的小冊，[41] 都是着重中共
1927 年以後農村革命時期在意識形態、理論及宣傳等黨務政策上，對工人
作為無產階級革命支柱的政策。所以，湯氏是以政治科學家的角度去看中共
黨史及其無產階級化的思想和政策，而不算是真正純粹的工運史研究。

34　謝諾在其合著的通史式二冊中國近代史系列內的民國史中，對 1927 年後工人情況有頗獨特
　　的見解，可參閱 Jean Chesneaux, Francoise Le Barbier, and Marie-Claire Bergère, *China from the
　　1911 Revolution to Liberation* (New York, 1977)。他最近與 Richard Kagan 合著的論文 "The Chinese
　　Labor Movement, 1915-1949," *International Social Science Review*, vol. 58, no. 2 (1983)。

35　Ming K. Chan, *Historiography of the Chinese Labor Movement, 1895-1949* (Stanford, 1981).

36　Lynda Shaffer, *Mao and the Workers: The Hunan Labor Movement, 1920-1923* (New York, 1982).

37　S. Bernard Thomas, *Labor and the Chinese Revolution: Class Strategies and Contradictions of Chinese
　　Communism, 1928-48* (Ann Arbor, 1983).

38　Michael Summerskill, *China on the Western Front: Britain's Chinese Work Force in the First World
　　War* (London, 1982).

39　Emily Honig, *Sisters and Strangers: Women in the Shanghai Cotton Mills, 1919-1949* (Stanford, 1986).

40　Gail Hershatter, *The Workers of Tianjin, 1900-1949* (Stanford, 1986).

41　S. Bernard Thomas, *"Proletarian Hegemony" In the Chinese Revolution and the Canton Commune of
　　1927* (Ann Arbor, 1975).

　　薛花及陳明銶兩位在專書及其他學術論文[42]中都對謝諾的見解提出補充和修訂，兩位都注重傳統工人在現代化社會運動和革命行為中的角色，陳氏以廣東的工運從晚清至 1927 年間的發展為例，指出民族主義、反帝國主義和經濟利益是工人醒覺、團結、奮鬥的主要動力。更強調廣東工人的傳統行為心態及特殊化的地域、宗族人際關係也是他們組織和動員的維繫力量，所以，工人們集體意識的內容及形成過程頗為複雜，必然反映和配合了當時的社會秩序與公共價值觀。國共兩黨的紛爭是令原已派系林立、缺乏團結的廣東工運添上政治兩極化的分歧。

　　薛氏以 1920 年代初期湖南工運為實例，指出當年工運發生的起因是傳統工人感受現代化發展的威脅而作出反抗。當年的湖南工人有高度的組織性，所以共產黨以其為爭取的對象，以便在勞工陣營內可迅速發展，形成城市無產階級革命力量。薛氏認為如要認真了解中國革命，應注意工業資本主義和世界性市場運作帶給中國經濟的整體影響，而不應只看現代新式工業。同時，中國工人的階級意識發展，應着重傳統與現代的矛盾和關係變化，尤其是生產關係的改變所引導的工人集體意識趨向。陳氏和薛氏的觀點不但修正了以前學者的偏誤，同時亦被其他近年社會經濟史研究所肯定，例如以世界體系（world system）角度來分析中國工人與革命轉變的賽奧登就以陳、薛兩位的著述為主要例證。[43] 而近期研究上海和天津工人情況的兩位女學者

42　薛花的其他主要著述有："The Chinese Working Class: Comment on Two Articles," *Modern China*, vol. 9, no. 4 (1983); "Modern Chinese Labor History, 1895-1949," *International Labor and Working Class History,* no. 20 (1981)。陳明銶的其他主要學術論文有："Labor and Empire: The Chinese Labor Movement in the Canton Delta, 1895-1927" (PhD diss., Stanford University, 1975); "Labor vs. Labor: The Revolutionary Mobilization of Workers in 1920s Canton" (Paper presented at the 1985 AAS meeting, Philadelphia, 1985); "Traditional Guilds and Modern Labor Unions in South China: Historical Evolution," *Estudios de Asia y Africa,* no. 32 (1976); "Labor in Modern and Contemporary China," *International Labor and Working Class History,* no. 11 (1977)；〈孫中山先生與近代中國工會發展：機器工會和海員工會之早期歷史〉，《珠海學報》，第 15 卷（香港，1987 年）；及〈當前香港工會發展及其歷史淵源 — 行會意識，政治紛爭和內部分裂〉，《工運與社會發展：香港的經驗》（香港，1988 年，陳坤耀等合編）。

43　Mark Selden, "The Proletariat, Revolutionary Change and the State in China and Japan, 1850-1950," in Immanuel Wallerstein, ed., *Labor in the World Social Structure*, vol. 2 (Beverly Hills, 1981).

的專書和論文更反映出到中國大陸做實地研究的成果。這兩位女學者都着重傳統的地緣及人際關係對現代中國工人的工作、生活、意識及組織的影響，這都配合西方史學界對中國社會裏所謂傳統價值的重新評估。

　　除上述專著外，過去三十多年來海外學者在主要學術期刊發表了幾篇中國工運史專文，[44] 但都是比較着重上海及廣東、香港的工運情況。比較深入的研究還有 1970 年代及 1980 年代美國學者及華人留學生的五篇博士論文及四篇碩士論文，[45] 都是以地區為範圍的歷史學、社會學或政治學的分析。此外還有兩本英文專書研究 1925 年上海五卅慘案，也對當時高潮的外交及政治形勢，從官方文獻的角度來判斷。[46]《上海港口碼頭的變遷》和《南洋兄弟煙草公司的歷史資料》片斷都被翻譯成英文，收入研究當代中國工人及工地的論文集。[47]

44　哈佛大學的 *Papers On China* 期刊中有下列論文：William Ayers, "The Hong Kong Strikes, 1920-1926," no. 4 (1950), "Shanghai Labor and the May 30th Movement," no. 5 (1952); Judith Blick, "The Chinese Labor Corps in World War I," no. 9 (1955); Margret Field, "The Chinese Boycott of 1905," vol. 11 (1957); Walter E. Gourley, "Yellow Unionism in Shanghai: A Study of Kuomintang Techniques in Labor Control," vol. 7 (1953). 此外，還有：Hung-ting Ku（古鴻廷）, "Urban Mass Movements in China," *Modern Asian Studies*, vol. 13, no. 2 (1979); Brian Martin, "Tu Yueh-sheng and Labor Control in Shanghai," *Papers on Far Eastern History*, no. 32 (1985); Jung-fang Tsai, "The 1884 Hong Kong Insurrection: Anti-Imperialist Popular Protest during the Sino-French War," *Bulletin of Concerned Asian Scholars*, vol. 16, no. 1 (1984)。

45　未出版的博士論文有：Edward Hammond, "Organized Labor in Shanghai, 1927-1937" (PhD, University of California, Berkeley, 1978). Yiu-chung Ko（高耀中）, "The Labor Movement in Tientsin, 1911-1949" (PhD, University of California, Santa Barbara, 1981). Hung-ting Ku, "Urban Mass Politics in Southern China, 1923-1927" (PhD, Ohio State University, 1973). Earl Motz, "Great Britain, Hong Kong, and Canton: The Canton-Hong Kong Strike and Boycott of 1925-26" (PhD, Michigan State University, 1972). David Strand, "Peking in the 1920's: Political Order and Popular Protest" (PhD, Columbia University, 1979)。而未出版碩士論文則有：Gary Glick, "The Chinese Seamen's Union and the Hong Kong Seamen's Strike of 1922" (MA, Columbia University, 1969). Virgil K. Y. Ho（何傑堯）, "Hong Kong Government's Attitude to the Canton-Hong Kong Strike and Boycott of 1925-1926" (MS, Oxford, 1985). King T. Tsao（曹景渡）, "The Shanghai Labor Movement, 1928-1932" (MA, University of California, Santa Cruz, 1983). Jeffrey Wasserstrom, "Of Patriots and Protestors, Running Dogs and Rogues: Perception of Mass Action: Shanghai, 1925" (MA, Harvard University, 1984)。

46　Nicholas R. Clifford, *Shanghai, 1925: Urban Nationalism and the Defense of Foreign Privilege* (Ann Arbor, 1979); Richard Rigby, *The May 30th Movement* (Folkstone, 1980).

47　Stephen Andors, ed., *Workers and Workplaces in Revolutionary China* (White Plains, New York, 1977).

　　法國學者畢仰高主編的國際勞工運動人物傳記中國專冊也是近年西方學者的重要貢獻。[48]另一位法國年輕學者雷士亦對上海工運極有研究，可算繼承了謝諾的學術興趣。[49]

　　最近美國女學者裴宜禮正在進行一大規模的上海工人運動史研究計劃，由太平天國平定以後至1949年為主要範圍，但亦把1926、1927年上海工人武裝起義與文革時的工人械鬥作比較分析，把工運史與當代政治研究直接掛勾，甚具開創性。[50]

　　日本的學者在1949年後對中國工運史的研究亦有相當成果，在出版方面尤有獨特的貢獻。中國大陸以外唯一的中國工運史學術性期刊是由日本學者所創辦、編輯的《中國勞働運動史研究》，是在1977年在東京創刊，現已出版了十五期，內容包括專文及書評，作者多為青年及中年中國現代史學者，出版機構中國勞働運動史研究會同時也出版了木村郁二郎編《中國勞働運動史年表》（東京，1978年）及《中國勞働問題勞働運動史文獻目錄》（東京，1978），均是極具權威性的工具書。

　　日本學者近年出版中國工運史的專書有下列幾項：中村三登志《中國勞働運動の歷史》（東京，1978年）；向山寬夫《中國勞働運動の歷史的考察》（東京，1965年）；鈴江言一《中國解放鬥爭史》（東京，1953年，原題為《中國無產階級運動史》）；阪谷芳直《中國革命の階級對立》（東京，1975，全二冊），都是從政治及社會史角度分析晚清或五四至中日抗戰前後的中國工運發展，尤其着重中共左派工會組織及反帝國主義工潮，與戰前日

48　Lucien Bianco and Yves Chevrier, eds., *Dictionnaire Biographique du Mouvement Ouvrier International: La Chine* (Paris, 1985).

49　雷士的法文博士論文是1928至1930年上海工運為主題。Alain Roux, "Le Mouvement Ouvrier à Changhai en 1928-1930" (Sorbonne, 1970)。他已出版的學術論文包括："Une grève en 1928 à Shanghaï: un détournement d'héritage?," *Le Mouvement Social*, no. 89 (1974)。

50　裴氏最近在學術研討會上發表的工運史論文為 Elizabeth C. Perry: "Shanghai on Strike: Work and Politics in the Making of a Chinese Proletariat" (AAS Annual Meeting, San Francisco, March 1988) 及 "Strikes Among Shanghai Silk Weavers, 1927-1937: The Decline of a Labor Aristocracy" (International Symposium on the History of Modern Shanghai, Shanghai, September 1988)。

本研究中國工運著述的情報性質和軍國主義侵略者心態不同。以工業管理學
角度分析中國勞工問題的專書則有戶田義郎著的《中國工業勞働論》（東京，
1950 年）。

　　中國勞工運動史在日本學者研究中國近代史研究範疇內也是一個重要課
題，所以中國工運史論文或專題報告也常在主要的史學期刊和大學學報，
以及中國近代史論文集上發表，例如《歷史評論》、[51]《歷史學研究》、[52]《東
洋史研究》[53] 和《講座中國近現代史》。[54] 這些學術論文的題材甚廣，由工運
的主要事件至中國工人狀態，各地區勞工運動的性質等。從質和量及範圍而
言，日本學術界最近二十年來在這方面的貢獻應受中國本土及西方學者所重
視和比較、參考。

（五）展望

　　從以上的簡介及回顧，可看到中國工運史的研究已漸受海內外中國現代
史學者及社會科學界的重視，尤其近十年來大陸在工運史料的整理與出版作
出相當努力，而政局的較穩定和局部開放，也使得大陸學者在工運史研究的
觀點及題材上有較大的突破機會，比較有嚴格學術水平的工運史著作，將可
陸續出現，這確是使人感到樂觀的趨勢。今後發展中國工運史的研究，似乎

51　在《歷史評論》發表的中國工運史論文包括：高綱博文：〈中國鐵道勞働運動的發展とその構造〉
　　及古山隆志：〈1920-22 年香港勞働者の鬥い〉，載期 328（1977 年 8 月）；古廏忠夫：〈中國に
　　おける初期勞働運動の性格〉（上、下），載期 275，276（1973 年 4，5 月）。

52　《歷史學研究》刊載的中國工運史論文包括：小杉修二：〈上海工團連合會と上海の勞働運動〉，
　　載期 392（1973 年 1 月）；古廏忠夫：〈中國における勞働者階級の形成過程〉，載期 383（1972
　　年 4 月）。

53　《東洋史研究》刊登中國工運史論文，包括：池田誠：〈省港の罷工〉，載卷 13，號 1，2 合刊
　　（1954 年 4 月）。

54　野澤豐、田中正俊編：《講座中國近現代史》，第 5 卷「中國革命の展開」（東京，1978 年），
　　包括兩篇中國工運史著述：高綱博文：〈中國近代產業勞働者の狀態〉及古山隆志，菊池敏夫：
　　〈補論中國勞働史の研究動向〉；第 4 卷「五四運動」（東京，1978 年）則登載了古廏忠夫：〈勞
　　働運動の諸潮流〉。

不單是限於資料提供、題材範圍的擴闊或著作素質的提升，而更應該推動在研究方法、構思理念和研究成果的國際交流。既合作，又分享，這樣不但可加強中國工運史研究的資源和加速其多元化的發展，同時亦全面和系統化地把中國工運史帶進國際中國近代史及比較社會經濟史學術研究的主流。

　　今年（1988）9 月在上海舉行的「國際上海近代史研討會」裏，工運史的研究是其中一個重要課題，有幾篇專題的學術性論文是分析上海勞工問題，分別由中、美學者所發表。今年 3 月底在三藩市舉行的美國亞洲研究學會年會裏，有兩個中國近代史的專題小組也包括了幾篇工運史的論文，是由美國和中國（台灣、香港、旅美）學者所發表。希望這種國際學術交流和研究可再擴闊和增強，則今後的工運史研究成果一定更加可觀。

原載：中央研究院近代史研究所編：《六十年來的中國近代史研究》（下冊）
（台北：中央研究院近代史研究所，1989 年），頁 599-639

從歷史角度看香港工運發展

　　勞工運動在香港不但有長遠和轟烈的歷史，而且過往的經驗與基本因素，對現時香港工運的狀況和今後發展的路向，都有相當直接和重大的影響，極值得注意。這裏就香港開埠初期的 1844 年，至 1947 年（亦即香港工會聯合會成立的前夕），一個多世紀當中香港工運歷史上重大的事件和主要的徵象及趨向作出簡略的勾劃，以供勞工界朋友參考，藉此可檢討過往，策勵將來：

　　（一）豐富的歷史經驗 —— 自從中國在鴉片戰爭失敗，被迫在 1842 年割讓香港，予英國開埠作殖民地以來，本港的華人勞工已積極參與維護自身權益的集體行動。從 1844 年華人反對英殖民地當局的《人口登記法例》而爆發的大罷工和停市開始，經歷了 1858 年為抗議英法聯軍侵佔廣州的二萬香港華人總罷工，1884 年中法戰爭期間的反法罷工，以至 1905-06 年為制裁美國禁止華工入境的杯葛美貨運動等重大歷史性事件，可見香港工人於晚清時期在意識醒覺、組織團結和集體動員奮鬥方面已有相當豐富的經驗。

　　及至 1912 年民國成立，社會風氣漸開，1914 至 1918 年，第一次世界大戰之後，香港的勞工界更發生了多次為着爭取合理兼且必須的改善生活條件的大規模經濟性罷工，例如 1920 年 4 月歷時十八天的機器工人罷工，1922 年 1 月至 3 月的海員大罷工（涉及全港十萬工人，持續了七星期），均為工人取得高達三成多（32.5%）的大幅薪酬調整，同時也直接促進了許多

新式工會的成立。

而轟動中外、動員二十五萬人、為期長達十六月，由 1925 年 6 月至 1926 年 10 月的省港大罷工，更是第二次世界大戰前香港工運的歷史性高潮。第二次世界大戰後，1947 年的全港機器工人十三科大罷工，亦引起另一次全港勞工界的經濟性大罷工潮，各業工人為應付物價飛升的通脹壓力而動員奮鬥，這都是不容否定、有血有淚的歷史紀錄。

（二）工人的愛國熱誠 —— 由 1858 年的反英法聯軍侵華愛國總罷工至 1925-26 年的省港大罷工，這些工運事件均是香港工人發揮他們作為現代民族主義運動來抗拒帝國主義侵略的「先鋒」角色。晚清香港工人參與孫中山先生革命工作的歷史淵源，一直延續至民國時期香港工人積極支持各種愛國活動。罷工、杯葛、排貨已成為本港工運史上的主要愛國武器和有效的經濟制裁手段。從一方面來看，香港工人因其所佔的戰略性位置和實質功能，很自然地站在維護中國民族權益的前線上。同時，另一方面，中國官方與民間的強大有力支持也成為香港工運動員的後盾。

（三）工人明確的經濟意識 —— 由歷史紀錄所顯示，香港工人對其自身生存的基本要求、集體經濟權益的維護，在醒覺認知和具體行動方面已深具相當理性和成熟的條件，絕少盲目衝動之舉。工人們對客觀經濟現實和外界環境的了解，以及對有利於動員機會的爭取，是頗為靈活而有效的。由此可知，香港工人實在是現代社會裏具有充分理性的經濟生產動力，絕對應取得公平的待遇來分享繁榮的成果。

（四）工人的反殖民地主義立場 —— 基於民族主義、愛國情緒和勞工集體維護現實權益的考慮，香港工人一貫以來有很明確強烈的社會政治意識，不會隨便向殖民地政權和壟斷性的外資企業管理層作盲目認同，尤其工人常對港英當局種種不合情理、不民主、欠公平的歧視性法規和壓迫性制度的「權威合法性」（legitimacy）作出強烈的抗衡和反對，1925-26 年的省港大罷工正是有力的例證。而港府官方自 1927 年後對工會組織和活動採取嚴密的法律禁制和壓抑手段，也使香港工運長期陷入消沉不振的衰退狀態，可見不民主、不公平、無代表性的殖民地政權確實破壞了工運的健全發展。

（五）工會組織的特徵——幾項重要的社會因素，如宗族、地緣、方言的分界線，以及偏狹的傳統「行會心態」（mentality）和職業權益的競爭；再加上自 1920 年代開始出現，至今仍然存在的黨派政治對立和思想意識的分歧，使香港工會的整體發展，一直陷入內部嚴重分裂支離，製造了一種工會數目眾多，而規模和會員人數極少，甚至同一行業有多個工會，但欠缺勞工界內部團結的現象。這使殖民地官方和僱主資方能趁此機會施展「分而治之」的手法，利用香港勞工界的內部矛盾割裂，來分化工人的力量，而使勞工界更易於被操縱控制，甚至剝奪工人和壓禁工會的基本合理權益。此為本港工運積弱內在的主要致命因素；可惜，時至今天，這方面的問題尚未有突破性的改善。

（六）與中國極密切的關係——1844、1858、1920、1922 及 1925-26 年等香港多次罷工爆發後，罷工工人均集體離港返粵。在一方面，他們獲得廣東的社會人士和勞工團體，甚至官方的實質支持，可有效解決罷工期間的生活所需。另一方面，也可避免港英官方和資方的雙重壓迫，可以直接加強了工人談判的實力和罷工抗爭的持久決心，有助罷工取得最後勝利。但在另一層面，自 1920 年代以來，香港的工會因受中國政局變動的影響，至今仍是以黨派意識為界線而左右分歧對立，這也是不容忽視的現實政治問題。

從香港工運歷史上最轟烈的 1925-26 年愛國性省港大罷工的過程中，可看出以下值得重視的要點：

1925 年大罷工爆發時，在周恩來、鄧穎超等主持的中共廣東省委員會領導和策劃下，香港工人向港英當局提出六項要求，其中最重要的是香港華人居民應有權按人數比例，直接選舉代表進入立法局。可見當年在革命先烈的領導下，香港工人早已深切明白全民直選的重要性，並一致堅持「選票」為其基本不可剝奪的權益，因無選票則無法有效保障維護「飯票」，二者並須同時爭取，一齊享有。

省港大罷工經歷十六個月後，因國內政治形勢劇變，被迫在 1926 年 10 月 10 日雙十節那天正式結束，以致香港工人的罷工要求無法成功實現，使全港民眾不能取得絕對應有而公平合理的基本權益。這種在殖民地不民主政

權壓制下，香港工人一直陷於既無「選票」又無「飯票」保障的狀況。時至今天，香港工人應該深切醒悟，不能再使歷史悲劇重演，不必為求取短期無保障的「飯票」而自動放棄公平合理一人一票式「選票」的爭取。

現時在邁向 1997 年「一國兩制」主權治權回歸之際，香港工人與工會應藉着過往歷史的豐富成長經驗，更積極利用各種機會來主動爭取勞工界在經濟、政治、社會方面的參與和實質權益、地位的提升與增進，以便成為一個現代化工商業社會的主流力量，同時更是公平、民主、「繁榮安定」發展的支柱，不負香港工人作為民主、公義、愛國「先鋒」的光榮歷史傳統。

主 要 參 考 資 料

陳明銶等編著：《香港與中國工運回顧》（香港，1982 年）。

陳明銶主編：《中國與香港工運縱橫》（香港，1986 年）。

原載：香港工會聯合會編：《香港工運路向》（香港：新城文化，1989 年），頁 39-43

晚清廣東勞工「集體行動」理念初探

　　隨着國際性中國近代史研究的多元化發展和進步，近年來國外的學者已比較注意上層政治架構以外的中國社會經濟層面和動力，尤其對於都市發展、工業化、商品經濟交流、群眾動員等大課題的研究興趣日漸加深。與這些大課題有直接且密切關係的勞工運動的歷史研究方面，雖亦有一些專書、學術論文的出版和研究院碩士、博士論文的修撰，但基本上，近代中國勞工運動史的研究至今尚未有充分的開展，在國際研究中國近代社會史的範疇內，仍然停留在成果比較少、尚待加強發展的「落後階段」。

　　這種現象的形成有幾個主要的原因，其中較為重要者，是不少學者常對近代中國工運發展歷程的歷史性時間、空間和研究價值及目標有很普遍、但實際上過於偏差和狹窄的印象及觀念上的誤解。他們多認為近代中國勞工運動是發源自 1919 年五四運動時期愛國工人的大規模愛國罷工排貨活動和新式工會組織，而把工運的核心重點放在城市內新式工廠企業工人的心態、組織和集體行動。[1] 至今仍被西方學術界推崇為權威之作的法國歷史學者謝諾

1　有關近年來外國學者對中國勞工運動研究成果的綜括性評介，請參考 Ming K. Chan, "Labor in Modern and Contemporary China," *International Labor and Working Class History*, no. 11 (May 1977)。

教授所著專書《1919 至 1927 年間的中國勞工運動》，[2] 雖在其史實內容和學術水準上有相當貢獻，但其研究的時間（由五四運動至國共分裂）、空間（以上海市為主）範圍和基本觀念方面（其「工人」之定義限於新式工業的工人），是在很大程度上加強了上述那種極普遍的偏狹印象和誤解。[3]

實際上近代中國勞工運動的歷史源流頗為深遠，早在五四運動以前，中國工人已在意識醒覺、團結組織、動員奮鬥方面（亦即中國勞工問題學術權威陳達教授所指出勞工運動之產生和發展的三個基本要素和階段），已有相當的歷史經驗。甚至許多常被外國學者認為創始於五四時期的社會政治發展趨向，例如多階層性的聯盟、都市群眾動員、反帝國主義的經濟制裁、現代模式的工會組合等情況現象，都在晚清中國以草根階層（grass-roots）構成主要基層力量之社會運動中，有明確清楚的發揮。尤其從事傳統手工業和舊式行業的工人，更是城市民眾集體行動（collective action）的不容忽視支柱。因有的歷史條件和客觀因素，使這些一向被視為較「傳統」、「落後」、的「舊式」工人，在意識心態、團結組合方面有頗豐富的經驗，不但在晚清的廣東社會、經濟、政治性群眾動員中起重大作用，同時是中國工人運動早期成長的基礎，更為日後急劇發展、舉足輕重，為現代革命性勞工運動的歷史基礎。

本文嘗試以簡略的社會科學理論架構，藉着觀察清末廣東珠江三角洲地區城市勞動者的「集體行動」，事態的發展，對於處身於極高度都市化、商品化，和有密切國際經濟的環境下，受着傳統價值取向和制度支配，承擔着實質生產和服務功能的草根階層群眾，在受到外來壓力刺激所作反應的初步探討。這些集體行動是包括了城市勞工者的遊行示威，罷工停市，排貨杯葛

2　Jean Chesneaux, *The Chinese Labor Movement, 1919-1927* (Stanford, Stanford University Press, 1968).

3　對謝諾的書有較詳細之評論可見，Ming K. Chan, "'Workers and Proletarian Consciousness' in the Modern Chinese Revolution: A Marxian Deviation?," in Arif Dirlik and Andrew Gordon, eds., *Labor, Society and State in 20th Century China and Japan* (Durham, North Carolina: Asian/Pacific Studies Institute, Duke University, 1986); Lynda Shaffer, "Modern Chinese Labor History, 1895-1949," *International Labor and Working Class History*, no. 20 (1981)。

以及革命工作等各種有組織、有明確目標的集體抗議和制裁性活動，均是為着爭取或維護他們有切身利害的共同權益的群體行為。

有一套研究現代社會階層或群眾「集體行動」的基礎理念，認為集體行動的產生和演進過程，可以分為三個主要階段或因素。這些因素直接影響甚至支配集體行動成員的參與，行動本身的形式和結構，以及行動的範圍層面和實際作用：（1）「醒覺」（consciousness）或「利益闡釋」（interest articulation）；（2）「組織」（organization）或「團結」（solidarity）；（3）「動員」（mobilization）或「鬥爭」（struggle）。[4] 此外另一重要的客觀條件，是給予因醒覺所帶來明確的利益要求，更有內部組織來維持團結力量的群體，有充分實理集體行動的「可能性」或「機會」（opportunity）的環境因素，[5] 從這種「集體行動」發展模式分析晚清廣東城市勞工者的心態、組合和動員，可引導出一些可供參考的概念性探討。

（一）晚清珠江三角洲勞工「集體行動」史略

自鴉片戰爭以來（尤其中日甲午之役《馬關條約》之後），列強在中國開置通商口岸和租界，割據殖民地，和建立新式工業、運輸系統；同治以來清廷在「自強運動」、「洋務運動」範圍內亦創辦了各種新式企業，加上各種「官督商辦」和民間私營的工業，大批「現代新式」的企業工人開始在中國城市裏出現，其中包括工廠工人、運輸工人、礦工等等，一般外國學者常把這些工人視為現代中國工人運動的先驅和主流而形成一種由「新式」工人而「新式」工會而工運動員這般發展過程的觀念。事實上，所謂「傳統」手工業和「舊式」行業的生產者和服務人員，受到當時國際政治衝擊及外來經濟壓力，而產生極大的反應，以致許多傳統形式的行會（通常是包括僱主和

4　　陳達：《中國勞工問題》（上海，1929 年），頁 586-587。

5　　這四項因素的動員概念的分析，可參考 Charles Tilly, *From Mobilization to Revolution* (Reading, Mass., 1978)。

僱員雙方的勞資混合體）在實際功能作用上，漸不能充分滿足工人的需求，而很多新興的工廠企業，其生產操作和技術條件，更根本不在傳統行業的組織範圍以內，所以大批工業勞工、手工業者，和舊式行業僱員、服務性質工人等，均着意於發展純粹工人為本質之勞工組合，進而採取以維護爭取工人權益為基本立場的集體行動。

由此可見，因客觀環境的改變和主觀自覺醒悟，工人們對本身集體權益的認知、維護、爭取而引致的團結奮鬥，在晚清時期已漸趨成熟，所以近代中國勞工運動的起源，應該上溯至晚清國際形勢、社會風氣、經濟生產的急劇轉變而引致勞工界的醒覺和組織以及動員方面的發展，而其中關鍵不單是新式企業勞動者的出現，而同時亦要重視手工業及傳統行業的生產性和服務性勞工，在意識、組合、行動等各方面的集體趨向。

這種發展，在華南珠江三角洲地區十分明顯。因早在鴉片戰爭以前，廣州在清廷閉關政策下為唯一中外海道通商港口，當時社會得風氣之先，因國際貿易和海外移民而對外接觸頻繁，因此產生相當強烈的民族意識與愛國情緒，當地勞工常為保障自身集體權益而爆發頗轟烈抗衡鬥爭。例如早在1741 年，勞工即參與抵制碇泊於廣州之荷蘭商船，以抗議荷蘭殖民地當局在爪哇屠殺華人。[6] 九十年後，1831 年春，廣州附近之南海、番禺兩縣的紡織工人，因英國棉紗進口大量增加，直接威脅了當地紡紗工業的生存，而透過行會來發動抵制杯葛，排拒英紗入口，獲得短暫的成功。[7] 這種抵制排抗外國入口貨杯葛運動，由勞工發動的大規模集體行動以爭取群體經濟權益，以前甚為少見，但日後逐漸成為中國工運常見的鬥爭手段。鴉片戰爭期間，這些紡織工人、機房仔更積極表現其保衛家園，全力反抗外國威脅的決心。他們和其他城市勞工如石業工人在當地行會士紳的領導下，組成強大的地方團練，在 1841 年 5 月的三元里事件中，奮起武裝反擊英軍入侵，轟動一

6　Lo-shu Fo, *A Documentary Chronicle of Sino-Western Relations* (Tucson, 1966), vol. 1, pp. 172-174.

7　Peter Arben, *China* (London, 1834), pp. 64-65.

時，實開近代廣東勞工採取集體行動以保衛地方、國家、民族權益的先河。[8]

　　鴉片戰爭以後，廣東不但是中外交往的沖激重點，而《南京條約》予英國佔取香港為殖民地作對華經濟侵略的基地後，英資更在港粵兩地，開設船塢、新式企業、交通運輸設施，從而產生了大批新式產業和服務行業工人，如機器工人和海員等。另一方面，《南京條約》予外國在華沿岸開港通商，結束了廣州獨佔中國對外貿易的專利地位，重要的茶和絲貿易路線，自然轉移到更佔地理交通優勢的上海及其他新開通商港埠，影響所及，珠江三角洲地區經濟出現衰退，引致勞工界大量失業，社會不安，更增深工人們拒抗帝國主義的意識，以致爆發一連串的勞工集體行動，以保障工界和更闊大的地方權益。如 1847 年，廣州及佛山兩地的建築工人「三行仔」的反對英國人違約圖割地建屋的抵制，亦為當地民眾自 1842-49 年持續多年、抗拒英人進居廣州城內要求所謂「進城危機」的民眾動員主要力量。[9] 十年後，在 1857 年第二次鴉片戰爭英法聯軍之役期間，在香港有大約二萬華工響應佛山的行會和團練的號召，為抗議英軍攻佔廣州而舉行大罷工，這些罷工的運輸、市政和其他行業工人並且集體離港返粵。[10] 這可算是 1920 年代三次大規模經濟性、政治愛國性罷工（即 1920 年的機器工人罷工，1922 年的海員罷工和 1925-26 年的省港大罷工）期間，香港華人勞工集體停工返回廣州，一方面以避英方壓力，同時亦顯示徹底鬥爭的決心的動員策略，開創了歷史先例。[11]

8　陳錫祺：《廣東三元里人民的抗英鬥爭》（廣州，1956 年）；Frederic Wakeman Jr., *Strangers at the Gate* (Berkeley & Los Angeles, 1966), pp. 11-28；廣東省文史研究館：《三元里人民抗英鬥爭史料》（北京，1978 年），頁 181-189。

9　彭澤益編：《中國近代工業史資料》（北京，1957 年），頁 510-511；列島編：《鴉片戰爭史論文集》（北京，1958 年），頁 299-300；梁廷枏：《夷氛紀聞》（廣州，1874 年），卷 5；廣州工運史研究委員會：《廣州工人運動大事記》（廣州，1985 年），頁 9-12。

10　夏燮：《中西紀事》（1865 年，1962 年台北重印），卷 13，頁 8-9；廣州工運史研究委員會：《廣州工人運動大事記》，頁 14-15；H. B. Morse, *The International Relations of the Chinese Empire* (Shanghai, 1910), vol. 1, p. 436；元邦建：《香港史略》（香港，1987 年），頁 119-122。

11　陳明銶主編：《中國與香港工運縱橫》（香港，1986 年）對香港這幾回大罷工作出簡略分析。

　　及至十九世紀末期，帝國主義對華壓力日益嚴重，工人深受其害，由戰爭侵擊，賠款失地至外資洋貨競爭，再加上租界、殖民地當局無理苛待，工人實在無法再忍受，遂在維護集體權益和愛國意識雙重動力鼓舞下，舉行更多大規模的政治性集體動員。例如中法戰爭時期香港華工反法抗英大罷工。1884 年 9 月，一艘法國軍艦在攻打福建和台灣時受損，駛來香港修理，但為香港船塢工人群起罷工拒絕，迫使法艦離港轉往日本修理。同時香港的煤炭苦力，裝卸工人，載貨艇夫，旅業工人和其他服務行業工人亦舉行歷時兩週的同盟罷工來支持船塢工人的抵制行動，全面性作愛國性的杯葛抗議，拒絕為法國人、船、貨品提供任何服務，當港英殖民地當局企圖以高壓手法鎮禁、逮捕罷工工人、襲擊工人巡行時，更引起市區各處的民眾暴動，結果有一華人被殺，多人受傷。[12] 但香港華工這種維護民族利益的集體行動，使中國朝野均深為感動。孫中山先生更以此為中國草根階層愛國主義的正面發揮。[13]

　　二十世紀初，中日甲午戰爭之役，日本藉《馬關條約》予中國的壓力和打擊益劇，同時列強更趁機佔劃勢力範圍，大規模在華進行工業投資，實行全面經濟侵略，中國民間反抗帝國主義的情緒更日漸高漲強烈，致有庚子義和團事變及和約簽定，中國國家和民族權益更受侵損，國際歷史在這背景下，中國勞工在 1905 至 1906 年間參與全國性的反美杯葛運動，以實質經濟制裁來抗議美國政府制止華工赴美的禁令，更顯出勞動界對自身權益爭取是與地方甚至國家權益的維護是匯合為一，全力以赴。雖然學界人物和士紳、商人、團體在這次愛國運動的初期，擔當了發動、領導、宣傳的主要責任，但是在全國各地民間基層的組織工作與行動開展，則靠賴地方勞工團體、行會和工幫的支持，以及各行業工人的認真徹底執行。這種情況以廣州地區至

12　李明仁：〈1884 年香港罷工運動〉，《歷史研究》，1958 年第 3 期；邵循正等編：《中法戰爭》（上海，1955 年），第 5 冊，頁 37-38；Jung-fang Tsai, "The 1884 Hong Kong Insurrection: Anti-Imperialist Popular Protest during the Sino-French War," *Bulletin of Concerned Asian Scholars*, vol. 16, no. 1 (1984)。

13　孫中山：《國父全集》（台北，1957 年），第 2 冊，頁 80。

為明顯，因為赴美的華工絕大多數是來自珠江三角洲西隅的四邑，即台山（新寧）、新會、開平、恩平四縣和中山（香山）縣（此處華工多往夏威夷群島），而這愛國杯葛運動既在爭取華工在美及赴美的權益，珠江三角洲地區的勞工自然最為熱心積極支持，所以反美排貨的制裁行動在上海、漢口等城市商埠經歷數個月後，便於 1905 年的冬天結束，唯獨在廣州地區尚能有充分力量來繼續維持至 1906 年春方才結束。雖然這次強烈的抗議運動未能引致美國政府改變其禁制華工的政策，但對美國貨品入口和在華商業活動的實質經濟制裁，尤其在粵垣一帶，的確構成對美在華利益相當嚴重打擊。[14]

　　晚清中國工人受國際壓力而引發的民族主義愛國悟醒，同時亦導致他們對社會、國家基本問題的深切關注。其中部分工人，特別是專門技術性、知識水平較高的熟練工人（如機器工人）和服務性行業工人特別直接受到帝國主義壓迫者（如海員），有時更透過鄉誼宗族等傳統人際關係而投身反清革命活動。廣州香港一帶的機工和海員，在清末興中會、同盟會時期，常冒險替革命黨傳消息、金錢、運彈械、偷渡黨人、私製火藥，甚至更直接參與前線的革命行動，如行刺暗殺清廷官吏，或投身起義軍事，故工界為革命而犧牲者也不少。[15] 例如 1911 年 3 月 29 日廣州黃花崗一役，事敗殉難革命黨人八十五名中，就有十七位是廣東工人（其中十二名為機器工人）。[16] 雖然在反清革命動員的整體人數上來看，工人只佔革命黨人的少數，而且廣東工人參與投身者，亦多為個人身份，不一定可算勞工界集體行動，但粵港勞工界亦是確曾為推翻中國數千年獨裁帝制的多階層性革命運動的一環節。

14　張存武：《光緒卅一年中美工約風潮》（台北，1966 年）；阿英（錢杏邨）編：《反美華工禁約文學集》（北京，1960 年）；朱士嘉編：《美國迫害華工史料》（北京，1957 年）；Edward J. M. Rhoads, "Nationalism and Xenophobia in Kwangtung (1905-1906)," *Papers on China*, vol. 16 (1962); Margaret Field, "The Chinese Boycott of 1905," *Papers on China*, vol. 11 (1957)。

15　有關廣東工人參與反清革命活動的分析可參考 Ming K. Chan, "Nationalism, Localism, and Revolutionary Mobilization: Sun Yat-sen and the Labor Movement in South China," in *Proceedings of Conference on Dr. Sun Yat-sen and Modern China* (Taipei, 1986)。

16　鄒魯：《廣州三月二十九革命史》（長沙，1939 年），頁 87-167，對這些殉難黨人背景有較詳細的記載。

（二）勞工集體動員的性質及取向

　　從上述，可知清季珠江三角洲地區工人已在維護經濟權益和愛國性集體動員的實踐，已有相當豐富的歷史經驗，但在其他角度層次來看，與「現代」勞工運動的普遍模式頗有不同，單從領導方面，這階段的工人活動非完全是由純勞工分子自主自發，而常受同業之行會（多是勞資雙方並存的混合團體）、地方士紳、秘密會社、同鄉宗族會館、工幫首腦（雖非一定為純資方身份，但起碼屬於「管理階層」）等的外界勢力領導下進行。在此時期，現代形式的純勞工性組織，在廣州地區還尚未充分發展起來，由於新式組合的實質條件不夠成熟，勞工獨立架構的基礎力量不夠強大，所以工界常常不能完全負起領導大規模集體的責任。在另一方面，上述多回勞工者曾積極投入支持的集體動員，在意識醒覺和利益界定方面，亦非限於狹窄的純勞工階層的範圍。例如 1831 年排拒英紗入口的運動，則是以當地紡紗行業的整體經濟利益為團結目標，這實在是十分自然的配合，亦利用當時中國城市社會（尤其在嶺南地區）仍然十分強大有影響力的「行會」，亦即同業職業的共同利益。行會心態（guild mentality）之意識、團結、組合行業從業員來推動。在 1841-57 年間之歷次反英抵制罷工運動，在性質和目的上，可算為保障「社區和地方利益」（local, communal interests）的集體動員，不單是涉及純粹勞工的階級利益，但是工人因他們所從事實質工作的生產和服務性功能，是處於戰略性的機要地位，故可有效地發揮經濟性和社會性的制裁排拒運動功能。同時紡紗工人亦曾聯同其他行業的工人參與組成地方團練，是反映當時廣州地區已是在傳統模式工業生產和商品經濟發展有相當基礎水平。當地年青力壯男丁有不少是生產或服務行業工人，雖然團練的領導指揮權歸於士紳之手，但城市勞工作為地方自衛保安組織的主要骨幹則是非常明確清楚。所以勞工是頗自然且合理的成為地方性、多層性社會動員，甚至全國性民眾運動的主流力量，這亦是歷史環境和客觀條件所造成的事實。

　　勞工們因自身行業利益、社區地方的安危，而不斷抗衡外來勢力之侵擾，經歷多次大規模之民眾集體動員，逐漸成了珠江三角洲地區一種新的社

會勢力，可在政治和經濟層面上發揮，亦構成勞工在多階層性政治社會聯盟動員中主力，這不單是指勞工人數眾多而言，而更是關乎勞工本身功能的機要性。由於職業經濟的不可避免客觀因素，工人們常居於當時中外接觸的前線，或服務國際貿易，或在生產工作上直接受外貨影響，或受僱於外資企業，或更居住在外國租界、殖民地，以致對帝國主義殖民地政權種種苛禁歧視憤怨，促成勞工在民族主義、愛國情緒方面的集體醒覺，從而對自身利益的界定，可作出較開明和全面深遠的了解，甚至超越狹隘直接的行業經濟利益，而以地方社區，或國家民族的整體權益為目標。鴉片戰爭以後，特別是十九世紀末至二十世紀初年，在珠江三角洲的幾回大規模民眾愛國集體動員裏，已明顯地表現出廣州香港勞工日漸高漲的自覺意識，例如 1894 年在香港的拒修法艦同盟罷工事件中，雖初期策動有靠秘密會社之聯繫，但這運動基本上是工人們發動的反帝國主義反殖民地政權的愛國性政治罷工，以集體工業行動來制裁抗拒勞工所憎憤的外來壓迫。

在 1905 年至 1906 年的反美禁華工抵制運動中，可發覺勞工集體利益和民族愛國情緒的有效和積極的匯合，產生一種龐大的動力，可支援這抵制排貨運動在廣東地區歷時更持久的實踐。雖這全國性動員愛國是以商人、學者、士紳為主要的領導者，但這運動能夠持續進行和有實質作用，是因為廣東工人在行動上和精神物質上的投入參與。從較廣闊歷史角度回顧，這次抵制活動實開 1919 年五四運動以來由群眾為基礎的多階層（工界、學界、商界）愛國動員的先例，亦為民國時期多次以排貨杯葛罷工等經濟制裁行動來抗議帝國主義侵略的大規模民間社會運動的初期典範。[17]

清末廣東地區這些集體動員不單反映了，同時更因經驗累積而加強了勞工的社會和政治醒覺，這種意識心態上的進步，一方面把工人對自身和社區、國家、民族利益有明確的認同，進而採取集體行動來保障和爭取這些權

17　這些反帝排貨杯葛幾乎成為民間外交抗衡之重要有效武器手段，雖非一定完全由工界發動，但其切實的有效推行，則非靠工人的支持合作不可。可參考 C. F. Remer, *A Study of Chinese Boycott* (Baltimore, 1933)。

益，所以也直接加強他們參與其他有關連的社會政治活動，例如各種反清革命活動。另一方面，動員的經驗亦影響到勞工界內部的組織團結。廣州因中外通商歷史悠久，香港更為英佔殖民地，得風氣之先，故華南省港兩地新式工會的發展，實居全中國工界前端。例如咸豐年間（1851 年至 1862 年），廣州已有純勞方組織「打包工業聯合會」的成立。[18] 而廣州郵務工人則在光緒三十二年（1906 年）以前，已有「廣州郵員俱樂部」的組織；1909 年，廣州機器工人正式經官方立案批准成立「廣州機器研究會」。而香港的機器工人，已在 1908 年有各種「俱樂部」、「學社」、「公論社」等小型工人團體的創辦，次年更成立了「中國研機書塾」，[19] 當時在廣州英國和法國租界沙面島的外資企業華工僱員八百餘人，亦曾組織一個「惠群工社」。[20] 這些新興的工人團體雖因欲避免中外官方干涉和外界社會壓力，而未曾正式公開採用「工會」名稱，而且一些勞工團體尚保留一點行會式勞資混合的成分，例如「廣州機器研究會」和香港的「中國研機書塾」，這兩機工團體的成員還包括一些由工人出身的小型廠主和工廠東家在內。但就結構、成員、目的及活動而言，這些華南勞工團體也開創了現代中國勞工運動和新式工會的先河。

（三）晚清社會運動中的「傳統」力量與「現代」形式

從上述勞工參與經濟性、愛國性的集體行動，工人意識的醒覺，新式工人團體的產生等角度來看，似乎可把珠江三角洲的勞工集體行動放在一個「新式」、「現代化」的水平上。但如果再深入探討，勞工組織在行動過程、領導者和支持者間的關係，甚至在意識醒覺、奮鬥目標方面所顯露的現象，

18　陳達，前揭書，頁 99。

19　李伯元、任公坦：《廣東機器工人奮鬥史》（台北，1955 年），頁 27-29。

20　陳達，前揭書，頁 99。

則可察覺參與這些集體行動的勞動者所持有的是頗為「傳統化」的觀念和價值取向。一個客觀主要因素是，當時中國的社會經濟發展仍未達到真正「現代」工業化的水平，珠江三角洲地區自宋以來漸形成一種高度都市化、商業化和強固熟練的傳統手工業生產的物質基礎和社會風氣。故此傳統手工業和服務行業的行會、工幫實力非常大，工人常以職業行會而非單純工人階級的利益為動員的出發點，大規模集體動員的組織、發動、支持的基礎，通常以行會為主，這種「行會心態」影響力廣泛而深遠，雖不能算是具有「現代化」的價值取向，但這種心態對協助工人團結、維護保障集體權益、參與社會政治活動，均提供了一種現存、極方便而且頗有效力的社會功能網。部分行業或職業行會、工幫更常帶着「特殊化價值」的色彩，如同鄉、同宗、同方言會館社團的作用。尤其在廣東沿海社會，鄉族組織不獨在農村地區有極重要的經濟實力和社會影響力，在市鎮和大商埠中也具有同樣的影響力。而所謂新式、現代化、革命性之動員，如孫中山先生的反清鬥爭活動裏所吸納的海員們，很多都是廣東中山縣人，可見同鄉宗親情誼在傳統社會裏人際關係的作用。[21]

如果再從「集體行動」理念的「醒覺」、「組織」、「動員」和「機會」等四個角度來觀察，則可有下列各項初步結論：

（1）在「醒覺」的層面，當時廣東工人對自身權益或集體共同利益的闡釋，並非以純生產關係作基礎的「階級觀念」為主導，反而常以生產服務的職業或行業整體利益作出發點，同時也滲雜着極濃厚的「鄉土意識」和「宗族血緣」感情因素。因此城市勞動者頗能積極地把自身權益關注範圍拓闊和升華，而成為對社區或地方利益整體性的認同，這實是包涵多階級式的集體意識醒覺。

（2）在「組織」的層面，晚清廣東勞工界的主流「傳統」式組合單位，

21　這些傳統特殊之價值對後來工運發展影響，可詳見陳明銶主編：《中國與香港工運縱橫》（香港，1986 年），頁 3-20 及頁 203-217。

如行會或工幫，不單是深具影響、受政府和社會承認的經濟性工商業組織，許多行會或工幫同時也帶有明顯的鄉誼、宗族、血緣、方語等社會關係色彩。這種表面看來近乎「偏狹性」（parochial）的特殊化社會連繫，不獨無損行會或工幫作為專門行業組織的實力，反而更可藉着較特殊化的人際關係，來強化成員間的內部團結合聚性，而這種以同方語、地緣、血緣等價值取向的另一面，也是加深行會工幫成員對社區和地方權益的關注。

（3）在「動員」的層面，晚清粵垣工匠、伕力、店員，有不少已是原有的地方民眾、武裝組織「團練」的成員，作為高度手工業生產區域及國際貿易重心的前線參與者，他們有悠久且豐富的歷史經驗（repertoire）作參考，可取各種形式的社會壓力、經濟制裁，甚至武裝鬥爭來實踐他們爭取共同權益的目標。正因他們處於舉足輕重的戰略性地位，他們的「集體行動」發展迅速有效，常予鬥爭的對象以相當嚴重的打擊，這也反映當時廣東勞工在動員方面的日益成熟、漸趨強大的現實和歷史趨向。

（4）從「機會」的角度來看，晚清廣東工人「集體行動」是頗能利用客觀存在的條件來發展社會性運動。當時廣東地區的經濟技術生產發展水平，實處於「雛型工業化」（proto-industrialization）過程的極高階段，熟練的手工業工匠在生產效率高，規模相當的工場操作，為市場經濟（甚至頗為國際化的市場）提供主要的支持。故此不獨工匠們的專門行業或職業性「行會」及「行會心態」成為重要的社會組織和集體意識的主流，同時也配合了農村社會，尤其位處政治文化、行政管理，以及地緣政治上是「邊緣」（fringe）的廣東農村社會以宗族為社會經濟單位的血緣及宗族的「社區」基礎。廣東工人的「集體行動」是以所謂「傳統」的價值取向、組織基礎、歷史經驗，來面對外來的干擾。他們「集體行動」的目標、行動結構、鬥爭形式是充分發揮了他們在獨特的歷史性時間、空間、和生產模式所予的「機會」。廣東工人正因位處物質文明、工商運輸發達、中外國際交往的前線重點，兼且也是傳統社區、行業、宗族組織和社會連繫網極有實力的都市城鎮，故可有較充足的「集體資源」（collective resources）來發展和支持他們為爭取共同權益的奮鬥。

　　由此可見所謂「傳統」行業或生產方式的勞動者，在充分利用歷史「機會」和客觀條件的積極性環境中，可有效地作出頗具「現代化」意味或甚至「革命性」的「集體行動」，把傳統基礎積極地轉化為新式社會的草根階層實力來發揮群眾力量。可知在中國社會運動史的研究裏，對所謂「傳統」力量和心態不應全盤否定或過度忽視。

原載：《中國社會經濟史研究》，1989 年，第 1 期，頁 70-77

清季民初中國城市群眾動員之型態
—— 泛論 1830 至 1920 年珠江三角洲草根階層抗衡外國經濟壓力之集體行動

　　西方學術界就鴉片戰爭之後「中國對西方之反應」這一課題，已經出版了涉及政治、外交、軍事、經濟、制度、文化等許多方面的研究著作。其對這一大課題的討論，多是着眼於中國政局高層的政策制定和朝廷士大夫間的論説，這種「由上而下的鳥瞰式」畢竟有其局限。「由下而上的仰視式」研究方法，也許會對深切了解十九世紀中葉以來中國的國際經濟關係和相應的社會發展有所裨益。

　　從 1949 年中國現代革命的成果看，中國共產主義運動所採用的「農村動員」革命策略，很自然地已引起不少國際學術界人士的研究興趣，他們對中國共產黨由江西開始，經歷了延安時期而最後達到勝利建國之農村經驗，曾作出不少分析和推論，以致使近現代中國農村革命的歷史變成了充滿各種爭論的熱門學術研究領域，專書和論文的出版為數頗為可觀。

　　但同時還應看到，在廣大的中國近現代歷史舞台的另一端，都市和城鎮亦充滿豐富的歷史例證，尤其城市的勞動群眾 —— 工人、藝匠、店員們的生活實況、意識覺醒和集體行動，也極應受到學術界的重視。因為城市普通大眾的集體行動，是中國在國際經濟壓力下所產生的一個非常重要的社會反響，而且是位於主流核心位置的環節，亦是近代中國革命運動研究中不容忽視的草根階層（grassroots）的另一種奮鬥動員經驗。

　　本文嘗試就清末民初 1831 至 1920 年，在高度都市化、商業化社會和在

中國對外經濟交往中首當其衝的華南珠江三角洲城市勞動群眾的集體動員，
以具體實例來探討普通階層民眾在「經濟民族主義」、「社區利益」、「行會
心態」、「偏狹特殊關係」等因素影響下，對國際經濟衝擊所作維護自身權
益的集體行動。

鴉片戰爭前珠江三角洲社會動員之基礎

　　鴉片戰爭以前，廣州是清廷閉關政策下中國唯一的國際通商港口，得全
國風氣之先。國際貿易和大規模的海外移民日益頻密，加之珠江三角洲位處
嶺南海疆，開發遲於中原和華北地區，故當地民風頗有「邊疆地區」的心
態 —— 高度內聚性團結以抗拒外來侵略，同時更因為密切而直接的對外接
觸和實質交往，產生了相當明確的民族意識、鄉土意識和愛國情緒。[1] 這不
是由於種族歧見或文化差異所引致的排外或反外傾向，也不是陷入盲目衝動
甚至暴力破壞性的集體意識，而是有其內在高度理性化，有明確目標界限和
充分合情合理兼有公認權威合法性的精神動力。它可以作為集體動員的發源
基礎，以抗衡外來經濟壓力和干擾。

　　除這種「邊疆地區」式的內部團結和對外國際化的民族愛國意識外，當
時珠江三角洲傳統發展模式內的高度商業化和都市化亦給予城市的勞動群
眾相當的組織經驗和具體架構 ——「行會心態」。[2] 當時廣州有所謂「七十二
行」，從事手工業的工匠，在服務行業的僱傭勞動者，在商界從事批發或零
售業務的店員，均各有其堅固基礎，既受歷史傳統、經濟實力、群眾基礎
與市場的影響，更受官府和社會承認接納的職業團體 ——「行會」或「工

1　有關廣東（尤其珠江三角洲）「邊疆地區」心態影響民風與近代歷史發展，可參看 Edward J. M.
　　Rhoads, *China's Republican Revolution: The Case of Kwangtung, 1895-1913* (Cambridge, Mass., 1975),
　　pp. 8-14。

2　有關這種以同行同業經濟生產兼社會組合為基礎的「行會心態」，可參考 William T. Rowe,
　　Hankow: Commerce and Society in a Chinese City, 1796-1889 (Stanford, 1984), Part 2，其重點在商
　　業行會方面的研究。

幫」的影響。這些職業團體,尤其較為傳統式的行會,多是勞資混合的行會組織,通常僱主、老闆、大師傅等資方成員與一般工匠、僱傭者、店員和學堂等勞動分子均是行會成員,雖名為大家庭式統治,實際上操縱權多在資方手中,處處依據成文或習慣規章維護該行業的經濟權益,而流動性較高的服務行業工人,如搬運苦力、碼頭工人、建築土木工人等,則多會聚成「工幫」,由其幫主或工頭領導。雖然直接形式的勞資關係較行會淡薄,但幫頭與幫員間的人際關係更形重要。[3]

在珠江三角洲地區的農村,鄉黨宗族等血緣同姓關係組織,在地方治安、土地財產擁有權、生產分配、甚至教育文化等方面,常有決定性的影響力,同時也是最基本的經濟或社會組織單位,由是出現極為鮮明的地域主義兼以同鄉、同姓、同宗、同方言等以特殊化、狹隘界限為價值取向和聯結基礎的「偏狹特殊」傾向。此種作風甚至流入都市的社會組織,故不獨各行各業之行會、工幫有其濃厚傳統風格,而且具有以行業利益為主、範圍界限劃分清楚的「行會心態」。同時,珠江三角洲的許多城市行會或工幫,亦帶有明顯的地域、方言、同宗組織色彩。如搬運苦力們在廣州的組織,因來源地域和所使用方言而分成三水、潮州、客家三幫。這種兼有經濟職業結聚與同鄉組織雙重身份的團體,有時還扮演着同宗聯誼團體的角色(十九世紀二十年代廣州市內的一些新式工會,如造鞋業工會,就以同姓兼同鄉會員佔絕大多數),可以說是同姓、同鄉、同行業的三疊式組合。[4]這種多層次、同核心的職業性聯繫,使之對內的人際聚合團結性極高,同時也使其對外的排抗性傾向(或較中心的「不能連繫性傾向」)較強。

晚清珠江三角洲城市的工商業勞動者,就是在這種既有高度組織經驗,但又非純粹勞工階級的行業組織基礎,且帶着多重傳統特殊化作用的社會連

3　關於手工業匠人、服務行業工人、運輸工人的行會工幫組織(尤其是廣東的發展),可參考陳明銶:"Labor and Empire: The Chinese Labor Movement in the Canton Delta, 1895-1927"(PhD diss., Stanford University, 1975), chapters 6, 7, 9。

4　同上書,pp. 182-183。

帶關係，有時還有秘密會社滲入（如苦力常為三合會中人）等情況下，作出集體動員，尋求維持自身的行業、地方社區、宗族團體的權益，其意識觀念、組織基礎雖仍在「傳統」的範圍內，其行動目標、過程與成果影響，卻頗具「現代化」甚或「革命性」的傾向，堪足抗衡「現代化」西方工業列強對華活動的經濟壓力。

晚清珠江三角洲工人和店員的集體動員

在國際經濟交往衝突的歷史上，珠江三角洲的勞工界在鴉片戰爭前，已有相當的動員經驗。早在乾隆五年（1741 年），廣州的勞工已參與抵制停泊於廣州港口的荷蘭商船，以抗議荷蘭東印度群島殖民地當局在爪哇屠殺僑居華工。[5] 道光十一年（1831 年）春，廣州附近的南海、番禺兩縣手工業紡織工人，因英國進口棉紗大量劇增，直接威脅了當地紡織手工業的生存，發起抵制行動排拒英紗入口。這次消極抵抗式的抵貨運動，雖獲得短暫的局部成功，但不久英紗仍充斥華南市場，影響當地紡織業的發展。[6]

不過，這次抵貨運動由眾多的勞動者發動，並得到有關行會的支持，試圖以集體行動來爭取群體性的行業經濟權益，此在以前中外經濟關係上甚為少見。自鴉片戰爭以後，中外經濟交往日益擴展，國際經濟力量在中國的滲透漸加嚴重，加上這種國際經濟活動是建基在壓迫侵略性的「條約制度」上，而中國官府或因條約所束縛，無法或無力有效地抗衡此種外來壓力，於是首當其衝的中國通商城市中的勞動群眾只能依賴自身的組織和力量，不受國與國之間的條約所限，不顧外交文件的所謂制度和技術上的「合乎法律性」，斷然在不能容忍外來侵略時，採取自衛性、正當性及被公認為「權威合法性」的集體行動，這種抵貨方式隨即逐漸成為經常性的民間鬥爭手段。

5　　Lo-shu Fo, *A Documentary Chronicle of Sino-Western Relations* (Tucson, 1966).

6　　H. B. Morse, *The Chronicle of the East Indian Company Trading in China, 1635-1834*, vol. 4, pp. 180-196, 248-249, 271-272, 339-340; Peter Arben, *China* (London, 1934), pp. 64-65.

　　南海、番禺手工業紡織工人（俗稱「機房仔」）由於已有排拒外來經濟壓力的先例，因而在遭遇類似情況時，能利用原有的組織基礎，進行再團結動員。道光二十一年（1841年）鴉片戰爭期間，廣州近郊的「機房仔」和其他城市的勞工，在當地士紳領導的地方團練基礎上，堅決積極地反抗英軍入侵。「三元里抗英」轟動一時，朝野為之震驚。[7] 這場鬥爭首開粵穗草根階層有組織地集體抗拒英帝國主義的先例。

　　帝國主義者自恃所謂有法律根據的條約權益，進行各種發展建設以加強其在華經濟利益的活動。但位於中外接觸前沿區域的社會基層民眾，不會隨便接納或容忍此等外來特殊權益者對當地的惡性影響。例如道光二十七年（1847年），英國人違背條約所容許的範圍，企圖在廣州建置房屋，立即引起廣州及佛山兩地的建築工人「三行仔」（即泥水、造木、磚瓦三種技能的專門勞動者）的抵制，兩地的「三行」會館更公開宣佈抵制，拒不承接英方建築合約，迫使英人放棄原計劃。這次「三行」動員，是當地民眾抗拒英人企圖進居廣州城的勝利鬥爭。[8]

　　第二次鴉片戰爭期間，在英國殖民地香港，約有二萬多華工，包括市政、搬運和其他行業的工人，為抗議英軍攻佔廣州，響應廣州各民間社團行會的號召，舉行大罷工，並且集體離開香港返回珠江三角洲的「老家」。[9] 這次政治性的大罷工有以下值得注意的幾點：

　　（1）英國為其帝國主義利益而開發香港，珠江三角洲地區的工人為生活出路而到香港工作，從政治、文化、人際關係各方面看，他們屬於廣東社區的一分子，並以廣東社區集體權益為主，而難與高高在上、歧視華人、侵奪

7　陳錫祺：《廣東三元里人民的抗英鬥爭》（廣州，1956年）；列島編：《鴉片戰爭史論文集》（北京，1958年），頁236-250，281-282，290-295；Frederic Wakeman Jr., *Strangers at the Gate* (Berkeley & Los Angeles, 1966)。

8　彭澤益編：《中國近代手工業史資料》（北京，1957年），頁509-511；梁廷枏：《夷氛紀聞》（廣州，1874年），卷5，頁89-91；列島，前揭書，頁299-300。

9　夏燮：《中西紀事》（1865年，1962年台北重印），卷13，頁8-9；H. B. Morse, *The Chronicle*, p. 436；E. J. Eitel, *Europe in China* (1895, reprinted in Hong Kong, 1983), pp. 311-313；元邦建：《香港史略》（香港，1987年），頁119-122。

中國利益的殖民地政權當局取相同立場。他們甚至認為英殖民地當局本身的「合法性」極受懷疑，故無法認同和效忠。

（2）這次工人們集體離港返粵，採取經濟抵制行動，實為十九世紀二十年代三次大規模經濟性動員的重要鬥爭模式開了歷史先例。中國工人集體停止服務，離開香港返回廣東，一方面可避開英方直接壓力，同時又可以實際行動來顯示徹底鬥爭的決心。

（3）香港或其他帝國主義在華的發展基地，其目的在擴張經濟利益，而中國城市勞動群眾正好處於戰略性的前線要衝，可藉集體動員作出經濟抵制。

十九世紀末期，帝國主義在華勢力日益膨脹。在社會和個人心理方面，租界或殖民地當局的無理苛待，法律行政的不公平，常使在租界或殖民地工作的勞動者深感不滿。在經濟和社會的雙重壓力下，位於中外經濟交往前線的工人、匠伕、小店員很自然地產生日趨成熟的政治意識和社會覺醒，把維護自身行業利益，與社區利益乃至民族主義愛國情緒相結合，舉行更多和更大規模的抗議動員。中法戰爭期間香港華工反法抗英大罷工即是例證。

光緒十年（1884 年）九月，香港船塢工人感於愛國情懷，拒絕修理法國軍艦。當英國海軍和殖民當局施加壓力時，船塢工人集體罷工抗議，終於迫使法國軍艦轉駛日本修理。煤炭苦力、裝卸工人、載貨艇夫、旅業工人和其他服務行業成員，還舉行歷時兩週的同盟罷工，支持船塢工人的抗議行動。港英殖民當局逮捕工人，試圖以武力鎮壓罷工，又激發市民暴動。[10] 這次愛國性的罷工，雖基本上屬於政治性質，但港英殖民當局鎮壓的理由，是工人違反了所謂的「自由經濟不干預主義」，視船塢工人拒不修理法國軍艦為「非法」，認為香港工人無權決定是否願意從事某類型的勞動，或決定僱

10　李明仁：〈1884 年香港罷工運動〉，《歷史研究》，1958 年第 3 期；Jung-fang Tsai, "The 1884 Hong Kong Insurrection: Anti-Imperialist Popular Protest during the Sino-French War," *Bulletin of Concerned Asian Scholars*, vol. 16, no. 1 (January-March 1984)；邵循正等編：《中法戰爭》（上海，1955 年），第 5 冊，頁 37-38。

傭條件，結果促使香港華工起初的愛國性局部鬥爭，轉變為直接抗拒港英殖民當局漠視華工經濟權益自由的全面動員。

　　光緒三十一年（1905 年）爆發的全國性抵制美貨運動中，珠江三角洲地區的激烈鬥爭最為持久和有力。雖然學界人士、士紳、商家和行會首腦在初期起了發動、領導、宣傳等重要作用，並且因為他們的參與，清廷對這場運動採取了較寬容的態度。但全國各大都市抵制美貨運動的進行，主要是依靠各地行會、工幫、公所和其他工商團體的支持，以及各行業工人、店員的認真執行。這種情況以廣東最為明顯，其原因在於赴美的華工絕大多數來自珠江三角洲西隅的四邑 —— 台山（新寧）、新會、開平、恩平四縣和中山（香山）縣。抵制美貨的目的是爭取華工赴美的公平機會，珠江三角洲地區的勞工界因切身經濟權益所繫，自然最為熱心積極參與。當抵貨活動在上海、漢口等通商口岸逐漸結束時，珠江三角洲地區卻仍有足夠的草根階層作為動力，將鬥爭一直堅持至次年夏季。雖然這次抗議運動未能有效地迫使美國政府改變其禁壓華工的政策，但對美貨和商業機構仍給予了沉重打擊。[11]

民初珠江三角洲勞動階層集體行動背景

　　民國成立後，社會風氣和政治操作均有相當大的變革。尤其是反帝反封建的五四運動、新文化思潮和鼓吹社會解放，對國內大城市的民眾心態和組織傾向均有積極影響。同時，當時的經濟發展和國際局勢亦形成了客觀有利環境，給勞動界提供了爭取經濟改善的條件。

　　1914 至 1918 年第一次世界大戰期間，歐洲列強因戰爭所迫，暫時放鬆了在亞洲太平洋地區的經濟擴張，使中國民族工商業投資者俱有特殊發展機會，大量創辦新式企業。故 1910 年代中期至 1920 年代初，可以説是新興中

11　張存武：《光緒卅一年中美工約風潮》（台北，1966 年）；Margaret Field, "The Chinese Boycott of 1905," *Papers on China*, vol. 2 (1957); Edward J. M. Rhoads, "Nationalism and Xenophobia in Kwangtung (1905-1906)," *Papers on China*, vol. 16 (1962)。

國民族資本主義發展的黃金時代。在這同一時期，日本帝國主義亦趁西方列強無暇東顧之機，盡量利用國際權力均衡的「真空期」，大量發展日本在華的企業投資。中資和日資大規模工業投資除帶來許多工業勞工的就業機會外，亦直接促成通貨膨脹、物價上升的普遍現象。此外，因歐洲戰事延續和擴大，全球性的運輸、貿易、金融、物資供應亦受到嚴重干擾，以致多年運行的國際經濟交流模式發生急劇變化。影響所及，中國市場的原有平衡同樣受到波及。

與經濟發展同時還造成另一種自然社會經濟現象，即新式工業的大規模發展，必然相應需求大量勞動者。這不單是擴大就業機會，同時也在供求平衡之下，造成勞動工資上升的可能條件和市場價值。所以一方面是通貨膨脹，物價上升，另一方面勞動者需要調整薪酬，方可維持原有的生活水平，此乃工人加薪之必要先決條件。因此，1920 年代初期珠江三角洲地區的城市勞動者借此自然經濟動力和時空配合的機會，從事一連串的集體行動來謀求應付國際經濟變遷所帶來的壓力。[12]

國際經濟壓力在華南區域最為明顯的焦點自然是香港。從 1920 年代香港三次大罷工的歷史例證，可以看到一些值得注意的現象。例如傳統形式的組合可有效動員勞動者進行現代經濟集體談判（collective bargaining）；地域社會文化連帶關係並非一定引致社會階層內部的分化，反而可成為團結草根階層的有力要素；政治鬥爭在最終層次不容易與經濟性的鬥爭作出簡單的劃分，在勞動界的意識覺醒和動員發展過程中，二者存在着極為密切的相互關係，有時在外來壓力下，純經濟性的動員可能變成政治性的鬥爭；由現實客觀條件和歷史演化所支配，最激烈、有規模、有成效的勞動界集體動員並非一定以新式工廠企業的「現代工人」為主體，反而是以專業行會化、熟練工匠（如廣東的機器工人）或流動性頗高的運輸業工人（如海員、搬運苦力）、或商業機構僱員和店員（如洋行職工）為主。他們所處的中外經濟交往戰略

12　有關第一次大戰期間中國工業發展與勞工就業及生活水準的關係，可參考陳明銶：〈五四與工運〉，載汪榮祖編：《五四研究論文集》（台北，1979 年）。

性地位，給予勞動分子的特殊有利和必然條件，終成為勞動階層社會動員的支柱。他們因承受沉重的國際經濟壓力而作出的抗拒行動，是任何政治權力架構（中國和西方）未可輕易否定或禁止的。

二十世紀二十年代穗港工潮之歷史評估

（一）香港機器工人罷工（1920 年）

　　這是第一次世界大戰後中國城市首次大規模的純經濟性罷工，起因係國際性物價通脹，港幣貶值，工人收入不足維持生活最低所需。1920 年 4 月 1 日，「香港華人機器工會」因資方不理會工人加薪 40％ 的要求而發動罷工。罷工者迅速離開香港返回廣州，既可以避開直接遭受港英殖民當局的壓力，又可在廣州得到當地工會和社團的支持，罷工期間的基本生活得以解決，可以有效地堅持勞工立場，把罷工維持下去，直至資方和殖民當局尊重工人意願而作出適當的讓步。

　　此次罷工歷時十九天，參加的工人近一萬名，香港公共事業、交通、運輸、通訊等二十六個行業的生產和服務均受影響而陷於癱瘓。故港英當局不敢過度偏袒資方，被迫居間調停，終於使勞資雙方達成協議。工人獲得勝利，加薪 32.5％，於 4 月 19 日開始復工。[13]

　　從參與人數、行業及堅持時間看，這場純經濟性的罷工實屬大規模的勞工集體行動。不但機器工人本身在工會領導下團結奮鬥，而且穗港兩地的其他勞動團體在鄉土情誼和民族主義的推動下，也成為香港華人（其實絕大多數亦為廣東人）向港英殖民當局和外資企業鬥爭的後盾。可見傳統特殊化的社會組織和人際關係在現代世界性的勞資衝突中，仍可擔當有效的動員基礎，對殖民地方式官商勾結壟斷的不公平經濟剝奪作出抗衡。同時更需注意

13　李伯元、任公坦：《廣東機器工人奮鬥史》（台北，1955 年），頁 61-62；Pauline L. S. Chow, "A Study of the Hong Kong Chinese Engineers' Institute from 1909 to 1949" (BA thesis, University of Hong Kong, 1985)。

的是這次機器工人的經濟性罷工，起因於世界大戰後經濟復甦，生產劇增而導致通貨膨脹，作為國際貿易運輸的自由港口，香港當然不能避免這種自然的經濟壓力。物價上升，基本生活費亦隨之提高，故香港機器工人要求調整工資收入來維持生活水準，是極正常合理的公平現象。即使從資本主義社會市場操作原理來看，也是理所當然的。只是港英殖民當局祖護外資企業，歧視華籍工人，故抗衡衝突面擴大，引起粵穗社會的同情而間接介入這場鬥爭。

（二）香港海員工人罷工（1922 年）

國際性經濟壓力和其所帶來的通貨膨脹—物價上升—工資調整式自然市場影響，是絕非一個殖民地政權所能左右的。對國際經濟壓力的反應和無效的行政干預，在 1922 年歷時六個星期的香港海員罷工過程中顯露無遺。回顧歷史，這次罷工是第一次世界大戰後中國最大規模的經濟性罷工。由於港英殖民當局的高壓手段，使罷工同時也變成中國工人反抗帝國主義壓迫的政治性愛國動員，對後來中國革命的城市草根階層集體行動有重大影響。

1921 年 3 月，「中華海員工業聯合總會」正式在香港註冊成立。海員工會的首要活動是爭取海員加薪。自大戰以後香港物價持續上升（1913 年批發物價指數為 100，1921 年為 140），而 1921 年初香港貨幣對外匯率又貶值50%，加上戰後香港租金大幅升漲，使一般草根階層勞動者難以維持生計。海員們更不滿工作環境惡劣，工時過長，船上食住條件差，工資微薄。尤使其反感者，是所遭受的歧視。華籍海員工酬不及同樣工作的外國海員工資的四分之一，國際輪船公司在戰後把外國海員薪酬調增，唯對華籍海員不予增加，使中外籍海員工資差距愈來愈大。此外，許多海員對「行船館」的介紹費、包傭扣薪也深為不滿。

1921 年秋，海員工會正式向各船公司提出三項要求：（1）增加工資。按收入比例，加幅由 10% 至 40%；（2）工會有權介紹海員就業；（3）工會有權派代表監察輪船公司與海員簽訂僱傭合約。這三項要求均合情合理，符合國際一般慣例。但船公司對海員工會的三次知會均置之不理，故海員工會

發起罷工，由 1922 年 1 月 13 日起至 3 月 7 日止，歷時五十二天。

海員罷工後，香港對外的海上交通中斷，商業貿易停頓，日常食用供應也成問題，以致物價上升，市面混亂，民心不安。港英當局漠視草根階層民眾的要求，不懂自然經濟力量之不容抗拒，仍企圖用高壓手段鎮壓，結果反使海員純經濟罷工演進為反帝國主義的政治抗議動員，由海員的一業行動擴展至各種運輸工人罷工，最終變成其他行業工人的同盟大罷工。至此，香港百業停閉，交通運輸斷絕，成為一個「死港」。英殖民地當局封禁工會，派軍警鎮壓，引起更大的民眾反感和導致軍警槍殺步行返粵罷工者的慘案。

海員和其他行業的罷工者能有效維持集體鬥爭，實有賴於廣州作為後援，尤其是廣州的工會和政府及社團對罷工返回省城的數萬香港工人的支援，海員工會也在廣州設立了罷工總辦事處，有效地處理對內對外事宜，使罷工可長期進行直至勝利。其他外地工會的鼎力支持，使中國海員一度成立了「聯合防線」以應付國際輪船公司和帝國主義的壓力。如上海工會之干預，使港英當局無法招募寧波海員來港代替罷工的香港海員。

省港兩地工界的團結，還使廣東當局同情工人權益，使海員罷工可堅持下去，對港英殖民政權和輪船公司作出致命的經濟制裁。最後，港英官商上層無計可施，只好向罷工海員的合理要求讓步，向香港華人的民族尊嚴低頭，在 3 月 5 日達成協議，資方給工人增加工資 15% 至 30%，按不同航線而定，香港政府則在次日取消海員工會為不合法組織的封禁令，海員回船復工，這五十二天的海員罷工終以勞動界重大政治和經濟勝利結束。這亦是傳統的行業、地域鄉土、人際關係的組織有效抗衡現代國際經濟壓力和帝國主義的成功例證。

（三）1925 至 1926 年省港大罷工

這次純政治性愛國大罷工的導火線，是上海「五卅慘案」。在全國各地的鬥爭中，其規模最宏大、歷時最持久者，是 1925 年 6 月至 1926 年 10 月涉及罷工人數達二十五萬的省港大罷工。

這裏分析的重點，並非省港大罷工的歷史詳情，或當時國共兩黨合作的

「統一戰線」的互相支援關係，而是集中介紹珠江三角洲草根階層的動員形態。這次大罷工實際包括三個層次的城市群眾運動。

（1）香港的二十多萬各業華工，由海員工會帶頭發動舉行同盟大罷工，並立即有系統地安排罷工工人撤離香港返回廣州或廣東鄉下原籍，一方面避免港英殖民地當局的迫害，同時顯示堅持鬥爭到底的決心，另一方面在革命政權支持下，香港罷工者回粵的生活起居可得到解決，也增加罷工者抵制英帝國主義的有效抗衡程度。

（2）廣州及附近地區的工人、店員對英資企業商行的制裁，除罷工以外，還拒絕提供任何服務，實行全面抵制，同時禁止買賣英貨。

（3）廣東革命政府支持設在廣州的「罷工委員會」所定策略，以斷絕運輸打擊依靠對外貿易為生的香港經濟及英帝國主義者在華南的商業利益。廣東方面不向香港供應糧食，禁止一切交通往來，不准英籍輪船出入廣東各港口，廣東對外出入口均不經香港，不用英船運載，其他國家的商船停泊香港或運載英貨，亦不准往來廣東。廣東境內則凡非英輪、非英貨或途經香港者，均可自由貿易往來。這是利用帝國主義列強在華利益不一致，一方面積極爭取外界支持，直接開展國際貿易，促進廣東經濟繁榮，另一方面可集中廣東朝野力量來孤立和制裁英帝國主義。封鎖與禁運措施的有效執行，主要依賴於「罷工委員會」的水陸糾察隊近三千名武裝隊員的努力。

上述罷工、抵制、封鎖三層次相互配合，得到廣州革命政權作為政治後盾，由組織嚴密的基層工界武裝動員起來，給予港英殖民當局和英國在華經濟利益以嚴重打擊。最足稱道者，是罷工工人有頗為開明的政治覺醒，並非盲目衝動地排外，而是明確了解歷史條件和針對具體經濟權益的理性化集體動員。他們盡量利用地緣鄉土優勢，藉宗族人際團結力量，配合革命潮流抗拒帝國主義壓力。

這次粵港數十萬工人以實際行動登上革命鬥爭的國際舞台，其目標和鬥爭方式極為現代化，其組織模式也極為現代化，但其內部團結的價值取向，尚未完全脫離所謂「傳統」形式的宗族、鄉土等特殊化人際關係網，似乎這種「傳統」可促進草根階層的社會組合，甚至可促進勞工階層與其他社會階

層（如學界乃至商界中的開明進步分子）合作，形成以整體社區利益為大前提的抗衡運動。省港大罷工期間對港英的封鎖，使外國商船直接通航廣州，促成粵垣一帶的空前繁盛，使廣州商界除受鄉誼、民族愛國心推動外，也因自身直接的經濟利益支持或容忍勞動群眾的反帝動員。

反觀香港的華商領袖，因受罷工、封禁雙重壓力，全港經濟衰退而陷於困境，多次派人到廣州試圖調停復工，但罷工者有廣東政府支持，拒不放棄政治要求，包括廢除不平等條約，解決上海、沙基慘案，港英當局實行民主改革等。因此，香港華商無法分化粵垣的反帝動員，中英雙方政府談判亦無法解決。最後中方改變鬥爭策略，主動結束大罷工，集中力量進行北伐，向華中英帝國主義勢力範圍進攻。故罷工雖在省港地區結束，但草根階層的革命動員經驗和鬥爭意識未減，直接促成 1927 年 1 月漢口和九江兩地工人配合鬥爭的政治形勢，以收回兩地的英國租界，開創了中國近代史上城市群眾抗衡外國經濟壓力的勝利一頁。[14]

綜合性考察

以上是對珠江三角洲草根階層近一個世紀的集體動員進行了簡略敍述，下面就整體性的群眾動員形態作幾點綜合考察，以便日後從事更深入的研究。

（1）十九世紀中葉以後，中國社會的風氣和朝野人士的世界觀雖因受外來壓力而漸趨現代化，但在勞動群眾中，有不少所謂「傳統」的價值取向和人際關係網。如宗族、同鄉、同姓、同方言等「特殊化」甚至「偏狹式」的因素，仍可有效地進行行業間、階級間的多元化社會組合和集體動員，以維護整體社區權益，抗拒「現代化」殖民帝國主義跨國式資本主義的經濟壓力。

（2）城市草根階層勞動群眾，雖受正規教育的水平不高，但珠江三角洲

14　陳明銶：〈愛國工人與漢口、九江英租界之收回〉，見陳明銶主編：《中國與香港工運縱橫》（香港，1986 年）。

區域的工人們，因長期處於「邊疆地區」，深受其職業生產團體組合的「行會心態」影響，有其頗為具體、明確、正當、公平、正義的「權威合法化」觀念，作為其公共道德和集體行為的標準及依據。此與國與國之間、政權上層之間以官方規則或國際條約為基礎的制度和行政措施的所謂「合法性」截然不同，因而雖有《南京條約》、《北京條約》等官方簽署的條款，但位於國防外交前線「邊疆地區」的下層民眾，並不隨便接納或承認這種「合乎法律性」的政治現狀，而是依據其自身利益所繫的「權威合法性」為準則，不順從中國官方的立場，與外國侵略勢力相抗衡。香港華工的反殖反帝鬥爭，最能表現這種精神。

（3）自鴉片戰爭失敗，中國被迫開港通商，廣州的外貿專利獨佔地位消失，至十九世紀六十年代為上海所取代。及至二十世紀初期，香港國際港地位日益重要，廣州所剩餘的華南區域，對外經濟往來亦被香港所取代。主要交通運輸，必須先經過香港。久而久之，粵垣官商朝野形成對港英當局和英商集團的極大反感，認為港英的繁榮是建立在廣東的落後之上。但在普通下層民間社會交往、人際聯絡、同行同業交流方面，又有「省港一家」的宗族、鄉誼、方言文化的共同歸向，可謂唇齒相依。尤其是兩地行會、工會等勞動團體的互相合作，更在民國時期幾次大罷工中得到充分體現。香港華工充當反殖反帝鬥爭的前線先鋒，粵垣工界為其後盾給予支援，而粵方的民間團體和政府也變成香港罷工者「庇護所」的主人。

（4）從中國傳統角度看，香港工人位於「邊疆地區」的外圍，即地理、文化和政治的「外圍邊緣」。但從現代國際交流、殖民帝國主義和跨國式資本主義發展的形勢看，則香港工人正處於極具戰略意義的英國在華勢力的重鎮核心。故香港華工的純經濟性集體行動，實有無可迴避的政治含義。港英當局標榜所謂「自由經濟政策」，只是為了逃避對社會和民眾承擔應盡的義務。1922 年海員罷工，表現出華工拒絕接受港英當局和英商漠視合理經濟原則、違反公平的雙重剝削苛待。香港華人普遍對港英當局的不滿，是導致華工雖在香港有就業機會和經濟收益，但仍是不能完全接受港英殖民政權壓迫的重要原因。在涉及基本行業權益和社區、民族、祖國尊嚴時，即群起動

員從事反英鬥爭。

（5）珠江三角洲地區以熟練手工業工人、作坊工匠、服務業從業員、舊式商戶小店員、運輸工人作為生產勞動力的主流，由於他們在經濟和社會上的戰略性作用及不容取代的貢獻，故必須以其為骨幹主體進行城市群眾動員。他們是所謂「傳統」的生產勞動者，但所從事的卻是現代化集體工業行動，是以經濟方式抵制帝國主義經濟侵略的主力，亦是近代中國勞工運動的主流。我們研究現代化的社會運動和工業問題，不能簡單以「新式」工廠工人為主要對象，而且對「傳統」與「現代」兩者的劃分，也不宜過於機械和死板。研究不同的對象和不同層次的問題，應作具體的分析，進行符合事實的比較觀照。

原載：章開沅、朱英主編：《對外經濟關係與中國近代化》
（武漢：華中師範大學出版社，1990 年），頁 326-342

在革命前線 —— 1920 年代中期粵港工運重點勾劃綱要

（一）大時代環境的背景

1. 國民革命時期社會動員

　　1924 年至 1927 年間風雲變幻的國民革命時期，中國國民黨和中國共產黨組織聯合戰線（或稱統一戰線）。戰線有推進國民革命的三大目標，分別為：一、反帝國主義；二、反殖民主義；三、反軍閥，綜合成為群眾大動員的鬥爭攻擊目標。他們的行動策略是鼓勵推進工人階級、農民階級、學生團體和軍人，即工農學兵 —— 四大支柱的群眾運動支持革命。當然後來也有進步的商界、中產階級和知識分子等其他愛國成員，所以被稱為多層面、多階級的聯合戰線。但是，當時國民革命的社會動員不只是對外鬥爭，因為國民黨裏面分裂，所以國民黨的左派和中國共產黨合作，但右派就極端反共及反經濟侵略，導致變成左派及右派在危機重重的廣州革命基地，有很嚴重激烈的內部權力鬥爭和複雜的政治路線分歧矛盾。

2. 粵港工人與孫中山革命之歷史淵源

　　自十九世紀末年，孫中山大力鼓吹革命思想，不少粵港工人們為之嚮往。當時廣東和香港近代產業工人以機器工人和海員為主。中國各地開辦的機械廠，亦僱用大量的廣東工人。這一批知識水準較高的技工，成為革命黨

爭取的對象。孫中山亦重視組織工人，招攬大量機器工人和海員加入革命黨組織，想以廣州和香港的特殊環境，作革命活動的基地。清末革命時期，粵港海員、碼頭工人、苦力和機器工人，大部分並非同盟會的會員，仍常常冒險替革命黨傳遞消息、運送彈械、偷渡黨人、私製軍火和宣傳等工作。孫中山所發起的十次起義，所有軍火都是從海外購買的。如此大宗的軍火，要秘密運往起義地點，不輕易給敵人發覺，全靠海員的積極參與，使軍火能夠順利運送到起義地點，交到革命黨人手中。可見孫中山與華工關係密切，粵港工人熱衷投身革命，曾協助孫中山的反清活動，亦為日後反對帝國主義侵略的愛國罷工，發揮積極的作用，粵港工人，以罷工支援五四愛國學生，組織北伐軍運輸大隊等，開中國工人運動之先河。

3. 中英港多邊關係之國際因素

　　(i) 孫中山先生三度開府廣州與革命發展。當時牽涉中國（當然以廣東為主）、英國和香港（所謂的中英港）的多邊關係的不同層次、不同程度互動的國際因素，最起碼就是廣東本身（以廣州市為政權核心地）。孫中山領導下的國民黨，在 1917 年至 1926 年間，曾經三度在廣東省／廣州組織革命政府，利用廣州做革命基地。因為孫中山自己是廣東人，而且廣州和香港、澳門關係密切，又有很多海外華人、華僑往來，他們也多是廣東人。這並不只是地方性，而且有中西交融的對外交流，以及國際關係那種特殊條件去推動革命路線。

　　(ii) 粵港交往的政府、經濟、社會和文化關係，以及在地區性的範圍來看，廣東省與香港的交往極為密切。所謂省港一家，廣東省和香港在政治上的往來、在經濟貿易的聯繫、在社會文化方面、機構性質的、個人性質的交往都有。香港主流人口是廣東話幫。廣州市就更不用說，廣府、珠三角左邊、右邊（有所謂珠江一河兩岸），都是參與粵港澳關係（現稱珠三角）活動的大範圍。但是，不單是人、文化、社會、經濟方面密切往來，最重要的是政治方面。這個珠三角 —— 廣州、香港、澳門這三個範圍運行三個不同的行政、法律、管理制度，所以有一定的差距，也牽涉包括中、英、葡三方

面，不同國家的利益。

4. 1920 年、1922 年、1923 年及 1924 年的粵港衝突糾紛

回顧那時廣東省城廣州和英治香港的交往，再次集中在罷工時期的省港關係。香港機器工人有了強大團體組織「香港華人機器會」後，在 1920 年物價高漲，勞工生活困難時，發動華人機器工人罷工，當時香港罷工的機工回去廣州。「廣東省機器總會」和廣州官方支持回粵的香港罷工工人，即間接和港英殖民地當局、英資商業機構、資方當權派有衝突。香港機器工人取獲勝利，顯示工人團結的力量，香港工人開始打破門戶之見，紛紛成立產業工會，打開中國工運新一頁。

1920 年代轟動全球，為期六星期的香港海員罷工，更不得了。1922 年 1 月 12 日，「中華海員工業聯合總會」發動香港海員罷工，提出加薪要求。香港海員罷工後，他們依樣畫葫蘆，仿照 1920 年香港機器工人罷工返廣州的先例，罷工的海員及其他同情罷工的工人紛紛陸續返回廣州，一來有粵方支援較易解決罷工海員生活問題，同時避免英國殖民地當局和船公司的壓力，但港英當局封禁海員工會和其他兩個香港工會。當時孫中山遠在廣西，得悉罷工後，派馬超俊為代表，動員國民黨屬下各工會支持罷工，熱情招待罷工海員，並給予經濟上的援助。孫中山並向香港政府施加壓力，加速罷工的最後勝利，港府和船公司接受罷工香港海員的加薪要求。全名「中華海員工業聯合總會」的海員工會，1921 年 3 月 6 日在香港正式成立，其香港總部之招牌是由孫中山親筆書寫。可想而知，若今天香港有人膽敢去封了有由毛澤東或是鄧小平親筆題字招牌的店鋪，後果不堪設想。香港海員罷工輝煌的勝利成果，推動第一次中國全國罷工高潮。以後 1925-26 年的省港大罷工，1926-27 年的北伐等革命動員，粵港海員都身先士卒，為國民革命大業付出力量。海員工會領袖蘇兆徵，在領導罷工方面作出巨大貢獻。1925 年 3 月，蘇兆徵代表廣東香港工人團體出席在北京的國民會議促成會全國代表大會，他正式加入共產黨。6 月 19 日，香港海員帶動全港工人大罷工，抗議因帝國主義壓迫工人而在上海爆發的「五卅慘案」，香港罷工工人返回廣

州，成立「中華全國總工會省港罷工委員會」，選蘇兆徵為委員長兼財政委員長，領導罷工。可見 1922 年的香港海員罷工和 1925-26 年省港大罷工的密切關係。

　　1923 年，孫中山控制的廣州政府要求用公平的國際法及經濟實況條件，將由英國控制的中國海關當局在廣東省（即是國民黨控制的範圍）所收的海關稅收償還當時中國要支付的外債或者其他的國際財政義務之餘，而剩下的「關餘」款項應還給廣州當局，並不是給北京政權。雖然當時名義上代表中國全國政府在北京，但是實際海關稅收在廣東（國民黨的地盤）。所以有孫中山和由英國人控制的海關鬥爭，導致孫中山與英國外交當局有嚴重的分歧。而英方堅決以武力威脅，把英國遠東艦隊駐香港的軍艦北調上廣州市的珠江河面威脅廣東政權，令孫中山十分氣憤。

　　1924 年，由英資滙豐銀行的廣州分行華經理（即買辦）陳廉伯領導的廣州市商會組織的團練，即商團（私家武裝保鑣），以武裝力量來要脅當時正在國共合作的國民黨廣州政府。最後商團和官方「攤牌」，商團被國民黨及左傾工會打敗。陳廉伯和部分商團人員逃到香港，令中英關係嚴重受損，粵港關係也不甚愉快。在某方面來説，在 1920 年代初期那四、五年，粵港關係因政權利益的矛盾，導致出現很多糾紛風波事件的局面，是反映涉及濃厚政治衝突的深層次問題。

（二）第一次世界大戰以來中國社會運動的因素

1. 五四運動與新思潮

　　自第一次世界大戰（1914-1918 年）以來，中國社會運動有重要的突破性發展。戰後第一年（1919 年），著名的五四運動 —— 愛國動員 —— 在北京爆發，已經引來的新思潮，提倡國家的解放就是國民的解放。即是要解放每個人的思想、態度和自己的文化，推翻舊式的、封閉的思想，並提出幾個口號，其一為「勞工神聖」，這和當時的社會現實有一定的掛鈎關係。

2. 華工在 1914-1918 年的歐洲戰爭

1914 至 1918 年間，歐洲戰事正酣。中國起初保持中立，後來參戰支持英法盟軍對抗德奧同盟。法國的工廠和前線人手短缺，所以英國在華的經理人、公司招募中國工人，尤其是在山東省的英國租界威海衛地區吸納北方工人、山東工人去歐洲前線。小部分去英國工廠做工，大部分去法國工廠、甚至盟軍法國戰場前線，負責挖掘戰壕等工作。有統計指出，全盛時期有超過三十多萬中國工人在歐洲。亦有中國工人在沿途運輸時，船艦中了德國的水雷或德國潛艇的魚雷，或因在歐洲前線服務而傷亡。所以說，中國除貢獻勞工人力，亦有部分工人的犧牲。這就是為何一戰結束後，中國能夠在巴黎和會以戰勝國身份參與。有人會質疑中國在世界大戰中出了甚麼力？其實我們這三十多萬的華工十分重要。當中死去的二、三萬人，都是中國為盟軍的勝利所付出的犧牲。所以「勞工神聖」這個口號是和中國的東方參戰國身份有關，該感謝在歐洲戰爭前線的中國山東工人。

3. 1914-1922 年中國的工業化黃金期

而在 1914-1920 年間，因為歐洲戰事的關係，西方列強無暇控制、操縱在亞洲、中國沿海沿岸地區的殖民地及租界，例如上海、天津及武漢。日本人乘機而入，在天津大規模投資工廠，但是，中國自己華資、本土的資產階級、商家也大力投資，所以當時中國國內的工業化急速發展。有很多商業投資，只要有產品，就不憂心沒有生意，因為歐洲戰場需要貨品，歐洲自己的部分工廠炸爛了、炸壞了，或者人手不足，所以出產並不能滿足戰時物資需求，所以需要從中國輸入華工到戰時歐洲服務。

4. 一戰時及戰後的通脹壓力及工會潮

世界大戰和戰後，中國的工業持續了幾年的繁榮，所以 1914 年至 1922 年是中國工業化的黃金期，但是這個急速的工業化因有大規模的資源投入，所以繼續有通脹、物價高、人工高等問題。而且因為戰時的國際交通運輸受到干擾，所以運費上升，製造了人為及自然經濟現象帶起的通脹，使當時工

人的生活十分辛苦。五四運動所帶來的新風氣，或者三十多萬華工在歐洲的見聞，和親身經歷外國工人一定程度的工會運動促使他們照板煮碗。這是一個新的現象。

（三）1920-1925 年間粵港工運的重點

1. 勞資階級的武裝鬥爭

　　1920-1925 年間，在廣東和香港發生工潮。剛才提及，在 1920 初機器工人罷工，1922 年海員大罷工和 1924 年商團事變裏，在英帝國主義者、香港殖民當局的支持下，那些反共保守商家（陳廉伯之流）以武裝來和左傾的國民黨政府，或可說是國民黨與共產黨組織的聯合政權，去爭奪廣州市的控制權。最後商團輸了，但是他們的失敗是因為當日國民黨有新的軍隊：蔣介石領導的黃埔軍校的學生軍和左派工會的工人武裝糾察隊。糾察隊和工人相熟，又是本地幫，所以就在自己舊老闆的貨倉和店鋪放火。廣州市西關被燒了大半，就是那些武裝工人所為。這代表在中國革命裏第一次勞資階級的全面武裝衝突鬥爭。但這不只是勞資矛盾這麼簡單，而是勞工和黨／官方應付反革命的資方，所以這是很重要的工運新發展。

2. 國民黨和中共工運組織

　　1925 年有一件重要事，就是在廣州舉行的第二次全國勞動大會。1922 年 5 月 1 日，中國共產黨的「中國勞動組合書記部」召集各工團在廣州開第一次全國勞動大會。該會得到孫中山的支持，派出國民黨屬下各工會參加，並借出「中華全國機器總工會」的會所為開會場地。中共剛派人參加廣東工運，但沒辦法控制勞動大會，因為廣東工運在共產黨成立以前就已經十分蓬勃。自幾十年前、晚清開始已經很有系統、組織化：舊式行會，同鄉關係、同宗、同方言 —— 這些被稱為非現代化條件基礎，但是已經存在。中共到了第一次全國勞動大會發現原來廣東和上海、華北這一帶的勞工情況不同。廣東工人已經有政治化醒覺，亦和當地的政權、孫中山國民黨革命政權已

經有合作好關係，受到法律保護搞工運，所以條件充足。幾年後，在 1925
年，配合國共合作和國民革命的愛國潮大政治，第二次全國勞動大會十分成
功，還成立一個全國工運最高組織 ——「中華全國總工會」，由中共和國民
黨左派分子控制。中華全國總工會以後是省港大罷工組織上的「契爺」。

（四）1925-1926 年大罷工與粵港政局

1.「五卅運動」和「後孫中山」群眾動員

　　要看 1925-1926 年的香港大罷工和粵港政局，框架就要大一點 —— 當
時全國性的愛國群眾動員，省港大罷工是所謂的第二波。第一波是上海的
「五卅慘案」。1925 年 5 月，上海的日資紗廠罷工，日本資方管理層打死華
工的談判代表，引起在國際公共租界罷工華人遊行示威。但是上海國際租界
實際是英租界，由英國管理。在 5 月 30 日，上海英國巡捕開槍打死在租界
遊行抗議的中國學生和工人，英方的屠殺抗議者，引起學生、工人和其他各
階層華人的同情聲援，導致全上海舉行罷工、罷市、罷課的「五卅運動」，
廣州其後響應。但是廣州為甚麼響應？那時間十分特別。在 1925 年 3 月 12
日，孫中山在北京去世，之後廣東大局極不穩定，廣州內部亦有權力鬥爭。
直至後來 1925 年 6 月底，國民黨平定粵省內部的廣西、雲南軍等的外省兵
（或者所謂客軍）的割據勢力，控制廣州市，不過還沒統一控制到整個廣東。

2.「六二三沙基慘案」和左派領導的省港罷工委員會

　　廣州為響應之前在上海的「五卅慘案」，在 1925 年 6 月 23 日，全市工
人、學生、軍人，以及附近近郊的農民發動一個愛國抗議大遊行。遊行經過
市區最旺的地方沙基。沙基隔着一條很窄的河，叫沙基河（闊度只如一條坑
渠）。河對岸是沙面島（現在廣州白天鵝酒店的位置），即當時英國租界和
法國租界位處所在。當時島上的英法駐軍開槍射殺中國遊行隊伍的學生和工
人，稱作「六二三沙基事件」或是「沙基慘案」。這個由流血引發的事件造成
很大影響。另外有一點要注意，後來成立的「省港罷工委員會」是省港大罷

工最高的指揮機關，也是屬於中華全國總工會的機關，是由國民黨左派和中共在組織上指揮、經濟資源上支援，以及當然大家不相信 —— 由那時被稱為「粉紅色左派將軍」的蔣介石所領導的黃埔軍校武裝工人和訓練工人糾察隊。

3. 從「廖仲愷案」到「中山艦」事變

國民黨左派廖仲愷 1925 年 8 月在廣州遭到行刺被暗殺，這個事情很複雜，國民黨左派和中共就指稱是國民黨右派的反撲，乘機把右派趕出去。廖仲愷為國民黨左派支持香港罷工最重要的人，因廖控制廣州財政。（廖仲愷即是今天我們都認識的北京前港澳辦主任廖暉的爺爺。再往更早時間說，以前周恩來主政時代，對華僑政策和對港澳政策都是由廖承志主理的。廖仲愷是廖承志的父親，所以是「小廖」廖暉的爺爺。）好景不常，到 1926 年 3 月 20 日，蔣介石又聲稱左派受蘇聯的唆使，想要綁架他。黃埔軍校外的河邊停泊了一艘國民黨海軍炮艇，叫做「中山號」（以紀念孫中山）。蔣介石聲稱中山號的軍兵想軍事兵變，綁架他到莫斯科，所以這個給蔣介石一個藉口去鏟除國民黨左派和中共的影響力。除政府衙門、軍事機關戒嚴，第一個短期被封禁的對象就是省港罷工委員會及其罷工糾察隊。可以知道原來左右派權力鬥爭裏的大本錢，就是罷工工人裝備。所以在某方面，省港大罷工絕對不是一個普通的罷工，而是一個政治性的、國際性的群眾動員，亦是國內國民黨左右派複雜的權力鬥爭重點。

4. 三層動員鬥爭框架內的省港工運

當時廣州情況複雜，所以在 1925-1926 年、為期十六個月的省港大罷工只是省港工運的其中一個重點大題目，並不是全部。所謂全部其實是研究同時涉及分作三層的鬥爭框架：第一、是國民革命，所謂國家性、甚至國際性的反英鬥爭。而華英之爭，就是反帝國主義；第二、就是涉及國民黨內部左派和右派及同時國共兩黨之間的權力戰局，十分複雜；第三、是自己工人本身為了經濟、為了其他工作環境、社會性、經濟性的爭議和僱主資方的鬥爭。但是更嚴重、更厲害的是勞工界裏面的分歧。因為左派右派，甚至同一

個行業有兩個不同名號、不同招牌的工會：一個是舊式、國民黨右派的、強調傳統行會關係、同宗同鄉關係，另外有中共推進工人團結的新式組織方式、工業式的、企業式的現代工會。同一個行業只有一批工人，左有工會招人，右又有工會招人，造成左右派兩邊分裂鬥爭，比對外和對資方的鬥爭還要殘酷，流血程度甚至比反英動員更嚴重。

（五）省港大罷工的歷史遺產

1. 國共合作與社會動員高峰，左右派分裂的導火線及受害者

關於 1925-26 年省港大罷工的歷史遺產，仿如投向省港社會的重磅炸彈，其歷史性意義絕不僅僅在愛國動員罷工，國共合作推動社會運動的最高峰就是這個為時十六個月的省港大罷工。左右派勢力分裂的導火線和受害者就是這個大罷工。但是它亦都製造一種革命動員之催化力量氣氛，國內和國際都有一定的程度的支援響應，可以說是抗戰／二戰前香港最嚴重的內部事件。雨傘運動可以說是回歸後最影響最深遠的群眾動員，而這個省港罷工也是一樣，因為那時香港只有七十萬人口，而有二十五萬人參與大罷工。他們不單離開香港，更回到廣州和廣東省的鄉下，人人都回鄉，所以香港整體是社會停頓、經濟很嚴重的惡化。

2. 國民黨北伐統一中國之始發點

就是這樣的氣氛，有國民黨左派和中共合作，和蘇聯支持。蔣介石領導的北伐軍由廣州出發，在 1926-27 年，打到華中、武漢，後來到上海、南京。這打下了國民黨全國政權的基礎，從廣州出發去北伐打回來。北伐是靠省港大罷工製造出來的社會力量、革命氣氛催谷出來。

3. 1929 年關稅自主的起步點

1926 年 10 月省港大罷工結束後，在解決香港罷工的善後、經濟支援方面，華方廣州當局要求關稅加多 2.5％的附加費。英方如果以國際條約來

説，一定不允許。但是實事求是，為了解決這個僵局，英方表示不會正式同意。不過既然大家想要解決這個工潮危機，英方就「隻眼開隻眼閉」，不正式抗議，也就照樣接受。這就開始 1929 年在南京國民黨全國政權收回中國海關關稅自主權的起步點。

4. 1927 年收回漢口及九江英租界之前奏

　　1927 年 1、2 月有轟動的大事，在香港 1997 年回歸以前，原來英方在中國的租界就曾被人收回。以前香港新界有九十九年租期，以 1997 年為限，所以在 1997 年收回。在 1926 年 10 月 10 日、雙十節紀念日，廣州出發北伐的軍隊打入武漢。然後沒多久，武漢的國民黨左派政權聯同中共合作，鼓勵工運、農運、學運，搞得有聲有色，其中一個目標就是工人湧入去在長江邊的漢口英租界。英方沒辦法維持秩序，於是被國民黨控制的中國當局接收。接着，長江下游的、江西省的港口九江又有英資的太古的工人和資方發生衝突。當地英租界的軍警干涉，打傷了中國工人。結果當地學生、工會憤怒，由當地的國民黨北伐政權的軍方支撐，發起遊行走進去。英國人不想發生衝突，於是把他們在九江租界的人和重要的資產搬入長江邊停泊的英國船艦撤出，交還九江給中國。所以在某方面，自鴉片戰爭以來，英國要中國割地、殖民地、或租界，這回 1927 年初以工人動員的力量和革命政權的撐腰收回漢口及九江英租界，這是十分重要的。但如果不是省港大罷工製造了愛國氣氛、革命動員自信、工人的組織力和集體行動能量，當地的工人動員不能收回漢口及九江英租界。

5. 1926-1927 年上海工人起義

　　北伐的最大目標的城市就是收回由軍閥孫傳芳控制的上海市。1926 年的秋天到 1927 年的 2 月，上海市的工人，當時號稱八十萬工人，有三次武裝起義。第一次，規模甚小，沒有成功。第二次差不多成功，令到孫傳芳的軍隊忙於應付。第三次，裏應外合，北伐軍在外包圍上海市，市內工人罷工起義，孫傳芳軍警走避不及。北伐革命軍由白崇禧的先頭部隊進入上海市的

華界，和平解放，這也是靠省港大罷工之革命動員氣氛催化作用。

（六）港英當局的善後工程

1. 香港華人的政治初鳴

　　港英當局當然有省港大罷工之善後工程，有三種辦法。第一是換總督。港英當局極度高壓手段無效，令自己盡失面子，被 1922 年海員罷工海員打敗的司徒拔（Reginald Stubbs）被撤換。1926 年新上任的港督金文泰（Cecil Clementi）表示他對中國友善，他自己也懂中文。他趕緊委任周壽臣為第一個出任香港行政局議員的華人。為甚麼呢？因為當日在廣東共產黨最有實力、最高權位的人就是周恩來 —— 黃埔軍校政治部主任，所以他掌握軍政權。他和罷工工人起草了六項省港大罷工的工人要求。其中一項道，香港的繁榮建設是靠華人犧牲貢獻，所以香港的華人應該一人一票直選華人代表進入立法局和其他政府機關，周恩來是支持香港直選的。如果有人認為我們不需要直選，公民有飯票就不需要選票的話，其實當日的周同志、周主任，或西人叫的周將軍已看清大局。所以港英政府大罷工事後也就應酬華人參政的要求。那麼，周壽臣進入行政局可以說是香港華人政治改革的初鳴之聲，不過當然不能跟後來回歸前夕那個改革步伐相提並論。第二、金文泰用立法程序通過勞工法令，用新勞工法令算舊帳。封禁海員工會，所謂粉紅色或紅色的工會也被封禁。所以說，在某方面，善後工程討好了保守的反共的華人、士紳、商人，但同時打擊進步工人。第三、金文泰以香港大學校監身份，成立中文系（原來校監干涉校政之事，英國人港督已早有先例）。而且，金文泰巧立名目，或借題發揮，崇尚儒家道統倡導舊禮教，來思想反共，要港大中文系不教現代文學，而是四書五經。他希望學生讀經學習儒家的順從精神，不去搞革命，以此對抗五四運動的新思潮。

2. 粵港關係的改善

　　省港大罷工之善後，最重要的是粵港關係在 1926 年以後開始逐漸解

凍。尤其是在 1927 年 12 月，中共不自量力、已經欠缺群眾基礎，強行在城市動員革命，動員了工人前線幾百名海員和三千多名人力車伕，希望奪取廣州市的權力。豈料廣州公社起義三天，全線失敗，國民黨右派全面反攻。之後從 1928 年開始，港英當局和新的廣東省政權、廣州市當局開始回復友誼，互相合作反共。港督金文泰 1928 年北上廣州訪問，翌年、1929 年春天，廣東省長黃慕松和廣州市長曾養甫連袂來香港官式訪問，他們乘坐粵方軍艦抵港。金文泰親自在現已拆掉的皇后碼頭歡迎這兩位廣東政要登岸，檢閱英軍儀仗隊，安排警察樂隊奏樂，亦在港督府大排筵席，十分隆重。

3. 中英外交互動的重新定位

中英恢復友好的先兆是在 1926 年聖誕的前三天，英國政府外交部推出有關中國政策新立場的表述（外界喚作「聖誕禮物」），倫敦當局向國民黨新政權表明（他們當時已差不多佔領整個華南）—— 有一天中國會是一個的、進步的政治實體，有一個有辦法控制全中國的、統一的全國政權。當這個新政權的建立站穩之後，英國政府願意伸出友誼之手，以合作的精神和中方發展新關係。這十分重要，因為鴉片戰爭帶來帝國主義列強侵略中國，是英國帶頭。因省港大罷工的壓力影響下，英方和香港當局初時是維持強硬的態度，但時間一久，「單獨對英」罷工政策的有效執行，使到 1925-1926 年英國在華的利益遭受嚴重的打擊受損，而社會和經濟方面損失日漸惡化，已經處尷尬地步，所以要改變對中國的基本立場。

雖然香港大罷工短期內不可能達到香港工人的要求，但是催化了 1927 年的國共分裂，因為英方為主的帝國主義／殖民地主義、國際資本主義集團、和國民黨都反共，以實力定下一個愛國的新定義：愛國即是鏟除中共；愛國即是「愛國民黨」的意思，所以國民黨和帝國主義者妥協合作反共，令中共以後沒辦法在城市內立足，要退入鄉村。後來共產革命因為抗日戰爭有機會，所以 1945 年中共由農村出發重到城市。然後 1949 年，中共在大陸取得全國政權，國民黨退居台灣。所以在某方面來說，省港大罷工的影響十分深遠。

參 考 資 料

書 / 文集

陳明銶、梁寶霖、梁寶龍等編著:《香港與中國工運回顧》(香港:香港基督教工業委員會,1982 年),頁 97。

陳明銶主編:《中國與香港工運縱橫》(香港:香港基督教工業委員會,1986 年),頁 335。

陳明銶:《落日香江紅:衛奕信政權的歷史挑戰》(香港:信報有限公司,1989 年),頁 193。

陳明銶、饒美蛟主編:《嶺南近代史論:廣東與粵港關係 1900-1938》(香港:商務印書館,2010 年),頁 352。

Ming K. Chan(陳明銶), *Historiography of the Chinese Labor Movement, 1895-1949* (Stanford: Hoover Institution Press, 1981), p. 249.

Ming K. Chan, ed., *Precarious Balance: Hong Kong Between China and Britain, 1842-1992* (Armonk, N. Y.: M. E. Sharpe, 1994), p. 246.

論文 / 期刊文章

陳明銶:〈五四與工運〉,載汪榮祖編:《五四研究論文集》(台北:聯經出版事業公司,1979 年),頁 57-88。

陳明銶:〈清末反美杯葛運動(1905-1906)〉,載陳明銶、梁寶霖、梁寶龍等編著:《香港與中國工運回顧》(香港:香港基督教工業委員會,1982 年),頁 5-8。

陳明銶:〈香港海員罷工(1922)〉,載同上書,頁 29-31。

陳明銶:〈省港大罷工(1925-1926)〉,載同上書,頁 43-47。

陳明銶:〈香港在中國工運的角色〉,載同上書,頁 84-85。

陳明銶:〈民國初年勞工運動的再評估〉,載中央研究院近代史研究所編:《中華民國初期歷史研討會論文集(1912-1927)》(台北:中央研究院近代史研究所,1984 年),頁 875-891。

陳明銶:〈孫中山先生與清末民初廣東工運〉,載陳明銶主編:《中國與香港工運縱橫》(香港:香港基督教工業委員會,1986 年),頁 3-20。

陳明銶:〈愛國工人與漢口、九江英租界之收回〉,載同上書,頁 36-52。

陳明銶:〈「知識與勞動結合」之教育實驗〉,載同上書,頁 61-77。

陳明銶:〈國民政府南京時期之勞工政策〉,載同上書,頁 92-107。

陳明銶、單瑞蓮:〈戰前香港勞工調查 —— 畢特報告書(Butters Report)簡介〉,載同上書,頁 111-115。

陳明銶:〈機器工人和海員的早期活動史略〉,載《珠海學報》(香港:珠海學院),第 15 期,1987 年,頁 352-360。

陳明銶:〈近代香港與廣州的比較研究〉,載《學術研究》(廣州:廣東人民出版社),第 3 期,1988 年,頁 69-73。

陳明銶:〈當前香港工會發展及其歷史淵源 —— 行會意識,政治紛爭和內部分裂〉,載陳坤耀等合編:《工運與社會發展:香港的經驗》(香港:香港大學亞洲研究中心,1988 年),頁 119-132。

陳明銶：〈從歷史角度看香港工運發展〉，載香港工會聯合會編：《香港工運路向》（香港：新城文化服務公司，1989 年），頁 39-43。

陳明銶：〈衛奕信筆下的中英關係〉，載《落日香江紅：衛奕信政權的歷史挑戰》（香港：信報有限公司，1989 年），頁 60-80。（原載《信報月刊》，第 121 期 [1987 年 4 月]）

陳明銶：〈周恩來支持香港直選 —— 中英港三角關係六十年回顧〉，載同上書，頁 101-119。（原載《信報月刊》，第 124 期 [1987 年 7 月]）

陳明銶：〈中國勞工運動史研究〉，載中央研究院近代史研究所六十年來的中國近代史研究編輯委員會編：《六十年來的中國近代史研究》（台北：中央研究院近代史研究所，1989 年），下冊，頁 599-639。

陳明銶：〈晚清廣東勞工「集體行動」理念初探〉，《中國社會經濟史研究》（廈門：廈門大學），第 1 期，1989 年。

陳明銶：〈清季民初中國城市群眾動員之型態〉，載章開沅、朱英主編：《對外經濟關係與中國近代化》（武漢：華中師範大學出版社，1990 年），頁 326-342。

陳明銶：〈珠江上之「炮艦外交」—— 1920 年代廣州海關事件與中英關係〉，載吳倫霓霞、何佩然主編：《中國海關史論文集》（香港：香港中文大學崇基學院，1997 年），頁 469-496。

陳明銶：〈民初香港華人愛國行動初探〉，載郝延平、魏秀梅主編：《近世中國之傳統與蛻變：劉廣京院士七十五歲祝壽論文集》（台北：中央研究院近代史研究所，1998 年），頁 661-677。

陳明銶：〈二十世紀初年廣東在近代中國轉化之歷史角色〉，載陳明銶、饒美蛟主編：《嶺南近代史論：廣東與粵港關係 1900-1938》（香港：商務印書館，2010 年），頁 1-31。

Ming K. Chan, "The Canton-Hong Kong General Strike and Boycott, 1925-1926," (MA essay, University of Washington-Seattle, 1970), p. 128.

Ming K. Chan, "Labor and Empire: The Chinese Labor Movement in the Canton Delta, 1895-1927," (PhD diss., Stanford University, 1975), p. 504.

Ming K. Chan, "Guildas Tradicionales y Sindicatos Modernos en China Meridional: Evolución Histórica," *Estudios de Asia y Africa*, 32 (1976), pp. 278-304.

Ming K. Chan, "Labor in Modern and Contemporary China," *International Labor and Working Class History*, 11 (1977), pp. 13-18.

Ming K. Chan, "A Tale of Two Cities: Canton and Hong Kong," in Dilip Basu, ed., *The Growth and Development of Colonial Port Cities in Asia* (Berkeley: Center for South and Southeast Asian Studies, University of California, 1978. Also reissued under same title by Lanham: University Press of America, 1985), pp. 135-138.

Ming K. Chan, "Nationalism, Localism, and Revolutionary Mobilization: Sun Yat-sen and the Labor Movement in South China," in *Proceedings of Conference on Dr. Sun Yat-sen and Modern China* (Taipei, 1986).

Ming K. Chan, "'Workers and Proletarian Consciousness' in the Modern Chinese Revolution: A Marxian Deviation?," in A. Dirlik and A. Gordon, eds., *Labor, Society and State in 20th Century China and Japan* (Durham: Duke University Asian/Pacific Studies Institute, 1986), pp. 22-38.

Ming K. Chan, "A Historical Perspective on the Understanding the Hong Kong Labor Movements," in Y. Jao et al., eds., *Labour Movement in a Changing Society: The Experience of Hong Kong* (Hong Kong: Centre of Asian Studies, University of Hong Kong, 1988), pp. 84-89.

Ming K. Chan, "Labour and Crown: Aspects of Society-state Interactions in the Hong Kong Labour Movement Before World War II," in Elizabeth Sinn, ed., *Between East and West: Aspects of Social and Political Development in Hong Kong* (Hong Kong: Centre of Asian Studies, University of Hong Kong, 1990), pp. 132-146. (Also in David Faure, ed., *Reader: A History of Hong Kong, 1842-1984* [Hong Kong: Open Learning Institute of Hong Kong, 1995], pp. 39-46; and in David Faure, ed., *Readings in Hong Kong Social History* [Hong Kong: Oxford University Press, 2003], pp. 575-595.)

Ming K. Chan, "Hong Kong in Sino-British Conflict: Mass Mobilization and the Crisis of Legitimacy," in Ming K. Chan, ed., *Precarious Balance: Hong Kong Between China and Britain, 1842-1992* (Armonk, N. Y.: M. E. Sharpe, 1994), pp. 27-58.

Ming K. Chan, "Canton Avant le Communisme: Influence Étrangère, Mobilisation Populaire et Changement Social (1912-1938)," in Christian Henriot, ed., *Les Métropoles Chinoises au XXe Siècle* (Paris: Editions Arguments, 1995), pp. 48-72.

Ming K. Chan, "All in the Family: The Hong Kong-Guangdong Link in Historical Perspective," in Alvin So and Reginald Kwok, eds., *The Hong Kong-Guangdong Link: Partnership in Flux* (Armonk, N. Y.: M. E. Sharpe, 1995), pp. 31-63.

Ming K. Chan, "A Turning Point in the Modern Chinese Revolution: Historical Significance of the Canton Decade, 1917-1927," in E. Honig, G. Hershatter, and R. Stross, eds., *Remapping China: Fissures in Historical Terrain* (Stanford: Stanford University Press, 1996), pp. 224-241.

Ming K. Chan, "The Realpolitik and Legacy of Labor Activism and Popular Mobilization in 1920s Greater Canton," in M. Leutner et al., eds., *The Chinese Revolution in the 1920s: Between Triumph and Disaster* (London: RoutledgeCurzon, 2003), pp. 187-221.

Ming K. Chan, "Historical Dimensions of the Hong Kong-Guangdong Financial & Monetary Links: Three Cases in Politico-Economic Interactive Dynamics, 1912-1935," in Catherine Schenk, ed., *Hong Kong SAR's Monetary and Exchange Rate Challenges* (London & N. Y.: Palgrave Macmillan, 2009), pp. 15-44.

其他著述

Ming K. Chan, 3 topical entries:

(1) "Canton-Hong Kong Strike" (pp. 42-43),

(2) "Hankou-Jiujiang Incident" (p. 138), and

(3) "Labor Movement" (pp. *169-170*),

in *Modern China: An Encyclopedia of History, Culture and Nationalism*, Ke-wen Wang, ed. (New York: Garland, 1998).

附錄

1. 陳明銶：〈香港海員罷工（1922）〉
2. 陳明銶：〈省港大罷工（1925-1926）〉
[原文兩篇附錄可另見本書同名文章]

鳴謝

本文作者在此申謝加州大學（柏克萊校區，University of California-Berkeley）歷史系鄭雋言先生（Mr. Justin Cheng）為本文〈重點勾劃綱要〉中文錄音稿的整理和打字；譚嘉明先生在香港整理本文〈參考資料〉和〈附錄〉；黃浩婷小姐負責部分資料打字。

原載：周奕、伍錫康、梁寶霖、梁寶龍編：《粵港工人大融合 ─── 省港大罷工九十週年回顧論文集》（香港：香港社會保障學會、香港工運史研究小組，2017 年），頁 33-62

戰爭與群眾愛國運動：一戰後香港米糧恐慌與機器工人罷工 [1]

　　1920 年的香港機器工人罷工是一戰後香港第一回大規模的經濟性罷工，大戰影響交通運輸，食糧供應。大戰於 1918 年結束，但多國的生產以及交通運輸情況尚未回復正常。1919 年日本國內米糧短缺，米價上升，日本政府大規模在亞洲搜購食米，而東南亞產米國政府亦限制米糧出口，以免受米價上升的波動干擾。而廣東省的稻米生產於 1919 年亦失收，所以 1919 年 7 月底香港市區出現過搶米的風潮和騷動，反映戰後物價飛升，物資供應不足，對民生帶來直接的惡性影響，當然亦形成自然經濟運作的通脹漩渦。而這種漩渦為香港華人機器工人帶來生活的衝擊，導致後來機器工人罷工，更應說是民族主義的表現，打破固有英方官商壓迫華商的狀態，成為後來民族情緒、工人利益交織的省港大罷工。

　　第一次世界大戰期間，俄國爆發十月革命，退出大戰，但協約國依然出兵俄國，日本亦不例外，出兵西伯利亞，令原來陷入困境的國內經濟，更日暮途窮，米價由宣戰的 1918 年 8 月 3 日的三角八分到 8 月 9 日的五角三分。米價急速舉升，戰爭固然是重要的因素，但戰時通脹導致的實際工資下降 32％、1918 年人口增長 20％和 1918 年的天災，令日本面臨多方面的綜

1　此文原稿於 2018 年 10 月 5 日完成，主要取材自作者多年來研究工運、香港史的成果，並感謝林浩琛協助整理部分文稿內容。

合挑戰，亦促使由 8 月 3 日起的米糧騷亂。米糧騷亂令日本四分之三的國境受到牽連，共出現超過六百二十三宗騷動，參與人數超過二百萬人，更令首相寺內正毅請辭。原敬所改組的內閣自然視米糧為首要任務，更劍指中國東北的米糧。日本以《中日共同防敵軍事協定》，借購入軍需米之名大量購入白米，亦大量從香港、東南亞購入白米，這種全亞洲的跨國採購，令大量的米商待價而沽，加上中國內地的政局動盪，終使香港難逃此連鎖效應。[2]

　　1919 年香港開始報導日本大量採購白米的消息，7 月更指約有一萬五千噸米從香港運至日本，而這使白米批發價從每擔三元四角上升至六元七角。港英政府猶豫不決，未及時解決基層基本溫飽，而 7 月 4 日首見基層在新界出現小規模的動盪，這開米糧動亂之先。7 月 26 日灣仔的苦力到廣興油米雜貨店搶米，更擴展至銅鑼灣、中上環等地。搶米之舉成為工人、苦力等生存的唯一寄望，故使 7 月尾至 8 月中期間出現持續的搶米行動。為解決此糧食危機，港英政府不惜以銀彈政策，盼令局勢穩定，包括每月津貼米商二十萬元以換取米價穩定，更向廣東政府大量購米，亦補助華商至東南亞購米，漸使米價下降，港府為此耗費港幣三四百萬元。[3]

　　港府對國際形勢的判斷欠佳，盲目希望戰事不會影響民生，更在日本大舉搜購米糧之際，並未及時制止，令物價節節上漲，甚至影響到百姓的基本需要，終爆發搶米的風潮。此搶米騷動雖然歷時一個月左右，但卻成為一次大戰後其中一個最影響香港的群眾事件。縱然港英政府能意識到要從多元方法解決來自國際的米糧問題，亦願意大灑金錢讓市民、政府渡過糧食挑戰，

2　參梁寶龍：《汗血維城：香港早期工人與工運》（香港：中華書局，2017 年），頁 45-49；Ming K. Chan, "Labor and Empire: the Chinese Labor Movement in the Canton Delta, 1895-1927" (PhD diss., Stanford University, 1975)；參區志堅：〈未料的結果：省港大罷工與香港大學中文學院的成立〉，收入梁寶榮主編：《粵港工人融合：省港大罷工九十週年回顧論文集》（香港：香港社會保障學會、香港工運史研究小組，2017 年），頁 137-154。

3　梁寶龍：《汗血維城：香港早期工人與工運》，頁 59-62；陳明銶：〈在革命前線 —— 1920 年代中粵港工運重點勾畫綱要〉，周奕、伍錫康、梁寶霖、梁寶龍：《粵港工人大融合 —— 省港大罷工九十週年回顧論文集》（香港：香港社會保障學會、香港工運史研究小組，2017 年），頁 38；參陳明銶、區志堅：〈中國現代化的廣東因素〉，政治大學哲學系主編：《中華現代性》（台北：政治大學出版社，2014 年），頁 86-93。

但港英政府始終未能了解或考慮到整體華人的薪酬水準是不足溫飽，未有為工人或基層民眾帶來實際的改善措施。港府在 1919 年突如其來的波動吸收慘痛教訓，於 1920 年修訂團體法例，工人組織可以註冊，香港的法規下承認工會的合法地位，工人開始組織工人以合法方式為自己或行業爭取利益。這無疑能令工人在法規下受到監管，減少以往無組織的工人運動所帶來的突發性，盼讓社會趨向穩定。然而，1920 年起大量的工會湧現，他們組織眾多的工人，成為華人社會中不可忽視的勢力，對港英政府管治帶來重要的影響，亦於 1920 年顯現工會對社會的價值。[4]

　　戰後世界物資短缺，香港的米糧風波即使有所改善，但依然昂貴。在香港百物騰貴之時，香港華人機器工人的薪金低微，實不足以維持最低生活水準，所以在 1920 年 3 月香港華人機器會代表工人向各僱主提出加薪要求，希望大幅增加 40% 薪金。但經多回的奔走交涉，資方不予以合理回應，僅應許每人每月補貼伙食費一元五角。工人對資方的回應極不滿意決定罷工，4 月 1 日罷工爆發。首先是英國海軍船塢五百名機器工人發動罷工，消息傳出其他機器廠及機構的機工開始響應，紛紛罷工，而罷工後大部分罷工者離開香港返回廣州。首日已經有一千人左右返粵，次日鑄造工人一千五百餘名亦響應罷工，並離港返穗。罷工數日後，工人離港者逾五千人，由廣東機器工人組織全力支持，招呼食住。因離港回穗者佔多，甚至要僱用珠江面的船艇數十艘，停泊於廣東機器工人會所前作為罷工工人的臨時宿舍。而廣州機工亦決定每人半月捐出一日薪金以支持香港罷工回粵的機工，廣東及國內其他地方的勞工團體亦紛紛捐款支持香港罷工。港英當局見罷工規模日漸擴大，與資方尤其是英資大機構商討對策，甚至以分而治之、逐個擊破的手段，分別與不同工場、工種、僱主的行業機工，分別談判，企圖分化香港華人勞工界的團結，甚至黃埔及太古兩大船廠亦願意略為加薪，每小時加工資九分半，而加班則加三分至三分半。但工人不滿加薪幅度，不願接受和不加

4　陳明銶：〈當前香港工會發展及其歷史淵源 — 行會意識、政治紛爭，和內部分裂〉，陳明銶主編：《中國與香港工運縱橫》（香港：香港基督教工業委員會，1986 年），頁 205。

理會有關方案，依然團結一致。[5]

4月7日廣九鐵路英段火車工人罷工，影響香港與大陸內地的陸上交通，而英段鐵路是港英當局的官營實業。4月9日電話公司二百多名工人罷工，電車公司數百名工人亦罷工，香港電燈公司工人罷工，香港交通陷於癱瘓，通訊斷絕，全市陷於黑暗。港英當局只能派出英軍希望代替罷工工人工作，但由於沒有經驗和專門技術，港英的「替工」行動未能收效。4月10日港英當局希望華人機器工會到廣州徵求罷工者意見，但工會代表到廣州與罷工者磋商後，不願意接受港英官方及資方的條件。4月13日山頂工人罷工，甚至各造船廠的木工亦一律同情罷工。4月14日九龍電燈公司大罷工，至此罷工人數已逾萬，罷工不單是機器工人，更蔓延至其他行業，造成一股巨大的經濟社會力量，工人團結一致爭取合理的待遇和公平的經濟權益。最後官方水務局的工人醞釀罷工，港府及英資極度恐慌，恐怕香港斷水斷糧斷通訊斷交通，成為一個孤城、死城。為免情況惡化，港英政府請罷工工人在廣州派代表回港進行復工談判。4月17日港英官方及資方與工人代表展開談判，勞方答允將加薪要求將40%減至35%，但因雙方條件有相當差距，未達成協議。4月18日談判終於達成協議，勞方接受最終的加薪32.5%，即1元底薪者加薪至1.325元，不分課類，一律照辦，其他條件復工以後再作商宜。4月19日，罷工工人開始復工，一場大規模全港性熟練工人罷工，終於以勞方的勝利收場結束。罷工初期資方尤其是英資大企業恃着港府的偏袒（不少英資大企業的領導層同時出任港英當局行政局和立法局的議員，絕對是名副其實的官商勾結），對於罷工甚為藐視，認為工人缺乏金錢支援不能夠作長時間的工業行動，更以為華人勞工無法長期合作團結，以為罷工時間稍長工人就會妥協就範。後來罷工規模擴大，因有廣州的「避

5　Ming K. Chan, "Labour and Crown: Aspects of Society-state Interactions in the Hong Kong Labour Movement Before World War II," in Elizabeth Sinn, ed., *Between East and West: Aspects of Social and Political Development in Hong Kong* (Hong Kong: Centre of Asian Studies, University of Hong Kong, 1990), pp. 140-146.

難所」全面支援，可以長期作戰，英方官商領導層不敢再輕視華工。但亦有
兩個特殊應注意的，就是英方根本沒有準備，不理解機器工人是熟練、擁有
專門技術的工界精英。機器運作要有大量的經驗和技巧訓練，不少機器工人
是讀書識字的。而且晚清孫中山同盟會革命時代開始，粵籍的機器工人，無
論是廣東省內、港澳、甚至海外的粵人華僑社區，大多數是熱心支持孫中山
當年的反清革命和民國初年袁世凱稱帝、反軍閥獨裁的愛國鬥爭，所以機器
工人的醒覺對社會政治經濟發展的關注，以及組織團結集體動員等方面頗有
經驗，絕非烏合之眾，不能夠隨便玩弄於港英官方和英資機構股掌之中。[6]

　　這回罷工是繼承了三分之一世紀前香港船塢工人的光榮歷史愛國動員的
先例，這就是回顧 1884-1885 年中法越南戰爭時期香港船塢工人拒絕維修與
中方作戰受損毀的法國軍艦，先由英海軍船塢的工人發起罷工，跟著因港英
當局的高壓手段出動軍警箝制，引起其他華工的同情大罷工。[7] 結果受損毀
的法國軍艦被迫離港到日本尋求船塢修理，而當時一位年青的學生深受香港
華人勞工愛國動員的深深感動，影響他以後個人投身救國活動的意志和決
心，這位年青學生就是孫中山。可惜港英殖民地當局沒歷史記憶，亦不知道
晚清時期香港華工已經有團結動員的力量，亦不了解香港華人九成以上均為
粵籍，尤其是廣州話幫，當中的鄉情、親情與地緣、宗族血緣等的傳統，深
厚和極為牢固的人際網絡，所以港九新界雖為英治地區，但一般的華人群眾
均不是英籍公民，反而與廣東故鄉維持密切深厚關係，所以香港罷工者自然
而然回老家廣州尋求庇護與支持，而民國時期民意的增長第一次大戰中國參
戰的資本就是二十多萬華工到歐洲法俄英勞動作貢獻。加上 1919 年的五四
運動愛國動員的四罷（工人罷工、店員罷市、學生罷課、群眾罷買日貨、改
用中國土產國貨），這四罷帶來的動員經驗是港英當局及英資高層還盲目以

6　陳明銶：〈五四與工運〉，載汪榮祖編：《五四研究論文集》（台北：聯經，1979 年），頁 80-
　　88；梁寶霖、梁寶龍、陳明銶、高彥頤合編：《香港與中國工運回顧》（香港：香港基督教工業
　　委員會，1982 年），頁 22-23。

7　Ming K. Chan, *Historiography of the Chinese Labor Movement, 1895-1949* (Stanford: Hoover
　　Institution Press, 1981).

為是帝國光彩，但實質上一次大戰英國是慘勝，在亞太地區的新興東方帝國主義者——美國及日本勢力已開始取代英國的主導角色。1920 年代的兩回大罷工，即 1922 年的香港海員大罷工和 1925-26 年的省港大罷工均是港英當局甚至英帝國主義、英資集團無法有效應對的事實。一方面中國民族主義情緒高漲群眾動員力量日增，配合中國官方黨政當局的支持，英方絕對需要接受無法從回帝國的光彩，只是無奈的作出妥協，因為時不與我大英帝國的老招牌已非金漆，不能夠再阻嚇殖民地華工的抗衡，尤其是有廣東當局支援下的省港官民一體的大動員，所以 1926 至 1927 年英方的退讓原來有其前因，1920 年機器工人罷工的模式，英方吃了三次大苦頭，不敢重複犯錯。[8] 故有 1926-27 年初武漢及英租界的和平撤出，並交還中國國民黨北伐當局。

　　似乎一貫以來西方，尤其英國常指香港是：「借來的地方，活在借來的時間」，實在應加上管理着「借來的人口」。由 1842 年鴉片戰敗英軍佔據香港，一百多年來香港本土的華洋衝突，或於華南的中英衝突，大部分香港華人居民尤其是草根階層的勞動界均是支持華方粵方，可惜到 1967 年即是半世紀以前的內地文革，由新蒲崗人造花廠引發的暴動事件，一般市民甚至大多數的草根階層均不支持。問題是 1967 年的英國政府，實力更不如 1920 年代的一次大戰慘勝而開始衰落的大英帝國，為何於 1967 年後，香港華人的心態轉變，與二十年代不同，此值得探討！

原載：《第一次世界大戰百年紀念論文集》（2019 年）（未刊稿）

8　陳明銶：〈從歷史角度看香港工運發展〉，載香港工會聯合會編：《香港工運路向》（香港：新城文化，1989 年），頁 13-16。

區域史研究

近代香港與廣州的比較研究

　　鴉片戰爭改變了廣州與香港這對姐妹城市的命運。《南京條約》和其他不平等條約開創了通商口岸體系，廣州被迫結束了對中國國際貿易的壟斷而日漸衰落；被迫割讓給英國而淪為殖民地的香港卻慢慢地奪取了廣州昔日的光彩，成為南中國海岸的最大經濟中心，並從十九世紀六十年代起進一步發展為亞洲的一個主要貿易中心。是甚麼原因促成了這兩個城市的反向變化？本文試圖通過下面的比較分析來解答這一問題。

人口和移民

　　香港淪為英國殖民地後，中國居民仍佔人口總數的 98％，在 1860 年是 92,441 人，1890 年翻了一番，增到 187,770 人，1910 年又增至 415,180 人，1920 年為 615,625 人，到 1930 年達到了 819,000 人。[1]這種增長主要是珠江三角洲和廣東其它地區大量移民的結果。在晚清，香港的中國居民有 60％ 是出生在三角洲的十個縣，另有 20％ 出生於廣東其它地區，只有不到 20％ 是本地出生。這種組合在辛亥革命後發生了巨大變化，三分之一的居民是本地

1　*History and statistical Abstracts of the Colony of Hong Kong*, appendix, pp. 2-9.

出生，但仍有半數人出生於三角洲地區，20％的人生在廣東其它地方。出生於廣東和香港以外地區的人口在上述兩個時期都不到總人口的 5％。[2]

　　造成大量移民湧向香港的原因有兩個方面：一是剛剛步入近代的香港仍是一個人煙稀少的荒島，要發展經濟首先得要有大批的勞動力量，這實際上提供了就業的良好機會；一是珠江三角洲地區的人口密度極高，而可供耕用的土地又極有限，農業發展不足以養活那麼多人，從事貿易或手工業生產是一條自然的出路，大量移民是另一條出路。

　　值得注意的是這批移民給香港經濟發展所起的作用。首先，這些移民的絕大部分來自較為都市化，在貿易、工業和勞動服務已有悠久傳統的珠江三角洲，他們比較精明，並擁有某種基本技術。因此，這些人的湧入給香港提供了充足的勞力，這是香港突出發展的人所共知的關鍵因素。此外，香港在移民過程中，還扮演了一個更為重要的角色 —— 促進廣東人向海外移民。1849 年席捲美國加州、1851 年又席捲了澳大利亞的「淘金熱」，使大量華工從珠江三角洲移居海外。由於香港是三角洲地區連接國際航運的主要港口，幾乎所有移民往返都經過這個口岸。在香港進行的這種人口運輸與日俱增。1855 年有 14,688 名華人離開，1872 年有 27,721 人離開，23,773 人回來。1881 年 70,625 人離開，52,983 人回來。[3] 這樣航運業和客棧應運而生，至二十世紀初年，這個殖民地有一百多家航運客棧和許多機構來從事這種「苦力貿易」，它們每年要運送 100,000 名勞工到南洋、澳洲和美洲。有時這些機構還深入到三角洲地區的各個縣去招募到海外的勞工。移民的往來增加了三角洲的繁忙和客運負擔，乘客帶來了貿易，歸來的人帶來外匯。這些因素對香港的成長是極為重要的。誠如著名的香港歷史學家恩達科所說：「這個殖民地的成長與繁榮，很大程度上是由中國去星馬、澳洲和太平洋彼岸的移民所造成的。」[4] 香港作為中國人移民海外的一個中心，不僅可以從客

2　Hong Kong, *Hong Kong Census Reports*, 1891, 1897, 1901, 1911, 1921 and 1931.

3　Endacott, pp. 126-130, 126, 194, 189, 195.

4　Endacott, pp. 126-130, 126, 194, 189, 195.

運獲利，而更可以從它作為海外中國人社區物資的供應中心的地位中得到好處。香港還從海外華僑的匯款中獲得厚利。到二十世紀初，這類匯款每年超過 1.5 億元，從第一次世界大戰以來於均每年超過 2.8 億元。

與香港比較，廣州在移民運輸中扮演了一個不同的但起補充作用的角色。廣州的人口總數一直保持穩定，在晚清至民初大約為一百萬人左右，自然出生率的人口增長較輕微。但是廣州地區的人口流動率卻頗高，每年遷入的移民常比遷出的略多。遷入者大部分是來自附近幾個縣和廣東其它地區。廣州市本身的人口沒有顯著增長，反倒有大量移民出入。廣州的發展能力量納在當時的經濟結構下可能已接近了極限，所以廣州沒法把三角洲地區的剩餘勞力吸進其工場作坊中，而是起了一種勞工流動集散地的作用。三角洲的勞工在他們的遷徙過程中首先是來到廣州，極少數人能在這裏找到工作並定居下來，其它人又繼續再前往香港去找職業，或定居下來或從香港移居海外。[5]

這樣，在運送移民的功能上，廣州與香港事實上分工合作。廣州是起着在內地接收和傳送的作用，而香港則成為國際交收中心和航運港，以及能從三角洲地區吸收、僱傭移民的經濟中心。

港口與航運

直到二十世紀五十年代，香港的經濟重要性主要還是依賴於它作為國際貨物轉口港，而航運是其生命線，這很大程度上是自然地理因素的結果。一位中國地理學權威認為，這個殖民地「擁有遠東最好的港口，是大陸與香港島之間有一個保護得很好的深水錨地，它四周是屏障般的島嶼。它的位置恰好在西江口外，這是更有利的。西江流域是華南最廣闊和物產豐盛的平原，而且是西江唯一的主航道。」[6]

5   Ming K. Chan, "Labor and Empire," pp. 81, 99-100.
6   Murphey, p. 52.

　　從另一角度看，廣州也有其地理優勢，它位於物產豐盛的珠江三角洲的中心，離西江、北江、東江的匯合點只有三十哩，這些河流匯成珠江，穿過虎門直下南中國海。多世紀以來，廣州的經濟地位很大程度上是因為座落在華南最大的內河運輸體系的終點，以及佔有兩廣的主要貿易資源地區最有利的方位。然而，廣州河面和鄰近的黃埔港對於大噸位的現代遠洋輪船來說則太淺小了，河道的狹窄以及缺乏足夠的港口設施也阻礙了廣州港的發展。

　　因此，香港靠它開闊的深水海港能夠向廣州挑戰並最終取代它成為中國南方的一個國際口岸，迎送着沿海及遠洋的船隻。根據香港海事處的紀錄，進出香港口岸從事外貿活動的船隻由 1858 年的 1,975 艘共 1,354,173 噸，增長到 1869 年（蘇伊士運河開通後一年）的 4,791 艘共 2,640,347 噸，而第一次世界大戰爆發前的 1913 年又增加到 21,867 艘共 22,939,134 噸，1930 年更達到了 28,374 艘共 37,909,385 噸。[7] 如果包括與內地和沿海貿易的中國帆船和輪船的話，香港航運噸位的數字應當增加 35％ 至 40％。例如，1913 年香港的總航運噸數是 37,742,982 噸，其中外國貿易船的噸數是 22,939,134 噸。1924 年的數字分別為 53,731,077 噸和 35,471,671 噸。如與 1927 年紐約港的總噸位數（40,022,503 噸）和倫敦港的總噸位數（47,064,975 噸）作比較，香港明顯地超過了這兩個港口，[8] 這確實是一個令人矚目的增長。

　　無可置疑，至十九世紀末，廣州在與香港競爭為華南最重要的口岸，特別是在遠洋航運方面已經落敗。但是，廣州仍維持着珠江水道體系樞紐和兩廣內陸貿易中心的舊有優勢。珠江三角洲本身在製造業尤其是出口商品方面佔有相當地位，在廣州周圍有一個日益工業化和都市化的衛星城鎮體系，這些衛星城鎮由於互助分工，以及依賴廣州的銷售、分配設施和資金、行政的調節管理而聯繫在一起。而且廣州憑本身的條件至今仍是一個主要的經濟和貿易中心，在整個十九世紀，廣州與漢口、天津、上海和香港是全中國五個

7　*History and statistical Abstracts of the Colony of Hong Kong*, appendix, pp. 2-9.

8　*Hong Kong Sessional Papers*, no. 4, 1927, pp. 119-120.

最主要的區域性貿易中心，而上海、香港更是中國最主要的國際商港。

在外貿方面，在 1842 年後廣州仍扮演重要角色。例如，作為一個擁有英、法租界的條約口岸（廣州的沙面島 1861 年租借給英法兩國，這是全中國面積最小的外國租界區），廣州不僅「開放」對外貿易，它還是中國大陸上的城市。香港儘管有中國居民，但它卻是英國的一個海外殖民地。所謂對華貿易活動，是指與中國進行貿易，既採購中國貨物，又向中國推銷外國產品。香港可以做轉口買賣，但它自己卻不是中國的市場。一位西方經濟史專家在概括香港的經濟作用時指出：「這塊殖民地的商人是講求實際的，中國是他們的目標，而中國市場是要在大陸上爭取的。」[9] 因此，即使在香港變成了華南的「外貿部」後，廣州仍然是中國出口產品的「採購收集部」和外國進口產品的「分配散播部」。這是香港不能也不可能容易做到的職能。換言之，香港代表廣州與國外市場做生意，是一個中間人，而廣州才是真正的出口產品的供應者和進口貨物的採買者。因此，廣州與香港在對外貿易中實際是保持一種極為密切，甚至是近乎不可分割的合作關係。正如一位美國地理學家指出：「至少在商業方面香港與廣州完全可視為一個城市中密切結合的兩個部分，香港是這個城市中的批發與航運中心。」這兩個城市合作的密切性在它們間貨物和人口流動的模式中明顯表露出來。

儘管在 1949 年以前香港自身消費中國的產品或向中國推銷香港工業產品的能力都是較小，但一直以來香港的確是廣州最大的交易夥伴。轉口港的作用使它分享了廣州外貿的部分利益。廣州海關統計表在「出口至香港」目下，實際登記着從廣州運往美國、英國及其屬土、歐洲和日本的全部貨物。除了日本輪船外，通常沒有遠洋輪從廣州直接開往除香港之外的外國港口。因此，大多數廣州出口貨首先是運到香港，然後轉運到國外各港口。絕大部分外國運入廣州的貨物也是先經由香港轉運的。1900 至 1929 年間，廣州平均佔全國外貿額總數的 9%，排在上海、天津之後，是中國本土的第三大港

9　Frank H. H. King, *A Concise Economic History of Modern China, 1840-1961* (London, 1968), p. 62.

口。而廣州總額中很大部分是經香港轉運的項目。同時，香港在中國外貿額總數中約佔四分之一，而香港的進出口貿易有近一半是仰賴中國。[10] 由於廣州是香港與大陸聯繫的最鄰近最重要的管道，廣州的貿易不僅對香港來說是至為重要的，而且也是必不可少的。另一方面，由於香港有優良的港口和眾多的國際航線，它能通過廣州不能充分發揮的功能來促進廣州外貿的發展。因此，從某種意義上說，香港是廣州外貿的門戶，而廣州是香港聯繫中國內陸經濟的入口。或許這種關係是兩個城市間的一種相互依賴和合作分工。

還有一個例子可以說明香港幾乎取代了廣州成為中國南部的首席商港。香港的戰略位置、優良港口和作為自由港的地位，是它擔負着中國沿海各條約的口岸間貿易和航運的領導地位的有力條件。事實上，直到二十世紀三十年代，英國是中國最大的貿易夥伴，英國輪船在中國的水域佔着壓倒性地位。這自然加強了香港在沿海貿易和航運中的作用。例如，1910 至 1939 年間，廣州香港之間定期輪渡中八分之六的輪船，廣州澳門航線中五分之三的船隻懸掛着英國旗並在香港註冊。在廣州至上海、天津間的二十一艘定期輪班中，也有十四艘是在香港註冊的英國船隻。[11] 所以恩達科認為，作為沿海運輸三大輪船公司總部所作地（太古、怡和和省港澳輪船公司），「香港也是中國沿海貿易的中心」。[12] 事實上，1923 年香港的總運輸噸位達到 561,731,077 噸，大大超過了同期廣州的 6,569,457 噸和上海的 30,018,240 噸，與包括廣州、上海在內的整個長江以南的各條約口岸的總和大體相等。[13]

但是，香港對航運的控制並沒有直接引起廣州航運的蕭條。實際上，廣州的航運噸數如香港般一直在增長。1921 年至 1930 年十年間，廣州的航運噸數有 38％ 的大幅增長，由 1921 年的 4,442,372 噸增加到 1930 年的

10　C. F. Remer, *A Study of Chinese Boycott* (Baltimore, 1933), pp. 123-124.

11　代騰：《南支經濟調查叢書》（台北，1939 年）第 4 冊，頁 298、315-136；台灣銀行：《廣東廣西兩省出張報告概要》（台北，1919 年），頁 8-10。

12　Endacott, pp. 126-130, 126, 194, 189, 195.

13　Arnold, p. 51; *Hong Kong Sessional Papers*, no. 4, 1927, p. 119.

7,734,265 噸。[14] 為了與香港競爭，在民國年間，各種發展計畫中常提出要重新奪回廣州作為華南主導口岸的重要地位。孫中山在他的許多建設計畫中也鼓吹要把黃埔港發展為一個巨型一流的國際深水港，要趕超香港。[15] 但香港成功不僅是依靠了一個好的港口和優越的位置。

制度和企業

一位西方地理學家指出，「香港的抬頭應歸於它的政治地位和地理位置的優越。」[16] 作為英國殖民地而帶來的相對安全對於香港的成長及發展是極為重要的。香港作為一個與中國分離的政治體系，避免了中國在上個世紀所經歷的許多國際、國內戰爭、起義和騷亂的直接波動，成為中國內部不穩定時期的避難所。作為尋求和平與安全的代價，那些從中國大陸來的「難民」為香港提供了大量的資金和廉價而又有知識技能的勞動力，這是香港經濟增長中的兩個主要因素。

同中國一般條約口岸的外國租界相比，香港也更為有利。外國租界缺乏嚴明的法律基礎，外國列強沒有絕對的管轄權，他們只能在租界內行使領事裁判權，但領事裁判權只是從與中國簽訂的條約中規定的治外法權中推尋出來的，而且沒有很明確規定。因此租界內外國人的經濟活動和貿易經營常常受到具體的條約修正案或極含糊的法律基礎所限制。例如，直到 1895 年的《馬關條約》之後，外國人才得以合法地在條約口岸開辦工廠。[17] 而香港沒有受到這些限制，中國沿海最早的近代工業是在那裏創辦的。這些工業因受香港主要經濟活動本質的影響而多是與航運和港口操作有關。香港黃埔船

---

14   *Canton: Its Port Industries and Trade*, p. 40.

15   Sun Yat-sen, *The International Development of China* (Shanghai, 1920), p. 49-56.

16   Murphey, *Shanghai*, pp. 52-53.

17   G. C. Allen and Audrey G. Donnithorne, *Western Enterprise in Far Eastern Economic Development* (London, 1954), pp. 166-167.

塢 —— 遠東最大的船廠之一 —— 建於 1863 年。海洋貿易的需要又帶動許
多輔助性工業的興起。1866 年創辦了一家蛋製品廠，兩家榨糖廠和兩家製
冰廠在 1878 至 1882 年間開張，一家製繩廠於 1884 年開業，1887 年興辦了
一家牛奶廠和一家冰廠，1892 年出現了一家肥皂廠。公共事業和交通運輸
機構也於 1895 年出現了。這些早期企業除了為本世紀二十至三十年代香港
的工業化奠定了基礎外，還加強了香港經濟日益重要的地位。

　　香港成為一個航運和貿易中心，除了上述因素外，更有制度因素和諸如
銀行、保險、會計和法律等服務行業的發展。這些服務行業協助了香港作為
東亞與世界其它地區貿易交往的角色。香港政府的經濟財政政策、法律體系
以及香港現代金融機構提供的不可缺少的服務，都為香港的崛起作出貢獻。
所謂「自由放任的重商主義」也許能概括當年殖民地政府基本經濟政策特
徵。[18] 其中最重要的是條約認定香港為自由港的地位。這一點使這塊殖民地
能最大限度地發揮優良港口、地理位置的優勢成為轉口港。從與中國的內部
貿易來看，香港有比其它條約口岸更優越的地位，它將貨物從中國的一個口
岸轉到另一個口岸而不須附加關稅的權力在 1886 年得到法律上承認，當時
中國在香港建立起海關，負責徵收香港與大陸貿易的入口稅。這種優越性使
香港能處於兩個世界中（中國條約口岸與外國殖民地免稅口岸）的最佳位
置，從而也加強了它在沿海貿易中的霸權地位。

　　香港內部的稅項很少，一般稅率頗低。土地稅、印花稅、執照稅等是政
府每年收入的主要來源。當時香港沒有個人所得稅、盈利稅或營業稅。除去
維持治安以及提供修路、供水等基礎服務外，香港政府避免直接干預本地的
經濟活動。因此，政府的事務很少，經常開支也少，稅務較輕。這自由經濟
政策創造了一個有利於香港發展的環境，如果說在英國統治所予的穩定感和
安全感使香港對中國幾家最大的貿易集團來說是個方便的話，那麼，它的自
由關稅政策和官方「不干預政策」便使它更具幾乎不可抗拒的吸引力。

18　Szczepanik, p. 7; Rabushka, p. 47.

香港的法制也有助香港的發展。隨着 1855 至 1856 年間英國的立法，1861 年香港通過的公司法給予香港的商人有限責任的保障，特別是對那些資本有限的公司。據說當實業巨賈沙遜為躲避稅收，離開印度來上海投資時，他非常聰明地將他的公司總部設在香港。[19] 的確，許多從事對華貿易的外國大洋行和航運機構不是在香港成立公司便是在香港設有他們的遠東總部。華人也從香港的法律制度得到好處。例如，任何從殖民地政府手中租賃到官地的中國人都可以把他的船隻向英國登記，因而得到英國的保護，並享有治外法權。[20] 許多中國商號紛紛在香港登記註冊，雖然它們的分號或大部分資產是在中國。廣州的四家最大的百貨公司有三家在香港註冊並把他們的總部設在那裏，他們在廣州和上海的大公司僅僅是分公司。這就使中國特別是廣州地區的資金持續而大量地湧入這塊殖民地。事實證明，到 1880 年，華人在數量和所付的總金額上都佔了香港差餉收入中的最大部分。他們的日益富裕自然繼續吸引着其它華人和他們的資金流入。[21]

穩定的金融系統對吸引、積累和有效地使用資金來擴展經濟也是重要的。香港有一個有效的銀行、保險業務網路，來促進貿易與航運的發展。其中最著名的是創辦於 1864 年的香港上海滙豐銀行，當時的資本為五百萬銀元。由於香港是最大的外國在華銀行的總部所在地，在吸引中國資金特別是海外華僑匯款到香港方面，滙豐銀行起了關鍵作用。外國和中國銀行的陸續出現和金融市場的專門設施如金市等，也促進了香港商業的興起。新式銀行提供廉價資金和信用便利，鼓勵洋商和華商參與商業活動。對於珠江三角洲的許多中國商人來說，香港成為一個總基地，甚至廣東最大的華資私人商業銀行 —— 廣東銀行也在香港註冊和設立總行。

穩定的貨幣對資金流入也極為關鍵。港幣大部分由滙豐銀行發行。由於它的穩定和可靠的價值，港幣不僅在中國通商口岸廣泛使用，實際上它成為

---

19   Hughes, p. 118.

20   Endacott, pp. 126-130, 126, 194, 189, 195.

21   Endacott, pp. 126-130, 126, 194, 189, 195.

廣東地區最可信賴的交易媒介。民國初年，廣東內戰不斷，使地方紙幣劇烈
波動，經常貶值。在三角洲地區使用港幣來進行貿易活動成為一種慣例。[22]

　　另一種與貿易相關的現代金融機構是保險公司。廣州作為唯一對外開
放的貿易口岸自然早就有了保險事業，中國第一家保險公司是 1805 年由駐
廣州的外商集團和他們在加爾各答和孟買的夥伴創辦的廣州保險協會。1835
年起，這個協會被香港的怡和洋行控制。1866 年渣甸創辦了香港金融保險
有限公司。這兩家公司都承辦海事、火災和意外保險業務。另一家廣州於仁
保險公司是由寶順洋行於 1835 年創辦的，1841 年也將總部遷至香港。保險
業的作用加強了香港在外貿及航運中的地位。可見，隨着香港的成長發展，
華南商業的重心幾乎完全離開了廣州。

　　通過上述的對比分析，我們可以見到，近代香港和廣州的經濟關係是在
競爭和互相依賴的前提下發展的。但由於香港的各種優越條件，尤其是某些
恰當的政策和制度而在競爭中取勝，不但吸收了大批的有技術的勞動力，而
且也吸收了內地的大量資金，從而為香港的經濟發展提供了人力和財力的
保證。

　　（本文原用英文撰寫，由華中師大歷史所樂正先生譯成中文，並經香港
大學歷史系陳光德校閱，特此致謝。）

原載：《學術研究》，1988 年，第 3 期，頁 69-73

22　Endacott, pp. 291-292; Allen and Donnithorne, pp. 109-117; Julean Arnold, p. 426.

珠江上之「炮艦外交」── 1920 年代 廣州海關事件與中英關係

（一）前言

　　海關檢查及稅網範圍和稅率的訂定，海關人事任免及行政管理權責，海關稅款收益之支配處理，均是獨立國家的主權所在，不單直接影響政府的財政收入，亦與對外貿易的管理，進出口物品的控制及國內產業的扶持保護有極重大關係，實為現代國際經濟和外交關係的重點課題，不能輕視。

　　近代中國海關主權之喪失，始自晚清鴉片戰爭失敗，被迫簽訂 1842 年中英《南京條約》，內有協議海關稅率規限之條款。自此以後，清廷與各國簽訂的多種協議條約，更進一步侵損中國海關稅制及管理、人事、行政及實際稅款收入等宗主國權益。故此海關稅率，管理及稅款支配權之受外人侵佔，實為十九世紀中以來帝國主義藉不平等條約壓迫中國其中一項明顯之經濟侵略實例。

　　作為鴉片戰爭之起點戰場，更為《南京條約》「五口通商」的首個「條約商港」，廣州不獨位於中英歷史衝突的前線，亦是深受海關權益不能自主之長期受害者。[1] 近代民族主義動員及革命運動在廣州區域之興起常以廢除不平等條約收回主權為奮鬥目標，其中一項重大具體的訴求，就是進尋海關

1　晚清粵海關被英國控制行政管理層的實況，可參考戴和：〈外國資本主義侵奪粵海關主權的歷史考察〉，《中山大學學報》，1998 年，期 4，頁 30-37。

關稅自主和海關行政管理權收復。在這方面較值得注意的歷史個案，應包括 1920 年代中期兩回重大的廣州海關事件。首回即 1923 年秋孫中山廣州大元帥府為爭取粵海關「關餘」，與列強外交團的衝突，一方面引起外國軍艦在廣州珠江之示威恫嚇，另一方面激發當地民眾民族主義愛國情緒高漲，為 1924-27 年間國民革命的反帝國主義鬥爭創造直接的歷史條件和切身經濟權益。第二回乃 1926 年，省港大罷工後期在廣州發生涉及海關權益的中英衝突。英方初時試圖以武力維持其對穗市海關的管理控制，企圖促使對英在華南經濟利益嚴重打擊的大罷工早日結束，但因國民革命軍北伐有成，英國對國民黨態度改變，終默許接受廣州政府單方施行的海關附加稅，作為終止大罷工的條件。這不單為國民革命反帝動員的局部勝利，更深遠地影響英國及列強對華的新政策取向，亦促進 1929 年中國海關稅率自主權的收回，可算廣州海關鬥爭的長遠歷史貢獻。

（二）1923-24 年廣州關餘之爭

孫中山第三回在廣東建立革命政權時，曾因北伐軍餉籌措困難而希望取得粵海關關稅餘款（關餘），與英人海關監督及列強外交團發生嚴重衝突，由 1923 年秋至 1924 年春，歷時逾半年。而當時英美等國為維持其不平等條約下之海關權益，竟派出十多艘軍艦至廣州珠江河面示威，藉「炮艦外交」手段，以武力施壓，企圖迫使孫中山退讓，放棄其自行取回粵海關關餘之決意。

這次海關權益衝突，爆發在中國近代革命運動的一個極度機要之地點且敏感之時刻 —— 當時孫中山正在廣州進行與蘇聯合作，國民黨改組，容納中國共產黨黨員加入，共組統一戰線推動國民革命。所以海關關餘之爭，清楚顯示西方列強對孫中山革命政權之排拒壓迫，使孫氏終於放棄試圖爭取西方國家支持其革命活動之幻想。[2] 這對此後數年國民黨革命政權之強烈反對

2　孫中山晚年與西方關係之研究，可見：C. Martin Wilbur, *Sun Yat-sen: Frustrated Patriot* (New York: Columbia University Press, 1976)，第 4 章，及第 5 章，頁 159-165。

帝國主義的立場和廢除不平等條約收回主權的政策，都有深切和直接影響。

　　在更具體的層面上，這是自 1918 年以來孫中山在廣州第三次為爭取粵海關關餘而與列強抗爭。[3] 但今次最為激烈轟動，而這回關餘風波更破壞孫中山自 1923 年春以來與英國改善關係的嘗試，加深歷來廣州與香港之間官方惡感和互不信任。[4] 這都與 1924 年夏之廣州沙面租界罷工，同年秋廣州商團事變，及 1925-26 年之省港大罷工期間，粵方大規模反英帝國主義運動提供特別的歷史背景和政治氣氛，在官方政策和民間意識起着一定的推引作用，為國民革命愛國主義動員帶來一種明確的爭回主權奮鬥路向。

　　以下先為這回海關事件的過程略作介紹，然後再從對外關係幾種角度提出粗淺的分析：

　　1923 年 2 月 21 日，孫中山自上海經香港返抵廣州，重建大元帥府，此為孫氏第三次在廣州組織革命政權。[5] 當時廣州政府有效統治範圍未及廣東全省（陳炯明仍控制着粵東北區），稅收有限，軍餉籌措極困難，故希望取回粵海關關餘應急。

　　同年 9 月 5 日，廣州政府外交部長伍朝樞照會駐北京列強使團，要求立即將關餘交付，並撥還自 1920 年 3 月以後所停止支付予廣州政府而積存之關餘款項。但當時英美使團藉口未曾與廣州政權建立外交關係（即不承認孫中山領導的廣州政府為代表中華民國的合法政權），而置之不理，關餘仍舊

3　有關孫氏在粵關餘之爭的精細分析，可參閱呂芳上：〈廣東革命政府的關餘交涉（1918-1924）〉，載李雲漢編：《中國國民黨黨史論文選集》第 3 冊（台北：近代中國出版社，1994 年），頁 647-690。

4　有關省港關係之合作與抗爭的歷史回顧，可參考 Ming K. Chan（陳明銶），"A Tale of Two Cities: Canton and Hong Kong," in Dilip Basu, ed., *The Growth and Development of Colonial Port Cities in Asia* (Berkeley: Center for South and Southeast Asian Studies, University of California, 1978; reissue 1985)；陳明銶：〈近代香港與廣州的比較研究〉，《學術研究》，1988 年，期 3；及 Ming K. Chan, "All in the Family: The Hong Kong-Guangdong Link in Historical Perspective," in Alvin So and Reginald Kwok, eds., *The Hong Kong-Guangdong Link: Partnership in Flux* (Armonk, N. Y.: M. E. Sharpe, 1995)。

5　有關孫中山三回在廣州建立政權及當時廣州政局，可參考 Ming K. Chan, "A Turning Point in the Modern Chinese Revolution: Historical Significance of the Canton Decade, 1917-1927," in E. Honig, G. Hershatter, and R. Stross, eds., *Remapping China: Fissures in Historical Terrain* (Stanford: Stanford University Press, 1996)。

名義上歸於所謂合法代表全中國之北京政權。[6]

　　1923 年 10 月 10 日，孫中山致電廣州外國領事團代表，請其轉達各國駐北京公使及其政府，警告不得承認當日就職、藉賄賂北京國會而當選之直系軍閥曹錕為合法總統，否則將促致中國之內戰及擾亂，與中國國民為敵。[7]

　　同月 23 日，廣州大元帥府外交部照會北京外交使團，要求將粵海關關餘撥還廣州政府，否則將自行提取。此為爭取粵海關關餘支配權之第二度外交交涉。[8]

　　12 月 1 日，北京外交團回覆廣州政府，直言如孫中山自行收管廣州關稅，則當以強硬手段對付以維持所謂條約權益。[9]

　　12 月 5 日，廣州外交部回應北京使團，直斥其謬論：「中國海關始終為中國國家機關，本政府轄境內各海關自應遵守本政府命令。且關稅之匯交北京不啻資助其之戰費，以肆其政策。」故此，粵方強調截留關餘「乃完全中國內政問題，無與列強之爭。」[10]

　　此時，已有外國軍艦六艘（至 12 月 19 日增至十六艘，其中六艘美國艦，六艘英艦，兩艘法艦，兩艘日艦，一艘葡艦，後來至 12 月底更多，達二十艘）結集廣州市附近的珠江河面，進行炮艦外交式示威，以武力恐嚇，欲迫使孫中山退卻。同時沙面英國及法國租界的駐軍也在向廣州市的岸邊架設鐵網和排放沙包，如臨大敵般作軍事戒備。[11]

6　廣東省哲學社會科學研究所歷史研究室、中國社會科學院近代史研究所中華民國史研究室、中山大學歷史系合編：《孫中山年譜》（北京：中華書局，1980 年），頁 323；可參考：Wilbur, *Sun Yat-sen: Frustrated Patriot*, p. 154，照會英文原文載 H. G. W. Woodhead, ed., *The China Year Book, 1924-25* (Shanghai: North China Daily News and Herald, 1925), pp. 850-853。

7　《孫中山年譜》，頁 318。

8　《孫中山年譜》，頁 323；Wilbur, *Sun Yat-sen: Frustrated Patriot*, p. 183; Woodhead, *The China Year Book, 1924-25*, p. 854。

9　《孫中山年譜》，頁 324；Wilbur, *Sun Yat-sen: Frustrated Patriot*, p. 184。

10　《孫中山年譜》，頁 324；其引文為《廣州民國日報》1923 年 12 月 25 日至 27 日。

11　《孫中山年譜》，頁 324；Harold Z. Schiffrin, *Sun Yat-sen: Reluctant Revolutionary* (Boston: Little Brown, 1980), p. 245; Wilbur, *Sun Yat-sen: Frustrated Patriot*, pp. 184-186；呂芳上：〈廣東革命政府的關餘交涉（1918-1924）〉，頁 686，注 64，指出示威外艦最多時達二十艘。

　　12 月 4 日，孫中山接受《字林西報》（*North China Daily News*）記者訪問時指出：「兩廣關稅收入年約一千萬元，此本兩廣人民之錢，故當然為兩廣人民所有。」孫更表示決心截留關餘，不為列強炮艦恐嚇，宣稱「即使難勝外艦聯隊……則雖敗猶榮。」[12] 此時英駐北京公使也私下函告伍朝樞，辯稱北京使節團實在無權決定海關稅款收入的分配，因此乃北京政權的作為全國政府特權，但列強不容孫中山干擾海關之運作。（12 月 14 日廣州領事團轉交北京使團之正式回覆，亦重申此立場，並說明 1919 年至 1920 年 3 月之粵海關關餘撥予廣州乃南北兩政府之內部協議，與外國使團無關）。[13]

　　面對這種帝國主義炮艦外交之壓力，孫中山在 12 月 5 日宣佈會等待兩星期，然後再採取行動。[14] 根據當時美國駐廣州總領事館的消息，孫中山暫時不準備以武力來對抗列強的炮艦外交，粵方不會直接干擾粵海關的運作，故雙方在廣州爆發軍事衝突的機會不大。[15] 但孫中山並不放棄爭回關餘的支配權，只是藉着群眾動員，作經濟杯葛和擴大反帝國主義宣傳，來推動愛國民族主義的民間外交戰線來抗衡炮艦外交。

　　12 月 16 日，廣州各界人民召開大會，決定收回關稅主權和抵制英、美貨物，會後並列隊前往英租界沙面外面的沙基示威遊行，同時派代表至大元帥府請願。孫中山在接見代表時表示他「自有收回關稅辦法，決定三日後發正式手續提取關餘。」[16]

　　12 月 17 日，廣州政府發出致美國國民電，稱關餘問題完全為中國內政，

12　《孫中山年譜》，頁 324-325，其訪問原文用英文，中文譯文引自蔡和森：〈為收回海關主權事告全國國民〉，《響導週報》，期 48。Wilbur, *Sun Yat-sen: Frustrated Patriot*, pp. 184-185, p. 346, note 38，指訪問時間為 12 月 4 日，非《孫中山年譜》所指之 12 月 7 日。這訪問亦在倫敦 *Times*，及美國 *New York Times* 兩極具世界影響力之英語日報刊出。

13　Wilbur, *Sun Yat-sen: Frustrated Patriot*, p. 184.

14　Wilbur, *Sun Yat-sen: Frustrated Patriot*, pp. 184-185; Kit-ching Lau Chan, *China, Britain and Hong Kong, 1895-1945* (Hong Kong: Chinese University Press, 1990), p. 156.

15　Wilbur, *Sun Yat-sen: Frustrated Patriot*, p. 346, note 39.

16　《孫中山年譜》，頁 325；引上海《申報》1923 年 12 月 18 日及《廣州民國日報》1923 年 12 月 20 日。

而「美國政府派出最多軍艦恐嚇廣州政府」，實為「摧殘自由，蹂躪人權」。[17]

12 月 19 日，孫中山原定取採實際行動取回關餘之時限已屆滿，但粵方並無具體行動。[18]

12 月 21 日，廣州政府命令粵海關稅務司馬上將關餘妥為保管，以聽候廣州政府指令，並將 1920 年 3 月以後所欠關餘，照數歸還。並警告如該稅務司不遵命令，將予撤換。但廣州當局亦無用武力干擾粵海關的管理運作。[19]

次日，孫中山對廣州嶺南大學學生發表演說，稱「現在的白鵝潭，到了十八隻外國兵船，他們的來意，完全是對我們示威的，這種大恥辱，我們祖宗向來沒有受過的。」[20]

12 月 24 日，廣東工會聯合會、新學生社等七十多個團體舉行示威，發表宣言堅決要求收回關稅主權。同日，廣州當局以中華民國軍政府名義，發表宣言：「關稅之處分，本政府與列強即同認為中國內政問題，則本政府於所爭收關餘一事，便須與總稅務司交涉而已。……而列強藉保護其尚未確定權利為名，集軍艦於省河，實無異幫助北京政府，以壓制本政府，誠不平之甚也。……北京政府係屬非法，且為全國所棄，當然無權處分本政府轄境內之關稅餘款。」[21]

至 1923 年 12 月底，雙方並無進一步的軍事行動，這次因粵海關關餘之爭所引發的炮艦外交，其可能擴大成正面武裝衝突的危機亦漸漸消減，廣州民間反帝國主義示威活動亦日趨沉靜，而珠江河上的外國軍艦則在幾個月後，待至 1924 年春才先後離去。[22] 不過孫中山仍未放棄向列強交涉和宣傳，

17　《孫中山年譜》，頁 325。

18　Wilbur, *Sun Yat-sen: Frustrated Patriot*, p. 186.

19　《孫中山年譜》，頁 326。

20　《孫中山年譜》，頁 326。

21　《孫中山年譜》，頁 326。

22　Schiffrin, *Sun Yat-sen: Reluctant Revolutionary*, pp. 245-246.

繼續爭取收回粵海關關餘。

　　1924 年 1 月 6 日，孫中山接見南來的美國駐北京公使舒爾曼（Jacob G. Schurman）時，斥責他阻撓廣州政府收回關餘，稱美國所謂「不干涉中國內政」，不過是「一種空談」，「試觀今日有六國之戰艦泊於廣州港內，阻吾人利用應得之關餘，而將此關餘付諸北京，乃猶言不干涉內政，實則不干涉內政其名，外交團控制中國為一殖民地則事實也。」[23]

　　1 月 19 日，廣州政府再次致電全國總稅務司英人安格聯（Sir Francis Aglen），聲明廣州大元帥府即將改組成為國民政府，着其指令粵海關稅務司奉行廣州政府命令。[24]

　　1 月 20 日，中國國民黨在廣州召開第一次全國代表大會，孫中山在會上特別指定討論海關問題，倡議收回海關。[25]

　　4 月 1 日，北京外交使團作出決定，原則上同意將粵海關關餘撥付廣州政府。[26] 至此，這回廣州海關爭議事件在革命政府力爭下最終略有成果。同年 6 月 19 日粵海關關餘撥充西江水利工程經費，由粵政府派人督理治河工作。至此，粵方總可取回部分海關關餘權益。但關餘問題並未真正解決，至 1924 年 10 月又再發生爭執。[27]

　　現在事後回顧，對這回廣州關餘之爭，可從法理立場和對美態度及與英國關係等角度來略作分析：

1. 法律和公理

　　當時中國實在處於一種內戰的狀況，北京政權為派系軍閥所把持，其有效管治範圍只局限華北一隅，有時甚至政令不出都門，連北京市以外地區亦

23　《孫中山年譜》，頁 329。

24　《孫中山年譜》，頁 329。

25　戴一峰：《近代中國海關與中國財政》（廈門：廈門大學出版社，1993 年），頁 75。

26　《孫中山年譜》，頁 329；戴一峰：《近代中國海關與中國財政》，頁 75。

27　呂芳上：〈廣東革命政府的關餘交涉（1918-1924）〉，頁 673。

難以控制，何論華南廣東。1923 年 10 月就任之北洋大總統曹錕更是藉行賄而當選，靠直系武力支持為上台，其權威合法性（Legitimacy）難為國民接受，孫中山之南方革命政權當然亦堅拒承認，故列強使團之官式接納曹氏北京當局為代表全中國之合法政府，是完全漠視分裂現實，欠缺有效事實基礎，而流於名義紙上的外交手段。

　　孫中山多次指斥，正是點破外交團的虛偽和弱點 ── 假像虛構地予北洋當局作為全國政權的合法化企圖，因名實不符，難以服眾，於理無據。

　　粵方要求有前例可援，1919 年至 1920 年 3 月間，粵海關關餘曾被撥歸廣州政府，如當時與駐北京使團無涉，則今回關餘爭議，使團亦不容插手干預，故其偏幫北京政府截留粵海關關餘，一方面變相資助北洋當局，另一方面又扣減粵方財政收益，實為直接介入中國內戰，支持軍閥。

　　海關亦為中國官方機關，自當接受中國國內政府管轄，甚至各種不平等條約和歷次外債協議的具體條款，亦只予最主要貿易國委任海關稅務司之權（然稅務司為中國政府僱員，應受中國官方指揮）和以海關收入稅款為對外賠款和尚欠外債償還的抵押而已，在法理及條文上，列強實無權取佔中國海關的管轄權。正因北洋當局不曾亦無法在粵行使有效管治，且屬內戰時期，故粵海關之管轄權自然歸由正有效實際管治當地的廣州政府，所以孫中山及廣州外交部能義正詞嚴反駁北京使團的謬論，而列強亦自知欠缺有力法律根據，無理可說，故只能伸展拳頭，以「炮艦外交」作武力威脅。[28]

　　這回孫中山依法合理不因炮艦威脅，強弱懸殊而堅持取回關餘，正義不屈的努力，在廣東甚至全國民間受愛國主義群眾支持，直接提升其為國家主權對帝國主義鬥爭的民族英雄形象，甚至北洋政權中亦有官員欽佩孫氏對抗帝國主義列強的勇氣。[29] 有外國學者認為孫中山在這回海關爭議中，比他過

28　Wilbur, *Sun Yat-sen: Frustrated Patriot*, p. 183；前中國海關職員，Stanley F. Wright 曾撰寫報告由海關當局出版，*The Collection and Disposal of the Maritime and Native Customs Revenue since the Revolution of 1911* (Shanghai, Statistical Department, Inspectorate General of Customs, 1927)，其中 chapter 6 對關餘處理有深入討論，對廣州關餘之爭可見 pp. 185-187。

29　Wilbur, *Sun Yat-sen: Frustrated Patriot*, p. 186; Schiffrin, *Sun Yat-sen: Reluctant Revolutionary*, p. 246.

去任何時期，更能真正代表中國之心聲，尤為五四時代學生青年的理想而發言。[30]

2. 對美國態度

孫中山在列強炮艦外交式的壓力下，因本身軍事實力不足，當然不能靠武力解決，只好進行交涉，藉廣東各地民眾動員遊行示威和排貨抗議來爭取社會支持，擴大宣傳效應，製造國際輿論同情來向列強抗衡。在直接介入這回粵海關事件的各國，孫中山對美國最為反感和失望，比對在華南有重大經濟權益的英國反應尤甚，可能是自 1922 年華盛頓會議以來美國在遠東事務領導地位予孫氏某種幻覺。但孫氏亦不曾忘記由於美國政府之反對而破壞了粵方在 1921 年 2 月就取回部分關餘作治河經費與北京公使團達成之協議。[31]

孫中山本人曾在美國夏威夷檀香山就學，其反清革命工作多次以美國為重要活動基地。其推崇的民主自由思想，亦常引美國之憲政制度為典範。辛亥革命以來，孫中山不斷着力爭取美國官方和民間的同情和援助，咸以美國在華既無佔割租界殖民地，兼本身又為民主共和國政體，理當為其國民革命之自然盟友。可惜孫中山事與願違，美國在這回關餘之爭反而變成帝國主義列強武力壓迫的領袖國，12 月中珠江河上的十六艘外國炮艦當中，美軍艦最多，佔六艘，使孫中山有被「民主國家典範」出賣，「精神盟友」背叛的嚴重打擊。

不過，甚至在面對美國領頭「炮艦外交」威脅的關頭，孫中山仍未完全放棄向美國，尤其美國民眾爭取友好支持之希望，也不改變對美國革命和立國的民主自由精神的嚮往，似乎有些一廂情願式的政策傾向，這從孫氏當時四回對美重要言論可見。

1923 年 12 月 17 日，孫中山在致〈我的朋友們，美國人民〉公開通電

30　Schiffrin, *Sun Yat-sen: Reluctant Revolutionary*, p. 246.

31　Wilbur, *Sun Yat-sen: Frustrated Patriot*, p. 187；呂芳上：〈廣東革命政府的關餘交涉（1918-1924）〉，頁 656，666。

中，引用美國獨立革命初時的反英行動「倒茶事件」為例，（在波士頓的起義分子因抗議英國殖民地官方抽重稅但拒絕予居民選代表參政的權利，憤而將波士頓港內商船所載由英國輸入的茶葉傾倒海港中），謂現時粵海關關餘之爭取回本屬廣州之稅款，不容北洋佔取作軍費來殺害廣東民眾，正是同一樣的合理公義鬥爭。孫氏文中反問何以由華盛頓及林肯所建的國家今天已放棄其對自由的信念，由解放者變成壓迫者？[32]

　　他在美國傳教士辦理的嶺南大學公開講演時，不獨讚揚美國傳教士在華教育的貢獻，更指出美國反英獨立革命成功是依靠一小撮仁人志士之活動，值學生仿效，而中國更需要幾百間嶺南這樣的學府來培養人才，使中國如西方般強大，似乎沒有特別反美的情緒。但與另一小批嶺南師生聚見時，孫中山又強調中國與蘇聯的友好合作，同時他預料將來世界上受壓迫國家如：中、德、俄、印度，與由英國領導之壓迫者國家會爆發戰爭，孫氏更嚴重指責英國政府對他特別不友好，甚至影響美國外交政策來破壞他的革命政權。[33]

　　1 月 6 日，與美使會面，孫在抨擊美國政府在粵海關事件之敵對姿態後，又指出美國是唯一不被中國人民懷疑，可接受作為協助解決中國內部政治問題的友好外國。一星期後，1 月 13 日，孫中山受美國記者訪問時，亦強調中國國民可信賴美國，會歡迎由美國人在上海主持召開一和平會議，亦邀請其他列強各國參加。[34]（這正是國民黨正式改組，舉行第一次全國代表大會之前的一星期。）

　　似乎這不單顯示在這關餘之爭及成立聯俄容共，反帝反軍閥的統一戰線的敏感關頭，孫中山仍未完全放棄爭取美國援助支持的夢想，這是否也反映他對當時正在熱烈進行與蘇聯和中外共產主義者合作的保留？

32　Wilbur, *Sun Yat-sen: Frustrated Patriot*, pp. 185-186；該電文在 *New York Times*, December 20, 1923 刊出。

33　Wilbur, *Sun Yat-sen: Frustrated Patriot*, pp. 187-188; Schiffrin, *Sun Yat-sen: Reluctant Revolutionary*, p. 246.

34　Wilbur, *Sun Yat-sen: Frustrated Patriot*, pp. 188-189.

3. 與英國的關係

在這回關餘紛爭中，孫中山對英國的態度和實質關係頗為複雜。在制度人事方面，由於英國對華貿易額為列強之冠，全國海關總稅務司及廣州海關稅務司均是由英國人擔任。在地緣政治方面，廣州沙面島上有英租界，而與廣州經濟關係最密切的國際商港則是沿珠江南下九十哩的英國殖民地香港。兩者實質聯繫極多，在對外貿易運輸的功能上分工合作，近乎唇齒相依。在歷史淵源回顧，自十九世紀鴉片戰爭以來，英國在華南的權益和經濟勢力不斷升漲，不但英殖管治香港的範圍擴大，（由 1842 年割佔香港島，再在 1860 年割取九龍半島，至 1898 年增取新界租借區），而香港在華南區域經濟運作功能的機要地位日形重要，可謂對廣東的經濟有着近乎支配性的影響力。[35] 而自鴉片戰爭時的廣州三元里事件開始，廣州珠江三角洲地區的對外關係歷史上，有不少民間群眾動員的反英帝國主義侵略和殖民地政權壓迫的事例，故英國在華南的不合理權益，可說是廣東愛國者維護主權集體行動的自然，甚至傳統的首要攻擊目標。[36]

有以上的因素和歷史背景，這次關餘之爭，英國當然不能完全置身事外，其經濟利益和所謂條約特權均受直接影響，所以英國軍艦五艘也加入珠江河上「炮艦外交」的陣營。但在孫中山與列強交涉的過程所見，宣傳抨擊以外，其對英國官方實質態度是頗克制和比較溫和，與過往和以後（1924年夏至 1927 年間）粵方強烈反英立場不盡相同。

在前述孫中山對美言論中，均可清楚顯示孫氏對英帝國主義絕無好感。從 12 月 17 日的「波士頓傾茶事件」反英殖的引喻比對，到 12 月 21 日與嶺南大學師生的談話，大力抨擊英國倫敦當局一貫以來極度敵對仇視他的政策，孫氏更指出英內閣特別着意破壞最近香港殖民地官方與廣州改善關係的

35　呂芳上：〈廣東革命政府的關餘交涉（1918-1924）〉，頁 647-690。

36　三元里時間以來在華南中英衝突交涉及廣州香港者可參考：Ming K. Chan, ed., *Precarious Balance: Hong Kong Between China and Britain, 1842-1992* (Armonk: M. E. Sharpe, 1994), chapter 2, 3。

成果。[37] 當然在嶺南校園和與美使舒爾曼會晤時，孫氏所預言世界兩大陣營不可避免的戰爭中，他所責斥為壓迫者集團的首領正是英國，甚至美國正是受着英帝國主義政策所影響而變成壓迫者。[38] 由孫氏這些言論反映似乎英國才是真正的侵華元兇，美國是受其不良支配才淪為「幫兇」來迫害廣州革命政權。

與英官方的直接交涉，孫中山亦作同樣強硬堅持爭回關餘之表示。12 月中，在致英國工黨領袖麥當奴（Ramsay MacDonald）時，孫氏清楚指出關鍵人物英國駐北京公使，英籍總稅務司及英籍廣州海關稅務司的不友善不合作態度為問題所在，並警告炮艦外交不能保護英在華經濟利益。[39]

11 月下旬，孫與英駐廣州總領事面談時，更明言，如列強在關餘事件採取強硬手段而演變成真正用武力攻擊廣州時，孫中山樂於被英國打敗，「但英國則要負起殺死中國民主之責任與惡名」。[40]

在另一方面，孫中山又在 1923 年 5 月明確表達希望得到英國專家的協助來重整廣東內部改革和建設，[41] 或可說是反映着孫氏一直以來不斷追尋西方國家的同情與支持，希望這些外來力量可促進他改造中國理想的實現。

孫中山對英國的另一種態度表現，在其與香港英國總督交往。1923 年 2 月中，孫氏由上海重返廣州建立第三回政權時，途經香港，特別預作安排，在這英殖民地停留四天，受港督司徒拔（Reginald Stubbs）設午宴招待，氣氛友好，又到香港大學演講，演詞盛讚英國議會制度為民主政治楷模。回廣州後，孫中山在 3 月 6 日更親自到沙面拜會英總領事。不久廣州當局甚至公開期望香港可借出巨款予廣州政府過渡財政難關，不過，終因廣州商界對孫政權徵稅和左傾聯俄政策不滿而落空。但至 1923 年秋，穗港官方關係仍算友好。[42]

37　Wilbur, *Sun Yat-sen: Frustrated Patriot*, p. 187.

38　Wilbur, *Sun Yat-sen: Frustrated Patriot*, p. 188.

39　Wilbur, *Sun Yat-sen: Frustrated Patriot*, p. 186.

40　Wilbur, *Sun Yat-sen: Frustrated Patriot*, p. 183.

41　Wilbur, *Sun Yat-sen: Frustrated Patriot*, p. 147.

42　K. C. Lau Chan, *China, Britain and Hong Kong*, pp. 154-156.

　　1923 年 12 月初，因北京使團尚未回覆廣州政府的取回關餘要求，孫中山派陳友仁到香港與司徒拔商議。孫中山在 12 月 11 日聲稱，為尊重港督的意見（即有辦法可在粵方與列強之間找到一令雙方接受的妥協來解決關餘之爭），粵方願減縮對海關稅收的要求（即在廣州政府管轄範圍內所收關稅可按比例先行扣除對外債務的承擔款額），孫氏又告知港督，正是顧念及與香港的良好關係，粵方特延遲暫不採實際行動來收取關餘。更着司徒拔轉達向倫敦英廷的警告，正因英在華有極大的貿易利益，故不應帶頭領導列強反對粵方取回關餘的要求。司徒拔即向倫敦殖民地部反映局勢的緊張，並指出如英取急劇手段對付孫中山，則香港將會遭受災禍性的打擊，英資在港在華的損失會極其嚴重，這是不宜對廣州施壓過度的最重要因素，否則（海關權益之）得將不償（香港之）失。[43]

　　港督司徒拔這種為着香港經濟利益的務實考慮，自不容於主張強硬手段維持列強海關權益的英國外交部。而司徒拔與廣州官方直接聯絡通函，令英外交部駐穗代表的英廣州總領事極為不滿，他除大力抨擊司徒拔主張與孫氏妥協的論點外，更抗議港督不遵守既定的官式外交途徑（即必須經英駐穗領事館為仲介轉達）與粵官方聯絡。結果英外交部一方面決定採取強硬措施，雖非作列強炮艦外交的領袖，用武力阻嚇孫中山干擾粵海關的管理運作，同時亦試圖向殖民地部施壓，把司徒拔提早調職他去。終於司徒拔幸可暫保督位，但仍受殖民地大臣就其逾權越職，妄圖影響英國對華政策及「私通」廣州官方等不當行為受嚴厲訓斥。[44]

　　有學者認為粵方領袖不單在英美兩國間製造互相懷疑，同時也利用與香港總督的聯繫來繞過英駐北京公使和駐廣州總領事。[45] 其實在 1921 年初，孫中山在廣州任非常大總統後，按照 1919 年在廣州的護法軍政府與北洋當局協議分配關餘的先例，向北京外交團要求撥回粵方關餘，雙方交涉爭議期

43　K. C. Lau Chan, *China, Britain and Hong Kong*, pp. 156-157.

44　K. C. Lau Chan, *China, Britain and Hong Kong*, pp. 157-158.

45　Wilbur, *Sun Yat-sen: Frustrated Patriot*, p. 186.

間，列強駐穗領事團為防備萬一，把海關稅收處遷往沙面英租界，而英國更由香港派出英兵二百人赴廣州西堤進行「護關」，可見英國以武力作海關爭議的最強有力手段由來已久。而後來廣州領事團在 1921 年 2 月同意移撥關餘作為粵治河工程費也被北京公使團同意，但遭美公使反對而被推翻。[46]

　　這次司徒拔與英外交部的分歧並非一偶發意外之事，其實一直以來，由英國殖民地部委派的香港總督，因其以英在港和在鄰近珠江三角洲地區的英資利益為出發點，對中國的態度，尤其與廣州當局的關係，常與以英國環球角色來制訂對中國整體政策的英外交部（及其駐華領使人員）的觀察及決策有重大差距。這回廣州關餘之爭，港督比較英廷同情粵方要求，為求保持港穗和諧而反對動武。[47]不過兩年後面臨省港大罷工的威脅，司徒拔仇恨敵視廣州的態度，則比英外交當局更為強硬尖銳。這可能因為關餘事件的教訓，但廣州國民政府當時的左傾反帝反殖群眾動員，不但直接打擊香港的經濟生存，也涉及更嚴重的中國「赤化」危機，和民族主義革命浪潮對列強在華勢力的衝擊，這終使英國內閣率先調整對華政策，從新評價國民黨革命政權反共北伐統一的努力。

　　這回 1923 年關餘之爭也不是孫中山革命政府企圖收回海關權益的最後嘗試。1924 年 8 月商團事件爆發，廣州反帝國主義氣氛又高漲，至 10 月中旬，粵當局已作收回海關關餘之準備，甚至打算接管粵海關以取款濟軍費，廣州領事團作相應行動，以軍事實力「護關」，在沙面設防禦炮壘，派英印兵八十人登陸租界增援，又在珠江面結集英、美、法三國兵艦八艘，再以「炮艦外交」手段抗衡。後因孫中山起程到北京召集國民會議，謀求全國和平統一，同時亦經駐穗日本領事從中調停，粵海關情勢才漸和緩。[48]但海關

46　呂芳上：〈廣東革命政府的關餘交涉（1918-1924）〉，頁 65-656。

47　有關英方內部對話政策分析，可參考陳明錄：《落日香江紅：衛奕信政權的歷史挑戰》（香港：信報有限公司，1989 年），頁 67-74。

48　呂芳上：〈廣東革命政府的關餘交涉（1918-1924）〉，頁 673-674。

主權被帝國主義者藉不平等條約侵佔的最基本問題仍不能解決，這更變成以廣州為引發基地的國民革命的一項重要奮鬥目標。

（三）1926 年的廣州海關事件

　　近代華南地區中英衝突最激烈，影響最深遠的個案，就是歷時十六月，直接涉及罷工者二十五萬的省港大罷工。這是在國共兩黨統一戰線領導下，由廣州國民政府支持，中國勞工運動歷史上規模最宏大的反帝國主義愛國政治罷工及杯葛。[49] 本節的範圍，是着重探討在大罷工後期，即 1926 年 2 月至 10 月間的幾項廣州海關事件對大罷工抗英制裁和中英關係的影響。

1. 大罷工對廣州經貿的影響

　　省港大罷工自 1925 年 6 月中爆發後，發揮幾種針對英方的經濟制裁作用（即香港華人勞動者和沙面英租界華工的大罷工，廣州和粵省各地的杯葛英資，排拒英物，不容英國輪船到粵境內港口運輸，亦不准許其他外國商船在駛到或駛離粵境港口前或後停泊香港上落貨物，同時亦不准運載英貨到粵境港口），合內外夾攻，集罷工，排貨，封鎖的三重壓力，使香港經濟衰退，生計困難，而英資貿易和其他經濟利益在華南及全中國（因響應上海五卅慘案而爆發的各地抗議杯葛行動），均受極嚴重打擊。[50]

　　大罷工同時也造成廣州市的空前繁榮，尤其自 1925 年 8 月 14 日粵方採取「單獨對英」制裁策略，實行「特許證」制度來解決因封鎖香港而導致穗市的經濟自困，有效鼓勵非英籍的國際商船，在不載英貨，不停泊香港的大

49　省港大罷工的國際史學研究，請參考 Jean Chesneaux, *The Chinese Labor Movement, 1919-1927* (Stanford: Stanford University Press, 1968), chapter 12; Ming K. Chan: "Labor and Empire: The Chinese Labor Movement in the Canton Delta, 1895-1927" (PhD diss., Standford University, 1975), chapter 11。

50　大罷工令香港及英在華經濟損失慘重，詳情可參考：Ming K. Chan, "Labor and Empire," pp. 325-334；蔡洛、盧權：《省港大罷工》（廣州：廣東人民出版社，1980 年），第 7 章。

原則下，沿珠江北上直達廣州港進行自由貿易。不久各國商船紛至，廣州港與海內外各處建立直接聯繫通航，不必再仰仗依賴香港為轉口港作中介。後來 9 月中這「特許證」制度改變為更開放便捷的「善後條件」，仍維持「單獨對英」原則的制裁措施，更進一步促進廣州的興旺。[51]

這經濟增長的實況可從 1926 年廣州港內中外商船的總數八百七十六艘，比 1925 年的七百五十四艘，和 1924 年的七百五十五艘增加一百二十多艘可見。[52]

隨着廣州港的對外航運貿易增長，粵海關的稅收亦迅速恢復，自 1925 年秋起，可維持罷工前三年的每月平均額。[53] 廣州海關自 1925 年 10 月起的收入稅款實比 1924 年同期有增多。可見雖然減去對香港和英資貿易，廣州外貿出口，增長頗佳，大體而言，廣州的商貿，在罷工期間不但未見衰退，反覺興盛。除對英及香港封鎖制裁收效，國際航線貿易直達海外，國民政府次第收復東江潮汕地區，粵省行政統一，省內交通較便捷，因而廣州商務網擴大。而封鎖香港後，珠江三角洲內商埠如江門、三水等放棄舊時直接對香港貿易，改以穗市為營運中心，所以廣州對省內商務運輸也有可觀增長。[54] 這幾種因素造成粵方的「特殊繁榮」，廣東省政府的總稅收劇增，由 1925 年 8 月的四十七萬元增至 10 月的三百六十一萬元，11 月的三百八十二萬元和 12 月的四百萬元。[55]

2.2 月「停關事件」

大罷工對粵方的直接影響，還包括變相爭回局部粵海關自主權，但同時因予英方憑藉廣州海關稅務司干涉罷工封鎖措施的執行，而引發 1926 年 2

51　大罷工時廣州港之交通措施可見：程浩：《廣州港史（近代部分）》（北京：海洋出版社，1985 年），頁 195-211。

52　程浩：《廣州港史（近代部分）》，頁 204；此數目是根據海關檔案資料。

53　程浩：《廣州港史（近代部分）》，頁 205；又見 Ming K. Chan, "Labor and Empire," p. 336。

54　程浩：《廣州港史（近代部分）》，頁 207-210。

55　Ming K. Chan, "Labor and Empire," p. 339；蔡洛、盧權：《省港大罷工》，頁 87。

月英國企圖以「停關封鎖」向廣州政府施壓。

1926 年 2 月 15 日，領導大罷工的「罷工委員會」（主席為香港海員工會領袖蘇兆徵）與廣州四大商會聯合組成「工商檢驗貨物處」，以進一步實施「單獨對英」政策。這驗貨處設在西堤省澳輪船碼頭，凡進口廣州港的貨物均需接受查檢，並訂明有關手續的四項規定，凡非英貨及非經由香港澳門及沙面來者，經該處驗訖後，即予放行，不收費用，兼且放行後水陸沿途不得留難阻滯。[56]

該檢驗處工作，由罷工委員會糾察隊執行，權力頗大，故被英駐穗總領事視為粵方變相收回海關主權，侵犯原來由英人稅務司管理的粵海關正常權責。因此，北京總稅務司安格聯指令粵海關稅務司英人貝爾（E. H. Bell）找藉口停止廣州海關運作，以抗議罷工糾察隊檢驗處侵擾海關運作。

適當時有未經過海關檢驗，而糾察隊擅自扣留八條貨艇和取去二千包貨品的事件發生，貝爾求廣州政府管制糾察隊行動，並自 2 月 20 日起廣州海關停關。凡進口或出口船隻不經驗關，便不能卸貨或載貨，即使在廣州卸載，因未獲正式通關文件，船到其他港口也會被當地海關扣留。所以這回「停關事件」就是變相以中斷廣州對外貿易為要挾，旨在破壞大罷工對英經濟封鎖。[57]

在廣州官方抗議下，國際輿論壓力和廣州群眾示威，民間團體抨擊及罷工委員會答應改變檢查程序（即以後先過海關才再檢驗是否英貨禁品）及放還二千包貨品予完成海關手續，貝爾被迫於 2 月 26 日重開廣州海關，恢復正常業務。但廣州政府亦無禁制罷工糾察隊的行動，亦不願為其活動負起官方的責任，而貝爾企圖藉「停關事件」挑撥粵方政府與罷工工人關係，製造廣州工團與商界間的矛盾，亦未見收效。[58]

56　程浩：《廣州港史（近代部分）》，頁 212-213。

57　程浩：《廣州港史（近代部分）》，頁 213-214；蔡洛、盧權：《省港大罷工》，頁 97。

58　程浩：《廣州港史（近代部分）》，頁 213-214；蔡洛、盧權：《省港大罷工》，頁 97-98；K. C. Lau Chan, *China, Britain and Hong Kong*, p. 209。

雖然英方未能利用「停關事件」來打擊大罷工的「單獨對英」經濟制裁，但隨着廣州政局的變化，尤其 1926 年 3 月 20 日「中山艦」事變後，左派勢力轉弱和共黨分子在政府及國民黨機關內地位被抨制，罷工委員會的影響力亦漸減縮。至同年 7 月 9 日，國民革命軍出師北伐，國民政府的外交和政治注意力隨軍事行動而北移華中，不欲兩面作戰，同時亦希望可節省財政資源以應軍需，遂有結束大罷工之意。1926 年 7 月 15 日至 23 日，中英政府雙方在廣州舉行五回談判來解決省港大罷工問題，由於英方不同意予罷工工人賠償而告破裂。[59] 但英方已清楚了解粵方希望結束罷工的意向，遂等候機會再施壓來提早解決罷工和杯葛。

3. 9 月「武裝清港」行動

1926 年 9 月初，北伐軍在華中攻克漢陽與漢口，但同時在四川萬縣和廣州，則爆發兩回英國炮艦外交的武裝衝突。萬縣事件起源於 8 月 31 日，四川軍閥楊森部屬扣留兩艘英商輪，以報復兩日前英輪撞沉民船。9 月 5 日，長江上游的英海軍艦圖以武力救回商輪，但軍事行動臨時擴大，變為英艦炮轟萬縣，而引致數千人傷亡，民憤高漲及釀成外交糾紛。[60]

廣州的炮艦外交事件，可算是 2 月的海關「停關事件」的延續和引申。這回英方是有預謀的先由香港總督，廣州英領事及怡和船公司代表先早策劃，故意挑釁，以罷工糾察隊干擾為藉口，用武力封鎖廣州港向粵方施壓。[61]

59　中英解決罷工談判可見：Ming K. Chan, "Labor and Empire," pp. 345-350；蔡洛、盧權：《省港大罷工》，頁 121-127。罷工委員會顧問鄧中夏曾著有《省港罷工中之中英談判》（廣州：省港罷工委員會宣傳部，1926 年），亦收載在廣東省哲學社會科學研究所歷史研究室編：《省港大罷工資料》（廣州：廣東人民出版社，1980 年），頁 595-652，有極詳盡之報導分析。

60　Edmund S. K. Fung, *The Diplomacy of Imperial Retreat: Britain's South China Policy, 1924-1931* (Hong Kong: Oxford University Press, 1991), pp. 132-133; Gregory Haines, *Gunboats on the Great River: A History of Royal Navy on the Yangtze* (London: MacDonald and Jane's, 1976), pp. 58-65.

61　K. C. Lau Chan, *China, Britain and Hong Kong*, p. 216.

　　9月4日上午9時，英國海軍西江艦隊所屬兩艘炮艦駛入廣州內港並在西堤省澳船碼頭及內河輪船碼頭（該兩碼頭自1925年夏已改為罷工工人飯堂及檢查棚之用）停泊，將炮口指向「工商檢驗貨物處」，並把停泊檢驗處外及所有在此一帶停靠的船艇驅逐趕走，那些未及時解纜開移船艇，則被英國水兵將船纜砍斷而漂流。英水兵還上岸拆毀碼頭附近的罷工工人飯堂內家俱設備。同日下午2時，另來一艘英艦，泊於省港碼頭附近，並出動多艘小汽艇在河面遊弋梭巡。至下午3時，更有英水兵五十餘人攜帶機槍登岸，在碼頭佈哨設卡封鎖，以致西堤一帶交通斷絕。[62]

　　次日，英軍繼續出動，將駕駛小船執行任務兩名罷工糾察隊員擄去，搶走其身上物品。9月6日，全副武裝的英水兵，強登日前因破壞封鎖而被罷工糾察隊扣留的商船「亞細亞」號，將守船的糾察隊員解除武器及趕離船後，將該船駛走。9月9日停西堤河面英艦再騷擾附近一帶的船艇。9月10日，停泊白鵝潭的英艦及駐沙面英兵又向華界岸上的罷工糾察隊開火射擊。而自9月4日起沙面租界宣佈戒嚴，英兵架設機槍把守沙面橋頭。這些炮艦外交的武裝挑釁行為，使廣州市人心不安，商人亦不敢前往報關起卸貨物，直接影響廣州貿易及港口交通，而罷工糾察隊的檢驗敵貨任務亦無法繼續。同時，英國軍艦也在粵北汕頭港口進行「武裝清港」行動，襲擊並拘禁罷工糾察隊的巡邏艇和綁架、毆打糾察隊員。[63]

　　這次英方炮艦外交式的「清港行動」引起廣州官方和民間組織，尤其罷工委員會的嚴重聲討反對。廣州黨政當局雖希望罷工可以早日結束，但絕不能在國家主權被侵犯和地方治安、經濟權益受干擾的情況下，向帝國主義炮艦外交屈服，而主動取締這轟動中外的愛國大罷工和杯葛運動。

　　所以，廣州國民政府外交部長陳友仁向英總領事強硬抗議，指斥英國在中國境內的軍事行動於條約法理無據，更要求英方立即：

62　蔡洛、盧權：《省港大罷工》，頁138-139；程浩：《廣州港史（近代部分）》，頁214。

63　蔡洛、盧權：《省港大罷工》，頁139。

　　1. 撤回各碼頭之武裝英兵；

　　2. 停止在沙面河面干擾小船舶行為；

　　3. 停泊各碼頭的英艦應回泊沙面原處。

　　9 月 12 日，廣州港內英軍艦終撤離西堤碼頭河面，返回原來在沙面拋錨的地點。但廣州政府亦自此直接負責巡衞港岸碼頭，不許罷工糾察隊再干涉海關查檢工作。[64]

　　這回英藉炮艦外交，公然武裝干擾廣州港的交通和破壞罷工委員會的檢驗設施，目的在以所謂「有限度的警察行動」（來針對罷工糾察隊，但不正面與廣州官方衝突），同時打擊革命政府的後方基地，限制糾察隊執行封鎖，迫使大罷工早日結束，及試圖打通珠江的水道，恢復英輪船來往港穗之間航駛。這幾項目的表面上似乎很快達到了。9 月 9 日及 12 日，兩艘英資怡和公司商船不受阻擾地駛入廣州港，並帶載一些貨物返回香港。香港總督金文泰（Cecil Clementi）對這新形勢發展極感高興，他甚至建議不單用海軍封鎖廣州，並發最後通牒要粵方立即停止杯葛英資，排拒英貨英船行為。但這種強硬政策被英外交部否決。[65]

　　這回炮艦外交的性質與 1923 年冬關餘之爭時列強集體海軍示威頗為不同。今次是英方單方獨自行動，以求結束嚴重損害香港及英在華南經濟利益的大罷工「單獨對英」封鎖。雖然這次英海軍在珠江河岸的「清港警察行動」，是以當年 8 月 28 日廣州罷工糾察隊向一名英國人及一名美國人開槍事件為藉口而觸發，但美國官方保持中立，拒絕直接參與。（該開槍事件起因在當時該英人及美人破壞罷工封鎖，在廣州港內用小電船把華人乘客載送至開往香港的客輪，故被糾察隊開槍警告，該英人並未受傷，逃入沙面島英租界，而那名美國人也沒受傷，但被罷工委員會拘捕）。[66]

　　今次英方動員軍艦三隻，不止在珠江河上作示威作態，更實際真正動

64　Ming K. Chan, "Labor and Empire," p. 351；程浩：《廣州港史（近代部分）》，頁 215。

65　K. C. Lau Chan, *China, Britain and Hong Kong*, p. 217.

66　Ming K. Chan, "Labor and Empire," p. 351.

武，派水兵上岸破壞封鎖罷工組織形同「變相海關」的檢驗處，搶回被扣留的「亞細亞」號商船，更干擾港內交通，明確是攻擊性的軍事行動，這與1923 年的列強軍艦結集珠江河上，純屬防禦性質，顯示海軍實力來阻嚇孫中山不要採取實際行動來接管粵海關，爭回關餘款項的作用，頗有差異。

4.「銀彈政策」與附加稅

　　1926 年秋，英國單獨以炮艦外交向粵方施壓，正是因為當年 7 月雙方談判解決罷工封鎖問題時，英方欲施展的「銀彈政策」不能奏效，故只好動武。英國當時拒絕粵方要求，由香港官方或民間商界出資提供罷工工人的賠償和解散善後費用。英方提出反建議，可借一千萬元予廣州發展黃埔港，但總工程師及會計師須由英人充任，且同時要興建一鐵路通駁線，在廣州市內連接廣九及粵漢兩鐵路車軌。但為粵方拒絕，因這連駁線軌可使廣九路由香港直達武漢再通北京，成南北運輸主脈，有利香港，但因不必再停留廣州轉駁，減損穗市的樞紐重要性，則將來建成的黃埔港也會變成多餘無用，故被視為英帝國主義者變相控制華南經濟運輸的陰謀，所以不能接受，且英方堅持這一千萬元的建設借款絕不能改變用途，被移作罷工工人遣散善後之費用。[67]

　　對廣州國民政府而言，這回英方軍事行動可被視為列強企圖武裝干預國民革命北伐戰爭的預習或先兆（同時發生的四川萬縣事件增強了粵方對這種可能性的警覺和戒心），而北伐軍進展迅速，國民政府必須全力集中政治和經濟實力應付華中及長江流域的前線，極不願亦不能兩面作戰，在華南繼續與英國發生衝突。[68] 乃決定以海關附加稅的「銀彈政策」來集資籌款，為結束罷工後安頓被解散罷工者的善後費用。在英軍艦退回沙面後不久，9 月 18日，陳友仁通知英艦廣州代總理事百利安（J. F. Brenan），一方面否認罷工糾察隊的行動與廣州國民政府的關係，一方面表示如英方接受粵方加徵海關

67　Ming K. Chan, "Labor and Empire," p. 350.

68　Ming K. Chan, "Labor and Empire," pp. 351-352.

附加稅，則廣州當局將決定在 10 月 10 日起停止對香港封鎖，撤除糾察隊檢查，「中國政府現擬於實行終止杯葛手續後，對於平常入口貨物，在本土發賣者，加徵抽特稅項二厘半，奢侈品加徵五厘，至出口貨物，亦擬略行加抽出產稅。自後關稅應從新制定，本政府將與海關商訂辦法。各項入口貨，非具有經繳納特別稅項之稅率，不能發給關單，任由通過。」[69]

　　面對廣州當局的決定，英方官方的反應有內部分歧。港督金文泰仍堅持用武力繼續施壓，並鼓勵太古洋行多派商輪前往廣州和汕頭，因他絕不信任廣州政府決定結束罷工制裁的誠意。但百利安則持不同意見，他 9 月 20 日在香港政府行政局表示，在 10 月 10 日以前實無理由對廣州採取強硬手段，英外交部亦支持百利安的觀點，因為「最基本的考慮在及早結束杯葛制裁，而那輕微的附加稅，比對罷工委員會那些極多不合法的干擾而言，似乎是恢復香港與廣州之間貿易所要付出的一種小代價。」[70] 這明顯披露英國對華政策有很高度的功利取向和現實經濟利益的追求。

　　英外交部同時亦憂慮如果拒絕廣州當局開徵附加稅的要求，粵方可能自行另設一個海關機構來收取附加稅，所以也只好暫時放棄與列強對華採取聯合行動的原則。[71] 這亦是符合現實國際政治裏各國私利自顧的考慮，因為省港大罷工的「單獨對英」經濟杯葛，基本上只是打擊英國在華南的經濟利益，對其他國家影響不大，所以列強也未必願意為支持英國而對粵取強硬集體措施，如美國不參與 9 月那回「清港行動」，已是一種清楚表態。

　　在大罷工期間，十二國代表在 1925 年 10 月 26 日起，在北京與北洋政府舉行關稅會議。[72] 至 1926 年春，英國代表立場已有基本的改變，從以前其

69　李守孔：〈北伐前後國民政府外交政策之研究〉，載中央研究院近代史研究所編：《中華民國初期歷史研討會論文集（1912-1927）》（台北：中央研究院近代史研究所，1984 年），頁 208。

70　K. C. Lau Chan, *China, Britain and Hong Kong*, pp. 217-218.

71　K. C. Lau Chan, *China, Britain and Hong Kong*, p. 218.

72　李守孔：〈北伐前後國民政府外交政策之研究〉，頁 211-221；及李恩涵：《北伐前後的「革命外交」（1925-1931）》（台北：中央研究院近代史研究所，1993 年），頁 97-103，均對這關稅會議有詳細介紹。

偏袒北洋當局視其為正統、唯一合法的全國政府，變成正視現實，即認為廣州政權對關稅餘款支配的不滿有合理根據，而且英資和香港受粵方封鎖制裁嚴重的經濟危機，實與關稅問題不可分割。所以英方考慮如在關稅收益方面向廣州當局作出讓步，則可加強國民黨內反共右派的實力，和給予粵方急切需要遣散罷工工人的經費，否則罷工杯葛會延續，而國民黨政權最後亦可能以武力接管當地海關，則會破壞英國一直以來欲維持的中國海關制度統一完整。[73]

　　英國由較務實的功利因素而引申出對廣州國民黨政權的新態度，事實上是英對華政策的重大轉變。這歷時逾半年（至 1926 年 7 月終止）的關稅會議，也顯露了列強在華利益的分歧和採取共同對華策略的困難，故英國要尋找對華新政策。[74] 1926 年 12 月英內閣發表對華「政策備忘錄」向國民黨伸出友誼之手，實為大罷工的重要間接收獲。[75]

　　這些對華政策轉變的背景和考慮因素，有助了解英國默然接受國民政府以徵收附加稅作為終止大罷工對英制裁的先決「交換條件」。英方不公開抗議反對廣州附加稅的另一原因，是其稅率（2.5-5％）在法理上是有依據，原則上亦符合關稅會議時列強所達的共識。其中一項，即海關應在中國政府廢裁境內貿易稅「釐金」的同時，容許特別附加稅（interim surtax）的徵收，以作為在裁廢釐金與（1929 年 1 月 1 日實施）關稅稅率自主的過渡期間措施。而這「臨時附加稅」其根據是 1922 年 2 月 6 日華盛頓會議，九國所允徵收的「附加稅」——普通貨值不逾 2.5％，奢侈品不逾 5％。[76]

　　雖然廣州國民政府自始至終是反對這北京關稅會議（主要是北京政府不足以真正代表全國權益，如獲稅款收益的增加，就等於資助其派系財政和軍

73　Edmund Fung, *The Diplomacy of Imperial Retreat*, pp. 71-80.

74　Edmund Fung, *The Diplomacy of Imperial Retreat*, p. 80.

75　Edmund Fung, *The Diplomacy of Imperial Retreat*, chapter 5.

76　李恩涵：《北伐前後的「革命外交」（1925-1931）》，頁 99-101；李守孔：〈北伐前後國民政府外交政策之研究〉，頁 211。

費；更不願意在不平等條約的基礎上，以緩進和平手段來逐步收回海關主權），但起碼華盛頓九國共訂稅則，可予其粵方將在 1926 年 10 月 10 日開始徵收的附加稅，提供合法合理的基礎。因為英方不堅持（兼且北京關稅會議亦未就此具體簽定正式協議），廣州附加稅的徵收亦不必與裁廢釐金掛鈎，可算另一讓步。

因英方對附加稅的默許，國民政府在 9 月 22 日通知罷工委員會取消封鎖政策和終止罷工的決定，9 月 30 日罷工委員會召開第 166 次罷工工人代表大會，通過接受政府決定，改變反帝國主義鬥爭策略，定於 10 月 10 日起停止封鎖香港及結束大罷工。[77]

10 月 6 日，陳友仁通告各國與兩廣有商務關係之駐穗領事：聲明在 10 月 11 日起「凡兩廣與中國各省或外國所貿易之物品，對於其生產及消費，一律徵收暫行內地稅」。[78]

10 月 10 日，北伐軍進佔武昌。同日在廣州，罷工委員會正式發表關於停止封鎖的佈告，並將全體糾察隊撤回，取消武裝封鎖香港，恢復省港交通。至此，歷時十六月之大罷工終於落幕結束。[79] 同日，廣州國民政府公佈「徵收出產運銷物品暫時內地稅條例」，規定財政部得在各海關，常關口卡或其附近，徵收此項附加稅。[80]

由於大罷工對英制裁的收效與北伐軍事勝利所顯示的實力，廣州可領先在 1926 年 10 月 11 日開現代中國商港收回關稅局部主權的先例，替 1929 年施行全國海關稅率的自主權樹立有利的典模。也可算 1920 年代中國民族主義主權與帝國主義特權鬥爭的一個勝利的小插曲，同時亦成為孫中山多次為爭回粵方關餘之奮鬥一種光榮的歷史繼承。北伐軍收復武昌後，廣州附加稅制度也在武漢施行，這關稅權局部自主直接支援（在 1926 年底由廣州北移）

77　蔡洛、盧權：《省港大罷工》，頁 144。

78　李守孔：〈北伐前後國民政府外交政策之研究〉，頁 208；《省港大罷工資料》，頁 719-720。

79　《省港大罷工資料》，頁 703-706。

80　李守孔：〈北伐前後國民政府外交政策之研究〉，頁 208。

武漢的國民政府財政實力。[81] 同時亦間接鼓舞當地愛國群眾在 1927 年 1 月收
回漢口英租界（而當地工人更接收海關大樓），成為廢不平等條約爭回主權
運動的另一大突破。以後在國民政府所轄治範圍的各地海關，必依照廣州先
例，加徵這 2.5％ 付加稅，而英國因採取新的對華妥協政策，不欲正面抗衡
國民革命的勢力，只有接受，甚或後來總稅務司安格聯被中國政府革職，亦
不能干預。可見廣州革命動員的實力，打破帝國主義者對海關制度的操縱，
為全中國邁向關稅自主踏出一大步。[82]

（四）小結：由「炮艦外交」到「銀彈政策」

從 1923 年秋孫中山為爭取粵海關關餘，引發列強在珠江以「炮艦外交」
進行示威阻嚇，到 1926 年秋省港大罷工末期，英國因「銀彈政策」無效而
重施炮艦外交故技，以武力「清港」，但最終仍被迫接受廣州提出反面「銀
彈政策」的附加稅要求，來結束「單獨對英」的經濟封鎖。在這三年間，帝
國主義列強，尤其老牌領袖英國，在海關稅款支配，行政管理權責，及關稅
制度統一完整的立場，有相當明顯重大的改變。

對海關問題立場的轉變，反映着不平等條約所予列強在華經濟特殊權
益，與日漸壯大的中國民族主義運動爭回主權的衝突。正因西方列強對華政
策是常以經濟利益為考慮要素，所以中國官方和民間合作支持的愛國群眾動
員，可有效執行經濟制裁，予帝國主義者嚴重打擊，這從省港大罷工的成效
可見。而列強藉其控制中國海關稅率，稅款支配和行政管理的特權，企圖對
這些民族主義革命行動進行反擊和破壞，不過最後是目的難達。因其立場欠
法理根據，難以服眾，故唯有以武力施壓或用銀彈收買，但亦不能長久收
效，最終仍要改變態度，重訂立場，修改政策才可應付中國新的政治現實和

81　李恩涵：《北伐前後的「革命外交」（1925-1931）》，頁 105。
82　陳詩啟：〈邁向關稅自主的第一步 ── 廣東國民政府開徵二‧五附加稅〉，《近代史研究》，
　　1995 年，期 5，頁 107-125。

民族主義的挑戰。

　　正如 1927 年 2 月南京事件英艦炮擊革命軍所顯示，[83] 廣州海關事件的種種經歷可以說明如不平等條約不被廢止，而中國國內又不能夠團結對外，則難保帝國主義「炮艦外交」不會重演。1927 年春，中國境內水域共有 171 艘外國軍艦，其潛在的帝國主義武力威脅危機不可低估。[84] 1920 年代國民革命高峰期的中英矛盾，不只局限於華南廣州的海關爭議，而這些海關事件的重要性，正是在其所反映的國家民族主權與帝國主義不平等條約特權間絕對無可避免的歷史性衝突。也是二十世紀國際關係中日趨重要的經濟權益與政治交涉和軍事壓力的交互相連運作的一項重要課題。

原載：吳倫霓霞、何佩然主編：《中國海關史論文集》
（香港：香港中文大學崇基學院，1997 年），頁 469-496

83　李守孔：〈北伐前後國民政府外交政策之研究〉，頁 237-243；牛大勇：〈英國對華政策與國民革命的危機〉，《歷史研究》，1991 年，期 4，頁 62-76。

84　Haines, *Gunboats on the Great River*, p. 76.

近代粵系／嶺南幫構建全國政權之局限

（一）前言

　　廣東為近代中國現代化、國際交流、中外衝突、兩次鴉片戰爭的前線，亦為太平天國、改革維新等革命運動領導人之家鄉。廣東人物、思想、引介的事物典章制度、對外網絡都着實影響、刻畫，甚至改變近代中國歷史演化的方向和軌道。

　　在對外交往、國際商貿、新式企業、海外華人移民、升學等範疇，廣東自十九世紀以來都佔全中國先進地位，有謂「無廣不成鐵」（即廣東人在近代新建設如洋船鐵路、工程機械的領先地位），不單於在外資企業擔當角色，亦有粵人藉其海外經驗在家鄉和國內其他地方（尤其條約港和對外通商港埠）所創經營的新式企業。例如在上海，廣東幫人數眾多，形成的市場影響力，足以與本地幫的江浙人士，分庭抗禮。在新式人才培育方面，廣州及鄰近的外國殖民地 —— 港澳構成一個西洋教育在華推展的前線擴散重點，因長期的對外交往，和與海外移民華埠的聯繫，廣東的「洋務」人才不少，回國海外留學生、歸鄉華僑、新式學堂或教會學校的畢業生，其視野見聞較廣闊，不少中國早期外交人員都是粵籍，同時許多初期教會人士（兼具教師、社會活動家角色）亦是嶺南人士。港澳因為是外國殖民地，不受清廷法令直接管轄，風氣較開放，出現不少新式報刊，鼓吹改革引入外洋思想潮流。

　　有謂條約港促進近代中國之啟蒙革新，則廣州港作為嶺南的國際口岸，着實作為粵籍菁英走在時代前端的有利舞台和基地。如在商貿企業經濟科技引進，新式文化教育思潮推廣的硬體和軟體建設兩大範疇等，廣東均佔天時地利之便，先走幾步，產生不少菁英領導開創性的人物。在中外交往方面，兩回鴉片戰爭，穗港華人亦擔當先鋒角色。同時在國內政局中，粵籍人物亦常在前線奮鬥，自十九世紀中葉之太平天國運動，至晚清洋務運動、百日維新，以至同盟會反清革命，粵籍領袖不少。綜觀民國政壇，嶺南菁英活躍分子頗眾，粵籍如孫中山、胡漢民、汪精衛、廖仲愷、鄒魯、陳炯明、許崇智、吳鐵城、陳銘樞、陳濟棠、蔣光鼐、蔡廷楷等文武大員，[1] 兩朝元老唐紹儀、伍廷芳，甚至嶺南隔鄰廣西省桂系之李宗仁、白崇禧、黃紹竑等黨政軍領袖。[2]

　　但直至 1949 年止，除偏處一方粵桂的區域性領導權和其自身家鄉基地的操控外，嶺南人士均無法一統中原，擔任主導全國大政局的掌舵人，作較長期有效的全國最高領袖。以國民黨而言，發源地在穗港（初期的興中會），早年黨員在國內外頗多為粵人。孫及其左右手胡、汪、廖均粵籍，1917-24 年孫及國民黨三度在穗開府設政權對抗北洋，尤其 1924-27 年國共合作大本營在廣州，黃埔軍校在廣州東郊，北伐亦由穗出發，但粵系之天時地利未達致人和的最終進程，無法建樹全國性中央領導。[3] 除 1925-26 年粵桂的國民政府偏處南粵，1931 年底孫科組閣外，1941-45 年汪精衛、陳公博的南京和平政權，1949 年李宗仁代總統最後遷都廣州，都是偏安小朝廷。極其量也是 1928-31 年蔣胡共治，1932-35 年蔣汪合作，並由孫科主理立法

1　管林、鄧光禮、熊福林編：《廣東歷史人物辭典》（廣州：廣東高等教育出版社，2001 年）。

2　Diana Lary, *Region and Nation: The Kwangsi Clique in Chinese Politics, 1925-1937* (Cambridge University Press, 1974); Eugene W. Levich, *The Kwangsi Way in Kuomintang China, 1931-1939* (Armonk: M. E. Sharpe, 1993).

3　Ming K. Chan: "A Turning Point in the Modern Chinese Revolution: Historical Significance of the Canton Decade, 1917-1927," in E. Honig, G. Hershatter, and R. Stross, eds., *Remapping China: Fissures in Historical Terrain* (Stanford: Stanford University Press, 1996).

院，粵系在中樞掌權單獨支配全國政局均為「不可能之夢想」。反而除 1927 年、1931 年和 1949 年三度桂粵聯手迫蔣下野的「反中央、反蔣」角色取得相當成功。粵系陳濟棠在 1932-36 年藉胡漢民及西南政務委員會的憲政掩護抗衡中央，但終在 1936 年「機不可失」，粵空軍變節投誠南京中央。陳濟棠反蔣、兩廣半獨立之局，以失敗收場。[4]

這歷史結果是否反映嶺南人才不濟，量多而質不精，或地處海疆邊緣與中原差距太大，或是粵人在政壇以外有其他可觀的成就，故志不在追求政治權力反而在商界、文教、科技發展，發財立德而並非着力從政參軍，來企圖支配全國政局呢？雖然民國政壇粵籍領袖眾多（孫、胡、汪等），為何嶺南菁英不能成功建立和維持有效的全國性政治操控力？在甚麼程度上國民黨的南京政權可被視為一個雙區域性（兩廣與江浙）的權力集合體？這需重新思考、研探民國時期的權力結盟，權威樹立與願景開展間的互動，尤其中原與邊緣之不平衡，向心力與離心力間的張力，單元式中央集權與區域分離主義的衝突，省際間經濟社會水準的差距，文人統治與武力間的異歧，對國家民族忠誠與地方區域性認同間的撞碰。

（二）廣東／嶺南之地方色彩獨特文化與環境因素及歷史淵源

自古而今，中國歷史上許多朝代所建構的全國性統治權力核心，通常多是以中原為基礎，從北方伸展其操控範圍延遂至南方，或由華中兩河流域擴張輻射至東西南北四方，只有極少數是以南方作根據地而向北方推進，成立全國性政權。所以 1926 年 7 月國共合作之國民革命軍從廣州誓師出發，直掃兩湖，攻佔寧滬，藉北伐的成功，建都南京，名義上統一全國，這可算近代頗為特殊的「由南而北」的特例。

4　　施家順：《陳濟棠與廣東軍政（1928-1936）》（屏東縣內埔鄉：睿煜出版社，1999 年）；鍾卓安：《陳濟棠》（廣州：廣東省地圖出版社，1990 年）；蕭自力、陳芳：《陳濟棠》（廣州：廣東人民出版社，2006 年）。

　　嶺南地區雖自秦始皇時（西元前 214 年）已被正式併入中華帝國管轄的版圖內（秦朝設置桂林，象，南海三郡，今廣東省大部分屬南海），秦漢時期中原漢人亦相繼遷移粵垣，進一步開發嶺南，但廣東仍保持相對獨特、本土色彩頗鮮明強烈的「嶺南文化」。[5] 這種地緣文化因素，經歷了兩千多年的南粵社群與中原正統的長期交往，漸形成粵人面對位於北方全國性政治權威核心的某種「和而不同」，不完全順從臣服中央，或至擇機抗拒中央權力的互動歷史模式。

　　從地理條件而言，廣東位於中國極南端的海疆，前臨南中國海，中部是河川密佈的平原和三角洲，北部為山陵丘地，有五嶺與中原相隔，古代交通不便，遠離中央。在自然地理上為海濱亞熱帶，濕潤高溫多雨，水的資源（海產、鹽）豐富，江河湖海航運發達。這背靠大陸，面向海洋的廣東，與中華傳統文化主流基地之中原內陸性文化和以小農耕作為物質經濟本體，有明顯的差異。[6] 正因廣東處於大洋海岸的邊陲地帶，中央的有效統治有時鞭長莫及，而中原的正統文化因地理阻隔，到嶺南邊遠海疆，中原正統亦自然淡化。經歷逾二千年，配合自然環境生態的外向式南望，而非內向式北望的社會、文化、經濟物質生活條件，嶺南文化有着下列各項基本因素而導致與中原文化差歧。

1. 外來因素

　　（1）嶺南人順從天然環境，面向海洋，發展外向型的海洋文化，自古代漢唐已有「海上絲綢之路」，對外商至宋代廣州對外洋商業交往更暢盛，商品經濟已超越傳統內陸地區小農經濟的運作，至明代嶺南國際貿易繁忙，朝廷在廣州設市舶司，而葡萄牙人長居珠江口澳門，使粵垣的海外商務愈加旺

5　　廣東省地方史志編纂委員會編：《廣東省志 —— 總述》（廣州：廣東人民出版社，2004 年），頁 2-8，158-165；黃淑娉主編：《廣東族群與區域文化研究》（廣州：廣東高等教育出版社，1999 年）；程美寶：《地域文化與國家認同》（北京：三聯書店，2006 年）。

6　　廣東省地方史志編纂委員會編：《廣東省志 —— 總述》，頁 17-37。

盛。清初一度海禁後康熙二十二年，更予廣州海路外洋通商的專利口岸地位，在直《南京條約》後五口通商之前，穗市獨佔全國海上對外通商的特別優勢。[7]

（2）嶺南地區沿海平地三角洲有限，其他山地丘陵，種植不易。自宋元以來，自中原遷居廣東的漢人倍增，為解決大批人口所需食糧生計，除開拓耕地，就是發展商品手工藝，外出經商，甚至遠走海外謀生，為勞工或移民，因近二百年大規模出國移民，現時世界各地為數約三千萬的華僑，佔三分之二是源自廣東，尤其珠江西岸的五邑更是全國有名的「僑鄉」（北美洲大陸華埠多為早年台山人聚居之處，當年夏威夷和澳洲華人則以中山人居多）。這種海外人脈和經濟依賴關係影響廣東發展頗大。[8]

（3）經歷數百年的與外洋異國因商貿往來或外勞移民頻繁且密切的交往，形成了與內陸較封閉保守的中原心態極不相符的高度開放性，和對外來事物文化思想的相容性和中西合璧的吸納融合作風。尤其自十九世紀中葉西方列強侵略，藉不平等條約，開埠通商，設置租界或割建殖民地。廣東地處海疆兼為唯一中外國際貿易口岸，故首當其衝，在兩次鴉片戰爭均受戰火破壞，亦是最早喪失領土（香港島、九龍半島）的省份，所以粵人在對抗外來侵略者，或以武裝力量反擊（如 1841 年三元里抗英動員）或藉經濟手段制裁（如罷工停市杯葛，如 1856 年英法聯軍攻佔穗市、香港華工罷工抗議），均展示保衛鄉土的愛國心和民族主義情操。正如海外粵籍勞工或移民粵僑，身居異國，心在故鄉。對祖國備極關懷，休戚與共，國難當前或慷慨捐輸，或獻身革命，形成反擊外敵欺壓，變革圖強的反抗精神，和突破求新心態，而港澳和海外粵人除在廣東投資最早最多，從而帶動其他海外投資，商貿交流，則捐獻學校、圖書館、醫院、基礎建設，亦是愛鄉土，改善鄉里福利和

7　廣東省地方史志編纂委員會編：《廣東省志 —— 總述》，頁 48-49，54，55，60，61，67-68。

8　廣東省地方史志編纂委員會編：《廣東省志 —— 華僑志》（廣州：廣東人民出版社，1996 年），頁 38-201；龔伯洪編：《廣府華僑華人史》（廣州：廣東高等教育出版社，2003 年）；Edward J. M. Rhoads, *China's Republican Revolution: The Case of Kwangtung, 1895-1913* (Cambridge, Mass.: Harvard University Press, 1975) 認為這種海外華僑聯繫網絡是廣東人文地理的一大特徵。

推進現代化作出重大貢獻。[9]

（4）鴉片戰爭後，外國傳教士和華人信徒在廣東創辦不少新式學堂，傳播西方的先進知識，不少粵人就學，成為西學東漸的重要橋樑，而最早由中國到北美留學者（如容閎為 1854 年為耶魯大學畢業生），以粵人為多，其後粵人海外學成回歸者，不少或創辦事業，或獻身教育（如留美粵人唐國安為清華之首任校長）。此外，不少海外華工返國回鄉，從事地方建設（如美國歸僑陳宣禧，在 1907 年建築新寧鐵路為全中國第一條民辦私營鐵路），均擔當開風氣之先的創新開拓者角色。他們兼又發揮推動粵垣為中西文化交匯的前哨，吸取外洋先進精華，引為己用，配合祖國故鄉實際所需，成為改革求新的前鋒健將。這亦間接提升粵人的科學性和經營技能的重商精神和務實作風，有別於中原正統儒家的重農抑商的舊傳統，而利用英治香港較開放的風氣，近代新式中文報紙也在 1860 年代出現，而買辦洋務菁英如鄭觀應（中山人）也是改良主義的先驅者。[10]

2. 內部因素

（5）雖秦朝先併納嶺南入中原統一大帝國版圖，但邊陲地遠，五嶺阻隔，交通不便，故每當中央核心權力縮降，粵人的離心傾向乘機張煌。例如秦漢交替之際，華北漢人趙陀在西元前 206 年（即漢高祖元年）以武力合併桂林和象郡，建立南越國，自稱為王。直至西元前 112 年（即漢武帝元鼎五年）南越王趙興上書漢廷，求請內屬，而次年漢武帝派兵平定南越內部叛亂，將南越領土重新劃分為南海等九郡，並在五年後（西元前 106 年）設交趾部刺史以監控九郡，嶺南地區從此歸入中原行政體系，在郡縣制穩定下來。至漢末三國時期，廣東地屬東吳，在西元 264 年（永安七年），東吳設廣州刺史管轄南海等四郡，始有廣州之名。但嶺南實為與中原（魏）主流政

9　廣東省地方史志編纂委員會：《廣東省志 —— 粵港澳關係志》（廣州：廣東人民出版社，2004年），頁 56-95，137-157；《廣東省志 —— 華僑志》，頁 271-334。

10　廣東省地方史志編纂委員會編：《廣東省志 —— 華僑志》，頁 303-314。

權抗衡的南方區域小朝廷（吳）的屬土，可見漢朝初年和末期，廣東均不受中原全國性政權的有效統治。而至今廣東省之簡稱「粵」（yue）其音與南越國之「越」（yue）同音，而在《漢書・地理志》中，明確記載「百越」又作「百粵」，這又是否追思懷念古時嶺南脫離中原操控，自立小朝廷的歷史典故？[11] 其實廣東之正式成為「省」級地方行政單位，始自明朝在十四世紀，列其為全國十三行省之一，至今只六百餘年，但廣東省轄內疆土境界歷經清代仍舊不變。這種「歷史性潛意識」的抗拒中央，和力圖爭取地區自主的傾向，不僅廣東如是，其他邊陲省份，亦常有之，也反映粵人比較明顯的外向離心現象。[12]

（6）自漢唐以來，中原人士咸以嶺南氣候水土奇特，常視為「煙瘴荒蕪之地」。兼且偏處邊陲，是遠離正朔教化的「南蠻不毛」之地，甚至誤以是「百越無姓」的落後原始社會，與中原文化禮教，差距甚大。自隋唐至宋，嶺南除本土原居民（越族為主）外，多是中原士族被貶謫流放之地，其著名者如唐代的韓愈下放潮州，北宋的蘇東坡之「日啖荔枝三百顆，不辭長作嶺南人」。故此留居於嶺南中原士族後裔，常在遺傳上充滿反抗當權者和不滿現狀的反叛心態。[13]

（7）及至宋室南渡，再後元兵席捲中土，中原漢族亦大舉南下避蒙古兵馬，此時移居廣東的漢人人數已比秦漢時南下「開荒者」倍增，亦帶同中原正統文化進入廣東，有謂衣冠士族絡繹南遷。而禮失求諸野，宋元「新移民」可建構在漢唐以來中原正統文化與嶺南本土文化交融的基礎上，把嶺南文化思想學術水準再作大規模的衝擊和提升。[14] 其實自唐以來，粵籍士人在科舉功名仕進方面出色者不少，除唐代名相張九齡（曲江人）外，殿試廣東

11　廣東省地方史志編纂委員會編：《廣東省志 —— 總述》，頁 42-47，50-52，62-64。

12　林天蔚：〈開幕致辭〉，林天蔚編《嶺南文化新探究論文集》（香港：現代教育研究社，1996 年），頁 i-ii；Diana Lary, "Liangguang: Some long term Connections and Three Mysteries"，林天蔚編：《嶺南文化新探究論文集》，頁 261-272。

13　林天蔚，上引書；黃淑娉，上引書，頁 220-222。

14　程美寶，上引書，頁 165-212。

狀元首魁天下者，唐有莫宣卿，宋有張鎮蒸，明有倫文敍與林大欽，清有莊大恭、梁耀樞、林召棠，先後共七人，而禪宗之六祖慧能（新洲人）和明代理學家江門新會人陳獻章（白沙）更為一代宗師，[15] 故過往千年，嶺南文化風采不遜中原，只是因其獨特海洋文化，與中外交流之地利天時，更能東西融合吸納新知識，古今貫通，與時俱進。利用新發明，開創中華文化更充實的前景，引導風氣，走在思想潮流先端，如晚清改革家康梁師徒，舊學修養甚深，但仍可倡議變法維新，着實反映粤人冒險進取求新的精神。

（8）雖嶺南發展較遲，與中原山嶺阻隔，但粤人愛鄉土，反抗強權欺凌的本性亦在漢族山河受異族侵壓時清楚流露。粤南崖門作為宋室在大陸避元軍之最後據點，而明末諸王亦咸以粤垣為抗清基地，可知粤人雖具反叛性格，但因地處海疆，長期中外商貿交通，益發刺激其華夷之別中西差距之心，更着力維護上國衣冠，不致淪亡於北方關外侵略者鐵蹄之下的決心，着實反映了廣東人強烈民族主義情懷和愛國忠義的大立場。同時廣東秘密會社勢力龐大，網絡滲透深廣，常以反清復明為志業，也成了晚清粤人洪秀全太平天國運動和孫中山反清革命動員均依靠省內外的秘密會社成員和組織系統助力。由此視之，廣東又是漢族中原文化的最後守護者，甚至藉僑工海外移民，散播境外漢族禮教衣冠。

綜觀上述內外八項因素和歷史淵源，近代粤人的嶺南文化風尚，精神性格特徵，大致可歸納為屬外向型，即有傾向冒險，進取求新，反叛性強，重商務實，吸納相容，拓展開創，熱愛鄉土，抗強權，反壓迫等等常被視為嶺南文化所鑄造的粤人特別優點。[16] 可是反抗精神及不容易滿足現狀，雖是勇於改革追求突破的原動力，但若不持平執中，慎思疇策，則會流於衝動過激，而能夠接納外來文化，新思想，新事物或是優點，但有時過度好慕新奇，欠缺沉潛，不易深入體會，未能把握全面，以致對東西文化精髓均欠認

15　管林、鄧光禮、熊福林編：《廣東歷史人物辭典》，頁 415-466，822；廣東省地方史志編纂委員會編：《廣東省志 —— 人物志（上）》（廣州：廣東人民出版社，2002 年），頁 20-21，47-48。

16　張磊：〈關於嶺南文化的基點思考〉，林天蔚編：《嶺南文化新探究論文集》，頁 147-151。

真研探，僅得皮毛一二，流於表面，則成缺失，而對外商貿雖生財有道，致富成名，但亦易淪於過度重視功利投機，陷於市儈浮華風氣，兼且愛鄉土之情也常與「半封建式」的宗法家族，特殊化（如血緣宗親同姓同鄉同方言等）的認同歸屬感與「小圈子」式人際網絡關係互為援引，雖導致小團體的聚心凝結，但相對而言，這無助大社群，跨階層的大團結式的各方匯流。長期受西方新思潮影響，粵籍人士之個人主義自由色彩較強，有時或變成較自私自利，不易維持與他人長久合作結盟，反而粵人內部派系分歧，難以一致團結對外，所以諺語有「嶺南人可以平天下，但不能治天下」之譏。[17] 下兩節會就清末和民國時期粵系／嶺南菁英在全國政壇的表現，作出簡單勾畫和評價。

（三）清末至民國初期粵系／嶺南人物在全國政局的歷史回顧

　　清代的二百六十八年間自始至終，廣東人物與嶺南地區都在全國政局佔重要地位。西元 1644 年清兵入關，佔北京、中原及江南，但嶺南不獨遙陲遠隔，更是南明遺臣忠義分子拒清的最後基地。如新唐王於 1646 年在六州登位，但只維持四十天，因清軍佔穗而止。另有明永樂帝之後人桂王在肇慶就位，曾經光復西南數省，直至吳三桂在 1659 年攻陷西南各省，桂王被迫逃至緬甸。清軍入關後十五年才可征服嶺南，可見嶺南的地理環境與當地民風，實有助保衛鄉土家園，及抗拒異族由北而南的入侵。及後 1673 年，因康熙決心削藩而引起三藩之亂（廣東原屬平南王尚可喜之封邑），此為清代首次大規模內戰。經歷八年至 1681 年，三藩兵最終戰敗被廢除，清廷才正式開始其對廣東的直接有效統治，廣東歸順清室中央是清兵入關後三十六年。[18]（台灣的鄭氏政權至 1683 年才降服於清皇朝，變成福建省轄下的一

17　林天蔚，上引文，頁 i。

18　廣東省地方史志編纂委員會編：《廣東省志 —— 總述》，頁 62-64；廣東省地方史志編纂委員會編：《廣東省志 —— 大事記》（廣州：廣東人民出版社，2005 年），頁 112-120。

府，至此清王朝帝國版圖才真正統一。）

　　粵垣更是近代中國受西方帝國主義侵略的前沿戰場。1839 年至 1842 年的鴉片戰爭與 1856 年至 1860 年的英法聯軍之役，均因穗垣中英衝突而起，廣東省一方面要承擔清廷戰敗割據領土求和之痛（1842 年永久割讓香港島，1860 年永久割讓九龍半島），更要忍受不平等條約之開港通商，喪失明清數百年廣州海路外洋貿易唯一專利的一口通商。1842 年《南京條約》的五口通商，導致上海、寧波、福州、廈門變成廣州港新的競爭對手，粵商靠以為生的絲、茶、瓷器出口，改道閩浙新開口岸，導致廣東經濟嚴重衰退，也是粵人 1841 年三元里事件後多次奮力抗英的客觀經濟原因。[19] 如 1856 年香港華人居民罷工停市抗議英佔據廣州，1884 年中法戰爭時，香港華工拒絕修理法國軍艦，港英官方鎮壓杯葛運動，導致騷亂。[20]

　　十九世紀中葉，在嶺南發端，由粵人洪秀全領導的太平天國運動，波及江南、華南九省，歷時十五年的漢人反清內戰，清室雖最終靠賴漢人曾李等平定，但清室元氣大傷。這着實是嶺南反叛精神，受外洋宗教影響革新求變的發揮。而其間 1854 年至 1861 年的廣東天地會「洪兵起義」，更是直接受太平天國初期勝利的策勵。數月之內，攻克府、州、縣城四十餘座，圍攻廣州城達半年，涉及粵人逾百萬。而另一支「大洪」政權的起義隊伍，在 1857 年攻佔懷集，活躍粵桂邊界地域至 1863 年才為清廷鎮壓，可見粵人激烈反抗異族中原政權，有光榮的歷史記錄。[21]

　　清末朝廷益發無能，外不能有效抵禦帝國主義侵略，內無法振興經濟，改善民生。粵籍菁英，長期以來在中外商貿，海外華工和移民傳教士及其在

19　Frederic Wakeman Jr., *Strangers at the Gate* (Berkeley: University of California Press, 1966).

20　Jung-fang Tsai, "The 1884 Hong Kong Insurrection: Anti-Imperialist Popular Protest during the Sino-French War," *Bulletin of Concerned Asian Scholars*, 16:1, 1984；李明仁：〈1884 香港罷工運動〉，《歷史研究》，1958 年第 3 期；邵循正等編：《中法戰爭》（上海：新知識出版社，1955 年），第 5 冊，頁 37-38。

21　廣東省地方史志編纂委員會編：《廣東省志 —— 總述》，頁 81-83；廣東省人民武裝鬥爭史編纂委員會編：《廣東人民武裝鬥爭史：第 1 卷　大革命時期》（廣州：廣東人民出版社，1995 年），頁 1-11。

穗港所設的新式學校所引介的西方新思想，和香港報章所鼓吹變法救亡的新觀念的薰陶，清末更形成早期維新革命思想的起源點和先進思想家鄭觀應、容閎、何啟、胡禮垣等人的基地，[22] 變成立憲維新和反王朝共和革命的領導人物，穗垣珠江西岸的三縣產生出兩派的領袖（康南海、梁新會、孫中山），證明粵人有進取、創新，甚至冒險精神。可惜保皇黨改革派的康梁和革命黨的孫氏（及其粵籍助手胡漢民、汪精衛、廖仲愷等）雖有鄰鄉之誼和共同方言（廣州話）的連繫，卻不能達致攜手合作，反而在海外流亡期間勢如水火，絕不相容（如孫氏第二次到美國宣傳革命，不能入境實康梁之運動結果），似乎顯示粵人之不易團結合作。孫氏為香山人，故能吸引以香山人為主的粵籍海員鼎力支援，亦反映利用特殊化、半封建色彩的地緣網絡、同鄉親誼來促進新式的革命動員。

　　正因孫氏曾在香港就學多年（中學及醫學院），亦在香港接受基督教公理堂的信徒洗禮，故香港實為孫氏革命活動的主要基地，等於其「第二故鄉」。正因香港不受清廷統治，1895 年孫氏的興中會可以在成立後在香港設總部，同年並在廣州策動第一次武裝起義。其後孫氏的同盟會在廣東各處舉行多次武裝起義，包括 1910 年 2 月在廣州發動的新軍起義和次年 3 月在穗爆發的黃花崗起義，雖然均告失敗，但已沉重打擊清廷，為辛亥武昌起義的前奏。隨武昌起義成功，廣州亦在 1911 年 11 月 9 日為革命黨人光復，接着全省各地相繼響應，次日廣東軍政府成立，以胡漢民為都督。可見廣東確是興中會／同盟會的主要基地，而海外粵籍華工華僑更是反清共和革命的主要境外支援者。[23] 廣東為僑鄉也是革命發源地，故國民黨早期領導層亦以粵人為多，這正是粵省地理環境，更有藉着香港自由港的國際聯繫作用，和較開

22　管林、鄧光禮、熊福林編：《廣東歷史人物辭典》，頁 296，542，561-562；廣東省地方史志編纂委員會編：《廣東省志 —— 人物志（上）》，頁 228-229，261-263，241-242。

23　廣東省政協文史資料研究委員會編：《廣東辛亥革命史料》（廣州：廣東人民出版社，1981 年）；Harold Z. Schiffrin, *Sun Yat-sen and the Origins of the Chinese Revolution* (Berkeley: University of California Press, 1968).

放的殖民地法律政治所予的空間,新式思潮風氣散播等有利條件,成為革命運動的重要境外基地。

孫氏三度在廣東建立反北洋的革命政權。1917 年 7 月孫氏從上海回到廣州展開護法運動,並在 9 月就任中華民國軍政府大元帥,至 1918 年 5 月因西南軍閥排擠而辭職赴滬。1920 年 11 月,孫氏在打倒佔穗的桂軍後,重返廣州主持政局,次年 9 月出任中華民國非常大總統,並開始整軍北伐,至 1922 年 6 月為粵軍總司令陳炯明兵變所迫下野離職。1923 年 3 月,孫氏在廣州成立陸海軍大元帥大本營,就任大元帥,直至 1925 年 3 月逝世。可見粵省為孫中山最重要的地盤,由晚清至民國初年,粵省和粵人成為孫氏反中原王朝和北洋當局革命的不可欠缺的動員條件。[24]

1922 年陳炯明之反孫兵變,既是源自孫陳二者基本策略的嚴重差異,孫主張以武裝力量,由南而北進行北伐,統一全國,而陳反對以廣東一省財力人力推動北伐,寧願以「聯省自治」方式停止內戰,各省着力內政社會建設。孫陳決裂反映粵人內部矛盾重重,團結合作不易的事實。正因廣東遠離中原,中央政權統治能力有限時,鞭長莫及,予粵省成為拒抗中央,挑戰全國權力核心的地利條件。孫氏在 1917 至 1925 年間三度開府廣州,其志絕不在建立一個偏安南疆自主自治的區域性小朝廷,孫氏企圖以廣東為基地與北洋政權抗衡,以北伐武裝力量消滅軍閥勢力,取代北洋,建立新的國民黨全國性政權,有如粵省前輩洪秀全之太平天國運動。孫氏立足廣東,志在全國,透過其國民革命統一全國,建樹新的政治秩序。[25]

以廣州為總部的國民黨政權,不獨因地利之便,吸納不少粵籍黨員,且因 1924 至 1927 年間與中國共產黨結盟,推動國民革命,反帝反軍閥來統一全國,所以國共兩黨的非粵籍人士亦匯聚廣州,使粵垣為 1920 年代全國最激進革命性的城市,不少日後兩黨最高領袖初度嘗試參與政府運作,是以他

24　Ming K. Chan, "A Turning Point in the Modern Chinese Revolution."

25　C. Martin Wilbur, *Sun Yat-sen: Frustrated Patriot* (New York: Columbia University Press, 1976).

們在粵省的革命動員經驗為始，例如中共首任總書記陳獨秀，在 1921 年被時任廣東省長陳炯明邀請來穗出掌廣東教育會，掌全省教育行政，而中共農民運動創始者彭湃初試身手組織工會（廣州人力車伕工會）農會（在其故鄉海陸豐）亦在粵省為始。[26] 毛澤東初任政府公職是在 1925 年國民黨的廣東政權擔當黨務工農工作，而蔣介石則藉出掌廣州近郊的黃埔軍校而掌兵符，終於以北伐成功而成全國領袖，故廣州實為國共兩黨當權人物初試啼聲之處。粵人佔地利反未能成功建樹粵系全國政權，似乎關係不在他們欠缺地利之便，反而在其他方面重要條件的不配合，無法構築「嶺南人」一系獨霸的全國性領導權。

（四）國民政府時期（1927-1949 年）粵系嶺南菁英在全國政局的發揮

1. 南京十年（1927-1937 年）

　　從廣東出發北伐的國民革命軍節節勝利，1927 年春，由兩湖沿長江下江浙，國民政府亦由廣州遷都武漢，再定都南京，直至 1937 年中日戰爭爆發，政府西移重慶，在南京的十年，可算是國民黨政權的黃金十年，其間粵人在中央政府擔任官職者，為數不少。

　　（1）由 1928 年至 1931 年，粵籍元老胡漢民出任立法院院長，與支撐軍事委員會的蔣介石，文武相配，又算是江浙派與嶺南幫維持區域／省籍平衡的「蔣胡合作」，但至 1931 年 2 月底，因胡力主制憲以規限蔣之權力，避免其武力專橫獨裁，而與蔣鬧翻，被蔣扣禁，引致廣東籍的國民黨菁英一致反蔣，並以盤據廣東的陳濟棠和廣西的李宗仁和白崇禧掌控兩廣半獨立的武

26　Roy Hofheinz, *The Broken Wave: The Chinese Communist Peasant Movement, 1922-1928* (Cambridge, Mass.: Harvard University Press, 1977); Marie-Claire Bergère, *Sun Yatsen* (Stanford, California: Stanford University Press, 1998); and Fernando Galbiati, *Peng Pai and the Hai-Lu-Feng Soviet* (Stanford: Stanford University Press, 1985).

裝力量為後盾，聲討蔣之不法作為。[27] 不單原來國民黨右翼與胡友好的西山派（如鄒魯等）粵籍領袖熱烈支援，連與胡早已分道揚鑣的左翼改組派首腦汪精衛和陳公博等，亦乘機響應，而其他在南京的粵人權要，如鐵道部長（孫中山之子孫科），一些過氣高官名將如唐紹儀、陳友仁、許崇智等，甚至粵籍的海軍和將領駐外使節，亦紛紛加入這以廣州為大本營的反蔣大聯盟，人物聲勢鼎盛。

自知理虧的蔣介石，在嶺南幫壓力下，只好在 1931 年秋釋放胡漢民，並在同年底宣告下野。這是蔣繼 1927 年底，受實質上控制華中及長江下游的桂系李白所排擠而「引退」後，在四年內第二度下野。可知手握兵符的蔣氏，尚不能完全漠視嶺南派的強力抨擊，亦需粵系元老的合作協妥，才可補救其自身在國民黨內的資歷和權威認同性的不足。

（2）其實嶺南實力人物陳濟棠、李宗仁等，當時均無意真正出兵北伐討蔣，尤其陳以反蔣聯盟之盟主自居，企圖借反蔣人物在廣州舉行的廣州非常會議和新成立的廣州國民政府來爭取更多權益，以維持兩廣割據局面，保持其半獨立狀態，稱霸嶺南，但並沒有問鼎中原與蔣爭天下的野心。不過汪精衛與李宗仁等則另有圖謀，想藉反蔣北伐，引起全國各方響應，壯大反蔣聲勢，迫其下台，取而代之，入主中樞，故極力主戰。反蔣聯盟主和與主戰兩派之分歧，終由孫科調停妥協。

後來寧粵兩方舉行和談復合，1931 年 12 月 15 日蔣介石下野，由閩籍元老林森出任國民政府主席，粵系軍人陳銘樞任行政院的代理院長。新的國民政府在 1932 年元旦正式成立，由孫科出掌行政院。粵方宣佈取消非常會議在穗的國民政府，而由中央命令特設中央執行委員會西南執行部和西南政務委員會。這兩新機關予兩廣半獨立反蔣局面一種合法化的憲政掩護招牌，仍維持嶺南不受中央直接操控的事實。[28]

27　黃子宣：〈胡漢民的一生〉，廣東省政協文史資料研究委員會編：《近代廣東名人錄》第 2 輯（廣州：廣東人民出版社，1986 年），頁 29-65。

28　謝本書、牛鴻賓：《蔣介石和西南地方實力派》（開封：河南人民出版社，1990 年）。

　　這兩個西南機關主要包括胡漢民的元老派，孫科的太子派和兩廣地方實力派等三大系統人物，胡派和孫派都希望利用西南兩會半獨立局面，與蔣介石分享全國權力，甚至最終把蔣趕下台，由他們取而代之。而陳濟棠和李宗仁兩位地方實力領袖則要利用兩會名號來繼續兩廣半獨立。兩機關均表面擁胡漢民為首腦，以作為西南反蔣的活招牌，但實權仍在陳濟棠。胡陳互相利用，胡的威望可抗拒蔣對廣東的干預，胡則靠賴陳的兵力和地盤來作反蔣（甚至反對汪精衛）的本錢。但陳日漸排斥元老派和打擊太子派，終使元老派和孫派離粵到南京，所以中央和地方的對立下，還有許多粵系領袖之間之派系分歧，人事矛盾，利益衝突，故陳濟棠成為蔣胡爭議的最大得益者，可控制廣東省。[29]

　　（3）蔣胡決裂，寧粵對峙的局面，不單國民黨內部糾爭，也讓日本趁中國政局紛亂之際，發動九一八瀋陽事件，吞侵東北三省，成立偽滿政府。在1931年夏秋之交，以廣州為基地的國民黨粵系反蔣浪潮使蔣難以招架，兼且蔣系的中央部隊着力在江西進行反共圍剿作戰，無力兼顧嶺南聯軍，故蔣對日軍攻佔東北，下令採取不抵抗政策。自此，是否團結抗日救國，抑或繼續反共圍剿變成了南京當局的首要難題，而因為時局領導人物突變，亦機緣巧合使粵軍以地沿海政治條件變為抗日的前線。

　　正因為1932年孫科出掌行政院，所以陳銘樞統領的粵方十九路軍駐守寧滬一帶，作為當時在南京掌權的粵系人物的人身安全保證（以防蔣系軍警特務加害），當時上海市長是粵籍國民黨元老吳鐵城，而且粵籍商家也在滬投資甚多，勢力頗大（如四大百貨公司和永安紗廠、南洋兄弟煙草公司等大型華資企業均粵人產業，且滙豐銀行、太古洋行、怡和洋行等英資公司其主要買辦均由穗港出身的粵人充任）。在1932年1月28日，日本海軍有鑒於日本的關東陸軍只花數月時間便輕易攻佔東北三省，也見獵起心，所以對上海市華界發動攻擊，以為如瀋陽事件般，估計中方不予抵抗。不料十九路軍

29　施家順，上引書。

奮勇反抗，盡全力守護國土，更有賴旅滬粵商支援，而穗港粵省各地和海外粵僑，鼎力捐款，終使日海軍陸戰隊侵略陰謀不成功，經數週苦戰，在滬淞協議下無功而退，可謂粵軍英烈，救了上海，也使國際認識粵人愛國心和反抗日本侵略的決心。[30]

　　這回一二八之役的反抗與九一八之不抵抗成強烈對比，正因粵軍不受蔣介石的指揮號令，才可奮力還手還擊，變成粵方的勝利和政治道德本錢。（後來陳濟棠是以抗日救國名義來擴建武裝實力，尤其粵省空軍；對抗蔣氏的南京中央。但十九路軍將領的英名，在 1934 年閩變失敗後，光輝頓失。）

　　（4）一二八事件，除粵十九路軍英勇抗日，海外華僑捐款逾五百萬元等感人事跡外，日軍侵略所引起的危機感需要全國團結亦促成蔣介石東山再起，復出掌控中央大局，但蔣深知需要粵系領袖合作，故在 1932 年春由汪精衛擔任行政院長（汪改組派大將粵籍陳公博任實業部長，粵籍但在上海長大的兩朝「國舅」宋子文任副院長），孫科出任立法院長，接替已赴廣州胡漢民的空缺，這回「蔣汪共治」江浙系與粵系合作的局面，維持至 1935 年底汪氏在南京遇刺，出國療傷方告終結。但孫科仍掌立法院至 1948 年行憲，而該院高層人物，立法委員中粵籍不少，故立法院有「廣東同鄉會」之譏。其他粵籍菁英出任中央要職者，包括工運元老廣東台山人馬超俊，曾三度擔當首都南京市長，俞鴻鈞繼吳鐵城任上海市長，可見蔣氏治下江南兩大城市，均曾由粵人主政。

2. 八年抗戰及四年內戰（1937-1949 年）

　　（5）中日戰爭前的 1936 年，因汪精衛之出國療傷與胡漢民病逝，蔣介石在中樞頂級領導層面，已無粵系元老對手，更藉胡之死，趁機收拾兩廣半獨立局面。同年 7 月，陳濟棠因手下陸空將領被南京收買，大勢已去，下野離粵。廣西李白等亦在 9 月與蔣妥協，明示服從中央，至此嶺南復歸中央遙

30　Donald A. Jordan, *China's Trial by Fire: The Shanghai War of 1932* (Ann Arbor: University of Michigan Press, 2001).

控。同年 12 月西安事變後，蔣獲釋返回南京，亦開始停止與中共的內戰，着力團結各方，準備抗日，以致蔣之個人聲望，在「抗戰至上，領袖至上」等戰時愛國動員口號鼓吹，更日見升漲。

　　1937 年夏盧溝橋事件，中日全面交戰。同年底滬寧失守，中央政府遷都重慶，華中武漢成臨時指揮總部，藉抗日愛國氣氛支持，1938 年蔣在武漢出任國民黨總裁，由歐返國的汪精衛則屈居副總裁，至此最高領導名位已定，粵系菁英企圖爭佔全國極峰大位已變成空想。

　　1938 年 10 月 21 日清晨，經歷十天的抵抗，日軍攻陷廣州，粵省政府北遷曲江。[31] 嶺南將士尤其桂系李白，多北上抗日前線。台兒莊之役為華軍重創日軍的重大勝利，為桂系軍人善戰美名加增光彩。但次年汪精衛從重慶出走河內，倡議對日和平，更在 1940 年在南京成立和平政權，自稱「曲線救國」，其中原因之一為汪精衛不甘屈居蔣之下，同時也對抗日前景不感樂觀所致。終其一生，除了 1925-26 年在廣州出任國民政府主席，這次 1940-44 年汪氏出掌南京政府，兩度擔當政權首腦大位，但均是實質上管轄範圍有限，偏處一方的「小朝廷」第一號人物而已，絕對不能被視為真正全國政權的領導人。而且南京和平政權實為日軍鐵蹄下的偽政權，當時 1932-35 年汪出掌行政院對日交涉無力，已蒙受群情指責，今回下水，更喪盡名節，為粵人所不容。[32] 汪氏改組派第二號人物陳公博本不贊成汪組織和平政權，只因個人對汪之忠誠而下水，亦是粵系人物的悲劇。（陳早年曾是中共創黨黨員，後來在 1944 年底汪病逝後出任南京和平政權代主席，1946 年以漢奸罪正法。）

　　粵人在抗戰期間可引以為榮的，要數海外粵僑的慷慨捐獻，同時亦有些北美粵僑回國從軍參戰（尤是空軍）或在 1942 年後隨同駐華美軍，到華擔盟軍譯員等。而自 1938 年至 1941 年底日軍佔香港為止，這英殖自由港作為

31　丁身尊等編：《廣東民國史》，下冊（廣州：廣東人民出版社，2004 年），頁 880-903。

32　Gerald Bunker, *The Peace Conspiracy: Wang Ching-wei and the China War 1937-1941* (Cambridge, Mass.: Harvard University Press, 1972); John H. Boyle, *China and Japan at War, 1937-1945: The Politics of Collaboration* (Stanford, California: Stanford University Press, 1972).

中國抗戰物資的主要輸入港和中國官方或公共機構駐外辦公重鎮，也擔當重大支援角色。而旅港粵人（佔當地人口九成），在英治特殊「中立」環境下的種種愛國活動，和 1938-45 年間參加中共領導的東江縱隊的敵後游擊作戰，[33] 都算是廣東省境外粵人對抗戰的貢獻，足證粵方雖與中央抗衡，但愛國熱誠無可置疑。

（6）1945 年秋日本戰敗，至 1949 年秋國民黨政權在大陸失敗避走台灣的四年間的國共內戰，政爭和軍事行動重點多在東北華北及江南地帶，但嶺南人士和廣州在這國民政府黃昏時段，仍在全國政治舞台演出淒慘的最後落幕劇。

1948 年國民政府行憲選舉國民大會，再由國大代表投票選出總統和副總統。掌握政軍大權於一身的蔣介石，自然高票當選總統，但在選舉副總統時，又發生嶺南幫的內部分歧。蔣原來希望孫科當選副總統，有助其維持文武相輔、浙粵合作的兩大黨內地域串聯平衡，但桂系之李宗仁，以戰功和反蔣人士的支持，也公然爭選副總統，以制衡蔣一人獨裁，結果李勝出。雖然蔣李分任總統、副總統，仍可算是江浙與嶺南兩幫共治，但二人貌合神離。而蔣也不料到 1949 年 1 月因國共內戰失利，為和談政治需要，迫於形勢引退，由李出任代總統。

至同年 4 月，中共解放軍渡長江，寧滬失陷，李宗仁和中華民國政府被迫遷都廣州，這是國民黨在大陸時期最後一處的政權總部，想不到 1926 年北伐由廣州出發，建構全國政權，但二十三年後又回到廣東作最後首都。至 1949 年 10 月 14 日共軍解放廣州，[34] 似乎國民黨政權以粵人為骨幹，以粵垣為革命發源地，亦以此為其在大陸的終結點。

自始至終，粵系菁英或無志中原，只圖偏安南疆，或投身商界，視軍政為畏途，而投身軍政黨務者，雖少數懷雄心壯志的領袖人物或有全國性的企

33　廣東省檔案館編：《東江縱隊史料》（廣州：廣東人民出版社，1984 年）。

34　丁身尊等編：《廣東民國史》，下冊，頁 1288-1333；廣東省立中山圖書館編：《民國廣東大事記》（廣州：羊城晚報出版社，2002 年），頁 1018-1022。

圖，但無法配合天時地利人和的理想條件，成就其掌控全國有領導權的美夢，極其量只能與江浙菁英分庭抗禮，妥協共治。而戰後 1947 年秋至 1949 年春，宋子文以雙重鄉籍（在上海出生長大的廣東人）和退任行政院長之尊，出任廣東省主席，仿似其 1925-26 年出任廣東省財政廳長，又重返廣州的衙門，這回終於還鄉出掌粵政亦是政權崩潰前夕宋氏在大陸最近一項官職，頗有象徵意義。

（五）小結

回顧晚清至民國時期重大的全國性政治事件或中外交涉，常有嶺南人的足跡，但國民黨創黨領袖粵人孫中山及其左右手以粵人為多，而廣東亦正是孫氏反清革命與民初護法北伐的大本營，1927 至 1949 年間國民黨在中國大陸所構建的全國性政權，粵人曾擔任不少官方高層要職，但回顧這二十多年，粵籍領袖均無法長期執掌全國最高的領導權，建構所謂「粵人治國」的同鄉政治專利權。反而，粵籍政治菁英通常只能扮演次要領導人或合作者的角色，嶺南幫並非可以隻手遮天，擅權獨大。

以國民黨政權黃金時代 1928 年至 1937 年之「南京十年」為例，真正掌握最高軍政權力者，毫無疑問是浙江人蔣介石，憑藉兵權，支配大局，並以國民黨創辦人孫中山的繼承者自居。但為了繼承早期國民黨的歷史起源及人事結構，蔣氏必須拉攏粵籍元老擔當次要角色，企圖維持一種起碼的區域性和省籍的平衡，並補救蔣氏本人在黨內資望權威認同性不足的缺憾。所以1928 年至 1931 年，蔣把持軍事委員會，以胡漢民出掌立法院，一文一武，一浙一粵的「蔣胡共治」。後來 1932 年至 1935 年，蔣氏仍操控軍委會，由汪精衛出任行政院長，所謂「蔣汪共治」，可算是另一形式的粵浙合作。而自 1932 年至 1948 年，孫中山之子孫科則接替同為粵籍的胡漢民擔任立法院院長，所以南京時期國民黨全國政權，或可被視為一個基本上是雙區域性（嶺南與江浙）的權力串合體。而著名的宋氏家族（宋子文與靄齡、慶齡、美齡三姊妹）可算是這種雙區域性的共生人物，其父為粵人，母為浙人，兄

弟姊妹均在滬出生長大，留學美國，所以他們在國民黨政壇叱吒風雲，反映他們是跨越區域性的菁英。

　　其實以中國領土版圖之大，人口之多，菁英人才之盛，而且區域差異之複雜，實在不應該也不容許由單一省籍的領袖人物長期操控全國。兼且，廣東人氏雖較開明求新進取，但反叛性強，亦太過講求個人自我，有時甚至排外拒他，不能團結，甚者更自私自利，不能犧牲小我，顧全大局，似乎難以承擔領導全國的重任。此外，以二十世紀初年中國的政治生態而言，有謂槍桿出政權，所以擁兵自重的蔣介石可支配在大陸和遷台灣後的國民黨政權近半世紀。反觀粵籍菁英以文人居多，出色武將較少，甚至連鄰省桂系的李、白等軍人亦計算進來，嶺南幫仍軍事人才資源實力不足，無法逐鹿中原，操控全國。[35]

　　民初粵籍軍政人物內部不和，莫如 1922 年孫中山與陳炯明因嚴重分歧之武裝衝突。[36] 孫因陳兵變被迫離穗北走上海，這為近代國民黨由粵式政黨／政府邁向全國性政團／政權的重大扭轉點。因為孫氏在上海與共產國際共黨談判，達成 1924-27 年之聯俄容共，國民黨改組，吸收不少非粵籍人才南下廣州，推動國民革命。藉着 1926-27 北伐，晉升為全國性之政權，打破屈處廣東之局限。在另兩方面亦有與本文主題有直接關係的發展新方面：

　　（1）孫中山深感忠誠軍隊對其革命之極端重要性，故在蘇聯協助下，創建黃埔軍校，由蔣介石操控，這着把軍權移入非粵籍軍人之手，成就日後蔣氏長居全國軍政領導權的起步點和主要本錢，也予外省人掌控全國性政黨／政權突破性機會。

35　陳予歡編：《民國廣東將領志》（廣州：廣州出版社，1994 年）。上書所列將領武將只有三數位有公認的軍事成就，而可算一代名將如張發奎者為數絕少，可見廣東軍事人才不足。又見 Ke-on Chan, "The Kwangtung Military Establishment, 1924-1936" (PhD diss., History, University of Chicago, 1974)。

36　Leslie H. Chen, *Chen Jiongming and the Federalist Movement: Regional Leadership and Nation Building in Early Republican China* (Ann Arbor, Center of Chinese Studies, University of Michigan, 1999)；段雲章、倪俊明編：《陳炯明集》上下卷（廣州：中山大學出版社，1998 年）；陶季邑：〈對陳炯明叛亂的再認識〉，《廣東史志》2001：2；張秀玉：〈陳炯明叛變對孫中山國共合作思想形成的影響〉，《廣東黨史》1992：3。

（2）孫氏深切仇恨陳炯明，對粵籍軍人亦難完全放心。故黃埔初年雖位於廣州東郊，但所招納的軍校新生中（由陳果夫、陳立夫昆仲在上海負責），亦以非粵人為多，更造成了以後粵籍軍人領袖之不足。

其實國民黨掌政時期，粵人在廣東省以外出任的官職者，不成比例之多，而南京時期的蔣胡／蔣汪共治，確實反映了粵籍菁英在當時政局的舉足輕重地位，甚至蔣介石三回被迫下野（1927 年底、1931 年底和 1949 年初），都是受到嶺南幫的壓力抨擊，無法不退，以避其鋒。當然，每次蔣氏的退下只是短期性的應付策略，每次都能東山再起，捲土重來，可知無足夠軍事實力的粵籍菁英，實在難以支配全國大局，兼且廣東人有強烈的反權威和抗拒中央的傾向，這種強烈的叛逆性可以做成革命或叛亂的原動力，但要建立及維護一個有效的全國性政權，就要許多不同的有利條件。

晚清至今百多年，中國近代革命，絕對不可以沒有廣東及廣東人，甚至中共領導下的人民共和國新政權，亦利用廣東獨特的地理環境，和與港澳海外華僑外洋交往的特殊關係，在 1957 年創辦每年兩度的廣州國際交易會。而 1970 年代後期 1980 年代初期，鄧小平所倡導的改革開放政策，亦是以廣東為試驗重點，設置的深圳和珠海經濟特區，[37] 皆位於珠江三角洲兩岸，可見廣東向外開放重商務實的風氣，可協助國家發展的新路向。總之，廣東自晚清至今，仍走在全國風氣之先，廣東擔任重大的啟創者、先驅者、遠瞻者的偉大角色，粵人應引以為榮，所以不必計較全國政權的掌控。孫中山曾說：「吾粵之所以為全國重者，不在乎地形之便利，而在人民進取心之堅強，不在物質之進步，而在人民愛國心的勇猛。」[38]

原載：呂芳上編：《論民國時期領導精英》（香港：商務印書館，2009 年），頁 243-256

37　Ezra Vogel, *One Step Ahead in China: Guangdong Under Reform* (Cambridge, Mass.: Harvard University Press, 1989).

38　黃樹森編：《廣東九章：經典大家為廣東説了甚麼》（廣州：廣東人民出版社，2006 年），頁 1。

粵港與上海的異勢與互爭，1842-1949

我們的故事要從珠江三角洲或者廣州、香港（在 1997 年 6 月 30 日之前是英屬殖民港）、澳門（1999 年 12 月 31 日之前是葡萄牙的飛地）開始，它們現在都是中華人民共和國的一部分。這兩個西方貿易前哨站系統與中國大陸商港及中國經濟現代化關聯甚多。

在某一種意義上，香港／廣州和上海是姊妹城市，形成了「雙城」故事。固然，此處的上海的確是個簡稱，不只是指上海市，也包括了長江下游沿海區域以及長江出海口區域。以廣州為中心的廣東省亦有豐富的網絡及對外資源，例如，在澳洲、美洲均有不少人口眾多的中國城，多以廣東人為主。十九世紀中期以後的淘金潮一度帶來更加密切的廣東—南太平洋聯繫，不少廣東人的後裔留在中國城中，這些人並不全部來自廣州市，有不少是來自孫逸仙之家鄉中山縣等地。因此，筆者必須聲明，上海是長江下游都會地區的簡化稱呼，而廣東人則指的是香港、澳門和廣州的人民及機構，某種意義上也指的是廣東省境除廣州外的其餘地區。

筆者打算把演講分成兩部分。在第一部分，筆者並不全是按年代敘事，而是以歷史素描為主，以形成故事線索。筆者將嘗試加強歷史聯繫的不同觀點及各種面相。第二部分將反映筆者試圖為此歷史研究所作之定位，有人文的、社會科學的，也還要有些議題取向以及概念解釋。第一部分，歷史事件的素描及發展的線索將從鴉片的故事（鴉片戰爭）開始。你們大多數人比

筆者還清楚，鴉片戰爭對清代中期的中國來説造成了災難，也是所謂「現代世界歷史觀點」，以及中國作為世界秩序成員的自我認同的轉折點。一夜之間，中國的清朝軍隊敗於英國維多利亞女王治下的炮艦外交。它結束了控制嚴密（對中國的廣東商人以及清廷）和獲利甚高的由廣州港獨家包攬的中國海上外貿系統。從此，廣東不再保有壟斷，反而看到新開放的四個口岸從長江口西南而下直至廣州。在中國開放的數個口岸中，最重要的當然就是上海。英國在 1839 至 1842 年第一次鴉片戰爭中擊敗清帝國，雙方簽訂了《南京條約》，其中最重要、也最為人記得的協議條款就是香港島之永久割讓。英國嘗試要獲得永久跳板，以便從南方經過廣州進入中國市場。但是，當時清朝開放了福州、廈門、寧波幾個口岸，而最大的斬獲是上海。根據許多統計，特別是伯克利加州大學的魏斐德教授在《大門口的陌生人》一文中指出，廣州城遭遇到一整代大概三十年的貿易衰退。如此，廣東的上升乃歸因於壟斷海上外貿，而廣東的衰落則是壟斷形勢的結束。廣州在《南京條約》規定下開放，是新的五個口岸之一，與上海在區位優勢上互相異勢。

在此後十年間，廣州只是華南區域貿易中心和有限的南海外貿港，但對馬來半島以及菲律賓的貿易仍然在發展，廣州—馬尼拉—阿卡波科（墨西哥半島的貿易口岸）貿易仍然是很重要的。絲、瓷器、茶是一種，白銀是另一種。但是，這裏不再是中國外貿的曼哈頓，也不是遠東海上系統的倫敦。它並未完全消逝，卻下降成小小的曼徹斯特或利物浦，一個區域的省城而已。廣州人有理由痛恨上海在英國恩庇之下的升起，報仇的機會迅速來臨。筆者肯定你們大多數很了解十八世紀歐洲的鹿特丹、阿姆斯特丹，不在等級之內的馬賽、巴塞羅納的地中海口岸。在鹿特丹及阿姆斯特丹支配了中歐水路貿易之際，其他口岸變衰落。而廣州就像工業年代的巴塞羅納，當年的繁華已成為過去。復仇是在失業、紛擾的社會抗議、經濟的不足等感受之下到來的。

太平天國運動像是燎原的火焰，星星之火點燃於廣東。一個失敗的科舉考試人洪秀全對其落榜感到沮喪，挑起拜上帝教的旗幟，開始反抗清朝的運動。筆者稱之為一場醉人迷夢，他設定自己是基督的小弟弟，上帝是他的真父親，因此而有太平天國運動（意謂「大的和平」，「地上的天國」）。他也

是個廣東人，跑到鄰近的廣西開始遠征，過了幾年便到達長江中游，為這個
新政權設立新都於南京，進而進攻上海。清朝不能管理上海，但是有英國人
支配着國際租界，他們訓練自己的志願軍，使用進口的槍械，靠着英國人與
一些美國人的幫助，擊敗或者驅散了太平軍主力威脅，也幫助清朝地方政權
平定了與太平軍相關的叛亂，即所謂「小刀會社團」。因此，上海人以及在
上海的外國人驅散了廣東人的第一次復仇。這就是歷史大戲的第一回合。

　　但是這些外國人，特別是英國人把上海從一個很普通的口岸，轉變成在第
二次世界大戰前亞洲最大、最重要的港口和商業中樞。以船隻噸位言，它排在
大阪、橫濱前面，是全亞洲頂級港口。英國將現代法律行政引介到租界，而戰
爭及內戰使中國商人及小康的地主在國際租界尋求庇護、安全及現代發展之
機會。這裏英國的知名公司有滙豐銀行（包括香港和上海）、太古公司、半島
東方航運公司、怡和公司、渣打銀行。這些大洋行不只支配了上海，還控制
着從香港到上海的沿海系統。當太平天國運動如火如荼之時，發生了第二次
鴉片戰爭，即 1858 至 1860 年間的亞羅號戰爭。戰爭以《北京條約》告終，中
國割讓從香港島碼頭過去的九龍半島，又開放七個條約口岸，給予英國內地
航行權。此後華北沿海上至天津，以及東北南端，包括著名的山東威海衛，
全納入至快速擴張的條約口岸系統之內。上海自然成為地理及功能上的天然
中樞，其重要性進一步上升，顯示了廣東先前支配優勢之結束。但是英國人
在中國最大規模的商業貿易及投資則時常在上海之外操作。出於法律及行政
目的，這些英國公司會以香港的英國公司身份取得營業執照，船隻亦同。像
任何條約口岸一樣，上海的英國領事在法律上不能執行註冊工作，因為在以
往及現在的國際法、海事法規定之下，條約港並不是英國的港口。所以，英
國人必須倚賴英國領土，以滿足合法性、有效性，以及管理基地之需求。

　　香港提供了復蘇珠江三角洲經濟的一絲希望，在十九、二十世紀之交，
香港成為三種貿易形態下第二重要的中國港口，即沿海貿易、國際貿易、內
地水運。對上海來說，其內地是長江沿岸；廣東則是珠江腹地，特別是溯西
江而上可至廣西全省。在沿海及跨洋交通路線上，上海第一，香港第二。

　　每天早晨，香港上海滙豐銀行的香港總部會發電報給上海分公司（分公

司在實體上比總部大了九倍），以調整中國銀元兌換英鎊、美元或墨西哥銀元的匯率。因為從十九世紀的大多數時間起，直至 1920 年代，香港上海滙豐銀行既是中國內地及所有條約口岸上最大的外資銀行，又是中國政府最大的債權銀行。它設定匯率，和英國大公司如半島及東方、太古、怡和、渣打銀行，以及規模較小的有利銀行（The Chartered Mercantile Bank of India London and China）均從香港此一區域中樞向外操作。大多數操作地方分公司的大班（即總經理）是英國人，有英格蘭人、蘇格蘭人，以及極少的愛爾蘭人。他們通常不諳本地語言，因此得僱用中國人作為中介，處理地方事務。由於英國人在鴉片戰爭爆發以前至少已有一個半世紀在廣州貿易之經驗，他們很早就跟廣東人打交道。對他們來說，使用老網絡的中間人及廣東市場要素，既合乎邏輯，也較為方便。從 1842 年他們在香港向外操作，便徵用廣東人南下香港為英國人工作，甚至讓一些廣東人在英國學校受教育，接受中文（主要是廣東話）及英文雙語教育。所以，至少在十九至二十世紀之交，就有很多第一代，甚至是第二代受雙語教育的廣東人，在許多英國商行內擔任所謂的中國事務經理人。英國人不只經營交通航線及銀行，也投資紡織業，像怡和就有自己的紡織廠、修船廠、船塢、停泊場，以及與海事、交通、保險相關的設施。在從事現代化建設所必需的鋼鐵行業，同樣有不少廣東人。中國政府的公務員也有不少來自珠江三角洲，這也要托英國殖民者之福，他們的教育與知識傳播有利於中國人才的成長。

上海成為中國首屈一指的現代商業樞紐，廣東也在 1900 年獲得經濟復蘇，不過跟英屬香港形成一種共同合夥的形式。因此，廣東是內陸的集中點，腹地的承銷人，而香港是國外貿易樞紐，是為這種貿易而設的所謂法律和財務制度總部。因為大英帝國展延甚廣，不只在東南亞，還超越界線，延伸到巴哈馬、百慕大、斐濟甚至新西蘭、澳大利亞。廣州匯集了廣西、廣東、福建三省人民，他們再通過香港的口岸通往東南亞、非洲、加勒比海、澳大利亞，還有溫哥華。在上海，廣東人的勢力同樣不容低估。在顧德曼（Bryna Goodman）的《家鄉、城市和國家：上海的地緣網絡與認同：1853-1937》一書中有些統計，饒富興味。根據她的統計，在英國開啟現代上海之

後的一個世代三十年間，廣東人約佔市區人口之 15-17%，而寧波人佔了全市人口三分之二。在某種意義上，廣東人在龐大的區際移民數量以及實體距離上，顯然都居於少數。他們如何能經營順遂呢？首先，廣東有從明代開始向美洲海外移民之長久經驗，尤其是 1848 年加州爆發的黃金潮，1850 年代澳洲南韋爾斯及維多利亞省的淘金熱，使人力走私大行其道，可以說形成了一個實存的、某種程度上是獲利極豐的廣東海外移民與經濟效益的網絡。香港和上海滙豐銀行的中文名字「滙豐」，意謂海外僑民送回來的匯款豐富。其次，廣東人擅長航海，也擅長內陸跨區域沿海貿易。部分原因可歸功於清朝在 1640 至 1650 年代征服中國大陸後，在沿海地區實施兩個世紀的壟斷制度，只保留廣州一地作為唯一出口。而在此之前的南宋，廣州也是東亞最繁榮的口岸城市。再次，廣東人的商業才幹由來已久。

　　筆者以下想談南京十年，即蔣介石所領導的南京政權 1927 至 1937 年的粵滬關聯。在這十年期間，上海的好幾位市長都來自廣東。在蔣介石的國民黨軍隊於 1927 年進入上海後，隨即設立上海市。來到上海作為解放者及國民黨革命者的第一批國民黨軍隊，其中大多數人由廣西籍的白崇禧所發號施令。大家務必記得有許多廣西人說廣東話，飲用西江水，所以某種程度上他們和廣東人關係密切。而在實際關係上，可以將廣西人視為廣東擴大的家庭之一體。廣東人有優勢，他們很清楚外面的世界，又早有跟外國人打交道的經驗，所以能在上海充斥着外國公司及司法管轄權的兩個外國租界運作自如。另外，從宋代起，中國的帝國官僚實行迴避制度。如果有人是本地出生，又在本地受教育，日後朝廷便不會指派你出任本地的長官督撫，而會派至其他省份任職。這樣官員就不能使用其關係人脈，牽親引戚地搞貪污。江蘇及浙江的本地人，其影響的家鄉領域也包括了上海在內。特別是針對那些只要過河渡江就能到上海的寧波人，太靠近本地反倒不能擔任公正無私的行政官長。上海從 1927 年起是直轄市，市長並非由省政府指派，而是由南京中央政府的行政院長指派。作為局外人而言，廣東人的市長應該會是個比較好的選擇。

原載：《民國研究》總第 16 輯（2009 年冬季號）

二十世紀初年廣東在近代中國轉化之歷史角色

中國近代史如以 1839 年鴉片戰爭的爆發至 1949 年為止，在這一世紀的巨大轉化中，廣東的地方與人物實擔當很重要的角色。在許多層次來看，廣東既是近代中國現代化、國際交流、中外衝突的前線，亦為太平天國、改革維新、革命運動領導人之家鄉。從中國對外交往，國際商貿、新式企業、華人海外勞動和升學及移民等角度來看，廣東自十九世紀以來都佔先進的地位，而近代廣東的人物、思想、事功和其所引介的事物、典章制度、對外網絡都着實影響、刻劃，甚至改變近代中國歷史演化的方向和軌道。在國內政局中，粵籍人物亦常在前線奮鬥。自十九世紀中葉之太平天國運動，至晚清洋務運動，百日維新，興中會和同盟會之反清革命，孫中山以外的粵籍領袖為數不少（如康有為、梁啟超、唐紹儀、伍廷芳等）。在民國政壇，粵人活躍分子頗眾（如胡漢民、汪精衛、廖仲凱、鄒魯、陳炯明、許崇智、吳鐵城、陳銘樞、陳濟棠、蔣光鼐、蔡廷楷等），粵籍文武大員、黨政軍領袖均曾站在歷史前端，對全國有宏觀的影響。中國共產黨前期的粵籍精英，如彭湃、葉挺和葉劍英等，都是開風氣之先。

這次由香港嶺南大學主辦的國際學術研討會，時間範圍是以 1900 年二十世紀初，包括晚清最後十二年，民國早期，經歷護法運動、國民革命、國共合作和分裂、廣東與南京中央對抗，直至 1938 年日本佔領廣州為止，正可以做一個多元化、多層次，以廣東的人與地為焦點的歷史回顧與探討。

廣東是中西衝突的前線和戰場

如果外強壓迫是影響這個世紀中國歷史動盪的一個主要因素，最早兩次大規模西方帝國主義侵略的鴉片戰爭都是在廣東發生，1842 年的《南京條約》開始中國對外關係中悲慘之「不平等條約」的一個世紀，被迫開放的五口通商「條約港」（treaty ports）是以廣州為開始。《南京條約》其中的一重要條款，是把香港從廣東割讓給英國為殖民地。這條約亦演變成嗣後七十年間中國官方無能戰敗、割土求和、喪權辱國的一種應付列強侵略的外交模式。九龍半島從廣東的割讓是第二次鴉片戰爭 1860 年《北京條約》的產物。後來 1997 年香港主權回歸的根據就是 1898 年簽訂的新界租約，將廣東寶安縣南端借予英國，為期九十九年。換言之，廣東和香港的近代歷史，是直接關聯，而英國殖民地時期的香港歷史，也是英帝國主義侵華、壓迫廣東具體的歷史表徵。

有謂條約港曾直接促進近代中國之啟蒙革新，則穗港兩市為華南最主要的國際口岸，着實成為粵籍精英走在時代前端的有利舞台和基地。在經濟商貿、科技引進，新式文化教育思潮推廣的硬件和軟件建設兩大範疇，廣東均佔天時地利，先走幾步，產生不少開創性的人物，在中外交往史上，粵人亦擔當先鋒角色。在新式人才培育，廣州及鄰近的外國殖民地香港和澳門構成一個西洋教育在華展的前線擴散重點，晚清的新式學校，新教育制度，外洋新思想的傳播很多是以廣州和香港作為重要的渠道。天主教傳入中國最早到達澳門，利瑪竇從澳門再來北方。廣東也是基督教進入中國的門戶。後來侵擾二十省，延續十五年，幾乎傾覆滿清王朝的太平天國運動，是由粵人洪秀全倡導發起，而他是在廣州受到英國傳教士馬禮遜最早期信徒之一梁發（第一位被按立的華人基督教牧師）為傳福音所寫的《勸世良言》之影響。

因為歷史上長期的對外交往以及與海外移民華埠的廣泛聯繫，廣東的「洋務」人才不少，回國海外留學生、歸鄉華僑、新式學堂或教會學校的畢業生，其視野見聞較廣闊，不少中國早期外交人員都是粵籍，同時許多初期教會人士（兼教師角色如容閎）、社會活動家如鄭觀應，藝術家如冼星海，

在實業方面有不世貢獻如詹天佑等，均是粵人。正因為港澳為洋人殖民地不受清廷直接管轄，風氣較開放，新式報刊引入外洋潮流新觀念，鼓吹改革救亡思想，證明粵人進取、創新，甚至冒險精神。

可惜穗垣珠江口西岸三縣出產的領袖人物康、梁、孫──維新變法保皇的立憲改革派康（南海人）與梁（新會人），和反王朝革命黨的領導孫（香山人）及其粵人得力助手胡漢民、汪精衛、廖仲凱等──不能藉着鄰鄉之誼和共同廣州語方言的連繫攜手合作，反而在海外流亡期勢如水火，絕不相容，似乎又顯示粵人有不易達致大團結合作的傾向。孫為香山人，故較能吸引以香山人為主的粵籍海員的支援，亦反映利用半封建色彩特殊化的地緣網絡同鄉親誼，來促進新式的革命動員。

晚清洋務運動的官辦企業和民辦企業，很多也在廣東，特別是廣州一帶建立的。利用鄰近香港的便利，借地理環境優越，對外開放較早，引進西洋先進技術和設備（例如 1874 年廣州機器局成立，1887 年石井兵工廠建成，1879 年廣州的官辦造船廠開業，而外資的黃埔船塢，已早在 1840 年營業；民辦的繅絲廠在 1873 年設立；1887-89 年，機器鑄幣廠、織布紡紗廠、造紙廠先後落成）。及至二十世紀初，珠江三角洲有發電廠多處，為全中國最「電氣化」的區域。有謂「無廣不成鐵」（即廣東人在近代新建設如洋船鐵路、工程機械的領導地位），不單在外資在華企業擔當角色，亦有粵人藉着海外經驗在家鄉和國內其他地方所創設經營的新式企業、百貨公司、工廠和銀行等。例如在上海、廣東幫人數眾多，形成的市場影響力，足以與江浙本地幫分庭抗禮。

晚清的洋務運動失敗以後，以大變革來救國的兩大潮流，立憲改良派的康有為和梁啟超都是粵人，反清共和革命的孫中山及其初期許多合作者亦是粵人，其最早的革命團體興中會總部在 1895 年設於香港，而早期革命重要的人力和財力支持者也是海外以粵人為主的華僑。甚至辛亥革命前孫中山及其黨羽主導的多次反清武裝起義大多數都是在廣東發起的，參加者也多是粵人。

所以，民國前的廣東已經是走在潮流之前。當然，廣東通常只是歷史重

大變革事態的發動源頭，卻不一定是最終收成的地方。例如，聲勢浩大歷時十五年的太平天國運動最終失敗，康梁的「百日維新」也是慘淡收場。辛亥革命推翻兩千年的王朝帝統，卻是在湖北武昌起義，並非由粵人主導。在中國近代轉化歷程上，常見廣東首開風氣，但收成卻在別處。由此引出的問題是，廣東這個地方的環境條件及廣東人的作用是無可否認的，但他們並不容易成為最終的成功者、勝利者和主導者。但歷史是否有最終的勝利者呢？關於廣東人的歷史角色，可以提出很多問題，探討是否因為其特殊地理條件（遠離中央，瀕臨海洋，面向國際），開明進取的風氣和有利時機因素（中央皇權沒落，邊緣區域自主性增強），使粵人較多機會脫穎而出，成為歷史的先鋒，但天時地利之外，是否人和不足，粵省內部矛盾重重，粵人亦有很多不足之處，故不易取得最終成功，主導全國發展。

國民黨與廣東

自晚清最後十餘年至 1920 年代中期，廣東是國民黨革命活動的根據地。正因孫氏曾在香港就學多年，亦在香港接受公理堂的基督教信徒洗禮，故香港實為孫氏革命活動的主要基地，等於其「第二故鄉」。正因香港不受清廷管治，1895 年孫的興中會可在此成立設總部，同年並在廣州策動第一次武裝起義。其後孫的同盟會在廣東各處舉行多次武裝起義，包括 1910 年 2 月在穗發動的新軍起義和次年 3 月爆發的黃花崗起義，雖然均告失敗，但已沉重打擊清廷，為辛亥武昌起義的前奏。隨武昌起義成功，廣州亦在 1911 年 11 月 9 日為革命黨人光復，接着全粵各地相繼響應，次日廣東省軍政府成立，以胡漢民為都督。廣東確是興中會與同盟會的主要基地，而海外粵工華僑更是反清共和革命的主要境外支援者。粵為僑鄉也是革命發源地，故早期國民黨領導層包括孫中山亦以粵人為多，這正是粵省地理環境更藉着香港的自由港國際聯繫作用和殖民地較開放的所予的空間，新式思潮風氣散播等有利條件，成革命運動大本營。

在 1917-27 年間，孫中山和國民黨三次在廣東建立政權推動護法運動和

國民革命，可以被視為「廣州十年」（Canton Decade）的精彩時代。甚至有人笑說國民黨差不多是「廣東黨」。這對國民黨而言，發源地（初期的興中會）在穗港，早年黨員在國內外頗多為粵人，孫及其左右手胡、汪、廖均粵籍。當年孫及國民黨在粵立足對抗北洋，尤其 1924-26 年國民黨和中國共產黨合作之統一戰線的國民革命大本營在廣州，黃埔軍校創建於廣州東郊，北伐亦由穗出發。

自古而今，中國歷史上許多朝代所建構的全國管治權力核心，多以中原為基礎，常從北方伸展其操控範圍延遂至南方，或由華中兩河流域擴張輻射至東西南北四方，只有極少數是以南方作根據地而向北推進，最終可以成立全國性政權。所以 1926 年 7 月國民革命軍從廣州誓師北上，直掃兩湖，攻佔寧滬，建都南京，藉北伐的成功，名義上統一全國，這可算近代頗為特殊的「由南而北」的例外。所以，在歷史研究的觀念上，國民黨是否一半是「廣東黨」？然後北上擴展地盤，吸納非粵籍人才，再演化成為全國性政黨和政權？

在 1900-38 年間中國的幾回主要革命潮流，如反清革命，1917-22 年的護法運動，1924-27 年的國民革命，廣東的人和地有其重要性。大陸時期國民黨粵人領袖眾多，可是辛亥革命不是在廣東發生，以廣東和江南各省為主的反清革命陣營軍事實力不如北洋，所以才不得不與袁世凱妥協。孫中山擔任臨時大總統只是幾個月。廣東當時以胡漢民為督軍的領導下，是無法和北洋抗衡。所以民國一開始，廣東佔不了控制全國大局的地位。甚至孫中山推動反袁獨裁二次革命之時，老地盤廣東也保不住，被袁派來的龍濟光佔據。革命派不止沒有守住廣東，也沒有辦法和比較支持共和的華中、西南各省連成一氣。

孫中山三度在廣東建立反北洋的革命政權，可見粵省為其最重要的地盤，由晚清至民國初年，粵省和粵人成為孫氏反中原王朝和北洋當局不可欠缺的革命動員條件。袁世凱死後，孫於 1917 年 7 月從上海回廣州展開護法運動，建立護法政權並在 9 月就任中華民國軍政府大元帥，至 1918 年 5 月，孫因南方護法政府實行七總裁制，被西南軍閥排擠邊緣化而辭職到滬，這階段是以廣東為主的南北爭鬥。1920 年 11 月，孫氏在打倒佔穗的桂軍後

重返廣州主持政局，次年 9 月孫出任中華民國非常大總統，並開始整軍北伐，至 1922 年 6 月，孫為粵軍總司令陳炯明的部下軍人兵變所逼，下野離粵。最後 1923 年 3 月，孫在廣州成立陸海軍大元帥大本營，就任大元帥，直至 1925 年 3 月逝世。可見廣東絕對不是孫中山和國民黨的獨家地盤，廣西、雲南實力軍人也企圖要佔據這個重要基地。孫中山與陳炯明反目，既是源自二人嚴重的基本策略差異，孫主張以武裝力量，由南而北進行北伐，統一全國，而陳反對以廣東一省的財力人力推動北伐，大動干戈，寧願以「聯省自治」方式停止內戰，各省着力內政社會建設。但孫陳決裂亦反映粵人內部矛盾重重，團結合作不易的事實。

正因廣東遠離中原，中央鞭長莫及，全國政權對邊緣區域的管治能力有限，予粵省成為拒抗中央，挑戰全國權力核心的地利條件。孫氏在 1917-25 年間三度開府廣州，其志絕不在建立一個偏安南疆的自主自治區域性小朝廷。孫氏企圖以廣東為基地與北洋政權抗衡，再藉武力北伐消滅軍閥割據勢力，取代北洋，建立新的國民黨全國性政權，有如粵省前輩洪秀全之太平天國運動。孫立足廣東，志在全國，透過其國民革命統一全國，建樹新的政治秩序。

從 1927-37 年，可謂國民黨政府黃金時代的「南京十年」（Nanking Decade），胡漢民和汪精衛交替地與浙江人蔣介石合作共治，而其他國民黨的元老派粵人，孫科的太子派，也位居南京朝廷要職，同時在國民政府海軍與外交系統，粵人都擔當很多重要職務。但直至 1949 年止，除偏處嶺南的廣東自身家鄉的區域性操控外，粵籍領袖均無法有效一統中原，擔任統領全國的掌舵人，作較有效和長期性的全國最高領袖。這證實為數眾多的粵籍領袖雖佔着天時地利條件但仍未達致人和的最終進程，所以無法建樹全國性的中央領導。

除 1925-26 年的國民政府偏處南粵和 1931 年底孫科短期組閣外，1941-45 年汪精衛、陳公博的南京「和平」政權和 1949 年李宗仁代總統最後遷都廣州，都是偏安小朝廷。除三度（1927、1931 和 1949 年）粵桂聯手迫蔣下野的「反蔣」取得相當成功外，粵系在中樞掌權單獨支配全局均為不可能之

夢想。甚至粵系強人「南天王」陳濟棠在 1932-36 年藉胡漢民及西南政務委員會作憲政掩護來抗衡中央,但在 1936 年夏因粵空軍變節投誠南京中央之「機不可失」,陳反蔣企圖維持兩廣半獨立之局,終以失敗收場。

　　是否廣東人才不濟,量多而質不精,或地處海疆邊緣與中原差距太大,或是粵人在政壇以外有可觀的成就,志不在政治權力而在商界、文教、科技發展,發財立德而並非着力從政參軍,企圖支配全國大局呢?雖然民國政壇粵籍領袖眾多,為何廣東精英不能成功建立和維持有效的全國性政治操控力?在甚麼程度上國民黨的南京政權可被視為一個兩廣與江浙「雙區域性的權力集合體」(bi-regional power coalition)?這需重新思考民國時期的權力結盟,權威樹立與願景開展間的互動,尤其中原與邊緣區域間之不平衡,向心力與離心力間之張力,單元式中央集權與區域分離主義之衝突,省際間經濟社會水準之差距,文人管治與武力間之歧異,忠誠與認同間之撞碰等各項課題,希望可多研探。

早期中共在廣東

　　以廣州為總部的國民黨政權,不獨因地利之便,吸納不少粵籍黨員,且因 1924-27 年間與中國共產黨的結盟,推動反帝反軍閥的國民革命來統一全國,所以國共兩黨的非粵籍人士亦匯聚廣州 —— 1920 年代全國最激進的革命性城市。不少日後國共兩黨最高領袖初度嘗試參與政府運作或掌控軍權,正是以他們在粵的革命動員經驗為始,蔣介石則藉出掌廣州近郊的黃埔軍校而掌兵符,終於以北伐成功而成全國領袖,故廣東實為國共兩黨當權人物的初試啼聲之處。粵人佔地利反未能成功建樹粵系全國政權,似乎關係不在他們欠缺地利之便,反而在其他方面重要條件的不配合,無法構築粵人領導的全國政權。

　　其實中國共產黨的早年也有一個特別的「廣東時期」(Guangdong era)。例如中共首任總書記陳獨秀,在 1920 年被時任廣東省長陳炯明邀請來穗出掌廣東教育會,掌全省教育行政,主理廣東教育改革。陳獨秀動員北大分子

在廣州成立早期的共產黨／社會主義的小團體，出版報刊傳播共產思想。而中共農民運動創始者彭湃初試身手組織工會（廣州人力車伕工會）農會（在其故鄉海陸豐一帶）亦在粵省為始。所以，在中國共產黨歷史上，廣東並不落後。中國共產黨最早的公開合法活動，以及共產黨員最早可以參與政權，擔當政府工作，都是在 1924-27 年間的國共合作基礎上在廣東享受到的。

中共首次武裝力量，擁有軍權的起源，的確是依靠周恩來等人在黃埔軍校中培植的共產黨分子。值得注意的是 1925 年底粵軍東征戰勝陳炯明，清理潮汕地區，周擔任粵東地區的軍事和民政的主管。所以中共初期的政權、軍權可以說都起源於廣東。1927 年國共分裂後中共走武裝革命路線，第一個成立的蘇維埃政權是在廣東的海陸豐，而第一個城市的蘇維埃政權，則是廣州公社起義。雖然廣東的兩個蘇維埃都是短暫的不成功的政權，可是也完成從無到有的歷史性突破，而後來中共軍方的重要領袖「雙葉」（葉挺和葉劍英）均是粵人，都在廣州時期開始擔當重要角色。中國共產黨的廣東時期應當受到注意。

甚至 1928 年以後中共的農村革命、農民動員的策略，其最初的歷史是以彭湃在廣東成立農會，推動農民運動中取得的經驗作基礎。彭湃當年的助手毛澤東，也是在廣東獲得早期的鬥爭經驗。毛澤東初任政府公職是在 1925 年國民黨的廣東政權擔當黨務、農運工作，而毛本人較為系統的農運指導思想和理論體系的初稿，也是在廣東代理彭湃擔任農民講習所第三期時譜出的，中共早期在廣東的歷程值得更系統化研究和融入廣東歷史主流。

廣東作為中國近代史的轉折點

當年廣東的特殊時和地環境條件，給予很多非粵籍人士提供重要的起步點。民初粵籍軍政人物內部不和而直接影響歷史演化的路線，莫如 1922 年夏孫中山與陳炯明因嚴重基本策略分歧之武裝衝突。孫因兵變被迫離穗北走上海，這為近代國民黨由粵式政黨／政權邁向全國性政團／府政的重大扭轉點。因為孫氏在上海與國際共產黨談判，達成 1924 年之聯俄容共，國民

黨改組，吸收不少非粵籍人才南下廣州，推動國民革命。藉着 1926-27 年北伐，晉升為全國性之政權，打破屈處廣東之局限。

最有名的例子當然就是蔣介石利用孫中山和陳炯明的衝突，1922 年夏天從上海趕去廣州與孫在永豐艦上共患難。然後靠孫的信任，主理在廣州新創辦的黃埔軍校，以黃埔作為執掌粵省軍權的起點，然後利用從廣州出發的北伐，打下華中華東，以最大軍事集團首腦的身份，進一步掌控國民黨全國政權。可以說，1922 年孫陳衝突，是整個中國近代革命的轉折點，此後孫中山決定與中共合作，其高潮則是 1924-27 年的國民革命，同時蔣介石變成國民黨的軍權繼承人。在兩方面有直接關係歷史重大發展的新方向：

首先，孫中山深感軍隊忠誠對其個人領導的國民黨革命之極端重要性，故在蘇聯協助下，創建以黨控軍式的黨化武裝人員搖籃的黃埔軍校，由蔣介石操控，這重大任命自始把國民黨的軍權移入非粵籍軍人之手，成就日後蔣氏長居全國軍政領導的起步點和主要本錢，也予外省人掌控全國性政黨和政權的突破機會。其次，自 1922 年夏，孫深切仇恨陳炯明，所以對粵籍軍人亦難完全放心。故黃埔雖成立於廣州，但初期所招納的學員（由陳果夫 / 立夫昆仲在上海負責），以非粵人為多，更形成以後粵籍軍人領袖之相對不足。

如果 1936 年西安事變是整個中國近代史的轉折點，此後國共聯合抗日，給予中共機會藉抗戰時期擴展，終於在 1949 年把蔣介石打倒，則 1922 年孫陳的衝突的意義和歷史作用，實在不亞於西安事變。可是，至目前為止，中外歷史學界對於西安事變的重視遠遠過於孫陳的反目的前因後果，如孫陳仍可維持合作，則 1924-27 年間國共合作那段歷史可能要改寫，以後的局面如何，也難預料。

廣東的反帝與反中央

以廣東為起點的第三波革命比較特別，全民動員是觀念上的突破，1924 年國共合作，比較全面和系統化地推動群眾動員，這也是軍事，政治之外的第三陣線。1924 年廣州的商團事變，孫中山利用黃埔軍校師生和工人鎮壓

商人的武裝力量，可以說這是中國近代革命中第一回明顯的黨軍民聯手的階級間武裝鬥爭。1925 年 6 月至 1926 年 10 月的省港大罷工，更是全面由左派領導的勞工動員，是新式的全民革命。省港大罷工的十六個月，同時彭湃在海陸豐的農民動員也聲勢大起，等於在廣東革命基地內聚合幾十萬群眾的大動員，而這回反帝反殖反軍閥運動，也提升國民黨和共產黨的力量。影響之下，英國被迫退讓，1926 年底，英國發表宣言，預備與有能力統一中國的新的革命政權合作。

1927 年初，武漢的左派群眾動員，收回漢口的英租界，江西群眾也收回九江的英租界，所以廣東群眾動員的餘波，把革命運動的城市群眾動員推上高潮。直至 1927 年 3 月，上海工人起義大罷工，反孫傳芳軍隊，協助北伐軍解放上海，則是最高峰。中華全國總工會是 1925 年在廣州成立的。全國勞動大會，第一屆至第三屆（1922、1925、1926 年）均在廣州舉行。以國民革命的角度來講，不能單靠軍事，也要靠社會動員的配合。廣東成為第三波革命 —— 群眾運動的實驗室，具有反帝反殖意義的大規模群眾運動的發源地。

廣東特殊的地理條件和背景給廣東人在近代中國轉化扮演重要的角色，廣州有過千年的遠洋通商、珠三角和潮汕地區大規模海外移民，也是形成粵人的外向發展與國際交流。（自漢唐廣州已有「海上絲綢之路」對外商貿，至宋代廣州對外洋商業交往更暢盛，朝廷在廣州設市舶司，商品經濟已超越傳統內陸地區小農經濟的運作，至明代嶺南國際貿易繁忙，十六世紀中葉葡萄牙人以澳門作為根據地而長居珠江口，構成西洋宗教、思想與教育在華傳播的前沿點，使粵垣的海外商貿愈加旺盛。清初一度海禁後，康熙二十二年予廣州通商口岸的專利地位，穗獨佔全國海路對外洋通商的特別優勢，直至 1842 年《南京條約》後的五口通商。）香港作為英國殖民地後廣東的國際化程度大增，所以廣東的洋務人才不少，新辦的企業家，不少是回流的海外留學生和歸鄉華僑。因為殖民的風氣開放，新式的書刊報紙，也影響了在粵港澳受教育的學生和改革者。

經歷數百年與外洋異國因商貿頻繁往來或海外移民密切的交往，形成廣

東與內陸較封閉保守的中原心態極不相符的高度開放性，和對外來事物文化
思想的兼容性和中西合璧的吸納融合作風。尤其自十九世紀中葉西方列強侵
略，藉不平等條約，開埠通商，設置租界或割建殖民地。廣東地處海疆兼為
唯一中外國際貿易口岸，故首當其衝，在兩次鴉片戰爭均受戰火破壞，亦是
最早喪失領土（香港島，九龍半島）的省份，所以粵人在對抗外來侵略者，
或以武裝力量反擊（如 1841 年三元里抗英動員），或藉經濟手段制裁，罷
工停市杯葛（如 1856 年英法聯軍攻佔穗市，香港華人罷工抗議），均展示
粵人保衛鄉土的愛國心和民族主義情操。正如海外粵籍勞工或粵僑移民，身
居異國，心在故鄉，對祖國極備關懷，休戚與共，國難當前或慷慨捐輸，或
獻身革命，形成反擊外敵欺壓，變革圖強的反抗精神和突破求新心態。港澳
和海外粵人愛鄉土，在廣東投資最早最多，捐學校、圖書館、醫院、路橋、
交通等基礎建設，從而改善鄉里福利，同時帶動其他海外投資，商貿交流，
為推進現代化作出重大貢獻。

　　外來的影響、軍事侵略，新式思想、教育制度、科技的傳入和引進，不
止推動洋務運動，亦促進維新和革命動員，更刺激民間的長期集體反抗，近
代中國的反帝運動因此而起。在反帝反殖民地的愛國動員歷史，廣東一直站
在中國外交的前線。1842 年《南京條約》以來，廣東抗英反帝運動很多，例
如 1885 年中法戰爭時，香港華工拒絕修理法國軍艦，英殖民地當局鎮壓，
導致騷亂，此事感動當時的少年孫中山。近代中國第一次的全國性反帝大動
員就是 1905-06 年的抵制美貨運動。二十世紀初旅美華工都是廣東人，特別
是珠三角的四邑人士，所以廣東與在上海的粵人是當時抗美運動的主力。

　　可是，這些對外來影響的反應，也促成反動保守思想的反撲。甚至有一
個明顯的事實就是表面上很洋化的廣州，也有極其保守的勢力，如在 1930
年代初期，陳濟棠掌控的廣東當局，大力鼓勵讀經，這種崇儒尊孔的風氣，
使南來講學的新文化運動大旗手胡適在官立中山大學的講演被迫取消，只能
到較為洋化的私立基督教嶺南大學講演。

　　所以，廣東本身在文化、思想、風俗、價值觀取向方面就有很多矛盾，
比如其地理環境，與中原有五嶺分隔，面朝大海。廣東這麼多的革命人物，

要為全國革命走先一步，樹立新的範例，打開新的局面，但是粵人是否能夠掌控地方勢力與中央的互動和全國的大局面？事實上，廣東遠離中原，不容易佔據全國的主流地位。甚至因為海疆南端地理，所以其民風開放、心態比較超前，而自我邊緣化，又如何容易變為主流？孫中山已經是很特殊，他雖立足廣東但放眼全國，幾次北伐不成功，都是從南向北，企圖以武裝打入中原。後來蔣介石的所謂北伐成功也是不完全的掌控，沒有建立一個強而有效、能駕馭區域豪強的中央政府，甚至被人取笑蔣的南京政權只是有效掌控華中與江南的七八省而已，對華北和東北實在是鞭長莫及。

特別值得注意的是，歷次反對蔣介石的南京中央政權者，很多是國民黨元老廣東分子，甚至兩廣合作，三次逼迫蔣介石下台。所以廣東人是否實際上在 1928 年後已經淪為地方實力派領袖，因反對蔣的「中央」政權而變成破壞全國統一團結的「反革命」力量？再延伸一步來看，廣東幫自己內部也極不團結，文人胡汪不和，粵系武人爭鬥不斷，所以經常被蔣分化和利用。（1928-31 年，胡蔣合作，1932-36 年，蔣汪合作，似乎蔣兵權在手，但如果沒有國民黨廣東元老文人的招牌，南京政權似乎撐不住。）

西南粵桂與蔣氏的中央不和，1932-36 年，兩廣利用胡漢民的招牌，成立國民黨西南政務委員會和西南執行部的「兩機關」，來合理化和合法化他們半獨立，抗衡南京中央的立場。因為海外華僑多為粵人，陳濟棠在 1929 年後的世界經濟危機中，可以利用華僑匯款的支持，在經濟交通建設方面下工夫，取得部分成果，造成廣東繁榮的黃金時代。與 1930 年代初期中國受到經濟危機的通貨緊縮的影響，白銀外流，全國經濟不景氣的對比很強烈，甚至廣東利用海外的聯繫，其金融系統的運作和中央脫鉤。（例如，1935 年冬南京中央政府棄銀本位的「法幣」改革，廣東故意延遲一個月才改革粵幣。）所以，1930 年代的廣東是否成為「反革命」的大本營？但是陳濟棠掌控下廣東的反蔣反抗中央，總是利用愛國抗日作招牌。1927 年以後的廣東，是不是還是中國近代革命轉化的主流基地呢？

當年粵人在中央政權擔當要職，海外粵人也作出重要貢獻，但 1927 年後中國革命發展是不是已在中共領導下轉移到內陸的農村去了？中國對外

的衝突，亦已經因為以日本侵略為主力而由華南長江流域與西方列強抗衡而轉到東北與華北前線，以此角度來看，廣東在中國近代歷史中扮演的角色亦因時代焦點、領導人物都有改變。過去半世紀，西方的中國問題研究學者，常說廣東是近代中國革命的搖籃（the cradle of the modern Chinese revolution）；他們亦以孫中山與國民黨初期的精英為範例，視粵人為近代中國的先鋒啟創者（the pioneers and vanguards of modern China）。但 1927 年後的種種現象，使學者們要客觀全面來探討廣東在近代中國轉化中之歷史角色的各種層次、時期進程和實質作用。

　　廣東之具體歷史角色不少是由特殊的地理環境和國際形勢造成，例如在珠江三角洲就有幾個不同的管治體制。廣州有英法租界，而英國殖民地香港可以説是中國最大的洋租界，在珠江三角洲的另一面，澳門是洋人在華最早和維持最悠久的租界。三千多萬的海外華人和華埠居民，原籍廣東者佔約百分之七十。這些外緣的因素和環境給予廣東特別的條件，晚清以來，中原主流王朝大一統性的權威漸趨崩潰，袁世凱死後，北洋分裂，1927 年以後的國民黨南京中央政權也不是有效的全國統治，不具備充分的權威認受性（legitimacy）。中央大一統權威的破碎，給位於邊陲的廣東特殊的時空條件，利用其對外關係，發動反叛的行為和新潮流的試驗，似乎因為機會成本較低，而可能性較高。等於明清海禁，可是唯獨予廣州一口通商，就是因為其遠離中央的地緣政治，可利用特殊的國際環境。平心而論，粵人可能不是特別的能幹有為，而是享受地理環境創造的特殊條件和中西交流、新舊潮流衝擊的有利因素，所以廣東地方和人有特別的機會來發揮，作新的嘗試，走到時代前沿，甚至利用外國勢力、租界、殖民地的庇蔭以及外來思想文化的開啟，才能推動變革和進尋革命理想。

今後研究的挑戰

　　現在拋磚引玉，提出一些不成熟也不縝密的想法，希望今後學者更積極利用現在愈來愈開放的條件和空間，日益密切的海峽兩岸三地間和與海外的

學術交流，藉着新史料的出現（如史丹福大學胡佛所保存的兩蔣日記，宋子文檔案等），再檢視廣東在二十世紀初年的大潮流、大變化中的作用和角色，對有些已經很傳統色彩化或因黨政因素被定型的事情和人物可以重新考慮，作出較全面和更客觀的檢討評價。

二十世紀初年對廣東有重要影響的三位主要領導人，如孫中山和陳濟棠等都有很多研究，但陳炯明因為在 1922 年夏與孫中山的對立，一直被國共兩黨打到歷史的反面，可是他一生在不同階段不同環境有不同表現，是否可以因為孫陳衝突就簡單化說他反叛孫中山、反叛國民黨、反革命，甚至指責他為「軍閥」。陳炯明對中共初年在廣東的發展有一定的正面作用，陳援助彭湃去日本留學，陳邀請陳獨秀在 1920 年來廣東主持教育改革。最近國內有些在期刊發表的論文，對陳炯明早年活動做出比較客觀的分析。陳炯明的「聯省自治」理想主要是不要內戰軍事衝突，以追求非武裝的團結建設，這是否是另類的大中華統一路向，和諧社會的建設呢？這值得進一步的考慮，特別是邦聯、聯邦的構思，在大中華圈裏近來也引起種種討論。雖云聯省自治已經是當年歷史，但陳炯明的主張與現代之邦聯、聯邦觀念是否有所關連，值得深入討論，作為切合時宜之二十一世紀「借古通今」。

現在已經是擺脫教條主義的新時代，歷史的想像力可以主動地活潑一點，很多事情不但要探討發生了甚麼（what）和為甚麼要發生（why），在構思問題與設計課題，甚至在觀念方法引用方面，也可以提出如何事情沒有發生（what not）和因甚麼緣故為甚麼沒有發生（why not）的所謂「反面觀察」。其實廣東在二十世紀初年特殊的歷史轉化角色，不是絕對的必然（inevitable），有部分可能是長期內在積累的因素和條件慢慢引發的自然發展，客觀而言，也不能排除有些是時空人物交錯的偶然性（accidental），很多時候這些偶然性觸發、無意產生的事件也可以引起很重大的歷史後果。

鑒於近年中國歷史公私資料大量開放，意識形態鬆綁，希望學界今後可超越黨派教條主義的意識符號，重新尋找歷史中的民間非官方歷史視角與內涵，不囿於官方版本，勇於觸動一些過去的歷史禁區，甚至注視異見者的歷史敍述。現今開放時代較為客觀全面的公正歷史觀不應只有全盤否定或全盤

繼承（歌頌、視今非而憶昨是）過往已受定性定論的官方版本的兩個極端標準，應走向屬於民間、具歷史批判性的新論述。所以，在不同往昔的時空環境下，歷史家重思或重寫近代歷史的時機已成熟，希望學術界可採用這種新心態回顧檢視 1900-38 年間的廣東歷史，而作為中國近代史一個值得注意的重要大環節，正是掌握二十世紀初年中國發展的關鍵因素之一。

粵港史合軌之中國近代史研究

　　近代廣東歷史也是 1997 年回歸以後香港新的歷史觀與國家認同的一個基本元素，香港對本身歷史的學習，絕對不能與中國近代史，特別是廣東歷史脫鈎。廣東是香港與內地交往的最前沿。廣東能夠在清末民初發揮特殊歷史角色，有賴其與香港的密切關係，更因穗港聯繫作用而通達海外等因素，均是極其重要的地緣戰略、國際政治有利條件。近代中國不少重大的變革和中外衝突，都以粵垣和香港作為歷史舞台，香港近一百六十年來是發揮外來勢力對中國影響的重要渠道。

　　香港和中國內地，尤其廣東省，在地緣、經濟、文化、人口流動均有全面緊密的關係，所以香港歷史應當是廣東和華南區域研究中不可分割的一部分。近代中國內地與英治香港的種種互動和香港在中國對外關係中所扮演的角色，經常與廣東有密切關係。正因香港鄰接廣東，所以粵人移民海外，不少是經香港的種種設施和服務。對出洋至北美、澳洲的華工和到英屬東南亞、加勒比海和非洲的苦力華工和華商，香港幾乎是必經的出國口岸和後援中心。而香港亦漸成中國國內主要「僑鄉」（如珠江三角洲西岸諸縣）與海外華人越洋連繫的樞紐重鎮。滙豐銀行的中文名正反映香港作為海外華人匯款回鄉的主要渠道，所以香港在中國近代尤其粵人海外移民歷史上所扮演的重要角色，絕對不可忽視。

　　雖云這近代香港的成功故事是在英殖民地政權的典章制度和重商政策下形成的，但基本上香港一直以來是一個以粵語廣州話為主流方言的粵式華人社會，很大程度上依靠廣東省內和海外粵人的資源、人力、市場，故絕對是

一個粵人城市和粵人經濟體系成功發展的經驗，在中國近代社會和經濟改革開放的歷史研究，香港的特殊典範應佔重要地位。在另一層面來看，香港可被視為一個出色大廣東／粵語系統的「經濟特區」，而穗港雙城互動組合，也可與近代上海和其他租界商埠在中國現代化進程作比較研究。這種中國史和香港歷史／本土地方歷史的有機性同軌合流均應加入「廣東因素」，既可充實中國近代史的對外關係、現代化、城市發展、海外移民、中外文化思想交流等課題的內涵，更可把香港與廣東及中國內地關係作具體有力的融合，可使香港歷史教研更擴展視野，豐富內容範圍。

　　最近二十多年，因受 1997 年主權回歸中國的衝擊，隨着香港華人本土意識的興起和對身份認同的日益關注，有關香港的各種學術研究，尤其是歷史，漸受本地、中國內地和海外學界的日益注意，香港的中小學和大專院校亦逐漸增設有關香港歷史的課程。如果認同香港史應該與中國近代史尤其廣東歷史合流，這樣為本地學生所開辦的中國近代／香港史的課程，應有相當重要的粵港／香港和內地關係的成分，成為特區時代的本國史與本土史課程設計的定位，因為這是關於學生本身的文化淵源、歷史經驗的重要課題，不單是學術知識的傳授，也是公民教育、民族國家認同的基本培育。希望學術界今後可多考慮香港歷史與中國近代史，廣東歷史及嶺南區域研究合流的方向與工作。這正可配合自回歸過渡期以來香港華人的本土意識、民族國家身份認同的急劇加強，香港與中國內地、海外華人聯繫和經貿互惠關係的日益密切。這種種有利條件都應該使到香港史成為中國近代史和廣東近代史重要成分的合流，提供理想的契機和廣闊的發展前景，在史學教研作出省港合流的突破性新貢獻。

本書內容簡介

　　廣東在近現代中國發展中經常扮演重要的角色，粵港與中國對外關係有不可分割的密切關係。本書主要從不同角度探討二十世紀初期（1900 至1938 年）的廣東形勢，包括其動盪不安的政治及多元的社會文化，並論及

當時廣東與英治香港在各方面的互動。

　　全書共分為三部分，「孫中山、陳炯明等對廣東政局之影響」、「廣東與
香港之互動」、「廣東社會多元文化發展」，集合二十多位來自香港、廣東、
北京、台灣與美加各地的學者，透過總共二十一篇專題學術著作，研究二十
世紀初華南地區的社會、政治、文化、經濟的轉化變革。

第一部分　孫中山、陳炯明等對廣東政局之影響，共匯合七篇文章

　　這批論文，以二十世紀初年直接對廣東政治和軍事，以及華南在當時中
國革命發展具直接影響力的兩位主要歷史人物孫中山與陳炯明間之互動關係
為焦點。孫陳的分合，直至 1922 年 6 月兩者因陳軍部屬「兵變」攻孫而全
面衝突決裂，主要源於孫陳二人在革命策略，建構民國新政治新社會的途徑
存在基本且嚴重分歧，實在是政權相對黨權，政權相對軍權，地方主義相對
大中國主義理念和目標的衝突。陳主張「聯省自治」，專心致力建設廣東為
「模範省」的小圈圈景願，與孫追求重建全國新共和體制，藉着廣東資源實
力支持「北伐」來擊破軍閥割據，以武力統一全國的大圈圈企圖，根本是南
轅北轍，無法並存的矛盾，因此孫陳最終決裂，兵戎相見，絕非意外。

　　第一章，呂芳上教授通過近年才開放供學者查閱參考的《蔣介石日記》
來觀察孫中山、蔣介石和陳炯明的複雜關係。孫對陳、蔣兩位之先後倚重，
既顯示武力在近代中國革命的關鍵作用，有謂「槍桿子出政權」，亦反映當
時開明進步的革命領導者，雖然一方面呼籲打倒軍閥建設民主新中國，但在
現實政治操作上，亦要同時與西南諸省及北洋各派系之軍事強人周旋，甚或
連橫合縱串謀結盟。正因「北伐統一」對「聯省自治」之分歧所導致孫陳在
1920 年夏之全面分裂，給予蔣一個重要機會再效忠孫中山，並取代陳成為
孫的軍事接班人，其後蔣藉開辦黃埔軍校，掃蕩陳軍粵東地盤，而主宰全粵
軍政，再北伐中原，成功掌握國民黨南京政權，以軍控黨改變國民黨本質和
國民革命軌跡，這絕非孫所能預見或願見。此一事態，亦是因政治權力及地
盤資源重疊，而路線策略分歧，造成孫陳決裂，國民黨軍權流入非粵人手中
的歷史後果。

　　第二章，趙立人教授分析 1917-22 年護法運動時期孫之有限度合作與因政策人事差異而起的磨擦，文中介紹陳之致力建設粵省與孫之全國革命權謀操作，甚至出言威脅以毒氣彈對付陳軍，形成強烈對比。該文更打破國民黨官方言論版本，直指孫中山曾授意刺殺陳炯明陣營的粵軍要員鄧鏗，蔣介石則為負責策劃者，成為孫陳分裂之導火線。

　　第三章，李吉奎教授探討 1923-24 年間孫陳兩陣營間各種企圖調解復合的嘗試和最終失敗，並迫出 1922 年夏陳軍兵變反孫的幾大後果，即粵軍分裂；孫為打破困局尋找出路，決採聯俄容共路線；為與陳武力鬥爭，孫引外省軍入粵，間接引發 1924 年 10 月的商團事變；國民黨更向左轉，扶助工農。而孫重用蔣介石為權力繼承人更為中國近代史一大轉折點。文中更點出當時政局之各種荒謬與弔詭，如對一時之盟友吳佩孚的反覆，孫旋又連結段祺瑞皖系與張作霖之奉派來反吳。被國民黨貶斥為「軍閥」之陳炯明始終如一，全力禁賭，但孫為反陳而引入粵之桂滇軍則開賭斂財。孫堅持武力統一，連年喚兵北伐軍費沉重，加稅賣公產搾盡廣東資源，竭澤而漁，滋擾經濟生計，粵省商民積怨甚深，均為不容諱言之事實。

　　第四章，曾業英教授對粵省民軍在 1913-16 年間反抗袁世凱獨裁的護國戰爭時之作用加以勾畫，道出民國初年粵省局勢南北對立，中央集權與區域地方自主張力間夾縫中之軍政互動，為 1917-26 年間廣東作為近代中國革命運動核心地域的大歷史背景。

　　第五章，段雲章、倪俊明教授舉列陳炯明自清末 1908 年出任廣東省諮議局議員以來，及 1912-22 年間三度治粵之政績，該文對陳在粵社會改革和地方建設的努力，尤其「民治聯邦制」在粵的實踐所作出的貢獻作客觀公允評述。陳主粵為時不久，但其取得成果，絕對不應因後來 1922 年與孫中山決裂而被一筆勾銷。甚或可與 1929-36 年間另一位軍政強人陳濟棠的治粵七年政績，被老輩粵人譽為「黃金時期」相提並論，構成「兩陳之治」先後輝映。

　　陳炯明着實帶來粵政之新景象，尤其經民選委任粵省內八十五縣長，實屬中國政治創舉，而推動廣州市政現代化終在 1921 年其省長任內穗獨立設

市政府，開全國城市先例。文章更點出 1918 年冬至 1920 年夏，陳統領粵軍駐福建南端二十六縣，以漳州為核心的「閩南護法區」時期所推動的「閩南新政」，在振興文教、創辦報刊、傳播新思潮的成果可觀。正如陳在 1920 年夏至 1922 年春治粵時推出教育改革，延引新文化旗手，中共創黨人陳獨秀擔任「廣東省教育委員會」委員長，出掌全粵教務，帶機促進共黨初期分子在穗活動，成立組織，出版刊物宣傳黨義，所以 1922 年孫陳分裂後，中共廣東地方成員多支持陳反孫，後因受制於中共中央及共產國際之聯孫路線，才改變立場，凡此都是歷史事實。而中共農民運動的真正創始人彭湃早年獲陳資助赴日留學，彭學成返粵後，亦得陳之支持，先在穗組織手車工會，再回鄉開展海陸豐農運，可見陳炯明與中共早年在粵發展的淵源。

　　第六章，盧兆興教授從政治科學角度，解構陳炯明主張「聯省自治」之歷史背景，針對袁世凱集權中央，破壞共和約法，復辟稱帝，北洋軍閥內戰鬥爭，這種主張之具體內涵和所涉及的政治意義。文中指出陳在聯省框架下地方民主自治的實踐對現今大中華區域融合甚至最終統一，團結包括「特區」和「自治區」的聯邦或邦聯制度構思提供值得參考的實例。陳主粵時穗市議會由工、學、商、教等各界別代表組成，可堪稱現在香港特別行政區立法會的功能組議席之歷史先河。

　　第七章，袁偉時教授就歷來國內外對陳炯明的研究作出綜合統括的評價。文中指出孫陳分裂後因國民黨以當朝政權修史的官方正統立場，全面貶斥陳為「叛徒」、「軍閥」、種種「反黨叛國」罪行的一面倒抹黑式的觀點，實有欠客觀公允，追求全面真相，依據史實確證，公正探研論述之準則。文章說明 1922 年 6 月 16 日葉舉兵變轟觀音山孫中山府邸，絕非陳炯明所主使，反而陳事前試圖勸止其手下將領休妄動開火。該文更精要地點出陳之「聯邦制」精神核心在以地方分權來制約中央權力，保障地方和民間權益，作為自由民主之基石。況且當時國內地方勢力強大，採聯省自治，和平統一之途徑，絕對比強以武力統一全國的成功機會更高，故孫陳之爭乃武力統一相對和平統一兩條路線之基本分歧。袁教授更直言「近代中國把歷史作為政治工具，是革命黨人開其端的，歪曲歷史為現實服務」。更引在 1922 年出

版之《陳炯明叛國史》為實例，批判該書所反映之不良現象；為建立和鞏固專制統治造神，背離評論古今，月旦人物的事實根本，後人急於為先人洗刷罪名，而當時文人甘願「受人錢財替人消災」。現時政治環境已變，學術言論自由擴大，歷史學者已非孫中山或國民黨之代理人，絕對不能以其立場為判斷時非的標準，國家社會發展，人民福祉，才是評述歷史的基礎。這絕對是由衷之言，值得深思。

第二部分　廣東與香港之互動，共有七篇論文

第八章，李金強教授以 1895 年反清起義開始至 1911 年春黃花崗之役的十五年間，革命黨人從各處經香港運輸起義所需軍火入內地為例，引證英治香港以中外經貿，環球航運網絡的地緣方便成為革命黨策劃動員，資源供應的樞紐基地。尤其粵籍革命分子和海外粵僑支援革命者，更佔人地與方言的優勢，配合香港自由港與英治華人社會的特殊條件，形成「跨境合作」式的革命運動，一直延伸至二十世紀中葉，國共兩黨均充分利用這粵港軸心。

第九章，鄧開頌教授舉列多項歷史事件以引證民國時期粵港關係的特徵，如（1）1919 年香港華人師生支持五四愛國運動；（2）1923-25 年間中共香港支部早期活動；（3）孫中山護法政府與港英當局的矛盾；（4）1922年香港海員罷工，粵方支援返鄉的罷工者；（5）1924 年穗商團事變，英方支持商團領袖陳廉伯之反孫行動；（6）陳炯明與孫中山決裂後至 1925 年兵敗離粵在港成立「致公黨」；（7）1925-26 年省港大罷工，嚴重打擊香港經濟，迫使英廷調整對華政策。可見 1919-27 年間港英當局採取「積極干預」政策企圖影響粵省政局，尤其破壞國共合作推動之國民革命以維護英帝國主義在華利益。

第十章，張俊義教授利用中英官方文獻剖析二十世紀初年粵港政局之互動，在以港督司徒拔（Reginald Stubbs）任內對廣東領導人孫中山，陳炯明等立場的變化。司督身歷 1922 年海員罷工，又因無法有效應付省港大罷工而在 1925 年秋離職返英，其治下的港英當局基本敵視廣州政權，但主導對華政策之英外交部，試圖取得列強在華勢力平衡，官方外交上支持北洋為

全中國唯一合法政權，採取不介入不支持各地派系和地方政權的「靜觀政策」，與司督積極介入粵局的取向不能配合。故英殖民地都亦多次否決司督企圖以武力施壓或錢財支援介入粵省政局。1923 年初孫中山訪港帶來粵港關係短暫改善，又因同年秋「關餘之爭」和次年商團事件而全面惡化，司督之「鷹派」作風有火上加油之作用。

　　第十一章，莫世祥教授藉着 1924 年夏原為陳炯明喉舌之《香港新聞報》投向支持孫中山陣營之「報變」事件，申述粵港華人政商人脈關係之密切，及當時香港共黨策動排字印刷工人停工抵制該報，引發港英警力禁制三名共黨黨員被捕並判入獄，再被驅逐出境，成為中共與英殖當局之首度正面衝突。

　　第十二章，李培德教授述評晚清至二十世紀中葉粵籍買辦在香港、國內及海外網絡的延伸和終結的起伏歷程，因鴉片戰爭前廣州十三行時代英商洋行已駐穗經營多年，與粵籍中介人／合作者「買辦」相處經驗為基礎，英國殖民地香港開埠後，自然成為英資洋行企業的在華基地，所以任用粵籍買辦亦是自然發展。藉着粵商與港商身份重疊，粵港商貿運輸關係密切，加上英資以不平等條約優惠條件擴展在華業務，亦造「依附衫尾」效應（coattail effects），予粵港買辦的「勢力範圍」伸延至國內「條約港」通商口岸，尤其上海。事實上粵商能在上海佔極重要地位，既反映粵港買辦一家，亦同時在滬的粵港華商與英資合作的跨境多元聯繫。

　　第十三章，陳計堯教授以 1900 至 1937 年間廣東米麥食糧貿易為個案，反映香港作為華南首席自由港，國際航運中心與東亞／東南亞貿易樞紐對外洋及國內出產的米麥入口、轉口、分銷等食糧「供應鏈」的關鍵作用，直接影響粵省米麥價格變動及磨米輾麥業發展，當時粵省主要從外省及海外進口食糧，而極大部分進口者，經由香港輸入，而港商米行亦藉家族鄉緣、方言網絡在泰國、越南建立米糧業合作聯營商戶或合夥分支行號，形成以香港為核心的國際米糧貿易體系，來支配廣東米麥入口，既引證粵港商貿功能的貫連，亦可見香港所代表的國際化米糧運銷網對廣東米業的支配，這實況與一般以香港極度依靠國內，尤其粵省食糧供應的印象不盡符合。

　　第十四章，區志堅教授就前清翰林陳伯陶（1855-1930年）在民國成立後由粵遷香江寄寓，並在學海書樓講學，自我流放於民國管治範圍外以明志的經歷，來反映其同輩「遺老」對儒家道統和王朝法統忠孝價值觀堅持之立場和政治效忠及身份認同。從該文可引申三點，即以法律層面而言，九龍市區位於界限街以北地方均為1898年新界租約範圍，只是英租借地，該處主權仍屬中國，但民國成立後，受英國和列強所承認之「中國」乃「中華民國」，故陳太史寄寓九龍仍是在民國主權之土地上，反而在界限街以南及香港島則屬英方所稱擁有主權的永久割讓「洋土」。（2）陳太史著文講學咸以宋先賢忠義為典範，但宋室先受金人入侵被迫南移，及後南宋末期宋帝避元軍逃至粵海崖，宋遺老不仕金元兩朝，及不願效忠滅漢之外族新朝廷，如以此原則檢視則陳太史又何必以金人之後，滿洲入主中原之清室為效忠對象？實應慶幸民國畢清廷異族之命，回復漢人統治。（3）陳太史與其他在學海書樓論道之遺老儒者，不少亦曾任教由賴際熙太史主理之香港大學中文學院，該院於1927年成立，為在1926年出任港督、有漢學修養之金文泰（Cecil Clementi）所倡議創立，旨在藉文化學習，改善中英粵港關係，同時亦推動保守的儒家舊學來抗衡五四以來的新文化，反帝反殖革命思潮及共產理論（這與1930年代陳濟棠主粵時以崇孔讀經來反共異曲同工），所以居港遺老們之反民國立場正與英殖當局之文化懷柔、反共教育手法巧妙配合。

第三部分　廣東社會多元文化發展，共載七篇論文

　　第十五章，李慶新教授以實地調查考察回顧晚清以來粵北在北江上游的南雄市安古市和雄州三鎮耕地之水利灌溉及農村經濟文化發展狀況，對許多粵人尤其廣州府珠三角人士而言，南雄珠璣港為不少族譜溯源追古，視為一重點地理歷史符號表徵。有謂現今廣府粵人先祖多在千年前宋代因金兵入侵中原而被迫南遷，經兩湖安徽江西南下南雄珠璣港入粵定居。唐宋時期，南雄位近嶺北入中原之通徑，能首先吸納北方南下人力貨貿資源，更受嶺南之江西、湖南文化影響。但自明清以來，粵北地區發展如南雄市鎮，日漸落後於嶺南文化經濟核心之穗垣珠江三角洲區域，以其面臨海洋，佔盡地利而向

國外移民，國際經貿運輸等發展反映近代中國濱海地域為日益國際化經濟與文化交流的前緣，如此歷史轉化模式以致粵省南北發展水平的差距，實不意外。

第十六章，陳偉明、湯苑芳教授，藉廣州市西關地域變遷之考證，探析穗垣城市化歷程中的人水關係。此為近年在西方頗盛行以融合自然科學、社會科學及歷史文獻之環境史及城市史研究趨向伸展至中國近代史課題的佳作。文章舉列晚清至民國時期廣州市區發展壓力與自然環境失衡的嚴重後果。二戰前穗市政府由於過度重視經濟發展，盲目追求財政收入，以填河道來增加土地供應，促進經貿交通，結果破壞自然生態等短視圖急利行為，此等忽略長遠環境有機性功能導致人水和諧共生的河道水流系統瓦解。事實上，水系良性循環，與社區建設健康、經濟可持續發展是息息相關，相互配合的。以史為鑒，從近年國內各地天災再加上人禍的慘況惡例，可見當今社會基建與經濟增長不可長期漠視自然環境生態的承載極限。

第十七章，趙雨樂教授以廣州市河南島「基立村」為例，探討廣東革命與歸僑社區發展，從而證驗二戰前國民黨的僑務政策及穗市都市化與人文風氣，社會互助的縮影。文中要角陳樹人為嶺南畫派三大宗師之一，與同邑（粵省番禺縣）高劍父、高其峰昆仲並列齊名。1916-22 年居美加為國民黨黨務主管，1923-27 年任粵黨政要職，1932-48 年為國民政府僑務委員會委員長，陳可算亦藝術亦政治之粵籍精英文化「才子」致仕之顯例。廣州實為近代基督教入華播道首達之地，且珠三角西岸四邑及中山勞工出洋及移民海外者，亦以北美與澳紐等基督教國家為眾，故此粵籍歸僑中基督徒人數不少。河南島又為華南首席教會學府的嶺南大學（在 1892 年創立）校址康樂村所在，基立村在 1903 年的創建，變成廣州作為最早通商五條約港之一，沙面島上開置英法兩國租界後，另一國際化社區，基立村之歷史變遷，反映粵洋關係及穗文化風尚之多元化。

第十八章，潘淑華教授就廣州城隍廟的變化來觀察民國時期舊式廟宇與城市空間改造之歷程，正是文化研究與社會史，城市史結合的學術嘗試。文中以穗城隍廟作為傳統迷信的象徵，在民國革命政府各種壓力下的變革，尤

以 1923-24 年為穗市府充公變賣，1930 年當局力禁學校進行「迷信」活動，及至 1931 年廣州市社會局長簡又文（基督教嶺南大學畢業）的改造等等。這些城隍廟的經歷，反映粵垣開明進步思潮與傳統文化舊風俗的衝突，最後兩者在不同空間層次，官方措施與民間運作並存共生，各行其道，可算多元文化的另類發揮。

第十九章，麥勁生教授從勾畫中山大學 1927-37 年間的早期發展來探討民初粵政局內外之國民黨元老互動與國內學界派系人事相互引援交織下，這所南方國立大學的建校風雨歷程。由孫中山倡議以訓練革命黨人才，培養文職幹部，作為辦校目的與推動黨化教育的宗旨，及後參照德國式大學的教研體制，高水平規格，加以改革，更靠賴師生之努力，終令中山大學可與私立嶺南大學分庭抗禮，成為華南前端學府。而歷史又諷刺地演化，1950 年代在共黨新政府改造全國高校政策下，嶺南大學被併入中山大學，而中大則移駐河南島的原來嶺大校園，今天中山大學校內設有嶺南（大學）學院，受港澳及海外嶺南校友支持資助。

第二十章，韓子奇教授以嶺南大學教授、留美學者陳序經之「全盤西化論」為焦點，據當時文獻未披露抗戰前廣東為新舊文化思想交戰的前線，幾位嶺大師生以陳為核心要角，着力抗衡「復古派」及「折衷派」的言論，頗為當時學界文教人士注目，亦是五四以來國內傳統與現代新文化爭議的重要章節。幸而陳在私立「洋學堂」標榜主自由開明進步的嶺大任教，不必直接受到「南天王」陳濟棠崇孔讀經的官方保守勢力所壓迫，但 1935 年胡適南下短訪，只能在香港大學和嶺大兩所「洋學堂」公開演講，而中大原來邀請胡的演講被臨時取消，可見粵方保守舊文化勢力仍然強大，中國要邁向現代世界思想文化主流，軟體範疇之建設改造，絕對比較硬體科技引進應用困難千百倍，此亦是廣東為中西文化交流前線區域和現代中國革命發源地的人文內涵複雜性的又一注腳。

第二十一章，伍榮仲教授借粵劇名伶（亦嶺南小、中學校友）陳非儂在穗港十載（1924-34 年）的台前幕後種種經歷，來說明抗戰前粵劇以傳統地方色彩演藝文化在民初新時代的盛衰起伏。其時正值國共兩黨合作的國民革

命高潮，不久又遇上環球經濟大衰退，以致粵劇之舊有戲班生意在 1930 年
代初崩潰，而有聲電影的出現與流行，亦正面打擊粵劇的賣座；但同時粵劇
名伶兼演電影，成為劇影雙棲演藝紅星，老倌在社會知名度大增，反映粵劇
在二十世紀初已漸由傳統農村帶普羅宗教色彩的巡迴演出，依隨都市化的發
展，曲藝活動與商業資本掛鈎，取代舊式戲班組團運作模式。而陳非儂在南
洋華人社會演出起家成名，至 1924 年才至穗港發展，1930 年代中後期重返東
南亞星馬泰越印支走埠演出，大受歡迎，可見海外粵人社區，尤其南洋和北
美華埠為粵劇的市場擁護者如雲，着實是嶺南粵港文化與近代都市大眾娛樂
結連的越境跨國發揚，可算中華文化的分支「次文化」圈的國際化寫照。此
外，1930 年代，粵劇戲班的式微，其處境似乎與目前回歸後香港粵劇文化，
不受特區政府重視支持的風雨飄搖前景堪虞苦境，可相互比照，今昔同悲。

　　最後這八章的內容，均與當年廣州嶺南大學校園、師生與校友的故事有
關，此或可被視為本文集作為香港嶺南大學創校四十週年誌慶，而舉辦的這
次歷史研討會及論文彙合出版之巧遇和配合。本書之彙編對本人而言，亦有
個人與嶺南學府的歷史淵源，家父母均為嶺大校友，抗戰就讀嶺大工程學院
（因穗淪陷，遷粵北與中山大學工學院合辦），而本人更在 1980 年代末期出
任當時香港嶺南學院的通識教育顧問委員會校外成員，自此與嶺南港校師生
校友頗有交流，獲益良多，現能參與文集編務，與有榮焉。

主 要 參 考 文 獻

丁身尊等編：《廣東民國史》上、下冊（廣州：廣東人民出版社，2004 年）。

廣東省政協文史資料研究委員會編：《近代廣東名人錄》上、下冊，第 2 輯（廣州：廣東
　　人民出版社，1986／1989 年）。

廣東省政協文史資料研究委員會編：《廣東文史資料》（廣州：廣東人民出版社）。

廣東省政協文史資料研究委員會編：《廣東辛亥革命史料》（廣州：廣東人民出版社，
　　1981 年）。

廣州市政協文史資料研究委員會編：《廣州文史資料》（廣州：廣東人民出版社）。

王國梁：《廣東人是天下的眼》（北京：團結出版社，2009 年）。

汕尾市人物研究史料編纂委員會編：《汕尾市人物研究史料（陳炯明與粵軍研究史料）》1-6
　　冊（汕尾：汕尾市人物研究史料編纂委員會，1994 年）。

吳群力：〈陳炯明史料辨偽〉，《嶺南文史》1994：3。

李達嘉：《民國初年的聯省自治運動》（台北：弘文館出版社，1986年）。

李劍農：《中國近百年政治史（1840-1926年）》（上海：商務印書館，1948年）。

李慶新：《瀕海之地 —— 南海貿易與中外關係史研究》（北京：中華書局，2010年）。

沙東迅：《粵海近代史譚》（廣州：華南理工大學出版社，1989年）。

林天蔚編：《嶺南文化新探究論文集》（香港：現代教育研究社，1996年）。

施家順：《陳濟棠與廣東軍政（1928-1936）》（屏東：睿煜出版社，1999年）。

段雲章、邱捷：《孫中山與中國近代軍閥》（成都：四川人民出版社，1989年）。

段雲章、倪俊明編：《陳炯明集》上、下卷（廣州：中山大學出版社，1998年）。

段雲章、陳敏、倪俊明：《陳炯明的一生》（開封：河南人民出版社，1989年）。

胡春惠：《民初的地方主義與聯省自治》（北京：中國社會科學出版社，2001年）。

祝秀俠：《粵海舊聞錄》上、下冊（台北：中外圖書出版社，1980年）。

張秀玉：〈陳炯明叛變對孫中山國共合作思想形成的影響〉，《廣東黨史》1992：3。

張惠建等編：《廣東當年今日》（廣州：廣東人民出版社，1996年）。

郭盈宏：〈中國共產黨廣州黨組織早年與陳炯明的合作與決裂〉，《嶺南文史》1994：3。

陳予歡編：《民國廣東將領志》（廣州：廣州出版社，1994年）。

陳定炎：《陳競存（炯明）先生年譜》上、下冊（台北：桂冠圖書公司，1995年）。

陳定炎、高宗魯：《一宗現代史實大翻案：陳炯明與孫中山、蔣介石恩怨真相》（香港：Berlind Investment，1997年）。

陳明銶：〈近代粵系／嶺南幫構建全國政權之局限〉，呂芳上編：《論民國時期領導精英》（香港：商務印書館，2009年）。

陳明銶：〈民初香港華人愛國行動初探〉，載郝延平、魏秀梅主編：《近世中國之傳統與蛻變：劉廣京院士七十五歲祝壽論文集》（台北：中央研究院近代史研究所，1998年）。

陳明銶：〈民國初年勞工運動的再評估〉，載中央研究院近代史研究所編：《中華民國初期歷史研討會論文集（1912-1927）》（台北：中央研究院近代史研究所，1984年）。

陳明銶：〈近代香港與廣州的比較研究〉，《學術研究》1988年3月。

陳明銶：〈孫中山先生與華南勞工運動之發展 —— 民族主義、地方主義和革命動員〉，載《孫中山先生與近代中國學術討論集》第1冊（台北：1985年）。

陳明銶：〈珠江上之「炮艦外交」—— 1920年代廣州海關事件與中英關係〉，載吳倫霓霞、何佩然主編：《中國海關史論文集》（香港：香港中文大學崇基學院，1998年）。

陳明銶：〈晚清廣東勞工「集體行動」理念初探〉，《中國社會經濟史研究》1989年。

陳明銶：〈清季民初中國城市群眾動員之形態 —— 泛論1830至1920年珠江三角洲草根階層抗衡外國經濟壓力之集體行動〉，載章開沅、朱英主編：《對外經濟關係與中國近代化》（武漢：華中師範大學出版社，1990年）。

陳明銶：〈粵港與上海的異勢與互爭，1842-1949〉，《民國研究》總16期（2009年冬）。

陳明銶主編：《中國與香港工運縱橫》（香港：香港基督教工業委員會，1986年）。

陳明銶等編著：《香港與中國工運回顧》（香港：香港基督教工業委員會，1982年）。

陶季邑：〈對陳炯明叛亂的再認識〉，《廣東史志》2001：2。

程美寶：《地域文化與國家認同》（北京：三聯書店，2006 年）。

黃淑娉主編：《廣東族群與區域文化研究》（廣州：廣東高等教育出版社，1999 年）。

黃樹森編：《廣東九章：經典大家為廣東說了甚麼》（廣州：廣東人民出版社，2006 年）。

楊日華主編：《鍾榮光先生傳》（香港：嶺南大學香港同學會，1967 年）。

管林、鄧光禮、熊福林編：《廣東歷史人物辭典》（廣州：廣東高等教育出版社，2001 年）。

劉家泉：《孫中山與香港》（北京：中央文獻出版社，2001 年）。

劉聖宣：《近代廣州社會與文化》（廣州：廣東高等教育出版社，2004 年）。

廣州政協文史資料研究委員會編：《廣州百年大事記》（廣州：廣東人民出版社，1984 年）。

廣東省人民武裝鬥爭史編纂委員會編：《廣東人民武裝鬥爭史》（廣州：廣東人民出版社，1995 年）。

廣東省立中山圖書館編：《民國廣東大事記》（廣州：羊城晚報出版社，2002 年）。

廣東省地方史志編纂委員會編：《廣東省志 —— 政權志》（廣州：廣東人民出版社，2003 年）。

廣東省地方史志編纂委員會編：《廣東省志 —— 華僑志》（廣州：廣東人民出版社，1996 年）。

廣東省地方史志編纂委員會編：《廣東省志 —— 粵港澳關係志》（廣州：廣東人民出版社，2004 年）。

廣東省地方史志編纂委員會編：《廣東省志 —— 總述》（廣州：廣東人民出版社，2004 年）。

廣東省地方史志編纂委員會編：《廣東省志 —— 大事記》（廣州：廣東人民出版社，2005 年）。

蔣述卓編：《廣東文化產業發展與對策研究》（廣州：廣東人民教育出版社，2005 年）。

謝本書、牛鴻賓：《蔣介石和西南地方實力派》（開封：河南人民出版社，1990 年）。

蕭自力、陳芳：《陳濟棠》（廣州：廣東人民出版社，2006 年）。

鍾卓安：《陳濟棠》（廣州：廣東省地圖出版社，1990 年）。

龔伯洪編：《廣府文化源流》（廣州：廣東高等教育出版社，1999 年）。

龔伯洪編：《廣府華僑華人史》（廣州：廣東高等教育出版社，2003 年）。

C. Martin Wilbur, *Sun Yat-sen: Frustrated Patriot* (New York: Columbia University Press, 1976).

Diana Lary, *Region and Nation: The Kwangsi Clique in Chinese Politics, 1925-1937* (Cambridge University Press, 1974).

Edward Bing-shuey Lee, *Modern Canton* (Shanghai: 1936).

Edward J. M. Rhoads, *China's Republican Revolution: The Case of Kwangtung, 1895-1913* (Cambridge, Mass.: Harvard University Press, 1975).

Eugene W. Levich, *The Kwangsi Way in Kuomintang China, 1931-1939* (Armonk: M. E. Sharpe, 1993).

Ezra Vogel, *Canton under Communism* (Cambridge, Mass.: Harvard University Press, 1969).

Ezra Vogel, *One Step Ahead in China: Guangdong Under Reform* (Cambridge, Mass.: Harvard University Press, 1989).

Frederic Wakeman Jr., *Strangers at the Gate* (Berkeley: University of California Press, 1966).

Harold Z. Schiffrin, *Sun Yat-sen and the Origins of the Chinese Revolution* (Berkeley: University of California Press, 1968).

John Fitzgerald, *Awakening China: Politics, Culture, and Class in the Nationalist Revolution* (Stanford: Stanford University Press, 1996).

Ke-on Chan, "The Kwangtung Military Establishment, 1924-1936" (PhD diss., University of Chicago, 1974).

Leslie H. Chen, "Chen Jiongming (1878-1933) and the Chinese Federalist Movement," *Republican China*, vol. 17, no. 1 (November 1991).

Leslie H. Chen, *Chen Jiongming and the Federalist Movement: Regional Leadership and Nation Building in Early Republican China* (Ann Arbor: Center of Chinese Studies, University of Michigan, 1999).

Marie-Claire Bergère, *Sun Yatsen* (Stanford: Stanford University Press, 1998).

Maurice Freedman, *Chinese Lineage and Society: Fukien and Kwangtung* (London: Athlone, 1966).

Michael G. Murdock, *Disarming the Allies of Imperialism* (Ithaca: East Asian Program, Cornell University, 2006).

Michael T. Tsin, *Nation, Governance, and Modernity in China: Canton, 1900-1927* (Stanford: Stanford University Press, 1999).

Ming K. Chan, "A Tale of Two Cities: Canton and Hong Kong," in Dilip Basu, ed., *The Growth and Development of Colonial Port Cities in Asia* (Berkeley: Center for South and Southeast Asian Studies, University of California, 1978; reissue 1985).

Ming K. Chan, "A Turning Point in the Modern Chinese Revolution: Historical Significance of the Canton Decade, 1917-1927," in E. Honig, G. Hershatter, and R. Stross, eds., *Remapping China: Fissures in Historical Terrain* (Stanford: Stanford University Press, 1996).

Ming K. Chan, "All in the Family: The Hong Kong-Guangdong Link in Historical Perspective," in Alvin So and Reginald Kwok, eds., *The Hong Kong-Guangdong Link: Partnership in Flux* (Armonk: Sharpe, 1995).

Ming K. Chan, "Canton Avant le Communisme: Influence Étrangère, Mobilisation Populaire et Changement Social (1912-1938)," in Christian Henriot, ed., *Les Métropoles Chinoises au XXe Siècle* (Paris: Editions Arguments, 1995).

Ming K. Chan, "Historical Dimensions of the Hong Kong-Guangdong Financial & Monetary Links: Three Cases in Politico-Economic Interactive Dynamics, 1912-1935," in Catherine Schenk, ed., *Hong Kong SAR's Monetary and Exchange Rate Challenges* (London & N. Y.: Palgrave Macmillan, 2009).

Ming K. Chan, "Hong Kong in Sino-British Conflict: Mass Mobilization and the Crisis of Legitimacy," in Ming K. Chan, ed., *Precarious Balance: Hong Kong Between China and Britain, 1842-1992* (Armonk: Sharpe, 1994).

Ming K. Chan, "The Realpolitik and Legacy of Labor Activism and Popular Mobilization in 1920s Greater Canton," in M. Leutner et al., eds., *The Chinese Revolution in the 1920s: Between Triumph and Disaster* (London: RoutledgeCurzon, 2003).

Ming K. Chan, and David Strand, "Militarism and Militarization in Modern Chinese History," *Trends in History*, 2:2 (1982).

Ming K. Chan and S. H. Lo, *Historical Dictionary of the Hong Kong SAR and the Macao SAR* (London & Lanham: Scarecrow Press, 2006).

Virgil K. Y. Ho, *Understanding Canton: Rethinking Popular Culture in the Republican Period* (Oxford: Oxford University Press, 2005).

Winston Hsieh, *Chinese Historiography on the Revolution of 1911* (Stanford: Hoover Institution Press, 1974).

原載：陳明銶、饒美蛟主編：《嶺南近代史論：廣東與粵港關係 1900-1938》（香港：商務印書館，2010 年），頁 1-31

香港與孫中山革命運動之多元關係
（1895-1925）：革命基地兼革命對象
的重疊角色

（一）引言

　　今年是 1911 年 10 月 10 日革命黨人在武昌起義勝利的一百週年；辛亥革命是中國近代歷史上有重大影響的關鍵革命，不僅推翻統治中國二百六十八年的清王朝，亦結束兩千多年的專制君主制度，又建立整個亞洲第一個共和國和中國歷史上首個民主共和政體，開始中國憲政民主的道路，讓當時的社會得以跨出發展，為中華民族的重生、再造和復興邁出舉足輕重的步伐，也為國家的近代化開創新紀元。因此，辛亥革命是二十世紀中國發生極重大變革的歷史性轉捩點，意義不僅在於革命所發動的體制變革或社會改造，更重要的是激發中華民族建設繁榮強盛國家的理想。辛亥革命綻放的光彩，一直影響海外華人華僑及兩岸人民，指引着大中華的未來發展走向。民主革命先驅者和領導人孫中山，一生為「振興中華、維護國家主權」的理想奮鬥，他長期不斷努力的革命活動與香港有着深厚重要的淵源，更在香港留下光輝的歷史。

　　辛亥革命是近代中國歷史上首次成功的城市革命。香港是中國南方最大的港口，也是較早對外開放的國際城市，在中國的近代化過程中產生了重要影響，於十九世紀末二十世紀初年的反清革命運動中，也扮演着舉足輕重的角色。許多近現代革命家都與香港有着密不可分的淵源和深久聯繫，其中孫

中山與香港更是結下不解之緣。孫中山在歷史上的偉大地位，對深化當代香港與中國內地融和發展之軌跡有很大的作用。孫氏盡瘁國事、致力革命，一生中有很多重要的片段及轉捩點都與香港有密切關係，因此，讓香港人知道香港是孫中山反清革命的重要根據地，藉此希望港人珍惜這些歷史文化遺產，重溫記憶，領悟其中的深刻意義，可增加他們對民族歷史的了解和對香港的自豪感，緬懷革命先烈，感受、繼承和發揚屢敗屢戰，遇到挫折保持不怕輸的辛亥熱血精神。從這個角度看，香港紀念辛亥革命便有多一重意義，增添一份親切感和真實感，亦為香港的鄉土歷史文化教育和公民教育提供一個良好的契機，及帶來不少啟迪，讓新一代認識香港是中國革命搖籃歷史的重要一頁，並將辛亥革命的價值和理想發揚光大。

自晚清至今的近代中國革命，絕對不可以沒有廣東及香港的人、地、物和地緣政略的獨特角色。追溯至中華人民共和國時期，中國中央政府已利用粵港獨特的地理環境，和粵港與海外華僑及外洋國際交往建立特殊關係，在1957年創立每年兩度在廣州舉辦的中國出口商品交易會。1970年代後期至1980年代初期，鄧小平所倡導的改革開放政策，亦是以粵港澳的珠江三角洲為試驗重點，而深圳和珠海經濟特區正位於珠三角兩岸，可見粵港澳向外開放重商務實的風氣，可協助國家發展的新路向。粵港澳與孫中山、辛亥革命有着不解之緣。總之，百多年以來，粵港走在全國風氣之先，擔任重大的啟創者，先驅者，遠瞻者的偉大角色，粵港人士應引以為榮。

本章以引證具體歷史事例來分析英治香港在孫中山革命運動互動的多元化關係中，兼有着的雙重歷史身份和在不同時間所扮演的不同角色；香港既是革命的支援基地，也成為革命的鬥爭對象之並存身份與重疊角色，從而檢討近代中國革命歷史中「核心與邊緣」及「區域相對中央」等理念的適用程度；並期望透過剖析有關歷史，提供更多的思考角度，增強史鑒的清晰度，深入了解香港在孫中山的革命事業歷程中的歷史作用、地位和所扮演的不可替代的角色，以及析解香港所具有極為積極和獨特的作用，及其對中國發展的深遠影響。

（二）革命基地（1895-1912）

英治下的香港在清末民初孫中山革命運動中扮演着重要策源地和行動準備基地的歷史角色；在官方文獻、學術著作、教科書敍述和普羅民間論說中，均有相當明顯之確認，可謂廣泛流傳，耳熟能詳。香港是孫中山醞釀革命思想、領導革命的搖籃，是孫中山踏足社會的起點，是孫中山走向世界的門戶、進行革命活動的重要據點舞台。而從孫中山與香港士紳的過從交往，以及香港人對孫中山革命事業的支持等方面，可以闡述孫中山與香港的獨特關係；而這位革命先行者的足跡也為香港烙上輝煌的印記。

香港當年以其位於華南之優良深水天然海港的地緣戰略優勢，與兼具在英國殖民地法政制度統治下，不受中國政府的直接管轄，可享有較大言論、思想、出版、集會自由、風氣較開放，新式報刊引入外洋潮流，鼓吹改革思想，均是有利孫氏以香港作為發展革命運動之重要基地。

1883 年，孫中山首次接觸香港，當時十七歲的他從檀香山返中國時途經香港。同年秋天，他再次來港，先在拔萃書室（拔萃書院前身）讀書，一年後轉到中央書院（即今皇仁書院）肆業。當時正值 1884 至 1885 年中法戰爭爆發，香港華工為抗議法國侵略，拒絕修理法國軍艦及為法國貨船卸貨，並爆發杯葛運動，港英鎮壓即導致各行各業罷工罷市等舉動，對於滿清政府的屈辱求和，這些都進一步萌發孫的革命思想。

1887 年孫中山再回港，入讀新開辦的香港西醫書院，至 1892 年孫以第一名的成績畢業。自香港西醫書院畢業後，孫中山曾在澳門及廣州行醫。其實孫中山踏上革命之路也是從本港開始。於 1888 至 1892 年間，在香港西醫書院求學的孫中山，與同鄉楊鶴齡、同學陳少白、友人尤列常於楊鶴齡祖業楊耀記討論時事，商討反清大計，其後更起結義起誓，以推翻滿清為志，後被號稱為「四大寇」。

孫中山等人 1894 年在檀香山成立興中會，但由於檀香山離中國太遠，孫等人先後回港，1895 年在中環成立香港興中會總會。從 1895 年興中會總會創立至 1911 年辛亥革命成功，香港一直是其革命活動的大本營。孫氏與

革命同志在香港聚會、籌款、辦報，足跡遍佈全港。孫中山在民國成立後，多次進出香港。其中最廣為人知的是，孫氏在 1923 年 2 月 17 日重臨香港，次日與港督午宴，並於 20 日到香港大學演講。1924 年 11 月 14 日，孫氏乘船北上時途經香港，也是他最後一次踏足香港。

總結來說，在孫中山個人成長和革命的歷程中，香港在不同時期擔當着不同的角色和發揮多元的作用，這些包括：

（1）就讀中學（昔日的拔萃男書室、中央書院）及作為第一批學生（於 1888 至 1892 年間）入讀何啟創辦的香港西醫書院正規醫學教育的場地；

（2）接觸西方文化之管道及孕育革命思想的啟蒙地；

（3）教信仰確立（1884 年在公理堂）洗禮為基督教徒的場地；

（4）初步建構早期革命同道網絡的源起點；

（5）孫中山及其革命黨的活動據點；

（6）反清組織興中會及同盟會的大本營；

（7）革命黨反清報章宣傳的播發站；

（8）吸納革命同志的國際樞紐；

（9）反清所用資源的跨境交通集散中心，和偷運軍火、金錢、人員及信息等之秘密轉遞通道；

（10）多次為華南的反清起義之策劃支援基地及行動指揮所；

（11）自從 1895 年（由孫中山領導的興中會首次發動在廣州起義，但事洩失敗。孫等脫險曾短暫逃回香港往日本）發動十次起義而屢敗屢戰的革命黨人，在反清事敗後之逃亡路徑和暫居休養的庇護與避難場所；

（12）在民國初年，英國殖民地的香港，轉變成孫氏領導之國民革命的反帝國主義鬥爭重要對象。

（三）孫中山與香港華人紳商

在英治下，當時無捲入戰爭的香港是重要革命發源地之一，港人為革命出錢出力的貢獻，是史書確認的不爭事實。孫中山與不少香港華人士紳商賈

的關係密切，例如，港商謝纘泰曾在港策劃 1903 年的壬寅起義，當年因香港政府需向英政府提交參加革命人士的名單，故曾公開披露約二十名本港報界或商界人士名字，何東亦在名單之上。有不少港人商賈為革命作出貢獻，除捐款外，更出力協助革命黨員匿藏於港。

當時香港不少華人商賈抱憂國憂民之心，獻身革命，身家性命賭在孫中山的革命事業上，包括近日曝光的《李煜堂自傳》所指出，一段段血淚交織着當年殖民地香港華人如何協助革命事業的歷史往事。李煜堂原為本港富商，生意多不勝數，銀行、保險、出入口、鐵路和教育等，家裏富有不用干涉政事，李煜堂覺得，清政府腐敗令中國人蒙羞，愛國之心大於一切。辛亥革命爆發前，當時的「保險業大王」李煜堂、李自重父子，便曾在 1911 年4 月廣州黃花崗一役前夕，一夜間為孫中山籌款八十萬白金作軍費，翌日運往廣州支付軍餉。於是，由李煜堂開設的上環文咸東街金利源藥材店，表面生意興隆，背後卻有一段李氏店鋪收容同盟黨友，甚至將老店化成藏起義軍火的軍火庫「前鋪賣藥、後店作軍火庫」無懼犧牲的歷史。思想前衛的李大太太，更在後鋪縫製革命旗。

李煜堂與另一革命黨人馮鏡如相熟，早在李自重十六歲時，便安排他到日本的軍校留學。1905 年同盟會在東京成立後，孫中山繼續以本港作為起義的發源地。父子其後在 1905 年加入同盟會，並於家業《中國日報》宣傳革命。李自重從日本回來後，便常自言：「矢志以救國救民為己任……一雪外人嘲我為東亞病夫之恥」，故在香港創立同盟會分會，更無懼被港英政府列入黑名單。

曾在廣州學醫的李自重，多次回顧在黃花崗一役，如何救治受傷革命黨人的經歷。李煜堂從不渴望邀功，革命一完成便急流引退，返回商界。孫中山為感激李煜堂多年貢獻，更曾親題「博愛」二字答謝，孫又帶李一家去自己在 1883 年底領洗的公理堂領洗，李煜堂墓碑的碑文也是由孫文提筆。

除華人紳商名流以外，另一方面，孫中山實際上與以藍領勞動者為主的香港草根階層有密切的關係，革命活動的社會基礎變得更廣闊多元化。

（四）革命對象之香港 （1912-1925）

　　在革命時代的大潮中，人們的身份、地位、角色、思想行為往往起着巨大的變化和轉換；革命人士在重要關鍵的地方，如香港，在獨特的時間有着不同角色的轉變。這些轉變，既是當年許多關心時政和民族命運的革命人士本身思想因應潮流變化的結果，也是當時政局環境動盪和革命條件的縮影，因不同的時代有並不一樣的角色及作用定位。

　　總的來説，孫中山與香港的關係可以分為兩個不同時代和背景來觀察。第一個時期，即 1895 至 1911 年，孫氏與香港的關係重點在反對滿清王朝帝制的革命動員。在後一段時期，即 1917 年至 1925 年間，孫中山實質上是一個政府領袖。雖然這個政府有着民族主義及全國性的號召、目標和理想，然而，就統治權力有效範圍而言，卻只是廣東地方性政府。同時，孫氏亦曾多次嘗試透過利用地方上的資源，藉着動員社會上勞工分子的支持，來配合其統一大業。

　　香港與孫中山的互動關係也可從另一角度來看。民國初年，香港作為英國殖民地多次變成孫氏領導國民革命反帝國主義鬥爭的重要對象。針對英治香港常被形容為「借來的地方，在借來的時間」，筆者希望添加一項重要的補充，所謂「借來的人口」，正好點出在英帝國統治政法典章制度的門面背後，殖民地時期的香港基本上是一個華人社會，大多數居民均非本地出生、亦非英籍人士，而他們多為來自廣東為謀求生計而移居香港的華人，在心態常自視為暫居的「過客」，極少真心願意向英廷效予政治忠誠，絕少成為「英皇子民」，他們只以香港作為就業、營商的「職場」或往海外升學和工作的「跳板通道」，無深厚的歸屬感。因為他們心目中的真正家園仍是在大陸的「吾鄉舊里」、「祖居故土」。他們與粵省故鄉仍維持極密切廣泛深遠的人際（血緣、鄉誼、宗族）、社會、文化聯繫，以及重要的商貿金融往來，尤其對粵省故鄉、中華民族及在大陸的民國，有着極強的愛鄉愛國情懷和民族自豪自尊心態。所以從英殖當局的官方立場角度而言，這批佔着香港人口大多數的「居港華人」着實是政治忠誠不可靠賴，英式文化浸洗不足的「借來

的人口」。事實上，香港的經濟生存絕對有賴中國內地的市場和糧食供應。孫中山利用這些愛國心態、道德和政治因素，配合粵港華人間的各種聯繫，及香港對大陸的經濟依賴，多次成功動員居港華人支持國民黨的反帝國主義鬥爭，在中英或粵港或華洋爭議中，居港華人充當前線先鋒、作為草根階層的反帝反殖制裁者，甚至作為第五縱隊成員對抗英殖，維護中國民族和國家利益。

在某種意義上，這階段孫氏與勞工的關係，可以看作是較典型的政權與社會關係。然而，在另一個層面上，亦可視為一個開明的地方政府在挑戰一個受國際承認「中央政府」的離心運動中，動員那些已經醒覺，並組織起來的勞工分子，以爭取互相支持。如此看來，由於地緣主義與民族主義這樣相混貫連，純粹的對地域國家權益的關注，在現代中國社會政治動員中很難被清楚明確地劃分的。

民初的粵港關係，着實被多回中英紛爭衝突事件所刻劃，如 1920 年機器工人罷工，1922 年海員罷工至 1923 年關餘爭議（關餘，即關稅餘款），1924 年商團事件，和 1925 至 1926 年省港大罷工。孫氏國民黨成員（以及 1923 年後中共聯盟者）均着力反抗和打擊英國殖民地主義在香港的統治。這正反映常以廣東為根據地的孫中山對「第二故鄉」香港的情懷意願，希望可從英殖手中解放香港。

孫中山對英國官方或港英政府的態度和實質關係頗為複雜。1896 年 3 月，港英政府藉口孫中山的革命活動危害治安秩序，禁止其在港居留活動，他只好多次乘船進入本港水域，在船上會見並指揮在港的革命黨人，歷盡艱難。孫中山在 1899 年派陳少白回港創辦第一份革命機關報《中國日報》，並在港建立總部，發動惠州起義。

2011 年是庚子首義一百一十一週年。1900 年，八國聯軍攻陷北京，慈禧出逃，孫中山在港英總督卜力（Henry A. Blake）穿針引線而策動李鴻章兩廣獨立的計劃失敗，於是決心於 10 月 6 日組織惠州起義，史家稱「庚子首義」。中國國民黨對這一役評價很高，認為：「中國之革命，發軔於甲午以後，盛於庚子，而成於辛亥，卒顛覆君政」。庚子起義失敗，但促使民眾

覺醒，造就一個「盛於庚子」的大好革命形勢。這次港英殖民地政權通過孫李交涉，利用孫中山作政治投資，也是港英政府與孫中山的互動關係的另一頁。

在地緣政治方面，廣州市沙面島上有英租界，而與廣州經濟關係最密切的國際商港，則是珠江南下九十哩的英國殖民地香港。兩者實質聯繫極多，在對外貿易運輸的功能上分工合作，近乎唇齒相依。在歷史淵源回顧，不但英殖管治香港的範圍擴大，而香港在華南區域經濟運作功能的機要地位日形重要，可謂對廣東經濟有着近乎支配性的影響力。在制度及人事方面，由於英國對華貿易額為列強之冠，全國海關總稅務司及廣州海關稅務司均是英國人擔任。而自鴉片戰爭時的廣州三元里事件開始，廣東珠江三角地區的對外關係歷史上，就有不少民間群眾動員反帝國主義侵略和殖民地政權壓迫的事例，故英國在華南的不合理權益，可說是廣東愛國者維護主權集體行動的首要攻擊目標。

（五）1911 年前後孫中山與香港海員

1895 年 5 月，清政府與日本簽訂喪權辱國的《馬關條約》，當時孫中山集結革命同志，在香港西營盤杏花樓密商進攻廣州大計，商討 10 月的廣州起義計劃，並起草興中會英文對外宣言。同年 10 月，興中會在廣州首次起義失敗，參與者多為工人：約有六百名香港苦力約定前往廣州，充任革命軍士兵；據報導亦有三千名廣州及二千名澳門工人參與；另有四十名海員也因參加起義而被捕。起義雖然失敗，但是 1895 年卻象徵革命新時代的開始，民族主義及反對帝制的民氣愈益高漲，粵港澳珠江三角洲的勞工中之有識之士，如機工、海員及其他技術工人，參加革命運動者日多。

孫中山的第二個革命組織，為 1905 年成立的同盟會，基礎更為廣闊，對於吸收技術性工人進入革命行列，極有幫助；在此之前，只有秘密會社吸引到一些邊緣性的勞工參加反清活動。革命理想與個人關係，二者往往相輔相成，而與秘密會社的老關係，也不妨礙工人加入革命組織。如國民黨勞工

領袖及同盟會會員馬超俊，即透過三合會的關係與孫氏首次見面。致力革命之香港海員、碼頭工人及打包工人等的主要任務為走私武器彈藥、偷運黨人和傳遞秘密消息，而機工則致力於秘密製造炸彈及武器工作。

　　從孫中山與海員的關係中，可見其反清革命運動的廣泛社會基礎和實際需要。孫在宣傳革命期間，在海外各地奔走，向當地華僑募集款項，經常乘船往來的他因此與海員關係密切，吸收一部分海員參加同盟會。其後成為著名海員領袖的蘇兆徵及林偉民都是同盟會會員兼為孫氏之中山同鄉。孫中山所發起的十次起義，所有軍火都是從海外購買的。如此大宗的軍火，要秘密運往起義地點，不輕易給敵人發覺，全靠海員的積極參與，使軍火能夠順利運送到起義地點，交到革命黨人的手中。

　　1912 年元旦，中華民國共和政府成立，孫中山就任臨時大總統，在職僅三個月。稍後，袁世凱獨裁專制，孫中山即組織反袁力量，進行二次革命。孫討伐袁稱帝任務失敗後，乘船逃往日本暫住，重新整頓國民黨。1913年，孫中山在橫濱命黨員鄺石、趙植芝與海員等組織「聯義社」，專以團結各地華僑及海員，並吸收入社，加強革命力量。該社社員以海員為最多，在海上交通運輸方面，對革命作出很大的貢獻。稍後，孫中山派趙植芝赴香港組織聯義分社。

　　民國成立後，政治社會風氣比較開放，西方各種主義流傳國內，知識分子對勞工問題注意和鼓吹，使工人漸趨醒悟。工人亦因為參加 1919 年五四的愛國運動罷工、排日貨、示威等活動，受到學界的領導和衝擊，更加深勞工的自覺，要組織團結起來發揮最大力量，為本身權益而奮鬥，新式工會紛紛出現，造成工運的蓬勃發展。1917 年，孫氏在廣州成立「護法政府」，在受孫氏保護的有利形勢下，珠三角地區的勞工運動昌盛。在此時期的中國社會，勞工組織之合法性尚待建立，工運能否發展，政府之支持影響確實很大。1920 年代初期的勞工行動，主要是一連串成功的經濟罷工及工會競相成立，到 1922 年，香港約有一百個工會，而廣州則約有八十個。

　　第一次世界大戰後，珠三角工人首回重大的經濟勝利為 1920 年 3 月，九千名香港機器工人發動並持續十九天的罷工，結果獲增工資 20％至

30％。此次罷工最大的特色，是廣州及中國內地工會亦給予支持。孫中山主政下的廣州，成為香港罷工者的庇護所，這對於 1922 年香港海員罷工及 1925 至 1926 年省港大罷工的成功，有決定性的作用。

現代中國海員的正式組織始於廣東海員陳炳生在 1915 年成立的中華海員公益社，在 1917 年改組為中華海員慈善會，在香港設總部並向政府立案，為互助福利性質，但仍未算正式純勞方的工會。1920 年，香港海員因反對包工制和失業的威脅，產生組織工會的要求。最後在慈善會的基礎上，為各海員宿舍成員支持，組織一個純勞方的「中華海員工會聯合總會」，在 1921 年 3 月 6 日成立，呈請廣州和香港政府立案，會址設香港中環德輔道中。這會名是由孫中山賜名的，招牌也是他親題的。

因為自大戰以來省港一帶物價上漲，戰後香港租金大幅升漲，一般工人生活水準難以維持。海員工會成立後首要任務是爭取海員加薪。1921 年 5 月和 11 月海員工會向船公司提出加薪要求，可是各船公司不予理睬。而當時，各輪船上的外國海員工資又增加 15％，而香港海員的要求卻被置之不理，因此激發香港海員決定用強硬手段以達到要求。1922 年 1 月 12 日，海員工會第三次向船公司提出增加工資要求，船公司仍不在意，海員們終於忍無可忍一致罷工抗議。

海員工會發動罷工要求加薪，參加罷工的船隻，一星期內已增至一百二十三艘船上的六千五百海員，從香港開往各港口的輪船一經靠岸，香港海員就紛紛上岸罷工。所有抵達香港的船隻是來一艘，停一艘，船上海員馬上參加罷工。海員工會仿照 1920 年香港機器工人罷工先例（工人要求加薪，僱主拒絕，於是工人罷工返廣州，香港公共交通因而完全停頓，香港工商業受嚴重打擊），海員罷工後紛紛陸續返回廣州。至 1 月底，其他公司的海員以至碼頭起貨工人和煤炭工人也相繼響應，人數達三萬多。當時香港海運癱瘓，一百五十多艘船滯留維多利亞港內，但資方仍堅拒加薪。

罷工最終由當時的港督司徒拔（Reginald Edward Stubbs）以強硬手段解決，停航之天星小輪，開始到外地招募新工人。同時，戒嚴令的頒佈，使海員工會被港府於 2 月 1 日封閉，並強行拆去招牌。港府此舉引發香港其他行

業的同情，發動十多萬人的總罷工，以示對海員的支持。罷工海員開始封鎖香港，並禁止廣東糧食運港，得到廣東各界響應，同時引起港英政府的恐慌。總罷工期間，不少工人離開香港返回廣東。英政府在 2 月 28 日下令九廣鐵路停駛。1922 年 3 月 3 日，約二千人的罷工結束，工人步行返回廣州，途經沙田時遭港英軍警開槍阻止，造成三死八傷，引起香港華人更大憤怒。

　　孫中山當時遠在廣西，得悉罷工後，動員國民黨屬下各工會支持罷工，熱情招待罷工海員，並予經濟援助。孫中山亦向香港政府施加壓力，加速罷工的勝利。幾經曲折，最終由英國駐廣州總領事代表出面調停，勞資及港英政府雙方達成協議，資方同意加薪 15％至 30％，而港府亦解封工會和釋放被捕人士，並發放撫恤金予沙田慘案受害者，至 3 月 8 日結束了五十六天的大罷工。

　　海員罷工勝利不久，為具體地表示扶植勞工善意，孫中山廢止暫行刑律第 224 條（條例規定罷工為違法，罷工者可被罰金及拘禁），更加強孫氏及其國民黨與勞工間的人際情誼與組織關係。罷工後兩個月，在孫氏讚許支持下，1922 年 5 月 1 日第一次全國勞動大會在廣州舉行，出席者來自十二個城市的一百六十名工人代表，代表為數一百以上、會員總數二十萬人的工會。海員工會更在該天紮一座牌樓，掛一副對聯左右為「擁護三民主義」和「實行五權憲法」，作為對孫中山的致敬，可見孫氏與海員關係的密切。此大會的舉行，象徵孫中山的國民革命及中國工運締結盟合的一個新階段。

　　此次海員罷工影響甚大，在動員過程中，因贏得其他工會普遍同情而擴展為大罷工，使整個香港陷於癱瘓，而英殖當局的各種鎮壓手段，亦全歸失敗。港府被迫解禁和承認海員工會，准許其他被封禁工會重開，而英國在華勢力及聲望，遂遭沉重打擊。對粵港全中國與海外華人而言，海員罷工除了在經濟上取得勝利外，在政治影響方面更產生巨大的心理激勵。世界頭等強國，第一次受挫於有組織的中國勞工之手，對於在華所有的外國僱主，為一個嚴厲的警告。罷工海員的勝利，顯示出全國勞工團結一致支持的成果，更

刺激全國工運之蓬勃發展。海員罷工在經濟及民族主義上獲得的勝利，清楚
展現勞工力量逐漸增強，成為一股可觀的社會經濟及政治勢力，使孫氏及國
民黨更加注意勞工的反帝國主義革命的潛力，這階段孫氏與勞工的關係，可
看成為一個開明的革命政府，組織動員已醒覺的勞工以爭取互相支持。後來
在 1925 至 1927 年國民革命達至巔峰時，可惜已天不假年，孫氏未及親見其
燦爛開花。

（六）1923 **年關餘事件**

由 1923 年秋至 1924 年春，孫中山因海關權益與英人海關監督及列強外
交團發生嚴重衝突，歷時逾半年。英美等國為維持其不平等條約之所謂海關
權益，竟派出十多艘軍艦至廣州珠江河面示威，藉「炮艦外交」手段，以武
力施壓，企圖迫使孫中山退讓，放棄其取回粵海關關餘之意決。

1923 年 2 月 21 日，孫中山自上海經香港返抵廣州，重組大元帥府，此
為孫氏第三次在廣州建立革命政權。當時孫氏有效統治範圍未及廣東全省
（陳炯明仍控制粵省東北），稅收有限，北伐軍餉籌措極困難，故孫氏希望
取回粵海關關稅餘款（關餘）應急。同年 9 月 5 日，廣州政府外交部長伍朝
樞照會駐北京列強使團，要求立即將關餘交付，並撥還自 1920 年 3 月以後
所停止支付廣州政府而積存之關餘款項。當時英美使團藉口未曾與廣州政權
建立外交關係（即不承認孫中山領導的廣州政府為代表中華民國的合法政
權）而不理會，粵關餘仍舊歸於名義上代表全中國之北京政權。

為爭取粵海關關餘支配權，廣州外交部第二度交涉，在 1923 年 10 月
23 日，照會北京外交使團，要求將粵海關關餘撥還廣州政府，否則將自行
提取。12 月 1 日，北京外交團回覆廣州政府，直言如孫中山自行收管廣州
關稅，則當以強硬手段對付所謂的條約權益。故此，粵方強調截留關餘「乃
完全中國內政問題，無與列強之爭。」此時，已有外國軍艦六艘（至 12 月
19 日增至十六艘，其中六艘美艦，五艘英艦，兩艘法艦，兩艘日艦，一艘
葡艦，至 12 月底更達二十艘），集結近廣州市的珠江河面示威，以武力恐

嚇，欲迫使孫中山退卻。同時在沙面的英國及法國租界的駐軍也如臨大敵般作軍事戒備，在向廣州市的岸邊架設鐵網和排放沙包。

因孫中山暫時不準備以武力來對抗列強的炮艦外交，粵方不會直接干擾粵海關的運作，雙方並無進一步的軍事行動。但孫中山並沒有放棄爭取關餘的支配權，只是藉着動員群眾作經濟杯葛和擴大反帝國主義宣傳，以推動愛國民族主義的民間外交戰線來抗衡炮艦外交。至 1923 年 12 月底，關餘之爭可能擴大成武裝衝突的危機逐漸消減，廣州民間反帝國主義示威活動亦日趨沉靜，在珠江上的外國軍艦待了幾個月後，在 1924 年春先後離開。

1924 年 1 月 20 日，中國國民黨在廣州召開第一次全國代表大會，孫中山在會上特別指定討論海關問題，倡議收回海關。4 月 1 日，北京外交使團作出決定，原則上同意將粵海關關餘撥付廣州政府。至此，這回廣州海關爭議事件在孫中山革命政府力爭下最終略有成果。但海關主權被帝國主義者藉不平等條約侵佔的最基本問題仍未能解決，最終變成以廣州為引發基地的國民革命的一項重要奮鬥目標。

這是自 1918 年以來，孫中山在廣州第三次為爭取粵海關關餘與列強抗爭，而又以這回最為激烈轟動。這次的關餘風波更破壞孫中山自 1923 年春嘗試與英國改善關係的做法，進一步加深廣州與香港之間歷來的官方惡感和互不信任，亦為 1924 年夏之廣州沙面租界罷工，同年秋廣州商團事變，及 1925 至 1926 年之省港大罷工期間，粵方大規模反英帝國主義運動提供了特別的歷史背景和政治氣氛，對推引官方政策和民間意識起着一定的作用，為國民革命愛國主義動員帶來一種明確的爭回主權奮鬥路向。

這次關餘事件，在中國近代革命運動的一個極度機要之地且敏感之時刻爆發。當時孫中山正在廣州與蘇聯合作，國民黨改組、容納中國共產黨黨員加入，共組統一戰線推動國民革命。所以關餘之爭，顯示西方列強對孫中山革命政權之排拒壓迫，使孫氏終於放棄試圖爭取西方國家支持其革命活動之幻想，直接影響此後數年國民黨革命政權之強烈反對帝國主義的立場，和廢除不平等條約收回主權的政策，並成為中國在 1929 年收回海關主權的直接歷史前奏和奮鬥基礎。

（七）孫中山與港英官方關係

　　在上述的歷史背景和因素下，孫中山在 1923 年關餘事件的反英言論，清楚顯示孫氏對英帝國主義絕無好感。當然英國對粵關餘之爭直接影響其經濟利益和所謂的條約特權，不能置身事外，因而有英國派出五艘船艦加入珠江河上，形成「炮艦外交」的陣營。但在孫中山與列強交涉的過程所見，宣傳抨擊以外，其對英國官方的實質態度是頗克制和比較溫和的，與以後（1924 年夏至 1927 年間）粵方強烈反英立場不盡相同。

　　1923 年 11 月下旬，孫中山與英駐廣州總領事面談時明言，如果列強在關餘事件採取強硬手段而演變成真正用武力攻擊廣州時，孫樂於被英打敗，「但英國則要負起殺死中國民主之責任與惡名」。12 月中，在致函英國工黨領袖麥當奴（Ramsay MacDonald）時，孫氏清楚指出關鍵人物英國駐北京公使，英籍總稅務司及英籍廣州海關稅務司的不友善及不合作態度為問題所在，並警告炮艦外交不能保護英國在華的經濟利益。

　　孫中山在 1923 年 12 月 21 日與嶺南大學師生的談話中，大力抨擊英國倫敦當局一貫以來極度敵對仇視他的政策，孫氏更指出英內閣着意破壞最近香港殖民地官方與廣州關係改善的成果。孫氏與美使舒爾曼在嶺南校園會晤時，孫氏預言世界兩大陣營不可避免的戰爭中，他所責斥為壓迫者集團的首領正是英國，而美國亦是受着英帝國主義政策所影響而成為壓迫者的。由孫氏這些言論反映，英國似乎才是真正的侵華元兇，美國是受其不良支配才淪為「幫兇」來迫害廣州革命政權。

　　孫中山對英國的另一種態度，表現在其與港督的交往。1923 年 2 月，孫氏由上海重返廣州時，途經香港，特別預作安排，在這英殖民地停留四天，受港督司徒拔設午宴招待，氣氛友好，孫氏又到香港大學演講，是次演講吸引大批香港紳商名流及學生出席，孫氏在演講中表示，香港實是他的革命啟蒙地，演詞盛讚英國議會制度為民主政治楷模。回廣州後，孫中山在 3 月 6 日更親自到沙面拜會英總領事。不久，廣州當局甚至公開期望香港可借出巨款予廣州政府過渡財政難關，不過，終因廣州商界對孫政權徵稅和左傾

聯俄政策不滿而落空。另一方面，孫中山又在 1923 年 5 月明確表達，希望得到英國專家的協助來重整廣東內部改革和建設，或可說是反映孫氏一直以來不斷追尋西方國家的同情與支持，希望外來力量可促進他實現改造中國的理想。及至 1923 年秋，穗港官方關係仍算友好。

1923 年 12 月初，因北京使團尚未回覆廣州取回關餘的要求，孫中山派陳友仁到香港與司徒拔商議。孫中山在 12 月 11 日聲稱，為尊重港督的意見（即有辦法可在粵方與列強之間找到一個令雙方接受的妥協方案來解決關餘之爭），粵方願減縮對海關稅收的要求（即在廣州政府管轄範圍內所收關稅可按比例先行扣除對外債務的承擔款額），孫氏又告知港督，正是念及與香港的良好關係，粵方特延遲暫不採實際行動來收取關餘。更着司徒拔轉達對倫敦英廷的警告，正因英在華有極大的貿易利益，故不應帶頭領導列強反對粵方取回關餘的要求。司徒拔即向倫敦殖民地部反映局勢的緊張，並指出如果英國以激進的手段對付孫中山，香港將會遭受災禍性的打擊，英資在港在華的損失會極其嚴重，這是不宜對廣州施壓過度的最重要因素，否則（海關權益之）得將不償（香港之）失。

港督司徒拔這種為着香港經濟利益的實務考慮，自不容於主張以強硬手段維持列強海關權益的英國外交部。而司徒拔與廣州官方直接聯絡通函，令英外交部駐穗代表的英廣州總領事極為不滿，他除大力抨擊司徒拔主張與孫氏妥協的論點外，更抗議港督不遵守既定的官式外交途徑（即必須經英駐穗領事館為中介轉達）與粵方聯絡。結果，英外交部一方面決定採取強硬措施，雖非作列強炮艦外交的領袖，但仍用武力阻嚇孫中山干擾粵海關的管理運作，同時亦試圖反殖民地部的施壓，把司徒拔提早調職。最後，司徒拔雖可暫保督位，但仍受殖民地大臣就其逾權越職，妄圖影響英國對華政策及「私通」廣州官方等不當行為而遭嚴厲訓斥。

有學者認為粵方領袖不單在英美兩國製造相互猜疑，同時也利用與港督的聯繫來繞過英駐北京公使和駐廣州總領事。其實在 1921 年初，孫中山在廣州任非常大總統後，按照 1919 年在廣州的護法軍政府與北洋當局協議分配關餘的先例，向北京外交團要求撥回粵方關餘，雙方交涉爭議期間，列強

駐穗領事團為防備萬一，把海關稅收處遷往沙面英租界，而英國更由香港派
出英兵二百人赴廣州西堤進行「護關」，可見英國以武功作海關爭議的最強
有力手段由來已久。後來廣州領事團在 1921 年 2 月同意移撥關餘作為粵治
河工程費也得到北京公使團的同意，但遭美公使反對而被推翻。

　　這次司徒拔與英外交部的分歧並非一偶發事件。一直以來，由英國殖民
地部委派的香港總督，因其以英在港和在鄰近珠江三角洲地區的英資利益為
出發點，對中國的態度，尤其與廣州當局的關係，常與英國環球整體角色來
制訂對中國政策的英外交部（及其駐華使領人員）的觀察及決策有重大差
距。這次廣州關餘之爭，港督較英廷更同情粵方要求，為求保持港穗和諧而
反對動武。不過兩年後面臨省港大罷工的威脅，司徒拔仇恨廣州的態度，則
比英外交當局更為強硬尖銳，這可能是受關餘事件的教訓所影響。可是，廣
州國民政府當時的左傾反帝國反殖群眾動員，不但直接打擊香港的經濟，也
涉及更嚴重的中國「赤化」危機和民族主義革命浪潮對列強在華勢力的衝
擊，終使英國內閣調整對華政策，並從新評價國民黨革命政權反共北伐統一
的努力。1926 年底，英國發表宣言，預備與有能力統一中國的新革命政權
合作。

（八）1924 年商團事件

　　1923 年關餘之爭並不是孫中山革命政府反英帝國主義的最後抗爭。
1924 年 8 月至 10 月商團事件爆發，廣州反英帝國主義氣氛再度高漲。廣州
商團成立於 1912 年，是廣州商民維持社會治安、保護商家生命財產安全的
自衛武裝組織。1919 年，滙豐銀行廣州分行買辦陳廉伯接任商團團長後，
商團實力不斷擴充，政治傾向日趨反動，遂演變為買辦階級反對孫中山革命
的工具。1924 年國共合作聯合戰線建立後，陳廉伯在港英殖民當局唆使下
大肆攻擊孫中山的革命政策，煽動廣州商民對抗革命政府，甚至妄圖以商團
武力推倒孫中山的革命政府，並打算另組「商人政府」。

　　1924 年 8 月 11 日，廣州革命政府扣留商團私運的大批軍火，並揭露商

團頭目的陰謀。陳廉伯以「扣械」事件為反對孫中山革命政府的藉口，大造反孫反共輿論。8 月 22 日後，陳廉伯更脅迫廣州及佛山等埠商民罷市、拒收政府紙幣、拒不納稅；商團聯防總部遷到佛山後，又命令各屬商鄉團來廣州反孫作亂。孫中山對陳廉伯操縱商團的謀叛活動，一度採取嚴厲強硬措施，武力制止煽動罷市和嚴辦商團，揭露陳陰謀顛覆政府的罪證，下令通緝陳廉伯和抄沒陳之家產，勸諭商團同人猛省，嚴令立即取消罷市，並令飭商民開業。

　　然而，當時國民黨和革命政府內部對處置商團態度並不一致。孫中山於 9 月 13 日赴韶關督師北伐後，對廣州商團採取容忍態度。9 月 15 日，陳廉伯通電表示擁護孫中山和革命政府後，孫中山於 19 日取消對陳的通緝令，發還其家產。後孫中山又令在商團繳足北伐經費、改組立案後，可辦理發還一部分扣械。

　　10 月初，商團為索回團械，準備發動第二次全省罷市時，孫中山仍致函商團，曉諭政府發還團械辦法及誠意。10 月 9 日孫中山又令胡漢民、李福林等依李所擬辦法發還團械，當晚李福林奉孫命令到黃埔軍校運回槍支四千多桿、子彈十二萬多發，於次日雙十節中午在廣州交商團代表收領。商團領軍械後即發動叛亂，屠殺雙十節遊行的民眾，雙方爆發武裝衝突。事發後，孫中山在韶關多次電令蔣介石、廖仲愷等火速平定商團叛亂，又還令部分北伐軍回師廣州戡亂。10 月 15 日，革命政府軍隊攻佔廣州西關商團總部，商團軍潰散。革命政府消滅商團軍殘餘，通緝陳廉伯等十多人，此後，廣州商團叛亂被蕩平，形勢逐漸緩和。

　　當英國當局支援陳廉伯商團作亂和對廣州革命政府進行武力恐嚇與干涉時，孫中山於 1924 年 9 月初發表《為廣州商團事件對外宣言》及《致麥克唐納電》，予以強烈抗議和譴責，作出與關餘之爭同樣堅持反帝反殖的表示。而這次廣州商團事變，孫中山利用黃埔軍校和工人鎮壓商人的武裝力量，可以說是中國近代革命中，第一次明顯的黨軍民聯手的階級武裝鬥爭。

（九）小結：反清基地與反帝鬥爭對象

　　本章分析十九世紀末至二十世紀初年，晚清的香港及香港華人，在孫中山的反清革命動員中曾扮演的重要歷史角色，有利孫氏以香港成為發展革命事業歷程之重要策源及行動基地。在民國初年，香港作為英國的殖民地，則多次變成孫氏領導反帝國主義的國民革命重要鬥爭對象。1920 年代初期及中期，在反帝國主義浪濤中，香港成為中英衝突的前線，甚至是角力鬥爭的戰場。

　　如果外強壓迫是影響這個世紀中國歷史動盪的一個主要因素，最早兩次大規模西方帝國主義侵略的鴉片戰爭都是在廣東發生。1839 至 1841 年間，英國在鴉片戰爭中打敗了中國；1842 年清廷簽訂《南京條約》後，把香港從廣東割讓予英國為殖民地，作為對華貿易港。《南京條約》亦演變成之後七十年間清廷無能戰敗、割土求和、喪權辱國的一種應付列強侵略的外交模式。這條約亦令中國在東南沿岸開放從廣州至上海五個港口，與英國進行貿易，而被迫開放的五口通商「條約港」便是以廣州為開始，自此制定「條約港口」制度，給予外國人特權（低稅及治外法權），開啟 1842 至 1942 年中外關係之「不平等條約」制度，以及中華民族的「羞辱世紀」。然後，在第二次鴉片戰爭中，英法聯軍佔領廣州及洗劫北京，清廷為結束戰爭而簽訂 1860 年的《北京條約》，予英國九龍半島。1898 年的新界租約，是中國於 1894 至 1895 年的中日甲午戰爭中戰敗後，列強在華爭奪獨家勢力範圍租界的產物。英國根據租約租用廣東寶安縣南端，九龍半島以北至深圳河的新界地區，為期九十九年。換言之，廣東和香港的近代歷史是直接關聯，而英國殖民地時期的香港歷史，也是英帝國主義侵華、壓迫廣東的具體歷史表徵。

　　在受到中國政府和政黨直接鼓動以前，香港華人已有頗為明確的身份認同傾向與民族國家意識。這些傾向與意識，有其悠久的歷史淵源。比較受歷史學者重視的著名事例，有由經濟性質的勞資爭議演變為政治性鬥爭的 1922 年香港海員罷工，涉及孫中山領導的廣東政府當局。本章列舉 1922 年香港海員罷工及 1923 年廣州關餘之爭兩回民初事件個案，以證明民國成

立以來，香港既是革命的支援基地，也成為革命的鬥爭對象之身份與角色重疊。

　　雖然 1922 年的動員都是以香港華人勞工為先鋒及主要力量，但是在反抗英殖民地官方及資方的歧視和壓迫、爭取居港華人權益、及維護中國民族尊嚴和國家利益的訴求等方面，均受到多數香港華人同情和支持。這些愛國居港華人不僅是以藍領白領勞動者為主的草根階層，而中產階層背景的學生和小商人，亦相當積極地響應整個運動，可視為多階層性的群眾動員。自晚清至民國時期，中國內地和香港的關係，除 1920 年代中期的省港大罷工外，大致可算是融洽。在這種官方氣氛影響下，兩地民間的往來既全面又密切，所以大多香港華人居民並不存在民族身份認同危機或政治效忠的問題。在遇到中英衝突或本地華洋糾紛時，除少數英化（Anglicized）的「高等華人」外，香港華人社會主流是很自然地會傾向華人及支持中方的立場，這種歷史模式直至 1950 年才開始產生變化。

　　如果對本世紀初香港華人在多次集體動員活動中所顯示的愛國心有充分了解，便不應對香港華人活躍分子的反清共和革命、民初愛國運動、反帝國主義動員種種積極貢獻，甚而捨命犧牲，感到奇怪。這正是香港自由的環境發揮的國際聯繫作用，殖民地較開放的政治環境空間，以及給予新式思潮風氣傳播等有利條件，使香港成為中西文化交流之所，居民也逐漸受到西方民主自由思想的影響，培育一批擁有國際視野的愛國知識分子如孫中山，香港因而成為革命運動的大本營。因為「禮失而求諸野」，佔着天時地利，結合社會上普遍的愛國主義，這是「借來的人口」香港華人百多年來都站在愛國鬥爭，反帝反殖集體動員的前線，很自然成為他們身份認同的最具體表現，他們的活動範圍也由地方性的社會經濟問題，漸而延伸到更為根本及廣泛的改善全中國之愛國嘗試。

　　因經歷數百年與外洋異國商貿頻繁往來或海外移民的密切交往，形成珠三角與內陸較封閉保守的中心卻擁有極不相符的高度開放性，對外來事物文化思想的兼容性，以及中西合璧的吸納融合作風。尤其自十九世紀中葉，西方列強侵略，廣東地處海疆邊緣兼為唯一國際貿易口岸，故首當其衝，在兩

次鴉片戰爭均受戰火破壞，亦是最早喪失領土（香港島、九龍半島）的省份，所以粵人在對抗外來侵略者，或以武裝力量反擊（如 1841 年三元里抗英動員），或藉經濟手段制裁，罷工停市杯葛（如 1856 年英法聯軍攻佔穗市，香港華人罷工抗議），均展示粵人保衛鄉土的愛國心和民族主義情操。正如香港華人和海外粵籍勞工或粵僑移民，身居異土，心在故鄉，對祖國極備關懷，休戚與共，國難當前或慷慨捐輸，或獻身革命，形成反擊外敵欺壓、變革圖強的反抗精神和突破求新心態，展示保衛鄉土的愛國心和民族主義情操。

正因粵港遠離中原，全國政權管治能力有限，中央核心鞭長莫及，給予珠三角成為拒抗中央，挑戰全國權力核心的地利條件。孫氏在 1917 至 1925 年間，三度開府廣州，其志絕不在建立一個偏安南疆的自主自治區域性小朝廷，孫氏企圖以廣東為基地與北洋政權抗衡，再藉武力北伐消滅軍閥割據勢力，取代北洋，建立全國性的國民黨新政權，有如粵省前輩洪秀全之太平天國運動，孫中山立足廣東，志在全國，透過其國民革命統一全國，建立新的政治秩序。

從英治香港與孫中山革命運動特殊多元化的互動關係，香港在不同的時期扮演着不同的角色，以及兼具有雙重歷史身份的具體事例，可深入檢討近代中國發展軌跡中香港的重要作用，以及香港與內地融和之歷史淵源。本章分析香港對孫中山革命運動的影響，亦可以引起對中國歷史發展當中的「核心與邊緣」及「區域相對中央」等理念上重要議題的突破，以作進一步討論。

參 考 資 料

丁身尊等編：《廣東民國史》上、下冊（廣州：廣東人民出版社，2003 年）。

林天蔚編：《嶺南文化新探究論文集》（香港：現代教育研究社，1996 年）。

廣東省政協文史資料研究委員會編：《廣東辛亥革命史料》（廣州：廣東人民出版社，1981 年）。

廣東省政協文史資料研究委員會編：《廣東文史資料》，第 58 輯（廣州：廣東人民出版社，1988 年）。

廣東省政協文史資料研究委員會編：《近代廣東名人錄》上、下冊（廣州：廣東人民出版社，1986／1989 年）。

廣東省人民武裝鬥爭史編纂委員會編：《廣東人民武裝鬥爭史》（廣州：廣東人民出版社，1995 年）。

廣東省地方史志編纂委員會編：《廣東省志 —— 政權志》（廣州：廣東人民出版社，2003 年）；《廣東省志 —— 粵港澳關係志》（廣州：廣東人民出版社，2004 年）。

廣州市政協文史資料研究委員會編：《廣州文史資料》17 輯，19 輯，46 輯（廣州：廣東人民出版社，1972 年，1980 年，1994 年）。

程美寶：《地域文化與國家認同》（北京：三聯書店，2006 年）。

龔伯洪編：《廣府華僑華人史》（廣州：廣東高等教育出版社，2003 年）。

祝秀俠：《粵海舊聞錄》上、下冊（台北：中外圖書出版社，1980 年）。

黃淑娉主編：《廣東族群與區域文化研究》（廣州：廣東高等教育出版社，1999 年）。

陳明銶：《落日香江紅：衛奕信政權的歷史挑戰》（香港：信報有限公司，1989 年）。

陳明銶等編著：《香港與中國工運回顧》（香港：香港基督教工業委員會，1982 年）。

陳明銶主編：《中國與香港工運縱橫》（香港：香港基督教工業委員會，1986 年）。

陳明銶、饒美蛟主編：《嶺南近代史論：廣東與粵港關係 1900-1938》（香港：商務印書館，2010 年）。

霍啟昌：《港澳檔案中的辛亥革命》（香港：商務印書館，2011 年）。

Marie-Claire Bergère, *Sun Yatsen* (Stanford: Stanford University Press, 1998).

Kit-ching Lau Chan, *China, Britain and Hong Kong, 1895-1945* (Hong Kong: Chinese University Press, 1990).

Ming K. Chan, "Labor Activism in Early Republican China, 1912-1922," in *Proceedings of the Conference on the Early History of the Republic of China, 1912-1927* (Taipei: Academia Sinica, 1984).

Ming K. Chan, "Nationalism, Localism, and Revolutionary Mobilization: Sun Yat-sen and the Labor Movement in South China," in *Proceedings of Conference on Dr. Sun Yat-sen and Modern China (Taipei, 1986).*

Ming K. Chan, "Patterns of Urban Mass Mobilization in Late Qing and Early Republican China," in K. Y. Zhang and Y. Zhu, eds., *External Economic Relations and China's Modernization* (Wuhan: Central China Normal University Press, 1990).

Ming K. Chan, "All in the Family: The Hong Kong-Guangdong Link in Historical Perspective," in Alvin So and Reginald Kwok, eds., *The Hong Kong-Guangdong Link: Partnership in Flux* (Armonk: M. E. Sharpe, 1995).

Ming K. Chan, "A Turning Point in the Modern Chinese Revolution: Historical Significance of the Canton Decade, 1917-1927," in E. Honig, G. Hershatter, and R. Stross, eds., *Remapping China: Fissures in Historical Terrain* (Stanford: Stanford University Press, 1996).

Ming K. Chan, "Gunboat Diplomacy on the Pearl River: The Canton Customs Incidents and Sino-British Relations in the mid-1920s," in Alice Ng and P. Y. Ho, eds., *Essays on the*

History of Chinese Maritime Customs (Hong Kong: Chung Chi College, Chinese University of Hong Kong, 1997).

Ming K. Chan, "Patriotic Mobilizations of Hong Kong Chinese in the Early Republican Era, 1912-1919," in Y. P. Hao and H. M. Wei, eds., *Tradition and Metamorphosis in Modern Chinese History* (Taipei: Institute of Modern History, Academia Sinica, 1998).

Ming K. Chan, "Limits to Effective National Leadership Aspirations: Cantonese Elites in Republican Era Chinese Political Power Alignment," in Fang-shang Lu, ed., *Political Elites in Republican China* (Hong Kong: Commercial Press, 2009).

Ming K. Chan, "Historical Dimensions of the Hong Kong-Guangdong Financial & Monetary Links: Three Cases in Politico-Economic Interactive Dynamics, 1912-1935," in Catherine Schenk, ed., *Hong Kong SAR's Monetary and Exchange Rate Challenges* (London & N. Y.: Palgrave Macmillan, 2009).

Ming K. Chan, "The Luso-Macau Connections in Sun Yatsen's Modern Chinese Revolution" (Macao: International Institute of Macau, 2011, Occasional Paper).

Ming K. Chan, ed., *Precarious Balance: Hong Kong Between China and Britain, 1842-1992* (Armonk: M. E. Sharpe, 1994).

Wai-kwan Chan, *The Making of Hong Kong Society: Three Studies of Class Formation in Early Hong Kong* (Oxford: Oxford University Press, 1991).

G. B. Endacott, *A History of Hong Kong* (Hong Kong: Oxford University Press, 2nd Edition 1987).

G. B. Endacott, *Government and People in Hong Kong 1841-1962: A Constitutional History* (Hong Kong: Hong Kong University Press, 1964).

G. B. Endacott, *Fragrant Harbour: A Short History of Hong Kong* (Hong Kong: Oxford University Press, 1962).

David B. Gordon, *Sun Yatsen: Seeking a New China* (New York: Prentice Hall, 2010).

Tak-wing Ngo, ed., *Hong Kong's History: State and Society under Colonial Rule* (London: Routledge, 1999).

Edward J. M. Rhoads, *China's Republican Revolution: The Case of Kwangtung, 1895-1913* (Cambridge, Mass.: Harvard University Press, 1975).

Eto Shinkichi and Harold Z. Schiffrin, eds., *The 1911 Revolution in China: Interpretive Essays* (Tokyo: University of Tokyo Press, 1984).

Harold Z. Schiffrin, *Sun Yat-sen and the Origins of the Chinese Revolution* (Berkeley: University of California Press, 1968).

Harold Z. Schiffrin, *Sun Yat-sen: Reluctant Revolutionary* (Boston: Little Brown, 1980).

Jung-fang Tsai, "The 1884 Hong Kong Insurrection: Anti-Imperialist Popular Protest during the Sino-French War," *Bulletin of Concerned Asian Scholars,* 16:1 (1984).

Jung-fang Tsai, *Hong Kong in Chinese History: Community and Social Unrest in the British Colony, 1842-1913* (New York: Columbia University Press, 1993).

Ezra Vogel, *One Step Ahead in China: Guangdong under Reform* (Cambridge, Mass.: Harvard University Press, 1989).

C. Martin Wilbur, *Sun Yat-sen: Frustrated Patriot* (New York: Columbia University Press, 1976).

J. Y. Wong, ed., *Sun Yatsen: His International Ideas and Connections* (Sydney: Wild Peony, 1987).

Mary Clabaugh Wright, ed., *China in Revolution: The First Phase, 1900-1913* (New Haven: Yale University Press, 1968).

原載：麥勁生、李金強編：《共和維新：辛亥革命百年紀念論文集》
（香港：香港城市大學出版社，2013 年），頁 235-258

中國現代化的廣東因素

（一）引言

　　現代化運動不僅是一過去的歷史問題，也是今天世界性的潮流，而中國自 1839 至 1842 年鴉片戰爭之後至今的發展之概念，就是追求步向「現代化」，現代化是一個社會巨大轉型的變遷過程，其內容也涉及經濟、政治、社會、學術文化及制度各層面，不少中外學者也指出「現代化是一種生活方式與價值秩序的轉變，中國的現代史實際上可視為中國現代化的故事」，[1] 但「現代化」的概念，原是表述歐洲十七世紀，尤以十八世紀啟蒙運動以來的社會轉變的情形，也就是學者及社會人士有意識地建構一個以理性為基礎，建構十八世紀啟蒙學者設計的「啟蒙方案」（Enlightenment project），及哈伯瑪斯（J. Habermas）談及的「現代性方案」（project of modernity），漸漸形成一種由西方現代國家建構的新文明秩序，或以西方為代表的「現代性」（modernity），並以這種西方式的「現代性」及「現代化」的觀點，檢視非

1　見金耀基：〈現代化、現代性與中國的發展〉，《中國的「現代轉向」》（香港：牛津大學出版社，2004 年），頁 53-56。

西方文明的國家及地域；[2] 更重要的是，在二十世紀中葉，主要在二次大戰後，這種「現代性」的設計模式，延伸至全世界，而在亞洲國家，首先日本出現「現代化」，於七十年代末，隨着香港、南韓、新加坡及台灣的經濟大為發展，致有「亞洲四小龍」的美譽，八十年代後，除了「亞洲四小龍」之外，更有中國大陸均是走向「現代化」的道路，此就是金耀基所言的「現代轉向」（modern turn），馮兆基也言中國走向現代化的道路就是建構了「中國現代性」（the Chinese Modernity）的特色。

其實，深入分析中國「現代化」概念的認同及設計模式，非如西方一樣自覺具有「現代化」的特色，而是自十九世紀以還，中國面對西方現代性的挑戰，特別是受到西方式的帝國主義及殖民地主義在中國擴張所影響，中國走向現代化的道路，即是屈折與展開，甚至是「充滿委曲及情願」及「根本動力來自雪恥圖強的意識」，故中國走向現代化道路是崎嶇不平，也在變動過程中，改變了中國傳統及已有道德價值的判斷、秩序，在走向現代化的過程中，也有吸收及抵抗的力量相互依存，雖然已有不少學者指出西方式的現代化理論，甚有弊點，甚至倡言放棄現代化的論調，「啟蒙整套是錯誤」，反對現代性或現代化的事物，必與來自西方「啟蒙的整套東西」，更有言放棄「現代化」的概念，及以此為分析方法；[3] 但問題是今天世界，仍以現代化為判斷民族國家社會富強的基準，故有學者認為各地區及國家有其主體性，並注意研究各地方特有的現代性，更提出懷疑是否只有一種現代性的模式，「現代性」應是眾數，全球有各自主體的「現代性」，那樣便應有「多種現代性」（modernities），「另類現代性」（Alternative modernity）或「多元

2　有關檢視「現代化」理論（Modernization）的得失，見 Michael Gasster, "The Modernization Debate: A Historical Perspective"，載於中央研究院近代史研究所編：《中國現代化論文集》（台北：中央研究院近代史研究所，1991 年），頁 1-29。

3　S. Huntington, "The Change to Changes: Modernization, Development and Politics," *Comparative Politics*, 1970-71, pp. 286-322.

現代性」。[4]

　　隨九十年代後，東亞諸國的現代化雖以歐洲的啟蒙規劃為參考方案，但是各有發展的歷程，既有歐洲啟蒙國家追求人權、自由、民主、平等的普世價值，也有強調建立東亞人的自信，也有批判西方的普世價值之時，建立自己的現代性，因之也有學者提倡研究「亞洲價值論」，而中國與西方的現代化交往中，中國傳統文化在吸收及改變中，怎樣走向現代化的發展？中國的現代化與全球的現代化出現的合流及衝激又是怎樣？故不少學者也提出中國現代化的道路，是既擁有全球現代化及現代性的「共相」，也是建構「另類現代性」，甚至也認為「中國的將來必在中國的現代化」。[5]然而，談及中國走向現代化的道路，不可不談及「近代」中國地域在接觸西方後發生的「巨變」，而發生「巨變」的地域，便不可不注意近代沿江沿海的通商口岸地域，[6]此地域內最早與西方交往的廣東，尤其是區內的澳門及香港，依近代歷史事實，廣東地域對其周邊地區的人及事，均發揮了重要的啟示作用，當然，不可能把整個中國走向現代化路向的功勞，歸功於廣東地區，但不能否認從中國近現代歷史發展而言，中國現代化或走上現代性的歷程，與廣東歷史文化的發展甚有關係，廣東文化及歷史與近現代中國的歷史事件相為聯繫，若學者提出有「從澳門出發的中國近代史」，也應有「從香港出發的中國近代

4　　見 Matei Calinescu, *Five Faces of Modernity* (N. Y.: Duke University Press, 1987), pp. 18-30；周陽山：〈美國現代化理論的重估〉，《民族與民主的當代詮釋》（台北：正中書局，1993 年），頁 107-121；參白永瑞：〈本國史與地域史的溝通〉，《思想東亞：韓半島視角的歷史與實踐》（台北：台灣社會研究雜誌社，2009 年），頁 271-291；孫歌：〈尋找「近代」〉，《亞洲意味着甚麼：文化間的「日本」》（台北：巨流圖書公司，2001 年），頁 293-341；溝口雄三著，孫軍悅譯：《作為方法的中國》（北京：三聯書店，2011 年），頁 125-133。

5　　見金耀基：〈現代化與中國的發展〉，《中國社會與文化》（香港：牛津大學出版社，1993 年），頁 215-218。

6　　Paul A. Cohen, *Between Tradition and Modernity: Wang T'ao and Reform in Late ChLate Ch'ing Chinaing China* (Cambridge: Harvard University Press, 1974), pp. 24-29; "Littoral and Hinterland in Nineteenth Century China: The Christian Reformers," in John K. Fairbank, ed., *The Missionary Enterprise in China and America* (Cambridge: Harvard University Press, 1974), pp. 197-225. 當然 Paul A. Cohen 多認為沿海的通商口岸對推動改革的重要，卻忽視了內陸支援對改革的作用，但已重視傳統與現代化的互動因素及通商口岸的歷史地位。

史」，進一步擴充為「從廣東出發的中國近現代史」，從廣東出發，了解近現代中國歷史，進而可以藉廣東歷史文化的發展，得以了解近現代中國走上現代化及現代性道路的特色。[7]

澳門早於明朝中葉，已為近世葡人所佔，澳門位於廣東的珠江三角洲，為近代第一個西方天主教傳教士在遠東興築教堂及設立教區的地方，這座教堂及教區就是今天所見的大三巴；至於廣州十三行為清政府最早開放對外通商口岸；廣東區域內的香港島，為第一個割讓給西方的中國領土，更因香港及廣州的鴉片問題，導致鴉片戰爭，由此開啟近代中國史。[8] 乃至晚清孫中山以廣東及香港為發展革命事業的地方，[9] 中山更言：「吾黨每次向粵進攻之出發點，始終不能離開香港」，[10] 致有學者倡言「香港模式之武裝起義」，[11] 及「中山革命在香港」，把孫中山自 1895 至 1925 年的事業，繫於香港，[12] 甚至有革命黨員陸丹林認為「辛亥革命搖籃在香港」。[13]

另一方面，廣東地區也是由整個中國移民南下與當地人組成的地域，由是廣東既蘊藏自中原南下的中國傳統文化，也是明末以來的近代中國，最早與海外諸國交往的地區，故此區域內既有傳統文化，也有吸收西方文化，既有保存中國傳統學問的學海書樓及成為南下遺老聚居地，也成為辛亥革命前後至北伐期間，同盟會及國民黨集結力量的重要根據地方。若認為中國出現

7　程美寶等認為研究中國近代史，應有「從澳門出發的中國近代史」，筆者依程氏等學者的觀點，擴充為「從香港出發的中國近代史」，也因澳門及香港均屬於廣東省的地域範圍，不少西方文化也由廣東一地輻射周邊地域，此可謂「從廣東出發的中國近現代史」。有關程氏等學者的觀點，見程美寶等：《把世界帶進中國：從澳門出發的中國近代史》（北京：社會科學文獻出版社，2013 年），頁 258-259。

8　見李國祁：〈由近代港澳的發展論商業殖民的特徵及對華影響〉，《港澳近代中國學術研討會論文集》（台北：國史館，2000 年），頁 1-20。

9　見李金強：《中山先生與港澳》（台北：秀威資訊，2012 年），頁 191-200；參莫世祥：《中山革命在香港》（香港：三聯書店，2011 年），頁 191-200。

10　孫中山：〈與宮崎寅藏等筆談〉，《孫中山全集》卷 1，頁 183-184。

11　此語出自李金強：《中山先生與港澳》，頁 191。

12　莫世祥：《中山革命在香港》一書。

13　陸丹林：〈總理在香港〉，載中華民國開國五十年文獻編纂委員會編：《中華民國開國五十年文獻》（台北：中正書局，1964 年），頁 108-109。

了不同西方式的「現代化」，這種特色就是具有中國傳統價值與西方的歷史
文化價值並存之「另類現代性」、「另類現代化」，或成為全球「多元現代性」
中組成的一個部分，[14] 則近代中國這種「另類現代性」或「另類現代化」與
廣東歷史文化發展，甚有關係。近代的廣東歷史文化與中國走向具有自己特
色的「另類現代性」也有關係，廣東歷史文化也成為組成中華文化現代化的
重要依據及組成部分。

（二）現代化的意義及近代中國現代化的歷程

　　雖然不少中外學者也批判以「現代化」的概念分析中國歷史的發展，但
不能否認近代中國也是朝向「現代化」的發展方案，然而中國現代化的發展
是一個怎樣的歷程，要了解近代中國現代化的發展歷程，便要先看「現代
化」一詞指涉的內涵。

　　「現代化」一詞在英語的名詞是 modernization，意思指 to make
modern，也就是「成為現代」的意思。Modern 為表示時間的形容詞，主要
是 of the present or recent times，原意是為「現世的」或「現代的」，「近世
的」或「近代的」；及後 modern 一詞除了表述時間的概念外，也有「時新
的」（new, up-to-date）及「時髦的」、「時尚的」（new fashioned）的意思，
引申為「現代」（modern times）一詞，有「新時代」的意思，漢語也譯作
「摩登時代」的意思。「modern」一詞是西方文藝復興時期人文主義者的作品
內，最先使用的，表述了在一個新時代出現的新觀念，也就是把文藝復興時
代的思想，表述為一個與中世紀對立的時代，故「現代」（modern）一詞既
可以作為時間階段，依西方歷史發展而言，是從中世紀結束之後至今天奉為
「長時期」發展過程；而且「現代」也成為一種價值判斷及評估的名詞，以

14　見金耀基：〈東亞另類現代性的興起〉，《中國的「現代轉向」》，頁 180-182；參 Charles Taylor,
　　"Inwardness and the Culture of Modernity," in Axel Honneth et al., eds, *Philosophical Interventions
　　in the Unfinished Project of Enlightenment* (Cambridge, Mass.: MIT Press, 1992), pp. 89-93.

此「現代」（modern）的標準，以別於中世紀的新時代精神與特徵。研究現代化的中國大陸學者羅榮渠以「現代」（modern）是別於中世紀價值觀的標準，引申「現代化」（modernization）一詞的意義，包括：工業化，科學革命，心理態度、價值觀及生活方式的改變。羅榮渠更指出：「由於現代化是一個包羅宏富、多層次、多階段的歷史過程，很難一言以蔽之，因此從不同的角度研究現代化，自然形成不同的流派。從歷史角度來透視，廣義而言，現代化作為一個世界性的歷史過程，是指人類社會從工業革命以來所經歷的一場急劇變革，這一變革以工業化為推動力，導致傳統的農業社會向現代工業社會的全球性大轉變過程，它使工業主義滲透到經濟、文化、思想各個領域，引起深刻的相應變化；狹義而言，現代化又不是一個自然的社會演變過程，它是落後國家採取高效率的途徑（其中包括可利用的傳統因素），通過有計劃地經濟技術改造和學習世界先進，帶動廣泛的社會改革，以迅速趕上先進工業國和適應現代世界環境的發展過程。……作為人類近期歷史發展的特定過程，把高度發達的工業社會的實現作為現代化完成的一個主要標誌也許是合適的」。[15] 羅氏此說較清楚地表述了「現代化」（modernization）一詞，是指一個國家或社會發展的過程，而此過程呈現的政治、經濟、學術、文化等各方面的現象及特色，是與「昔日」及「傳統」有別，而因羅氏以西方「現代化」的標準，分析國家及社會發展，是否已進入「高度發達的工業社會」，這具有以上「現代化」標準的國家或社會，才可視為已達到「現代化」發展的境地。

　　依另一位研究現代化理論的學者吉爾伯特‧羅茲曼（Gilbert Rozman）在《中國的現代化》（*The Modernization of China*）一書，表述了「現代化」的定義為：「從一個以農業為基礎的人均收入很低的社會，走向着重利用科學及技術的都市化和工業化社會的這樣一種巨大轉變」，羅茲曼更認為「現代化是人類歷史上最劇烈，最深遠並且顯然是無可避免的一場社會變革」，

15　見羅榮渠：《現代化新論 —— 世界與中國的現代化進程》（北京：商務印書館，2004 年），頁17。

現代化的研究是一種手段，而不是一種目的，由是現代化是為對各社會在科
學技術革命的衝擊下，已經或正在進行的轉變過程，而現代化的社會，是表
明了現代化是涉及社會的各個層面之一種過程，而促成現代化的社會變革因
素，包括：國際關係，非農業生產尤其是製造業及服務業的相對增長，出生
率及死亡率由高向低的轉變，持續的經濟增長，公平的收入分配，各種組織
和技能的增生及專門化、官僚化、民眾的政治大眾化、教育水平的擴展等。
書中把「現代化」的內容細緻地，分為：國際環境，政治上主權發展、國家
權力、地方政權、法律結構、利益集團，經濟上資源分配、消費及投資、技
術革新、通貨及財政問題，社會的整合主要是從人力資源、民眾定居情況、
移民流動、人際關係，在教育上的民眾教育、精英教育、教育與價值觀、科
學及技術等，[16] 作者更從以上「現代化」的內涵，對中國情況進行探討，並
從以上各方面了解中國的社會變化。費正清（J. K. Fairbank）在《中國：傳
統與變革》（*China: Tradition and Transformation*）一書中表述的「傳統中國」
就是 1842 年鴉片戰爭前未開關的中國，而 1842 年後，因受外力入侵，才促
使中國進行「現代化」，書中表述中國傳統的經濟為農耕社會，經濟生產模
式只是以人們體力多少為重要考慮因素，農產品集中在鄉村經濟，社會上也
重視以家庭為中心，而不是以上帝國家為核心，傳統的中國家庭制度是等級
制，也是專制：婚姻是家庭的結合，不是個人的結合，由是重視倫理制度，
不重視法律及宗教制度，這些「傳統」特色在接觸西方後，均受到「數千年
來未有的變局」。[17] 然而，費正清及羅茲曼均以西方式「現代化」的觀念，
分析及衡量近代中國是否已進行西方式「現代化」，他們持論仍受「傳統」
及「現代」的二分法影響，只持「挑戰與回應」的觀念，分析中國演變過程，
多因強調中外接觸後，西方對中國的影響，中國與西方交往後，才有現代

16　見 Gilbert Rozman, *The Modernization of China* 一書。

17　見 John K. Fairbank, Edwin O. Reischauer, *China: Tradition and Transformation* (Boston: Houghton
　　Mifflin Company, 1989), pp. 17-33.

化，故應多注意研究早期開發的及中外交往頻繁的條約港，[18] 其論未免太過強調外力的影響，外來文化就是「新文化」，新文化就是「現代化」的過程，未注意傳統與新文化是可以互相並存，傳統與新文化也可以在中國走向「現代化」過程中，二者也是並存。他們持論多認中國歷史的發展似是線性的發展，直接朝向西方設計的「現代化」（工業化）之目標，建構了中國走向「現代化」的道路，是與中國的傳統內涵，相為斷裂。[19]

至於華人學者研究近代中國現代化的成果方面，如張玉法在〈「中國現代化的區域研究」：架構與發現〉一文中，指出現代化的定義如何，說法不一，從經濟發展方面而言，有人說工業化，從政治建設方面而言，有人說是民主自由，從學習的模型而言，有人說西化就是現代化，「就我們的觀察，近三百年來人類所珍視的幾個價值觀念，第一，人類力圖改善其生活環境，使從貧窮變為富有；第二，人人要求平等，力圖消除階級觀念，建立民主政治；第三，人人要求自由，有自由才能充分發展個人的智慧及潛能。這三個價值觀念的實現，或可謂之為現代化。我們的現代化定義或者就是這些變數的總合」，[20] 張氏認為「現代化」一詞往往又是西方帝國入侵的「附庸」，強說「現代化」要求非「現代化」的國家及社會放棄自己的文化，「不能現代化者，雖有久遠光榮的傳統，或為滅亡，或淪為殖民地，⋯⋯世界各國捨現代化無以自存」，也甚有不當，當然也不能忽視現代化對中國的影響，現

---

18 如 John K. Fairbank, *Trade and Diplomacy on China Coast* (Cambridge: Harvard University Press, 1953); Chi Ming Hou, *Foreign Investment and Economic Development in China, 1840-1937* (Cambridge: Harvard University Press, 1968); Rhoads Murphey, "The Treaty Ports and China's Modernization," in Mark Elvin and William Skinner, ed., *The Chinese City Between Two Worlds* (Stanford: Stanford University Press, 1974), pp. 17-73。有關西方研究港口及口岸區域成果的得失，見林滿紅：〈口岸貿易與近代中國 —— 台灣最近有關研究之回顧〉，載中央研究院近代史研究所編：《近代中國區域史研討會論文集》（台北：中央研究院近代史研究所，1986 年），頁 869-875。

19 有關 John K. Fairbank 從「挑戰與回應」的觀點，引申以「現代化」（modernization）的論調及此論調之失，見 Paul A. Cohen, *Discovering History in China: American Historical Writing on the Recent Chinese Past* (New York: Columbia University Press, 1984) 一書。

20 見張玉法：〈「中國現代化的區域研究」：架構與發現〉，載中央研究院近代史研究所編：《近代中國區域史研討會論文集》，頁 850-851。

代化不會把傳統全部改革，「傳統不是一朝一夕就會消失的，現代化也不是立即進入全面取代的，其過程緩慢漸進，⋯⋯ 傳統與現代化一經接觸，即發生折中作用，先是抗拒，而後調適，到了 1905 年才『大撤大退』。但中國的傳統有極大的堅韌性，到今天現代化並沒有完全取代傳統。中國人正試圖建設一個傳統與現代化相融合的國家，經濟發展，政治民主，社會平等自由。而回顧清末民初還剛剛起步」。[21] 蘇雲峰在〈從理論到實際：清季現代化運動的面面觀〉一文中，認為「現代化是一個開放自主的社會，在一個互相交流與競爭的國際環境中，不斷增進知識，以增強對環境的控制利用及保護能力，使傳統政治、經濟社會制度及思想價值逐漸演化與調適，以適應現代功能的連續互動過程」。[22] 研究香港史及廣東史的學者羅香林，在〈中國現代文化的動向〉一文中，以為「現代化是以『生存協進』、和『道器雙溶』、『權能同重』、『理法並治』、『業藝同興』、『保育並舉』，現代文化的重要使命，就是要將此六點，而為圓滿的運用，以擴大民族國家乃至於全人類生存發展的功能」。[23] 以上華人學者已注意不應只持西方式「現代化」概念，為衡量中國社會文化進化及演變的標準，注意近代中國社會的演變過程時，也應注意傳統與現代社會的互動關係，不可忽視傳統價值及傳統的特色在現代社會中扮演角色、作用及發展過程。

　　研究東亞諸國現代化的學者金耀基認為，「現代化」一詞有不同的意義，往往是因為「現代化」被視為「開發」的同義字，故自然把「傳統社會」視為「未開發」的社會，把「現代社會」視為「開發」社會，如持西方中心論者，往往把「未開發」的社會視為「非西方社會」，而「開發」社會為視

21　見張玉法：〈「中國現代化的區域研究」：架構與發現〉，頁 867。

22　蘇雲峰：〈從理論到實際：清季現代化運動的面面觀〉，《中國現代化論文集》，頁 32-33。

23　羅香林：〈中國現代文化的動向〉，《中國文化論叢》（香港：中國學社，1967 年），頁 1-15；有關羅香林對「中國現代化」觀念的研究，及其賦予廣東及香港的歷史使命，見區志堅：〈中外文化交融下香港文化之新運：羅香林教授中外文化交流的觀點〉，載趙令揚、馬楚堅編：《羅香林教授逝世二十週年紀念論文集》（香港：薈真文化事業出版社，2006 年），頁 36-52；〈香港成為國際漢學交往的橋樑 —— 從乙堂問學書信看戰後羅香林與海外學人之交往〉，載林慶彰編：《國際漢學論叢》2 期（台北：學生書局，2005 年），頁 251-290。

「西方社會」，而「現代化」被解釋為一種「日漸近似西方社會的變遷過程」，而現代化並不指一種特殊的變遷，如工業化、西化，而應是一種相對性的現象，指一個社會或國家，自願或不自願地發生一種改變的過程，而這改變減少了他自己與其他認為更進步，更強大或更有聲威的社會之間的文化的，宗教的，軍事的或技的差距，這一種「現代化」的形變過程分析起來，就是文化的與社會的變遷，而傳統文化在新來文化的衝擊下，亦必有一種變化，而社會與文化的現代化，是非平衡的，非系統化的，而其結果出現是「非平衡」的成長或發展，更重要的是傳統社會「現代化」的過程，是一種「選擇的變遷」，有時是傳統文化的特質能與新文化的特質順利地「運作的功能的綜合」，有時是與新文化相抗，而中國現代化的歷史背景，因為中國的「現代化」不是起因於一種「內發的力量」而是源自一種「外發的壓力」，中國的「現代化」是一種「防衞底現代化」，中國在過去二千年中從沒有出現「全部的」變遷，只有「適應性」的變遷，而要多注意近代中國與西方或新文化接觸後，中國發生的變遷，另一方面，中國本土文化而受外來文化的壓力，出現了多種的反應，一是保存現有的傳統文化，二是盡力恢復過去的文化，三是努力學習西方文化或新文化，四是中國文化與西方文化融合。所以中國「現代化」，就是指新代中國知識分子的思想，由政府及民間進行改革革命活動，社會經濟發展與以上四種「反應」的互動過程。[24]

　　概括以上學者的觀點，本文以「現代化」一詞指涉是一種國家及社會發展的過程，而這個過程是代表了一個社會或國家已有的或是傳統文化，在接觸外來的，新的文化後，作出的變化；但這變化不一定是直線的發展，也不是朝向西方建構「工業」國家的模式，而是一種傳統文化與新的文化，時有融和，時有衝突甚至是融和及衝突並存的狀態，這樣在中國而言，這種新文化就是明中葉或自 1840 年之後，來自外力的「西方文化」（外來文化），在整個中國地域來說，最早接觸西方文化的文化地域就是廣東，區內的澳門及

24　金耀基：《從傳統到現代》（台北：時報文化，1978 年），頁 175-212。

香港均是近世以來，最早與西方文化交流的要地，學者甚至認為「澳門與香港的聯繫，也是推動中國內地與世界聯繫的重要方面」，[25] 藉研究此地域社會、經濟文化的變遷，自可見中國走向現代化的歷程中，廣東扮演了哪些角色及元素？同時，近代以來廣東地域的發展，在保存傳統文化之下，才吸收西學，終以傳統文化與新文化並進，傳統文化與新文化並存共生的現象，可能這就是中國未來走向多元現代化，或「中國特色現代化」的面貌。

　　不少學者指出中國現代化進程包括了：（1）器物技能層次（technical level）的現代化，（2）制度層次（institutional level）的現代化，（3）思想行為層次（behavioral level）的現代化。雖然中華民族早於 1840 年之前，已與外國交往，唐代文化也因為與外來文化交流，終成帝國的氣象，而蔣廷黻已指出「那些外族都是文化較低的民族，縱使他們入主中原，他們不過利用華族一時的內亂而把政權暫時奪過去，到了十九世紀，這個局勢就大不同了，因為在這個時候到東亞來的英、美、法諸國絕非匈奴、鮮卑、蒙古、倭寇、滿清可比，⋯⋯ 到了十九世紀，來和我們找麻煩的不是我們東方世界裏的小弟們，是那個素來不相識而且文化根本互異的西方世界」，[26] 自 1840 年鴉片戰爭之後，來華的力量絕對不是昔日來自中國本土的胡人及蒙古，而是一個科技及思想文化深厚，又具有富強的軍事後盾之西方力量。當鴉片戰爭後，輸入西方文化，使中國「遇上數千年來未有之巨變」。[27]

　　自鴉片戰爭後，中國門戶洞開，再經歷第二次鴉片戰爭及平復太平天國得洋人的協助，使知識分子了解效法西方「炮利船堅」的重要，希望「師夷之長以制夷」，由是展開曾國藩及李鴻章推動的「自強運動」，以「開鐵礦，製船砲」為第一要務，但甲午之戰，代表了只求技器的改革，不足救國，又以康有為、梁啟超為首的人物，主張要求制度的改革，主張廢八股，

25　程美寶等：《把世界帶進中國：從澳門出發的中國近代史》，頁 109。

26　蔣廷黻：《中國近代史》（香港：香港上海印書館，1984 年），頁 1。

27　見郭廷以：〈中國現代化的延誤 —— 兼論早期中英關係的性質〉、〈近代西洋文化之輸入及其認識〉，載金耀基等著：《中國現代化的歷程》（台北：時報文化，1986 年），頁 129-152、153-176。

設學校，開銀行，辦報紙，要求廣開言路，改革的呼聲更甚深於只求技器的改革，結果卻因反對力量而未成功。至孫中山一方面繼承西方式現代化的思想，進行全面制度及思想的改革，加上，歷史時勢，締造成中華民國的建立，此代表了中華千年帝國的瓦解；最後，雖有孫中山的革命及改革，但對其時的中國而言，思想行為層次的現代化是最困難的，它涉及文化的信仰系統、價值系統、社會習俗等內層的質素，就是希望整個生活方式的改變，故有五四運動的出現，在此運動中，以胡適、陳獨秀及李大釗為首的學者，也提倡全面批判中國傳統文化，由是進行思想現代化的過程。當然這過程，正如金耀基所言「這三個層次在事實上是不能清楚地劃開來的，器物技能，制度與思想行為是不能分的，也是彼此影響的」，[28] 而這種現代化的現象，也不能夠與中國本土傳統文化決裂的，中國傳統社會轉變成為「轉型社會」，在工業上、教育上及社會文化上，出現了新舊文化既有排斥，又有融合的轉變過程。而在這些轉變或「巨變」的過程中，廣東乃扮演了援引新學或新文化，又保存中國傳統文化的角色。

更有學者 Edward J. M. Rhoads 在 *China's Republican Revolution: The Case of Kwangtung, 1895-1913* 一書中，指出雖然廣東不是一個特別的省份，但此地域於 1895 至 1913 年的歷史發展經驗，已見革命力量及革命行動均較其他省份熱烈、靈活及多元化，而辛亥革命後的文化轉變也較其他省份較廣泛，革命後的愛國革命行動及革命思想與其他省份相較，實更全面及更廣泛地在廣東發展。[29] 乃至抗戰發生，日本派往廣東的南方調查會長井上匡四郎進行對南方資源的調查後，歸結南方的中國（南支那）為中國（支那）近代思想的發祥地，革命運動家的溫床；另一位，為日本軍方編撰的《廣東福建讀本》之內藤英雄指出，應以「廣東為中心的南方史」，重視廣東在南中國扮演的重要角色。當然，這些言論與其時日本為方便南進中國的政策，對中國

28　金耀基：《從傳統到現代》，頁 189。

29　Edward J. M. Rhoads, *China's Republican Revolution: The Case of Kwangtung, 1895-1913* (Cambridge, Mass.: Harvard University Press, 1975), pp. 67-268.

南方展開研究，甚有關係，而他們雖多把福建及廣東視為同一範圍，但不可
忽視他們以廣東為南方發展的「中心」。[30]

（三）廣東與中國現代化的關係

　　我們先看廣東的文化地域指涉範圍，依張其昀《本國地理》一書，把位
於南方的珠江三角洲及嶺南地域，概括為今天廣東省區的地理範圍，認為此
地為中南部，水利交流之地，「為中西海上交通必經之地，廣州通商最早」，
「廣州為南海第一大都會，粵漢鐵道之終點，佛山為著名工業地，香港雖淪
於英國仍為我國南方對外貿易之門戶」，而嶺南山地為「廣東北部，廣西全
省，產米糖木材，雞豚及茴香桂油等，大庾嶺產稀有金屬如鎢錳等」，[31] 廣東
一地在整個近代中國歷史地理環境而言，是最早的通商地域，而張氏表述的
廣東「為中西海上交通必經之地，廣州通商最早」，主要是與十九世紀以來
的西方外力。吳群繼主編《廣東概況》對「廣東」地域表述為：廣東於春秋
戰國時為百粵的管轄範圍，秦始皇建立政權後，廣東屬南海郡、象郡，部分
為桂林郡，漢武帝平南越後，廣東地屬揚州，三國至隋，先後屬於廣州、交
州、荊州，唐代先置嶺南道，宋朝為廣南東路及廣南西路，元代分屬江西行
中書省和湖廣行中書省，明朝置廣東布政使司，下轄十府，基本上確立了廣
東行政區劃分的格局，清朝設廣東省轄區範圍，相沿至今，省下轄有廣州、
潮州、惠州、韶州、肇慶、高州、雷州、瓊州；1911 年辛亥革命後，廣東
分設粵海、潮循、欽廉、高雷、珠崖、嶺南，國民政府把廣東分設十一個行
政區。1949 年中華人民共和國成立，廣東省行政區確立，其地域範圍有：
廣州市、深圳市、珠海市、汕頭市、韶關市、河源市、梅州市、惠州市、汕
尾市、東莞市、中山市、江門市、佛山市、陽江市、湛江市、茂名市、肇慶

市、清遠市。1997 年後香港及澳門相繼回歸中國，先後成立中國特別行政區。然而，港、澳在 1997 年之前學者多從文化、經濟互動關係，及粵港澳區域的居民多以同持一種粵語之角度而言，把香港、澳門及廣東視為同一個廣東領域，[32] 故本文也以廣東及嶺南的概念，包括吳群繼在《廣東概況》一書中所列廣東省範圍內的各個市縣外，也包括香港及澳門。

至於整個中國的水系發展，主要是黃河流域，長江流域及珠江流域，珠江流域的範圍就是影響廣東自然地理的範圍。廣東自然地理環境為北依五嶺，南臨南海，地勢北高南低，東西各向腹地，境內山地、平原，南部沿海有珠江三角洲，韓江三角洲及小塊谷地平原，珠江水系集西江、北江及東江三大江流，匯合於廣州市附近，珠三角洲為平原地方，廣東一地的海岸線長，海洋活動便利，為熱帶農業海洋文化地帶的區域之一，又與內陸的水系交接，上游有深遠的腹地，與長江相連，下游合匯於廣州，有八個出海口直通南海，形成內陸與海洋經濟文化輻射地方，由是形成經濟發展以海外貿易為主，[33] 廣東也是一個民族南移的地域，除漢民族外，也有黎、瑤、苗等，也是一個華僑組成的省份，不少居廣東的民族，多是中原南下逃避戰爭的族群；日後，居廣東的族群又多向海外移民，而祖籍潮州的，不少移居泰國，馬來西亞等地，而梅縣及惠州的客家人，多聚居在印度尼西亞、新加坡、泰國等地，今天往美國，加拿大和澳大利亞的移民，也多是四邑人及中山人，其中四邑人就是居廣東的台山、開平、恩平、新會的人士。[34]

李時岳在《嶺南文化》一書，表述了嶺南文化自上古至今的發展，自上古至周代為越文化獨立發展期，春秋時楚國，吳越兩國文化發展，代表了嶺南一地受越文化的影響；自秦收復嶺南至漢武帝平定嶺南，為嶺南文化的漢越文化確立期；兩漢至明末，因為漢民族自中原移入嶺南一地，帶動中原以

32　陳明銶：〈二十世紀初年廣東在近代中國轉化之歷史角色〉，載陳明銶、饒美蛟主編：《嶺南近代史論：廣東與粵港關係 1900-1938》（香港：商務印書館，2010 年），頁 1-4。

33　黃偉宗、司徒尚紀：《中國珠江文化史》（廣州：廣東教育出版社，1992 年），頁 3-12。

34　吳群繼主編：《廣東概況》（香港：香港大道文化，1988 年），頁 37-41。

漢人代表的文化傳入嶺南至有「建立以漢文化為主體的嶺南文化」的階段。明中葉前期，正德九年葡萄牙人首先往中國，1577 年租佔其時明朝管轄的領土之澳門；其後，西班牙、荷蘭、英國，以武力為後盾，強行入侵，並輸入西方文化，故明中葉至今，為「嶺南文化的中西文化碰撞期」，其下細分為從康熙設四口通商至鴉片戰爭為「嶺南文化的中西文化碰撞期」的初期，從鴉片戰爭至辛亥革命前為「嶺南文化的中西文化碰撞期」中期，自辛亥革命至二十世紀中葉為「嶺南文化的中西文化碰撞期」後期，李氏更指出「從清中葉至二十世紀中葉，中西文化的碰撞一方面使中國傳統文化的優秀部分受到衝擊，另一方面又使嶺南文化得以在兩個世紀的短短時間內，吸收了西方文化大量精華並將其糅合在自己多元文化格局中」。[35] 另外，羅香林在〈世界史上廣東學術源流與發展〉一文，把由漢至二十世紀廣東學術文化發展，分為自兩漢至南北朝為廣東學術思想第一時期，由隋唐至宋代為廣東學術思想第二時期，自明至光緒中葉為廣東學術思想第三時期，甚至認為「嶺學的系統，也是到了這時期才完成的」，此時也為「中西文化交流的關係」；自光緒末葉至二十世紀為廣東學術思想第四時期，羅氏更認為廣東學術的特色，是：「一方面植基於民族本身之優秀與努力，一方面植基於中外學術交流之綜匯與激揚」，表述了廣東歷史文化既是上承中國傳統文化，也吸收西學。[36]

又依蔣祖緣、方志欽主編《簡明廣東史》一書，把秦至南北朝劃為廣東「封建經濟文化的逐步發展」期，隋唐五代為「粵北粵西的開發和廣州貿易」期，宋元為「廣東封建統治的加強和經濟文化的發展」期，明代為「廣東布政使司的設置和社會經濟的迅猛發展」期，清代鴉片戰爭前為「廣東社會和資本主義萌芽的緩慢發展」期，鴉片戰爭為「廣東半殖民半封建的開始和人民的抗爭」期，書中表述了「廣東在中國近代史上，對於中外文化交流，特

35　李時岳、李明華、韓強主編：《嶺南文化》（廣州：廣東人民出版社，2010 年），頁 85-113。

36　蔣祖緣、方志欽主編：《簡明廣東史》（廣州：廣東人民出版社，2006 年），頁 20-23。

別是在引進西方資本主義的科學、文化、政治觀念等各方面，發揮了非常重要的作用」，又說「廣東在反帝反封鬥爭和資本主義革命的歷史階段革命運動中，一直站在全國的最前列」。[37] 李錦全、吳熙釗、馮達文編著的《嶺南思想史》一書，表述了自先秦至鴉片戰爭前為嶺南思想發展的「古代部分」，自鴉片戰爭至孫中山於 1925 年逝世前後的二十至三十年代為嶺南思想發展的「近代部分」，又認為「嶺南近代思想主要研究從鴉片戰爭至『五四』新文化運動這一段時期內嶺南地區思想演進的歷史，以揭示嶺南思想的形成，特點以及在全國的歷史地位和作用」。[38]

　　暫不討論蔣、方、李、吳、馮等學者，以馬列史觀分析廣東歷史發展是否恰當，但可知他們視「鴉片戰爭」為廣東歷史文化的「古」、「近」歷史的分水嶺，並認為鴉片戰爭後的廣東歷史文化對整個中國發展影響甚大，而鴉片戰爭前後為嶺南歷史文化發展之分水嶺的原因，就是他們從中外文化交流的衝突及碰擊中，肯定廣東歷史文化之地位，也就是肯定廣東或嶺南的歷史文化之特色是中西文化交流下，對整個中國歷史文化發生的影響，既然相信中西文化交流為近代中國文化的特色，也間接地確認構成近代中國文化組成的元素，就是廣東文化的特色；我們也相信「近代」中國歷史的出現，也是中外歷史文化等各方面交流下的產物，[39] 故我們要先注意在中國內陸尚未與近代西方文化交流時，這塊早與西方文化交流的廣東地區，與中國走向現代化的路向之關係何在？

　　早前談及中國現代化的道路為自是器物技能層次（technical level）的現代化，這樣不能不注意廣東地域內澳門歷史文化的發展。澳門與西方文化的交往，也可謂整個中國走向與現代國家文化交流的預幕。十八世紀，葡人及西班牙人，以其航海技術及火炮術的發展，遠渡重洋，葡人更把力量延伸至

37　李時岳、李明華、韓強主編：《嶺南文化》，頁 85-113。

38　李錦全、吳熙釗、馮達文編著：《嶺南思想史》（廣州：廣東人民出版社，1993 年），頁 241。

39　有關中國學者表述鴉片戰爭為「近代」中國歷史的開端，見梁景和：《中國近代史基本線索的論辯》（南昌：百花洲文藝出版社，2004 年），頁 70-85。

亞洲，葡人於嘉靖十四年，以納賄指揮明官員黃慶，並每年輸銀兩萬兩，得
移居濠鏡（澳門），為貿易期間的棲泊所；嘉靖三十六年，又以賄海道副使
汪柏，遂獲定居，至萬曆末，葡人來華日多，「有夷人之糧米牲菜等物盡仰
於廣州，則不特官澳之運濟，而私澳之販米於夷者更多焉。……夷人忘我
興市之恩，多方於抗衡自固之求。我設官澳以濟彼饔飧，彼設小艇於澳門海
口，護我私濟之船以入澳，其不受官兵之盤詰若此」；同時，明萬曆已派員
往澳門募購葡兵及西炮，運往遼東，以防滿人入侵，甚至袁崇煥所使用傷努
爾哈赤的大炮，也是使用澳門提供的「西洋大炮」，這些「西洋大炮」是澳
人從呂宋（西班牙人）引進的，然後進獻給明朝，輸入內陸，故明人也稱
「香山澳夷所傳西洋大統為猛烈神器」，「香山澳夷」語就是指居澳門夷人。[40]

　　談及西洋武器的傳入，也可以注意整個嶺南地區的援引西洋科技知識
的情況。1839 年林則徐給道光的奏摺，已說：「夫震於英吉利之名者，以其
船堅炮利而稱其強」，及至鴉片戰爭後，更說在清軍與英人交戰中，感到：
「彼之大炮，遠至十里內外，其接仗相隔遠甚，況其放炮之法，與內地排槍
同一接連不斷，我僅小炮，既不能及彼，且放一炮後，須費多少輾轉，然後
再放」，早於開戰前，林氏已在廣州購西洋各國炮二百餘，增排虎門兩岸，
並派十三行商人潘仕成、潘世榮、梁漢鵬在廣州陶鑄西洋槍炮，及以西洋方
法設計一些活動炮架。其後，1842 年有兩艘美國兵船來到廣州黃埔，廣東
水師提督吳建勛與南贛鎮總兵馬殿甲登船參觀，決定仿其樣式「製造船樣一
隻」，至 1842 年底已有十三行商伍秉鑒、潘正煒「捐買米利堅，呂宋夷船
各一隻」，又在 1843 年欽差大臣耆英來粵，多次購「洋槍」及「洋火藥」，
也有廣州調任的閩浙總督鄧廷楨也建議在沿海各省大造船鑄炮。其後，雖然
未能全面學習西方炮術的科技，也因軍費未足，未能充裕海防，但已開啟清
朝官員注意改良中國傳統炮術，為日後自強運動提供了輸入西方科技知識，

40　有不少學者爭論努爾哈赤是否為紅夷炮或呂宋炮所傷，見金國平、吳志良：〈努爾哈赤死因真
　　相新證〉，頁 420-425；參歐陽琛、方志遠：〈明末購募西炮葡兵考〉，載趙春晨等編：《中西文
　　化交流與嶺南社會變遷》（北京：中國社會科學出版社，2004 年），頁 59-82。

定了初步基礎，在魏源的《海國圖志》中，也曾多次談及林則徐在廣東購炮的事情，故有學者指出「鴉片戰爭期間以嶺南為中心的購置、仿製西洋式武器的活動，許多都是由於技術上的障礙而未能獲得成功，因此它使一些有心人開始感悟到中西之間技術上差異，激發起他們對西洋科技的興趣」。[41]

談及西方科學知識的傳入，不可不注意西洋醫術知識在廣東的流佈情況。於明代隆慶三年，已有耶穌會士葡人卡內羅（Melchior Carneriro）主教在澳門建立聖拉斐爾醫院（Hospital de S. Rafael），因位於澳門白馬行路，此院便名為白馬行醫院。而在《澳門紀略》一書稱此醫院為「醫人廟」，此醫院開辦內外科，其後，又有西教士鄧玉函（Jean Terrenz）於 1621 年在澳門傳教，及編《泰西人身概說》，介紹人體骨骼、血液、筋脈、耳、鼻、喉等器官，又於 1642 年與來澳的羅雅谷（Jacques Rho）等人編《人身圖說》，為人體解剖學的專書。1806 年英國東印度公司醫生皮爾遜（Alexander Pearson）在澳門及廣州開展牛痘接種，並編印介紹種牛痘的書籍，如《牛痘奇法》，於 1815 年廣東成立官辦種牛痘機構，而於 1828 年廣東香山縣曾卓如太史從廣州把牛痘苗送往北京，開局設京都種牛痘局，傳播牛痘術，因此牛痘術由廣東傳往中國各地。1820 年馬禮源與東印度公司在澳門設藥房兼診所，1827 年東印度公司的英國醫生在澳門設眼科醫院及養病院，1835 年美國傳教士伯駕（Peter Parker）在廣州設立眼科醫院，1895 年改名為博濟醫院，英國傳教士兼醫生合信（Benjamin Hobson）在 1843 年在香港設立香港醫院，又在 1848 年在廣州開設金利埠醫院。1865 年美國傳教士醫師嘉約翰（John Glagnow Ken）在廣州創辦博濟醫院附屬學校，並於 1879 年招收女生，是中國最早招收女生的學校，1877 年何啟在香港創辦有系統傳播西醫知識的香港西醫書院，孫中山也是入讀此校。1899 年美國醫生富馬利在廣州創辦廣東女醫院護士學校，只招女生，這些西醫學校既培養了很少西醫

41　見趙春晨：〈論鴉片戰爭期間以嶺南為中心「借取」西洋式武器浪潮〉，《嶺南近代史事與文化》（北京：中國社會科學出版社，2003 年），頁 5-16。

人才，甚至有學者認為「這批西醫學校培養了中國第一代西醫醫師」。[42]

　　談及西方科學知識的傳入，也不可不注意在澳門建立的聖保祿堂及聖保祿公學。公學創於 1565 年，自 1574 年葡人國王從馬六甲的稅收中抽出 1000 克資助公學辦學，1578 年葡商每年從獲中國的 1600 擔生絲中，分於 50 擔給傳教士販運日本取金錢為辦學費用，公學為在澳門及中國內地的西方傳教士教導漢語、科學、文化及「神修課程」，也為日本、中國、韓國的教士教導以上知識，教學內容以西方古典知識為主，以神學為要點，以拉丁文為基礎，也開辦數學、天文曆法學、物理學、醫藥學、哲學、神學、漢語、拉丁語、音樂、修辭學等十多門課程，漢語及漢文為西教士及學生必要學習的課程，以便傳教。[43]

　　清帝康熙因耶穌會士懂漢語，自然科學知識甚佳，由是規定：凡要求入華傳教的新來會士，不懂中文及漢語的，均要「教他在澳門學中國話語」；乾隆時，耶穌會也規定：入華教士必須「剃髮易服，赴廣東澳門天主堂，居二年餘，……習知中國言語」。日後，凡耶穌會士、方濟各會、多明我會等西教士要往中國內地傳教的人士，均要在公學修讀漢語。其中一位耶穌會教士為早於明萬曆初年，已來華的羅明堅（Michele Ruggieri）更為耶穌會獲准在中國內地傳教的第一位人士，他提倡來華的西教士要學習中國語言文字，更用三年時間，編寫《天主聖教實錄》，並在他所寫了一些中文詩歌上，運用了他鑄造的中文教會及教義的辭彙；羅明堅也把今天《聖經》所見「聖母童身生」、「天主子降生」的故事，呈現在中文書寫的詩歌內容上，如其中一句為「人心生一念，天主悉皆知，善惡若無報，至尊必有私」，也是呈現

42　盛永華、孫關龍：〈嶺南 —— 西醫東漸的中心〉，《中西文化交流與嶺南社會變遷》，頁 152-163。

43　有關聖保祿學院在澳門的發展，見李向玉：《漢學家的搖籃：澳門聖保祿學院研究》（北京：中華書局，2011 年）一書。

天主的全知及公義的意思；[44] 他又在澳門成立傳道所，命名為「經言學校」，以中文向居於澳門的中國人宣講天主教教義，為「中國第一個用漢語傳教的機構，同時，也是當時中國第一所外國人學習漢語的學校」。[45] 後來，也由羅明堅引薦利瑪竇來華傳教及因其傳上西方天文地理的知識，又因留在廣東肇慶，更在此地教導「地圓說」及天體學的知識，又把中國經典如：《三字經》、《千字文》等中國童蒙典籍譯成拉丁文，傳往歐洲，更有學者指出羅明堅生前已編，但未出版《中華圖誌》，日後此書傳返歐洲，其對歐洲及中國二地學者的繪地圖法，也有影響。此外，西教士如郭居靜、艾儒略、龐迪我、畢方濟、鄧玉函、湯若望、南懷仁等，均先後在公學教學或受學，才往中國內地傳教，公學也招收一批在澳門入教或由內地來澳門入教的中國天主教信徒，他們畢業後也派往內地參與教會的活動，如原籍陝西的李安德、原籍廣東澳門的游明輝、黃明沙、費藏玉等，也有原籍江蘇的陸希言及吳歷。[46] 由此可見，若以中國走向科技及科學知識現代化及思想層面的現代化發展而言，廣東的澳門是扮演了整個中國與西方科學及西方宗教知識的首先交流的地方，天主教也藉先在澳門，後傳至廣東，終至北京。

　　當然，談及中國走向現代化的階段，也要注意廣東十三行的成立，此為間接促成鴉片戰爭的原因，若鴉片戰爭為中國近代史及中國走向現代化的序幕，則必要注意中國走向現代發展的獨口通商的地方，這就是廣東十三行。明萬曆已有三十六行主理外舶海市，明末清初三十行只存十三行，康熙二十四年粵海關成立前後，亦稱十三行，在 1760 至 1842 年為十三行對外貿

44　有關羅明堅撰寫中文詩的內容，轉引自古偉瀛：〈啼聲初試 —— 重讀羅明堅的教會辭彙〉（未刊稿），2013 年 2 月 28 日，澳門特別行政區政府文化局主辦「羅明堅中國地圖集學術研討會」（宣讀論文）。有關研究羅明堅的《中華圖誌》之內容及其影響，見金國平：〈關於羅明堅《中華圖誌》的底本〉（未刊稿）；徐光台：〈羅明堅、利瑪竇和范禮安與一幅未署名明末耶穌會中國區地圖〉（未刊稿）；Antonio Vasconcelos de Saldanha, "A Man For Two Seasons After China: Michele Ruggieri in Europe"（Unpublished Paper），以上論文發表於 2013 年 2 月 28 日，澳門特別行政區政府文化局主辦「羅明堅中國地圖集學術研討會」（宣讀論文）。

45　關漢華：〈十六世紀後期中西文化交流的一次開拓性實踐 —— 羅明堅華南行跡考述〉，《中西文化交流與嶺南社會變遷》，頁 636-648。

46　參黃啟臣：《澳門通史》（廣州：廣東教育出版社，1999 年），頁 121-130。

易專利時期，清代特於廣州新城外西南地方，面臨珠江北岸，設十三行，由
十三行華人行商驗貨納稅的地方，朱希祖更說：「十三行在中國近代史中，
關係最鉅，以政治而言，行商有秉命封艙停市約束外人之行政權，又常為政
府官吏之代表，外人一切請求陳述，均須有彼輩轉達，是又有惟一之外交
權；以經濟而言，行商為對外貿易之獨佔者，外人不得與中國其他商人直接
貿易。此等特殊制度，無論中國外國，皆蒙不利，鴉片戰爭，即為擊破此種
外交制度及通商制度而來，自此一戰，中國一蹶不振，外交經濟，皆為不平
等條約所束縛，百年以來，皆受十三行所貽禍」，[47] 只有十三行成為中外商
貿交往的機構，這樣促使部分中方商人藉與西方英商的交往中，出現貪污及
濫收稅項，這樣使到很多外商不滿，其後派英國商務大臣來華，與中方交
涉；最後，義律因知中方處事不公及因悉中方的科技不如英人，由是建議對
華用兵。

　　而廣州十三行的成立，促使區內有廣東腔的英語（Pidgin English），[48] 如
「My chin chin you」，即在粵語「請請」之上，加上你、我，這種語言日後
傳往上海，成為上海人與外人溝通的另一種「洋涇濱英語」，為了通商也培
訓不少翻譯人才，如鴉片戰爭時，十三行商人伍崇曜、吳天顯往江浙助耆英
交涉英軍侵略江浙沿海事宜；鴉片戰爭後，英人入城，有賴十三行商的商人
與英人交涉而得暫時的安寢。當然，十三行也帶動西方醫術及科學知識傳入
中國，如嘉慶年間，十三行商人之一會隆行商人鄭崇謙知天花絕症可由西方
「種牛痘」的醫術得治療，遂請西醫皮爾遜自澳門至廣州地設牛痘局，更把
種牛痘的治療法傳於番禺人梁輝上，香山張堯等。道光八年，行商潘仕成推
廣此術往北京，並於北京宣武門外南海邑公館設立種痘局。

　　至於近代東來的基督教教士以馬禮遜（Robert Morrison）為第一人，馬

47　朱希祖：〈序〉，梁嘉彬：《廣東十三行考：鴉片戰前廣東國際貿易交通史考》（台中：東海大學，
　　1960 年），卷首，缺頁。有關十三行的發展，多參梁嘉彬一書。

48　吳義雄：〈「廣州英語」與十九世紀中葉以前的中西交往〉，《近代史研究》3 期（2001 年），
　　頁 172-202。

氏為英國倫敦傳道會華的教士，於 1807 年 9 月抵澳門，9 月 7 日往廣州，暫居十三行商館區內，日後聘為東印度公司廣州商館中文翻譯（Chinese Interpreter and Chinese Translator），及後倫敦傳道會派米鄰牧師助馬禮遜傳教，其後也有裨治文牧師、衛三畏牧師等多住在十三行區，馬氏更於 1810 年譯成中文版的《新約・使徒行傳》，至 1818 年更譯成《新約》，更譯《舊約》三十九卷，其後，教士郭士立（Karl F. A. Gutzalff）更把麥都思（W. H. Medhust）的《聖經》中文本，改名《救世主耶穌新遺紹書》，後為太平天國所用《聖經》內容的依據，馬氏又把中國經籍譯成英文，傳往歐洲。[49] 此可見廣東十三行及居行商地區的教士，成為推動基督教來華的重要力量，也帶動把西方知識傳入廣東，由廣東輻射往中國內地。

　　談及影響中外的歷史，不可不談及鴉片戰爭，此戰爭就是在廣東海域發生。道光年間，鴉片大量輸入中國，道光帝派林則徐南下廣東禁煙，曾斷絕廣州洋商與十三行商人貿易，終致虎門銷煙。1839 年 7 月 7 日，英國水手在九龍尖沙咀村行凶，把村民林維喜打死，英國駐華商務專員義律拒交殺人的英人，林則徐遂令澳門澳葡國政府驅逐英商，迫使英商退往尖沙咀貨船，英軍曾多次挑釁，發生了九龍之戰、穿鼻之戰、六戰官涌山，英軍艦均被擊退；及後，英軍攻定海及大沽口，迫清廷簽《穿鼻條約》及《廣州和約》，其後英軍派戰艦往虎門，虎門炮台多不敵英炮火，又發生居廣州三元里居民抗英事件。最後，英人迫使清政府在南京簽了《江寧條約》（世稱《南京條約》）把原屬清政府管治的香港島，正式「長久」割讓給英國，為英國管治的殖民地，《南京條約》便成為近代中國的第一條不平等條約，條約也規定包括廣州在內的全國五個沿海口岸被開放為對外商埠、外國人在華享有協定關稅、領事裁判權、片面的最惠國待遇等，由此廣東地區經濟，政治及文化

49　趙維本：《譯經溯源：現代五大中文聖經翻譯史》（香港：中國神學研究院，1993 年），頁 11-15；參馬楚堅、賴志成：《廣東十三行與中西文化發展史之關係》（香港：香港大學饒宗頤學術館，2013 年），頁 62-75。

也發生了重要變化。[50]

　　1849 年葡人駐澳門總督亞馬勒封閉澳門的海關行台，拆毀香山縣衙署，驅逐清朝駐澳的官員。咸豐年間，葡人強佔澳門南面的潭仔島；1863年，把三巴門至水坑尾一帶的圍牆拆毀，又於 1887 年，迫清廷簽《中葡和好通商條約》，取得了「永居管理」澳門的特權，自此香港及澳門均為外人管治下的一個以港澳華人居住為主的地方，西方文化也由港、澳二地，影響至整個廣東區域，由是形成廣東地域與中國內地文化也有不同的地方。

　　1856 至 1860 年，為第二次鴉片戰爭，廣東再次受到西方國家的入侵，廣州入城事件導致廣州再次被英法聯軍佔領，其時長達三年之久，至《中英北京條約》及《中法北京條約》簽訂後，英軍才撤走，而英人更把香港島對外的九龍半島，成為英人的租借地，而九龍半島與中國內地相連，也由此可以前往廣州，再由廣東省往中國內陸，可知香港島雖可視為遠離清朝管治範圍的外島，但九龍半島則直接與清朝的管治範圍相連，也就可以説英人的管治直接影響到清室在南方的管治範圍。其後，英人力量擴張至新界，今天香港的領地範圍，也由此受到英人直接管治，南方社會文化，特別是香港也發生變動。若以組成「現代化」的其中一個部分為新文化，則英人管治下的香港，葡人管治下的澳門，均成為一個援引新學入廣東，再由廣東輻射全國的重要地方。

　　因條約之便，准許洋商在廣東一帶享有特權，控制海關，販賣華工等，洋商經營的土產轉口貿易，使廣東的中國傳統帆船貿易受到打擊，又在洋商的影響下，廣東的商業較昔日只重視漁農業，也發生了變化，甚至不少華商也日漸成立商辦企業，如 1845 年英商在廣州黃埔建立了柯拜船塢，至 1860年代外資也在廣州黃埔設立修船的旗紀鐵廠、福格森船廠。1894 年外商也

50　本文有關 1842 年後，廣東地域的發展，多參閱蔣祖緣、方志欽：《簡明廣東史》；黃偉宗、司徒尚紀：《中國珠江文化史》二書，及趙春晨：〈略論嶺南近現代歷史特徵與文化精神〉，《嶺南近代史事與文化》，頁 187-198；陳明銶：〈二十世紀初年廣東在近代中國轉化之歷史角色〉，頁 1-31。

在汕頭開辦火油廠。因為買辦成為外商經管財務，運輸貨物及保管文件等服務人員，昔日要由廣州政府特許才可以營運，但鴉片戰爭後，公行制度取消，外商可以自由與華商貿易，買辦成為由外商直接聘用，也為外商推銷貨物，收買絲茶，故廣東早在鴉片戰爭前，已有對外貿易的經驗，廣東商人也日漸掌握對外商貿發展的重要信息，造就廣州及廣州以外的各通商口岸之第一批買辦，多是廣東人，廣東商人也多推薦同鄉往其他通商口岸成為買辦，故全國各通商口岸，於 1860 年代多為廣東人。及後，廣東的旗昌、怡和洋行也在上海、天津、漢口等口岸開辦商業機構，這二間公司的買辦共五十五人，其中原籍廣東者就有二十六人，不少在廣東的買辦，尤多居香港者，買辦更成為引介新文化的力量，如富商何啟，就是一例。而在洋商的影響下，華商也日漸發展自己工商貿易，如 1872 年在廣東南海成立的繼昌隆繅絲廠，1876 年在廣州開辦的陳聯泰機器廠。清政府也於 1874 年有廣州機器局，1887 年成立石井兵工廠。乃至二十世紀初，珠江三角洲建有發電廠。

　　當然，廣東也是整個中國最早推動自強運動的地方，於 1846 年在廣州大北門內朝天街，成立廣州同文館，第一任英語教習為英國人譚訓（Thoes Sampson），日後在此校更擴至教導法、德、俄語。又可以注意廣東人積極敷設鐵路，1903 年原籍梅縣南洋商人張榕軒成立潮汕鐵路股份公司，為中國第一條華人資本創辦的鐵路；又於 1906 年建成潮汕鐵路，起自汕頭，北達潮州，曾聘詹天佑為工程師。日後，又有新寧旅美華僑陳宜禧於 1904 年成立新寧鐵路有限公司，由中國人承建，旋於 1904 年動工至 1911 年竣工。

　　十九世紀，攝影技術在 1846 年傳入香港，現存最早一張有關中國的照片是 1850 至 1855 年拍攝的廣州五層塔。有些學者認為此照片是印度軍隊駐澳門醫院醫生馬可許（John McCosh）於 1851 年在廣州拍攝的。當然，於鴉片戰爭後，洋人多居廣東，待安頓後，再遷往中國內地其他省份，由此也把西方的史地知識傳入廣東，1820 年已有廣東嘉應人謝清高口述，楊炳南筆錄，在澳門撰成《海錄》，為中國早期的介紹世界地理概況的著作。1851 年由廣東翻譯員梁進德把英人慕瑞編的《世界地理大全》譯成《四洲志》，林則徐就是託友人魏源在《四洲志》基礎上，增補外國人所寫的材料。

　　還有，近代中國出現的第一份報刊，就是英人傳教士馬禮遜主持的《察世俗每月統計傳》（*Chinese Monthly Magazine*），此刊物於 1815 年 8 月 5 日在馬來西亞的馬六甲出版，免費在南洋主要是廣東華僑中派發；及後，馬禮遜最先來到廣州，便把《察世俗每月統計傳》帶往廣州，及把其他宗教書送給縣試、府試及鄉試的知識分子，擔任刊物刻印，發行工作及寫稿的中國人是梁發，梁氏為廣東高明人，為第一位被立為華人基督教牧師。及後，侵略清室二十省，延續十五年，幾乎傾覆滿清王朝的太平天國運動，是由廣東人洪秀全倡導的，而他是在廣州受到英教士馬禮遜早期信徒之一梁發，為傳福音所寫《勸世良言》的啟迪。

　　第一位在中國境內出版的近代中文報刊，為德國傳教士郭士立（Gutzlaff），在 1833 年於廣州，創辦《東西洋考每月統記傳》。同時，外文報刊也在廣東出現，如 1822 年於澳門的葡文《蜜蜂華報》，於 1827 年於廣州的英文出版《廣州紀錄報》，1858 年《中外日報》創刊於香港，其內容有「羊城新聞」及「中外新聞」等欄目，每日一小張，兩面印刷，首創報紙從書本形式中分開的形式，論者謂《中外日報》「是中國人自己主辦的第一份近代化日報」。[51] 外國教會人士在中國創辦報刊，除了宣揚教義外，也傳播西方的醫學、史地學及其他科學知識。

　　二次鴉片戰爭後，廣東也出現了辦報的高峰時期，如 1864 年《華字日報》創刊於香港，1872 年也有《羊城采新實錄》創刊於廣州，尤以 1874 年在香港創刊的《循環日報》，主筆者為王韜，此刊物介紹西方天文地理，聲光化電，引介西學，西方思想及制度，如曾刊出有關英國的新式水雷、火器、製造炮台技術的信息，而早期引介西方制度的鄭觀應選入《盛世危言》的政論文章，最早是在《循環日報》上刊行。《循環日報》也是在「國內各省會市鎮及別府州縣並外國諸埠，凡華人駐足之處，皆有專人代理銷售業

51　黃偉宗、司徒尚紀：《中國珠江文化史》下冊，頁 1493；參韓琦：〈從澳門、香港到上海 —— 十九世紀中葉西方活字印刷技術在中國的傳播〉，載香港城市大學中國文化中心編：《出版文化的新世界 —— 香港與上海》（上海：上海人民出版社，2011 年），頁 141-151。

務」，銷售地方，包括：廣州、澳門、佛山、東莞、福州、寧波、天津、漢口，日本京都、神戶，安南，新加坡，美國舊金山等地，中國內地的消息也傳於海外華人社會。

若以組成中華現代化的力量之一是器物的現代化，不可不注意廣東引介西方的製船、航運、武器等重要科技知識，也不可不注意傳播現代知識的重要媒體 —— 報業在廣東一地的興起。

談及構成中國「現代化」進程的另外兩個發展，就是制度現代化及思想現代化，故不可不注意居廣東一帶的人物在此兩方面扮演了極重要的角色。

廣東有不少回國海外留學生、歸鄉華僑、新式學堂或教會學校的畢業生，不少中國早期外交人員都是粵籍，同時很多初期教會人士如容閎，社會活動家如鄭觀應，藝術家冼星海，在實業方面也有重要的貢獻人物如詹天佑等，也是廣東人士；也因為港澳為洋人殖民地，不受清室的直接管轄，風氣開放，新式報刊引入外洋潮流及新觀念，推動當地知識分子鼓吹改革救亡思想，由此也證明廣東人進取、創新、冒險精神。[52]

鴉片戰爭前後，廣東已有反抗英人入侵的民眾抗爭行動，尤以廣州三元里抗英的行動，更被中國大陸的學者奉為「近代中國民眾自發反抗鬥爭的序幕」。[53] 鴉片戰爭後，廣東花縣人洪秀全於 1843 年科考失敗，研讀了在廣東傳教的基督教梁發編譯《勸世良言》，假「皇上帝」的天命下凡，創立拜上帝會，並於 1844 年，正值廣東天災，在廣東一地的順德、番禺、增城、從化、陽山等地廣為傳播，更與馮雲山把拜上帝會的活動，擴至廣西，而太平天國的理論基礎在於「均平」、「帝妖對立」、「天國在人間」、「反滿革命」，曾攻下長江，破南京，而從太平天國成員的知識資源而言，就是源自西方宗教、傳統漢民族的排滿種族思想，雖然太平天國終被清軍所滅。然而，高舉男女平等、均富、排滿革命及禁鴉片的思想和政策，均對日後孫中山領導革

52　陳明銶：〈二十世紀初年廣東在近代中國轉化之歷史角色〉，頁 1-31。

53　趙春晨：〈略論嶺南近現代歷史特徵與文化精神〉，頁 186；參〈洋務運動在廣東〉，《嶺南近代史事與文化》，頁 24-29。

命的思想甚有影響，中山更認為太平天國的活動「為吾國民族大革命之輝
煌史」。

　　洪秀全族弟洪仁玕撰寫《資政新編》，主張的興車馬及舟楫之利，均是
「效法西方」，書中也建議要興銀行，興市鎮公司，興士民公會及郵亭，立
郵政網絡，要求道德革新，將「兵強國富」及「俗厚風淳」為重大國政。更
重要的是，洪氏已說「儒教貴執中，罔知人力之難」，批判傳統儒家思想。
而奉為中國第一位留英學生的容閎，也是廣東香山縣人，先入讀廣東的馬
禮遜學校，轉學香港，於 1847 年往美國，容閎於 1855 年回國，雖未為重
用，但他入曾國藩幕府，籌辦中國最先進的江南機器製造局，並促成清政
府於 1872 年派詹天佑等率三十名兒童赴美留學，容閎由此被譽為「中國留
學生之父」。其後，又有廣東南海人何啟及廣東三水人胡禮垣，更是推動西
學及西制知識傳入中國的重要人物。何氏早年畢業於香港中央書院，後留
學英國，鼓吹新政；胡氏自小生活在香港入讀皇仁書院，為駐日本外交人
員，他們二人合編《新政真詮》，批駁自強運動的「官辦」、「官督商辦」、
「官商合辦」的不當，認為要「富民」，必要「便民」，而其時只是「官有權
而民無權，官有勢而民無勢，以無權者與有權者競，則有權者勝，無權者
負矣」，故要倡民權，因為「天下之權，惟民是主，⋯⋯事既屬於民，則君
屬於民，⋯⋯天下有無君之國，不聞有無民之國，民權在則其國在，民權
亡則國亡」，又大力推倡西學。另一位倡改革者為廣東香山的鄭觀應，他撰
成《救時揭要》、《易言》及《盛世危言》，鄭氏家鄉近澳門，目西方文化的
特點，他倡言議院制，仿泰西良法，體察民情，博採眾長，仿西方行君主立
憲制，並希望興立學校，以實學代替「帖括」之學，又要求立大學院、船政
院、武學院、音樂院及通商院，又提倡重視商戰，也要「變器衛道」，求引
進西方器物文明，接受西方政治制度，求道器並重，在《盛世危言・學校
篇》中附有英、法、俄、美等國的學校規則作參考。

　　談及推動國人的思想現代化，不得不注意廣東人康有為、梁啟超及孫中
山。廣東南海人康有為生活在廣東，拜師南海朱次琦為師，接受傳統訓練，
乃至 1879 年往香港考察，接受西學，1884 年的《實理公法全書》依洋人歐

幾里德的《幾何原本》的「實測之學」推斷人類發展的公理，於 1891 年及 1897 年撰成的《新學偽經考》、《孔子改制考》把達爾文進化論與中國傳統公羊三世說相融，又於 1884 年成《大同書》，為孔子的大同學說與西方民約論，空想主義等思想結合，更創辦萬木草堂，學生除了梁啟超以外，其他學生，如韓文舉、盧湘父、陳千秋、徐勤、麥孟華等均為日後推動粵港澳孔教、孔學及傳統學問，引介西學及在海外鼓吹變法的重要人物；康有為更在 1888 年，目中法戰爭失敗，便以布衣身份，上書光緒帝，要求變法，而 1895 年，赴京考試，正值中日甲午戰爭，北洋海軍覆沒，李鴻章到日本準備簽《馬關條約》，便發動在北京應試的全國十八省舉人一千三百多名士子，聯名〈公車上書〉（〈上清帝第二書〉），提出「遷都、拒和、變法」，並於 1898 年 6 月 11 日至 1898 年 9 月 21 日，推行了一百零三天的「戊戌變法」（「百日維新」）。戊戌變法雖然失敗，但其中建議廣開新式學堂，教導算學、英語、格致、地理等課程，均為日後不少地方書院所採用，又在籌辦《時務報》，以新媒體倡言變法，更在國內傳播「改國憲以變根本」和倡行政、立法及司法的「三官立而政體立，三官不相侵而政事舉」，「三官之中，立法最要」的君主立憲思想，也為日後清季官方推動立憲運動所傳承。

　　梁啟超為廣東新會人，十七歲在廣東中舉，1898 年，參加康有為的「公車上書」，列名首位，故有「康梁」並稱。梁氏主張變法，要求除去專制統治，實行君主憲制，開辦新式學堂，設報館開言路，希望政府推動言論自由，又要求士子及清政府推動自然科學的研究及教學，更言「專制政治之進化，其精巧完備，舉天下萬國，未有吾中國若者也。萬事之進，而惟於專制政治進焉，國民之程度可想也」，「專制政體也，實數千年來破家亡國之總根源也」，希望改變政體，行君主立憲，他一再認為「倡民權，始終指定此義，獨一無二之宗旨。……百變而不離其宗，海可枯，石可爛，此義不普及我國，吾覺拂措也」，又說：「國民者，以國為人民公產之稱也，國者積民而成，捨民之外，則無有國，以一國公民，治一國之事，定一國之法，謀一國之利，捍一國之患，其民不可得而侮，其國不可得而亡，是之謂國民」。梁氏除了辦報，在報刊上中闡述「國民」觀念，又藉辦學，使「國民」

觀念廣傳於中國國內。他又在〈論自由〉一文中，指出「自由者，天下之公理也，人生之要具，無往而不適也」，自由不獨是人們心靈的自由，也要求中華民族的自由，人貴自由，國貴自由，「團體之自由，個人自由之積也，不能不離團體而生自存，團體不保其自由為界」，更倡導「群」學，提倡群眾教育的重要，尤是推動男女平等，政府開女學，使更多女子接受教育。

　　孫中山為廣東香山人，曾在美國檀香山求學，日後就學於香港中央書院及西醫書院，吸收西學及新學知識，更在香港的公理堂接受基督教的洗禮，成為基督徒，又因就學香港，得以結交師好，建立革命團隊的人脈，他在香港受學期間，感受到英式教育的開明地方，反觀清政府管治下的廣東省地方官貪污嚴重，民生疲弊，曾於 1894 年〈上李鴻章書〉，要求社會改革，但未為接納；及後，1895 年以孫中山、楊衢雲等為首在香港成立興中會總部，並以港澳為購買及輸入軍火，吸納同志，發動組織，籌集資金，擬定革命方略，創辦革命報刊《中國日報》，廣為宣傳排滿革命的信息，更潛入內地，策動邊區如鎮南關等地的武裝革命，終歷十次革命運動，推翻滿清。而孫中山也在澳門行醫，而葡人飛南第及賭商盧九、怡若父子也支持革命，四大寇的楊鶴齡也曾寄居此地；日後澳門同盟會分支機關的成立，且參與廣東的光復行動，也由孫中山引介排滿革命的思想，澳門也因此於近代中國革命史上佔一個很重要的地位。孫中山提出三民主義，倡導民權，「發起革命的時候，便主張民權主義，決心建立一個共和國，共和國建立後，是用誰來做皇帝呢？是用人民來做皇帝，用四萬萬人來做皇帝，照這樣的辦法，便免得大家相爭，便可以減少中國的戰禍」，推翻專制的帝制，借建共和政體，推動中國政治現代化的改革方向，又建議在中國實行「權能區分」的政治體制，政治包括「政權」及「治權」，把西方流行「三權分立」的體制，發展成為「五權分立」體制。[54]

54　陳明銶：〈香港與孫中山革命運動之多元關係（1895-1925）：革命基地兼革命對象的重疊角色〉，載麥勁生、李金強編：《共和維新：辛亥革命百年紀念論文集》（香港：香港城市大學出版社，2013 年），頁 235-258。

　　同時，也可以注意香港因為在英國殖民地政府管治之下，也建立一套與清朝管治下的廣東及晚清的中國，有不同的政治體制。依 *The History of The Laws and Courts of Hong Kong* 一書所載，義律於 1841 年 2 月 1 日及 2 日〈致香港中國居民的公告〉（To the Chinese Inhabitants of Hongkong Proclamation）告知香港島居民，以中國及英國內閣高級官員之間明令此島為英國女王的領土，而居住在此的本地人，也是英國女王的臣民，並依中國的法律、習慣法及慣例，在英國裁判官的控制下，由鄉村長老管理，規定主治臣民，除不得拷訊，其餘無所改變，凡有長老治理鄉里者，仍聽如舊，惟須稟明英官治理可也。此一方面既上承中國傳統，香港人利用鄉約自我管理的特色，一方面為表示英國統治權，把「鄉村長老管理」，應在一個英官治理之下（subject to the control of a British magistrate），又聲明「各種拷打除外」（subject description of torture excepted）一語，顯示了英國的法治理念。及後，又在香港建立裁判法庭，又於 1843 年頒佈〈香港殖民地憲章〉，宣佈香港（其時為香港島）作為一個「單獨的殖民地」（a separate Colony）具有依法律建立的法院及完全的立法權，授權並責成總督在殖民地建立一個立法會（a Legislative Council），也要由總督任命法官，在必要的情況下，任命聽審並判決專員（Commissioner of Oyer and Terminer）、治安法官（Justices of the peace，太平紳士），以及其他必要的官員，以建立正當和公正的司法機構，於 1844 年 5 月 7 日香港最高法院首席法官登陸香港，同年 10 月 1 日，香港最高法院正式開庭，並公佈〈建立香港最高法院條例〉，建立法定司法管轄權（Legal），衡平法的管轄權（Equitable），海事司法管轄權，宗教司法管轄權，地域司法管轄權，又列明：任何人對該最高法院的裁判（judgment）、判決（decree）、決議（order）、宣判（sentence）可以通過英國樞密院向女王陛下或其繼任者提起上訴。縱使在法律執行上，遇到不少問題，但已建立香港殖民地具裁判法庭及最高法院兩種司法機構，並為香港法律制度建立規模。這樣特別的地方，就是在一塊以華人為主要成員，又最近中國大陸的邊緣地域，而此地域內的九龍及新界又為英國租借地，只有地域內的香港島為永久割讓給洋人的地方，在這樣的香港區域，卻建立了一套與

清政府不同的法律制度，因清政府對外連戰皆敗，西方視為「文明」的代表，香港又是受英方管治下，建立「文明」的地方，由是吸收不少清朝官員南下，而孫中山更言受到香港法治及條理井然的制度所影響。[55]

　　談及西方文化的傳入，也要注意廣東一帶的天主教及基督教辦學的情況。1823 年英教士馬禮遜在廣州及澳門傳教，並在廣州出版六卷本《華英字典》，為近代中國英漢字典的重要參考；《南京條約》後，使西方宗教大量在廣東流佈，甚至有記載「禮拜之期，附近南（南海）、番（番禺）、東（東莞）、順（順德）、新（新會）、香（香山）各縣赴拜者接踵而至，間有外省之人，唯順德縣紫泥人最多」，又有記載為「廣州三角洲地帶人口眾多、村落稠密之地區，宣教事業蒸蒸日上，幾乎每鎮都有教堂，並以教堂為中心向附近鄉村派中國佈道員，積極宣傳福音，甚至不少地區基督教之勢力及思想影響幾乎達至無處不在之地步」，如 1867 年教徒在廣東清遠設總堂，1885 年惠州設總堂，1903 年教徒也在韶州設總堂，期間更有不少教徒由廣東往廣西，廣泛傳播基督教。天主教傳入早於明萬曆二年的聖誕節，耶穌會士羅明堅先到肇慶，見明朝官員，鴉片戰爭後，天主教大規模傳入廣東地區，並從廣東經粵西進入北部灣沿海地域，又由肇慶溯江入梧州。

　　不少學者注意五四運動推動白話文及通俗文學運動，但不可不注意白話文早為居香港的傳教士所運用。[56] 在香港的宣教士，早於道光年間，以童蒙的三字經體裁，以粵語撰寫傳教的三字經，使廣東婦孺能解基督教的經義，以便傳教，如西教士《新增三字經》，其內容為：「化天地，造萬有，及造人，真神主，無不在，無不知，無不能，無不理。……信福音，凡信者，

55　詳見尤韶華：《香港司法體制沿革》（香港：商務印書館，2012 年），頁 30-73。有關晚清官員南下香港，了解香港受英國管治下，建構了「文明」社會的情況，見周佳榮：〈黃遵憲的香港感懷〉、〈康有為從香港得到啟示〉，《歷史絮語》（香港：香港牛津大學出版社，2004 年），頁 167-169、170-173。

56　有關研究近代白話文運動的發展，不少學者多認為是啟自 1919 年五四運動，其實不獨可以上溯自晚清，更應該上溯自清中葉的西教士，見胡全章：《清末民初白話報刊研究》（北京：中國社會科學出版社，2011 年），頁 365-386。

全無疑，可得救，不須懼，神之子，至可憐，凡悔者，得其恩，……因耶穌，代求稟，我知身，無功勞，故自義，不可靠，惟耶穌，功勞大，祈神時，盡可賴」。署名馬典娘娘著的《訓女三字經》，也記述：「凡小女，入學堂，每日讀，就有用，女不學，非所宜，幼不學，老何為，玉不琢，不成器，人不學，不知理，……免耶穌，無別名，能救拔，人靈魂，我勸爾，懇求神，今後世，福無盡」；[57] 又有傳教士德人黎力基（Rudolph Lechler）及瑞士人韓山明（Theodore Hamburg）以客語為底本，翻譯《聖經》，初成馬太福音，以羅馬字拼音本，於 1860 年在柏林出版，此為首次以客家方言譯《聖經》，文中一句：「汝等祈禱，就愛咁樣話：『我等個亞爸，在天上個。願人尊重爾名係聖。爾國愛來，爾主意受得成就，在地下同天上一樣』」以地方的土語書寫基督教義，開啟了白話文書寫的活動。[58] 當然，也可以注意梁啟超與嚴復、夏曾佑在天津《國聞報》發表〈本館附印說部緣起〉一文，正式提出「小說革命」口號，成為近代廣東文學的新潮流之一，在廣東佛山人吳趼人，著《二十年目睹之怪現狀》、《九命奇冤》及《瞎騙奇聞》等，借小說以批評時政，當然也有黃世仲以傳統章回小說，撰寫《洪秀全演義》等故事，借洪秀全排滿的言論及行為，歌頌「為種族死，為國民爭」，梁啟超的《新中國未來記》，為一本政治性質小說，表述維新學人對中國前途的種種辯論。

　　至辛亥革命前夕，1910 年 2 月革命黨人在穗發動的新軍起義及 1911 年 3 月爆發的黃花崗起義，雖告失敗，但已沉重打擊清室的威信，為辛亥革命的前奏，隨武昌起義成功，廣州亦在 1911 年 11 月 9 日為革命黨人光復，次日廣東省軍政府宣佈成立，以胡漢民為都督。廣東為僑鄉也是近代中國革命的發源地，早期國民黨領導層包括孫中山，多為粵人。1917-27 年，孫中山

57　《新增三字經》（廣東，缺出版資料，筆者按：封面有道光拾一年 [1831]），頁 1-8；《訓女三字經》（廣東，缺出版資料，筆者按：封面有道光拾貳年 [1832]），頁 1-9。

58　羅香林：《香港與中西文化之交流》（香港：中國學社，1961 年），頁 179-182。

和國民黨三次在廣東建立政權，推動護法運動及國民革命，此時段被學者視為「廣州十年」（Canton Decade），孫中山也以國民黨在廣東的力量對抗北洋政府，尤以 1924-26 年國民黨和中國共產黨合作之統一戰線的國民革命大本營在廣州。黃埔軍校創建於廣州東郊，北伐由廣東出發，終直掃兩湖，攻佔寧滬，建都南京，藉北伐的成功，名義上統一全國。孫中山立足廣東，志在全國，藉國民革命統一全國，建樹新的政治秩序。除了 1925-26 年的國民政府偏處南粵和 1931 年底孫科短期組閣外，1941-45 年汪精衛、陳公博的南京政權及 1949 年李宗仁代總統最後遷都廣州。其間，以廣州為總部的國民黨政權，因地利之便，吸納了粵籍黨員，且因 1924-27 年間與中國共產黨的結盟，推動反帝反軍閥的國民革命來統一全國，國共兩黨的非粵籍人士亦匯居廣州，故 1920 年代的廣州，為全國較激進的革命性城市，不少日後國共兩黨最高領袖初度嘗試參與政府運作或掌握軍權，也是以他們在粵的革命動員經驗為始。蔣介石則藉出掌廣州的黃埔軍校而掌兵權，終於以北伐成功而成全國領袖，故廣東實為國共兩黨當權人物的初試學習運用權力的地方。

　　早年的中共也有一個特別的「廣東時期」，如中共首任總書記陳獨秀，在 1920 年被時任廣東省長陳炯明邀請來廣東出掌廣東教育會，掌握全省行政，主持廣東教育改革。陳氏又動員北大知識分子及群眾，在廣州成立早期共產黨的小團體，出版報刊傳播共產思想，而中共農民運動創始者彭湃，也在廣州組織人力車伕工會及農會；而且，中共首次武裝力量，擁有軍權的起源，也是依周恩來等人在廣州黃埔軍校中培植的共產思想。1925 年底粵軍東征戰勝陳炯明，清理潮汕地區，周恩來擔任粵東地區的軍事民政的主管，故中共初期的政權、軍權可以說都是源自廣東。1927 年國共分裂後中共走武裝革命的路線，第一個在中國成立的蘇維埃政權是在廣東的海陸豐，而第一個中共在城市發動的起義，就是廣州公社起義，後來中共軍方的重要領袖葉挺及葉劍英均是粵人，並在廣州時期開始擔當重要角色，乃至 1928 年後，中共的農村革命，農民動員的策略，其最初的歷史是以彭湃在廣東成立農會，推動農民運動中取得的經驗為基礎，彭湃當年的助手毛澤東，也是在

廣東獲得早期的鬥爭經驗，毛澤東初任政府公職是在 1925 年國民黨的廣東政權擔當黨務、農運工作，而毛氏本人較為有系統的農運指導思想及理論，也是在廣東代理彭湃擔任農民講習所第三期時建立的，中共早期在廣東的發展，與廣東的地理環境及其歷史地位甚有關係。

此外，要注意二十年代，廣東成為全民動員的重心。1924 年國共合作，較昔日更系統地動員群眾。1924 年廣州的商團事變，孫中山利用黃埔軍校師生及工人鎮壓商人的武裝力量，為中國近代革命中第一次明顯的黨軍民聯手的階級武裝鬥爭。1925 年 6 月至 1927 年 10 月的省港大罷工，更是全面由左派領導的勞工動員，是一種新式的全民革命。省港罷工的十六個月，同時彭湃在海陸豐的農民動員也聲勢大起，這次反帝反殖民反軍閥的運動，也提升國民黨及共黨的力量。1925 年中華全國總工會在廣州成立，全國勞動大會，第一至第三屆（1922、1925、1926）均在廣州舉行，若以國民革命的角度而言，不能單是以軍事，也要靠社會動員的配合，廣東成為動員群眾的實驗室，也是「反帝反殖意義的大規模群眾運動的發源地」。[59]

還有，廣東地域為受到華僑文化影響甚深的地方。古代已有廣東人移居海外，在明清之交更有不少廣東人移居中國以外的地方，甚至有學者認為鴉片戰爭後，「近代嶺南地區出國華僑人數居全國之冠」。[60] 廣東一地從 1845 至 1873 年間，從香港及澳門遷移歐美的僑民人數就達三十二萬人，至 1940

59　有關中國共產黨在廣東的活動，參見 Ming K. Chan（陳明銶），"A Tale of Two Cities: Canton and Hong Kong," in Dilip Basu., ed., *The Growth and Development of Colonial Port Cities in Asia* (Berkeley: Center for South and Southeast Asian Studies, University of California, 1978; reissue 1985); "A Turning Point in the Modern Chinese Revolution: Historical Significance of the Canton Decade, 1917-1927," in E. Honig, G. Hershatter, and R. Stross, eds., *Remapping China: Fissures in Historical Terrain* (Stanford: Stanford University Press, 1996); "Canton Avant le Communisme: Influence Étrangère, Mobilisation Populaire et Changement Social (1912-1938)," in Christian Henriot, ed., *Les Métropoles Chinoises au XXe Siècle* (Paris: Editions Arguments, 1995); "Hong Kong in Sino-British Conflict: Mass Mobilization and the Crisis of Legitimacy," in Ming K. Chan, ed., *Precarious Balance: Hong Kong Between China and Britain, 1842-1992* (Armonk: M. E. Sharp, 1994); "The Realpolitik and Legacy of Labor Activism and Popular Mobilization in 1920s Greater Canton," in M. Leutner et al., eds., *The Chinese Revolution in the 1920s: Between Triumph and Disaster* (London: RoutledgeCurzon, 2003)。

60　趙春晨：〈略論嶺南近現代歷史特徵與文化精神〉，頁 191。

年，廣東僑民在海外的人數有六百萬，這些僑居海外華人多是從商或是從事苦力勞動之華工，他們一方面熱愛家鄉，一方面也隨他返回中國，也把在海外的資本支持中國現代化的發展，又把他們在海外學習的新知識傳返中國。晚清時，海外華僑既以人力和錢力資助康、梁維新運動，及國內外的孔教活動；也資助孫中山領導的排滿革命活動，不少華僑更直接參與興中會、同盟會等組織，在廣州黃花崗起義，就有不少華僑參加。並且，華僑也積極在廣東投資企業，在廣州、梅州、佛山、台山、梅縣、汕頭、香港、澳門也由華僑資助在當地發展交通業、工廠及金融業等，不少華僑也在當地從事教育事業，廣東地區的梅縣東山中學、潮安智勇高等小學、揭陽南僑中學、普寧興文中學、香港的旅港開平中學等，均是當地著名的中小學，廣州的中山大學，及未移居香港的嶺南大學，均有不少華僑資助。

　　若以「現代化」為代表從傳統文化、傳統社會經濟發展至新文化及工商之發展過程的話，則廣東因地理環境及為近世「歐洲勢力進入亞洲」，為最早與海外列國交流的地域，地域中的香港、澳門及廣州的珠江三角地區，更是自明末以來，整個中國率先與海外列強交往的地方。鴉片戰爭之後，中國先有器物現代化，廣東扮演了輸入中國之西方「船堅炮利」，天文地理知識的橋頭堡；自戊戌變法至辛亥革命前後，廣東的何啟、容閎、康有為、梁啟超、孫中山等均提倡制度及思想的改革，追求中國制度現代化的目標，尤以孫中山更注意推動中國思想現代化的發展方向，由此可見，廣東自明末以來的發展，均配合中國走向現代化的發展方向。

　　另一方面，談及「現代化」的過程，也要注意前文談及「另類現代化」，這樣的「現代化」就是在現代化的過程中，也保存了自己歷史文化的特色，使中國已有傳統文化，與新文化並立，若說現代化不應是一個西方式的「現代化」，應可以容許不同於西方式現代化設計模式的話，則保存傳統文化與吸收西方式現代化，二者也應是並列的，保存已有傳統也是組成「現代化」的因素之一，廣東的特色就是使西方式的現代化，與保存中國中原南下的傳統文化並存，相信這也是在西方式現代化以外，「中國式的現代化」之特色。

廣東的地理環境，既可以說是遠離中原文化，又可以說是與中原文化相近，這也成就了廣東較其他省份吸收西方式的新文化，更為容易之處。廣東位於整個中國的南方「邊緣」，屬於中華文化的「邊陲」地域，在政治管理上，昔日自然遠離北方及黃河流域政權的直接控制，這就是廣東人會說「山高皇帝遠」；同時，又因為處於「邊緣」，雖受中原文化影響，但又能保持一點距離，又因位於南方，與中原文化相較，至晚清的廣東仍被視為「南蠻」或「蠻煙蛋雨」（香港九龍寨城的對聯），這樣可見廣東既有受傳統文化影響的一面，但這些傳統文化，只隨士人南下，才帶中原文化往南方，由此可見廣東地域因受傳統文化影響，但當北方或中原文化興起時，卻影響未深，故傳統包袱未多，吸收新學或西學較其他省份為靈活，西方文化對廣東地區的影響也較大，當北方或中原文化隨移民南下，使廣東人在吸收中國現代化知識之餘，又能因中原文化南下，促使新文化及現代化的知識，也能與傳統文化知識，相為融合，傳統與現代化知識及生活並存，中國傳統與現代化知識並存，二者看似矛盾，實是共融，這也是多元共生的現代化現象，既是廣東現代化的特色，相信此也是中國現代化的特色。

我們可見在近現代中國出現的反傳統文化氛圍之下，廣東的多元文化並存的特色。在近代現代化知識未傳入中國之前，廣東已在明末，開始吸收科技現代化及西方宗教文化知識，及至晚清西方式的現代化知識氛圍影響上海、北京、江浙，遠至四川也受新文化的影響，但南方的廣東雖很早已受西方文化的影響同時又成為保存中國傳統文化的地方。1915 年已有廣東人撰寫《粵東白話論語淺解》、《白話四書圖注》、《四書白話旁訓》，以廣東話注釋經典，使傳統的儒家文化流傳於民間。

五四運動後，新文化運動影響中國，但其時的香港雖是英國的殖民地，不少華商仍提倡及支持有關中國傳統文化教育的活動。自戊戌政變失敗之後，康、梁逃亡，離開中國大陸，但康氏的學生積極在香港及澳門推動孔教活動，論者有謂香港的尊孔活動是：「即以彈丸之地的香港來說，就已擁有四個堂堂正正的孔教團體，莫不各盡所能，去宣揚孔教的真理，或宣講，或辦學，或辦報，或印書，盡量以口頭和文字去宣傳，出錢出力，期達目的，

這群從事尊孔運動的人，可謂已經無忝厥職」，[61] 所謂「四個堂堂正正的孔教團體」，就是在港、澳成立孔教學院、孔聖會、孔聖堂及中華聖教總會，香港雖未必如前人許超然所云：「香港為尊孔策源地」，[62] 但二十年代的香港中上環華商慶祝孔誕及孔聖堂辦學的盛況，為：「八月文咸西約的孔子誕，『日搭牌樓夜唱書』，是何等盛事」，[63] 五十多年來，它（筆者按：銅鑼灣孔聖堂中學旁的木棉樹）伴着孔聖堂，聽過無數作家的聲音！可以這樣說：孔聖堂，是香港的文化殿堂」，孔教組織把儒學傳於南方和普及中國傳統學問的要地。孔聖會創辦自晚清宣統元年，倡辦者為華商劉鑄伯、楊碧池、李葆葵、李樂余、黎晴軒等，平日每星期均在灣仔官立書院，研究孔學，宣講四書，互相討論，並辦《祖國文明報》，及派員往輪船宣講，華商劉鑄伯更邀請李樂余、楊碧池等創設「孔聖會」，孔聖學會改名為「孔聖會」，會址設在香港島中區荷李活道 124 號，初時，為東華三院的產業，借與孔聖會為辦公之用，其時劉氏主持孔教會會務；及後，華商李葆葵、李亦梅、陳鑑波、李幼泉、陳蘭芳、劉毓芸，張瀾洲、楊永康、何理甫、盧國棉等相繼為正副會長，楊會長及陳蘭芳，曾先後捐巨款，發展及推動會務，並立宗旨為宣傳聖道，救濟人群，會中設辦學塾，又可借閱圖書，定期籌辦中樂及西樂的演奏，也有舉辦桌球、技擊、救傷等體育及公益活動，並舉值理，分任各項活動的主持，也曾出版《旬刊》及《會報》，又在中環文武廟及西營盤，辦巡迴演講，藉以正人心而厚風俗，更為中環及大坑為年幼學童籌辦義學，收

61　廣東圖書館學學者杜定友也認為廣東是「吾粵古稱南蠻之地，談不上甚麼文化」，見杜定友：〈三、廣東文化在哪裏？〉，《廣東文化論叢》（廣州：廣東省立圖書館，1949 年），頁 12；又有關孔教活動，見吳灞陵：〈港澳尊孔運動全貌序言〉，載吳灞陵編：《港澳尊孔運動全貌》（香港：香港中國文化學院，1955 年），頁 1；參林廣志：《盧九家族研究》（北京：社會科學文獻出版社，2013 年），頁 162-169。本文有關研究康有為思想，主要參閱蕭公權著，汪榮祖譯：《康有為思想研究》（台北：聯經出版事業公司，1988 年），頁 363-366；參 Chen His-Yuan（陳熙遠），"The Formation of Religious Discourse and the Confucian Movement in Modern China"（Cambridge: Harvard University PhD thesis [Unpublished]）, pp. 105-123.

62　見許超然：〈百年香港與南洋華僑尊孔護道一頁史〉，載吳灞陵編：《港澳尊孔運動全貌》，頁 17。

63　見盧瑋鑾：〈半世紀前的南北行〉，《華僑日報》1964 年 6 月 5 日，頁 5。

容貧寒子弟。在晚清時，孔聖會辦學多至三十餘所孔學講習所，由早期孔聖會舉辦的活動所見，其宣教方式既傳承宋明以來的私人講習所，在舉辦的活動上也有如桌球等西式玩意，這既具香港文藝活動所見「一個新舊過度的混亂」之特色，也有保存中國傳統學問的特點。[64] 香江孔教團體以孔聖會為最先的一個辦學團體，時人賴連三也認為：「孔教方面，以孔聖會名者，有中學，並孔聖各義學等」，[65] 足見其時晚清香江一地以孔聖會弘揚孔教為盛。[66]

自百日維新失敗，康有為逃亡海外後，香港的孔教活動均是上承康氏思想的發展路向，其表現為：一、繼續在海外從事變法，其中以學生梁啟超可謂朝着這方面的發展；二、上承康有為尊孔立教的美意，在海內外，弘揚孔教，以弟子陳煥章及盧湘父為代表。湘父在師事康有為萬木草堂時，甚為推崇陳煥章，以為陳氏「獨專力於孔教，尤為特出」，並認為「其後在香港創孔教學院，余與共事多年，志同道合」，[67] 可見「尊孔立教」為湘父及陳煥章的辦學要旨。盧氏因百日維新後，在香港創辦湘父學塾，每年孔聖誕例行祝聖，堅持行古禮，守夏曆，力重以童蒙教學，訓以孔孟傳統禮教，未往香港之前，湘父早於 1898 年就學日本，開祝聖大會於日本橫濱中華會館。1900 年返國，在澳門創辦湘父學塾，歷年祝聖典禮，於鏡湖醫院復聯合學界開祝聖大會，1913 年湘父遷校於香港。另一方面，民初陳煥章得到袁世凱的協助，欲把孔教立為國教，雖多受激烈批判傳統文化知識分子所批評，乃至三十年代來港創辦孔教學院，日後，更廣至澳門創辦孔教中學及其附屬小學。

64　吳灞陵：〈香港的文藝〉（原刊《墨花》1928 年 10 月），載盧瑋鑾編：《香港的憂鬱》（香港：華風書局，1983 年），頁 27。

65　見賴連三著，李龍潛點校：《香港紀略（外二種）》（廣州：暨南大學出版社，1997 年），頁34。

66　盧湘父：〈香港孔教學院述略〉，頁 7；參區志堅：〈闡揚聖道，息邪距跛：香港尊孔活動初探（1909- 今）〉，載湯恩佳編：《儒教、儒學、儒商對人類的貢獻》（香港：香港孔教學院，2006年），頁 537-554；〈怎樣教導婦孺知識？── 盧湘父編撰的早期澳門啟蒙教材〉，載李向玉主編：《「辛亥革命與澳門」學術研討會論文集》（澳門：澳門理工學院，2012 年），頁 407-426；有關澳門孔教辦學的情況，也可參陳志峰主編：《雙源匯澤，香遠益清 ── 澳門教育史料展圖集》（澳門：澳門中華教育會，2010 年），頁 92-93。

67　盧湘父：《萬木草堂憶舊》（香港：香港文化服務社有限公司，缺出版年份），頁 19-20。

　　其實二十年代末，隨袁世凱等復辟運動失敗，五四運動之風日熾，孔子
被視為「建立君父夫三權一體的禮教，這一價值，在二千年後的今天固然一
文不值，並且在歷史上造過無窮的罪惡」，以為孔子思想與專制政權結合，
為導致中國落後的主因；[68] 加上，國民政府下令禁祀孔子，由是導致崇尚孔
子的知識分子南下僻居香江；另外，也有一些不滿辛亥革命的士子，他們
多為前清遺老，為了表示對滿清王朝的忠貞，寧願來港；[69] 而三十年代的香
港，政治較中國大陸為安定，文化界也相對於北京而言，較為「保守」，商
紳如馮平山及周壽臣更認為港英政府應以振興儒家重視道德教化的學說，
並以樹立儒家學說，以抗衡國內興起的共產思想，[70] 尤以 1925 年省港大罷工
後，華商多支持這種振興傳統孔孟學說，以抗共產思想的觀念，這些因素均
有利在香港尊孔活動的發展；況且，晚清至民初，富貴人家往往邀請清代名
師任家中塾師，學童開學禮也是在孔聖像前，燃點香火，老師也先拜孔聖
像，學童跪拜聖像，再拜蒙師；塾師又教學童以紅筆圈上數句，握學童手寫
「上大人孔乙己化三千七十士」，既為學童祝福的「描紅」，又課以《三字經》
及述「揚名聲，顯父母，光於前，垂於後」，全以孔門教學的要旨為依歸，

68　見陳獨秀：〈孔子與中國〉，原刊《東方雜誌》1937 年 10 月，載《五四以來反動派、地主資
　　產階級學者尊孔復古言論輯錄》（北京：人民出版社，1974 年），頁 18-19；發表反孔言論的
　　知識分子，如陳獨秀、李大釗、吳虞的言論，見林毓生：〈五四式反傳統思想與中國意識的危
　　機 —— 兼論五四精神、五四目標、與五四思想〉，《思想與人物》（台北：聯經出版事業公司，
　　1993 年），頁 121-138 及 *The Crisis of Consciousness: Radical Antitraditionalism in the May Fourth
　　Era* (Madison Wisconsin: The University of Wisconsin Press, 1979) 一書；Chow Tse-tsung（周策縱），
　　The May Fourth Movement 一書；陳美錦：〈反孔廢經運動之興起（1894-1937）〉，國立台灣大
　　學歷史研究所碩士論文，1991 年（未刊稿），第三章「反孔之形成」，頁 160-200。

69　見王齊樂：《香港中文教育發展史》（香港：三聯書店，1996 年），頁 254。

70　見 The Memorandum by R. H. Kotewall on the 1925 Strike and Boycott, dated 24 October 1925,
　　and published along with a Report by Sir Reginald Stubbs in a Colonial Office paper, February 1926,
　　CO129/489, pp. 423-426。此報告得知華商周壽臣及馮平山等人建議重振孔孟為首的儒學，以抗
　　「共產思想」的觀點。有關二十年代末，省港大罷工後，港英政府接納華商振興中國傳統文化
　　的要求，見區志堅：〈香港高等院校推動中國文化教育的發孕（1920-1927）〉，《香港中國近代
　　史學會學報》4 期（2007 年），頁 29-59；〈保全國粹、宏揚文化：香港學海書樓八十年簡介〉，
　　載學海書樓編：《學海書樓八十周年紀念集》（香港：學海書樓，2003 年），頁 13-25；〈學海書
　　樓推動中國文化教育的貢獻〉，廣東省政協文化和文史資料委員會編：《香海傳薪錄》（北京：
　　中國文史出版社，2008 年），頁 79-125。

由此可見在二十年代初，香港孔道之風日漸濃厚。[71]

　　二十年代末，尤對中國文化素仰甚深的港督金文泰（Sir Cecil Clementi）的管治下，香江雖未至「凡事拘守舊章，執行成法，立異趨奇之主張，或革命維新之學説，皆所厭惡」，但明顯地是「前清遺老遺少，有翰林，舉人，秀才等功名者，在國內已成落伍，到香港走其紅運，大顯神通」，[72]弘揚中國傳統經學知識的學海書樓及香港大學中文學院，先後在二十年代末及三十年代初成立，可見香江社會文化界受中國傳統文化薰陶甚深，營造了以傳播及弘揚孔教發展的「有利的文化生態環境」。其時，如中華孔聖教總會、孔聖堂、孔教學院先後於此階段成立，中華聖教會創辦人為馮其焯、梁樹棠、莫達煊、何華堂、周雨亭、陳碧泉等，於 1920 年捐集數萬，又得新加坡商會會長康研秋捐款，梁樹棠捐鋪一間及運用租款籌辦五間義學，並出版《行樂天報》，置講堂及習所，及後又得華商郭春秧及劉鑄伯捐助，劉鑄伯也是會長，並派講員於來往船中宣講，在新界進行露天演講，又在香港著名的公園舉行講座，「衢歌巷舞，全港臚歡」，會址設於灣仔杜老誌道 9 號至 11 號。[73]

　　談及中國傳統學問南移香港，不可不注意在香港成立的學海書樓。1912年清亡國，很多前清遺老雖曾希望復辟，多支持張勳及日本政府扶植清帝的復辟活動，隨多次復辟的失敗，[74]及北方在五四運動，打倒孔家店，尚新文化的氣氛下，這群書樓的董事及主講，學術上既尚經學及孔子的教學理念，又曾支持立憲，故不容於其時北方的學術及政治環境，他們的選擇：一為再隨東北的清朝溥儀的政權，遷居東北，二為流居廣東、澳門及香港一帶。前一因素十分明顯不用多述，而廣東一帶成為遺老聚集講學地方，主要是啟導自康有為。

　　廣東一帶雖早在明末清初，學風已開：乾嘉時的阮元、陳澧相繼帶動廣

71　見王齊樂：《香港中文教育發展史》，頁 178。

72　友生：〈香港小記〉，原刊《前途》2 卷 5 號（1934 年），載盧瑋鑾編：《香港的憂鬱》，頁 51。

73　見吳灞陵編：《港澳尊孔運動全貌》，頁 2。

74　見胡平生：《民國初期的復辟派》（台北：學生書局，1985 年），頁 14、16。

東學風，乃至清末朱次琦、康有為、梁啟超等執教廣東，使萬木草堂的學風之影響下，康氏在港、澳及東南亞各地鼓吹君主立憲，倡反對革命的言論。在此風氣之下，廣東、香港、澳門一帶，尚讀經及孔教的言論尤盛，如陳漢章於 1912 年在上海成立孔教總會，及後又在香港、東南亞成立分會，至 1930 年又成立孔教學院。隨立憲言論、讀經及尚孔教之風盛行廣東及香港，[75] 已促使一群前清遺老，寄寓香江，其中前清翰林，在香港社會早負盛名的學者賴際熙就是一例。

革命後，民國建元，終致清帝退位，1920 年前清遺老賴際熙等人南下，因感「邪說愈張，正學愈晦」，便在香港中環半山堅道 27 號樓下，聘請廣東儒者何藻翔開始講學，每週二次，主要以闡明孔道及經籍，至 1923 年賴氏本着「宏振斯文，宜聚書講學」之志，欲達到「存古」、「衞道」、「順人心」、「拯世道」的宏願，得何東、利希慎、郭春秧、梁寶三、李海東等華商的資助，「仿廣州學海堂之例，創立學海書樓」，求「徵存載籍」，聘請名儒「相與討論講習於其間」，希望能夠把「官禮」存於「域外」，把「鄒魯」存於「海濱」。[76] 若再深入探究書樓的特色，就先看書樓的前身 —— 崇聖書堂建立的目的。因為學海書樓固然上承學海堂辦學之美旨，也有結合崇聖書堂的美意。先看崇聖書堂創立的目的：

> 一書堂建設以尊崇孔聖羽翼經訓為主，故耿名崇聖藉標宗旨；一書中國書籍浩為淵海四部，燦深陳百家主雜出，無論專門之學，叢考之編，凡足以羽翼聖訓，即所以維持世教，力所能致，皆當遍采，蓋讀書雖貴專精而識書則務求完備，殆以中外古今通例也，更仿廣雅藏書之例，其正

75　有關孔教的發展，見陳漢章：《孔教論》（香港：孔教學院，1940 年），頁 1-28；〈陳煥章博士事略〉（原刊 1933 年《北風報》），載鄧浩然手選：《孔教叢錄選粹》（香港：遠大棉業有限公司，1968 年），頁 30-33；參蘇雲峰：〈康有為主持下的萬木草堂〉，《中央研究院近代史研究所集刊》3 期，下冊（1972 年），頁 442-444。

76　有關學海書樓的發展，見鄧又同：〈香港學海書樓之沿革〉，載鄧又同編：《香港學海書樓講學錄選集 1965 年 -1989 年》（香港：成記印刷廠，1990 年），頁 2。

經正史，通常必習之書，而又非寒士力所致者，每種必多備數本以免閱者向隅。[77]

書堂成立的要旨，就是「尊崇孔聖，羽翼經訓」，標舉孔子的思想，宣揚儒家學說，維護教化，為求傳播教化，並似廣雅書院設立藏書樓的特色，方便公眾借閱書籍，又把此堂設在香港大學堂附近，上層為藏書，下層講習，以便大學師生及其他公眾人士隨時觀書，並聘請「通儒」學長駐堂，又設名宿分期講課，方便學員問學，又仿廣東學海堂例，分專課及隨時講課。另外，這些前清遺老更為於 1927 年成立的港大中文學院籌辦課程，編寫《香港大學文科華文部規劃書》，多次向東南亞華僑籌款，並任教其中，太史賴際熙成為港大中文學院第一任講師，他及其他主講所教的就是經史子集的中國傳統知識，這樣使中國傳統學問在受激烈批判傳統文化影響下，中國傳統學問得以保存在香港，並在香港流播往東南亞。

此外，三十年代初，陳濟棠掌握了廣東政局，大力鼓勵讀經，規定「中等學校各級每週講讀經訓兩小時」，高級小學以孝經及經訓讀本為教材，中等學校以四書為課本，這種崇儒傳孔的風氣，使南來講學的新文化運動大旗手胡適在官辦中山大學講演被迫取消，只能在較為洋化的私立基督教嶺南大學講演。陳氏又在廣東恢復了對孔子、關羽、岳飛的祭典。[78]

而在民間生活上，廣東保存了中國傳統刺繡藝術，「廣繡」與「蘇繡」、「蜀繡」、「湘繡」，合稱中國「四大名繡」，廣州陶瓷，如石灣陶瓷藝術及牙玉雕刻，均保存中國藝術的特色。而廣東的南音及粵劇，又具廣東傳統文化的特色，南音在清中葉流行至今，本是與廣東日盛的妓艇文化有關，歌唱文字通俗化，偏重抒情，而具有廣東文化的地方民歌《粵謳》也是在清中葉流行，並盛行於妓艇。粵劇以純白話，早於南北朝時，隨中原歌舞伎藝南傳

77　〈崇聖書堂源起〉，承賴恬昌教授贈閱。

78　見蕭自力：《陳濟棠》（廣州：廣東人民出版社，2002 年），頁 366-386。

至廣東，至晚清革命黨更運用粵劇宣傳排滿革命思想，革命黨能運用廣東流行普及文化為媒介，以宣傳「新」思潮。

論及人們思想的現代化，不可不注意宗教的流播。除了上文所言，明末清初澳門已建有天主教教堂，馬禮遜也在廣州傳播基督教。另外，廣東人士仍多崇尚中國傳統宗教，最早與天主教交往的澳門，至今雖有不少澳門居民信天主教，但更有很多居民是崇信佛教，1632 年建造普濟禪院（觀音堂），蓮峰廟也有三百多年歷史，至於民間宗教方面，澳門居民也信仰道教，民間記載明憲宗成化年間，已有福建商人在澳門興建媽祖廟，又有包公廟等；香港雖建有西方基督教（包括天主教）為代表的聖約翰座堂，但也有傳統民間宗教的文武廟、關帝廟及侯王廟等。唐代的廣州已建有光孝寺，至今此寺廟也設六祖殿，另一著名的廣東寺廟為位於曲江曹溪之南華寺，寺內仍供奉禪宗六祖慧能的真身，今天仍有不少廣東人往這兩間寺廟參拜；[79] 廣州民間也多信奉金花夫人，立金花廟，視為生育神等民間宗教。廣東也廣建觀音堂及天后廟（或稱媽祖廟），而香港民眾崇信的地方神靈黃大仙，近年再傳返中國內地；尤特別者，對香港歷史文化甚有貢獻，推動議會制度發展的何東，他的夫人何張蓮覺女士，就是被譽為「民國以來，中國佛教界裏卻出生了佛法宏化上有關係的三個特殊人物，一個是上海哈同夫人羅迦陵女士，一個是呂碧城女士，一個是香港何東爵士夫人何張蓮覺居士」。[80] 張女士既是廣東寶安人，為普陀山禪宗耆宿月池老人的弟子，又在香港推動佛學，在港、澳設立寶覺義學及佛學圖書館，成為香港信佛華僑女子的唯一學府，這就顯示吸收現代化知識的何東及其夫人，仍尊重及護持中國傳統佛教文化，使中國傳統信仰文化與現代化知識並重；由此也見，近現代的廣東，除了物質文明較繁富外，也保存精神文明，可謂具有道器共存的特色。當然，尤以今天，港、澳仍有宗教團體籌辦高等院校及中、小學，但中國內地往往未能合法地

79　羅香林：《唐代廣州光孝寺與中印交通之關係》（香港：中國學社，1960 年）。

80　樂觀：〈我所認識的一位女菩薩 —— 為何張蓮覺居士八秩冥壽寫〉，缺作者：《何母張太夫人八秩冥壽紀念集》（缺出版資料），頁 12。

批准宗教團體辦學，尤以西方宗教團體，如天主教及基督教的團體，相信未來有關在中國內地傳播的西方宗教信仰及藉辦學以傳播宗教思想，仍然有賴港、澳二地的西方宗教辦學團體，把西方宗教團體的辦學思想傳返中國內地，中國內地得以進一步推動中國傳統宗教與西方宗教並重的多元宗教信仰之特色。[81]

由此可見，廣東歷史文化在近現代中國走向現代化的過程中，扮演了重要角色，成為明末以來，中外文化交流的重要橋樑，不少廣東一地的文化，也輻射周邊地區，澳門已在明末為葡人所據，香港在鴉片戰爭後為英人所佔，於回歸中國管治之前，港、澳二地建立了一套不盡同於中國內地政治、經濟、歷史文化的地區，而不少現代化的元素也從港、澳二地，傳往整個廣東，現代化的成果不盡同於西方式現代化動力，西方式的現代化動力多是傳統與現代相對的發展過程，但中國現代化的情況，往往是一種不同於西方的「另類現代化」過程，中國現代化是傳統與現代化並進的，多元文化共生的現代化，矛盾與發展並存，精神文明與物質文明共進的現代化，而廣東歷史文化的特色，正好展示未來中國走向現代化或現代性發展的特色。

廣東的地理位處遠離中原，尤以清代定都北京，故廣東也遠離政治重心的北方，及遠離中原文化淵首之江浙，只好因北方政治重心的動亂，中原文化受到衝擊及破壞，便隨移民自中原南下廣東，帶了中原文化往昔日視為「南蠻」之地的廣東，由是使偏遠之地的廣東，才受中原文化的影響，故居廣東的居民因傳統包袱較北方及中原為少，故也較北方及中原，容易吸收外來文化，由是導致南方的廣東一方面受傳統文化影響，一方面又受西方文化的啟迪，這種看似矛盾，實是並存的現象；也因廣州有過千年的遠洋通商，珠三角及潮汕地區大規模海外移民，形成了廣東地區多為外向發展，及多與國際交流的機會。澳門為葡人所佔，香港成為英國殖民地，這二塊地域為外國管

81　近年也有不少宗教團體，多注意 2000 年後，中國已進入新的發展方向，香港的宗教團體是否可以加強在中國內地的傳教事業，見 Stuart Wolfendale, *Imperial to International: A History of St. John's Cathedral, Hong Kong* (Hong Kong: Hong Kong University Press, 2013), pp. 281-282。

理後，由是大增整個廣東的國際化程度，港、澳二地的位置介乎於來自北方的權力與來自海洋的影響之間，具有獨特的社會組織及結構，也成為學者吸收西方式現代化知識的橋頭堡，[82] 由是可以了解廣東產生了不少洋務人才，新辦的企業，新式的書刊報紙，較早運用白話文的地區，也有不少回流的海外留學生及歸鄉華僑，影響了粵港澳受教育的學生及中國內地的改革思想，也因廣東成為南下移民保存傳統文化的地方，尤以港、澳二地成為一個較受西方文化及經濟力量等各方面均有影響的地方，由是當北方政權及文化變動，二地因受洋人力量保護下，自成體系，形成一個遠離中原文化影響的地方，當北方尚反傳統文化，廣東反過來成為一個保存中國傳統文化的地方，這樣再進一步鞏固廣東成為保存中國傳統文化，與西方現代化相互並進的地方。

　　歸納以上的近代廣東與中國現代化的關係，可知廣東歷史文化的發展及其特色，正好展示中國未來走向現代化或現代性發展的特色。廣東的特色就是：（1）廣東文化是一種開放文化，多吸收外來知識；（2）融合中國內的移民文化，廣東文化就是包涵廣府文化，潮州文化及客家文化，並在已有中國傳統文化的基礎上，吸收外洋的文化，從而達到中國傳統文化與新文化、西方式的現代文化並存及共生；（3）廣東文化也是一種重商文化，具求實用及變通的特色；（4）中外、傳統及現代化並進；（5）兼容及多元文化的特色；（6）雅俗文化並存；（7）精神文明與物質文明並重。其中，兼容並包及具多元文化的特色，甚為重要，廣東文化中有漢族三大民系文化：廣府文化、潮汕文化及客家文化，[83] 隨中原移民往廣東，把中原文化南下廣東，及至明末清初天主教教士來華，把天主教教義及科學、西學的知識傳於廣東，當然影響較深的地區為澳門，乃至 1842 年鴉片戰爭之後，香港成為英國殖民地，把英國重視法律及西醫學等各方面的現代化知識及因素傳於香港，又因為廣

82　濱下武志：〈網絡城市香港之歷史作用〉，載港澳與近代中國學術研討會論文集編輯委員會編：《港澳與近代中國學術研討會論文集》（新店：國史館，2000 年），頁 260-272。此文只言香港，筆者以此擴充為港澳地域的網絡地域發展。

83　陳澤泓：〈廣府文化的定位與走向〉，載林有能、江佐中編：《廣府文化與改革開放》（香港：香港出版社，2010 年），頁 1-18。

東地域內的廣州及東莞等地，與香港關係密切，使西方（主要是英國）式的現代化知識傳於廣東，在中國現代社會和經濟改革開放的歷史研究，香港的特殊典範應佔重要位，在另一層面來看，香港可被視為一個出色大廣東或粵語系統的「經濟特區」，而廣東蘊藏傳統中國文化，如佛道二教及「滿天神佛」的民間宗教思想，尤以禪宗南派盛行於廣東；[84] 中國傳統重視道德倫理教化及宗祠文化，也深植在廣東，由是在明清之後，在廣東蘊藏的傳統文化與西方式的現代化知識交流及並進，與中原地域相較，這些文化特色，一方面導致廣東文化更有創造力，這樣更能適合全世界人類共進的特色，一方面也因中外關係密切，既有和諧共進，也有激起廣東地域民眾反抗洋人的情緒，乃至太平天國興起，不滿洋人情緒又與漢民族排滿情緒合流，故從明末漢民族排滿及廣東族群尚反抗的觀點而言，孫中山領導下的排滿革命，自然是根植傳統的中華文明。[85]

　　談及中外文化在廣東匯聚的特色，也可以注意廣東「騎樓」的建築特色，自宋代已有商業功能與居住功能合為一體的建築類型，乃至近代海外文化傳入廣東，帶來了西方券廊式建築形式與混凝土等新材料技術，推動前鋪店宅的形式的發展，並把券廊式與廣東地區傳統的竹筒式屋等形式相融合，由是形成上樓下廊的騎樓建築，騎樓在樓房前跨行人道上興築，在街道邊相貫通，形成了步行長廊，人們在廊下進行貿易；至於廣東一帶流行防禦式住宅的碉樓，雖在古代已有，但廣東僑鄉的碉樓多是近代興築，主要是清中葉以後，海外僑民返回廣東，帶回西方及東南亞的建築技術及資金，由是大量興築碉樓；加之，民國初年戰亂，洪水為禍，也推動在廣東廣泛興築碉樓。依日本學者藤森照信考證，騎樓建築形態是源自「殖民地外廊樣式」，是由英國殖民地者模仿印度 Bungal 地方土著建築四面廊道，建造了具有外廊的

84　劉志偉：〈滿天神佛：華南的神祇與世俗社會〉，載香港城市大學中國文化中心編：《嶺南歷史與社會》（香港：香港城市大學出版社，2003 年），頁 109-126。

85　錢穆也認為孫中山領導的革命是上承傳統的民族革命，見錢穆：《國史大綱（修訂本）》下冊（原刊 1939 年）（香港：商務印書館，1994 年），頁 911-912；《中國歷代政治得失》（台北：三民書局，1974 年）。同樣論點，見蕭一山及羅香林。

建築，英人稱為「廊房」，英人日後進一步依「廊房」的形式，建為一種外廊通透式建築，形成半開敞半封閉，半室外半室內的建築特色，日後英人也把此建築特色推廣至東南亞及其後的廣東，廣東的教會學校也有這類外廊樣式建築，到了廣東後「外廊式」的建築，又與中國的「檐廊式」店鋪建築，及「杆欄式」的居住建築特色結合，由是成為粵港澳地域建築的典型。[86] 這種騎樓式建築文化及碉樓的建築特色，也是結合中國傳統建築文化及西方建築文化。

　　由此可見，若從中國現代化的發展來看，中國明顯地要走向不只是一種西方設計的「現代化」模式，而是走向一種具有中國特色的現代化模式，這種現代化是在中國傳統文化的根本下，求中西並重，兼容並包，既不可只是「重西輕中」或「重新輕舊」的中華文化特色；也不可只求中華文化的特色，而輕視西方文化或西方式現代化的意義，只要科技及精神文明並進，中國傳統文化與新文化並舉的情況下，才可以進行中國式現代化之道路，似乎廣東文化及這種求開放兼容不同文化的特色，甚可以協助中國走向現代化的道路。

（四）小結

　　一切文化發展，就是現代的文化，不少人們以為過去的文化才是文化，不知文化是有現代性，過去文化須經現實生命重新創造，把過去文化湧現在生命之中，而後才有存在的價值及意義。早在上世紀三十年代初，學者朱謙之在〈南方文化運動〉一文中，認為北方黃河流域可代表解脫的知識，中部揚子江流域可代表教養的知識，南方珠江流域代表實用的知識，即為科學文化的分佈區，北方文化太老了，揚子江文化求「適應」環境，不能創造，只有南方文化傳統包袱未深，變動較其他省份容易，由是可與西方傳入新知識及新文化相交往。故朱氏結論是「北方在政治上表現保守的文化，其特質為

86　參林琳：《港澳與珠江三角洲地域建築 —— 廣東騎樓》（北京：科學出版社，2006 年），頁 33-39。

服從而非抵抗；中部表現進步的文化，其特質是反抗強權，現在中國所需要的正是反抗強權之革命的文化」。朱氏又在〈南方文化之創造〉一文中，說「可愛的廣東青年！我們現在已經自覺有創造新文化的必要」，[87] 廣東自始即融合傳統及新文化，不同北方崇尚傳統文化較多，也沒有長江文化重視與環境協和，廣東富有抗爭精神，求富強，求變及富有活力的特色，此成為未來中國發展的重要力量，朱氏更認為「中國唯一的希望，只有南方，只在南方」。羅香林在〈世界史上廣東學術源流與發展〉一文中，也認為：「兩漢以後，廣東的學術思想，所以能有很大的開展與影響，一方植基於民族本身之優秀與努力，一方植基於中外學術文化之綜匯與激揚。有了優秀與努力的民族，又有因地理條件的優越而引起的中外學術文化交流的綜匯與激揚，他自然能依時代的演進而不斷的發生新的作用，與新的開創。由新的開創與新的作用，遂發生新的影響；由新的開創，遂構成廣東學術思想的特質。這種新的開創與新的作用，其影響多循交通要道，向廣東以外的各地放射」，[88] 在中原立場來說，廣東地處邊緣，遠離中原，中央鞭長莫及，全國政權對邊緣區域的管治能力有限，廣東相對中原管治而言，有自由及獨立的特色，也因此在明末中原以儒家文化為正統，廣東已享有較自由政治空間，在中原文化漸漸根植的基礎下，廣東只隨移民自中原南下，才把中原代表的文化知識傳於南方，也因此在中原文化知識未到時，可以有較大空間學習及培養自己的文化，待中原文化南下，又可以吸收中原文化，更在當中原政亂時，又成為保存中原文化的要地；然而，自明末以來，門戶洞開，經濟貿易進一步自內地的重農，轉向重視對海外商貿，以其時的情況來說，現代文化來源之一是來自海上力量之葡人及其後的英人，廣東地處珠江三角洲，早已為對外商貿交往的要地，隨海上商貿力量日漸強大，廣東港口體系也漸構建，改變華南地域經貿及發展，確立廣東「為南中國的經濟貿易中心與財富的淵

87　朱謙之：〈南方文化運動〉（1932 年）;〈南方文化之創造〉（1932 年），《文化哲學》,《朱謙之文集》6 卷，頁 392、394。

88　羅香林：〈世界史上廣東學術源流與發展〉，頁 9。

藪」，[89] 社會發展不獨是經貿模式的改變，也帶動文化變更，故廣東不獨是
中國對外經貿發展的重要中心地域，也成為接觸吸收新學或西方模式「現代
化」知識的首先到達的地方。

　　這樣南方的廣東雖學習中原文化，但其受中原文化影響較江浙一帶為
慢，由是與中原文化保持若即若離，有較靈活的思想及文化領域學習來自西
方的現代文明，這樣成就了南方既在中國傳統發展及思想文化上，再學習西
方式的現代化知識，並形成廣東有一種中外並舉，相容並包的文化特色，又
因其受傳統文化影響未如北方及江浙之深，由是更靈活吸收海外新文化，有
時甚至是當北方或正統王朝出現變動或更替時，廣東地域又成為一塊保存中
原傳統文化的地域；[90] 同時，羅香林又曾言：「以香港以基址，以促進中西
文化之交流，其結果必使世界文化，亦有其更大發展，蓋以英國人士，較重
由經驗出發，善能於諸事紛紜，意見複雜之際，而為折衷群言，適當解決，
與沉毅因應弘毅持久，此種精神，傳之香港，遂使此蒼翠海島，蔚然成為繁
華勝地，此與中國儒家『允執厥中』，力行無倦之精神，原本相通，而別國
學術文化，則較鮮此類精神」，[91] 今天香港回歸中國，又早已為廣東文化組
成的一部分，受到由廣東傳入的中原文化所影響，並在此基礎上，學習西方

89　吳松弟主編：《中國百年經濟拼圖：港口城市及其腹地與中國現代》（濟南：山東書報出版社，
　　2006 年），頁 95；參許桂靈：《中國泛珠三角區域的歷史地理回歸》（北京：科學出版社，
　　2006 年），頁 105-110；司徒尚紀：《廣東文化地理》（廣州：廣東人民出版社，1993 年），頁
　　61-72。

90　如當五四運動盛行於北方時，廣東、香港、澳門成為保存中國傳統文化的地域，尤以被葡人管
　　治的澳門，英人管治的香港，更成為保存儒學的地方，如二地華商多崇信孔教及孔學活動；同
　　時，於 1949 年後，中國大陸政權改易，香港更成為保存及宏揚中國傳統文化的地方，如錢穆
　　就是在香港成立新亞書院，日後新儒家學者努力把新亞書院成為宏揚港台新儒家學說的要地。
　　有關研究香港的孔教活動及儒學南移的課題，見區志堅：〈怎樣教導婦孺知識？── 盧湘父編
　　撰的早期澳門啟蒙教材〉，頁 407-426；有關新亞書院的發展，參區志堅：〈以人文主義之教育
　　為宗旨，溝通世界中西文化：錢穆先生籌辦新亞教育事業的宏願及實踐〉，載王宏志、梁元生、
　　羅炳良編：《中國文化的傳承與開拓：香港中文大學四十周年校慶國際研討會論文集》（香港：
　　香港中文大學出版社，2009 年），頁 90-114；〈「香港是我家」── 近二十年來香港中華書局綜
　　合性及多元化的發展〉，載香港中華書局主編：《百年傳承 ── 中華書局百年紀念》（香港：中
　　華書局，2012 年），頁 104-134。

91　羅香林：〈中西文化之交流與香港學術研究之發展議〉，《乙堂文存續編》（香港：中國學社，
　　1977 年），頁 36。

文化，促成「香港是中國近代科學和思想的開路先鋒」之成果。[92]

　　這些香港文化及歷史地位的特色，也成為現代化的廣東特色之組成部分，論者已謂：「這種中國史和香港史／本土地方歷史的有機性同軌合流均應加入『廣東因素』，既可充實中國近代史的對外關係、現代化、城市發展、海外移民、中外文化思想交流等課題的內涵，更可把香港與廣東及中國內地關係作具體有力的融合」。[93] 若「現代化」不是一個單一的概念，而是多元的「現代化」，或是可以出現一種不同於西方模式之「現代化」發展的話，明顯地廣東因中央政治干預較少，享有較自由的政治文化空間，得以融通中外文化，傳統與現代化共生，創新求變與保存傳統並重的發展模式，將會是「另類現代化」的表現，此既具有全球現代化或現代性的「共相」，也必然具有廣東特殊文化身份之認同及歷史進程的特色，這種廣東特殊歷史及文化特色，也成為中國走向現代化的重要借鑒，更可視為二十一世紀，一個全球多元現代化或多元現代性的表現。[94]

與區志堅合著，原載：沈清松主編：《中華現代性的探索：檢討與展望》
（台北：政大出版社，2013 年），頁 89-150

92　羅香林：〈香港在中國歷史上的地位〉，載羅香林著，馬楚堅編校導讀，賴志成參校：《中國民族史》（增訂本）（香港：中華書局，2010 年），頁 324。

93　陳明銶：〈二十世紀初年廣東在近代中國轉化之歷史角色〉，頁 17；有關中國內地學者發表香港、澳門在回歸中國後，此二地對內地發展價值的言論，見李容根〈借鑒香港經驗發展寶安外向經濟〉，載華南師範大學政法系編：《借鑒香港經驗發展深圳經濟論文集》（深圳：海天出版社，1989 年），頁 1-10；參鄧開頌、陸曉敏主編：《粵港澳近代關係史》（廣州：廣東人民出版社，1996 年），頁 2；參「粵澳關係研討會」組委會：〈粵澳攜手合作邁向二十一世紀〉，載梁渭雄、李蒲彌主編：《粵澳關係與澳門發展研究》（廣州：廣東高等出版社，1999 年），頁 6-7。

94　中共官方也認為：「廣東是中國改革開放的前沿陣地，通過二十多年的開拓發展，已經成為中國的經濟大省和強省。……廣東如何發展經濟，如何全面建設小康社會，對全國改革開放的深入發展乃至世界的發展，都具有不可忽視的影響」，但官方多肯定廣東的「先進文化」，對廣東保存傳統文化的特色，使傳統與現代文明並進及並存的情況，尚未多加注意，見廣東精神文明學會課題組：〈適應全面建設小康社會的要求，開創廣東先進文化建設新局面〉，載范英主編：《廣東先進文化發展論》（廣州：廣東人民出版社，2003 年），頁 35；有關「多元現代化」及「多元現代性」的研究，參金耀基：〈現代化、現代性與中國的發展〉，頁 75。

中國近代史之「香港因素」與香港研究之「大中華」基礎理念：全球、區域、國家、地區及本地層次的論述

今年是本人在香港中學畢業，升讀大學主修歷史學的五十週年紀念。在過去的半世紀，世界和中國都改變了，香港發展軌跡及身份角色定位，也改變了很多。自 1997 年香港回歸至今近二十年來，就特區極複雜的社會政治形勢而言，絕對是一段不短的時間，世界局勢快速轉變，而香港整體也在多方面經歷了出乎意料之外，空前巨大深切的急劇變化。

今天承蒙研討會組織者／主持人邀請參與，我深感榮幸，也不敢懈怠，我樂於和大家分享回顧香港歷史教育經驗。我首先會對在 1960-1966 年間，本人在香港的中文中學，所讀的中國歷史及公民課（當時沒有通識科）有關香港的課題所作的勾畫，希望從中討論中國歷史與香港研究的幾個問題。由於當年尚未有大型群眾運動（如 1967 年騷亂），導致英殖管治的香港和共產黨統治下的中國內地，還未引發種種直接摩擦衝突，我中學時代所見的香港政治環境可以説是比較少風浪的舊歲月。但是現今檢視當年我自身所體驗的學校開授之歷史科及公民科課程，其所介紹及描述的香港歷史演化，實在有些特別，請容許我在此探討昔日香港的歷史教育，作幾點香港舊時歷史的學術研究探索，或許可視之為懷緬過去並具參考價值的港人集體回憶。

（一）全球、區域、國家、地區及本地的多層次重疊論述

　　因為中國內地與香港有着不可分割的地緣和血緣緊密關係，兩地的社會文化有極廣闊深切全面的互動，本文以多元的觀點角度和充分客觀的標準介紹分析，綜合觀察中國歷史與香港歷史，在學術研究和課程傳授的重要課題上的極直接關連。

　　筆者通過細心觀察過去的歷史經驗及文獻紀錄，聚焦香港在中國近代史上的突出角色，從而積極主張推動把「香港因素」（Hong Kong Factor）系統化的融入中國近代史教研工作。筆者更長期認為「大中華」（Greater China）基礎理念，對香港歷史發展方向有極端的重要性，所以鼓吹把「大中華」基礎理念有序地滲入香港的本地研究，並且值得從更廣泛的意義上，探討香港歷史教研中所展示之中國內地與香港在全球、區域、國家、地區及本地的多層次重疊互動論述，這些都有利於改造和拓展中港歷史新整合課程的性質和理念，以深化香港社會對兩地互動的溝通和思考，並以此可發展成香港歷史教研的新篇章，在某程度上亦會適當地加強年輕一代正確地對中國國情及香港特區區情的關注學習及了解認知。

　　由於多種多樣，各有說法的原因，似乎今天一旦涉及本土問題討論，便成敏感地帶，於是愈受關注，所以關於書寫本土歷史的學術討論，十分缺少。以下是筆者想與大家分享回顧 1960-66 年歷史課程教學的十點關鍵觀察：

　　（1）當時港英官方所規劃的中學歷史科及公民科課程教學方向及教材，將香港這個所謂「本地／我城」身份及角色放在比較特別的自我定位上，把香港本地身份及角色定位「對外化」／「國際化」為一個自由港，經濟城市，國際運輸樞紐，即是遠東／東亞／東南亞等重要港口城市，甚至更是東西文化匯聚平台，但似乎小心謹慎刻意避免官式的國家級標籤，直接肯定香港本身城市定位。在政治或行政歸屬上用地理範圍或對外互動的角色功能投向對象，刻意避免把香港這地方身份放在中國國家級層次級別框架上，作出各種的論述，即是「非國家化」和「非中國化」，由此禍及下一代。

（2）當時港英政府推動的主流信息，是極力避免把香港的政治行政定位與國家級別作直接掛鈎，反而只是顯示香港的特殊性 —— 所謂中西交集、華洋雜處，多元化及享有高度自由的國際城市。當然在英殖民地政權管治下運作，香港並非是中國的城市，但亦不是真正的英國本土城市。雖然英文是官方語言，但香港居民 90％ 以上均是華人，當中大部分人不能夠運用流利英語，還是以中文（廣府話方言）為日常生活基本語言。甚多時候香港對外交流，以城市身份為主。所以，當時香港市政局參與甚麼亞洲城市交流、展覽等，都避免包含所謂國家主權問題的身份定位。

（3）因為二次大戰後，很多西方及東方帝國主義者殖民統治下地區都謀取獨立，包括英聯邦成員國（印度、巴基斯坦、緬甸、馬來西亞、新加坡），日治的韓國，日治的台灣則歸還中國，法屬印支半島（越南、柬埔寨、寮國），荷屬印尼等等，所以殖民地身份在國際政治上非端莊名詞，有不健康、不正當與不道德的含意，雖然港英官方在 1967 年之前常以「英國皇家殖民地」（British Crown Colony）來形容香港的官方地位，但香港這個英治殖民地身份始終不是甚麼光彩，有歷史道德正義，堂而皇之的宣傳之事，反而是帝國主義侵華的惡果，令現代香港在國際政治上並不光彩。所以，港英政府是轉移視線，盡量避免將香港與國家層面掛鈎。

（4）當時英治香港與中國關係也是微妙尷尬敏感的，1949 年中華人民共和國成立，取代中華民國在中國大陸政權，1950 年 1 月英國正式承認北京當局，但英國兩面手法外交，所謂尊重歷史而遺下的聯繫機構在台北市郊淡水鎮，維持英國駐中國台灣省淡水鎮的領事館，直至 1972 年為止。（因英日友好，1902 年建立英日同盟 Anglo-Japanese Alliance，英國在淡水鎮設立領事館，1945 年二戰後，英領事館恢復運作。）1972 年之前，北京與倫敦只維持代辦級別的外交關係，並不是大使級。很大原因是在台灣淡水仍有的英國領事館。所以，倫敦與中國不同的政權（北京、台北）有很特殊官方關係，而香港是唯一的陸上鄰居又是經濟主要夥伴（廣東省），只能夠維持鄰居地方性（local）交往，並不希望香港變成為國家級中英官方關係的問題，甚至粵港之間大小摩擦或交往都是以跨境式鄰居化的層次處理。

（5）其實香港不能完全避免中國內戰的國共兩黨鬥爭，公民科盡量不提1949年之後這種關係，但無奈何港英被拖下水。1956年，因香港本地國民黨慶祝雙十節掛旗事件引發騷動；1967年，香港左派受中國大陸文革極左思潮影響，工潮引發歷時五個月的騷動。所以，中國是港英既敏感又尷尬的地方，香港也是中國左右派鬥爭中敏感又尷尬的地方。港英當局以及本地華人社團心知肚明，對所謂大中華左右派鬥爭敬而遠之。

（6）在社會文化層面，英治香港是以提升本地文化，成為與鄰近地區（即嶺南文化，包括廣東、廣西、福建），更高層次的東方文化與西方文化的交匯，香港享有言論自由，作為國際傳播通訊中心，港英甚至以中華文化的「西方化／國際化」沖淡英國作為西方帝國主義侵略者的角色，所以，自回歸前直至今天，香港也是被宣傳為亞洲國際都會（Hong Kong, Asia's World City），並且不能簡單地解讀為世界級的亞洲國際城市，目的是避免英國和中國尷尬。而在經濟運作層面，也對外多宣示香港國際港口和遠東經濟等正面貢獻。「走出去」國際區域性，東南亞（與馬來西亞、新加坡）至東亞交流（與東京、漢城），甚至再上一層，橫跨太平洋（TransPacific），成為與美國、加拿大和澳洲海運和空運的樞紐，造就了香港的經濟盛況。香港亦同時是中國對世界／世界對中國的重要窗口。這也促成了香港成為周恩來於1957年開辦廣州春交會和秋交會（Canton Trade Fair），目的就是利用香港這個國際城市的角色與外界交往，是中國走向世界（中國內地的經濟項目、資本、技術）和世界了解中國最合適的國際「超級聯絡人」。

（7）在英殖管治下，香港是被英國安排參與國際事務，例如1914年一戰爆發時，在香港的德國、奧國僑民受到管禁。1937年中國抗日戰爭爆發，英國為中立國，所以香港報紙要開天窗避侮辱中國（但非英國）的敵人日本。1950年韓戰爆發，英國在駐香港英軍中抽派士兵去韓國出戰，後來聯合國因為中國參戰，對中國大陸進行經濟制裁，英國亦跟隨制裁禁運，戰略物資不許運往中國大陸。英國是西方群雄之一，但也不照顧港粵的關係。二戰後香港適逢其會，由於缺乏本地自然資源，但是有豐富低成本的技能勞動力，香港的經濟生存，必須走上工業化和發展服務業之路，借英國的西方

同盟關係，用於國際舞台上構建實質的聯繫，在經貿、社會和文化上都帶來更大的交匯拓展空間。另一方面，香港雖然掛着英聯邦資格，但當時香港本地華人學生去英國讀大學，需要繳交海外生學費，無英屬地居民的優惠。

（8）1975 年美國在越戰中敗退，越南船民湧入香港，困擾香港長逾二十年的越南難民問題，也是受到倫敦指使，香港被迫收留數以萬計的越南難民。香港出現越南難民問題源於 1979 年，當年英國簽署處理越南難民問題的國際公約，香港成為「第一收容港」，變了難民「中轉站」，不少越南難民湧港以求移民他國。1987 年初，全體香港立法局議員致函英首相，措辭強硬對英國處理滯港越南難民的失敗表達失望，要求英國以身作則，採取具體措施去處理越南難民，並指出其他協助收容難民的國家亦以英國接收難民名額減少，作為拒絕收容滯港難民的理由。港府 1988 年提出遣返政策，區分「難民」及「船民」及實行自願遣返等。至回歸後，香港於 1998 年取消第一收容港政策，香港最後一個越南難民營在 2000 年關閉。其實，香港對收留難民有豐富經驗。災難、戰爭和內戰使許多中國大陸難民湧入香港，如當年太平天國之亂，從廣東湧入難民；1937-41 年日本侵華和 1948-1950 年國共兩黨內戰，有大量大陸難民逃來香港。1962 年中國大陸鬧饑荒，亦有大批難民偷渡來港。1967 年的左派騷動和 1997 年的回歸問題，驅使許多香港居民遷移到海外。所以，香港當年面對越南難民潮也能處變不驚。凡此種種中國和國際事務，製造了香港很多身不由己的外來壓力和本地、中國及全球的難民 / 移民問題。

（9）由於香港獨有的特殊的地理、社會和文化環境，長久以來，建構了一個獨特的歷史角色。所以經歷 1967 年騷動後，翌年港英殖民地政府即展開推行福利政策：本地社會工程。地方政策和福利受到重視。1984 年《中英聯合聲明》規定香港回歸後要重新國家化，擺脫英殖統治，尤其是 1980年代中國改革開放後容許港商投資，中國實力提升，香港重新國家化出現新的局面。可惜 2003、2014 年的政治風波，令香港重提本土，與珠三角的交接出現了變化，國家級的轉化出現了不協調，由今天看將來 2047 年的轉變，香港與中國大陸的融合並不樂觀，大中華內部三個層級出現了問題，皆

因過去英殖香港太重視環球角色身份，而故意避免和忽略，卻失去了國家／地區／本地多層次自我戰略定位。從這個深層次探討，才能反映了英殖政治的弊端，才能更凸顯了英治香港的政治文化中這種缺陷。但現在後殖民時代的香港人如何才能追回重拾這種多層次的自我戰略定位？

（10）實際上，英殖管治下的香港絕非民主地區，但香港是享有多元化自由的國際城市。在上世紀東西方冷戰的 1950-70 年代，香港正好被英政府的主要盟友美國宣傳為「亞洲的西柏林」（The West Berlin of Asia），這在一定程度上反映了西方盟國自身反共產主義立場和香港為殖民地華人城市的隱藏議程（hidden agenda）。這冷戰心態隱藏議程，在宣傳和促銷香港本土身份為「一個自由但沒有民主的社會，在西方資本主義自由市場模式下享有經濟高增長和繁榮」與「共產主義紅色中國的物質貧困，落後和發展不足」進行銳利的比較和對比。後來在 1980-1990 年代的殖民日落時期，見證了一個新崛起，以「獅子山精神」為代表的香港主流意識形態，這實質上是帶有明顯的自由市場經濟意味的，其背後的價值可概括為社會機會平等與經濟自由放任。可是這「獅子山精神」意識形態，在回歸後二十一世紀的香港正走向衰落與消亡，但後殖民時代香港的新主流意識形態卻尚未形成，導致港人在精神面上的空虛與迷失，以及社會的空轉與政治亂局。

基於全球民主化趨勢和香港人的民意基礎，香港是在英國殖民地政府準備撤出時才開始進行民主改革。當時希望回歸後可進一步落實港人治港、高度自治，在《基本法》的基礎上構建簇新的香港「一國兩制」政治制度，有史無前例的機會發展創新民主，故此香港本地民主的經驗尚淺。而香港目前面對的政治困局 —— 年輕人對現狀不滿的激進化、本土化和行政機關施政舉步維艱等 —— 西方民主國家已經歷過的必然民主進程，並非香港獨有。隨着社會公義成為香港特區大眾共識和人心所向，這有望成為香港新的主流意識形態和核心價值的時候，可以構建出一個怎樣的政局及未來。一眾尚待革新的政治力量亦將會朝這方向改革，建立促進社會公義的理念及論述。新的中國近代歷史與香港歷史整合課程，可以幫助加強香港年輕一代對中港密切關係的了解認知，提供非常關鍵的信息及有高度準確性／可靠數據的歷史

事實基礎。

　　總括而言，回看我中學時所讀的歷史教材，當局都是刻意把香港定位在
本地，故意淡化與國家（無論英國或中國）關係。反而特別重視國際化包
裝，而忽視鄰近地區的交往，從而影響了日後香港華人學生的國家民族認知
及歸屬感等正面感受。在過去三年來香港極複雜的政治社會情緒中，反映了
「本地」意識增強的現象與「我城」民粹主義激進化的社會風氣抬頭，已造
成香港內部和外部因素交相影響的政治緊張局面。遺憾的是，新世代本地華
人的身份認同基礎和方向，好像前港英管治下（但現已過時且失效）的歷史
科及公民科課程一樣，存在諸多令人疑惑之處，特別是嚴重缺乏國家／地區
／本地多層次互動的論述及「大中華」理念的分析框架。筆者對今日所謂激
進「香港本土」之觀點立場，所引發的政治大氣候，大環境形勢的轉變，其
所具之歷史意義，並特別就香港歷史教研的新發展趨勢，及其所反映歷史學
者／中國歷史與香港歷史教科書編著者／歷史教育工作者本身定位問題，不
無感慨。

　　綜觀過往歷史，中國近代歷史與香港歷史重要的課題上有直接密切的關
連。過去至今香港與內地的密切互動關係，香港作為世界重要的經濟城市，
所謂「香港本土」的種種，通常都不能避免與中國內地有極直接關係，當然
亦自然地牽涉到中華民族／國家團結和中國與海外／國際關係的含意。筆者
以多元化的觀點角度和秉持着的核心價值立場，積極推動「香港因素」緊密
深切融入本地的中國歷史教育工作，亦強烈鼓勵構建香港研究更全面充分之
「大中華」理念的論述基礎，取各家所長去避各家之短，拓展新的中港歷史
整合課程，可以加強年輕一代對含有國際角度與大中華因素的「中國國情」
和「香港區情」的學習及認知。

（二）香港史與中國近代史的密切關連

　　許多中國和海外的中國歷史學者／教師，在他們研究成果著述和講授歷
史科目課程時，通常以 1839 至 1842 年的鴉片戰爭為中國近代史的開始。雖

然意識形態、黨派立場、研究方法、觀念理論有異，但以鴉片戰爭作為中國近代歷史劃分時期的分水嶺，可說是中國內地與海外華人學者和國際學術界的長期共識。1842 年中英《南京條約》開展了中國對外關係最陰暗悲慘的「不平等條約」的一個世紀。《南京條約》其中一個重要條款，正是把香港割讓給英國成為它的殖民地。這條約亦演變成清廷嗣後七十年間無能戰敗、割地求和、喪權辱國的應付列強侵略的外交模式。換而言之，香港的近代歷史，不獨是 1841 至 1997 年英國殖民地統治期的本地歷史，更是英帝國主義侵華歷史具體表徵。從歷史學術教研而言，香港歷史至少在六方面與中國近代史佔極其重要的課題有直接關係：

（1）香港和中國內地，尤其廣東省和東南沿海地區，在地緣、經濟、文化、人口流動與社會網絡均有緊密的關係，所以香港歷史是整個華南區域研究不可分割的一部分。近代中國不少重大的變革和中外衝突，如第一、第二次鴉片戰爭、晚清改革派、革命黨領導人物的主要活動及思想源起，國共兩黨的第一次統一戰線和 1925 至 1926 年的省港大罷工，都以粵垣和香港作為歷史舞台，是發揮外來勢力對中國影響的重要渠道。

（2）近代中國對外關係歷史上的不平等條約制度，始自割讓香港的 1842 年《南京條約》，九龍半島的割讓是第二次鴉片戰爭 1860 年《北京條約》的產品。1997 年主權回歸的歷史伏線就是在 1898 年簽訂的新界租約、這正是英國利用其國際政治優勢，對 1895 年中日甲午戰爭《馬關條約》的反響（隨着俄、法、德三國迫日還遼的行動），乘機在中國劃分「勢力範圍」，是英國以其為在華最具實力的列強身份，趁火打劫，也要求分一杯羹的索償品。事實上，西方列強對近代中國的侵略，其壓迫程度之嚴重，滲透範圍之深遠和霸權維持時期之長久，以英帝國主義為最甚。香港作為英國在遠東，尤其在中國海疆的政治、軍事、經濟、交通的重鎮，自然成為中英衝突的前線和爭議的焦點。遠自 1856 年「亞羅船事件」演變成第二次鴉片戰爭，1920 年代兩次大罷工（1922 年海員罷工和 1925-26 年的省港大罷工），至 1948 年九龍寨城風波導致廣州沙面英國領事館被焚燒等歷史里程碑，可見香港歷史在很大程度上是近代中國對外關係歷史的一個縮影；而香港華人

過往一百多年的反英殖和愛國群眾動員則是近代中國民族主義和反帝國主義
鬥爭的重要章節。自 1937 年夏至 1941 年冬香港淪陷前，中國對日本抗戰初
期，國內各種團體和人物利用香港為中立地區之方便，進行愛國活動，而
1942 年至 1945 年間以新界及珠三角地區為地盤的「東江縱隊」抗日事跡，
更是香港華人愛國歷史的光輝片段。

（3）近代香港的發展，由英治初期人口逾萬的海島漁村小社區，至現今
七百多萬人口的國際大都會，亞太經貿金融運輸通訊樞紐，是極其重大的發
展轉化成果。雖云這近代香港的成功故事是在英殖民地政權的典章制度和重
商政策下所形成的，但一直以來香港基本上始終是一個華人社會，很大程度
上依靠中國內地和海外華人的資源、人力、市場，故絕對是一個華人城市和
華人經濟體系成功發展的歷史經驗，在中國近代社會和經濟的現代化改革開
放的歷史研究，香港的特殊典範當然應佔一極重要的地位。在某一層面來
看，香港可被視為一個出色的「經濟特區」，可與近代上海和其他租界商埠
在中國現代化進程作比較研究，相互輝映。

（4）香港自 1841 年在英殖管治至 1997 年回歸中國之一百五十多年期
間，大量投入資源發展市政建設、各項填海移山闢地工程、公共房屋、新市
鎮、集體運輸網絡等重大基礎設施的策劃、興建、營運，均是令香港被視為
全中國最現代化大城市的「硬體」（hardware）基礎。但香港長期在外國殖
民地管治下的中外交流的文化意識，亦使香港市民與中國內地城市居民在心
態、世界觀及價值的取向有不同差異。這種「軟體」（software）上的差距，
也造成香港都市文化的某些特色，甚至有國際學者把香港視為「西方列強在
中國所設立規模最大、時間最長久」（至 1997 年，比西方各國在華租界均於
1941 / 1945 年終止，多了半個世紀）的「超級租界」。所以香港的特殊城市
發展歷程和市民心態行為模式，都是研究近現代中國城市歷史、中國區域發
展歷史和中國現代化硬體和軟體建設的一個極為重要，值得作比較對照研究
的「非大陸模式」、「非純本土化／華化」發展歷程的指標性研究對象。過
往曾有些學者作「雙城」式研究，如香港與廣州，或香港與上海的新式都市
化歷史比較，今後這方面的學術性研究更可大力推進。

（5）香港自 1840 年代，因天然地理海疆環境的便捷，英帝國自由港的比較開放制和作為當時世界最強大的英國的遠洋海運商船網絡在遠東重要港口的優勢，很快變成中國海外移民的重要出國點和出洋港口。正因香港鄰接廣東，所以粵籍華人移民海外，不少是經香港的種種設施和服務。對出洋至北美、澳洲的華工和到英屬東南亞、加勒比海和非洲的苦力華工和華商，香港幾乎是必經的出國口岸和後援中心。而香港亦漸成中國國內主要「僑鄉」（如廣東珠江西岸的台山、中山、新會、開平、恩平諸縣）與海外華人聚居處的越洋連繫的樞紐重鎮。「滙豐銀行」HSBC 的中文名正反映了香港作為海外華人匯款回鄉的主要渠道，所以香港在近代中國海外移民歷史上所扮演的重要角色，絕對不可忽視。在二次世界大戰後和冷戰東西對立的年代，因中國大陸共產黨政府與海外交往受限制，英殖治下的香港更承擔一種中國大陸與海外華人聯絡的特別渠道，甚至 1956 年開始舉辦的每年春秋兩回之廣州國際交易會，也是借助海外華人與外商較易往來香港的有利條件。及至1960 年代以來，香港華人大量海外升學移民，更造成海外「華埠」變成「香港埠」（Chinatowns into Hong Kong Towns）的新現象。例如加拿大的溫哥華（Vancouver）更被笑稱為「香哥華」（Hongcouver），就是因為近年極多港人移居，佔當地人口三成，可知過往五十年港人海外發展的成果已是近代華人海外移民歷史和世界移民歷史的重要課題。

（6）剖析百多年來的香港工人運動，委實是近代中國革命中的反帝國主義、反殖民地主義的前線鬥爭，香港華工持續走在十九及二十世紀中國民族主義愛國動員的前端，也充分顯露香港華工態度鮮明深切的愛國意識情懷。香港華工展示對國家感情的價值觀，本身的寓意就非同尋常。海員罷工完結後，港督司徒拔向英國殖民地部報告：「海員罷工不單純是一場經濟運動，而是一場政治運動。」1922 年海員大罷工的領袖蘇兆徵，亦是 1925-26 年省港大罷工的領袖，並為中國首位勞工部長（1927 年武漢國民政府時期）。早期蘇氏是孫中山領導的同盟會成員，兩人為廣東中山同鄉。他是以傳統人際關係、愛國革命理想和工人動員經驗締造而成的工運領袖，更是當時中共黨內最有權威的本港工運領導人物。這亦展示近代中國革命歷史不應疏忽的重

要「香港因素」，除包含粵港關係的焦點回顧，更是從世界史角度看中外衝突問題，就國際層次清楚析述其含意。1884 年中法戰爭時代的香港工人愛國罷工，和海外的華工苦力貿易很大程度就是依靠香港作為國際「豬仔華工」的進出港口，顯示香港早就在中國與世界交往當中擔當其非常重要的角色。同時香港華人工運對港近代發展歷程亦有啟發，並加深針對三大層面的關注：第一，佔人口大多數的華人勞動群體；第二，過去至今香港與內地的密切互動關係；第三，作為世界重要的經濟城市，所謂「香港本土」的種種，通常都不能避免與中國內地有極必要的直接關係，亦當然牽涉國家民族團結及海外／國際的關係。香港工運不少內容都在現時香港所追尋的集體回憶中佔有一席，包括普羅市民、草根階層和前線勞動者足跡的見證。配合時代發展的歷史脈搏，近年國際學術界重視的人權運動，香港工運的歷史正是大中華地區人權運動奮鬥歷程的重要一環。

綜觀自晚清的洋務運動至 1979 年以來中國內地的開放改革，香港的人才、技術、資金、制度、設施、法規、關係網、長期國際交往和企業經營管理經驗等，均在內地的現代化歷程上發揮種種作用；而外國資本主義／帝國主義在華的種種經濟活動，也常藉香港的人、事、物和渠道來進行。例如直至第二次世界大戰，在香港成立的滙豐銀行就是在華最具規模的外資金融機構，對當時中國的銀行業、外匯、貨幣政策均有舉足輕重的影響，由是可見在中國近代史上存在着影響極其深遠的「香港因素」。反面言之，較全面、深入、平衡的香港歷史，也應該有更完整和穩固的事實基礎來反映內在條件和外在歷史大環境。在這方面，「大中華理念」就是最不容漠視或迴避的基本考慮，所以較完善的香港歷史教研，必須積極納入「大中華理念」為其歷史背景和分析基礎。正如 1841 至 1997 年英治時期的香港殖民地時期歷史一樣，是中國近代史上不應被忽視的環節。例如香港在 1997 年夏主權治權回歸，在中國政府有效管治範圍之內，這種中國國家領土統一，對民族意識和國家主權定位的重要含義。換而言之，香港史的研究亦應成為中國近代史的重要成分「香港因素」。

(三)「中國知識」：中史與港史的課程合流

如果各位大致同意本國史和本土／本地歷史課程的設計與教授，是與學生們身份、文化認同、公民／國民意識覺醒、自身定位有直接關係，亦是公民教育的核心元素，則這種「歷史觀」、「歷史教育學術工作者」的立場、身份、角色定位，是不可忽視的考慮點。在這問題上，筆者是比較接近蔡榮芳教授在其《香港人之香港史 1841-1945》所宣示的「香港本土史觀」（有別於「殖民地史觀」和大陸官方的「愛國史觀」）。筆者崇尚大專學府的自主性，學術自由和言論自由的大原則，但對着與自身政治文化定位和國民／公民／市民身份認同，有十分直接關係的本國歷史和本土／本地歷史的教研工作，不顧慮可能被外界誤解之嫌疑，對在香港特區學府擔任歷史教研工作的朋友嚴正地提出：大家應該正視「歷史觀」是否健全與合宜，和相關的歷史學術教育工作者本身的立場定位和眼光角度等問題。這是一個可以抽象地探討的價值觀問題，如果不能夠客觀理智地細心討論，甚至可能演變成似乎與學術／言論自由對立的「政治正確」、「靠攏官方立場」等極具爭議性的衝突。

香港回歸以來，國內與香港的文化、價值、世界觀差距加上其他現實政治經濟社會因素，着實造成中港之間欠缺溝通，尤其在特區政制改革、民主化雙普選的進展方面，有嚴重的京港間缺乏充分互信互諒的情況。當然，這是歷史遺留下來的包袱；殖民地時期香港與中國大陸關係絕對不融洽是事實，冰凍三尺非一日之寒，所以破冰融雪當然也非一日之功。

自 1997 年以來國內與香港關係的轉型，實際上就是要建立一種新的政治上互信、經濟互惠、文化上互融的雙邊有機性貫通。但實現這理想目標絕非能一蹴而就。現在特區方面可以利用正規的課程教育和社會風氣的轉移，增加京港之間的直接了解，所以中國近代史與香港本土歷史合流的課程設計，是一個在文化認同、公民／國民身份定位的教育訓練管道，變成一個增信釋疑的好機會。所以在這種公民教育的軟體建設方面，健全的歷史觀有最基本的重要性。

在實用功能層面來看，香港的經貿發展前景愈來愈要依賴國內的各種機會，來維持它在大中華圈裏面一個高效率的功能事務性、服務業、市場業的樞紐地位。同時，香港如果要繼續有效地擔當世界通往中國大陸的橋樑角色，發揮香港作為中國現在最國際化、最懂資本主義市場運作的商貿資訊運輸中心，香港的年輕一代必須要加強對中國近代歷史、當代發展的認識。要擁有這些香港今後賴以保持繁榮的生存途徑，香港所培養出產的大學生、中學生非有相當扎實的「中國知識」（China Knowledge）不可。

所以，中國歷史與香港歷史課程的合流，學習中港合流的歷史是人才培訓不可欠缺的重點。1997 年回歸以來，香港中學的課程跟考試的範圍有關中國歷史、香港歷史方面已經作了不少改變，以配合新時代、新歷史環境。香港本地學生的長遠發展須要加強對近代與當代中國發展的了解關注，所以在高等教育界、學術機構、文化機關（如博物館、圖書館）與民間團體都應該本着與時俱進、可促進邁向 2047 年的中國內地與融合，為香港培養真正有知識能力的人才這種大角度，來考慮今後香港歷史與中國近代史併合共流的方向創舉與配合工作。

本港青年應「立足香港、放眼世界」，在學校層面需營造多元文化的氛圍，調動更多青年的積極性學習「中國知識」及以透過「中國知識」來拓闊地區及國際視野（例如「一帶一路」，及當代中國的全球化發展政策）。亦需增加宣傳及誘因，鼓勵學生有衝破本土現狀，向外發展的思維。香港作為中外關係的國際橋樑，可思考本地學生應具備甚麼的素質、能力及知識，才能承擔起這個功能，讓青年認為這與他們的生存相關，廣泛營造深入學習「中國知識」的濃厚氛圍，及加強把握全面貫徹「大中華理念」精神的正確導向，而開展推進對外的交流活動。在政府層面，可有一定的政策，如考慮設獎學金、可牽頭建立更多香港和中國內地之間兩地青年人對口合作及實習的平台，推動中港青年交流。《基本法》賦予香港很獨特的「一國兩制」地位角色，「沒有其他中國城市可以做到」，集有中外平台的精心定位，既聯繫着中國對不同國家的溝通，亦有助進中國和其他國家經貿合作及文化交往。

（四）總結

　　以上闡釋倡議中港史的教研及著作出版方面的有機性合軌共融，對筆者而言，已是有點「老生常談」及「舊調重彈」。在座學者或尚記香港嶺南大學在 2007 年 6 月主辦的歷史學會議上，筆者已於這方面的論述作為主題發表論文。而經劉蜀永教授的安排，在嶺南大學行政樓的會議室，受香港《文匯報》記者訪問，我介紹論文的主要內容，尤其強調香港是中國國際關係的外交前線要塞，也是英帝國主義侵華的橋頭堡、軍事、政治、經濟、運輸、金融，甚至情報的基地，又是中國近代化及中國革命（包括孫中山及中國共產革命）的重要渠道和國際交流接觸點。當然，香港亦是繼澳門後的中西文化交流平台，所以如果中國近代史缺少了香港元素將會大為失色。香港年輕人要訓練做將來領袖，和要在 2047 年跟大陸融合，甚至一體化的任務承擔，所以要有扎實的中國知識，而中國知識起碼要含有「香港元素」的中國近代史，和有「大中華」理念框架的香港研究。（《文匯報》2007 / 7 / 4 刊登）

　　事實上筆者並非光是做論述方面的倡導推廣，也在個人學術研究著作身體力行，實踐中港歷史並軌合流的大方向。筆者於 1980 年秋，由美國來港擔任香港大學歷史系教席，於香港大學任教時最先出版的兩冊中文書，書名和內容都發揮中港歷史研究合流的精神。[1]

　　筆者希望對大家提出本文主要論點的觀察闡釋，就此將「香港元素」放入中國近代史的教研及著作出版有積極的正面意義。而在本地及國際對現時的香港研究，亦應加強「大中華」理念的分析框架。這兩方面的新發展方向，或可以彌補英治殖民時代香港歷史和香港問題研究，因政治和意識形態等因素，而故意忽略中國內部的三級層次，即「國家」、「地區」（即以粵港澳為核心的珠三角地區）以及「本土／我城」的當地層面的描述（即香港基

1　由於彼此對於香港勞工問題的關注，亦對中國及香港的勞工歷史有深厚興趣，筆者與梁寶霖、梁寶龍與高彥頤合編《香港與中國工運回顧》（香港：香港基督教工業委員會，1982 年），嘗試為香港的勞工教育和社會歷史回憶作點貢獻。三年後出版第 2 冊，即陳明銶主編，梁寶龍、梁寶霖、趙永佳、陸鳳娥合編的《中國與香港工運縱橫》（香港：香港基督教工業委員會，1986 年）。該書的封內頁注明：「謹以此書紀念省港大罷工六十週年」。

本上是以華人為主的城市，甚至是以「華人為體、英人為治」的二十世紀政治怪胎，也不鼓勵他們對中華民族／國家強烈感情），反而刻意強調渲染香港在大中華範圍以外，涉及對外和國際化的所謂國際層次、國際色彩的區域性，甚至全球性等交流合作發展。

今日，已經回歸行將二十年的香港特區，官方在旅遊，商貿，甚至文化交流的宣傳標語、顯示形象自我定位就是「Hong Kong, Asia's World City」，是否可考慮轉用「Hong Kong, China's World City」或「China's World City, Hong Kong」？在這方面，筆者身體力行實踐，因為在 2002 年和在 2008 年出版的兩冊英文著作，書名是用「中國之香港 China's Hong Kong」，兩書內容都充分發揮中港研究合流的精神。[2]

剛好是歷史時間的巧合，2016 年秋是孫中山先生誕辰的一百五十週年，也是歷時十六個月的 1925-26 年省港大罷工的九十週年。筆者曾就此偉大人物和重大事件發表學術文章及書籍，宣揚兩者在中港關係的重要性和高度國際影響，亦具有現實和深遠歷史意義。

最後，希望透過這次主題演講，能對推廣中港研究的合流作點貢獻。大家都是這方面歷史的有識之士，故我謹此拋磚引玉，希望大家提供意見，給筆者以啟發和給建議，以更接「地氣」為盼，互相議論切磋。

原載：「香港的歷史與社會研究」國際學術研討會：《香港的歷史與社會研究》（香港：「香港的歷史與社會研究」國際學術研討會籌委會，2017 年），頁 16-24

2　　Ming K. Chan and Alvin Y. So, eds., *Crisis and Transformation in China's Hong Kong* (N. Y.: M. E. Sharpe, 2002); Ming K. Chan, ed., *China's Hong Kong Transformed: Retrospect and Prospects Beyond the First Decade* (Hong Kong: City University of Hong Kong Press, 2008). 此外，筆者尚有 5 冊中港關係／廣東與香港歷史的著作，包括：Ming K. Chan and David Clarke, eds., *"The Hong Kong Basic Law: Blueprint for Stability and Prosperity" under Chinese Sovereignty?* (N. Y.: M. E. Sharpe, 1991); Ming K. Chan, ed., *Precarious Balance: Hong Kong Between China and Britain, 1842-1992* (N. Y.: M. E. Sharpe, 1994); Ming K. Chan and Gerard A. Postiglione, eds., *The Hong Kong Reader: Passage to Chinese Sovereignty* (N. Y.: M. E. Sharpe, 1996); Ming K. Chan, ed., *The Challenge of Hong Kong's Reintegration with China* (Hong Kong: Hong Kong University Press, 1997)，和《嶺南近代史論：廣東與粵港關係 1900-1938》（香港：商務印書館，2010 年）。筆者亦擔任美國紐約 M. E. Sharpe 出版社《香港回歸中國》*Hong Kong Becoming China* 系列叢書的總編輯，至今已出版 12 冊。

中國與葡萄牙全球化交往之「澳門因素」五百年回顧

　　澳門雖然面積和人口規模均小，但憑藉優越的臨海地理位置與內外環境多種獨特的有利條件，在西方大航海時代的走向東方亞洲和明代以來中國與全球連接的進程，澳門扮演着極為重要的長期角色，並且是一個創造近代世界歷史的平台。

　　一個舉足輕重、影響遍及世界的葡萄牙式東西方交往及全球化接觸，始於葡萄牙航海探險家達伽馬（Vasco da Gama）1498 年到達印度，終於 1999 年澳門交還中國管治，結束歐洲國家在亞洲先後長達五個世紀的殖民地管治。2013 年正是由歐華利（Jorge Alvares）帶領下，葡萄牙人在 1513 年首次來到中國的五百週年，他到來中國亦埋下葡治澳門的歷史基礎。澳門因特殊的歷史條件在中西文化交融過程中扮演重要角色，中葡之間以澳門作為平台的長期兼且多元化接觸，參與的還有其他國家和民眾，衍生出超越中葡雙邊關係的多層次國際交往。澳門除了是外來商人通往中國市場的門戶和「海上絲綢之路」（Maritime Silk Road）的主要貿易站外，亦是在東西社會文化交流、宗教融合和科技轉移「軟實力」（soft power）上舉足輕重的輸送聯繫帶，澳門與國際的互動早在西方傳教士來澳時建立，傳教士在中國外交關係上起了很大作用。這種歷史淵源為現今以澳門特區作為主要基地，覆蓋遍及全球四大洲的中國與葡語國家之間多元交流和廣泛聯繫奠定根基。

　　可惜，以澳門為平台之中葡全球化交往的重要性長期遭受忽視，本章旨

在勾畫澳門在中國與葡國及環球聯繫的歷史性角色重點，簡略介紹澳門這個受葡萄牙影響的特殊國際城市的一些重要特徵和發展模式，並藉此展望當代中國在深化與國際交往時，澳門所擔當日益重要、直接關切全球戰略的獨特角色。本章將引用葡治澳門在政治、軍事、經濟、社會和文化的歷史經驗及優勢，講述這「澳門因素」（Macao factor）在多層次及多元化世界體系的積極發揮，特別着意澳門在葡國及中國在十六至二十世紀，橫跨五百年的環球性接觸與世界各地互動過程中的轉捩點與橋樑作用。本章會先從葡國與亞洲聯繫的視野下，觀察葡國在歐洲與亞洲的地緣政治關鍵因素，針對這些掣肘局限葡人在亞洲發展機會的阻力要素進行分析。本章然後追溯葡國與中國透過澳門的歷史性環球交流。最後，本章聚焦在現時仍在發展的中國與葡語系國家互動關係當中的特殊澳門因素，而這正是源自澳門長期享受的多元文化傳統，及其可以配合中國在世界舞台上崛起的角色、功能和作用。

（一）中葡全球化之澳門歷史

　　從歷史的學術研究而言，本章希望為有關澳門研究的歷史論述加添另一種新的觀察角度，以配合中國過去對外交往的豐富經驗，這同時也可擴大一般廣為人知的世界歷史論述內容，探索更廣闊的求知空間，而填補其通常所欠缺關注澳門多元角色的缺口。如果從一個環球貿易及文化科技轉移的角度來觀察十六世紀至十九世紀中葉的澳門歷史，自然可以更明確、清晰地正視澳門以其獨特的橋樑功能及平台作用，對中葡經濟交流及文化交融作出非常重要的貢獻，而更把亞洲、非洲、歐洲及美洲連貫引至形成一個「三洋四洲」淵源深厚的全球化體系。這個結合地緣（歐洲南臨大西洋的伊伯利亞半島）、宗教（天主教）和商人貿易三方面動力條件的早期第一波全球化，亦是可謂「葡式／伊伯利亞式—南大西洋—天主教—商貿主義之全球化」（Luso/Ibero — South Atlantic — Catholic — Mercantilism Globalization），尤其當中「澳門故事」這頁更是世界歷史引人入勝的一章，在學術上值得高度關注及深入探討。同時藉此「中葡全球化之澳門」的重要考量因素，也可

以修正一直以來太過分強調由大英帝國及新興美國勢力滲透、干預、控制所形成的「第二波全球化」，對全世界、尤其對亞洲的影響，而這第二波全球化，實際上亦是「英美—北大西洋—基督教—工業化資本主義之全球化」（Anglo — American-North Atlantic — Protestant — Industrialized Capitalism Globalization）模式的霸權現象。

要認真了解近代中國的變革與轉化，則絕對不能忽視第一波全球化的作用，即是早期西方與亞洲的交往，尤其是中—葡／伊比利亞通過澳門平台的互動，而其中的重點就是跨國貿易的網絡及環球性的綜合交流。澳門的重要歷史角色正是在中葡，尤其是自明朝中葉以來，儒道佛宗教文化影響下的中國文化，與葡國支持的天主教西方文化的接觸，而這確實是構成一種中國與外面世界在軟實力層面的多元化交往。近年澳門特區更扮演着一個新的重要角色，就是作為中國邁向環球聯繫，尤其是對分佈在亞洲、歐洲、非洲及南美洲的八個葡語系國家交流合作的先鋒橋樑及平台。這種構建中國與「葡語國家集團」（The Lusophone Bloc，即安哥拉、巴西、佛得角、幾內亞比紹、莫三比克、東帝汶、葡萄牙、聖多美和普林西比）聯繫絕對不能替代的作用，其經濟性與戰略性的影響，正好對澳門近年因美國博彩業資金大規模湧入的賭場資本，而形成「世界最大賭城」的片面形象，有所補足和平衡。

美國哈佛大學學者費正清（John Fairbank）所主張的「中國回應西方衝擊」（China's Response to the West）分析觀念，以 1839 年至 1842 年中英鴉片戰爭為西方來到中國發揮威力的起點，而 1842 年後，因着外力入侵衝擊，才促使中國進行「現代化」。一直以來，這外來的西方因素，通常被認為是十九世紀中葉後中國種種急劇轉變的主要推動力來源。但這種分析實在不全面，絕對需要重新檢視和修正，應當確認對於中國本身內部推動轉變的動力元素，以及自宋朝以來，中國在陸地上對外交往的連串挫敗與退縮（例如與金和元等非漢族北方強權的戰敗求和）不能被忽略的史實。在另一方面，宋朝以來，中國在東南沿岸曾經有極為密切繁盛的海外交往，與東南亞洲、中東阿拉伯及非洲地區貿易往來，這都是為明朝空前盛大的海洋事業（如 1405 至 1433 年世稱「鄭和七下西洋」的經驗）奠下堅實的歷史基礎，而這

也正是後來成為中葡借着澳門長期交往的先例。

　　雖然中英鴉片戰爭帶來不平等條約及中國被迫在領土上開放對外通商的「條約商港」（treaty ports）制度，但作為學術上嚴謹的溯源求實，絕對不能否認和掩蓋先前的三世紀 —— 十六世紀中葉至十九世紀中葉，一段已有歷史紀錄的事實，即以澳門作為主要管道及平台以促進中葡交往及環球聯繫。接着的九十多年，歐洲列強在中國施行的西方帝國主義霸權（1841 至 1931 年），被一個更強侵略性的東方帝國主義 —— 日本（1931 至 1945 年）全面攻擊。有論者甚至認為歐洲或者西方在 1895 至 1905 年（即中日甲午戰爭至日俄戰爭）那十年間在操控遠東的實力已開始減弱，尤其是面對新興的美國太平洋帝國主義（1898 年美國打敗西班牙而佔取菲律賓及 1902 年出現的英日同盟），可見歐西在亞洲逐漸沒落。如果衡量英國在中國佔上風的九十年，來對比歷時三世紀的中葡交往，則會導致更為全面、系統化的中西軟實力互動的重新評價。似乎這中西交往可自然地劃分為兩個歷史發展時期：一個是較為早期、在工業化以前、天主教南歐國家重商主義的伊比利亞式的西方影響；另一個是較為後期，即十九世紀中期以來基督教國家奉行工業化資本主義的英美新霸權。

　　所以，作為一個極需重新檢視和商榷的現今中西交往及環球關係歷史的研究，當中要加入一個極有啟發性、不能被忽略的重要詮釋因素 —— 澳門。事實上，從學術知識角度而言，聚焦於澳門在全球性聯繫的作用，就是挑戰一般對中國近代歷史理解的基本立場，例如鴉片戰爭作為劃分近代中國的政治和時期的中央重要性，和聚焦在英國帝國主義在中西關係上作為最重要的中介角色。美國學者曼哲路（D. E. Mungello）指出，中國與西方在十六至十八世紀期間有影響巨大的「偉大接觸」（great encounter），而這是和平的、平等的，同時也是互惠的交往；這與十九至二十世紀中國國勢衰敗，中西之間不愉快、不平等的交往形成強烈的對比。綜觀澳門在中西文化相容並濟的歷史，剛好反映出這重大的中西交往經驗，二十一世紀的西方人和機構如要了解及接觸中國與亞洲，這確實有相當重要的意義。事實上，追溯歷史淵源和過往的行為模式，可有助理解現時在發展中的中國對外接觸環球化，

尤其是利用澳門的平台及橋樑作用來投射中華軟實力於海外。由此觀之，這個澳門因素是極其重要的，而且值得成為世界歷史當中的章節。

（二）葡萄牙之亞洲擴張

昔日的海上霸主葡萄牙，曾是世界強國，葡萄牙帝國為歷史上第一個全球性殖民帝國，亦是歐洲最早建立和最長久（1415 至 1999 年）的殖民帝國。澳門曾經是這一度龐大的葡萄牙海外帝國當中最細小、同時也是位於最東端及最北端的據點。澳門也是歷時最久的葡國海外管治區，即自 1557 至 1999 年，為期約四個半世紀。同時，作為里斯本最後撤離的海外管治區，澳門給予葡萄牙人友好、有秩序和有體面的撤離。

葡萄牙在澳門的黃昏日落，與葡人在亞洲其他地方的最後經歷（1961 年 12 月 12 日被印度軍收復的果亞〔Goa〕、達曼〔Ad Damān〕和第烏〔Diu〕葡屬殖民地，及 1975 年因當地內戰及印尼軍方的入侵而撤離的東帝汶），形成極為強烈的對比。當然，葡人在澳門的溫馨道別，與 1975 年他們在非洲倉促地撤走，完全是兩回事。1974 年 4 月 25 日，里斯本發生「康乃馨革命」（Carnation Revolution），推翻獨裁保守的葡國政府，並由此掀起「去殖民地化」的政策，終結了葡萄牙的殖民地帝國。而葡國在其管治的非洲地區經歷長期（1961 至 1974 年）鎮壓殖民地獨立運動的武裝鬥爭，造成極慘重的人員傷亡及財政軍事負擔，最後只好撤離，這與葡治澳門在 1999 年 12 月 20 日正式交還中國絕對不能同日而語。由此觀之，澳門經歷三分之一世紀（1967 年初至 1999 年底）的逐漸過渡，從葡萄牙的末期管治轉化為澳門華人在中國「一國兩制」下的高度自治，構成一個漫長、和平及秩序井然的道別，為葡人在其南中國管轄區的撤離，同時也是把葡人自十五世紀以來在三洋、四洲及五世紀的世界開發，寫下美好的最後篇章。

葡萄牙位處歐洲大陸西南的伊比利亞半島之西端，西面和南面瀕臨大西洋，東面和北面與唯一鄰國西班牙接壤，海岸線長八百多公里。葡萄牙人礙於地理環境，只可能向大西洋進發。葡萄牙航海家因此創下了不朽的航海歷

史，葡萄牙終於成為歐洲首個打通往印度航線的國家。十五世紀，葡人發展出能作遠洋航行的三桅帆船，當時歐洲與亞洲的貿易，陸路經傳統「絲綢之路」；海路則先經埃及的亞歷山大港，穿過沙漠到紅海，再以「海上絲綢之路」到亞洲。葡人如能找到一條繞過非洲的航道直達亞洲，就可避過陸路因途經多個國家而繳付的重重關稅，獨享輸入亞洲貨品的高增值利潤。

在 1415 年，葡兵佔領摩洛哥北瀕地中海的重要戰略港口城市 —— 休達（Ceuta，位於緊握地中海與大西洋出入咽喉的直布羅陀海峽之北非地中海南岸，隔地中海與歐洲相望。葡萄牙於 1668 年將其割讓給西班牙）。自此之後，葡萄牙帝國開始發跡，海外擴張成為葡萄牙的主要政策，幾百年持續不斷地向外活動。葡萄牙航海家在 1418 年駛進位於大西洋中央的馬德拉島（Madeira），更在 1427 年發現亞速群島（Azores），葡人開始對兩地推行移民政策，兩地至今為葡萄牙領土。葡人的海洋探險自 1419 年沿着大西洋不斷南進，葡萄牙的船隊相繼於 1434 年越過非洲西海岸，延入大西洋的海角，1445年到達非洲大陸最西點佛得角（Cape Verde），並於沿岸建立貿易站和保護商貿的要塞。這些地理上的大發現為葡萄牙帝國的崛起提供有利條件，尤其是來自西非的黃金提高了葡萄牙的經濟。從商業的角度出發，遠洋航行是有利可圖的，因此葡萄牙人也開始大力在美洲擴張，如在 1500 年登陸巴西。

1488 年，葡萄牙航海家迪亞斯（Bartolomeu Dias）終能繞過非洲大陸的南端，向東進入印度洋，因自信已找到通往亞洲的航道，而命名此地為「好望角」（Cape of Good Hope）。其後，葡萄牙航海家為打開西歐東往印度的航路而到達東非的印度洋海岸，更一直在印度洋上進行探險，在 1490 年已經到達非洲東北海岸。1505 年，葡萄牙人用武力驅逐在東非南部一帶的阿拉伯人，建立了第一個東非殖民控制據點。

1497 年 7 月，達伽馬率四艘葡萄牙船和一百八十人，由里斯本出發，繞過好望角，經非洲莫三比克等地的東岸橫越印度洋，於 1498 年 5 月 20 日到達印度南部的商業中心卡利卡特（Calicut），然後，在東非印度洋海岸由伊斯蘭人統治的莫三比克，再航行返回葡國，正式建立由西歐至亞洲的東行海上航道。1502 年，達加瑪率領二十艘葡船再度出發東來，在印度建立果

亞幾處殖民地；1506 年更到達錫蘭。此外葡人的勢力也伸展至阿拉伯海一帶。1509 年，葡萄牙在印度海岸的「第烏戰役」（Battle of Diu）擊敗埃及和卡利卡特及土耳其的多國聯合艦隊，成為印度洋的霸主，從此阿拉伯人在印度洋的海權一路衰落。戰役標誌着基督教和伊斯蘭教的對抗從地中海地區發展到印度洋地區。由於喪失印度洋控制權，穆斯林世界的經濟受到嚴重影響而逐漸衰弱，也直接導致當時最大的阿拉伯國家埃及馬木留克（Mamluk）王朝滅亡。

葡萄牙人繼續從印度洋東航進入太平洋。在 1511 年，葡人攻佔東南亞香料貿易中心馬六甲（Malacca）。此後，葡人的船艦在這新發展的印度洋及太平洋航道上不停穿梭，輸出歐洲的貨品，運回東方的昂貴香料。開闢了第一條由歐洲通往印度的航線，葡人獲得了東南亞的香料群島等地的支配權，這為他們帶來龐大的貿易利益。自 1502 年開始，葡萄牙人獨佔亞洲的香料貿易達一世紀，直至約 1602 年，開始遭受荷蘭人的挑戰，葡萄牙人在亞洲逐漸被取代，開始衰落。這條由歐洲通往亞洲的新航道，同時也是歐洲殖民者對東方國家進行殖民掠奪的開端。在以後幾個世紀中，由於西方列強接踵而來，印度洋沿岸各國及西太平洋各國相繼淪為殖民地和半殖民地。

大致來說，十六世紀初期及中期可算是葡國在亞洲擴張的黃金時段。葡國的海外商貿人員和傳教士遇到亞洲當地人的反抗不算嚴重，但這「葡萄牙的亞洲」（Portuguese Asia）——葡國在亞洲的海外擴張——所受到最嚴重的阻力，反而是來自歐洲內部政治的干擾和海外競爭，尤其是面對西班牙和荷蘭兩國的壓力。葡萄牙和西班牙在 1494 年簽訂《托爾德西里亞斯條約》（Treaty of Tordesillas），旨在瓜分新世界，維持兩國勢力均衡，成為其時「國際秩序」的一部分。該條約規定兩國將共同壟斷歐洲以外的世界，特別列明將位於佛德角群島以西 300 里格（大約 1,770 公里或 1,100 英里），大約位於西經 46°37' 的南北經線，作為兩國的勢力分界線，以東為葡萄牙的勢力範圍，而以西即為西班牙擁有。西班牙是當時的最大帝國，在西半球美洲具有極巨大的影響力；而葡萄牙仍版圖廣袤，在巴西和非洲有大片土地，在全球有眾多島嶼。

其後，在 1580 至 1640 年的六十年期間，因為葡萄牙王位繼承人出缺，由其王室遠親、鄰國的西班牙國王同時兼任葡萄牙國王，即所謂「伊伯利亞兩國共主」（Iberian Union, joint crown, dual monarchy）時代。當時的西班牙王室是哈斯堡（Hapsburg），亦即統治奧國王朝的分支。極度信奉天主教且保守的哈斯堡王室以高壓手段統治信奉基督教的荷蘭，因此荷蘭人視西班牙為敵人。十六世紀末年，荷蘭的海洋事業興起，其中一個競爭對象和攻擊目標便是西班牙的海外屬土。1580 至 1640 年間，葡萄牙本土及其海外屬土殖民地亦變成西班牙管轄的地區，同時聯合西葡兩國的艦隊。兼併成就了西班牙殖民帝國的霸主地位，自然也成為荷蘭人攻擊的目標，葡荷兩國曾發生多次小型海戰。1640 年葡萄牙成功脫離西班牙獨立，葡萄牙的海外殖民地也歸回葡萄牙統治。

1588 年，荷蘭組成獨立共和國。荷蘭人曾經在 1601 至 1607 年多次侵犯澳門，試圖搶奪葡人的控制權，但未能得逞，心有不甘。結果，荷蘭在 1622 年 6 月出動規模較大、有八艘戰艦的海軍艦隊，企圖侵佔澳門，但協助堅守澳門城牆的耶穌會教士以精準的一炮擊中荷蘭的主力艦，結果全船火藥爆炸，荷軍無功而退，駛向台灣。荷蘭人遂在 1622 年進佔澎湖，更在 1624 年進入南台灣一帶，建城佔據三十八年。巧合的是，最早發現台灣的西方人正是葡萄牙的航海人員。十六世紀葡萄牙人因為要到中國、日本從事商貿和順道傳教，所以航行於澳門北太平洋之間，經過台灣海峽的西邊，他們在 1517 年發現一個青蔥翠綠的台灣島，命名為美麗之島（Ilha Formosa）。此後，西方世界以 "Formosa"（福爾摩沙）稱呼台灣，而 "Formosa" 至今仍是不少西方人士對台灣島的稱謂。

自從 1602 年荷蘭東印度公司（Dutch East India Company）成立，荷蘭在亞洲的實力日益膨脹，直接威脅到葡人在亞洲的發展，甚至最終在 1641 年荷蘭人奪取葡萄牙自 1511 年開始管轄的馬六甲，當然也控制具有重要地緣戰略價值、連貫印度洋和太平洋的馬六甲海峽（而近代新加坡在國際商貿及交通運輸所佔的戰略地位，正是因為馬六甲海峽）。荷蘭人亦成功在葡人手上搶走了東南亞的香料群島的掌控權。1648 年，西班牙在對荷蘭戰爭的勝出，扭

轉了局勢，但其後荷蘭卻搶奪剛脫離西班牙獨立的葡萄牙之葡屬錫蘭、葡屬好望角和侵吞葡屬東印度群島一帶的據地，更壟斷日本長崎的海外貿易（1542年，葡萄牙人初到日本），並將本來佔中日貿易主導地位的葡人勢力邊緣化。自此，葡萄牙在遠東的勢力慢慢衰落，管轄的地區減少至只有澳門和東帝汶兩地。十八世紀後，葡萄牙便集中其在巴西及非洲的殖民地統治發展。

為抗衡來自西班牙不斷施加的壓力和威脅，葡萄牙在過去六百多年（自1386年的《溫莎條約》〔Treaty of Windsor〕至今）與英國結盟，但葡萄牙因為維持這葡英聯盟而被迫付出巨大代價，也無法擺脫此掣肘，外交政策格局空間被大幅壓縮。1661年，葡萄牙給予英國孟買和丹吉爾（Tangier）兩地作為兩國王室聯姻的嫁妝。而日漸興起的英國，逐步蠶食葡萄牙在印度的地盤。其後一百年，英國乘印度莫臥兒（Mughal）帝國的崩潰而逐漸控制整個印度及其南亞貿易，自此大英帝國如日中天。相比之下，葡萄牙風光不再，其地緣政治影響力減弱，在南亞區內的地位下降，但仍然掌握印度西部的果亞、達曼、第烏等殖民地。

（三）葡治澳門的環球聯繫

在歐華利帶領下，葡萄牙在亞洲有另一重要發展 —— 葡萄牙人在1513年首次來到中國，埋下葡治澳門的歷史基礎。1521年，葡人皮雷斯（Tomé Pires）終能抵達北京，但與明朝廷的貿易談判卻不歡而散。其後在1557年，葡萄牙人成功租借澳門，作為長久的貿易基地，而天主教傳教士亦通過澳門成功進入中國內地傳教。

澳門是近代中國歷史上最早、也是最後的外國租界或殖民地。雖然位處華南海疆邊陲，地微人少，澳門歷來卻是中國跨越文化洲際交流的橋樑。中葡之間由明朝開始，歷經近代中國革命風雲、兩次世界大戰、東西方冷戰，以至中國今日在全球崛起，澳門一直是中葡文化交流和經貿互動的核心重點。由於澳門佔有戰略性的地緣政治優勢、方便的環球聯繫、廣泛兼且多元化的對外文化與經濟的實質經驗，再加上與中國大陸極方便直接的溝通，但

不受中國法律所管轄，故此澳門可以有效地交流及促進中國現代化的外來刺激因素和通道。

　　葡萄牙管治澳門之初，剛成海上霸主，澳門自然成為亞洲海上貿易中心。在十六至十七世紀，大量葡萄牙人來澳定居經商。此後，澳門便由小漁村逐漸發展為中國的對外通商主要口岸，也是西方各國在東方進行貿易的中轉港口，當時澳門百業興旺，經濟一度十分繁榮。由於具有獨特的地理政治優勢 —— 作為一個位於中國最南端珠江口，但又不是由明朝管轄，而是由葡人管治的自由港 —— 澳門 —— 成為了廣州的親密經濟貿易夥伴。廣州在明清時代，直到 1842 年簽訂不平等條約、開放商埠為止，是中國唯一對外海上通商的口岸。由十六世紀中葉至十九世紀中葉，珠江河岸的廣州與珠江口的澳門兩個城市互相分工的格局，構成中華帝國晚期的海洋貿易中心。葡萄牙人靠着澳門，逐漸建立四條主要的海上貿易航線：（1）廣州—澳門—（印度）果亞—里斯本；（2）廣州—澳門—馬尼拉—（墨西哥）阿卡普爾科／（秘魯）利馬；（3）廣州—澳門—（日本）長崎；（4）廣州—澳門—（印尼）望加錫—帝汶。從這個角度看，澳門因與廣州有緊密的互補，實際上為中國對亞洲，甚至全球的海外貿易扮演着一個重要而獨特的角色。粵、澳瀕臨南海，是「海上絲絲之路」的要衝和必經之路。在不同的歷史時期，在「環球聯繫」方面發揮重要的作用。參與澳門—廣州國際貿易脈絡的還有其他國家和民眾，例如西班牙、荷蘭、英國、印度、日本、美國、菲律賓和其他南亞及東南亞國家，衍生出超越中葡雙邊關係的多層次交往，構成為三洋四洲式的全球化體系。

　　葡治澳門曾與西班牙殖民地 —— 菲律賓的馬尼拉市有着密切的實質聯繫，亦成為廣州—澳門—馬尼拉—墨西哥的海外白銀大規模流入中國的主要輸送帶，着實影響明代中國的金融和經濟貿易發展。而這種大規模的白銀從拉美流入中國，來換取中國出口的重要商品如絲綢、茶葉、瓷器和其他中華珍品，亦將東亞及東南亞貿易活動和經濟體系戰略性地接合。同時值得注意的是，那種長途跨國行政體系串聯的重要影響。當時在澳門的葡國官員是歸屬於葡國在印度屬土果亞總督的領導，而在菲律賓的西班牙殖民地官員是屬

於西班牙在駐墨西哥的總督所管轄；這些葡西兩國的海外屬地總督實要聽命於其王朝在里斯本和馬德里的中央政府指揮。所以這也變成亞洲、拉美與歐洲行政制度上的串聯，而葡國王朝亦同時在非洲東西兩岸有五處海外屬土，亦可以視為跨越三洋四洲的第一期全球化的網絡系統。這三洋四洲的環球性網絡，對於華人海外移居和勞動力出口有關鍵性作用。

清朝在 1839 年至 1842 年的鴉片戰爭敗於英國，香港被割讓為英國殖民地。1842 年後，中國通商口岸急速增加，有一種新的經濟發展：澳門的貿易口岸角色漸被其他地方取代，而英國佔據的香港，由昔日的漁村小港，迅速發展成為國際自由商港與亞洲海上貿易中心。在 1860 年代，香港由於水深港闊，加上英國強大的通航與商務網絡，在中外貿易凌駕葡治澳門。雖然葡人亦利用中國在鴉片戰爭後國勢衰敗，開始逐步擴大在澳門的佔領，反客為主，侵犯中國主權，1849 年葡人用武力佔據氹仔、路環兩個離島，又於 1887 年和清廷簽《中葡和好通商條約》，取得「永居管理」澳門的特權。但事實上，自十九世紀中葉以來，因為香港的興起，澳門的中西貿易商港地位一落千丈，而當時葡萄牙本身的國力衰退，面臨很多挑戰，無法維持十六七世紀所謂航海帝國的光彩和實力。

長久以來，葡治澳門一直是華人移居海外的出發口岸，也是海外華人社會的人流和物資補給站。實際上，澳門這個葡語城市能直接與亞洲（馬六甲、果亞、東帝汶）、非洲（安哥拉、幾內亞比紹、莫三比克、聖多美普林西比、維德角）及南美洲（巴西）的其他葡語區聯繫，有助提升大規模移民到該等地區及與該地貿易。這種伸延與葡語地區的聯繫，同時也增強和葡萄牙毗鄰的西班牙及其殖民地 —— 拉丁美洲和菲律賓 —— 的連結，形成一個更大的葡語／西班牙語／伊伯利地區（Luso-Hispano-Ibero Zone），由澳門開展出華人海外移居與海外華人社區發展。除葡語區的巴西外，源於澳門的苦力貿易也延伸到同是西班牙美洲殖民地的古巴與秘魯。這種苦力貿易逐漸發展成為一門大生意，並引起更多錯綜複雜的、超出中葡聯繫的問題。

晚清的華工到海外謀生，尤其是到非洲及拉美地區如古巴和秘魯，他們大都是從澳門出發。在 1870 年代的高峰期，澳門曾一度有多達八百餘間的

「苦力棧」（coolie lodges）在運作，為在澳門等候乘海輪出洋的華人勞工提供暫時的食宿安置之處。雖然十九世紀中葉以來香港急速發展，並慢慢取得優勢，但是澳門仍能在有利可圖的華人移居海外這方面，保持一定的優勢，許多華人勞工在澳門乘坐懸掛英國、法國、西班牙、荷蘭、秘魯或美國國旗的輪船出發到外洋。例如，在 1856 年至 1858 年這三年間，至少有 19,910 名華工由澳門出發到其他地方當苦力。在這門苦力貿易行業高峰期的 1872 年，澳門處理了 21,854 名華工出境。而在 1859 至 1873 年期間，每年約有 20,000 名華工經由澳門出發到外國。從 1847 年至 1875 年，大量中國苦力到世界各地工作，總數至少有 250,000 名，更可能高達 500,000 人。其中，到古巴的 150,000 人當中，有 99,149 名經由澳門出發。而這些海外華工是構成海外華僑的主流，對中國近代的發展作出貢獻和犧牲，所以孫中山曾多次讚譽「華僑為革命之母」。

其實除了在國際貿易作為外商進入中國市場的門戶及海上絲路的樞紐外，自十六世紀中葉開始，直至十九世紀中葉鴉片戰爭之前的三百年，澳門一直是中西方軟實力交流的管道交叉點，還擔當文化及宗教融合的橋樑和平台。中國既通過澳門從外國人的眼睛裏重新認識自己，也通過澳門了解外部世界，澳門更是外國人了解中國的主要視窗。從十六世紀中至 1999 年回歸為止，因為當時澳門作為葡屬地，所以享有獨特的政治地位，與中國其他地區不同。因為中國法律不能管轄澳門，所以給予澳門更大自由、更強的包容性、更多管道，方便接觸和宣揚外地文化。

通過澳門通往世界的門徑而輸入的西方文化軟件 —— 宗教、學術知識和科學技術，其中一些是源自葡萄牙／伊伯利亞半島，又或另一些是來自天主教耶穌會（Society of Jesus，Jesuits，1534 年成立，最主要的任務是教育與傳教）所積極提倡的教義思想。澳門開埠以來，作為近代西方天主教在中國興築教堂及設立教區的第一個地方，天主教傳教士為澳門帶來西方文明，在這裏興建教堂（如著名地標大三巴牌坊）和創辦學院，他們同時學習中國文化，令中西文化在此長期交匯。澳門更是耶穌會士將基督教傳入日本的基地。澳門教會與其他地區教會的聯繫交流亦頗為頻繁。來澳門出任天主教澳

門教區（中國和日本）首任主教耶穌會教士賈尼路（Melchior Carneiro），將葡萄牙慈善組織仁慈堂（Santa Casa da Misericórdia）也一併帶來，在 1569 年創辦澳門仁慈堂，至今仍運作。

　　中西文化交流史中其中兩位最重要的人物、同被稱為「西方漢學之父」的天主教耶穌會意大利傳教士 —— 利瑪竇（Matteo Ricci〔1552-1610〕，1580-1583 年在澳門）及羅明堅（Michele Ruggieri〔1543-1607〕，1578-1588 年在澳門）與澳門都有聯繫。十六世紀末，二人把文藝復興後期西方文明的先進知識和技術帶到中國，亦把不少中國經典的譯文帶到歐洲，其精湛的語言及深厚學養為東西方築構起相互了解的橋樑，促進「西學東漸」及「東學西漸」雙向匯融。作為耶穌會獲准在中國內地傳教的第一人，羅明堅提倡來華的西教士要學習中國語言文字。1583 年，羅明堅與利瑪竇進入中國內地，在廣東肇慶建立中國內地第一個傳教駐地。他更用三年編寫《天主聖教實錄》，又在澳門成立名為「經言學校」的傳道所，以中文向居於澳門的人宣講天主教教義，為中國第一個用漢語傳教的機構；同時，也是當時中國第一所外國人學習漢語的學校。二人出版第一份中文世界地圖及編寫第一部漢語—外語字典《葡華辭典》，以幫助入華傳教士學習漢語。羅為首位把西方油畫由澳門傳入中國內地之傳教士，而利則開闢西洋美術從澳門傳入中國的有效途徑。

　　由於獨特的地位，葡治澳門比中國大陸有更廣闊、具包容的公共空間，去接納和宣揚從西方流入的其他文化及先進科技，成為近代中國領風氣之先的搖籃，同時也使地區間或是跨地域的文化在此匯聚接觸，其互動更具意義。擔當世界文化交流橋樑角色的澳門，對中國早期的現代化建設也有很重要的作用。所謂「西學東漸」，澳門是一個種族、文化長期多元開放的地方，它也提供其他俗世的外來觀念，尤其是成為各種西方進步思想流傳入中國內地的管道和中轉站，與傳播現代化、包括歐洲大陸政治社會理念（如各種社會主義）的平台環境。晚清時期，澳門的報章雜誌亦經常報道及刊載歐洲和美洲很多的民族解放運動，以及推翻帝制共和革命的外國新聞，直接影響了晚清在華南、尤其是珠三角地區的維新改良派人物（如康有為、梁啟

超）和反清革命黨人（如孫中山），吸納國際政治趨勢和建設新中國的思想。

　　於十九世紀末與二十世紀初，這些「軟件」的介紹宣揚過程中，澳門這個受惠於葡萄牙管治而擁有寬鬆政治環境的地方，發揮中心城市的輻射作用，能為進步的中國知識分子提供思想上的刺激。巧合地，改良派的康有為和梁啟超及革命派的孫中山的家鄉，均是毗鄰澳門西珠江三角洲的縣。這種巧合剛好證明一些重要因素 —— 具戰略性的政治地理區域、廣泛的外國經濟、社會與文化的聯繫接合、靠近中國內地並有良好的人際關係脈絡、受外國政府的司法管轄 —— 的結合，讓澳門成為中國近代革命運動發展的獨特歷史舞台。實際上，澳門受葡萄牙管治，形成了獨有的社會文化，對孫中山的革命活動帶來很多實質的影響。葡治澳門，及由此而延伸到的世界上其他葡西語區／殖民地，對孫中山的革命事業貢獻良多，當中包括思想、人才、前例經驗、資金和機會，由澳門內部，以及通過澳門而到亞洲、歐洲、非洲及美洲等的葡語區，對近代中國革命運動起了重要但常受忽視的作用。

　　華人通過澳門認識外部世界，澳門更是外國人看中國的重要視窗。十六世紀以來，帶着對古老中國文明的憧憬，西方傳教士前來澳門，踏上尋找中國的旅程，成為東西方兩種不同文明交流的推動者和參與者。在傳教士的積極介紹下，中國文明進一步通過澳門為歐洲人認識，所謂「東學西漸」，弘揚中華文化藝術。當時法國國王路易十四、路易十五都酷愛中國藝術、文物與風俗，他們經常舉行中國式舞會。法國宮廷大臣十分羨慕當時中國王朝的穩固，他們也想學習中國，希望把法國建設成像中國一樣穩定繁榮的君主制國家。除政治制度外，「中國式」（Chinoiserie）的園林、建築紛紛在英、法、德、荷等國被建造出來，成為歐洲各大王宮建築的組成部分。澳門自十六世紀始，以其獨特的歷史地位和地緣政治條件，成為中國瓷器的重要集散地和出口港。透過葡萄牙的商船，中國外銷產品被賣到歐洲各國，掀起搜集和仿製中國工藝品的狂熱，喝茶也成為歐洲貴族的時尚。這陣「中國風尚」在歐洲持續兩世紀之久，在十八世紀中葉達到頂峰，直到十九世紀才消退。其時的清朝中國已由盛轉衰，逐漸成為第二波全球化西方資本主義新霸權的侵略目標，而曾一度崇尚中國文化的西方，自十九世紀以後轉為被近代

中國學習的模範。

　　世界文化是多元的，文化是軟實力，已為共識。葡萄牙在澳門的四百多年管治，亦留下超乎中葡兩國文化與歷史的影響。例如葡萄牙王室支持的天主教耶穌會教士，就是利用澳門作為其東方語言文化學習基地，從而到日本宣揚天主教。在某段時間，天主教教士在日本吸納的信徒逾十萬人，比當時澳門的人口更多。另一例子是葡萄牙人以澳門作為核心和跳板，發展與暹羅（泰國）延續五百年的友好外交關係。澳門成為葡萄牙向亞洲世界投射軟實力的基地。

　　澳門文化植根於源遠流長的中華嶺南文化的深厚沃土，經歷四百年中西文化碰撞、交融，形成現在的中西合璧、一體多元、相容並濟、共同發展的格局。澳門多年東西匯聚交融的歷史與事實，讓不同的宗教、語言和民族能和睦相處，是世界的典範。葡萄牙亦在澳門留下醇厚悠久、具本土特色、充滿魅力和風采的文化，如令眾多遊客賞心悅目的當地名勝古蹟。2005 年7 月，由三十座建築物和前地所組成的「澳門歷史城區」（Historic Centre of Macao），正式被聯合國教科文組織（UNESCO）列入「世界文化遺產名錄」（World Heritage Sites）。這些南歐建築與中式宅院比肩而立，西式的教堂和中式的廟宇隔街相望，正是充分體現中歐亞交織並存的文化精華和歷史印記，見證中西合璧共融的澳門世遺名城獨特史蹟和城市人文風情，而葡式文化也在濠江的建築及美食上都留下或深或淺的痕跡。

　　飲食文化，是體現當地人生活形態的最地道指標，而澳門由於與葡人、尤其土生葡人關係密切，故有許多的葡餐食店；也由於華洋雜處，生生不息，中葡飲食文化的相互交融，所以發展出一種世上獨一無二、中葡人士均喜愛、遊客歡迎、蜚聲中外的澳門本地菜式葡澳餐。自十六世紀中葉，葡萄牙人東來經商，並移居澳門，他們從非洲、印度、馬來亞帶來的辣椒、咖喱、香料、蝦醬，在澳門配上新鮮的蔬果、肉類、海鮮、家禽，再由廚師用特有的葡式和東方的古老方式烹調，成為具有特色的澳式葡菜美食。總之，澳門的豐富飲食文化反映着澳門長久中西交融的獨特民俗風情，體現出澳門人的多元包容精神及價值觀念。

葡萄牙在海外的發展，尤其長期在亞洲所孕育出的一種特色，就是所謂「土生葡人」（Macanese）或海外葡人社群。由葡國向外發展到亞洲的國民，多是男性軍人、水手、商人、工匠等，他們在海外定居，極少攜同家眷，多會娶當地亞洲婦女為妻。他們的下一代基本上是葡亞或歐亞混血兒，既有葡國父系血統，亦有亞洲婦女的血統，故絕對是葡亞交流製造的新海外混血人種。經歷數代，他們形成一個有自己獨特文化、語言、飲食風格的小社群。而且土生葡人們世代居此，絕對不是短期過渡性的外來人或匆匆過客，而是100％土生土長的歐亞混血兒，長期視澳門為家，整個人生可能都在澳門度過，有些甚至一輩子也未曾到過葡國。

在澳門的具體實例中，這些土生葡人，即是葡裔澳人，多是中葡混血兒、多元文化的代表，他們幾百年來一直與華人及在澳門定居的其他族裔和諧共處，葡人和華人之間存在着千絲萬縷的聯繫，他們影響當地的衣食住行風貌，對澳門的發展作出貢獻。土生葡人掌握中葡雙語能力，很大部分出任當地專業人士和公務員，有效地擔當不懂中文、來自葡國的高層官員與不懂葡語的當地華人兩者之間的橋樑仲介人和聯繫者。他們亦是獨特的葡澳文化、美食、風尚的發揚者和傳承人。土生葡人族群可算是澳門近五世紀的中葡澳多元社會文化的活生生象徵。他們是澳門歷史和文化中不可或缺的一部分，是澳門特有的文化遺產，是中西文化交流的結果、延續與升華。在堅持落實「一國兩制」、「澳人治澳」、高度自治的方針下，中國中央政府希望土生葡人族群繼續保持在澳門的作用，為澳門及中國國家長期發展多作努力及發揮。隨着中國不斷蓬勃發展和澳門進一步穩定繁榮，兩地合作不懈，為增進提高中葡兩國的交流和互動發展走向更好的新階段，共同獻力推動。

（四）澳門特區與中葡語國合作

澳門是中國面向世界的一扇重要視窗，在中國國家發展戰略中具有非常重要的作用和地位。中葡兩國間四百多年來基本上較為友好，無嚴重敵對矛盾的長期共處，這讓澳門有穩定的發展，並使澳門成為當年中國對西方交

流的最重要海上管道。自從 1979 年 2 月 8 日葡萄牙與中華人民共和國建交後，雙方關係向友好的方向發展，亦為 1986 年至 1987 年中葡兩國對澳門回歸的《中葡聯合聲明》外交談判順利，以及 1987 年至 1999 年澳門回歸的過渡期，製造一種互諒互讓的良好氣氛，促進具體事務的合作。這些正面的因素，亦造就了 1999 年回歸以後的澳門特別行政區，在中國的戰略和經濟重要性不斷上升的格局，可以扮演中國對外交往合作的新角色，其中一個角色是成為中國與葡語國家經濟與貿易合作論壇的常設秘書處和人才培訓中心。

中國—葡語國家經貿合作論壇部長級會議，自 2003 年以來先後在澳門舉辦三次。同時，也於澳門設立「中葡論壇」的常設秘書處。2010 年 11 月，中葡論壇第三屆部長級會議於澳門舉行，中國總理溫家寶及七個葡語國家的高層領導（包括四個葡語國家總統／總理和三個葡語國家部長／副部長）親臨澳門出席，溫家寶總理於會上宣佈，從 2010 年至 2013 年，中國政府將採取六項措施，對深化中國與葡語國家關係具有重要意義，相關措施包括：發起設立規模為十億美元的中葡合作發展基金、提供優惠貸款、人員培訓合作等。參與論壇的八國葡語國家，包括拉丁美洲最大國巴西，以及中國在非洲的最大貿易夥伴安哥拉。這些葡語國家分佈在全球四大洲，共有領土超過 120 萬平方公里，人口 2.6 億，擁有豐富而有待開發的自然資源，在中國與發展中國家的商貿、投資關係中佔相當高的比例。基於歷史的淵源，澳門與葡語國家有着廣泛的經貿聯繫。這種後殖民地時代的發展，仍然可以充分利用殖民地時期的歷史基礎意義和文化遺產的例子着實少見。中葡的友誼和澳門在中葡交往的歷史上長久扮演各國與中國交往的橋樑角色，給澳門帶來新的動力和支持，讓澳門成為人才培訓、技能轉移平台和推動者。由於中葡友好，所以 2005 年澳門特區政府可以在北京的大力支持下，主辦了第一屆葡語國家運動會（Lusofonia Games）。這與 1997 年回歸以後的香港特區絕對不能再參加英聯邦運動會的限制，形成強烈對比。此外，澳門的高等教育院校在北京的鼓勵下，積極參與葡語國家大學聯會（Associação das Universidades de Lingua Portuguesa, AULP，會員來自全球一百五十多家大學）的各種活動。但回歸後的香港大專院校，不能再參與英聯邦大學協會

（Association of Commonwealth Universities）的活動。葡萄牙語大學聯會的第二十四屆年會於 2014 年 6 月在澳門舉行。這是年會第五度在澳門舉行，之前四次分別於 1998、2003、2006 年和 2011 年舉行。這正因為北京當局信任與支持葡萄牙，但不信任與懷疑英國，因而處處防避。所以香港回歸後不能積極參與英聯邦集團的活動，而澳門特區反而成為中國增加向葡語國家合作的橋樑和平台，原因是葡萄牙對中國的利益從來不構成威脅。而當年的葡治澳門，亦不被視為反華基地。因此回歸後澳門與葡萄牙的聯繫，成為今日中國與葡語國家合作的重要基礎。

　　當前世界發生巨大的變化，新興的中國異軍突起，成為推動世界經濟的重要引擎。發達國家的經濟增長乏力，更加重視中國；至於一些發展中國家，則感謝中國的支持和幫助。中國的發展、外交的成功使澳門受益，為澳門的發展營造良好的外部環境；同時澳門對於中國整個國家的發展和外交，也發揮着很大、很多獨特的作用。中國與葡語國家的合作，提升了澳門在中國與世界交往中的重要橋樑角色，而葡萄牙亦被中國視為一位重要的合作夥伴。正如官方《中國日報》英文版（*China Daily*）在 2010 年 6 月 28 日的文章指出，葡萄牙作為伊比利亞半島的樞紐（Iberian Gateway to Europe），是中國邁向世界的橋樑。這可引申，葡萄牙以中國為其邁向亞洲的橋樑，而探源溯流，由於歷史原因，澳門與葡語國家交往密切，經貿聯繫合作有優勢，澳門絕對是中國與葡語系國家溝通聯繫的一個重要門戶，更是葡語國家企業進入中國內地發展的橋頭堡。

　　中國國家「十二五」規劃綱要，明確提出支持澳門加快建設中國與葡語國家的商貿合作服務平台，澳門將致力推動中國與葡語系國家在更高層次、更大範圍、更廣闊的領域合作，深化交流，促進共贏發展。中葡論壇成立以來，中國與葡語國家的經貿往來有顯著發展，澳門與葡語國的關係日漸緊密。現時全球葡語地區的人口有兩億多，這些南美、非洲國家都是資源大國。近年來，中國與葡語國家的貿易合作發展迅速。2010 年雙邊貿易總額達 914 億美元，比 2009 年增長 46.4%。2012 年，中國與葡語國家的貿易總額達 1,285 億美元，其中，中國向葡語國家出口商品額達 410.52 億美

元，進口商品額達 874.45 億美元。在雙邊貿易跨越式發展的同時，雙方直接投資，尤其在 2012 年歐債危機時，葡萄牙政府出售其持有葡國電力集團（Energias de Portugal, EDP）及葡國國家電網（Redes Energéticas Nacionais, REN）的國有股份給中國的三峽集團與中國國家電網，曾引起較大的國際關注。

　　2013 年是中葡論壇十週年，6 月 26 日，由中國國家開發銀行和澳門工商業發展基金共同發起的「中國與葡語國家合作發展基金」正式成立，總規模為十億元。由中國政府倡議的「中葡基金」的成立與運作，是中國政府落實中葡論壇第三屆部長級會議精神的實質步驟，進一步促進中國與葡語國家的合作交流，為雙方的經貿合作開拓更廣闊的發展空間。其中包括進一步推進雙方的直接投資，具很大發展空間，未來可帶來實際的經濟效益。

　　「立足經貿，輻射全域」，澳門在中國與世界的關係上長期起着獨特的橋樑作用，有條件在過去的歷史基礎上進一步加強工作，澳門特區全力支持、參與和促進內地全方位區域合作、和中國內地與葡語系國家多領域事業的交流。立足於整體發展的大局，澳門特區政府實施「遠交近融」的對外交往政策，充分發揮澳門與葡語系國家、拉丁語系國家、歐盟等密切聯繫的優勢，努力提供優質商貿仲介服務。澳門作為中葡語國家經貿平台，利用其使用的中葡雙語，以及澳門法律體系與葡語國家有相類似之葡系法律的優勢，從文化、語言、資訊、服務等方面發揮作用，為葡語國家企業進入中國內地提供更大的便利。

　　澳門可以成為葡語國家產品或服務進入中國內地市場的試點，以更好地準備啟發市場銷售、產品設計等業務，或通過策略聯盟形式，與大珠三角企業共同開拓內地市場。澳門有多家大型金融機構、綜合企業在多個葡語國家擁有網絡，而有葡語國家企業已經在澳門設廠，通過中國內地與澳門的更緊密經貿安排（Closer Economic Partnership Arrangement, CEPA）優惠，以零關稅優惠把產品銷往內地市場。澳門國際貿易投資展覽會（Macao International Trade and Investment Fair, MIF）等大型經貿盛事，匯聚內地和葡語國家客商來澳共謀發展機遇，MIF 更設有葡語國家系列展館，協助葡

語國家企業（尤其中小企業）透過澳門與內地、澳門開展貿易投資合作。中國大陸市場龐大，加上台灣、東南亞等地區和葡語系國家的市場，商機無限，推進合作有很大的空間。

　　澳門《基本法》至今仍然規定葡語是澳門的官方語言。澳門在使用葡語及中葡翻譯的歷史悠久，澳門具優厚條件發展成為中國甚至亞洲最優秀的葡語課程教學和研究平台。加上不少葡語國家人才在澳門接受培訓，這批對澳門既熟悉又獲認受的人才返回本國後，長遠有助推進澳門及內地的企業對葡語國家的經貿合作與文化交流。2011 年，中國與葡語系國家經貿合作論壇澳門培訓中心自正式成立，開辦了超過二十個研修班，超過三百來自七個葡語國家的人參與。例如澳門已舉辦十四次「中葡國際醫學論壇」，第十五次已於 2013 年 9 月召開。多個葡語系國家包括葡萄牙、巴西、東帝汶和佛得角的專家也會來澳出席論壇，澳門希望通過此平台將醫學教育項目介紹給葡語系國家，藉以互相學習或借鏡。

　　現時中國在世界上可謂扮演舉足輕重的角色，在整個中華民族的立場看，若能藉澳門的語言、人才及與葡語國家的關係，聯繫結合兩岸的企業，以澳門為平台，打入葡語國家的市場，便有利於在這些葡語系世界資源大國爭取一席之位。作為中國與葡語國家聯繫的橋樑及經貿文化的合作服務平台，澳門在推動中國走向市場化和融入世界經濟體系的過程中，可以再次發揮重要的軟實力作用。展望日後澳門在現有基礎上，繼續完善功能，調整結構，在政策及實際行政措施方面創造條件，不斷爭取發展區域協作及錯位發展優勢互補，加強與大中華各界更多交流，集思廣益，增闊兩岸四地合作空間，共同推動中國與葡語國家持續發展合作，提升交流合作的素質、數量、規模、層面、領域及形式。肩負着獨特歷史使命的澳門，確實能為促進現今第三波多元多極的全球化（third wave pluralistic and multipolar globalization）作出貢獻。

參 考 文 獻

《澳門日報》

《澳門研究》

《澳門歷史研究》

《文化雜誌》

丁旭光：《孫中山與近代廣東社會》（廣州：廣東人民出版社，1999 年）。

王允昌：《孫中山與澳門》（台北：御書房，2011 年）。

任貴祥：《孫中山與華僑》（哈爾濱：黑龍江人民出版社，1998 年）。

何偉傑：〈澳門與中國國民革命研究：1905 年至 1926 年〉（香港中文大學歷史學系博士學位論文，2009 年）。

李長森：《近代澳門外報史稿》（廣州：廣東人民出版社，2010 年）。

尚明軒：《孫中山傳》（北京：文化藝術出版社，2008 年）。

林天蔚編：《嶺南文化新探究論文集》（香港：現代教育研究社，1996 年）。

邱捷：《孫中山領導的革命運動與清末民初的廣東》（廣州：廣東人民出版社，1996 年）。

段雲章：《孫中山》（南京：江蘇古籍出版，1984 年）。

張玉法：《清季的革命團體》（北京：北京大學出版社，2011 年）。

張希哲、陳三井編：《華僑與孫中山先生領導的國民革命學術研討會論文集》（台北：國史館，1997 年）。

張磊、盛永華、霍啟昌：《澳門：孫中山的外向門戶和社會舞台》（澳門：澳門大學，1996 年）。

盛永華、趙文房、張磊：《孫中山與澳門》（北京：文物出版社，1991 年）。

章開沅、林增平編：《辛亥革命史》（上海：東方出版中心，2010 年）。

陳明錄：〈二十世紀初年廣東在近代中國轉化之歷史角色〉，載陳明錄、饒美蛟主編：《嶺南近代史論：廣東與粵港關係 1900-1938》（香港：商務印書館，2010 年）。

陳明錄、饒美蛟主編：《嶺南近代史論：廣東與粵港關係 1900-1938》（香港：商務印書館，2010 年）。

程美寶：《地域文化與國家認同》（北京：三聯書店，2006 年）。

馮自由：《中華民國開國前革命史》（桂林：廣西師範大學出版社，2011 年）。

黃彥：《孫中山研究和史料編纂》（廣州：廣東人民出版社，1996 年）。

黃鴻釗：《澳門史》（香港：商務印書館，1987 年）。

黃鴻釗編：《中葡澳門交涉史料》（澳門：澳門基金會，1998 年）。

萬明：《中葡早期關係史》（北京：社會科學文獻出版社，2001 年）。

廣州市政協文史資料研究委員會編：《廣州文史資料》（廣州：廣東人民出版社，1986 年）。

廣東省地方史志編纂委員會編：《廣東省志 —— 粵港澳關係志》（廣州：廣東人民出版社，2004 年）。

廣東省政協文史資料研究委員會編：《近代廣東名人錄》上、下冊（廣州：廣東人民出版社，1986、1989 年）。

廣東省政協文史資料研究委員會編：《廣東文史資料》（廣州：廣東人民出版社）。

廣東省檔案館編：《廣東澳門檔案史料選編》（北京：中國檔案出版社，1999 年）。

蔣永敬:《孫中山與中國革命》(台北 : 國史館, 2000 年)。

鄧開頌、陸曉敏主編:《粵港澳近代關係史》(廣州 : 廣東人民出版社, 1996 年)。

鄧開頌:《澳門歷史, 1840-1949》(珠海 : 珠海出版社, 1999 年)。

龔伯洪主編:《廣府華僑華人史》(廣州 : 廣東高等教育出版社, 2003 年)。

Alan Baxter, Maria Espadinha and Leonor Diaz de Seabra, eds., *Conference Proceedings of Macao-Philippines Historical Relations* (Macao: University of Macao & Portuguese Centre for the Study of Southeast Asia, 2005).

Antonio M. Jorge da Silva, *Macaneses: The Portuguese in China* (Macao: IIM, 2015).

Austin Coates, *A Macao Narrative* (Hong Kong: Hong Kong University Press, 2009).

Austin Coates, *Macao and the British, 1637-1842: Prelude to Hong Kong* (Hong Kong: Hong Kong University Press, 2009).

Barry Hatton, *The Portuguese: A Modern History* (Oxford: Signal Books, 2011).

Carmen A. Mendes, *Portugal, China and the Macau Negotiations 1986-1999* (Hong Kong: Hong Kong University Press, 2013).

Cathryn H. Clayton, "The Hapless Imperialists? Portuguese Rule in 1960s Macau," in Bryna Goodman and David S. G. Goodman, eds., *Twentieth Century Colonialism and China* (London: Routledge, 2012).

Cathryn H. Clayton, *Sovereignty at the Edge: Macau and the Question of Chineseness* (Cambridge, Mass.: Harvard University Press, 2009).

Cesar Guillen-Nuñez, *Macau* (Hong Kong: Oxford University Press, 1984).

Charles Ralph Boxer, *Fidalgos in the Far East 1550-1770*, 2nd revised edition (Hong Kong: Oxford University Press, 1968).

Charles Ralph Boxer, *The Portuguese Seaborne Empire, 1415-1825* (London: Hutchinson, 1969).

Chenkang Fei, *Macao 400 Years* (Shanghai: Shanghai Academy of Social Sciences, 1995).

Christina Miu Bing Cheng, *Macau: A Cultural Janus* (Hong Kong: Hong Kong University Press, 1999).

Clive Willis, ed., *China and Macau* (Aldershot: Ashgate, 2002).

D. E. Mungello, *The Great Encounter of China and the West, 1500-1800*, 4th edition (Lanham: Rowman & Littlefield Publishers, 2012).

David Birmingham, *A Concise History of Portugal*, 2nd edition (Cambridge: Cambridge University Press, 2003).

Ernst van Veen, *Decay or Defeat? An Inquiry into the Portuguese Decline in Asia, 1580-1645* (Leiden: Research School of Asian, African, and Amerindian Studies [CNWS], Leiden University, 2000).

Francis A. Dutra and João Camilo dos Santos, eds., *Proceedings of the International Colloquium on the Portuguese and the Pacific* (Santa Barbara: University of California, 1995).

Geoffrey C. Gunn, ed., *Wartime Macau: Under the Japanese Shadow* (Hong Kong: Hong Kong University Press, 2016).

Geoffrey C. Gunn, *Encountering Macau: A Portuguese City-State on the Periphery of China, 1557-1999* (Boulder: Westview Press, 1996).

George B. Souza, *The Survival of Empire: Portuguese Trade and Society in China and the South*

China Sea, 1630-1754 (Cambridge: Cambridge University Press, 1986).

Herbert S. Yee, *Macau in Transition* (London: Palgrave, 2001).

Institute of Southeast Asian Studies, *Portuguese and Luso-Asian Legacies in Southeast Asia, 1511-2011*, vol. 1 (Singapore: Institute of Southeast Asian Studies, 2011).

J. H. Saraiva, Ian Robertson and L. C. Taylor, *Portugal: A Companion History* (Manchester: Carcanet, 1997).

James M. Anderson, *The History of Portugal* (Westport: Greenwood, 2000).

Jill McGivering, *Macao Remembers* (Hong Kong: Oxford University Press, 1999).

Jonathan Porter, *Macau: The Imaginary City* (Boulder: Westview, 2000).

José Maria Braga, *The Western Pioneers and Their Discovery of Macao* (Macao: Imprensa Nacional, 1949).

José Pedro Braga, *The Portuguese in Hongkong and China* (Macao: Macao Foundation, 1998).

Luís Filipe Barreto, ed., *Europe-China: Intercultural Encounters (16th-18th Centuries)* (Lisbon: Macau Scientific and Culture Centre, 2012).

Luís Filipe Barreto, ed., *Proceedings of the Seminar Paths of Macau and of Portuguese-Chinese Relations (1974-1999)* (Lisbon: Macau Scientific and Culture Centre, 2010).

Lynn Pan, ed., *The Encyclopedia of the Chinese Overseas* (Richmond, Surry: Curzon Press, 1999).

Malyn Newitt, *Portugal in European and World History* (London: Reaktion Books, 2009).

Martin Page, *The First Global Village: How Portugal Changed the World* (Lisbon: Casa daLetras, 2002).

Ming K. Chan and Sonny Lo, "The Macao SAR's First Five Years: A Preliminary Historical Review," *Oriente Occidente* 14 (September-December 2004).

Ming K. Chan and Sonny Lo, *Historical Dictionary of the Hong Kong SAR and the Macao SAR* (London & Lanham: Scarecrow Press, 2006).

Ming K. Chan, "Different Roads to Home: The Retrocession of Hong Kong and Macau to Chinese Sovereignty," *Journal of Contemporary China* 12, no. 36 (December 2003).

Ming K. Chan, "Macao Then and Now: Historical Contour and Contemporary Assessment," in Ming K. Chan and Jack Leong, eds., *Macao, Breakthrough Change in China's Special Administrative Region* (Toronto: University of Toronto Press, 2017).

Ming K. Chan, "Reflections on Five Centuries of Sino-European Interface: Contrasting the Soft Power Dynamics in Macau and Hong Kong," in Ming K. Chan, Jorge Rangel, et al., eds., *Macau-in-Coimbra: Highlights from the EACS 2014 Conference* (Macao: IIM, 2015).

Ming K. Chan, "Sino-Luso Soft Power Dynamics in Macau's Transformation Since 1553," in *Crossings II: Brazil, Portugal and Greater China*, Conference Volume (Leiden: Brill, 2017).

Ming K. Chan, "Three Oceans, Four Continents & Five Centuries of the Luso-Asian Interface: A TransPacific Perspective on Historical Portuguese Globalization Beyond 1513-2013," in *Portugal Midway to Europe and the World* (Lisbon: 2013).

Ming K. Chan, "US-China Links with a Twist: American Relations with Hong Kong and Macao in Historical and Contemporary Perspectives," in Yufan Hao and Jingwei Wang, eds., *Macao and Sino-US Relations* (Lanham: Lexington, 2011).

Ming K. Chan, *The Luso-Macau Connections in Sun Yatsen's Modern Chinese Revolution* (Macao: International Institute of Macau, 2011).

Philippe Pons, *Macao* (London: Reaktion, 2002).

R. Beltrão Coelho, ed., *Journal of the 5th Centenary* (Macao: Livros do Oriente, 1998).

R. D. Cremer, ed., *Macau, City of Commerce and Culture* (Hong Kong: UEA Press, 1987).

Richard J. Garrett, *The Defences of Macau: Forts, Ships and Weapons Over 450 Years* (Hong Kong: Hong Kong University Press, 2010).

Sanjay Subrahmanyam, *The Portuguese Empire in Asia, 1500-1700: A Political and Economic History* (London: Longman, 1993).

Sebastián Royo, ed., *Portugal in the Twenty-First Century: Politics, Society, and Economics* (Lanham: Lexington Books, 2012).

Shihan de Silva Jayasuriya, *The Portuguese in the East: A Cultural History of a Maritime Trading Empire* (London: I. B. Tauris, 2008).

Sonny Lo S. H., *Political Change in Macao* (London: Routledge, 2008).

Sonny Lo S. H., *Political Development in Macau* (Hong Kong: Chinese University Press, 1995).

Stuart Braga, *Making Impressions: A Portuguese Family in Macau and Hong Kong, 1700-1945* (Macao: IIM, 2015).

Warren I. Cohen, *East Asia at the Center: Four Thousand Years of Engagement with the World* (New York: Columbia University Press, 2000).

原載：陳明錄、鮑紹霖、麥勁生、區志堅編：《中國與世界之多元歷史探論》
（香港：香港城市大學出版社，2018 年），頁 27-51

史學研究

《資治通鑒》的史學（上）

一、導論

　　中國傳統史學中，構成編撰體例的兩個主要方法，即為按年記載式的編年體與傳記式的紀傳體。司馬遷（西元前 145 — 前 86 年）的《史記》是奠立紀傳體的開山之作，不但是正史的典範，也代表着通史的開拓之作，有別於以後正史的斷代史體例。

　　編年體最初的形式見之於牒記，而以《竹書紀年》、《春秋》與《左傳》等書為代表，這一方法到宋朝（960-1126 年）司馬光（1019-1086 年）的《資治通鑒》到達巔峰。[1]

　　宋朝雖然以政治與軍事衰微而著名，但卻也是在文化上具有高度的創造力的時代。新發展出的印刷術為波瀾壯闊的學術提供媒介，相繼出版了無以數計的史書、各種版本的經書、文學作品與哲學著作。分佈在全國各地的書院收羅了許多書籍與叢書，形成新的知識中心，在這種情況下，一門新興的學術於焉成長，衍發為儒學的復興。宋代的儒學復興是具有多面性的，政治改革的波濤洶湧與卓越的宋代史學家的著作，以及更多的理學作品，都是這

1　關於編年史的發展見張須：《通鑒學》（台北，1958 年），頁 5-20；司馬遷的史學及其《史記》見 Burton Watson, *Ssu-ma Ch'ien, Grand Historian of China* (New York, 1958)。

一復興的成果。[2]

　　宋朝面對北疆的強鄰，積弱不振，使得朝廷不得不強調儒家原則之應用於當時的問題上 —— 改革國內經濟與軍事來對抗外族 —— 並且是一邁向自強的長期的過程。[3] 事實上，正如同經學研究與哲學一樣，政治、經濟與社會思想也都是儒學復興中不可或缺的一環。因此，這一時期的學術著作，不僅是經學與玄學表現了宋代的精神，即史學與政治亦為同一精神之展露。

　　宋代有很多傑出的人物從事於歷史撰述，諸如政治家歐陽修（1007-1072年）、司馬光，以及理學家朱熹（1130-1200年），他們的歷史觀反映出當時學術的成就與現實政治的面面觀，如同以往的時代，宋代的歷史思想與歷史撰述近乎政治發展與學術契合的關鍵點。

　　宋代史學家承續並擴展唐朝以來編纂巨帙史籍的潮流，史書撰述依然採用模仿《史記》的紀傳體，如宋祁與歐陽修的《新唐書》，以及歐陽修的《新五代史》。這些著作之所以被認為重要，乃是因為作者除了官方紀錄之外，還擴大他們的資料來源，而以往史學著作構成的基礎只有官方紀錄。歐陽修也試圖紹續《春秋》的典範，依據選擇與嚴格的使用特殊用辭，來表達對歷史事件的道德判斷。[4]

　　宋代史學中較為重要，或許是最具代表性的作品，乃是司馬光的《資治通鑑》，它被認為是一部明白曉暢的學術傑作，直迄今日，依然是廣被閱讀並具權威性的中國史書之一。[5] 它是第一部官修的編年體通史，在此「官修」這一名詞，不僅指編撰者是政府的官吏與其編撰過程曾接受朝廷支持與認可而已，更重要的是指出所有工作之正式着手乃是由天子敕令而開始的事實；

2　宋代的「儒家復興」見 William Theodore de Bary, ed., *Sources of Chinese Tradition* (New York, 1960), pp. 438-441；歷史背景見 James T. C. Liu（劉子健）, *Ou-yang Hsiu* (Stanford, 1967), pp. 7-23。

3　蕭公權：《中國政治思想史》（台北，1954 年），第 4 冊，頁 2。

4　對這二部書的批評見 de Bary, *Sources*, pp. 492-493；金毓黻：《中國史學史》（上海，1946 年），頁 109-110；李宗侗：《中國史學史》（台北，1953 年），頁 87-90；Liu, *Ou-yang Hsiu*, pp. 100-113。

5　De Bary, *Sources*, p. 493.

　　然而，在這種情況下，「官修史書」也並不必然意味着「依據官方觀點而撰述」，即使天子曾經支持編撰工作，但他並未企圖指示其體例、綱要與編輯的政策。司馬光的修書局完全在他個人的控制之下。[6]

　　《資治通鑑》除了本文二百九十四卷外，尚有名為《通鑑目錄》三十卷，以及其他叫做《通鑑考異》三十卷。全書涵蓋自戰國時期到五代結束，總共1362 年（西元前 493-959 年）的十六個朝代。它是建立在極為廣博的第一手與第二手史料之上，除了正史和編年史外，還曾參考了龐大數量的史料，如別史、雜史、霸史、傳記、奏議、地理、小說、諸子等共三百二十二種不同的書籍。[7]

　　司馬光在劉邠（1022-1088 年）、劉恕（1032-1078 年）與范祖禹（1041-1098 年）等三位史學家協助下，從西元 1066 年到 1084 年，整整工作了十九年之久。身為主修者，司馬光除總攬全局，負責全書之成敗外，並親自撰寫史論部分；劉邠的主要工作是戰國到後漢時代，劉恕是三國兩晉南北朝到隋代，范祖禹是唐到五代。[8]

　　《資治通鑑》在中國史學上有非常深遠的影響，它不僅建立一套標準與方法，而且也開啟了許多後代史學家在學術研究上的新天地。然而，由於受到司馬光自己的思想與當時環境的影響，《資治通鑑》並非全然確實與客觀，在某些方面，它適合司馬光的特殊目的，而不遵循公正學術的理想。本文試圖闡明在宋代政治與學術發展的環境中，作為一部史書之《資治通鑑》的一些面貌，也就是司馬光的動機與態度、《通鑑》的確實性與客觀性，以及它對中國史學的衝擊。

6　　張須：《通鑑學》，頁 27-32。

7　　這些史料之名見張須：《通鑑學》，頁 45-67；亦見崔萬秋：《通鑑研究》（上海，1934 年），頁 35-62。

8　　《通鑑》編撰的分工見張須：《通鑑學》，頁 33-37；張之聯：〈資治通鑑纂修經過〉，《漢學》第 1 期（北京，1940 年 9 月），頁 213-218；翦伯贊：《歷史問題論叢》（增訂本，北京，1968 年），頁 333-343。王德毅：《宋史研究論集》（台北，1968 年），頁 17-20，詳述范祖禹對《通鑑》的貢獻與司馬光對他的影響。

二、司馬光的動機

　　無可置疑的，除了促使司馬光從事編撰《資治通鑑》的原始動機之外，在可能的情況下，史學家的意圖與其編撰的目的，甚至最後成書時的體例與綱要，都是在編撰過程中逐步發展與修正的。當司馬光着手《通鑑》的準備工作時，他至少曾指出三個不同的動機，也就是鑑戒、學術與個人的理由。

　　實際上，司馬光在他獲得皇帝核准修纂《通鑑》之前，曾撰寫過二部史書，後來經修改之後都納入《通鑑》裏面。在 1064 年，他獻上《歷年圖》十五卷，這部書是自西元前 403 年到西元 959 年間主要歷史事件的綱要；[9]兩年之後（1066 年）他又向英宗獻上《通志》，這部書是包括自戰國（前403 年）到秦二世皇帝（前 207 年）的編年史八卷，最後成為《通鑑》的頭八卷。[10]英宗感到非常高興與動心，因而下詔，正式命令司馬光編纂一部有關「歷代君臣事跡」的史書。[11]為了他的精心之作，司馬光得到朝廷相當多的支助 —— 宮廷浩瀚的藏書、食物、人員，以及應他之請而指派的助手等。原先司馬光夢寐以求而又遲遲不動手的原因，就是他自己私人擁有的資料不夠完備，[12]如今得到皇帝的支持，遂促成了《通鑑》的編撰。司馬光在上書答覆英宗敕令中，說明他籌劃編撰的觀點：

　　臣少涉群史，竊見紀傳之體，文字繁多，雖以衡門專學之士，往往讀之
　　不能周浹。況於帝王，日有萬機，必欲遍知前世得失，誠為未見。竊不
　　自揆，常欲上自戰國，下至五代，正史之外，旁采他書，凡關國家之盛

9　這部《歷年圖》後來也編入司馬光的《稽古錄》，成為它的卷 11 至 15，見張之聯：〈資治通鑑纂修經過〉，頁 211。

10　張之聯：〈資治通鑑纂修經過〉，頁 211-222；Edwin G. Pulleyblank, "Chinese Historical Criticism: Liu Chih-chi and Ssu-ma Kuang," in Beasley and Pulleyblank, eds., *Historians of China and Japan* (London, 1961), p. 153。

11　李燾：《續資治通鑑長編》（上海，1935 年），卷 208，頁 2 下。

12　Beasley-Pulleyblank, *Historians*, pp. 153-154；張須：《通鑑學》，頁 26-27。

衰，係生民之休戚，善可為法，惡可為戒，帝王所宜知者，略依《左氏
春秋傳》體，為編年一書。[13]

　　這篇奏文和司馬光在 1084 年完工時上神宗的〈進資治通鑑書表〉，連
同司馬光在接受英宗敕令之前已開始編撰《通鑑》的事實，都顯示出在《通
鑑》編撰裏他的三個相互關聯的動機所在。首先是學術的理由，司馬光覺得
自《史記》與《漢書》撰述一千年來，[14] 多數的史書組織紊亂，敍事蕪雜，
造成了難以處理的後果，因而大大地阻礙了歷史學的發展；因此，司馬光發
覺將以前史家無數的著作加以濃縮，並且將之融合成綿延不斷的篇章，編撰
成一部通史是有其必要的。[15]

　　由於個人的偏好，他對正史的僵化極為不滿，並為了在綿延不斷的篇章
中表達歷史事件的功效，司馬光採取《左傳》條理分明的編年體；[16] 然而，
《左傳》對《通鑑》的影響並不僅限於其編年體而已，它的教訓主旨與精神，
以及間接表達的道德與政治訓誡都是同樣重要的。[17] 在技巧上，司馬光師法
荀悅（148-209 年）《漢記》的質樸與精簡，他希望在這些方面對史學界有所
貢獻的證據，在他的「書」、「表」與「自序」，以及劉恕的《通鑑外紀》中
都可以找到。[18]

　　除了滿足英宗的要求這一希望外，還有兩項主要的個人動機鼓舞着司馬

13　李燾：《續資治通鑑長編》，卷 208，頁 2 下。

14　班固的《漢書》英譯見 Homer H. Dubs, *The History of the Former Han Dynasty*, 3 Vols. (Baltimore, 1938, 1944, 1955)。《漢書》是二十四史的第二部，但與《史記》不同，它是採用斷代史的框架，建立其他二十二史的標準模式。

15　參見李宗侗編：《資治通鑑今註》（台北，1965 年），頁 113。

16　同上注，頁 113；李燾：《續資治通鑑長編》，卷 208，頁 2 下。

17　《左傳》避免直接使用「褒貶」，而它記載許多大臣與學者強調「禮」的言論，這方面也明顯的影響到《通鑑》。對《左傳》的詳細討論見 Burton Watson, *Early Chinese Literature* (New York, 1962), pp. 40-66. 英譯見 James Legge, *The Chinese Classics*, vol. 5 (Hong Kong, 1962, reprint)。

18　劉恕：《通鑑外紀》（上海，1933 年），「自序」；張須：《通鑑學》，頁 24-25。在司馬光之時，《漢紀》被認為是《左傳》之後最好的編年史。司馬光也同意《漢紀》表達的很多觀點，並且對它的風格讚賞不已。宋神宗也曾就《通鑑》與《漢紀》來比較。

光從事此一工作。第一是在歷史研究上終生不怠的興趣，我們知道他早在孩提時期已浸淫於閱讀史書，《左傳》一直是他特別喜愛的書籍，[19] 無疑地，這一嗜好種下他試圖繼承《左傳》的編年方法以編撰通史的根源，《左傳》不像其他《春秋》二傳，它是中國古代一部極其詳盡的史書。事實上，很多學者都認為無論在形式與當世範疇中，司馬光的長篇編年史都是《左傳》的後勁。[20]

司馬光第二個個人動機是冀望聲名不朽，藉着編撰一部學術上的偉大傑作，不僅能夠證明他的史學與表達他的見解，更重要的是他可以獲得與「立言」相偕而來的顯著地位，況且，這種個人的不朽也是《左傳》首先提出的，[21] 歷來甚為學者所嚮往。

或許，最重要的動機很明顯地呈現在司馬光的「書」與「表」中，那就是鑒戒的動機。身為英宗扈從的學士，他知道英宗對歷史具有濃厚的興趣，[22] 因而希望提供天子一部好的史書，不只是滿足天子的興趣而已，也希望能對政府的政策與方針提供實際的鑒戒。[23] 神宗繼英宗之後，也在 1067 年命令司馬光在御前講解《通志》，為了酬答司馬光的辛勤以及表示對此書的重視，神宗給予《通鑒》「御製序」之榮，並賜以含警惕性的名稱，命名為「資治通鑒」（意即「幫助政府的鑒鏡」或「給統治者鑒戒的通史」），這點

19　見蘇軾：〈司馬溫公行狀〉，《蘇東坡集》（上海，1933 年），第 16 冊，頁 61-81；亦見《宋史》，卷 336〈司馬光傳〉。或許有人懷疑司馬光對歷史的興趣過於早熟，乃是史家的一貫陳腔濫調，有一席人認為接受《宋史》的說法是很危險的。但除了他的密友蘇軾的證據外，我們主要是依靠司馬光自己的話，在他的「表」與「書」以及〈謝賜資治通鑒序表〉，《司馬溫公集》（上海，1936 年）第 1 冊，頁 6-7，司馬光再三說道他對歷史，特別是對《左傳》，很早就有興趣，亦見張須：《通鑒學》，頁 24-25；Beasley-Pulleyblank, *Historians*, p. 153，特別是注 48。

20　如 Werner Eichhorn, *Chinese Civilization: an Introduction*, translated by Janet Seligman (London, 1969), p. 158; David S. Nivison, *The Life and Thought of Chang Hsüeh-ch'eng (1738-1801)* (Stanford, 1966), p. 206。

21　左丘明：《春秋左傳》（上海，1868 年），第 7 冊，卷 17，頁 14 上至下；英譯見 Legge, *The Chinese Classics*, vol. 5, pp. 505-506。

22　張須：《通鑒學》，頁 25-26；崔萬秋：《通鑒研究》，頁 15。

23　李宗侗編：《資治通鑒今註》，頁 1-3。

很明顯地強化了《通鑒》的意義，它是作為施政的實際鑒戒的寶庫。[24]

梁啟超（1873-1929 年）批評《通鑒》是一部「帝王教科書」，貼切地指出此書主要目的所在。在司馬光心裏，《通鑒》最主要的讀者是皇帝，其次為大臣與官吏。[25] 這點對《通鑒》本身有決定性的影響，司馬光為了給他的讀者提供政治上的鑒戒，整理《通鑒》，排除了一些「不必要」的事件，使其涵蓋、適合這個目的的各個層面，也因此限制了《通鑒》的領域，而以中央政府的政治興衰為主（因為地方政治是罕見而簡略的）；[26] 而且，他企圖假歷史事件為例證，以建立一套標準並提供一條解決施政問題的可用途徑。[27] 在中國傳統史學中，使用史書來表達一些鑒戒是很平常的現象。至於司馬光到底要表達哪些鑒戒？以及他如何來表達它們？將在下二節裏討論。

除了司馬光內心裏最初的目的之外，他發現編撰一部史書對他的政治目標具有極高的價值。身為一個卓越的學者與朝廷的重臣，他十分注意當時的政治問題與學術潮流，正因他利用《通鑒》以達自我反省與自我表達的目的，《通鑒》的內容自然無法避免受到他對當時情勢之反應與觀察的影響，如他反對佛教與迷信的立場，乃是宋代學者的一種共同心態，在《通鑒》裏就直接反映出對迷信的唾棄。[28]

由於司馬光的捲入政爭，《通鑒》因而增加了一項額外任務。當他得到英宗核准之後，即為《通鑒》持續工作十九年之久，在這段時期，政治情勢的改變，導致編撰工作逐漸一步一步地捲入政治之中。編撰產生了政治作用，相形之下，《通鑒》的內容本身之受到政治潮流某種程度的影響，也是無法避免的。

在十九年的編撰過程中，自西元 1066 年至 1070 年的五年，司馬光及其

24　同上注，〈序〉頁 1-2。

25　梁啟超：《中國歷史研究法》（上海，1933 年），頁 4，42。

26　梁啟超：《中國歷史研究法補編》（上海，1935 年），頁 43。

27　同上注，頁 13-14，236-237。

28　見本文第三、四節。

修書局都在首都開封；從 1071 年到 1084 年的最後十四年，司馬光離開首都，大部分時間停留於洛陽，由於朝廷中的權力與政策鬥爭的因素，修書局遂遷移至洛陽。無疑的，這段長期的政治隱退，使司馬光得以完成《通鑑》。

西元 1068 年，神宗任王安石（1021-1086 年）為相，開始全面改革。司馬光與朝廷的一些大臣如歐陽修、韓琦、呂公著與蘇軾等人都不同意王安石的新政或其實施改革的方法。由於這些大臣不妥協的態度，使王安石在施行新政時，不得不倚靠蔡確、呂惠卿與曾布等人的合作與協助（曾布曾多方挑撥事端，並背叛王安石，而西元 1077 年王安石的下台，則肇因於呂惠卿在新黨內部的操縱離間）。

這一改革引發了朝廷中以司馬光為首，反對改革之傳統派「舊黨」（後名為「元祐黨」）與王安石暨追隨王氏之改革者之間的激烈「黨爭」。新黨因得到神宗渴求改革的支持，遂佔得上風，掌握朝局，舊黨大臣或被迫致仕，或遭貶官，斥逐遠方。[29]

在這段時期，司馬光仍然受到神宗極高的尊重，神宗為了將他留在中央，遂任命他為樞密副使。然而，在 1071 年，由於他堅不妥協的原則與政治壓力的緣故，他一再請求赴永興，出任宣撫使，以期自政治鬥爭中脫身。次年，司馬光轉往洛陽，當時洛陽乃是許多舊黨大臣致仕後的居所，他首先出任判御史台，稍後任提舉嵩山崇福宮等閒職。司馬光在洛陽時已進入半退休狀態，集中精力於編撰《通鑑》。[30] 因此，編撰《通鑑》之於司馬光，正是他脫離現實政治以求自我保全的一種手段，也是他維持與皇帝之關係，並

---

[29] 關於改革與政治上黨爭的細節見 Liu, *Ou-yang Hsiu*, pp. 52-674; James T. C. Liu, *Reform in Sung China: Wang An-shih (1021-1086) and His New Policies* (Cambridge, Mass., 1959)，特別是頁 30-40；梁啟超：《王安石傳》（重印本，香港，1962 年），頁 104-118；方豪：《宋史》（台北，1954 年），頁 110-127；John Thomas Meskill, ed., *Wang An-shih, Practical Reformer?* (Boston, 1963) 這本書有不同的觀點與翻譯；和 Henry R. Williamson, *Wang An-shih* (London, 1935)，特別是第 2 冊，頁 158-236。關於司馬光的反對參見柯昌頤編：《王安石評傳》（上海，1948 年），頁 358-372；《宋史》，卷 336。

[30] 《宋史》，卷 336。

表明對皇帝效忠之情的媒介。[31]

然而，在他居住洛陽期間，「新黨」分子仍繼續攻擊他，並且散佈謠言，說《通鑑》一書的完成遙遙無期，因為司馬光並未真正從事於編撰工作，只是以此為藉口來接受官方的資助，獲取朝廷的食物、金錢。這些責難帶給司馬光很大的壓力，編撰《通鑑》業已成為他的地位與未來的一種賭注，因此，為了自衛，並證明這些指控全屬捏造，司馬光及其助手非常努力的工作。他曾説：「十九年中，受了人多少語言陵藉。」[32]

最後，《通鑑》的完成終於洗清司馬光及其助手所受的誣枉。1084 年，神宗漸趨懷疑新黨的品格，而打算重新起用舊黨人士。就在這一年末，司馬光獻上甫經編撰完成的《通鑑》本文，極受神宗讚賞，授他資政殿學士之銜，並賜以禮物與獎諭，以示尊榮。他的助手同樣都獲得擢升。[33]

由於現實政治的因素，《通鑑》的編撰已經與司馬光最初的目的大相逕庭，而且也產生了在 1064 年着手編撰之始所未曾料及的政治作用。司馬光之利用《通鑑》作為間接攻擊、批判王安石及其新政的喉舌，自是不足為奇之事。因此，《通鑑》間接成為他與新黨政治鬥爭中的「輿論」工具 ── 這是宋代政治中的一項重要武器。[34]

甚至早在他赴洛陽之前，司馬光已經從編撰《通鑑》而產生的機會中獲益不少，這些雖然未必有助於《通鑑》的內容，但對他自己的政治目的卻很重要。有好幾次，司馬光在陪侍神宗研讀《通鑑》(《通志》)已完成的卷帙時，抓住從該書所引發的機會，間接地向神宗説明他對國事的批評。西元 1069 年，他批評政治投機者以「辯才」鼓吹「新政」之危機，宛如戰國時期蘇秦、張儀以「利口覆邦」一樣。[35] 次年，當神宗讀到《通鑑》裏關於漢

31　從「表」中可以發現他對皇帝的效忠。

32　張須：《通鑑學》，頁 3-31。

33　同上注，頁 43-44。

34　對「輿論」的討論見 James T. C. Liu, "An Administrative Cycle in Chinese History," *Journal of Asian Studies* 21/2 (February 1962): 137-152。

35　見畢沅：《續資治通鑑》(上海，1936 年)，頁 1617。

朝丞相蕭何及其繼任者曹參的故事時，司馬光又乘機強調祖宗之法的重要，反對改革：（曹）參不變（蕭）何之法，天下晏然；元帝改政，漢業遂衰。[36]同時又在次年，當談到上古三代賢君採納忠臣意見時，司馬光在新黨的重要分子呂惠卿面前，對神宗指出王安石及其附從者不但判斷錯誤，而且多所欺瞞；他力勸神宗不要再相信這批人。[37]

三、從《資治通鑑》的內容看司馬光的意圖

司馬光的政治道德理想

　　整個宋代，無論在儒學或理學的發展上都呈現出極明顯的多樣性，所有的儒者雖具共通的基礎，仍各自發展出不同的意見，並對經書有着不同的解釋；而他們也都抱持着道德社會之理念，以之作為完美政治的終極目標，並鼓吹着不同的方式來實現這些理想。

　　因此，司馬光對政策之規諫及其對當代的評價，應由宋代儒家道德價值以及當時局勢兩方面加以觀察。通貫《通鑑》全書，司馬光直接地在評論裏，間接地在敍事裏特別強調儒家的一些原則。《通鑑》在廣義上扮演了維持儒家傳統（當然，這是司馬光自己對傳統的詮釋）之標準與價值的角色，正如中國史學家一向深覺本身的工作使他們不能不藉着公正的評估歷史事件，以維持道德教化。

　　在《通鑑》裏有很多地方，尤其是評論部分，司馬光提倡以儒家的理想作為最高的標準，他並且在許多地方直接引用儒家的經典。《通鑑》中有許多篇幅花在對「道德」的討論、言論與上書之上，例如唐太宗與大臣，特別是著名的諫官魏徵之間的討論與爭論；[38]而記述唐德宗在位期間，由西元

36　同上注，頁 1662-1663；《宋史》，卷 336。

37　同上注，頁 1679-1680；《宋史》，卷 336。

38　見《通鑑》，頁 6038-6040，6047-6048，6051-6053，6058-6059，6069-6070，6034-6035 與 6088-6091。

784 年至 794 年之十年的卷帙中，引用了陸贄（他被視為唐代儒家學者正直
與保守典型的代表）的奏議不下三十篇之多；³⁹ 這些都很明顯地指出了司馬
光的立場。

　　《通鑒》內容中最重要的部分，是司馬光本人的道德與政治理念。司馬
光根據自己對儒家道德教化的體認，強調「仁」的觀念，視之為具有普遍及
永恆價值的人類最高品德。此外，他還極力主張「誠」在日常人際關係中的
重要性。事實上，無論是在朝廷內、外，司馬光都因為「誠」而頗具聲望。⁴⁰
至於政策方面，司馬光認為「仁」與「義」是善政的基本條件；他確信政府
的施政方針必需是對人民行「仁」，所以他在經濟上主張輕徭薄稅，反對朘
削聚斂。或許是受到道家的影響，司馬光對政府的職責抱持着消極無為的
看法。他認為政府的責任主要是維持秩序與現狀，不可「擾」民，或與民
爭「利」——與「義」相違——如王安石新政府做的。⁴¹ 事實上，司馬光的
政治理想正與王安石背道而馳。這種思想觀念上的分歧，乃是導致黨爭的關
鍵因素——這項黨爭並不僅是現實政治的衝突而已。在理念層面上，司馬
光認為任何急遽的改變與改革均違反人、政府的本性，甚至是違反宇宙的規
則，所以王安石的新政確然是違反祖宗之法，而且也違反聖人（在司馬光心
中，兼指道家與「消極無為」的儒家）的教言。⁴²

　　身為反對黨的首腦，司馬光極力抨擊「新政」中的三司條例司、青苗法
與募役法。司馬光在上神宗書中批評「新政」是「以聚斂相尚，以苛刻相

39　《通鑒》，頁 7339-7390，7403-7407，7418-7419，7423-7425，7429-7431，7437-7439，7463-
　　7465，7531-7532，7534-7536 與 7540-7547，亦見 Denis Twitchett, "Lu Chih (754-805): Imperial
　　Adviser and Court Official," in Wright and Twitchett, eds., *Confucian Personalities* (Stanford, 1962)。

40　《宋史》，卷 336；崔萬秋：《通鑒研究》，頁 3-6；Achilles Fang, *The Chronicles of the Three
　　Kingdoms* (Cambridge, Mass., 1952), vol. 1, p. xix；與黃宗羲：《宋元學案》（上海，1933 年），第
　　1 冊，頁 155-165。

41　關於司馬光對政府無為而治的觀點見陶希聖：《中國政治思想史》（上海，1935 年），第 4 冊，
　　頁 96-100；陳鐘凡：《兩宋思想評述》（上海，1933 年），頁 176-178。

42　司馬光與王安石思想的顯著差異見程仰之：〈王安石與司馬光〉，《文史雜誌》，第 2 卷第 1 期
　　（重慶，1942 年），頁 1-17。司馬光對王安石新政的觀點見於他的文章，《司馬溫公集》卷 65
　　與 74；並見注 27。

驅，……遂使九土之民，失業窮困，如在湯火。」[43] 王安石的一些新政，如青苗法和三司條例司企圖縮小貧富之間的差距，以及減輕對窮人的剝削；但是，司馬光認為貧富之間的差距並不是制度造成的，亦非剝削的結果，而是天賦的智慧、才能與才幹之間的差異所致。因此，在司馬光「命定論」的觀念中，王安石的新政當然是不切實際、有損無益的措施而已。[44]

司馬光的仁政觀念及其對「新黨」的強烈敵視，可能是他在西元 1085 年修畢《通鑑》，結束半退休之生涯而返回開封（參加神宗葬禮）時，大受歡迎的主要原因。[45] 這時候，哲宗沖齡登基，由宣仁太后攝政，司馬光被任命為宰相，從此擔任相職直到次年 1086 年去世為止。在這段時期，司馬光與呂公著以及其他舊黨大臣，展開反改革階段（1085-1093 年），新黨人物紛遭貶逐，而新政的大部分措施也都被廢止，或遭到大量的修改。[46]

比較起來，司馬光是一個保守儒者與大一統主義者，他的《通鑑》似乎也可視為一部王道儒家思想的史書。基本上，這種儒家思想和王安石「實用的」與「功利的」儒家思想不同，與《資治通鑑綱目》所表現的朱熹學派之正統理學也大不相同。[47] 王安石與朱熹基於不同的理由，都尊崇孟子，[48] 而司馬光卻猛烈地批評孟子，甚至否認孟子的賢德之士有權驅逐暴君，進而代之的「激進」觀念。[49] 這直接反映出司馬光之政治思想及其對權威所持觀念的核心，這些觀念在《通鑑》裏有很清楚的說明，那就是「專制王權」。

43　這些上書在《司馬溫公集》卷 41。幾篇重要的英譯見 de Bary, *Sources*, pp. 486-489；Dun J. Li, ed., *The Essence of Chinese Civilization* (Princeton, 1967), pp. 303-305，有司馬光對青苗法與其他新政的批評英譯。

44　《司馬溫公集》，卷 65、69；程仰之，前引之，頁 12-17；Williamson, *Wang An-shih*, vol. 2, pp. 162-163。

45　《宋史》，卷 336；崔萬秋：《通鑑研究》，頁 3-6；Fang, *The Chronicles*, vol. 1, p. xix 與陶希聖：《中國政治思想史》，第 4 冊，頁 101。

46　《宋史》，卷 336；方豪：《宋史》，第 1 冊，頁 126-127。

47　蕭公權：《中國政治思想史》，第 4 冊，頁 457-461，498-506；陳鐘凡：《兩宋思想評述》，頁 157-232；Carsun Chang（張君勱），*The Development of Neo-Confucian Thought* (New Haven, 1957), vol. 1, pp. 243-284。

48　Liu, *Reform in Sung China*, pp. 30-35.

49　蕭公權：《中國政治思想史》，第 4 冊，頁 482-483。

　　中國君主專制政體的發展，到宋代差不多已告完成，司馬光的思想正是當時政治氛圍的最佳寫照。專制主義的概念必須有理論為之辯護，君主的地位應該提升，而統治者與被統治者的分野更應加以強化。對司馬光而言，世襲君主是至高無上的，而其最重要的功能在維持「禮」——即君主與臣下之間的關係，臣下應當毫無保留地效忠、服從君主。[50]

　　從司馬光的宇宙論思想，可以發現司馬光之無為政治與專制王權等觀念的根源。他的宇宙論深受漢代具有強烈道家傾向之學者揚雄（前53-18年）思想的影響。他們兩人都認為天係至高無上，主宰人之命運，而天人之間有着極密切的相應關係。對司馬光而言，整個宇宙乃是一層級組織（有十個不同的等級，統治者居於最高點，老百姓則在最底層），其中天賦、能力、財富與環境的不平等，乃秉諸天意，「禮」即為人際關係的基礎；否則，即會發生天災人禍。[51]一切既預先取決於天，人只要遵循「自然」之道行事，便能保有現狀，促進和諧，因此，司馬光將積極有為的政府以及政治改革視為不必要之舉。[52]簡言之，司馬光這種宇宙觀是極為「機械」的，是基於「宿命論」與「決定論」之上的。司馬光把君主擬諸上天，置之於禮法秩序的最頂端，因而賦予君主至高無上的絕對權力，強化了專制君主政體的理論。[53]在這裏，我們也看到司馬光強調和諧，視之為人類行為的終極目標，而這種和諧兼含講求社會關係之和諧的儒家觀念，與着重天人和諧的道家觀念。這種儒、道價值的混融，不但出現在司馬光的思想中，在宋代知識分子的思想中也相當普遍。

50　同上注，頁482-484；《通鑒》，頁1-6。

51　陶希聖：《中國政治思想史》，第4冊，頁96-101；呂振羽：《中國政治思想史》（上海，1947年），頁392-396；侯外廬等：《中國思想通史》（北京，1951年），第4卷，上編，頁496-502，511-521；與黃公偉：《宋明清理學體系論史》（台北，1971年），頁126-138，對司馬光的五行觀念與他的宇宙秩序有詳細的描述，在結論中提出司馬光的人性與道德觀並非基於儒家學說，而是源自漢代道家的思想。

52　《司馬溫公集》，卷65、69。

53　薩孟武：《中國政治思想史》（台北，1960年），頁359-360，辯護說司馬光絕對君主主義的立場是矯正五代以來的混亂無道，他認為為了再回復安定，首先必須重振君主政體。

政治的鑒戒

作為一部提供鑒戒的史書，《通鑑》提供君主政治上的經驗，提供大臣工作上的指導，提供一般讀者道德上的教訓；這些內容都是司馬光對一個良好政府與道德社會的理想所在。作為一部「帝王教科書」，《通鑑》站在君主的立場來討論歷史事件，因而反映出其所具之王政主義者的態度；而且司馬光更利用《通鑑》來鞏固與維護君主政體。下面的例子，可以幫助我們了解司馬光在《通鑑》中特別強調的一些儒家原則，如禮、忠、信、仁與義等，及其在討論歷史事件時對這些原則所作的闡釋。

通貫《通鑑》全書，司馬光認為「禮」不但是儒家學說的核心，也是政府與社會的基礎。在這方面，《左傳》對「禮」的特別強調可能影響到司馬光，最好的例子是在《通鑑》首頁首段，司馬光說道：

> 臣聞天子之職莫大於禮，禮莫大於分，分莫大於名。何謂禮？紀綱是也。何謂分？君臣是也。[54]

如此，在司馬光心中，禮與和須賴名位之分來維持，而不可或缺的至高王權亦應加以維持；否則，司馬光堅信將如戰國時代之崩亂無法。這不僅是《通鑑》裏最具代表性的鑒戒，也正如一位學者所說的：「在最簡捷形式中表達出早期中國歷史撰述的基本觀念。」[55] 其他的例子見於司馬光對唐太宗時期用樂之爭的評論，司馬光在評論中提倡以禮與樂作為一個理想社會道德教化的手段。（見下）[56]

司馬光對秦代名將蒙恬之死的評論，最足顯示《通鑑》之極力倡導臣下的絕對效忠與服從。蒙恬雖然無辜，卻在二世皇帝敕令下自殺而死，司馬光

54　《通鑑》，頁 1-6。

55　Eichhorn, *Chinese Civilization*, p. 160.

56　《通鑑》，頁 6051-6053。

因而稱讚他明瞭絕對效忠的主旨所在。[57] 對漢高祖處決背叛其主項羽而降漢的
丁公之評論，司馬光宣稱凡不忠之臣都應該誅除。[58] 最有意義的是司馬光對曾
仕五朝八姓十帝的宰相馮道（882-954 年）所作的貶抑之辭。他在引用歐陽
修《新五代史》〈馮道傳〉序之後，[59] 便抨擊馮道是逆臣之最甚者，易面變辭，
以事新主，又了無愧疚之意。司馬光進而論道：即使馮道能全身遠害，但他
無恥而生，也是不足稱道的，因為「君子有殺生成仁，無求生害仁。」[60]

　　司馬光、歐陽修對馮道的態度，與范質（911-964 年）、薛居正（912-981
年）以及一些曾參與纂修《舊五代史》的宋初大臣們截然不同，後者對馮道
抱有相當好感。[61] 當馮道之世，同時代的人幾乎無不公認他是一個純粹的儒
者，雖然他在經學上並無學養，而且也未嘗對任何一個皇帝有過堅貞不二的
忠誠，但他仍被視為誠實無欺、堅毅、篤行中庸之道者，甚至被看作是一個
墨守儒家思想的標準宰相。[62] 在馮道死後數十年，這一種看法在某些地方仍
然相當普遍，史學家對他也相當偏袒。但是一世紀之後，當宋代中葉儒學復
興期間，他開始被貶為無恥弄臣的典型，歐陽修首開其端，一反以往的評
價，在其《新五代史》中大事譴責馮道。司馬光繼而推衍、增強歐陽修的論
點，以對抗當時一些學者如吳處厚之流所提出的異議。歐陽修與司馬光這二
個著名的宋代史學家對馮道的惡評，乃是基於當時盛行的儒家思想之新解釋
之上。[63] 朱熹也採取相同的論點，並在其《通鑑綱目》中大事闡揚歐陽修及
司馬光二人所發揮的批評。[64] 從此，就很少有人再為馮道辯護，而對馮道的

57　同上注，頁 248-251。

58　同上注，頁 360-361；其他司馬光對「忠」的觀念之例見《通鑑》，頁 9510-9513，3198-3199。

59　歐陽修：《新五代史》（上海，1936 年），卷 54，頁 1 上 -2 下。

60　《通鑑》，頁 9510-9513；參見《論語》，〈衛靈公第十五〉之八（Legge, *Classics*, vol. 1, p. 297）。

61　范質、薛居正：《舊五代史》（上海，1936 年），卷 126，頁 1 上 -12 上。

62　Wang Gungwu（王賡武），"Feng Tao: An Essay on Confucian Loyalty," in Wright-Twitchett, *Confucian Personalities*, pp. 121-124, 140-141.

63　同上注；Frederick W. Mote, "Confucian Eremitism in the Yüan Period," in Arthur F. Wright, ed., *The Confucian Persuasion* (Stanford, 1960), pp. 230-231; Liu, *Ou-yang Hsiu*, p. 109。

64　朱熹：《通鑑綱目》（北京，1868 年），卷 59。

新評價更眾所公認地成為他一生的定論。[65]

　　馮道這一案例指出一個事實：由於晚唐以來綿延至宋之社會與政治變遷所造成的結果，在此一案例中儒家道德裏「忠」的觀念業已徹底改變。從早期之視道德評價（被統治者對統治者的德行與道德本質所做的評價）而轉移的一項義務，被重新解釋成一種對統治者絕對不渝的忠誠。在宋朝趨向中央集權與君主專制的潮流中，產生此一變化並非意外。

　　司馬光在《資治通鑑》裏除了反覆地強調禮之外，[66] 也強調統治機構立「信」的重要，例如他對戰國時期秦國法家衛鞅的評論，即認為當衛鞅在成功地強迫推行其政策之前，已首先建立政府的信用，因而獲得民眾的信心與支持。[67]

　　通貫《通鑑》全書，司馬光再三地鼓吹以「仁」與「義」作為良好政府的準繩。在評論唐玄宗之揮霍無度時，司馬光批評統治者如果只關心自我享樂，而在對待人民的政策中忽視了「仁」與「義」的時候，勢將導致王朝的沒落與覆亡。[68] 在另一段評論中，司馬光強調「義」的重要性，他認為在人類行為中，尤其是在國事中，「義」應該永遠居於「利」的考慮之上。[69]

當代問題的反映

　　除了提出政治與道德教訓之外，司馬光也藉着《通鑑》來表達他對時局之意見。因此，透過《通鑑》一書大可窺知當時的社會及他對重大問題的意見。

65　王賡武，前揭文，頁 140-141。

66　司馬光對「禮」的評論散見《通鑑》，頁 1-6，374-376，2497-2498。

67　《通鑑》，頁 46-48；司馬光對「信」的強調，散見《通鑑》，頁 7772-7773，8010-8011，9190-9191 與 9378-9379。然而司馬光並不強調衛鞅（亦即商鞅）的成功，衛鞅是一個有衝勁的改革者，但他的政策是以法家為主，而極端非儒。見 Joseph R. Levenson and Franz Schurmann, *China: An Interpretive History* (Berkeley, 1969), pp. 69-71.

68　《通鑑》，頁 6993-6994。

69　同上注，頁 7878，7977-7978。

從《通鑑》書中有關唐太宗在位初期對「樂」的爭論與討論的詳盡記載，以及司馬光對此事所作的評論，適足反映出宋代的情形。由於樂一向被認為極其重要，與教育、政治有極密切的關係，因此在唐太宗時代，對於應製作或採行何種音樂——北朝或南朝的樂，或是古樂——在朝廷裏發生過一番爭論；[70] 而在司馬光之時，宋廷也因為製作、採行不同的樂而發生相類似的爭論。這場論爭歷經仁宗、英宗與神宗三朝，而未獲決定性的結論。最初，朝廷改變晚周高聲調的雅樂為更中和的樂曲，然後又採用古代的律呂，稍晚之後，又引入正律，即使如此，仍有很多大臣不滿。[71]

司馬光也表示對此一爭論感到不滿，尤其是反對律呂，他認為律呂只適合娛樂之用而已。他在評論中主張樂應該是為道德教化的崇高目標而設，因此，朝廷應當只採用合於儒家原則的正律，而這些原則，應如古代聖王的「黃金時代」一般，作為政府的基礎磐石。唐太宗認為音樂無補時政，司馬光則批評這種說法違背聖賢的教示。[72] 如此，司馬光不僅表達了他對宋廷內部音樂論爭的異議，更提出了對善政的看法：即建立在德化領導與教育人民之上，而非仰賴法律與政府統制（如王安石的新政）。從他對唐太宗的批評中，司馬光透露出他的理想典範是遠古黃金時代的道德社會，而不是代表富、強霸權的漢朝或唐朝。宋代儒學復興的主流之一正是這種回歸聖王標準的理想，而忽視漢、唐的實例。就司馬光而言，主要的因素是受到《左傳》的影響，在所有古代典籍中，《左傳》對周代制度與理想賦予極高的敬意。歐陽修也是秉循此種思想之一人，他在《新唐書》中也批評唐太宗不過是一霸主罷了。[73]

當時另一項主要論爭是一般民眾的迷信思想與行為。司馬光在書中各

70　同上注，頁 6051-6053。

71　宋代樂的爭論見李攸：《宋朝事實》（上海，1935 年），頁 219-224，與羅香林：《中國通史》（台北，1954 年），頁 312。

72　《通鑑》，頁 6051-6053。

73　歐陽修：《新唐書》（上海，1936 年），卷 2，頁 11 下。

卷，特別是唐代各卷中，記載了許多篇反對迷信的文章，如唐太宗時期呂才的〈祿命〉、〈宅經〉與〈葬〉諸篇，[74] 以及正統儒家學者與古文家韓愈（768-824 年）於西元 819 年奏上憲宗的極著名的〈諫迎佛骨表〉，韓愈在文中曾批評憲宗對所謂佛陀指骨過於崇敬。[75] 司馬光企圖抑制迷信是一極為明顯之事，在此也必須指出：司馬光的態度正契合於宋代政治與學術的潮流。

宋太宗在位期間（976-997 年），居於現今東北的外族吉丹（譯案：即契丹）逐漸成為一股強大勢力，蹂躪武力衰弛之宋帝國的北境。西元 979 年，宋太宗親自統率遠征軍進攻吉丹，結果慘遭潰敗。宋朝的衰弱相當明顯，以致其盟友中，居於阿姆河流域的女真人，以及來自燕山的韃靼都相繼歸順吉丹。整個宋帝國的處境岌岌可危，迫使宋真宗（在位時期 998-1022 年）不得不在 1005 年與遼人之吉丹王國簽訂澶淵之盟，宋歲輸銀十萬兩與絹二十萬匹。[76] 1007 年，吉丹人正式在遼河源頭之地營建首都，此後，真宗的威望幾乎淪喪殆盡。

樞密使王欽若力勸真宗藉迷信來鞏固為戰敗所震撼的帝國，並藉此重振皇帝所喪失的威望。西元 1008 年初，王欽若偽造一部「天書」，書中讚揚真宗，並告誡他要好好地治理國家，宋朝永遠是受天命所眷顧的。整個帝國議論紛紛，談的都是皇帝得自上天的恩寵。為了進一步加深歡樂的氣氛，朝廷決定真宗應親臨泰山行「封禪」之禮，行封禪之用意在感謝上天垂愛，自西元 56 年之後從不曾實施過。

藉着這些措施以及其他的迷信舉動，真宗試圖使夷人，特別是使他治下的中國臣民相信他乃是真正的正統與興盛王朝的德王，而他的確也獲得相當的成功。一股迷信的新浪潮迅即在人民之間形成，而花費在促進迷信的巨大費用，也造成朝廷的財政問題。這種風氣到司馬光時猶有重大影響力，司馬

74　《通鑒》，頁 6165-6166。

75　同上注，頁 7758-7759；de Bary, *Sources*, pp. 371-374。

76　宋代的外交政策與澶淵之盟，見 Christian Schwarz-Schilling, *Der Friede von Shan-Yüan: Ein Beitrag zur Geschichte der Chinesischen Diplomatie* (Wiesbaden, 1959)。

光對之極力反對。正因如此，他收錄了西元 509 年梁臣許懋勸告梁武帝勿行
封禪的上書，因為封禪不過是與禮儀之真義背道而馳的違反自然之舉。[77]

　　從司馬光引用韓愈的上書，反映出他敵視佛教的態度，而這種態度正為
許多宋代儒者所共具，他們「重新發現」了韓愈的思想，並肯定其重要性。
例如，宋祁在《新唐書》中讚揚韓愈「撥衰反正，功與孟子齊而力倍之」。[78]
歐陽修更視佛教為中國弊病之根由，不但與儒家相牴觸，也造成社會的頹
廢，他在著名的〈本論〉一文中，主張根本改革以消除促使佛教盛行的因
素。[79] 事實上，司馬光的立場適足以代表宋代儒學復興的精神所在，他反迷信
的努力對中國後代學術上的懷疑主義與經驗主義間接產生始料未及的貢獻。

　　在《通鑒》裏，司馬光引錄了梁齊時代極力反對朝廷皈依佛法之著名哲
學家范縝的〈神滅論〉內的一段，他所引范文如下：

> 形者神之質，神者形之用也。神之於形，猶利之於刀，未聞刀沒而利
> 存，豈容形亡而神在哉！[80]

　　這一論調激起現代中國傑出的青年哲學家胡適早年的懷疑主義，胡適在
三十年後說道：「他（司馬光）決想不到，八百年後這三十五個字竟感悟了
一個十一二歲的小孩子，竟影響了他一生的思想。」[81]

77　見方豪：《宋史》，頁 95-97；特別是 Leo Wieger, *A History of the Religious Beliefs and Philosophical Opinions in China*, translated by Edward C. Werner (Hsien-hsien, Shantung, 1927), pp. 603-607；許懋事見《通鑒》，頁 4589-4591。

78　歐陽修：《新唐書》，卷 176。

79　歐陽修：《歐陽永叔集》（上海，1933 年），第 3 冊，頁 18-21；de Bary, *Sources*, pp. 386-390; Liu, *Ou-yang Hsiu*, pp. 114-115, 155-169。

80　《通鑒》，頁 4259；D. W. Y. Kwok, *Scientism in Chinese Thought, 1900-1950* (New Haven, 1965), p. 86。對范縝思想的詳細研究，見 Etienne Balazs, "The First Chinese Materialist," in *Chinese Civilization and Bureaucracy* (New Haven, 1964), pp. 255-276。

81　胡適：《四十自述》（上海，1933 年）；Kwok, *Scientism*, pp. 86-87；以及 Jerome Grieder, *Hu Shih and the Chinese Renaissance* (Cambridge, Mass., 1970), pp. 13, 18, 30, 117 司馬光對胡適懷疑主義的影響。

政治的批評主義

在《通鑑》編撰的漫長期間，宋廷的黨爭對司馬光的態度產生極深刻的影響；此一影響反映在《通鑑》之中，尤其是由晉到五代這一段篇章中最為明顯，因為這部分是司馬光貶逐洛陽的十四年間編撰完成的；而周、秦、漢、魏等部分在司馬光離開開封之前已經完成獻上，因此比較曲折隱晦。

然而，即使在《通鑑》早期的篇章中，司馬光也表示了他對「新黨」分子的鄙視。在評論戰國時期晉國上卿智伯之失敗時，司馬光將「才」與「德」作一釐分，而認為智伯之敗是由於失德所致。他認為一個人的德行遠比才能更為重要，君子是有德之人，而有才無德的小人勢將對國家造成重大的損害。[82] 司馬光以這種方式隱隱指出王安石的黨羽都是「小人」。司馬光還批評了樊英的偽善，樊英曾博得當世極高的聲響，甚至還受到漢順帝的推崇；司馬光這些批評都是針對王安石而發，因為王安石拜相改制之前，也享有很高的聲望。[83]

在唐代後半期的卷篇中，司馬光特別注意「牛李黨爭」。「牛李黨爭」歷唐穆宗、敬宗、文宗與宣宗四朝，從西元 821 年到 859 年，大約持續了四十年之久。[84] 司馬光在此，引用相類似的唐代黨爭來批評當時的黨爭。司馬光在《通鑑》裏雖然並未賦予代表「傳統秀異分子」的李德裕太高的評價，但他的批評主要是針對「新興秀異分子」的牛僧孺。司馬光利用此一機會在其評論中指出，黨爭就好像君子與小人不能妥協與共存一樣，無法避免；因此，皇帝的職責乃是在於進君子而斥小人。[85] 但是，皇帝發現司馬光這一建議窒礙難行，唐文宗「去河北賊易，去朝廷朋黨難」一語，正是當時情形的適當寫照！[86]

82　《通鑑》，頁 14-15。

83　同上注，頁 1647-1650。

84　「牛李黨爭」見陳寅恪：《唐代政治史述論稿》（重慶，1943 年），頁 54-93；及章群：《唐史》（台北，1958 年），頁 211-223。

85　《通鑑》，頁 7899-7900。

86　同上注，頁 7874-7875，7880-7881。

　　司馬光藉着《通鑒》中引錄的唐代學者杜牧之論述，強調德治的重要，並且主張建立防衛性的民兵制度及穩定的農業經濟，以取代倚賴軍隊力量、攻擊策略與商業財富，作為抵抗外族入侵的國防基礎。他明白地肯定說，他相信那將是一成功的宰相所做的正確政策與藍圖。[87] 司馬光所主張的政綱（靜態經濟、防衛策略與無為而治的政府），正與王安石的「新政」（動態經濟、攻擊性的軍事結構與政府活動的擴張）針鋒相對，因此，司馬光何以會成為反改革派領袖，也就勿庸置疑了。

　　不過，司馬光大體上仍相當節制，而且經常避免作直接攻擊。而他的助手范祖禹在所著《唐鑒》——一部小型的《通鑒》中，則從事直接而毫不諱飾的攻擊。范祖禹在敍述與批評唐代黨爭時，比《通鑒》更強烈、更尖銳，尤其是對牛僧孺的「新黨」更加非難。[88]

　　司馬光對「維州事件」的評論，更是一件爭論不已之事。對此一事件，司馬光支持牛僧孺的「溫和政策」——不顧朝廷一般的意見，而將維州地區放棄給西方的吐蕃。[89] 很明顯的，此一評價不僅是由於上述之司馬光的道德立場而已，更重要的是它是作者為反對王安石對外的「強硬方針」，而提出的警告 —— 王安石曾進攻西夏，而無任何成就。後代史學家對司馬光評論這一事件的智慧，頗表懷疑，他們認為司馬光並不能了解史實的真相，而一味以黨派私見來觀察事件。[90]

由張榮芳翻譯，原載：《食貨月刊》，第 12 卷，第 4 至 5 期（1982 年 8 月），頁 164-178

87　同上注，頁 7886-7892。

88　范祖禹：《唐鑒》（北京，1958 年），頁 173-195；與王德毅：《宋史研究論集》，頁 20-27。

89　《通鑒》，頁 7879，7977-7978。

90　張須：《通鑒學》，頁 214。

《資治通鑒》的史學（下）

四、《資治通鑒》的真實性與客觀性

　　如果將《通鑒》當作一部史書來看，必須特別注意三個相互關連的要素，亦即它的真實性、客觀性以及史料的剪裁。這裏所指的「真實性」意即呈現出的史料之準確與敘事之可靠（雖然大部分是技術性質，如某一事件的時間、參與者的姓名等，但全貌所表現的也是一重要因素），而「客觀性」是指在處理歷史事件時，公正不阿與排除明顯的個人好惡之素養與態度。

　　很自然地，史家表達自己的意見，並對歷史事件提出解釋；然而，在著作中，史家必須將個人的私見與歷史事件的敘述截然釐分，以符精確與可靠之準則。換句話說，史家首先必須在敘事上力求可信，然後運用其判斷力，提出意見，因此，真實性與客觀性是相輔相成的。

　　司馬光對《通鑒》編撰設立幾項主要的原則，這些原則與《通鑒》的真實性與客觀性息息相關。第一是關於正統的問題，在戰國、六朝與五代時期，中國分裂成一些小國家，有些被外族所統治，每一個國家都為求生存而奮鬥，同時也企圖征服整個中國。在這樣的時代裏，皇帝僅僅保有名義上的權力，而擁有真正實力，控制國家的是將領與宰相，這種情形導致篡位、暗殺、相互攻訐與頻繁的改朝換代。

　　這些分裂時期給中國史學家製造了一個棘手的問題：應該將哪一個人視

為真正的統治者？應該將哪一個國家視為正統？在《通鑑》裏司馬光不理會所謂的「正統」或「正閏」說，這種「正統」或「正閏」說起源於漢代，乃是一有關朝代賡續與「五行」關係的理論。司馬光在評論三國時期劉備自命為蜀天子裏，很清楚地說明了他自己的推理方式。

司馬光說道，當整個國家不歸於一統，而分裂成好幾個同時並存、相互鬥爭的國家時，應該將它們視同古代並立之列國，不應單獨的將其中一個國家當做正統，把其他的國家視為僭偽。不能以統治者的道德作標準，也不能以權力轉移的形式作標準。他強調《通鑑》編撰的目的決非要建立《春秋》「褒貶」之法，企圖強使一混亂時期返之正道，他主要是表達「使觀者自擇其善惡得失以為勸戒」的史實。[1] 但他的最後一句話並非全然真實。在「正統」這個特別命題上，一般都認為司馬光十分客觀，但是《通鑑》的某些篇章，仍然顯示出他「非客觀」之價值判斷與取材，有些地方仍是延續《春秋》的教訓精神。

司馬光在《通鑑》裏使用「年號」，僅僅是用來作為連貫與統一編年紀錄，而排除了正統或非正統的涵義。幾個宋代史學家與學者，尤其是歐陽修與蘇軾都捲入正統的爭論，他們多數在大體上同意司馬光的基本態度，只是在方法上有些許不同。歐陽修也揚棄正統說與正閏說，而採取介於「正」與「統」之間的區別，他主張遵循德治者「正」，反之，「統」則意味着統治者曾控制整個完整的國家。如果同時發生「正」與「統」，那是非常理想的狀況，但是同一時間內也曾只有「正」而缺「統」，或有「統」無「正」，那就應該沒有所謂「合法繼承」之事。「合法繼承」並沒有絕對的標準，有時候碰巧會中斷，如唐宋之間的五代便是。[2] 蘇軾的看法與歐陽修一致，他強

1　《通鑑》，頁 2185-2188；de Bary, *Sources*, pp. 503-507；Fang, *The Chronicles*, vol. 1, pp. 45-48 and xii-xiii。

2　歐陽修：《歐陽永叔集》，第 3 冊，頁 10-13，16-17，23-24；第 7 冊，頁 53-63；Liu, *Ou-yang Hsiu*, pp. 111-112。

調除非是「正」，否則完全沒有「合法性」這類的事情。[3]事實上，如果全國由單一統治者所統一，那就不會發生合法性的問題了。

在這一點上，司馬光為求確實與客觀，而採取的立場受到朱熹強烈的批評，朱熹在《資治通鑑綱目》中，「更正」與「重建」「正」與「統」之間的分野。他在《綱目》卷首的「凡例」中，設定並具體標出若干評價的標準。朱熹及其門人在朝代賡續上「剝奪」了魏的正統地位，而以蜀為漢朝的合法繼承者來取代。[4]

然而，後代的史學家卻批評朱熹及其門人的態度，因為史書中客觀性與可信性畢竟比道德教訓具有較高的價值，如南宋著名的史學家鄭樵（1104-1162 年）《通志》〈總序〉就猛烈抨擊將史書作為一種褒貶的工具。[5]在此我們必須注意，除了司馬光對客觀性的渴望與對史實的尊重，以及朱熹道德教訓的目的之外，對當時局勢的顧慮，也對司馬光和朱熹的不同立場發生強烈影響。宋太祖在西元 906 年（譯案：當為 960 年）迫後周恭帝讓位而建立宋朝的事實，使得司馬光幾乎不可能把西元 220 年魏國的建立看作篡奪漢獻帝之位；對朱熹來說，同樣也適用這種情形，西元 1127 年高宗在南京建立南宋以延續被女真推翻之北宋的事實，大概就是促使朱熹承認劉備為正統的原因。[6]

第二個原則是刪除煽動性、不義與荒誕不經的事件。《通鑑》並不提及一些「荒誕無稽」的故事，比如戰國時期一位愛國者屈原自殺的故事，或者嚴光將大腿放在其老友漢光武帝身上的故事。[7]但在商山四皓的例子，據說

3　《蘇東坡集》，第 5 冊，頁 5-9；中國歷史上對「正統」的爭論見 Otto Van der Sprenkel, "Chronographie et Historiographie Chinoises," *Melanges Pubies par l'institut des Hautes Etudes Chinoises* 2 (Paris, 1960), 407-421。

4　見《資治通鑑綱目》卷首之「凡例」；英譯見 de Bary, *Sources*, pp. 507-509；亦見錢穆：〈朱子之通鑑綱目〉，*Essays in Chinese Studies Presented to Professor Lo Hsiang-lin* (Hong Kong, 1970), pp. 1-11.

5　鄭樵：《通志》（上海，1935 年），頁 1。

6　張須：《通鑑學》，頁 107-108。

7　張須：《通鑑學》，頁 119。

四皓曾經輔佐漢惠帝，穩固其地位而成為高祖的合法繼承人，《通鑑》所以將之刪略，所考慮者蓋非史事之可靠與否，在《通鑑考異》裏，司馬光說漢高祖是一個能夠自行決事的強人，根據司馬光的看法，高祖決定立惠帝為太子，並不是由於四皓的建議（高祖曾試圖邀請四皓至朝廷而失敗，因而經常感到沮喪，但是太子卻成功地吸引他們），正如《史記》所說的，而是因為高祖知道丞相並不支持他另一個兒子趙王，遂告放棄。司馬光大體上拒絕承認這種故事，因為它有違一般常識，而且他還不斷地批評司馬遷在《史記》中對這件事及其他事情太過誇張。[8] 無論如何，這只是對商山四皓故事的一點小懷疑，可能是因為他「王政主義者」的觀點，導致他刪除掉這一故事。在《通鑑》中，司馬光企圖鼓吹專制君主的觀念，也就是專制君主即為真正的土地統治者，並可自行決定任何事情。或許司馬光害怕這種故事可能損及專制君主的形象，上述高祖的故事，就是一個最好的例子。

　　第三個原則是刪掉純文學的作品，因為純文學作品與政治興衰並無直接關連。在《通鑑》中這類的刪略包括項羽《垓下歌》、漢高祖《大風歌》、漢武帝《瓠歌》以及其他的歌；另一方面，《通鑑》也記載秦代《長安謠》、[9] 唐代《楊貴妃歌》，[10] 以及其他這類的作品，這是因為它們正可反映出當時的環境。由於《通鑑》之宗旨在成為一部以政治興衰為主的史書，這樣的取材是可以十分了解的。

　　最後一個原則是敘事時對地方與人名書其本名，即使它們是統治王朝所忌諱，而須加省略或改易者。只有在評論裏，司馬光才採取避諱而代之以字或號，司馬光對學術的可信與不朽之強烈渴望，在此完全顯現出來（對一王朝的時間而言，這種做法是長遠的不朽與不受限制的）。無論如何，司馬光避免在行文中發生上述的情形，但在本名、字號與同音異義字，如其父司馬

8　司馬光：《通鑑考異》（上海，1936 年），頁 3-4；與 Watson, *Ssu-ma Ch'ien*, p. 179。

9　《通鑑》，頁 2841-2842。

10　《通鑑》，頁 6872-6873。

池或宋太祖祖父之名時，便無法避免。[11]

　　儘管這些原則在某種程度上有助於作品確實與客觀，但是《通鑑》仍非完全確實與客觀，也非全然公正無私。司馬光在某些地方仍然忽視若干要則，甚或全然漠視。在一些實例中，這可能由於《通鑑》的主要關懷對象是政治史之事實，或可能是司馬光要限制這部書的篇幅（即便如此，《通鑑》共達一百九十四卷（譯案：當為二百九十四卷）對一些人來說，仍是太多了，這點也是朱熹編撰《資治通鑑綱目》的理由之一），[12] 或可能是為了取材與敍事而採取的評斷標準。然而，在其他一些例子，對某些事件的特別強調中，司馬光省略掉其餘部分，或是對整個事件的全貌只作偏執的敍述，這種「有選擇性的敍事」，對司馬光的計劃而言，雖然是秉持上述原則所作之處理，但更明確地說，可謂失之於簡略。

　　正如前面所提到的，司馬光引用了很多「反迷信」的文章，特別是唐代的論述。除此之外，他又記載很多因迷信而造成個人遭到失敗或不幸的事跡。[13] 在這種情況下，他應用現代宣傳家的策略——利用經過剪裁的史料與敍述以展現整個故事中的某一面，因此，他所採取的立場是非客觀的，並傳播自己的信念以教導讀者。雖然有些人爭論說司馬光在這些實例中的真正企圖是要達到確實，以創造「科學的」思想來取代「迷信的」思想，但無疑的，司馬光心裏必定存有對當時政治、社會與知識潮流的顧慮。[14] 事實上，《通鑑》的「選擇性敍述」可視為司馬光非客觀的象徵，這種非客觀情形的出現乃是由道德、思想與政治的影響所造成。

　　道德評論——史書中的道德教訓，《春秋》的思想——是造成司馬光之非客觀性最主要的因素。長久以來，「經史合一」的理念不但深具影響，形成中國知識發展過程中既定的觀念，並且在中國傳統史學中也佔有一席之

11　Fang, *The Chronicles*, vol. 1, pp. 27-28.

12　見朱熹：《資治通鑑綱目》，〈序〉。

13　張須：《通鑑學》，頁 116-117。

14　張須：《通鑑學》，頁 6165-6167，7758-7759。

地。[15]《通鑑》亦不例外,問題是司馬光走上這個「教訓」的途徑有多遠?在主要觀點,特別是客觀性與真實性方面,《通鑑》與《春秋》大不相同乃是不爭的事實。《通鑑》在敘事中避免作直接的「褒貶」,「褒貶」是史學家對一事件作道德評價的意見,絕不是謹慎、精密與嚴謹的使用選擇性用辭。但即使在更為間接的方面,《通鑑》也不全然否定道德教訓的目的。前面所舉有關司馬光再三強調禮與義的例子,以及將樂視為道德教化意義的評論等,都是最佳例證;《通鑑》在某種程度上,不只是於其編年範疇裏,而且在道德理想之中,企圖成為《春秋》的延續,殆無疑義。[16]「通鑑」這一名稱已經很清楚地指出這一功能。但是,《通鑑》也必須關注到它最初與主要的目的是對政府提供實際的教訓,這種需要來自於面對着歷史事實,這就是司馬光為甚麼並不直言無諱與提出教訓的部分理由,他的《通鑑》並不是要像朱熹的《綱目》或歐陽修的《新五代史》一樣,作為一「道德教科書」,歐陽修是第一個有系統的提出道德解釋理想的史學家,他與朱熹都極端關懷「褒貶」的精神所在。[17]

　　當時的環境是導致司馬光非客觀性的另一關鍵因素。他對「君子」與「小人」之間的差別及對唐代黨爭的評論都是主觀的評斷,他對「維州事件」所採的立場,與現實的考慮或歷史事實並不相符。在應用過去的事情來反映當代,或批評當代上(這點可能不儘然適合真正的歷史觀點),司馬光以《通鑑》作為他個人的法庭與黨爭中的政治武器。這樣的處理只是扭曲歷史事件真正的涵義與意義,並且因而損及客觀的學術標準。

　　意理上的偏見是構成司馬光非客觀態度的第三個因素。他對馮道的評斷

15　「道德教科書」的史學傳統,見張須:《通鑑學》,頁 86-89;胡哲敷:《史學概論》(上海,1935 年),頁 58-62;Alban Widgery, *Interpretations of History: From Confucius to Toynbee* (London, 1961), p. 18;梁啟超:《中國歷史研究法》,頁 47-48。

16　張須:《通鑑學》,頁 90-92;Herbert Franke, "Some Aspects of Chinese Private Historiography in the Thirteenth and Fourteenth Century," in Beasley-Pulleyblank, *Historians*, p. 120。

17　崔萬秋:《通鑑研究》,頁 97,100-101;梁啟超:《中國歷史研究法》,頁 48,與《中國歷史研究法補編》,頁 97;翦伯贊:《歷史問題論叢》,頁 332。

說明了他自己意理上的信念，或當時所流行，作為評斷標準的信念，司馬光對馮道的看法極不同於馮道之世一般的見解。唐代的事件有他們自己的背景，反之，宋代的事件也有宋代自己的理由。將宋代的標準強加諸唐代的事件，只可能造成與歷史事實相去甚遠的看法，甚或扭曲了歷史事實。

　　無論如何，在此必須指出《通鑑》所表達的「王政主義者」與道德家的教訓，反映出一種心態，這種心態並不只是特別表現在司馬光身上，也普及於傳統中國的史學家。身為一個大臣與儒者，司馬光不可能避免傳統趨勢與當時學術環境的強烈影響，即使司馬光是一個傑出的史家，他的著作與歷史哲學仍不可能迥異於他的時代，而與特定的歷史背景背道而馳。[18]

　　造成司馬光在《通鑑》之非客觀態度的第四個因素是他個人的偏好——對過去的特定目標或個人的讚揚。揚雄是最好的例子，司馬光給他很高的評價，並且親自注釋揚雄研究宇宙論的作品——《太玄經》，這部書對司馬光本人的《潛虛》有極大的影響力。這二部書說明一種企圖：在一嚴密的架構中，了解人與宇宙之間的關係。在司馬光階序式的宇宙觀中，其「神學」觀以及對「唯心論」的強調，乃是承襲揚雄，揚雄名之為「玄」（萬物之元），司馬光也懷有同感，只是將之易名為「虛」。[19] 司馬光在《通鑑》的評論中強調揚雄的哲學知識與文學才華，[20] 而略掉揚雄人格上的缺陷以及他曾試圖自殺之事；他甚至並未譴責揚雄背叛漢朝而出仕王莽之事。[21] 即使這些事情可能和《通鑑》的客觀與公正無私相衝突，司馬光仍然不能免除人類感情與個人偏好，這點是顯而易見的。

　　大體上，司馬光在《通鑑》裏相當尊重歷史事實，而且也提供正確的事

18　張須：《通鑑學》，頁 60；崔萬秋：《通鑑研究》，頁 97；翦伯贊：《歷史問題論叢》，頁 332。

19　黃宗羲：《宋元學案》，頁 165-205；侯外廬等：《中國思想通史》，第 4 卷，上編，頁 511-521；與 Wing-tsit Chan, *A Source Book in Chinese Philosophy* (Princeton, 1963), pp. 289-291 對揚雄的思想。

20　《通鑑》，頁 1216-1217。

21　張須：《通鑑學》，頁 213-214；在中國史學裏王莽始終被視為一個篡位者，見 Levenson-Schurmann, *China: An Interpretive History*, pp. 95-97。

實資料。司馬光希望藉着經過精確、謹慎選擇的史實，不必在實際上強指出要點，就能完成他的鑒戒價值。在一些例子裏，他直接在評論中帶出道德的或政治的教訓，而不在敍述事件時插入這些教訓，這種做法可使他的立場更加清楚。有時，司馬光採取一種「選擇性敍述」的間接方式 —— 記載精心剪裁的史料與表達片面的觀點，如在敍事中記載「反迷信」的言論與儒家道德教化者的紀錄等，以建立一套特殊的觀點。用這種方式來處理並不明顯，但更具影響力，因為將這種觀點融入敍事之中，比放在評論更能使讀者接受。除非《通鑒》的敍事，無法明白有力地傳達他所企圖達成的效果，司馬光並不肯以評論的方式，直接下一論斷，而寧可讓經過「選擇」的事實敍述自行發言。

雖然對歷史事件的剪裁與敍述以及所作評論，有時不免是片面之辭，或主觀之語，但《通鑒》所陳述之歷史資料的精確與真實性，仍是相當可靠而能夠接受的。換句話說，司馬光可能並未說明一歷史事件的全貌，但由全貌裏經過選擇的一斑，也達到精確真實的高水準。在《長編》中參考了出自不同來源的無數史料，乃是保證這一水準的主要因素。司馬光與其優秀的助手為這部巨著，所作之重大努力及其高度學養，乃是他們剪裁史料、陳述史實的基準，[22] 這也是極為重要的資產。在許多例子中，《通鑒》的敍事是以得自幾個不同來源的記載為基礎，並非僅有一史料而已。尤其是《通鑒考異》，更是向前邁進的大一步，在中國傳統史學上建立一項標準。它顯示出司馬光及其助手為了達到精確真實，而在許多史料上悉心考證與評估其間相似或矛盾的地方。[23] 事實之精審是確實性的一面，在這種意義上，對一些偶而翻閱《通鑒》的讀者來說，《通鑒考異》至少有助於造成一個極為精確的印象。

22　劉邠、劉恕與范祖禹都被認為是當時是史學上傑出的學者，司馬光也很尊重他們，尤其是對劉恕，見崔萬秋：《通鑒研究》，頁 20-23；與張須：《通鑒學》，頁 32-37。

23　張須：《通鑒學》，頁 78-85；Beasley-Pulleyblank, *Historians*, pp. 155-158；Edwin Pulleyblank, "The *Tzyjyh tongjiann kaoyih* and the Sources for the History of the Period 730-763," *Bulletin of the School of Oriental and African Studies* 13 (1950), 448-473。

五、《資治通鑑》對中國史學的影響

　　大致說來，《通鑑》對中國史學有非常深遠的影響。面對着斷代史的僵化與狹隘，司馬光勇於超越這些限制而編撰《通鑑》，濃縮了無以數計的史籍，並將其融合成一部涵蓋 1,362 年政治興衰的通史，它是從漢朝司馬遷《史記》以來的第一部通史。作為一部不朽的學術著作，《通鑑》維持了史學廣闊無垠，綿延不絕，超越單一時代或朝代的限制，刺激、促進了後代無數的通史編撰。南宋兩部重要的通史 —— 鄭樵的《通志》，尤其是馬端臨的《文獻通考》都受到《通鑑》的啟發。

　　然而，司馬光的歷史因果觀受到很多政治之限制，最重要的受到道德教化之極大限制，這種限制部分是因為《通鑑》以政治興衰為中心，而又以編年體來處理；部分則由於司馬光自己的思想傾向所導致。在編年次序下，編撰的規模與資料安排的需要，不可避免地限制了《通鑑》的本質與範圍，排除了歷史上經濟因素的詳細討論，同樣地，司馬光也只是簡略的處理社會、學術與制度史而已。[24]

　　馬端臨在《文獻通考》〈總序〉中提出較為現代的觀點，他強調會通與歷史有機性的成長，他在讚揚了司馬光的《通鑑》之後說：「然公之書，詳於理亂興衰，而略於典章經制，非公之智有所不逮也；編簡浩如煙埃，著述自有體要，其勢不能以兩得也。……其變通張弛之故，非融會錯綜，原始要終而推尋之，固未易言也。其不相因者，猶有溫公之成書；而其本相因者，顧無其書，獨非後學之所宜究心乎？」[25]

　　編年體也導致《通鑑》一個技術上的缺點，因為一長期的事件非常不連貫，而零星散佈於跗數頁以上，在按照時間排列的篇章中將充塞許多和這一事件毫不相干的史料；[26] 何況，司馬光的方法使《通鑑》產生一極為嚴重的

24　張須：《通鑑學》，頁 212-213；de Bary, *Sources*, pp. 493-494。

25　馬端臨：《文獻通考》（上海，1936 年），頁 1。

26　Beasley-Pulleyblank, *Historians*, pp. 152, 158.

限制 —— 只注意一定點的單一獨立事件，而不能將每一事件與其他事件聯結成一相互關連的複合體，以提供更廣闊的視野；如此很難勾勒出歷史事件之順序、連續性、發展。[27] 換句話說，司馬光並未成功地克服以《左傳》為典範之傳統編年體的限制，正如馬端臨所暗示的，從永恆形態的觀點，亦即從制度史的觀點來觀察歷史的過程，發展出合理性的結論，才是一條擺脫朝代或當時體制束縛的途徑。[28]

儘管《通鑑》有這些缺點，但仍是中國史學的一個里程碑。它最重要的貢獻是建立系統的方法與史學批評的標準，給後代史學家開啟學術的新門徑。《通鑑》及其相關之作，這些有系統的著作在中國傳統史學中開創了一個新天地。在《通鑑》編撰的漫長過程中，司馬光及其助手首先以編年次序為骨幹，草立「叢目」；然後著手把所有不同來源的史料編成第一草稿，名之為「長編」，這是《通鑑》最後定稿長度的好幾倍，如唐代原為六百卷濃縮成八十卷；最後，司馬光獨力修訂、編輯與再一次安排「長編」，加上他自己的評論，終於完成了現今所見的二百九十四卷《通鑑》。[29]

除了創立以「長編」修史的方法之外，《通鑑》最重要、最具持久性的創舉或係《通鑑》的副產品 ——《通鑑考異》。司馬光很有系統地從各個不同的角度支配卷帙龐雜的史料，他及其助手在完成最後的選擇之前，以合理、確實的客觀標準，小心翼翼地考證所有不同來源的史料，然後比較、評估其間的異同。在《通鑑考異》裏充滿了理性與證據的判斷，同時，也包括若干其他可能的解釋，或者說明他為何選擇其一的理由。

這一點樹立一套高度的標準，並且介紹了一種中國史學上極為重要的新發明：史實之精審與達到確實境界的「科學」方法。在這方面，司馬光可說是一位「科學的」史家，他是第一個嘗試在客觀與批評的立場下，達到精

---

27 同上注；張須：《通鑑學》，頁 211-212；Balazs, *Chinese Civilization*, pp. 133-134。

28 馬端臨：《文獻通考》，頁 1；英譯見 de Bary, *Sources*, pp. 499-503；Balazs, *Chinese Civilization*, p. 134。

29 據說《長編》草稿盈十九屋，關於編撰過程的細節見張須：《通鑑學》，頁 27-44；張之聯，前揭文；翦伯贊：《歷史問題論叢》，頁 326-343；Beasley-Pulleyblank, *Historians*, pp. 155-156。

確、真實，並且公開說明他的評斷與理由。[30] 對後代而言，《通鑑考異》不僅對後來散佚的書籍作了極富價值的指引，還將它們記載下來。而且，後代的史學家追隨司馬光的腳步，將「矛盾的發現」也作為他們著作裏不可或缺的一部分。事實上，司馬光「開創」了中國的批評史學。[31]

　　隨着《通鑑》的編撰及編撰過程中的各項研究工作，司馬光也完成其他的著述，除了《通鑑考異》三十卷、《通鑑目錄》三十卷、《通鑑節要》六十卷與《通鑑舉要歷》八十卷外，[32] 還有《歷年圖》七卷、《百官公卿表》十卷與《稽古錄》二十卷等相關的史學著作。[33] 司馬光的孫子司馬伋也根據司馬光及其助手間討論編撰體例的通信中，編纂了《通鑑釋例》一書。[34]

　　《通鑑》所開創的新天地為後來的學者提供很多歷史研究的絕佳機會，在注解方面如胡三省（1230-1287 年）的《資治通鑑音注》，後續與補充的如畢沅（1730-1797 年）的《續資治通鑑》，以及歷史批評與評論的王夫之（1619-1692 年）《讀通鑑論》。[35] 除此之外，它也間接在中國史學上貢獻兩種新體例的創造。

　　其一為紀事本末體，以歷史事件而非編年或紀傳為主題。袁樞（1131-1206 年）的《通鑑紀事本末》幾乎全部根據《通鑑》的敍述，他按照每一個主題，抄錄《通鑑》原文，並重新加以安排，而建立了這個新體例。這部四十二卷的《通鑑紀事本末》共包含二百三十九樁主要事件，雖然不是天才橫溢的著作，但卻提供一個良好的方法，並矯正《通鑑》因編年限制而使一

30　Beasley-Pulleyblank, *Historians*, pp. 156-158；關於司馬光的科學方法與《通鑑考異》亦見張須：《通鑑學》，頁 78-85；杜維運：《與西方史家論中國史學》（台北，1966 年），頁 39-44，132-134。

31　Balazs, *Chinese Civilization*, p. 133.

32　《通鑑節要》與《通鑑舉要歷》都是《通鑑》的簡化與濃縮；但兩書今皆不存。

33　《歷年圖》所涵括的年代與《通鑑》相同，而《百官公卿表》論及宋代，但兩書都佚失了。《稽古錄》涵蓋更長，從宋英宗時代回溯到遠古三皇時期傳說的統治者伏羲氏（西元前 2852- 前 2738 年？）。

34　《宋史》〈藝文志〉著錄司馬光的《通鑑前例》一卷，這部書顯然與《通鑑釋例》不同。

35　王夫之對《通鑑》的研究，見 S. Y. Teng（鄧嗣禹），"Wang Fu-chih's Views on History and Historical Writing," *Journal of Asian Studies* 28, no. 1 (November 1968), pp. 111-123。

歷時漫長的事件割裂、零星散佈於不同頁次的缺點。[36]

其二為綱目體，以朱熹的五十九卷《通鑑綱目》為濫觴。它的主要部分也是奠基在《通鑑》之上，而由朱熹及其門人加以「簡化」，並「矯正」司馬光在《通鑑》裏所表達的某些態度與評斷，使其符合朱熹自己的道德與政治觀點。但這部以《通鑑》為藍本的作品卻被很多學者視為三流的史書，或甚而將它看作一部道德著作而非史學作品。[37]

這些新體例，和《通鑑》及「長編」的原始典範，都被中國後代的史學家廣泛應用，在此想一一列舉其後所有的模仿之作是不可能的事。[38]

六、結論

不管它的缺點與限制所在，大體上《通鑑》在中國史學上已獲得崇高無比的地位，並且賦予後代的中國史學家無比深遠的影響。學者將它看作《史記》以後最好的中國通史範例，可能也是最為人所熟悉與普及的史書。[39] 這可能要歸功於《通鑑》在大部分篇幅中所展現的高度學術水準、參酌無以數計的不同史料、在編纂過程中耗費的漫長歲月與無比的努力，以及它在史事精審之外，所具特重現世的精神及其明晰流暢的文體。事實上，《通鑑》及其相關的歷史著作，特別是《通鑑考異》，不僅建立了一套有系統的方法與批評的標準，而且開啟了歷史學的新天地；也正因為《通鑑》有其缺點與限制，使得一些史學家滿懷壯志地改訂與補充司馬光的資料，或者從不同的方向開創新境界。

36　對《通鑑紀事本末》的討論，見張須：《通鑑學》，頁 176-180；崔萬秋：《通鑑研究》，頁 72-75；金毓黻：《中國史學史》，頁 196-201；與 Nivison, *Chang Hsüeh-ch'eng*, p. 223。

37　對《資治通鑑綱目》的詳細討論，見金毓黻：《中國史學史》，頁 192-196；崔萬秋：《通鑑研究》，頁 66-71。

38　《通鑑》之後一連串的同類史學著作，《綱目》與《本末》，見 Han Yu-shan, *Elements of Chinese Historiography* (Hollywood, Calif., 1955), pp. 51-57；張須：《通鑑學》，頁 166-174。

39　崔萬秋：《通鑑研究》，頁 81-87；梁啟超：《中國歷史研究法》，頁 29-30；Beasley-Pulleyblank, *Historians*, p. 182；Watson, *Ssu-ma Ch'ien*, p. 134。

　　《通鑑》在技術上的缺點是無法描繪歷史事件之間彼此相關所形成的複合整體面貌，而單一事件也散處於零星各頁，這一缺點主要是由於其編年安排所導致的。《通鑑》除政治興衰外，極少論及其它主題，則主要是由於編年體之限制、《通鑑》之本質在作為一部政治史、以及司馬光本人的理念等因素所致。事實上，司馬光思想的傾向與當時的影響共同支配與決定了《通鑑》的宗旨與態度——在某些實例中，《通鑑》並非全然客觀的。

　　雖然司馬光的思想傾向與個人經歷損害了《通鑑》作為一部史書的真實性與客觀性，卻也使《通鑑》在政治及思想的因素上更形重要。隨着它在中國學者之間享譽之高與傳佈之廣，《通鑑》成為促成元、明政治思想發展的因素之一，它扮演着「專制君主」之觀念——這一觀念在此時達於巔峰——的代言人，並成為元初及清初盛行之「強迫性出仕主義」潮流的主要塑造者。[40] 如前所說的，《通鑑》提出的「君主」與「道德」鑒戒，並非司馬光特別獨具的態度與信仰所導致的結果，而是當時政治與學術潮流下的產物。

　　這一因素隨着司馬光在《通鑑》中對當時的政治問題與鬥爭的反應，又為《通鑑》的意義，增加了另一面向。從更廣闊的角度觀察，《通鑑》對宋代儒學復興以及司馬光當時的政治趨勢提供了極有價值的慧識。總之，司馬光的《通鑑》不只是中國史學上的一部傑作而已，對研究宋代中國而言，也是一部彌足珍貴的材料。《通鑑》既然確曾顯示出司馬光當時的觀念，讀者自須體認到在其他不同角度上，對全貌的觀察可能還有其他同具說服力的觀點。

由張榮芳翻譯，原載：《食貨月刊》，第 12 卷，第 6 期（1982 年 9 月），頁 207-215

40　《通鑑》對「強迫性出仕主義」的貢獻見 Mote，前揭文，以及他另一文，"The Growth of Chinese Despotism," *Oriens Extremus* 8, no. 1 (1961), pp. 1-41。

香港學界近年研究民國史的成果

（一）引言

「民國史」研究是指以 1912 年至 1949 年間的中華民國歷史為主要範疇的研究著述與學術交流。限於個人水平及手頭資料，本文僅簡略介紹香港數所大專院校近年來在這方面的研究成果，並指出香港學界研究民國史的幾個趨向。由於篇幅關係，實在難以作出全面和深入的評析，遺漏亦在所不免，惟望今後有機時再增添和補正。

（二）香港中文大學的研究近況

香港中文大學歷史系開辦的中國歷史課程甚廣，近十年來，該系的民國史教研人員亦校其他院校為多，其中資歷最深者，首推已於 1990 年退休返回台灣的王爾敏。王氏為「台灣中央研究院近代史研究所」研究員，專注於晚清洋務運動時期思想史及軍事史的研究，著作甚多，關於民國史的論文有數篇，[1]

1　王爾敏著有：〈中國近代知識普及運動與通俗文學之興起〉，《中華民國初期歷史研討會論文集（1912-1927）》上冊（台北，1984 年）；〈興中會同盟會與中華民國國號之創生〉，《孫中山先生與近代中國學術討論集》2 冊（台北，1986 年）；〈「實業計劃」之時代背景及建國功能〉，《中華民國歷史與文化討論集》3 冊；〈中國近代知識普及化之自覺及國語運動〉，《中央研究院近代史研究所集刊》11 卷（台北，1982 年）；〈先總統蔣公在抗戰後期的實業建國理想〉，《近代中國》61 期，1987 年。

而其《中國近代思想史論》（台北：華世出版社，1977 年）亦有兩章涉及民國時期的思想研究。1991 年離職、現時任教於牛津大學的科大衛，以其社會學的訓練專研近代中國社會經濟史，對香港新界地方歷史及宗族、鄉村發展有深入探討，近期則對晚清至民國時期江蘇與廣東的農村經濟作比較研究。[2] 剛於 1992 年退休返回台北的逯耀東，其主要研究為魏晉南北朝史及史學史，但對民國的史學發展及學術思想，尤其是二十世紀二十年代的社會史論戰及馬列史學理論在中國的早期發展等重要課題，也有所涉獵。[3] 此外，年前退休的許冠三，著有《劉少奇與劉少奇路線》（香港：中道出版社，1980 年），其《新史學九十年》上、下冊（香港：中文大學出版社，1986、1988 年）則對近代中國史學大師如梁啟超、顧頡剛、胡適、傅斯年、陳寅恪等的史學創見，作出研究。

中大歷史系現任講師中，從事民國史研究的有以下數位：蔣葉漢明專門研究晚清以來的杜會經清史，其博士論文對山東濰縣農產品商品化（煙草、棉花）有所研究；[4] 她曾參與翻譯黃宗智（Philip C. C. Huang）的《華北小農經濟與社會變遷》（*Peasant Economy and Social Change in North China*）為中文，1986 年由北京中華書局出版；現時正致力於研究晚清以來華南地區婦女史。[5]

2　David Faure, *The Structure of Chinese Rural Society: Lineage and Village in the Eastern New Territories, Hong Kong* (Hong Kong: Oxford University Press, 1986); *The Rural Economy and Peasant Livelihood in Jiangsu and Guangdong, 1870 to 1937* (Hong Kong: Oxford University Press, 1989).

3　逯耀東著有：〈從「五四」到中國社會史大論戰〉，載逯氏著：《中共史學的發展與演變》（台北：時報文化出版事業有限公司，1979 年）；〈郭沫若古史研究的心路歷程〉，載逯氏著：《史學危機的呼聲》（台北：聯經出版事業公司，1987 年）。

4　Yip Hon-ming, "Merchant Capital, the Small Peasant Economy, and Foreign Capitalism: The Case of Weixian, 1900s-1937" (PhD diss., University of California, Los Angeles, 1988).

5　葉漢明關於婦女研究的著作有：〈香港婦女史原始資料介紹 —— 保良局檔案〉，《性別研究資訊》，1991 年 1 期；〈文化史香港婦女的研究〉，《新史學》2 卷 4 期，1991 年。

劉義章專研國民黨右派領導人胡漢民。[6] 何佩然以法國年鑑學派（群體生平學）研究方法，對民國時期及當代的社會精英與人文學科學者作系統分析研究。[7] 客席學人黎令勤（原澳洲墨爾本大學），研究三十年代日軍在華北的活動。[8]

　　中大研究院歷史學部研究生中，研究民國史的有：黃永豪研究晚清至民國時期廣東珠江三角洲沙田、宗族與租佃關係；[9] 陳志輝研究近代珠江三角洲親屬組織與社會經濟變遷；潘來基以四川省為例，研究民國時期國家與地方社會的整合問題；陳繼堯以江蘇無錫榮氏兄弟麵粉業作個案研究，從而探討抗日戰爭前中國大企業的融資構造。

　　此外，中大政治及行政學系的廖光生主要研究近代中國對外關係，其著述亦涉及民國時期的反帝國主義運動。[10] 其實中大早期元老輩學者如錢穆、唐君毅等，均為民國學術思想文化史上的大師級人物，他們的著作和事功亦應為民國文化學術思想史的重要研究對象，希望史學工作者今後能夠在這方

6　Lau Yee-cheung, "Hu Han-min: A Scholar-Revolutionary in Contemporary China" (PhD diss., University of California, Santa Barbara, 1986); "Beginning of the End: Hu Han-min's Role in the Final Breakdown of the First KMT-CCP Collaboration," *Modern Chinese History Society of Hong Kong Bulletin*, no. 2 (January 1988); "Revolutionary Strategist: An Appraisal of Hu Han-min's Role in the Republican Revolution of 1911," in Lim Chee-then, ed., *Xuecong: Journal of Department of Chinese Studies*, National University of Singapore, issue 2 (1990).

7　P. Y. Ho, "Recherche prosopographique des academiciensinstituts des sciences humaines et sociales des annees 1930 et 1980 en Chine" (Prosopographic Studies of the Chinese Academicians-Institutes of Human and Social Sciences in the Years of 1930 and 1980); "Essai de prosopographie des elites Shanghaiennes a l'epoque republicaine 1911-1914," *Annales Economies, Societes, Civilisations* (July-August 1985).

8　Lincoln Li, *The Japanese Army in North China* (Tokyo: Oxford University Press, 1975).

9　黃永豪的碩士論文為〈清代珠江三角洲沙田、鄉紳、宗族和租佃關係〉（中文大學，1987 年）；黃永豪主編，許舒博士輯，科大衛鑑修，濱下武志等參修：《廣東宗族契據彙錄》上、下冊（東京：東京大學東洋文化研究所附屬東洋學文獻センター，1987 年）。

10　Liao Kuang-sheng, *Antiforeignism and Modernization in China, 1860-1980* (Hong Kong: Chinese University Press, 1986, 2nd edition). 廖光生此書有中文增訂版，名為：《排外與中國政治》（香港：明報出版社，1987 年）。

面予以探討。近年來，中文大學出版社亦出版了一些民國史的研究著述，[11]
《香港中文大學中國文化研究所學報》及 1990 年創刊的《二十一世紀》，也
載有不少關於民國史的論文。

（三）香港大學的研究近況

　　香港大學歷史系因受英式殖民地傳統影響，系內課程設計與其他大專院
校有異，中國史的教研是以清史及近代現代史為範圍，清以前的中國歷史教
學則歸入中文系漢學範圍。所以系內從事二十世紀中國歷史教研工作的人
數，比本地其他大專院較為多。講授二十世紀中國史的連浩鋈以研究民國時
期的廣東農村經濟為主，他亦有涉及三十年代梁漱溟對農村重建的理論與實
踐的探討。[12] 研究中共黨史及清末民初思想史的有陸人龍，其研究興趣亦涉
及劉少奇的思想及事功，以及中國共產黨早年的意識形態。[13] 陳劉潔貞致力
研究近代政治史及外交史，其專著有中國青年黨、袁世凱時期的中英外交，
及多篇在國際學刊發表的以晚清至 1949 年的中英外交關係歷史事件為主題

11　如：陳萬雄：《新文化運動前的陳獨秀：1879 年 -1915 年》(1979 年)；何漢威：《京漢鐵路初期史略》
　　(1979 年) 等。二人均為中文大學歷史系畢業校友。

12　A. H. Y. Lin, "The Kwangtung Peasant Economy 1875-1937: A Case Study of Rural Dislocation in
　　Modern China" (PhD diss., University of London, 1977); "The Agrarian Crisis in Pre-Communist
　　China: The Case of Kwangtung Province," in N. Lee and C. K. Leung, eds., *China: Development and
　　Challenge, Proceedings of the Fifth Leverhulme Conference*, vol. 1 (Hong Kong: Centre of Asian
　　Studies, University of Hong Kong, 1979); "Confucianism in Action: A Study of Liang Shuming's
　　Theory and Practice of Rural Reconstruction in the 1930s," *Journal of Oriental Studies*, vol. 28, no. 1
　　(1990).

13　Michael Y. L. Luk, "A Study of the Origins of Chinese Communism with Special Reference to the
　　Initial Impact of Leninism," in N. Lee and C. K. Leung, eds., *China: Development and Challenge:
　　Proceedings of the Fifth Leverhulme Conference*, vol. 1; *The Origins of Chinese Bolshevism: An
　　Ideology in the Making, 1920-1928* (Hong Kong: Oxford University Press, 1990).

的論文，現時正研究 1949 年以前共產黨在香港的活動。[14] 曾經任教香港史的
霍啟昌，其著作亦有涉及民國時期的中港關係，如香港對辛亥革命及抗日戰
爭的貢獻。[15] 以上四位均為港大歷史系畢業校友，再到海外大學深造，取得
博士學位後，再返回母校任教。

　　1989 年初至 1990 年底出任港大歷史系主任的顏清湟，是華僑史研究
的專家，著作頗豐，近年致力於研究民國時福建的社會變遷和辛亥革命以來
的華僑史。[16] 此外，美籍學者程凱禮（K. L. MacPherson）研究上海城市建設
史，她已出版了一部探討晚清上海市政衛生發展的專著，現時正在進行民國
時代上海市建設的研究工作。[17] 從事中國近現代社會經濟史研究的陳明銶，
著有《香港與中國工運回顧》（香港：香港基督教工業委員會，1982 年）、
《中國與香港工運縱橫》（同上，1986 年）等書，致力於探討中國勞工運動

14　Chan Lau Kit-ching, "British Policy of Neutrality During the 1911 Revolution in China," *Journal of Oriental Studies*, vol. 8, no. 2 (1970); "British Policy in the Reorganization Loan to China 1912-13," *Modern Asian Studies*, vol. 5, no. 4 (1971); "The Licheng Incident — A Case Study of British Policy in China Between the Washington Conference (1921-22) and the First Nationalist Revolution (1925-28)," *Journal of Oriental Studies*, vol. 10, no. 2 (1972); *The Chinese Youth Party, 1923-1945* (Hong Kong: Centre of Asian Studies, University of Hong Kong, 1972); "The Hong Kong Question During the Pacific War, 1941-45," *Journal of Imperial and Commonwealth History*, vol. 2, no. 1 (October 1973); "The Anglo-Chinese Loan Negotiation (1941-1944) — A Study of Britain's Relations with China During the Pacific War," *Papers on Far Eastern History*, no. 9 (March 1974); "The Abrogation of British Extraterritoriality in China, 1942-43: A Study of Anglo-American-Chinese Relations," *Modern Asian Studies*, vol. 2, no. 2 (1977); *Anglo-Chinese Diplomacy, 1906-1920 in the Careers of Sir John Jordan and Yuan Shih-kai* (Hong Kong: Hong Kong University Press, 1978); *China, Britain and Hong Kong, 1895-1945* (Hong Kong: Chinese University Press, 1990).

15　K. C. Fok, *Lectures on Hong Kong History: Hong Kong's Role in Modern Chinese History* (Hong Kong: The Commercial Press, 1990); 霍啟昌：《香港與近代中國》（香港：商務印書館，1992 年）。

16　Yen Ching-hwang, "The Response of the Chinese in Singapore and Malaya to the Tsinan Incident, 1928," *Journal of the South Sea Society*, vol. 43 (1988).

17　Kerrie L. MacPherson, *A Wilderness of Marshes: The Origins of Public Health in Shanghai, 1843-1893* (Hong Kong: Oxford University Press, 1987); K. L. MacPherson and Clifton K. Yearley, "The 2 1/2 % Margin: Britain's Shanghai Traders and China's Resilience in the Face of Commercial Penetration," *Journal of Oriental Studies*, vol. 25, no. 2 (1987); K. L. MacPherson, "The Greater Shanghai Plan and Visions of a Modern China," in *The Third International Planning History Conference-The History of International Exchange of Planning Systems* (Tokyo: 1988); "Designing China's Urban Future: The Greater Shanghai Plan, 1927-1937," *Planning Perspective*, no. 5 (1990).

史、廣東與香港（珠江三角洲區域）的十九及二十世紀的社會運動、民國時期的勞動教育，以及香港介於中、英兩國間的歷史關係，現時正埋首編輯《香港回歸中國：邁向 1997》叢書系列第 4 冊的中英港歷史性的三角關係（1839-1992）。[18] 陳氏近年多次在美國亞洲研究學會的年會（Association for Asian Studies）上組織有關民國史的專題研討，同時擔任美國史丹福大學胡佛研究所香港研究文獻庫（Hong Kong Documentary Archives）主管。

　　港大還有幾位研究民國史的行政人員，包括：公開及專業進修學院（前校外課程部）院長李鍔，其研究範圍涉及國民黨左派及 1949 年前的中共軍事史；[19] 李鍔另與趙令揚、汪瑞炯合編注《苦笑錄：陳公博回憶錄（1925 至 1936 年）》（香港：香港大學亞洲研究中心，1979 年）。現任校長王賡武，

18　Ming K. Chan, *Historiography of the Chinese Labor Movement, 1985-1949* (Stanford: Hoover Institution Press, Stanford University, 1981); annotator, *Modern Chinese Society: An Analytical Bibliography: 1644-1973*, G. William Skinner, ed., (Stanford: Stanford University Press, 1973) 3 Vols; "Traditional Guilds and Modern Labor Unions in South China: Historical Evolution," *Estudios de Asia y Africa*, no. 32 (1976); "Labor in Modern and Contemporary China," *International Labor and Working Class History*, no. 11 (1977); "A Tale of Two Cities: Canton and Hong Kong," in Dilip Basu, ed., *The Growth and Development of Colonial Port Cities in Asia* (Berkeley: Center for South and Southeast Asian Studies, University of California, 1978; reissue 1985); "Militarism and Militarization in Modern Chinese History," *Trends in History*, vol. 2, no. 2 (1982) (with David Strand); "'Workers and Proletarian Consciousness' in the Modern Chinese Revolution: A Marxian Deviation?," in Arif Dirlik and Andrew Gordon, eds., *Labor, Society and State in 20th Century China and Japan* (Durham, North Carolina: Asian/Pacific Studies Institute, Duke University, 1986); "Nationalism, Localism, and Revolutionary Mobilization: Sun Yat-sen and the Labor Movement in South China," in *Proceedings of Conference on Dr. Sun Yat-sen and Modern China* (Taipei, 1986); Ming K. Chan and Arif Dirlik, eds., *Schools Into Fields and Factories: Anarchist, the Guomindang and the National Labor University in Shanghai, 1927-1932* (Durham: Duke University Press, 1991); Ming K. Chan, ed., *Hong Kong Becoming China: The Transition to 1997* series. 陳明銶的中文著作，尚有：〈五四運動〉，載汪榮祖編：《五四研究論文集》（台北：聯經出版事業公司，1979 年）；〈評介齊著《軍閥政治》〉，載張玉法編：《中國現代史論集》（台北：聯經出版事業公司，1980 年）；〈民國初年勞工運動的再評估〉，載中央研究院近代史研究所編：《中華民國初期歷史研討會論文集（1912-1927）》（台北：中央研究院近代史研究所，1984 年）；〈機器工人和海員的早期活動史略〉，《珠海學報》15 期，1987 年；〈近代香港與廣州的比較研究〉，《學術研究》1988 年 3 期。

19　Lee Ngok, "The Chinese Communist Bases (Ken-Chu-Ti) in North China, 1938-1943: A Study of Their Growth and Anti-Japanese Activities, With Special Reference to Administration and Mass-Mobilization Programme of the Village Level" (PhD diss., University of London,1968); "Problems of Mass Mobilization and Village Administration in Chinese Communist Bases in North China, 1938-1941," *Journal of the Australian Oriental Society*, vol. 11 (1976).

曾任澳洲國立大學遠東歷史系系主任，並且是數位港大歷史系畢業生研究民
國史的博士論文導師，是國際知名的南洋華僑史專家，他的研究興趣亦有涉
及民國時期的歷史題材；[20] 教育學院的布朗（Herbert O. Brown），專研中國
現代教育發展，著有研究著名社會教育家陶行知的著作。[21]

　　1983 年夏，港大歷史系曾與澳洲國立大學遠東歷史系合辦一個「南
京時代民國研討會」（Symposium on Man, Government and Society in the
Nanking Decade），發表論文的學者包括港大的連浩鋆、陸人龍、陳明銶、
王賡武、John Fitzgerald、蘇維初、馬田（Brian Martin）、馮兆基（Edmund
S. K. Fung）、John Fincher、賴澤霞、艾愷（Guy Alitto）、易勞逸（Lloyd E.
Eastman）、齊錫生、王克文、梁伯華等。論文範圍包括由民國南京時代的
政治思想、黨派紛爭以至社會政策、地方經濟等。

　　1991 年 6 月間，香港大學舉辦了第十二屆國際亞洲歷史學家聯會
（International Association of Historians of Asia），亦有不少學者討論民國時
期的經濟、廣東與香港的聯繫、海外華僑在東南亞的經濟活動及抗日活
動等。

　　任教於英屬哥倫比亞大學的拉瑞（Diana Lary），以客席講師身份於
1992 年間到港大授課及演講。她專研民國時期地方軍事主義與中央的關
係、軍人生活狀況，現時的研究課題是民國時期的東北移民。[22]

　　還有，港大歷史系博士研究生 Lesley Jean Francis 研究 1931-37 年間上海

20　Wang Gungwu, "The Limits of Nanyang Chinese Nationalism, 1912-1937," in *Community and
　　Nation: Essays on Southeast Asia and the Chinese* (Singapore: Heinemann Asia, 1981).

21　Herbert O. Brown, "American Progressivism in Chinese Education: The Case of Tao Xingzhi," in Ruth
　　Hayhoe and Marianne Bastid, eds., *China's Education and the Industrialized World: Studies in Cultural
　　Transfer* (Armonk, New York: M. E. Sharpe, 1987).

22　Diana Lary, *Region and Nation: The Kwangsi Clique in Chinese Politics, 1925-1937* (Cambridge:
　　Cambridge University Press, 1974); *Warlord Soldiers: Chinese Common Soldiers, 1911-1937*
　　(Cambridge: Cambridge University Press, 1985); "Bad Iron: Some Aspects of the Chinese Common
　　Soldier in the Warlord Period," in *Proceedings of the Conference on the Early History of the Republic
　　of China 1912-1927*, vol. 1 (Taipei: Institute of Modern History, Academia Sinica, 1983).

的國家救亡運動，碩士研究生李順威以少年中國學會為個案，探討中國知識
分子追求國家復興和個人認同的問題；余秀萍研究新疆軍閥楊增新的統治；
陳光德研究二十世紀二十年代後期至三十年代中期「陳濟棠時代」的廣東
與香港經濟關係；馮志明以珠江三角洲為例，研究人力車夫與集體動員的
關係。

（四）其他大專院校的研究近況

　　香港浸會學院。浸會學院歷史系從事民國史教研工作的，主要有下列
幾位：周佳榮講授近代中國思想史，致力於梁啟超、蔡元培等思想家的研
究；[23] 林啟彥講授中國近代史及民國史，研究清末民初憲政運動及西洋民權
思想在中國的傳播；[24] 最近，周、林二人合著《共和國的追求與挫折 —— 辛
亥革命與中華民國的成立》（香港：商務印書館及北京：文物出版社聯合出
版，1992 年），該書另有台灣版及日文譯本在出版中。關一球任教中國現代
史，研究中國共產黨早期勞工運動領導者鄧中夏及中共黨史，尤其是知識分
子與勞工運動的關係；[25] 鮑紹霖亦任教民國史，研究近代中西文化交流及中
美關係；[26] 李金強講授台灣史，研究青年黨人與民國史學。[27]

23　周佳榮：〈蔡元培研究の現狀について〉，《史學研究》135 號，廣島大學（1977 年）；〈魯迅與
　　蔡元培〉，《抖擻》雙月刊 46 期，1981 年；〈蔡元培研究的回顧與展望〉，《書海》18 期，1988 年。

24　林啟彥、李鍔：〈孫中山的軍事思想〉，廣東省孫中山研究會《孫中山研究》第 1 輯；〈論嚴復
　　的保守思想〉，《香港浸會學院學報》13 卷，1986 年。

25　Daniel Yat-kau Kwan, "Deng Zhongxia and the Shenggang General Strike, 1925-26"（PhD diss.,
　　University of London, 1985）. 近已改寫成書，即將出版，書名暫定為：*Radical Intellectuals and the
　　Chinese Communist Labor: Deng Zhongxia (1896-1933)*。

26　Danny Shiu-lam Paau, "Visions of Civilization: National Images of England and France Among
　　Chinese Journalists, 1895-1919"（PhD diss., University of Georgia, 1979）. 鮑紹霖近刊論文有：〈歐
　　洲、日本、中國的國民性研究：西學東漸的三部曲〉，《近代史研究》1992 年 1 期。

27　李金強：〈民國史學南移 —— 左舜生生平與香港史學〉，《香港中國近代史學會會刊》3 期，
　　1989 年；〈中國青年黨人與五四愛國運動關係之探討，1918-1919〉，《中國歷史學會史學集刊》
　　23 期，1991 年。

　　浸會的歷史學者還積極推廣香港中國近代史學會的活動，例如主辦學術講座及研討會等。《香港中國近代史學會會刊》常刊載有關民國史的文章。[28]1989 年 5 月，近代史學會在周佳榮任會長時，曾與浸會學院歷史系合辦一個紀念五四運動七十週年的國際學術會議——「五四與中國的再造」，發表論文的學者除香港學者外，還有來自中國國內、台灣和美國的歷史學家，如：周策縱、Arif Dirlik、桑兵、夏琢瓊、宋貴林、林慶元、陳福霖、周孝中、李堅、湯庭芬等。該會的前任會長楊意龍，曾任浸會歷史系主任，其研究興趣為當代中港關係發展、文化交流及孫中山思想研究。

　　近代史學會近期的一次活動，是 1992 年 5 月在浸會學院舉辦一個民國史座談會，由李金強主持，講者及講題包括：（1）胡春惠〈聯邦主義在中國現代史上的角色與地位〉；（2）黎令勤〈十五年戰爭（1931-1945 年）與民國史〉；（3）齊錫生〈抗戰時期中美外交關係〉。

　　新亞研究所。新亞研究所其初為新亞書院研究部，後來脫離中文大學，成為一個獨立機構，頒授碩士、博士學位，對中國歷史研究有相當貢獻。現任所長全漢昇為「台灣中央研究院」院士，任教中文大學歷史系多年，是中國近代經濟史研究的泰斗。[29]該所現時缺乏專研民國史的導師，研究生的論文多以明清經濟史為主，但亦有個別研究生涉獵民國史的研究課題，例如李木妙（現任教於香港嶺南學院中文系），專研民國時期榮氏企業的發展。[30]

　　珠海書院。珠海書院設有文史研究所，創辦初期曾由港大中文系退休教授羅香林主理所務，有關的研究課題以傳統中國歷史為主，最近數年則有台灣學者來港出任該所客座教授，其中不乏專研民國史的專家。近年該所亦有

28　《香港中國近代史學會會刊》刊載有關民國史的論文有：陳敬堂〈中共旅歐黨團負責人回憶錄述評〉（2 期）；陳萬雄〈孫中山與五四知識分子〉（3 期）；Joseph K. S. Yick（易港生），"Chinese Communism and Dual Revolutionary Strategy"（3 期）；「五四運動七十週年紀念國際學術會議論文專號」（4、5 期）。

29　全漢昇涉及民國經濟史的著述有：《漢冶萍公司史略》（香港：中文大學出版社，1972 年）等。

30　李木妙博士論文為：〈榮氏企業史研究，1956-1986 年〉（新亞研究所，1990 年）。另著有：《民國初期的榮氏企業，1912-1921 年》（香港：香港中國近代史學會，1989 年）。

幾位研究生以民國史為研究題材，例如陳敬堂以民國時期中共旅歐活動撰寫博士論文。

珠海書院亦常與台灣的現代史國際學術會議作出配合，舉辦有關民國史的研討會，如在 1985 年主辦「孫中山先生與中國現代化」及在 1986 年主辦「中國近六十年來（1926-1986 年）之憂患與建設」等研討會，並出版學報專輯刊登會議論文。[31]

香港科技大學。1991 年秋開課的科技大學，其人文及社會科學部的歷史學者以研究明史為主，唯蔡志祥研究近代中國的農業經濟、宗族與社會變遷等問題。[32] 此外，社會科學系系主任齊錫生專研民國時期的軍閥政治，以及國民黨在抗日戰爭時期的活動。[33]

香港公開進修學院。香港公開進修學院文學院的幾位歷史學者中，從事民國史研究的有蘇維初，他專研國民黨左派，特別是汪系改組派。[34]

香港樹仁學院。香港樹仁學院歷史系的中國現代史教席，現時由暨南大學教授余炎光兼任，他專研民國時期的人物如朱執信、廖仲愷等，最近與美籍學人陳福霖合著《廖仲愷年譜》（長沙：湖南出版社，1991 年）。

---

31 《珠海學報》15 期：「孫中山先生與中國現代化」國際學術會議論文集（1987 年）；《珠海學報》16 期：中國近六十年來（1926-1986 年）之憂患與建設（1988 年）。

32 蔡志祥的哲學碩士論文為：〈近代中國農業發展及其影響 —— 湖南省個案研究〉（香港中文大學，1981 年）；另著有：〈二十世紀初期米糧貿易對農村經濟的影響 —— 湖南個案研究〉，《食貨月刊》16 卷 9-10 期及 11-12 期，1987-1988 年。

33 Ch'i Hsi-sheng, *Warlord Politics in China,1916-1928* (Stanford, California: Stanford University Press, 1976); *Nationalist China at War: Military Defeats and Political Collapse, 1937-45* (Ann Arbor: University of Michigan Press, 1982); "Financial Constraints on the Northern Expedition," in *Proceedings of the Conference on the Early History of the Republic of China*, vol. 1 (Taipei: Institute of Modern History, Academia Sinica, 1983).

34 So Wai-chor, "Ch'en Kung-po: A Marxist-Oriented Kuomintang Theoretician," *Papers on Far Eastern History*, no. 36 (1987); "The Organization and Power Base of the Guomindang Left," *Papers on Far Eastern History*, no. 32 (1985); "The Kuomintang Left in Opposition, 1928-1931: The Leftist Alternative in Chinese Politics" (PhD thesis, Australian National University, 1986).

（五）民國史研究的幾個趨向

　　從上述的香港歷史學者及其任職的教研單位對民國史的研究活動與著述出版，可見現時香港大專界在民國史研究方面有幾個明顯的趨向：

　　第一、從研究人員及著作出版的量的方面來看，似乎對民國時期的政治、外交和思想史方面的研究較多，而社會經濟史的研究較少，這種傾向不單只見於其研究範圍，在其教學課程設計的偏重中亦反映出來，因此香港大專院校歷史系本科學生在修讀中國近代現代史時，其習作課題的設計及所選看的參考書籍，也過度專注於政治外交史，尤其偏重上層權力架構領導者的角度和視野（bird's eyeview of the establishment），而缺乏反映普羅大眾草根階層（grassroots）社會活動、經濟及心態的下層史觀（worm's eyeview of the people）。在其中學及大學預科時期的歷史課程，可能已有這種偏重。

　　第二、現時香港可供民國史研究的原始資料及中外文的其他史料實在可觀，惜尚未充分系統化地被利用。整體而言，香港在民國時期（除第二次世界大戰時日軍佔領的三年八個月之外），地方治安尚算良好，文獻保存比國內好，不像國內一些大城市經歷連年戰爭及日軍入侵，圖書館和資料檔案庫飽受戰火摧殘，學人流離失所，使文獻資料的保存受損，整理中斷。香港偏安南隅，倖免於戰亂，當時本地出版的中西文報紙常刊載有關國內的消息，對華南（廣東）地區的報道尤其詳細。同時，還有英國政府殖民部（C. O.）、外交部（F. O.）的檔案和香港政府本身的檔案可資利用。此外又有不少民國時期在國內活躍的人物居於香港，可提供口述資料以供進一步研究。口述歷史研究近年在香港推行，惟仍局限於香港歷史的研究，未能擴展至民國歷史的研究方面，這或可能受政治忌諱影響。但香港正因其特殊的政治地位，中、台及海外出版和重印的資料都可自由在坊間公開搜集，所以本地學術機構如能作出比較系統化的方法搜集及吸納資料，對民國史的研究當大有裨益。

　　第三、與在上述大專院校的明清史工作者比較，現時香港的民國史研究題材仍不夠多元化。（當然，至今大陸國內及台灣的歷史學者，亦因現實政

治及其他客觀條件局限，對民國時期歷史研究工作仍未能在質和量兩方面及得上明清史研究那般蓬勃。）近年海外學者對民國史的研究無論在質和量上均有可觀成就，他們很多是運用跨學科（Interdisciplinary）的研究方法來整理、編排及組織中外史料，尤其在新課題的設計、評析、詮釋方面有不少突破，堪為香港的學者借鏡。近年來大陸及台灣的史學界均極重視民國史研究，尤其自八十年代以來，大陸史學家亦已認識民國時期中共黨史不能以偏概全，不足以涵括民國時期的歷史，故民國史的史料整理、學術研究和著述出版已能被視為一個歷史時期的專門學科，從而進行大規模的工作。特別是國內的學者，已開始注重非中共人物及組織的活動，對非中共控制的地區也開始深入研究，舉辦了不少全國及國際性的學術會議，惜本港學者參加的人數不多，希望將來可以加強交流。國內史學界固然有其自己的觀點和政治思想背景。如能多與外界學者交流，則對民國史研究的視野和方法，以及國際外文史料的參考，當大有裨益；而香港學者本身在這方面的作用，和對大陸、港、台三方面學者及學術團體在資料整理、史學方法、分析觀點等層面的實質交流，亦可擔當更積極角色。

原載：周佳榮、劉詠聰主編：《當代香港史學研究》（香港：三聯書店，1994 年），頁 289-304

北美華人學者探討大中華地區歷史教科書與博雅教育精神之「中華性」軟實力

（一）引言：理念與定位

本文探討主題的涵蓋範疇是超越中華人民共和國內地，而涉及香港、澳門特區、台灣和其他華人地區，本演講內容的領域範圍，也許可更好地用上「大中華」（Greater China）的理念與定位。而 1997 年主權回歸中國以前的英治香港及現時的香港特區，與 1999 年中國回復管治權以前的葡治澳門及現時的澳門特區，加上北京當局尚未有效管轄的台灣，可以在理念上被視為「離岸中國」（offshore China）區域，或「離岸中華社區」（offshore Chinese communities）。

若以英治舊香港為例，英式典章體制、其環球聯繫、官方語言、公共文化、課程內容和生活方式，香港與中國內地在很多方面有重大和深刻的差別差異。佔香港土地近七成的新界，是在 1898 年清廷和英方訂定九十九年時限的「租借地」（leased territory），因此，外國觀察家常引用著名報人 Richard Hughes 所謂「香港是在借來的時間，借來的地方」（Hong Kong is a borrowed place on borrowed time）。自 1841 英佔香港迄今，香港居民絕大多數（95% 以上）都是血緣上的華人（ethnic Chinese），在六十年代以前，在香港出生的本地居民甚至未達到總人口的半數。因而香港的華人是否也是「借來的人口」（borrowed people），即使他們在英治時代，持「香港身

份證」，在法律上是否仍然是中國人（citizen of China）？或持某類別的英國護照，但他們是否真正的英國／英籍人士（British subject）？他們或許應更準確地被稱為另一特殊類型的「中國人」（nationals of China）或「華人」（Chinese）。為此，講者小心翼翼提出以這特殊分類的用詞來描述「華人」和「中國人」。

依此模式類型的考慮，同時或可也適用於被視為「中華性」（Chineseness）和「中國性」（Chineseness）這種類分。從基本理念分析角度來看，"Chineseness" 定位問題應更準確地說是「華人」文化心態本質上的「中華性」，但不必應該或必然一定是「中國性」。在國際民間交流及文化軟實力（cultural soft power）的層面而言，世界性的「華人」和「中華性」內涵文化，似乎更能形容中國大陸以外的華人及他們所樂於接受、嚮往、認同、傳承的，而源於中國大陸河山和社會的中華文明、歷史及風俗傳統沉澱的中華文化，而不必勉強放入必然和無可避免的，有政治性制度意涵（國家／政權）困擾束縛之「中國性」規範。因此，涉及探討大中華地區歷史教科書與博雅教育之理念和問題，這或應該是更準確以「中華性」來描述分析「華人」文化與精神心態上的基本定位。

（二）兩地歷史融合並進新課程

現香港回歸後的二十年，中國高官常抱怨，1997 年只是主權、憲政和領土的回歸，但不少香港華人居民，尤其是較年輕的一輩，心態上未完全回歸。近年在民間層面，港人與內地來港人士間的摩擦衝突，在政治層面的爭議，陸港之間的不信任浮現，以至在香港年輕人中普遍興起的強烈本土情緒意識，甚至極少數人的所謂「抗拒大陸化」傾向。這種不理想現象的成因很多，其中一原因是 1997 年回歸後，特區政府教育官員決策嚴重失誤，竟廢除特區初中的中國歷史為必修科，遺害深遠。英殖時代當局在官方認可的中小學課程及教科書，刻意迴避國民身份認同，而在更廣泛的社會及對外層面，故意虛化國家定位，以香港為自由港／國際城市，亞洲商貿重鎮等，並

將本地居民概稱為「市民」而並非「國民」或「公民」。回歸後，香港大環
境的轉變，特區中小學課程及教科書，應有適切的檢討和重新定位。但可惜
特區的教育高官，將中學的中國歷史科變為支離破碎，不倫不類，令香港現
在年輕一代對中國歷史的認識極不足。

　　在 2007 年香港嶺南大學召開歷史學會議及 2013 年香港樹仁大學舉辦歷
史教科書研討會，均以多元化的觀點角度切入時局，更積極提倡大中華歷史
因素，如何更深切全面融入香港本地的歷史教科書，和推動中港歷史的雙軌
並進新課程方案，來挽救香港特區中學歷史教學及歷史教科書的嚴重缺陷，
以加強香港年輕人對中國國情／香港區情的學習認知。首先，中國近代史課
程如以鴉片戰爭為開始，應該根據事實和歷史重要性，要適當地加入甚至強
調香港元素（Hong Kong elements）。然後同時，在香港本地歷史的教研工
作，絕對不能忽略最基本的中國因素（China factor）和更廣泛國際層面的環
球華人聯繫（global Chinese linkages）。因為鴉片戰爭後英國要掠取香港的
原因，就是用作跟中國大陸貿易的入口點平台。香港人口的來源大都是從中
國大陸移居的華人，而香港於英治時代除因大英帝國的系統以外，於商貿實
務上的海外交往，很多時是利用散居海外的世界華人網絡，而香港亦扮演華
人海外移民的啟航出發點，亦是與中國內地「唐山」的聯繫和物資供應的港
口及管道。香港最大銀行（HKSBC）的中文名「滙豐」銀行可反映海外僑
匯的功能作用，所以，如要如實反映一貫以來香港的功能作用，絕對不能降
低位於地理邊緣的香港之環球中華聯繫網絡（global Chinese networks），甚
至是在環球化的中華本位（Chinese centeredness）核心重要性。近代香港的
發展，由英治初期人口逾萬的海島漁村社區，至現今七百多萬人口的國際大
都會，亞太經貿金融運輸通訊樞紐，是極其重大的發展轉化成果。雖云這近
代香港的故事是在英殖民地政權的制度和重商政策下形成，但一直以來香港
基本上始終是一個華人社會，很大程度上依靠中國內地和海外華人的資源、
人力、市場，故絕對是一個華人城市和華人經濟體系成功發展的歷史經驗。
綜觀自晚清的洋務運動至 1979 年以來中國內地的開放改革，香港的人才、
技術、資金、制度、設施、法規、關係網、長期國際交往和企業經營管理經

驗等，均在內地的現代化歷程上發揮作用；而外國資本主義／帝國主義在華的經濟活動，也常藉香港的人、事、物和管道來進行，在中國近代社會和經濟的現代化改革開放的歷史研究，香港當然佔不可忽視的重要地位。

　　並且，於「大中華地區」不同的政權和不同的地域，全部都尊崇十九世紀末二十世紀初中國最重要的愛國革命家孫中山的事跡，請不要忘記他的香港元素和聯繫，於孫氏歷史貢獻中扮演的角色。原籍廣東香山縣的孫中山來香港先後就讀高中和華人西醫書院，完成其醫科專業教育並於澳門行醫，他的革命思想和組織於香港萌生發展。香港可以説是中國地理上的邊緣城市，英國殖民統治的國際自由港擁有某些特殊的優勢及條件予以孫中山作為一個很重要的革命啟蒙點，發源地。當然他是利用南方海疆，外國管轄的城市來推翻中國中央的朝廷，當時北京掌政當局認定孫氏的行為是大逆不道的叛國。當然，現時客觀事實的理解就是孫氏只是反叛滿清帝國的愛新覺羅王朝，並承認他是中國的偉大革命家，愛國主義者，現代化的推動者。香港存有相當大的作用是一個革命家的搖籃，產生刻畫時代，改變中國國家民族命運的偉大人物。所以這正是香港軟實力的另一例證。由 1841 至 1966 年之間，歷來的香港群眾，尤其是草根階層，愛國立場的光榮歷史，凡有中英衝突、華洋衝突，香港大部分的華人居民，義無反顧、義不容辭一定是支持華方／中方並與洋方進行抗衡，反對，甚至抗爭行為。可以説從晚清經歷孫中山到 1949 年為止中國大陸可能改朝換代，當政者的政策都隨時間環境而改變。但愛鄉、愛土、愛中華文化的「大中華效忠」、「大中華的情意結」在香港的主流華人居民中，是從來未中斷，懷疑。所以香港華人一向存有愛國傳統，這是不容質疑的 —— 他們和他們的正是「中華情意結」、「中華化」的認同，他們認同的「中華化」正是對鄉土、血緣親屬、文化風俗、社會等的認同、嚮往和傳承。這個亦是香港能成功扮演最有國際聲譽的華人城市。

　　如果能以較全面客觀持平的態度，正確無誤史實基礎的中國近代史，含有香港元素，而香港地方史有明顯的大中華框架發展理念，可進一步的反映在歷史課程的優化教科書中，中國近代史和香港發展史應要並軌合流。現今香港青年最需要較全面、較客觀平衡，有絕對可靠可信客觀事實基礎的「中

國知識」（China Knowledge）。在教育角度立場上，當有相關的中國知識後，就不需要太過擔心如何推行所謂「國民教育」等，容易在社會、文化、政治環境影響下變得不理想，甚至極度敏感和容易引起反效果的特殊課程，在2012 年的「國民教育」爭議，其核心的公眾擔憂，正是沒有一套理想合適，具有教育價值和高學術標準的中學教材，而特區教育局所資助，委託本地某教授所編的該科參考教材內容不達水準，甚至當時特區教育局長也承認其內容偏頗，不適宜作學生和教師參考之用。

（三）一帶一路下的「中華性」／「中華意識」與大中華文化世界

二十世紀後期的全球化（globalization）運動，以歐美先進資本主義經濟體系為本體，資本無國界為綱領，推動全球經濟發展。踏入二十一世紀，這種以西方為主導的全球化，雖然在多方面取得了彪炳的成績，但國與國，地區與地區之間嚴峻的經濟不平衡，各國社會內部日益加劇的貧富懸殊等弊病，亦充分地彰顯出來。在這個大現實前提下，中國提倡的「一帶一路」（「新絲綢之路經濟帶」和「二十一世紀海上絲綢之路」）的全球化戰略構想，可以說是另一種的全球化命題，以跨國基建為基礎，在一定程度下使資金一方面在本地更能發揮經濟效益和作用，另一方面在國與國，地區與地區之間的經濟更能同步發展。在「一帶一路」的大帷幕下，經濟固然是主幹，但經濟互利共贏發展需要文化領域上的相互認識和理解：「將繼續以共商、共建、共用為指導原則，推動各國政策溝通、設施聯通、貿易暢通、資金融通、民心相通。」這道理是不難明白的，講者前面提出的在海外應多提「中華性」，少提「中國性」，其實就是源於同一脈絡。在中國境外推廣中華性，培植中華意識，不是找地盤，不是建霸權，而是在新全球化模式下，中國向世界賦予的文化分享和貢獻。如果說「中華性」或「中華意識」是一種軟實力的話，那就是因為它的本質是開放的、外向的，它的意圖是在包容並全，對話的基礎上獲取對中國的認識和理解。

「一帶一路」秉持開放合作交流、和諧包容互聯互通下的中華意識給我們思考如何在「大中華」或「離岸中華社區」推廣中華性或中華因素一個重要的啟示。由於不同的歷史原因，在大中華（包括香港、澳門）和海外等地聚居的華人，在血緣上縱有或深或淺的「絲連中國」的情愫，但大都早已落地生根，日常生活上的實質參與和投入，自然是實實在在地植根於當地的社會。另一方面，這些離岸或海外華人社會，與中國大陸的發展因歷史原因有着長時間的脫軌，這也是無可否認的事實。因此，在海外要滋育中華文化歷史意識，首先不能不承認和面對一個事實，即海外華人社會是無可厚非地包含着一定程度的成熟而穩定的本土取向。正如「一帶一路」大帷幕下在各地培植「大中華因素」的原則一樣，在離岸或海外華人社會推廣「中華性」，必須要與這本土取向進行商洽、協調、促進共識。換句話説，要孕育中華性、中華意識、中華因素，只能是一種「軟」的努力，軟實力是不宜硬推銷，需要深耕細作，滲透在日常生活中。

值得考慮的是，促進中華性，就以香港為例，其實在軟努力的層次上的成功例子並不缺乏。在文化藝術方面，無論是中國音樂、食品藝術、大眾娛樂等等，港人每每都表現得有所偏愛。每次在香港舉辦的國內文物展覽，市民、學生皆成群結隊參觀。每年港人選擇回國旅行度假，遊覽中國各地山水名勝古蹟，津津樂道，不計其數。這證明了對推廣、滋育中華意識而有所思慮的，其實問題不在於廣義的社會文化面，而主要是屬於制度上的教育範疇。無論是國內或海外的華人社會，教育建制主要以考試為中心，「教」與「學」往往有二分的現象 —— 即單向性的老師教、學生學，是一種授受關係；考試的作用，在於鑑定學生學了多少老師教的東西，更在於核對所學的是否正確。假若我們接受推廣中華文化歷史意識是一種軟實力、軟功夫的話，那麼跟着下來的問題就不能不是：華人社會固有的教育方式，是否是培養中華性軟實力的理想框架？最近幾年香港常有人説，社會上出現的某些分裂對抗現象，很大原因是因為在學制上中國歷史不再是必修科所致，使年輕人缺乏認識中國的基礎知識。我們相信，在香港要推動「中華性」文化歷史教育，若沒有刻意地把「軟實力」放在視野中心，重新地、認真地思考「軟

實力」的教育方法，只做一些課程安排、考核機制、投資撥款等一類的增補
性的計畫，能取得的效益不會很大。

（四）博雅教育與「中華性」軟實力

　　從大中華概念出發，華人社會遍佈世界各地，也許政治文化環境有所
不同，但若在不同程度下受啟蒙（Enlightenment）運動與學術潮流影響的
地方，都有一定的基礎性的思維方法和傳統。因此，若要在大中華世界推
廣「中華性」或「中華意識」，在教育層次上，講者熱衷於建議作為促進
「中華性」歷史教育的有效途徑，就必須認識智力啟蒙之中的「博雅教育」
（liberal arts education）精神和方法，從中取得啟導和途徑。

　　博雅是西方的教育傳統，可追溯到古希臘羅馬時期，經教廷崛起，歷中
古世紀，至文藝復興，迄今雖代有興替，其中心思想卻一脈相承而不斷。雖
然如此，現代博雅教育，就其主導思想而言，其基礎是建立在十八世紀的啟
蒙運動。從宗教極權與貴族專政解放出來，思想取得前所未有的自由空間，
以理性為解決問題的利器，致力於人類文明的進步，這就是西方常說的「啟
蒙（Enlightenment）精神」。現代社會也許不必分東方西方，卻都是這啟蒙
精神的產物。博雅教育在現代西方影響深遠，因為它是服務於這啟蒙精神的
教育制度和方法。博雅教育在歷史上曾經歷過各種大大小小的挑戰，其中尤
以工業革命為最。西方社會經工業革命徹底洗禮，不到百年間整個世界為之
改造，在教育上亦模擬工業模式至今以有二百多年，但始終也不能取締博雅
教育的理念和實踐。以美國為例，可以說其整個的教育制度，都貫徹着博雅
的哲學和方針。今天耳熟能詳的國際著名高等學府如哈佛、耶魯、哥倫比亞
等大學，起初都是小規模的「博雅學院」（liberal arts colleges），要到十九世
紀中末期，受歐洲尤其是德國新興研究型大學（research university）的影響，
開始往專業研究轉型；可是到今天，這些頂級大學的本科部，仍以「學院」
（college）為名，有別於大學的研究學院，其課程設計如通識教育、核心課
程、科際分佈、主修副修等制度，莫不源自博雅教育理念。

　　簡單地說，博雅教育有兩個中心概念：第一，是把教育的焦點，放在學生個人的心智成長上，即是常說的以學生為本位的教育。這學生本位教育，可從西方常津津樂道的蘇格拉底（Socrates）方法看出其精髓。眾所周知，蘇格拉底的教學方法，在於師生之間的問答對話。從教育理念角度看，這教學方法不在於學生能否取得已設定的「正確」的答案，而在於追尋答案的思辨過程，思辨愈嚴謹，能尋取的答案就愈能站得住腳，知識的尋求者就愈能對問題獲得更適當、更合理、更屬於自己的理解。而老師的角色，主要在鼓勵和促進學生思辨的嚴謹性和方向性，是一個促進者，這與現代教育理論中說的「棚架建構」（scaffolding），同出一轍，教育的作用以搭棚架為喻，其目的在於學生這座「大廈」的營造建築。大廈建成了，棚架就再沒有作用。第二，博雅教育一直以來都保持着一個中心假設，即人類知識不同範疇的終極統一性。與古時社會不同，現代社會繁衍複雜，知識領域五花八門，博雅卻要求為學者致力於多方面、多方向的發展，這種看法在崇尚專業的現代社會常有受人批評是以量勝質，蜻蜓點水的教育，這當然是對博雅的誤解。其實現代博雅與專業訓練並無衝突，只是認為專業上的優秀，最能在博雅的基石上達到，這是因為無論經驗和知識如何繁雜，最終來說皆是人類認識和解決問題的思想成果，因此若能探討不同知識範疇之間的連接關係，祈求達到貫通性的理解，思辨就會有更豐富和更深厚的創造資源。

　　歸根究柢，博雅教育的精神，是讓學生對知識做主動性的探討。故此，我們相信，若要在教育的平台上培育「中華性」、「中華因素」、增強中華文化歷史意識，不適宜着力於制度上的灌輸，而要開拓學生探討的空間。當然，正如開拓空間不能是隨意而為一樣，探索問題亦不能缺乏一定的方向性。在大中華文化世界推廣「中華意識」，我們建議着意以下的引導性的考慮。介紹和引進中華因素，要先從當地的文化生活的切身關聯和情趣出發，着意雙關性，避免與當地華人社會文化的本土取向有所衝突，甚至產生疏離異化的硬感覺。譬如說，在引進一些中華文化歷史項目前，可以先考慮該項目對理解當地某些文化歷史問題有沒有積極作用。舉個例子，美國華僑甚至是土生土長的年輕人常存有一種模糊的中國鄉土情懷，這種「想像的中國鄉

土」（imagined homeland）在華裔作家作品中十分常見。這中國鄉土不光是模糊的，也往往是平面的，要引進中華文化歷史因素，可先考慮這因素是否能豐富這「中國鄉土」的內容，加強其立體性，而更能滿足和提升本地華人固有的鄉土訴求。又例如香港的發展，不能離開人口大量遷徙和流動的歷史經驗，就算是在香港出生的年輕一代，其父母、祖父母輩亦是多從中國大陸移居到港的。香港的移民史，與中國近代的歷史經驗，尤其是廣東地區，有千絲萬縷的關係，這是一個十分複雜而豐厚的探討空間。無可避免地，這個充滿本地與中華關聯性的空間，同時亦提供了適當地突出本地文化歷史中的中華脈絡和中華因素的機會。

在大中華社會促進中華性，介紹中華文化歷史，要着意地採取比較或比較研究的方法來進行。比較研究，就自然而然的彰顯了關聯的重要性。要指出的是，比較研究的方法中，「同」與「異」是同樣地重要，同樣地有價值，「同」固然是關係，「異」也是一種關係。學者指出，二里頭出土的青銅器，似乎表示了在相當於夏時期的中國，已形成一種以夏文化為中心的廣域性的文化統一體，原因是在中國其他地方的考古出土（如三星堆），亦有看到這些中原文化符號的證據。很重要的是，這中原文化符號，在地方上與本地文化同時並存，沒有互相排擠。如果這種看法是正確的話，中華性這一命題，就登時開啟了極為有趣和有意思的比較性的探討空間。上面兩點正好說明，要接受中華性和本土取向之間的複雜性和一定的緊張狀態，在這個認識的前提下，探討這個複雜性和緊張性是正面的，應予鼓勵的；簡單地說，大帷幕下必須有「理解是解決分歧的要道」的信念，要求同存異，就必先辨識同異的內容，尤其是所以同、所以異的根源。

（五）小結

作為大中華／離岸中華的一重鎮，香港具有利的條件，發揮世界華人的軟實力角色。同時香港本身很多制度、經驗、價值觀等是維持香港的環球聯繫，高度有效運作，相對自由開放、多元化、廉潔社會。在這方面，香港將

來編的歷史教科書可供其他大中華地區參考，因為香港華人社會的精髓也為構成世界性大中華發展的正面實例。如現屆香港特區政府能夠實踐加強中國歷史、民族文化的教育政策，尤其是將中國歷史科成為初中教育必修科，這樣合適的中國歷史教科書就會成為學界刻不容緩的要務。希望在座各位多做貢獻，造福中國香港特區之莘莘學子。最誠摯希望大家堅守教育專業原則，以淵博學識及精益求精標準，系統地協助撰寫編繹一套切合香港實際、符合青少年思維心態情緒、適用於中小學、具針對性重點學習的中港整合歷史課程新穎教材。期盼大家能相互促進、集思廣益、凝聚共識，為發展革新優化的中國近現代史 ── 香港史整合課程而努力不懈。以高學術品質、客觀均衡、可讀性高、具公信力的中港歷史課程教材，作為傳播普及「中國知識」的重要範本基石，而同時為加強培養香港青少年的中華民族認同感與中華文化意識的體現，共同來做出具啟發性的更多投入，寄予厚望。

與鄭華君合著，原載：《清華社會科學評論》（2019 年）（未刊稿）

附録

燃燒自己，照亮別人
—— 與陳明銶教授的三十三年情誼

文灼非

灼見名家傳媒社長及行政總裁

好友陳明銶教授 10 月底忽然走了，走得太突然，實在難以置信。

10 月 29 日中午還收到他的長途電話，問我有沒有時間參加他 30 日上午落機後的第一場由史丹福香港同學會主辦的午餐演講會。我回覆說為了籌備 31 日舉行的灼見名家周年論壇，無法參加，但 30 日晚上會與他和朱雲漢教授在他們下榻的六國酒店吃晚飯，商量翌日論壇的安排細節。很可惜，30 日上午接到陳教授的港大歷史系學生余劭農來電，表示在機場接不到老師，航空公司說他沒有登機，我知道大事不妙，因為他從來不會爽約。我初時猜測是否他的百歲母親身體出了甚麼狀況，令他無法啟程？沒想到是他出事，一個人孤零零的在候機室離開了我們，親友都無法送他最後一程，令人無限傷感。

停學服務港大學生會結緣

在港大唸書時我沒有修讀他的課，所以我不算是他的門生，有點遺憾，但三十多年的交情，這位長輩給我很多鼓勵與幫助，是我最敬重的其中一位師友。1985 年 9、10 月間，在港大附近的石塘咀有一家金塘酒樓，當時我與幾位同學正在吃晚飯，一位有修陳教授課的中文系同學走過來，說要介紹我認識鄰桌的陳明銶老師，大家一見如故，開始了我們長達三十三年的友

作者 1987 年香港大學文學院畢業到陳教授辦公室合照。

誼。當時我正打算停學一年競逐港大學生會內務副會長一職。1986 年 1 月
上任後，那一年與陳教授有很多接觸，常聽他講美國一流大學的經驗，認為
港大值得參考，作出改革。那一年港大剛好更換校長，黃麗松教授做了十四
年後，由國際著名歷史學家王賡武教授接任。黃校長臨退休前突然發表港大
可以考慮改四年制的言論，以便統一大學預科與大學的年制，在香港教育界
引起極大的迴響。受美國教育孕育多年的陳教授一直推崇四年制，建議學生
會在這個課題可以多做研究及發聲，引起社會關注及討論，更提出了很多寶
貴意見，提供了很多珍貴參考資料。學生會立即成立了一個迎接新校長計劃
籌委會，由我擔任主席，計劃發表一份《香港大學改革報告書》，作為迎接
新校長的見面禮。我們訪問了校內外近五十位專家學者，做了大量資料收集
及研究，耗時八個月完成，提出港大在大學學制、教學語言、研究工作及行
政制度都需要作出改革，與時並進。報告書發表後，我們舉辦了公聽會及講
座，媒體有廣泛的報道，充分顯示學生會發揮的影響力。那一年，陳教授傾

囊而授，開闊了我的眼界，停學所學到的比上課多。

　　1987 年畢業後，我原本打算留在中文系讀碩士，但林天蔚老師剛好要退休，推薦我轉到歷史系跟另一位呂元驄教授做香港史研究。之後的兩年，我與陳教授接觸的機會極多。每周有三天上午我到香港歷史研究室做助理，下班後常到不遠的陳教授辦公室與他交談。1987 年底，《信報月刊》編輯陳景祥兄請我推薦一位歷史學家，分析英國剛公布的新港督衛奕信的背景，我表示陳教授是不二人選。就這樣，開展了我們三十年學術與傳媒之間的情誼。我經常幫忙筆錄他的觀點及潤飾文字，有時更親自把稿件送去北角的信報報社。陳教授的月刊文章發表後，《信報》也會摘錄，一報一刊當年產生很大的影響力，他從此成為媒體的紅人，是學界最多記者採訪的時事評論員。樹大招風，由於他只用史丹福大學胡佛研究所研究員的身份發表意見，

2000-01 年作者在史丹福大學擔任學人期間，經常與陳教授出席學術活動。中為已故史丹福大學傳播系吳惠連教授（Prof. William Woo）。

引起港大一些教職員微言。在 80 年代，港大經濟系有張五常教授，歷史系有陳明銶教授，都在《信報》發表文章，陳教授常接受電視、電台、報刊訪問，由於口才出眾，更家喻戶曉，一位歷史學家能發揮這麼大的能量，令人刮目相看。

1989 年的港大學生會幹事會計劃舉辦一個北美高等教育交流團，向美加西岸多家頂尖大學取經，我作為研究生參加了，陳教授也樂意擔任學術顧問，幫忙聯繫多家大學的教職員提供協助。當年 6 月 10 日學生會代表團便出發，這是我第一次踏足美國。陳教授雖然不在史丹福校園，但安排了我們訪問幾位著名教授。十多天的交流之旅給我極大的震撼，沿途為多家報紙撰寫所見所聞，更當了《信報》的特約作者。後來我延長了訪問時間，在美加東岸也跑了一遍，足足遊歷了兩個多月，大開眼界，也種下了日後到美國進修的心願。返港後我為北美交流團編輯了一本文集，名為《永遠記得那些日子》，請陳教授賜序。

推薦加入新聞行業長期合作

美國歸來，正當為未來出路籌謀之際，1989 年底陳教授的史丹福校友劉端裕博士請他介紹朋友到新辦的《壹週刊》當記者，他馬上建議我考慮申請。1990 年 1 月，我正式上班擔任時事組記者，負責採訪很多政治人物。同年 9 月，總編輯梁天偉命我負責主編一本特刊，採訪、撰寫、編輯一百位香港最有影響力的名人傳記，限三個月內完成，幾乎是不可能的任務。我立即向陳教授求救，他對計劃很感興趣，也樂意擔任學術顧問，建議書名定為《香江百人志》。這本特刊出版後大獲好評，當年的副社長香樹輝先生最近仍公開表示，《香江百人志》是《壹週刊》有史以來最有價值的特刊，值得永遠珍藏，陳教授給了我莫大的支持。

1992 年我應陳景祥兄的邀請轉到《信報》擔任政治評論版編輯，與陳教授有更多接觸機會，定期就不同的熱門議題訪問他或邀請他撰文，合作非常愉快，他的知名度也愈來愈高。他也經常介紹來自北美、歐洲、澳洲、台

灣等地的名人學者或官員給我獨家採訪，提升了《信報》的名牌效應。1994
年我申請了獎學金到佛羅里達州的 Poynter Institute for Media Studies 短期進
修，我向報社申請三個月無薪假期，在進修前後在美國東西岸訪問多位中國
通，陳教授給我很大的幫助。那次到史丹福探望他，也為他做了一個深入訪
問，這批名家專訪收錄在我的《名家論中國》文集裏。1999 年底我的中大
政治與行政碩士課程結束後，決定申請哈佛與史丹福的新聞學人計劃，希望
有機會到美國遊學一年。由於申請最少要有十年傳媒經驗，我便把過去的文
章編輯成一本《採訪心影錄 —— 十年磨劍》，請陳教授為我寫序。他非常
熱心為我出謀獻策，修改申請學人計劃的個人自述文章，更擔任推薦人，用
胡佛研究所的信紙寫了一封長四頁紙的推薦信，是用打字機打字，信上還有
塗改液痕跡。2000 年 5 月當我收到兩家大學的成功通知書，欣喜不已，史
丹福奈特新聞學人主管更給我寫了一封祝賀信，說陳教授的推薦信令他印象
很深刻。後來我婉拒了哈佛的錄取，到史丹福好好遊學一年，也有很多機會
向陳教授請益。

遊學史丹福再結學府緣

　　2000 年 9 月我抵達史丹福，陳教授事無大小對我關懷備至，也介紹了
很多史丹福教職員給我認識。學校有個不大的香港人圈子，有精彩的教授，
也有傑出的學生，當年認識了幾位皇仁十優狀元，我都一一做了訪問。陳教
授很喜歡與年輕人交往，這批狀元後來都成了他的忘年交，各有突出成就。
那一年陳教授一有空就喜歡帶我到處遊覽，我當司機，他當導遊，上 Napa
Valley 莊園識酒、下 Monterey 海邊賞景、往 Lake Tahoe 遊湖滑雪、訪 Hearst
Castle 拾趣獵奇等，他是一本活字典，順手拈來，如數家珍，為旅途增添無
比樂趣。他也推薦我去芝加哥出席美國亞洲研究學會年會，鼓勵我坐郵輪遊
加勒比海小國，學人計劃結束後兩個多月美歐遊的路線介紹等，這種多姿多
彩的遊學生活，人生難得幾回有？十四個月後返港重回《信報》上班，接
任《信報月刊》總編輯，我把史丹福一年的見聞寫成遊學史丹福專欄系列文

2014年夏天作者一家與朋友隨陳明銶教授遊覽葡萄牙，並出席歐洲漢學會議。

章，在月刊發表。在《信報月刊》十一年，我們繼續合作，早年他因月刊而聲名鵲起，所以特別有感情，幫忙製作了很多內容獨到的專題，保持雜誌的影響力。

2013年底我終於離開服務了二十一年的《信報》報社，自立門戶，在好朋友的大力鼓勵與投資創辦了灼見名家傳媒，陳教授也是十分支持我在知天命之年創業，再闖高峰。2015年我們慶祝一周年成功舉辦首屆灼見名家周年論壇，之後成為我們一年一度的王牌節目。二周年我邀請陳教授出席擔任演講嘉賓，他對中美關係的獨到分析加上高超的演講技巧，震懾每一位出席嘉賓，大獲好評。去年慶祝三周年，他再次出席發言剖析大灣區，聽眾讚不絕口。今年中美關係水深火熱，我再邀請他出山，大家都期望他對多變難測的國際局勢把脈，可惜事與願違，我們再沒有機會聽他痛快淋漓的分析。幸好我請同事事前為他做了一個深度越洋訪談，整理出過萬言的內容，分日在我們的網站發表，作為臨終前最後一個專訪以饗讀者，彌足珍貴！過去幾年，我們通過無數次電話，他很關心我的事業發展，每年的論壇選題與邀請

講者人選，他都提出很多寶貴意見。有任何好的作者他必定大力推薦，知無不言，言無不盡。他去世後我負責約稿及編輯紀念他的追思錄，知道更多關於他過去的事情，他對每一位學生與朋友都真誠付出，來者不拒，盡心盡力，燃燒了自己，照亮了許許多多的後輩，我受益極多，感恩不盡！

　　陳教授，你太累了，真的要好好休息，在天國一定有很多有趣的事情讓你着迷，你會不愁寂寞。我們永遠懷念你！

載於灼見名家網站，2018 年 12 月 4 日

從工運至粵港澳城市群：
陳明銶教授治史特色

區志堅
香港樹仁大學歷史學系副教授兼
香港樹仁大學田家炳孝道文化教研中心主任

一、引言

陳明銶教授在香港培英中學求學，[1] 曾入讀香港中文大學崇基書院一年級課程，後赴美升學，先後獲美國愛我華州立大學社會科學學士、華盛頓大學歷史學碩士、史丹福大學歷史學博士，曾在史丹福大學胡佛研究所及加州大學洛杉磯校區歷史系任教研工作，自 1980 年秋至 1997 年夏天任教香港大學歷史系，更為香港中國近代史學會創會會員之一，1997 年夏天後回美國，繼續在美國的史丹福大學胡佛研究所從事研究工作，並往各大學短期任教。於 1969 至 70 年在華盛頓大學就學期間，受治辛亥革命史的專家學者 Prof. Winston Hsieh 的啟迪及其指導下，展開研究中國工運的課題，並促成日後完成 *Historiography of The Chinese Labor Movement, 1895-1949: A Critical Survey and Bibliography* (California: Stanford University Press,1981)。及後，在史丹福大學 Prof. Lyman Van Slyke 的指導下於 1971 年完成 "The Study of the Chinese Labor Movement, 1860-1927: A Preliminary Survey of Selected Chinese-Source Materials in the Hoover Library" 的學期論文功課，陳教授自言完成此

---

1 陳明銶：〈序〉，載區志堅：《龍總顯威：九龍總商會 75 年發展史》（香港：Nefire Limited，2014 年），頁 7。

學期論文，加強他對中國工人運動的了解。他又在美國的名師指導下，學習及運用 Charles Tilly 的「動員理論」（Mobilization Theory），[2] 自接觸「動員理論」後，陳教授更用此理論研究工運，又注意從工人生活的角度研究粵港工運的課題，並要脫離黨派的觀點研究工運。他於 1975 年在史丹福大學完成博士論文 "Labor and Empire: The Chinese Labor Movement in the Canton Delta, 1895-1927 "，陳教授研究中國工運的特色，用今天學術用語，即是從多元的時代背景及「工人主體性」的角度，關心工人的生活，不只強調政黨、政府、政策對工運的影響，更要注意社會及經濟等環境與工人互動的角度研究工運，陳教授研究工運史，除了開拓 7、80 年代研究工運的研究領域外，更推動研究區域的「愛國群眾動員」[3] 的粵港工運史，及後陳教授由注意專題的粵港工運史，拓展至整個區域的粵港關係之歷史，進一步拓展至近現代粵港澳城市群互動關係的研究課題。[4]

二、從多元角度研究民國工運史

　　依陳教授談及他研究工運史與兒時生活有關，陳教授先祖為廣東新寧知縣陳宜禧先生，宜禧先生為旅美築路工人，後升為工程師助手，於 1904 年宜禧先生回中國籌錢在新寧設鐵路，並於 1911 年建成整條全程 120 餘公里

2　　Ming K. Chan（陳明銶），"Acknowledgements," in *Historiography of The Chinese Labor Movement, 1895-1949: A Critical Survey and Bibliography* (California: Stanford University Press,1981), p. xiii; 參閱陳明銶：《落日香江紅：衛奕信政權的歷史挑戰》（香港：信報有限公司，1989 年）；陳明銶〔區志堅訪問及整理〕：〈陳明銶教授訪問稿〉（未刊稿）（2001 年 12 月 5 日進行訪問，香港城市大學中國文化中心 "In Quest of China: Teaching Chinese Civilization in Hong Kong Universities, 1926 to the Present" 研究計劃，承蒙其時大學研究資助局（Research Grants Council）的資助，研究計劃：RGC Ref. No. 9040560，感謝鄭培凱教授允許運用此文稿）。

3　　陳明銶：〈前言：從「中國之世界城市」軟實力角度看香港特區〉，載陳明銶、鮑紹霖、麥勁生、區志堅編：《中國與世界之多元歷史探論》（香港：香港城市大學出版社，2018 年），頁 xxvii。

4　　陳明銶：〈前言：從「中國之世界城市」軟實力角度看香港特區〉，頁 xxxi；參 Larry Diamond：〈紀念故人：史丹福校內悼念會陳明銶三篇遺作研究澳門〉，hk.news.appledaily.com（閱讀日期：2018 年 11 月 23 日）。

的鐵路。[5] 及後陳家後人於 40 年代後期移居香港，陳氏家人因從事工程及建築工作，更與其時在香港從事建築工程的名人余達之先生交往。明銶教授生於富商之家，60 年代初曾在農曆新年隨父母往澳門旅遊，孩童時的明銶教授與何先生在澳門葡京酒店的電梯與澳門富商何賢先生遇上，何先生即時給「利市」（紅包），陳教授雖生活在富有世家，他的父母也是極為照顧勞工利益，由是孩童時明銶教授已對勞工生活感到很有好奇，他自言兒時的生活已種下對勞工研究的興趣。[6]

　　而他於 1975 的博士論文 "Labor and Empire: The Chinese Labor Movement in the Canton Delta, 1895-1927" 為西方學術研究界研究廣東工運史的第一本著作，陳教授尤注意「傳統工人在現代化社會運動和革命行為中的角色」，並指出「民族主義、反帝國主義和經濟利益是工人醒覺、團結、奮鬥的主要動力」，向學界提出要從社會及經濟背景研究工運，[7] 力求去除國共兩黨史觀書寫工運史。[8]

　　在陳教授研究中國勞工運動史之前，如陳達、陶孟和、林蔚、唐海等已展開對中國工運的研究，但他們的研究多是偏重工人生活的調查及勞工糾紛的統計分析，也有國民黨元老邵元沖等研究廣州政府的中國勞工法，卻多注意實際施行困難，雖有馬超俊較從客觀的角度研究中國工運史，仍流於從黨派觀點研究工運史。更重要的是，不少研究工運史的成果，忽視了「富光榮革命傳統的廣州市」（陳明銶教授語）；另一方面，西方學者只有 Nym Wales（Helen F. Snow）的 *The Chinese Labor Movement* (1945) 一書，多強調中國工運的反帝國主義態度，尚未多注意中國工運發展的傳統因素。

5　有關陳宜禧先生與新寧鐵路建設的情況，見蔣祖緣、方志欽：《簡明廣東史》（廣州：廣東人民出版社，2006 年），頁 523-524。

6　見余皓媛訪問及整理：〈陳明銶教授訪問稿〉（2018 年 9 月，未刊稿）；參〈陳明銶教授致電林皓深同學〉（2018 年 10 月）。

7　*Historiography of The Chinese Labor Movement*, p. 3.

8　陳明銶：〈中國勞工運動史研究〉，載六十年來的中國近代史研究編輯委員會編：《六十年來的中國近代史研究》（台北：中央研究院近代史研究所，1989 年），下冊，頁 634。

　　陳明銶教授提出前人研究工運成果，多流於：1. 自 1949 年至 70 年代研究 1949 年前中國工運的成果，多未能從長遠的歷史發展過程研究工運發展，如未能注意鴉片戰爭後中國已有工運發展的形態，特別是廣東的工運；2. 因中國傳統社會是一個非以工業社會為主的生活形態，而非農業勞工佔全國勞動人口少數，工人「似乎微不足道」，特別是城市的工人，由是很多學者忽視研究城市工人的生活；3. 勞工多集中在大城市及口岸，相對於農業社會，工人更未受到重視；4. 不少學者錯誤地認為近代中國工運的歷史始源於 1919 年五四運動及 1920 至 21 年中國共產黨創立之時，學者更認為 1927年中共的城市工人動員革命策略失敗，中國城市勞工也轉變而結束，「這種錯誤的觀察導致工運史可供研究的機會和時間範疇變得非常短暫和狹窄有限」；5. 不少研究否定「工人只受資本主義影響」，忽視了工人愛國情操；6. 研究工運的成果「深受現實政治和官方框定的意識所影響，未能平衡地充分發展，在質素和方法角度等層面頗有許多不足之處」，因此陳教授以多元的角度，力求去黨派的觀點及敍述框架研究工人運動，並重視傳統工人在現代化社會運動及革命行為中扮演的角色。7. 陳教授肯定了城市工運對近現代中國史的影響：「1922 年的海員罷工等等，都引起一連串波瀾壯闊的勞工運動，帶給國內、外不少衝擊，尤其是現代中國革命的歷程」。

　　陳教授早於 1975 年取得博士後，旋於 1976 年發表 "Traditional Guilds and Modern Labor Unions in South China: Historical Evolution"、1977 年的 "Labor in Modern and Contemporary China"、1979 年發表〈五四與工運〉及 1985 年發表〈孫中山先生與華南勞工運動之發展 —— 民族主義、地方主義和革命動員〉等學術論文，實踐陳教授研究中國工運的論點。

　　其一，陳教授認為近代中國勞工運動早啟自鴉片戰爭後的廣東新式工業，工人運動是愛國主義運動，陳氏在〈五四與工運〉中已指出「近年來不少研究中國近代史的學者，對於中國勞工運動史產生一種普遍而基本的誤解，即以為近代中國勞工運動是源始於民國八年，係五四運動之產品；另一方面，部分學者又以為五四運動本質上是一個提倡新文化」，五四運動為一個新文化運動及學生運動，與社會狀況無直接關係，其實「五四運動與中國

工運，亦有直接而重大的關係」，更重要的是，近代中國勞工運動乃啟自通商口岸和歸自海外的僑工，二者合力建立的新式工業，而「香港又漸從英國殖民地發展為遠東重要商埠，得風氣之先，故華南港粵工會運動，乃成為全國新式工業之先驅」。早於道光年間鴉片戰爭期間，廣州機房紡織工人已參加武裝抗英軍入侵的三元里事件，咸豐八年英法聯軍之役，更有二萬多香港的市政工人抗議帝國主義入侵，光緒十年中法戰爭期間，香港船塢工人以罷工拒絕法國受創軍艦來往香港維修，可見工人「存愛國之心」。光緒三十一年至三十二年，中國勞工爆發反美杯葛運動，抗議美國政府阻止華工赴美的禁令。此外，1895 年漢陽鐵廠的粵籍工人集體罷工，抗議笞責工人，「中國工人的醒悟，也導致他們對國家社會的基本問題產生關切，從而逐漸參加實際行動」。而興中會於 1895 年組織排滿起義，也招聘工人參加，如機器工人及海員等，又因同盟會的領導者如孫中山等多為廣東人，故以同鄉關係，號召一些粵籍工人投身反清革命工作，如馬超俊、蘇兆徵等日後積極參與工人運動的人士，他們於辛亥革命時期，既是同盟會成員，也是來自中國沿海商埠的工廠工人、海員、碼頭工人、苦力及機器工人，由此可見「工人在反清革命中的貢獻，可以稱作他們本身的覺醒，他們受到政治環境與民族意識的薰染，而作出強而有力的實際行動」。民國元年，漢陽工廠罷工及廣東順德有五千名絲廠女工罷工，已見「因為工人要求增加工資或減少工時，這證明了工人已能利用時機，為爭取經濟利益而大規模地進行集體反抗」；因為五四運動前已有工運，由是五四運動應是「促進」知識分子注意中國勞工問題和缺乏普遍同情的勞動者，「五四時期可算是中國勞工運動『黃金時代』的開端」，五四後青年學生不僅為工人辦學、編報刊，更公開組織工會，出任工會領袖，「策劃動員」、指揮罷工，部分學生成為工人領袖。陳教授研究工運既有如不少中共學者承認五四運動對工運的影響，但更注意中國工運的發展早於五四，「中國勞工政治意識之覺醒及愛國性之動員，實早於 1919 年，並經歷過一段漫長卻又極其重要的醞釀時期」。[9] 其後，陳教授陸續研

9　陳明銶：〈孫中山先生與華南勞工運動之發展 —— 民族主義、地方主義和革命動員〉一文。

究早期海員工會、機器工會、電車工會、孫中山與工運發展等成果，[10] 均注意五四前的中國工運發展，修正及補充 70、80 年代海內外研究中國工運的觀點。[11]

最後，也可見陳教授研究工運的美意，他於 80 年代任教香港大學後，目睹香港勞工及工會情況，希望藉研究昔日工運以寄望其時香港勞工運動，「在六十年前曾一度有力地影響香港工會的意識、心態、組織、基礎、內部團結和政治傾向等歷史因素至今仍具相當作用，不容遺忘。過去歷史動力及當今中國政治是了解現時香港工運的最基本考慮」，希望籌辦工會領袖能多吸收歷史知識，振興及拓展工運。

其二，陳教授研究工運課題，甚為注意地方因素及革命動員。前人每認為區域史研究太專門，未能注意國家發展的整體面貌，但陳教授在 1980 年發表的〈齊著《中國軍閥政治》評介〉一文，評價齊錫生教授的 *Warlord Politics in China, 1916-1928* 一書時，更指出區域（regional）研究的重要，陳教授認為「真正對當時人民日常生活發生最直接而嚴重的影響者，還是地方性（local）的小軍閥。更有進者，像中國這樣一個幅員遼闊、人口歧異而眾多的國家，地方性因素和區域性習面以下的文化型態，乃是區域性及全國性政治體系和社會經濟體系的重要輸入（input）來源」，廣東工運史之研究，既具區域性及研究區域市民生活的特色；由廣東工運史擴至粵港關係史，也可見陳教授已把區域性的課題延至全國性政治課題。

相信陳教授於 1970 年代研究廣東工運的課題，種下他日後研究粵港關係的因素。不少研究成果認為近現代工會發展是現代社會產物，陳教授在博士論文 "Labor and Empire: The Chinese Labor Movement in the Canton

---

10　陳明銶：〈機器工人和海員的早期活動史略〉，《珠海學報》，第 15 卷（1987 年），頁 354-361；〈民初香港華人愛國行動初探〉，載郝延平、魏秀梅主編：《近世中國之傳統與蛻變：劉廣京院士七十五歲祝壽論文集》（台北：中央研究院近代史研究所，1998 年），下冊，頁 661-677。

11　陳明銶：〈當前香港工會發展及其歷史淵源〉，陳明銶主編，梁寶霖、梁寶龍、趙永佳、陸鳳娥合編：《中國與香港工運縱橫》（香港：香港基督教工業委員會，1986 年），頁 215。

Delta,1895-1927" 指出近現代工運是根於中國傳統社會，陳教授的博士論文
是研究 1895 至 1927 年廣東工運，結合他的博士論文及他於〈孫中山先生與
華南勞工運動之發展 —— 民族主義、地方主義和革命動員〉等文章，得見
他早於 70 年代中葉，美國留學時期，已注意粵港關係，但其時海外學術界
尚多未注意此課題，陳教授指出廣東工運發展是「『傳統化』的地域鄉黨宗
族因素，不但無妨礙現代形式的愛國革命活動之推進和民眾動員，以及新式
勞工組織之創設擴張；反而言之，在實際歷史演進上，尤其華南勞工界在清
末民初時期之政治醒覺、社會意識、愛國熱誠方面，均直接或間接受到中山
先生和他屬下組織之政治活動、革命理想之刺激啟發」；另一方面，勞工界
力量及組織亦成為孫中山在多次革命、反帝國主義、反軍閥動員時「一種可
靠忠誠之社會基層支柱，亦是造成廣東地區為中山先生革命事業的長久基地
的一種有利條件」，陳教授指出在鴉片戰爭結束了廣州獨口通商，使茶絲貿
易在當地大為發展，而廣東對外海路貿易交通便利，中外商貿機構廣立，促
使商業及工業在廣東大為發展，而香港於 1842 年後，成為自由港及海貿事
業發展的商埠，這樣加促粵港關係更為密切，廣東出產的物品也藉香港運往
海外；同時，五口通商條約後，廣東的工業北移上海及廣東以外的地區，而
廣州三角洲一地早與帝國主義勢力接觸也最密切，「廣州三角洲地區社會變
遷經濟衰退，致使勞工們對英帝國主義極為憎恨，工運之迭起，也反映了另
一個重要因素，即愛國主義」。1857 年廣東工人大罷工，也見華工雖然受到
英殖民地發展帶來的經濟機會，「但是民族主義的情感，有時更能超越狹隘
的及眼前的經濟自利」。1895 年 10 月，興中會在廣州策動首次起義失敗，
有六百多名香港苦力，三千名廣州及澳門織工，約定任革命軍士兵，起義後
約有四十名海員被捕，陳教授認為 1895 年為工人群眾集體動員參加政治運
動的開始；歷至二次革命及廣州國民政府的成立，也得到不少工人及工會
支持，而且「孫中山先生主政下的廣州，成為香港罷工者庇護所」，又促使
到「三角洲地區，這種工會化 —— 罷工 —— 工會化的循環發展」。

　　還有，結合以上論文及陳教授於 1990 年在〈清季民初中國城市群眾動
員之型態 —— 泛論 1830 至 1920 年珠江三角洲草根階層抗衡外國經濟壓力

之集體行動〉的觀點，[12] 得見他認為廣州三角洲一地，如同其他居「邊陲社會」的人民一樣，也多維護團體職業利益，但廣州三角洲一地工人，更因早受到外來帝國主義侵略的影響，故能夠多注意集體職業利益，也具有的集體意識，並把職業團體的利益提升到民族主義的範疇，陳氏既不否定工人為自身利益致有抗外行動，但也要注意廣州三角洲一地工人的愛國情感，「地方民眾對於香港罷工者所給予更為廣泛的協助及鼓勵，即強烈地表現了社區本土對同鄉分子在香港與英人利益爭鬥中，他們的支持，在許多廣州愛國人士眼中，香港是帝國主義在華南的根據地，控制了廣州三角洲地區的經濟命脈，此一事實使得廣州民眾支持罷工者的情緒更加激奮」，中國傳統的同鄉族的情誼，同鄉會的組織及廣東社會的同鄉會黨的關係密切，由是「『傳統的』，『鄉黨性的』及『地方主義性的』，亦已經是非常進步及具革命性」，國家與社會之互動關係，也影響部分基層群眾的革命動員。可見陳氏研究工運是注意社會、經濟、個人利益、個別團體利益、國家政策、國際關係及外交政策等多元的時代背景，不只關注黨派成員動員群眾的努力。

三、從省港至粵港澳之研究

　　陳教授早於 70 年代初因研究廣東工運，注意到粵港「地緣主義與民族主義相混貫連，純粹的對地域、國家權益的關注，在現代中國社會政治動員中很難被清楚明確地被劃分的」，[13] 廣東地區的發展及地域思想與整個中國發展甚有關連。相信也因陳教授任教香港大學歷史系，注意香港史及當代香港事務，從他於 1989 年出版的《落日香江紅：衛奕信政權的歷史挑戰》內收集時事評論的文章，已見陳教授任教港大後，甚為關心香港主權、回歸過

12　陳明銶：〈清季民初中國城市群眾動員之型態 —— 泛論 1830 至 1920 年珠江三角洲草根階層抗衡外國經濟壓力之集體行動〉，章開沅、朱英主編：《對外經濟關係與中國近代化》（武漢：華中師範大學出版社，1990 年），頁 326- 342。

13　陳明銶：〈孫中山先生與清末民初廣東工運〉，《中國與香港工運縱橫》，頁 19。

渡時期的香港事情及人事及民主發展，更向港督衛奕信進言「『歷史感』既然是成功歷史學者的特有氣質，相信衛督亦不虛匱乏。盼望衛督際此夕陽時刻，尚能不負所學，珍惜時機，努力嘗試，勇於創建，向港人和中英港關係的長遠健康發展，作出有為無愧的歷史承擔」。[14] 日後，陳教授由治省港關係及香港史，走向粵港澳史，他研究香港及中國互動關係時，已注意中國發展內「香港因素」；又在研究香港課題時，注意「中國因素」，又注意從中國與國際關係的角度，研究中國、省港、香港及澳門的互動關係，甚至可以說陳教授是從「中國民族主義」敍述框架，表述香港史及澳門史。

其一，陳教授從「中國因素」（China Factor）及國際關係研究香港史，他在 "Introduction: Hong Kong's Precarious Balance—150 Years in and Historic Triangle"，"All in the Family: The Hong Kong-Guangdong Link in Historical Perspective"，"Historical Dimensions of the Hong Kong-Guangdong Financial & Monetary Links: Three Cases in Politico-Economic Interactive Dynamics, 1912-1935" 等多篇文章，均指出近代香港歷史，不獨是 1841 年至 1997 年英國殖民地統治期的本地歷史，更是帝國主義侵華歷史的具體表現，也是現代中國國際關係歷史非常重要的一面，同時，香港發展歷程中的最重要因素，正是「中國因素」，1841 年英國「利用」鴉片戰爭打敗清朝，割佔香港，英人目的不是只有佔據香港，而是藉香港為跳板，進軍中國市場，過去百多年英治時代，香港的居民從來是華人最多，在社會、文化、經濟等領域，香港 / 香港人都與中國大陸有非常密切的必需聯繫，尤以廣東省和東南沿海地區，在地緣、經濟、文化、人口流動與社會網絡均有緊密關係，所以香港歷史是整個華南區域不可分割的一部分。同時，香港歷史發展要結合國際環境。早於 1996 年，陳教授發表 "A Turning Point in the Modern Chinese Revolution: Historical Significance of Canton Decade, 1917-1927"、2009 年撰寫《香港海關百年史・序》，均指出研究香港歷史，除了要注意中國因素對香港的影響

14　陳明銶：〈序：「末代總督」之黃昏十年〉，《落日香江紅：衛奕信政權的歷史挑戰》，頁 7。

外，也要注意國際運輸通訊、金融政策及英美政策對香港影響，而且香港於
1841 年英國殖民地政府管治至 1997 年回歸中國之 156 年歷史，培養了香港
成為長期在外國殖民地管治下中外文流的文化意識，亦使香港市民不同於中
國內地城市居民在心態上，世界觀及價值的取向，香港在英殖民地管治下，
也建立一套不同於中國內地的制度，香港因地理環境的便利，英帝國自由
港的比較開放機制，使香港成為最強大的英國遠洋商船網絡在遠東重要港口
及中國海外移民的重要出國／出洋港口，香港也因地理環境及處在中國與英
美等國家交往的要地，這些多種力量也把香港帶進國際市場，故研究香港歷
史，要從中國，特別是廣東，與國際因素進行研究。

　　其二，從「近代中國民族主義和反帝國主義」敘述框架下表述香港史。
從閱讀以上陳教授研究中國工運史及孫中山革命事業的成果，乃至〈珠江
上之「炮艦外交」：1920 年代廣州事件與中英關係〉、〈中國現代化的廣東
因素〉、〈二十世紀初年廣東在近代中國轉化之歷史角色〉、"Hong Kong in
Sino-British Conflict: Mass Mobilization and the Crisis of Legitimacy, 1912-26" 等
文章，均見陳教授主張香港歷史在很大程度上，是近代中國對外關係歷史的
一個縮影，而香港的華人過往一百多年的「反英殖民」和愛國動員之行動，
如 1942 至 45 年間以新界及珠三角地區為地盤的東江縱隊的抗日事跡，更是
香港華人愛國歷史的片段，也因為香港華人百多年來都「站在愛國鬥爭，反
帝反殖集體動員的前線」，廣東的工人及其他群眾運動看似是廣東地域的事
件，其實因為工人們及其他族群的愛國情操，使廣東一地的工運及其他群眾
抗爭行動「由地方性的社會經濟問題，漸而延伸到更為根本及廣泛的改善全
國之愛國嘗試」，廣東群眾為中國走向現代化發展，付出犧牲，尤以省港工
人們的愛國情義及他們受到外國帝國主義，由此引發愛國抵抗帝國主義入侵
的行動，也影響了整個近代中國。[15]

15　陳明銶：〈香港與孫中山革命運動之多元關係（1895-1925）：革命基地兼革命對象的重疊角色〉，
　　載麥勁生、李金強編：《共和維新：辛亥革命百年紀念論文集》（香港：香港城市大學出版社，
　　2013 年），頁 254。

其三，要注意近代中國歷史中「香港因素」（Hong Kong Factor），陳教授於 1982 年的《香港與中國工運回顧．序》中，指出孫中山革命事業與工運的關係及省港大罷工等歷史，已見近代中國國運與香港發展的史事，甚有關係；及後於 2017 年的〈序：省港大罷工九十年之今昔對比 —— 港粵群眾共融合流之愛國動員〉中，更指出「在中國近代史上的重大環節當中，香港曾經扮演了極重要，甚至有戰略樞紐地位的主導角色，跟香港有關的人、事、物是研究理解中國近代發展不可或缺的重點元素」，自晚清至 1979 年以來，中國內地的開放改革，香港的人才、技術、資金、制度、設施、法規、關係網、長期國際交往及企業經營管理經驗等，均為中國內地的現代化歷程中發揮正面影響，而外國資本主義／帝國主義在華的經濟活動，也常藉香港的渠道來進行，如孫中山革命事業、省港大罷工均與香港甚有關係。又如第二次大戰在香港成立的滙豐銀行，就是在華最具規模的外資金融機構，對當時的銀行業、外匯均有舉足輕重的影響，「中國近代史上存在極其深遠影響的「『香港因素』」、「香港華人工運委實是近代中國革命中的反帝國主義、反殖民地主義的前線鬥爭，香港華工持續走在十九及二十世紀中國民族主義愛國動員的前端，也充分顯露香港華工態度鮮明的深切愛國意識情懷」。[16]

其四，陳教授近年多注意研究澳門、香港及華南地區，乃至中國內地發展的互動關係。陳教授於〈中國現代化的廣東因素〉中，提及要注意早於十五世紀明朝嘉靖及萬曆年間已有西方耶穌會士及葡國商人在澳門生活及傳教，澳門早於香港，已與西方交流。澳門地理位置，以其獨特的橋樑功能及平台，對中葡經濟及文化交融作出重大貢獻，澳門把亞洲、非洲、歐洲、美洲連貫，形成一個「三洋四洲」的全球化體系，並形成一個結合地緣、宗教，及商人貿易三方面動力條件，陳教授更命以澳門為中心的全球連繫為「葡式／伊伯利亞式 —— 南大西洋 —— 天主教 —— 商貿主義之全球化」（Luso/

16　陳明銶：〈序〉，載梁寶龍：《汗血維城：香港早期工人與工運》（香港：中華書局，2017 年），頁 V。

Ibero — South Atlantic — Catholic — Mercantilism Globalization），他尤特別表述「澳門因素」（Macao Factor）在多層次及多元化世界體系的積極作用。陳教授在研究孫中山革命事業的成果中，特別指出孫中山的革命事業，也與葡澳連繫甚有關係（Luso-Macau Connections in Sun Yatsen's modern Chinese Revolution），[17] 而澳門建立了：廣州 — 澳門 — 果亞 — 里斯本連繫，「澳門因與廣州有緊密的互補，實際上為中國對亞洲，甚至全球的海外貿易扮演着一個重要而獨特的角色」。其後，在 2014 年撰寫 "Beyond the Luso Twilight, Into the Sino Glow: A Historical Sketch of Macao's Transformation Under Chinese Rule" 及在 2015 刊行的 "Reflections on Five Centuries of Sino-European Interface: Contrasting the Soft Power Dynamics in Macau and Hong Kong" 文章中，指出澳門的國際化及都市化，成就其為全球關心的重要城市，而且澳門藉優越的臨海地理位置與內外環境多種獨特的有利條件，在西方大航海時代走向東方亞洲和明代以來中國與全球連接的進程，澳門扮演了重要的長期角色，是「一個創造近代世界歷史的平台」。

四、小結

誠然，陳教授的研究始於研究近代廣東工運史，由專題的工運延至孫中山革命史及廣東史，再由省港關係，延至研究粵港澳的歷史文化，又因其任教香港大學，正值香港進入回歸前的中英談判，及落實香港回歸中國的歷程，他個人感受與學術研究，均受到時代氛圍所影響，史學、史家與時代相表裏，既有學循研究成果，又多發表時論，發揮傳統知識分子學而優則仕的特色，但陳教授的「仕」不是任官，而是發文議政，積極擔任公開講座嘉賓，及被邀請任時事評論，陳教授實是具有社會活動者（social activist）和學者兼備的角色。此外，陳教授雖離開香港，在美國從事教研工作，仍心繫

17　Ming K. Chan, *The Luso-Macau Connections in Sun Yatsen's Modern Chinese Revolution* (Macau: International Institute of Macau, 2011).

作者與陳教授攝於香港。

香江，每天收聽有關香港時事的節目，並在香港及海外推動有關香港歷史、當代香港政治及社會問題的研究，而且研究成果屢獲海內外政界及學界所重視。

最後，陳教授於 1994 年發表〈香港學界近年研究民國史的成果〉一文，得見他期望香港史學界擔當的角色：「香港正因其特殊的政治地位，中、台及海外出版和重印的資料都可自由在坊間公開搜集，所以本地學術機構如能作出比較系統化的方法搜集及吸納資料，對民國史的研究當大有裨益」，[18]以為作結！

後記：筆者與陳教授的交往，始於 1995 至 1997 年，承蒙李金強老師向陳教授引薦，並獲陳教授批准於此兩年以旁聽形式，修讀陳教授在香港大學任教的中華民國史一科，在陳教授的課堂上，學習群眾動員理論，感受到陳教授對學生的親切及友愛，自此與陳教授結緣，並多次邀請陳教授為拙編書

18　陳明銶：〈香港學界近年研究民國史的成果〉，周佳榮、劉詠聰主編：《當代香港史學研究》（香港：三聯書店，1994 年），頁 296。

籍賜序，更承蒙陳教授不棄，得以一起撰寫學術論文，最後更與陳教授、鮑紹霖教授、麥勁生教授合編，由香港城市大學出版社出版的《中國與世界之多元歷史探索》，承蒙香港城市大學出版社編輯團隊，趕於 10 月 29 日出版此書，香港城市大學出版社更已安排於 11 月 2 日中午，假座香港城市大學校園舉行新書發布會，可惜於 10 月 30 日中午驚聞陳教授逝世的訊息，深表哀傷！

載於《陳明銶教授追思錄》，頁 8-12

敬悼陳明銶教授

王賡武
香港大學前校長

左起：王賡武教授、文灼非、陳明銶教授。攝於 1986 年香港大學畢業典禮酒會。

他十分關注香港，研究香港問題，很有貢獻，值得佩服。

聲如洪鐘，鐵漢柔情
── 悼陳明銶教授

何順文
香港恒生大學校長

　　相識陳明銶教授是有點意料不到的。還記得在 2011 年 11 月我於澳門大學任職時，到三藩市參加一個會議。其間某天清早，在酒店房間接獲陳教授從史丹福大學的來電。他聽聞我來了灣區，欲討論邀請澳大參與他策劃有關 2012 年 3 月在多倫多大學香港圖書館舉行的澳大多大合辦港澳發展研討會的事宜。

愛恨分明，行事爽朗

　　由不相識至初次在電話傾談約一小時，已感受到陳教授的健談及有強烈主見的性格。隨後我們到三藩市唐人街午聚，席間他暢談在美留學生活、在港大教學經驗、及近年在史丹福的生涯點滴及所見所聞。他那博學多才、論說精湛、愛恨分明及行事爽朗的個性給我留下深刻印象。後來得知他不開車，不怕麻煩獨自從史丹福坐長途巴士過來只為與我一敍，他的誠意令我感動。

　　從那次開始，我與陳教授在往後的日子都時有往來，他也一直關心我在澳大與恒管的發展，不時給我提點。漸漸地，亦師亦友（剛巧我們也是西雅圖華大校友）的關係就此建立起來。

　　2016 年 5 月我去波士頓公幹時停留三藩市幾天，當時與在 Mills College

任教的鄭華君教授（現在於澳門聖約瑟大學任教）一起去史丹福找陳教授相聚。陳教授邀請我們先到他公寓茶聚，入屋後只看到滿屋由地板至天花的藏書，恍如一個小型文史圖書館，令我眼界大開。那簡樸的家居，就是陳教授的知識藏寶地，堪稱書香之家。後來他帶我們去開車不遠的一所老人療養院，探望他年近九十、行動不便的母親，臨走前他親吻母親前額並開玩笑要媽媽聽話定時吃藥；他亦每天下午四時必打車去探望母親，風雨不改，可見母子情深處處。

交遊廣闊，淡泊名利

之後他帶領我們遊覽史丹福校園，特別參觀了他曾工作的胡佛研究所及曾上博士生課的歷史系教室，並分享他家三代與史丹福的情緣及大學近期發展。後來我們到矽谷附近一間扒房用餐，言談間讓我更認識他的思維方式和處事作風。

2014 年夏天作者一家與朋友隨陳明銶教授遊覽葡萄牙，並出席歐洲漢學會議。

　　2016 年 11 月初陳教授回港出席一些研討會，要求早上 6 時落機後即到恒管校園與我及同事早餐聚會，討論邀請恒管於 2017 年 10 月底在校園舉辦香港政治科學會年會，並關心恒管申請正名大學的進展。經社科系仝人一年的努力籌備，年會終順利完成。籌辦過程中亦反映陳教授的交遊廣闊、足智多謀與淡泊名利等個性。

　　聲如洪鐘，鐵漢柔情。認識陳教授的友好都認同他魄力非凡，佩服他對學問追求及認真處事的態度。陳教授是我敬重的前輩，並不但是因為他的學術成就，而更是他有一顆關顧和熱心扶助年輕後輩之心。

　　陳明銶教授雖然現在與我們分開，在很多人心中一定不會忘記這位好導師，好朋友。

載於灼見名家網站，2018 年 12 月 13 日

一生積極推動現代中國研究

梁元生
撰文時為香港中文大學歷史學講座教授、
香港中文大學中國文化研究所所長

我在行旅中獲悉明銶兄在三藩市機場猝逝消息，既感震驚，又甚哀傷。人生之無常和無奈，此亦一例。明銶兄與我同年，相識亦逾三十載，在港期間時有過從，除了學術會議，茶餘飯後，共渡相當多的時間，談天說地，品評歷史及當代人物。當然，主要是明銶兄講的多，在座的主要是聆聽者。明銶兄的學識豐富，人脈廣博，而且談話時聲音洪亮，鄰座往往側目。其後明銶兄辭去港大教席，回到美國加州史丹福大學胡佛研究所擔任客座研究員，對推動現代中國研究，特別是有關香港的研究，出力甚多。在此期間，他幾乎隔一兩年都會來香港，或是參加學術會議，或是探望老朋友和學生。每次過港，都會來電，與一批老朋友飯聚。我們也樂見他的肥胖身影和再度聽到他那洪亮的談話聲。有一陣子他似乎過胖了，叫人擔心的高血壓和糖尿症也纏繞着他，但近年體重稍降，還以為會多活幾年，想不到猝然離去，聞者莫不惋惜。

載於《陳明銶教授追思錄》，頁 35

香港在中國近代史中位置的獨到見地
── 關於陳明錄教授的點滴記憶

劉蜀永

香港地方志中心副總編輯、嶺南大學榮譽教授

陳明錄教授是香港工運史專家，但給我印象最深的是香港回歸時他對香港問題的關注。他先後獨自或與他人合作出版了 *The Hong Kong Basic Law: Blueprint for Stability and Prosperity under Chinese Sovereignty?*、*The 1991 Elections in Hong Kong: Democratization in the Shadow of Tiananmen*、*Precarious Balance: Hong Kong between China and Britain, 1842-1992* 和 *The Challenge of Hong Kong's Reintegration with China* 等著作。1997 年 9 月，西方研究中國問題的權威性刊物 *The China Quarterly* 邀請了三位學者討論英國在香港的遺產問題，英國學者是 Brian Hook 教授，中國學者是我，香港學者則是陳明錄教授。他的文章題目是 "The Legacy of the British Administration of Hong Kong: A View from Hong Kong"。

他也十分關注華南歷史，特別是粵港關係的研究。2008 年 4 月，在他的積極推動下，嶺南大學主辦了二十世紀初廣東與香港學術研討會。他在會上探討廣東在近代中國轉化中的歷史角色給人留下深刻印象。他指出廣東是中西衝突的前線和戰場，廣東曾是中國近代史的轉折點，應該使香港史成為中國近代史和廣東近代史的組成部分。會後，他與饒美蛟教授合作主編《嶺南近代史論：廣東與粵港關係 1900-1938》一書。

2007 年 7 月，陳明錄教授在接受香港《文匯報》採訪時，對香港史與中國史的關係有精闢的論述。他指出：「講中國史，尤其是對外關係、現代

2008 年 4 月，陳明銶教授（右）與劉蜀永教授（中）和劉智鵬教授（左）在研討會上交流。

化改革等，沒有香港就不完美；談香港歷史，不放在中國主流歷史中看香港，亦不合適。」「香港史本身便是中國史的一部分。」在史丹福大學唸博士時，陳明銶的博士論文就是以 1926 年省港大罷工為題，研究香港在中國近代史中的位置。他在接受採訪時還表示，強調香港在中國近代史上的地位，不是為了凸顯香港的高人一等：「較全面的香港史，也一定要有全面的大中華的歷史，香港近代史和中國近代史，一定要合流合軌。」

　　我和陳明銶教授相識已二十餘年。他原擬 10 月 31 日下午在嶺南大學演講，講題很新穎：大灣區與四個革命策源地。我答應出席聆聽並參加副校長歡迎他的宴會。哪知突然收到他在美國機場突發心臟病逝世的噩耗。斯人已去，書香猶存。寫下寥寥數語，表達我深切的哀悼和懷念。

載於《陳明銶教授追思錄》，頁 34

與明銶的最後一次約會

朱雲漢

台灣大學政治學教授

　　我與明銶結識的比較早。1981 年我負笈到美國留學，踏上美國的第一站就是舊金山。我在舊金山灣區停留了幾天探望老同學王克文，他正就讀史丹福大學歷史系博士班，克文是明銶兄的師弟，兩人都拜在范力沛（Lyman P. Van Slyke）門下。明銶兄當時正好也利用暑假回胡佛研究所訪問，我們就在東亞圖書館首度相遇，開啟了將近三十七年的情誼。

　　明銶給我的第一印象就是急公好義，非常講義氣，常為朋友的事操心。在過去那麼多歲月，只要我路經 Palo Alto 或相約在國際學術會議場合碰面，他總是主動問我有甚麼需要他幫忙的，或是主動提醒如何讓自己的旅途安排更便捷舒適。他經常為了幫朋友張羅而讓自己忙碌不已，但他樂此不疲。

　　明銶給我的另外一個深刻印象，就是他永遠有用不完的精力。他可以同時張羅許多事情，而且不停在思考他的下一個計劃或下一本書。他遇到知己朋友總是熱情洋溢，滔滔不絕，可以拉着你講幾小時，毫無倦容。

　　他是屬於天才型的學者，過目不忘，思路敏捷，觀察銳利，而且筆鋒犀利，所以成名很早。他在民國史與中共史領域出版了許多有影響力的學術著作。在提倡香港與澳門研究上他始終不遺餘力，他對這兩個有殖民背景的華人社會有着濃厚的感情，他尤其關切港澳兩地在「一國兩制」下的際遇與發展。

他對於增進西方學術界對香港與澳門歷史與社會文化發展的認識做出了重大貢獻。他經常在亞洲研究學會（AAS）年會，歐洲漢學學會雙年會，以及其他重要學術組織的集會上，籌組有關港澳問題的專題討論會，也藉此提攜港澳背景的年輕學者。他更充分利用胡佛研究所這個美國西岸頂尖智庫所提供的絕佳學術平台，讓香港與澳門議題得到國際學術界的適當關注。

左起：陳明錄教授、AAS 會長賀蕭教授（Gail Hershatter）、梁其姿教授、朱雲漢教授及蕭鳳霞教授在 2012 年多倫多 AAS 年會的歡迎酒會上合影。

在過去 20 年，我們幾乎每年都至少有一或兩次見面機會，通常一次是在亞洲研究學會年會。我珍藏的這張照片就是我們與時任 AAS 會長的賀蕭（Gail Hershatter）教授在 2012 年多倫多年會的歡迎酒會上合影，照片中另外兩位女士是梁其姿教授與蕭鳳霞（Helen Siu），目前都在香港大學任職。此外，我經常去史丹福大學參加國際學術會議與交流活動，只要經過舊金山就一定會與明錄見面或餐敘。

在我擔任蔣經國國際學術交流基金會執行長的期間，明錄給予我很多的

幫助，他經常幫我介紹美國的學術界朋友給我，也對於我們基金會的學術獎
助業務提供很多寶貴的意見。2014 年歐洲漢學學會雙年會在葡萄牙舉行，
由於國家漢辦主任許琳女士對於會議手冊上對於我們基金會的介紹文字有意
見，而引發一場不小的風波。明錄乃挺身而出仗義執言，並要求歐洲漢學學
會的主事者表達嚴正立場。後來大陸高層內部檢討起來，也認為當時漢辦處
置失當。

　　我跟明錄約定的事情，他從來不爽約。萬萬沒有想到，10 月 30 日晚上
我們在香港灣仔六國飯店二樓中餐廳的晚餐約會竟成為他唯一爽約的聚會。
在 10 月 28 日晚上他還掛念着我在香港行程，他堅持一定要安排朋友來機場
接我，又吩咐他一位學生幫我網上訂購從香港到廣州的高鐵票。30 日剛下
飛機就接到他的噩耗，頓時之間難以置信，只能仰天長嘆「天嫉英才」！明
錄這樣的良師益友只應天上有，人間難得見幾回。

載於《陳明錄教授追思錄》，頁 22

小神童‧老頑童：追念陳明銶教授

呂芳上
台灣國史館前館長

2018 年 11 月 2 日，接到孝庭教授告知明銶兄的噩耗，讓我感傷許久。

1981 年，我第一次到美國西岸，史丹福胡佛研究所是我研訪的首選，馬若孟（Ramon Myers）、張富美教授，董王繆麗夫婦等，待我不薄，在史大進修學位的王克文、程嘉樹、陳永發、孫隆基等，做飯、聊天，過快樂的日子。在那兒，我認識了明銶兄，一見如故，他的熱情豪邁，往後幾十年的交往始終如一。

以「大觀園」園主自居

1983 年，我再到史丹福，包括明銶、克文諸兄在內的老朋友，熱情不減，我也開始對明銶兄有更多的認識與了解，人稱他是「神童」，幼時必定聰穎，長大伶俐，二十五歲（1975）拿到博士學位，能有幾人可比。他除了香港之外，「老巢」應該就在大樹鎮（Palo Alto）、史丹福方圓幾里，他常説這個區域是「大觀園」，他顯然以園主或園丁自居。他事母至孝，對朋友豪情熱心，討論事情意氣風發，學界中西朋友多、學生多，忽飛東又飛西，講學論道，老頑童式的生活，樂此不疲。與他交朋友，只有被照顧的份，做他的學生，短話會長説，愛護備至，內心充滿感激。

我和明銶兄的交往機緣，大約是建立在二十世紀初葉的華南研究上。1975 年他在史丹福的博士學位論文 "Labor and Empire: The Chinese Labor

Movement in the Canton Delta, 1895-1927"，這篇應是英文學界除了法國謝諾（Jean Chesneaux）有關 1919-1927 年中國勞工運動史外，最先能應用中、西文資料完成的作品，雖沒出版，但這是後來研究二十年代中國群眾運動史者，不能不參考的著作。我與明銶兄討論民國史時，常覺他能有敏銳的史識，常覺他綜論史事總見機鋒，一句話往往可點出時代意義。1993年，我到洛杉磯參加了 AAS 年會，他召集並主持那一場名為「廣州十年」（Canton Decade, 1917-1927）的分組會，至今我都還覺饒富意義。2000 年他與謝文孫教授找了我和 John Fitzgerald、Emily Hill 教授，本想在加拿大滿地可（Montreal）舉行的亞非國際學會年會組一個名為 "Crisis and Prosperity in Guangdong's Golden Age"，以陳濟棠時代的廣東為主題的分組會，可惜沒組織成功，但可見他對華南研究興趣始終不減。

時刻關懷香港

後來在港大，他培育不少優秀的學生，同時關注港澳粵問題，成為香港地區學界、新聞媒體的重要意見領袖。九七之後他毅然離開香港，回美西老巢常駐大觀園，但仍關懷香港的過去、現在與未來，他在 M. E. Sharpe 主編的 *Hong Kong Becoming China* 叢書，十數冊，會是了解香港回歸前後最基本的材料，這時他是歷史家又是政論家。

明銶兄偶而會來台北參加學術會議，我們總是促膝相談，他偶會透露對北京、港澳、台灣地區追求自由、民主、法治的急迫感，但從沒有灰心過，我覺得他對己、對人、對事一直充滿了樂觀與自信。他從歷史認定粵港澳「珠三角」在十六世紀以來，一直扮演中國走向全球化風向的前沿，認為二十一世紀這個地區，將會是繼十六世紀葡人東來、十九世紀英人來華之後，中國全球化第三波泛太平洋亞洲及大中華合作黃金時代的起始地帶。他的預言可能成真，可惜的是他已沒有機緣參與了。

明銶兄，走得很寂寞，他的離開，我們也難免感到寂寞又哀傷！

載於灼見名家網站，2018 年 12 月 5 日

追憶海外傑出學人陳明錄教授

王振民

清華大學法學院教授

2018 年 10 月 30 日，驚悉史丹福大學著名學者陳明錄教授在赴港出席學術會議途中遽然離世，心中不勝哀慟，久久不能接受這個殘酷的現實。幾天前我還收到他的電郵，約好來港後一起吃午飯，談出版文集一事，他再也不能出現了！

2000 年在史丹福結緣

一個多月來，每每想起我與陳教授聯繫交往的點點滴滴，更為悲痛難抑。1993-1995 年我在香港大學法律學院學習，那時就知道陳明錄教授大名。2000-2001 年我在哈佛大學法學院研習期間，一次到訪史丹福大學，經港大朋友介紹，正式認識了他。他很熱情帶我們參觀並請我們吃飯，聽他講史丹福大學以及他從事香港研究的計劃。2006 年，他在加拿大滑鐵盧大學組織了一場關於香港問題的學術研討會，請北大饒戈平教授和我參加，通過那次會議我對他有了更深的認識。次年，香港回歸祖國十周年之際，他在史丹福大學舉辦了中國香港特區十年研討會，邀饒戈平教授和我等參會。會後他不斷督促參會者提交完整論文，最終出版了一本書，總結「一國兩制」十年實踐的得失。據我了解，這是關於香港回歸十周年唯一的一次在國外舉行的學術研討會。這些年我們又幾次在北京或者香港相逢，他依然保持着對學

術極大的熱忱與樸素風趣的作風。2015 年底我來香港工作，他寫信祝賀。
去年香港回歸二十周年之際，他與香港政治科學學會在恒生管理學院（現恒
大）舉辦了一次國際學術研討會，我參加了這次會議。之後他又在美國、加
拿大幾個名校以「中國香港特別行政區二十年：跨學科視野」為主題舉行巡
迴學術研討，我因事務繁忙無法親臨會場，錄了一段演講視頻在會場播放，
不想竟因此錯過了向陳教授再次當面請益的機會。

眞的失去了才知道重要

　　陳教授為人熱忱豁達，襟懷廣闊，率直而不投機，熱誠而不虛偽，他
是兩岸四地研究港澳問題學人在北美的「家」，每每有港澳台朋友到北美訪
學，都會把史丹福大學胡佛研究所作為「驛站」，到陳教授那裏接受他的「再
教育」，聆聽他對當今大勢和港澳情況深刻的分析、嚴厲的評判和獨到的見
解。如今，突然失去在北美的這個「學術家園」，最近我與許多香港朋友每

作者（右一）與陳明銶教授攝於加拿大。左一為饒戈平教授。

念及此，都感歎不已，真的失去了才知道重要，真的離去了才知道他的不可代替，一時誰也找不到可以替代他的人選！

作為一個地地道道的香港人，陳教授畢生關心香港，觀察香港，研究香港，是當今海外研究香港問題的一面大旗，長期在海外講述香港和「一國兩制」真實的故事，告訴世人香港回歸前後到底發生了甚麼，沒有發生甚麼，為在國際層面推廣「一國兩制」和中國新的特別行政區做了大量工作。他的突然離世，使得國際學界在香港研究領域痛失巨擘。

從大歷史的視角看香港的定位

我觀察，陳教授研究香港與本地研究香港最大的不同是時空定位不同。從空間上，他跳出香港看香港，從世界與大中華的視角來審視香港的一切，這樣更能清晰看出香港在世界和中國的真實角色和地位。香港是甚麼，她從哪裏來，能到哪裏去，不完全是我們在香港的人決定的，還取決於香港之外的人如何看香港，如何給香港定位。從時間上，他跳出當下看香港，因為他是歷史學家，自然帶有濃厚的歷史研究的色彩和特點，強調從大歷史的視角看香港的定位，即從近現代東西文化交流史、近代世界移民史及近代中國革命運動史等獨特歷史視角看當下香港。的確，香港今夕何夕，今處何處，不是當下這一代人確定的，而是三十多年前老一代人確定的，有些更是早在一百多年前乃至二千多年前的秦漢都已經確定的，當今任何人和政黨社團都無法選擇過去，選擇歷史，只能順應歷史大勢，把握今天，做好今天，做好自己，為後代創造更好的「歷史」。

特別是他提倡從中國史角度研究香港史，實現地方史與國史有機同軌合流。他畢生強調孫中山式的大中華視野與區域共融理想，把香港歷史發展放在大中華歷史演進軌道當中，展現出更長遠寬廣的視野角度。他大力提倡在香港投射出「大中華夢」的願景。他曾經說過，九十年前，孫中山出於他的愛國、他的熱忱，為了中國人的前途，在香港發「中國夢」。今天，我們本着對香港的責任、對中國的責任，應該多發「中國夢」。這十分難能可貴。

　　從他的學術中，人們能真切感受到作為一名長期活躍於香港及海外學界的資深學人，陳明銶教授所自然具有的那種愛國愛港的樸素情懷。他從不隱瞞自己的立場觀點，在海外常為自己的祖國仗義執言，努力開拓對話空間。對於祖國存在的缺點和不足，他會講出來，也會批評，更會提出建設性意見建議，你能感受到那種真誠的善意和良苦用心，感受到包容理解和關心關愛。這種樸素的愛國情懷與文化認同彌足珍貴，體現了一位學貫中西、深受中西文化影響的傳統學人所具備的世界視野、中國情懷和民族自覺，令人欽佩。

　　近年來，他以花甲古稀之年不停奔波於世界各地關於香港問題的各種學術會議之間，最終倒在自己念茲在茲的學術之路上，其精神、修養及風度永懷我心，永存於世。謹此深切悼念陳明銶教授！陳明銶教授千古！

載於灼見名家網站，2018 年 12 月 14 日

Ming Dynasty 的主宰
── 懷念陳明銶教授

曾鈺成
香港政策研究所副主席

不論甚麼場合，只要他在場，便一定聽到他響亮得有點刺耳的聲音；不論甚麼場合，只要他在場，他就要掌管一切，所有人都要聽他指揮；他說：「這裏是我說了算；This is Ming Dynasty!」在他周圍的人，不會對他的態度感到抗拒或者難受，只會佩服他的執着和認真；因為他是陳明銶，Ming Dynasty 的主宰。

親自主持香港回歸二十周年研討會

兩年前，陳明銶教授和我一起出席灼見名家傳媒主辦的論壇。陳教授對我說：「明年我在 Stanford 舉辦香港回歸二十周年研討會，你要來。」這不是邀請，不是建議，是命令，只能遵從。後來又接到他進一步的指示：除了史丹福大學，還要去加州大學柏克萊分校和洛杉磯分校；三天裏要跑三間大學，中間要飛一程內陸機，這是對精神和體力的很大考驗。我和其他幾個接到通知的朋友，二話不敢說，都聽令了。

研討會在去年 11 月舉行。史丹福大學的一場是一整天，連同前一天的晚宴，陳教授從頭到尾親自主持，發號施令。我們看到他的身體狀況已經不很好，走路也有點困難，但他顯得十分興奮，頭腦靈活，反應迅速，說話依然中氣十足、幽默惹笑。

　　在和我們道別的時候，陳教授宣佈，他要把這次研討會上各人的發言，輯錄成書。他説，十年前他在史丹福舉辦的特區十周年研討會，事後也出版了論文集，書名 *China's Hong Kong Transformed*（《中國香港特區之轉型》）。他叫我們為這次研討會的新書想個書名：十年前用了 transformed，這次應該用個甚麼字最適當？

　　今年 10 月，我收到陳教授的電郵，説他打算把新書定名為 *China's Hong Kong Challenged*（大概可譯作《中國香港特區之挑戰》吧），並命令我把去年研討會的發言內容加上最新的修訂，寫成新書裏的一章。他興致勃勃地告訴我，10 月底要來香港出席研討活動（包括今年的灼見名家周年論壇），還叫我安排時間跟他見面，談新書的出版。我約他 11 月 2 日見面，收到他以下的回覆：

Dear Mr. Tsang: Most delighted to meet you on Fri 2 Nov'16. I shall contact you again after my 30 Oct HK arrival on exact time & locale of our meeting. Until then, most cordially, Ming CHAN

陳教授沒有回來。這可能是他一生最大的遺憾。

載於灼見名家網站，2018 年 12 月 15 日

促進美國認識香港，貢獻重大
── 悼陳明銶博士

葉劉淑儀

香港行政會議議員、立法會議員、新民黨主席

　　近日驚聞惡耗，我的一位好友、史丹福大學學者陳明銶博士於 10 月 29 日撒手塵寰。事緣近年於美國定居的陳博士應 Stanford Club of Hong Kong 邀請，回港參加一場有關「中美關係對粵港澳大灣區影響」的演講，卻在三藩市機場於上機前忽然心臟病發去世。

遺憾未能參與研討會

　　陳博士是香港近代史專家，香港出生，1975 年以 25 歲於史丹福大學取得博士學位，專門研究近代中國史。他曾於美國多間大學包括加州大學（UCLA）任教，亦曾回流香港於香港大學歷史系擔任教職。後來他回到史丹福大學出任胡佛研究所及東亞研究所研究員，並成功募得經費，於胡佛研究所成立香港文獻庫。去年，他應香港回歸二十周年，於史丹福大學組織「中國香港特別行政區二十年：跨學科視野」研討會，並邀請李柱銘、曾鈺成及中聯辦法律部部長王振民等出席，他也有邀請我，只是去年我因事忙才未能成行。

　　陳博士早在 70 年代已在美國從事香港的研究工作，對促進美國人、特別是西岸認識香港，的確有其重大貢獻。我私下與陳博士更份屬好友，早在我仍擔任保安局局長時，他已經與我交流，討論香港問題，例如國安條例

等。後來我到史丹福大學讀書，他更是盛情地招待我，協助我於彼邦定居。我最記得的，是因他的健康一向不太良好，視力較差，無法駕駛，故此每次我們出外購物吃飯，都是由我負責駕駛，他則在旁引路。

他也是一名事母至孝的兒子。單身的他，一直照顧年邁的母親。記得當年常常開車與他一起去超市購買日用品，想不到如今竟成永訣。

陳博士年屆六十九，已過花甲之年，忽然病發離世，少了年老病痛的折磨，也總算是不幸中的一種解脫。身為好友，友誼銘記在心，願你好好安息。

載於灼見名家網站，2018 年 12 月 16 日

2014 年夏天作者一家與朋友隨陳明銶教授遊覽葡萄牙，並出席歐洲漢學會議。

一生展現學者風骨
——深切悼念陳明銶教授

李龍鑣

中國近代史研究者

　　驚悉陳明銶教授在美國三藩市機場正要準備登機來港之際猝逝。他本來預計於 10 月 30 日上午 7 時抵港。去年 10 月他來港，也是乘搭國泰航空這班早機，當時適逢同一日上午已約了老同學要去山東招遠（著名產金區）及陝北延安旅行，只好請他與來接機的愛徒一起在機場美心餐廳飲早茶，這是最後一面，如今人天永隔，頓時不知所措，至哀至慟！

原定行程極頻撲

　　按照區志堅博士所提供有關這次陳教授在港行程資料，預計於 10 月 30 日上午 7 時抵港，當日中午出席史丹福大學同學會的大灣區午餐演講會。晚上回到灣仔六國飯店聚餐。這是第一日。第二天 10 月 31 日早上應文灼非兄之邀，在金鐘萬豪酒店宴會廳主講「中美新關係」。下午又要風塵僕僕跑到新界嶺南大學演講。第三日 11 月 1 日早上與在港學生晤面敍舊。中午和樹仁師生午膳。下午 4 時至 5 時半在該校歷史系演講。11 月 3 日，安排他出席香港社會科學會舉辦香港社會研討會任主講嘉賓。中午又要到九龍塘參加香港城市大學出版社所主辦《中國與世界》新書發佈會及擔任主講嘉賓。以我所知，他以往每次訪港，一定安排兩日去澳門參加澳門大學及澳門政府的活動。如此頻密的行程，再強的人，也會累倒，何況他不是鐵人，而且體力

早已過度透支。我每次打長途電話請教問題，一傾就是一至二個小時是平常事。他與學生在電話中最長通話紀錄是四個半小時，等於疲勞審訊。中英談判，也無需這麼長談。是不是世界紀錄則不得而知。甚至多次在美國西岸半夜 4 點打電話給我，討論很久而完全無收線之意，等於是在燃燒自己的生命。有時我也會主動委婉地勸他注意要有充足睡眠時間，不要勞瘁過度，不如及早收線上床休息吧！由此可知，他要消耗多少體力！

　　所以，每當要打電話給他之前，心裏先有長期抗戰準備及耐心聆聽的心情。同時，也不要提問太多，否則一發不可收拾，就像無意間捅破了蜜蜂的窩。他肚子裏實在有太多的墨汁，如同大江大海，可以排山倒海而來，滔滔不絕，有美不勝收之感！此外要留意廚房先熄火，不能在煮東西，否則掛線以後，會因燒得太久焦燶了，水也乾了！他的可愛之處在此，可敬之處也在此，令我傾倒在此！

　　記得三年前有一次在三藩市，何錦賢醫生在彩蝶軒請食阿拉斯加皇帝蟹時，陳教授來電話，收線之後，桌上那隻十四磅重用雞油清蒸巨蟹已被其他賓客吃光，只剩可口的蟹汁。所以，我對陳教授戲言，他欠我一隻美味巨蟹。現已要等候至黃泉之下才能找數。

孝思純篤真學者

　　陳教授每次蒞港，所有節目總是排得密密滿滿，要請他一起晚宴，須早在他有了行程日期之前商定。基於他在港逗留時間有限，幾乎天天行色匆匆，席不暇暖，主要原因是他放不下在美長期同居的年邁慈母，所以他極不願在港久留遠離。二十年如一日，直至近年，她才搬進老人院，每日下午 4 時至 6 時，他必到老人院探望年已九十九歲的老母親。她是一位出色的土木工程建築師，九龍尖沙咀漆咸道百樂酒店便是她的傑作之一。1997 年，陳教授自港大退休之後，重返史丹福母校做研究員再埋頭苦讀，變成了飽學的歷史學家，專心致志，著書立說，總共出版十六本有關港葡澳台四地的精心

作品。而且每年必抽空陪同老媽乘搭郵輪到歐洲各地旅遊，承歡膝下，他孝思純篤，不愧是一位很重視孝道的學者，是我們的榜樣！

風華正茂遽爾逝

很感激幾位好友，他們知道我一向敬重陳教授，所以，第一時間傳來噩耗，說他已辦妥來港登機手續，並且領取了登機證之後，進入國泰航空公司貴賓候機室如廁時，心臟病猝發而仙逝。雖然不願接受這一殘酷事實，終究無法改變的事實。如此人才，如此遽爾早逝，令我有不勝惋悼之嘆！難抑悲傷，哀悼之餘，不禁想起多年來與陳教授相惜相知的一幕幕難忘往事，再隱約地映現眼前。他那催人上進的話語，又再在我耳邊響起，連綿不絕！

其實在下比陳教授大十八歲，雖為忘年之交，但在我心目中，他是英年正茂，如今只有牢記陳教授的教誨，在未來的風風雨雨中磨練自己，學習做一個德才兼備，對歷史傳承方面作出貢獻，才不負陳教授的願望。

據認識陳教授多年的吳瑞卿博士（她的夫婿是芝加哥大學歷史系博士）數年前在三藩市答覆我的詢問，照她所知，陳教授雖然獨身，沒有結婚紀錄，但肯定不是同性戀。同時，在下也認識陳教授在香港培英中學唸書時的某校友云，陳明銶當年很喜歡某一位女同學，人艷如花，天生成的尤物，令陳教授驚為仙女，對她很有好感，經常多看她一眼，甚至另眼相看，可惜這位校花不肯屈就，實在命也！上次培英校友，陳教授也有參加，每次返港，也不忘與舊同學聚首話舊。他對培英是有濃厚感情的。

在下因為受陳教授的影響，對歷史人物的感情生活，也要列入研究範圍，否則不夠全面，如研究孫中山，必須同時研究陳粹芬、宋慶齡及盧太夫人；研究蔣介石，務必研究陳潔如、宋慶齡、毛福梅和姚冶誠等；研究汪精衛，同時要研究對他有影響力的陳璧君和方君瑛；研究毛澤東，不得不研究楊開慧、賀子珍及江青，所以花點時間了解陳老師對異性的心態，是完全沒有不敬之意。假如陳教授有一位賢妻相依照顧，相信很有機會增添他多二十年的壽命，可惜歷史不能假設。

同遊南開見聞廣

　　2007 年 4 月初，在下夫婦誠邀陳明銶教授等一班好友到天津、塘沽、唐山、秦皇島、北戴河及山海關一帶遊覽。首站天津，下機後立即逕往南開大學參觀，在校園最明顯的地方，發現都掛着南開校友周恩來説過的一句話：「我是愛南開的」這六個大字的牌匾，包括豎立在校園中巨型周恩來總理塑像，基座上也鎸刻着這句話。

　　記得我們在南開校園到處遊覽時，陳教授私下對我説：「今天參觀南開這個有意義節目，已值回票價，往後所安排的其他景點，都算是全賺了。」他又説：「我以前是研究過中國勞力問題，所以，知道天津乃係重要工業城市，南開為了研究學術及服務社會，成立了一所經濟研究中心，在何廉（哥大博士）、方顯廷（哥大博士）等經濟學家指導下，從事編纂物價指數，研究工廠情況，並調查對外貿易統計數字，該研究所發表的報告，逐漸被公認為研究中國經濟之權威機構，其認受性竟然高於當時國民政府轄下各大城市（如上海、北平、廣州等）所公佈之統計報告，南開出版物也馳名中外。」陳教授對南開早已留下極良好印象。事後在下查閲有關資料（王文田等所著《張伯苓與南開》，62 頁，傳記文學出版）證明陳教授所講的內容正確無誤，使我對陳教授驚人的記憶力和豐富的專業知識衷心佩服。

　　一路上他還告訴我，南開還有許多教育思想值得今人借鑑：如重體育、重道德教育、重科學實驗，還重視開展課外活動，鍛煉學生的組織能力。他把辦學的宗旨概括為「公」、「能」二字。「公」就是為公不為私；「能」就是知識、技能、本領。如果我們稍加分析，就不難了解貪污的由來，是不知有「公」；腐敗的原因，不外無「能」。南開確實培養了大批辦事公正的人才。他還舉出南開有二位校友是國務院總理：周恩來和溫家寶。上海前市長、台灣省主席、外交部次長、重慶市長與漢口市長的吳國楨，也是出身南開（與周恩來是同學好友）。此外，1931 年出任清華大學校長，1959 年任台灣教育部長的梅貽琦，也是畢業於南開學堂（為第一批庚款留美的學生）。最著名者莫如台灣中央研究院前院長吳大猷，他是楊振寧及李政道的老師，

也是畢業於南開物理系。陳省身教授是南開數學系畢業再留德的博士、香港科技大學前校長朱經武的岳父。由此可見，我們在陳教授的身邊，是隨時隨地會意料之外學到不少東西，導師制的好處也在於此。與陳教授一起旅遊之樂，不僅可以與古人神交，亦可以在歷史的太空世界遨遊冥想，更可以在歷史的象牙塔裏縱談古今。人類文明中最珍貴的正是知識和智慧。做一個花長時間看網頁的觀察者，沒有時間「行」去體驗，又怎能掌握到真正的知識或是和智慧發生關聯呢？知而後行，行而後「證」，證得之後方是真知識，真智慧。

如數家珍說古今

　　該次陳教授陪我們長途旅行，他也不是白走一趟，只要他肯輕輕露出一手，也就有意料之外的豔遇（講笑）。以陳教授的能量，他是有足夠「長氣」從登車啟程，講到落車為止，也即是從唐山出發，經北戴河、秦皇島，至山海關為終站。車程需四個半小時以上。我在旅遊車上見到他興致高昂地講述沿途有關景點的歷史背景故事。我們總共有二十八位團友，皆聚精會神在聆聽，他腹中好像儲藏着永遠使用不完的各種資料。說到任何史事，他都可以將需要的史料信手拈來，如數家珍，恰到好處地說明問題，聽陳教授談歷史來龍去脈，有一種「胸中自有百萬雄師」的氣概，實在是一種難得的享受。難怪他在港大執教時，曾兩度膺選為最受學生歡迎的教師。我當時也已是七十多歲老翁，但全無倦容，憑良心說，見陳教授依然神采奕奕在講，我當然不敢在他視線之內打瞌睡。

　　其實早在九七之前，陳教授在港大任教十餘年期間，不時在電台、電視接受訪問。我當時已是他長期的聽眾與觀眾，同時也是他偶於香港的報章雜誌，尤其是《信報》及《信報月刊》發表文章的讀者。包括他對時政評論、中美關係、國際局勢分析、大中華地區互動，及邁向九七香港回歸過渡期間中、英、港三方面角力等等。每篇文章均細心拜讀。他的政論，立意正大，文章酣暢淋漓，文采斐然，引起我的共鳴，我是見到必讀，所以，我

已變成他的「擁躉」，好像被他送去幹校勞改洗了腦似的，必恭必敬，唯命
是從。

一曲動容遇知音

　　我們在車上乖乖受訓之餘，見他奮不顧身為我們講解，如此不辭辛勞，
到底人心肉做，總歸要想想辦法補救，好讓陳教授紓緩一下亢奮情緒，靜下
來透透氣。終於想起來在車上有一位我認識多年的團友，昔日在大陸參加過
文工團，受過嚴格訓練，能歌善舞，見過周總理，於是我冒昧懇請她為我們
高歌一曲。做夢也沒有想到，陳教授閉目傾聽之下，居然為之動容不已，認
為這位女士的歌聲只有天上有，簡直是天籟之音，令他一曲難忘。對她的評
價很高！很高！我們都知道，陳教授平常不輕易隨便讚譽人，我卻見過他公
開痛責深圳江青的場面，正氣凜然。那鐵骨錚錚的形象，迄今仍長懷在我心
中，未嘗稍忘！

　　而這位才女，受寵若驚之餘，也有感於天之涯，海之角，人間居然有了
知音！令她感動得心也跳出來。倦遊返港之後，在下於順德聯誼會設宴為大
家洗塵，她當然是座上貴賓，該晚她與摯友飄然而至，並合資購了一部日本
名貴相機，親手呈上饋贈給陳教授。她想不到陳教授從來不採用任何日本貨
品，結果只好換了一部韓國貨。當時韓國出產照像機的質量水平比日本貨還
有一段距離。可見陳教授痛恨日本欺人太甚之心，終身不渝，所以我與李維
新兄同樣深深暗自佩服陳教授為人之風骨，說到做到，不是憑空吹水之士。

　　人生在世浮沉，如過眼雲煙，陳教授留下有些鮮活的身影，更可映現他
真情流露的一面。我一直有注意到陳教授將這部相機經常帶在身旁，隱藏於
他的衣袋中，每逢關鍵時刻，他始會取出來一用。自古以來，有知音難逢之
嘆！這位才女，諒必讀過劉勰《文心雕龍》之〈知音篇〉有云：知音者難
哉，知實難逢，逢其知音，千載其一乎？！讓我引用前中大校長金耀基教授
的話：問他情為何物？答曰：「情有多種，情之清而貴者，知己知音心中一
點靈犀耳。」「有緣」之人，不少且成為「相悅相重相知」的師友。

執教港大講中文

近十幾年來，陳教授不論在港、澳、台甚至大陸的演講，只要我不是外出旅遊，他一定邀請出席。就算不請我也樂於自來。無論是在中文大學、教育學院、城大、樹仁、浸會、嶺南、灼見名家周年論壇、澳門大學、江門五邑大學、台北的淡江大學、台中的東海及暨南等學府，我都追隨左右，可說無役不從，已是他半個免繳學費的弟子。因為他每篇講詞，皆很認真準備，不說假話，說實話，句句都出於學術良知，不會口不對心，讓聽者受益，有滿載而歸之感！而且覺得是很有價值的一課。他的歷史觀對我影響很大，雖然書生無用，但他真正做到脫下長衫，莫作奴才。所以他執教港大時，敢在港大校長王賡武面前，毫不客氣地據理力爭講述中史時，採用中文講課，結果校長接納他的創見。

知性旅遊活字典

去年陳教授為我所作的新書《穿越歷史長河的驚濤駭浪》，撰寫了一篇五千字的長序，述說我們訂交經過。並提到他在電話中，指導我要親臨歷史發生的現場，作第一手的研調及較深入體會。2007 年 9 月我與一班團友到法國旅遊，他要我離隊去看周恩來、鄧小平等在法國「勤工儉學」的事跡，特別指定要去法國中部里昂（Lyon）的中法大學舊址勘察。另一回是 2010 年 10 月 31 日我與內子及旅遊好友一同乘搭遊覽歐洲萊茵河（Rhine River）沿岸的內河觀光船，事前也曾請教他有關行程，他特別提醒我半途何處離船，到馳名中外的德國克虜伯兵工廠（Krupps Arsenal Works）及其家族故居莊園參訪，並順道遊覽前西德首都波昂（Bonn），所涉行程較為複雜，若非陳教授悉心指導，一般人不容易做到。很感激陳教授代為策劃，得以如願。再另外有一回，我們計劃到柏林，陳教授除特別介紹幾處重大的博物館和畫廊及國會大廈之外，更提議到近郊波茨坦（Potsdam）參觀波茨坦皇宮以外的別墅莫愁宮，又名無憂宮（Schloss Sanssouci），亦到波茨坦會議（1945

年 6 月，二次大戰歐洲戰區停火終戰後，美國、英國和蘇聯三強在波茨坦召
開高峰會議，奠定二次大戰後的亞洲秩序）會場的舊址，正是當年帝國時期
的德國太子府（Schloss Cecilienhof）。這些都是陳教授所推薦。此外又指導
我們乘搭郵輪到黑海之濱，遊覽烏克蘭，參觀俄國黑海艦隊的基地，以及避
暑勝地雅爾達，實地了解 1945 年 2 月美、英、蘇三巨頭用八天時間在雅爾
達會議簽署密約，出賣中國權益之經過真相，因此外蒙古從中國分裂出去，
遺害至今。因篇幅所限，在此不多贅，請參該序文。

　　今天我們不妨重溫他本來要在今年 10 月 31 日於香港萬豪酒店灼見名家
周年論壇上發表主題演講遺稿，「中美新關係」再讀一遍，詳閱其內涵，便
可一目了然其功力。他平時不僅口才出色動聽，而講辭內容隨着歷史的腳步
而顯現，常常走在歷史的前端，喻含哲理，處處展現知識份子風骨，不失學
者本色，有中國人的正義感和個人氣節，他是真正做到「先天下之憂而憂，
後天下之樂而樂」的歷史學家，言而在耳，但已成絕響，遺風可再乎？感嘆
哲人其萎，感懷斯人，誰能任後世之師，怎不令人倍感悲傷，留下世人無限
深思，然而我們以蒼生為念，又將如何繼承並發揚陳明銶教授的風格與精
神，以慰他在天之靈！

靈魂高潔見操守

　　陳明銶教授一生志節之堅，而且不求名利，不與人爭，潔身自愛，退休
後回到史丹福大學胡佛研究所這二十年中，就好像蘇武在貝加爾湖牧羊一樣
清苦、孤單、無助。最令我尊敬的還是他擁有作為學者的高貴靈魂，那無法
被腐化的操守。無時無刻不在對他的弟子之大愛，對青年學生的關愛，我曾
多次親眼見到他在酒店客房內，指導學生寫論文至半夜 3 點多鐘仍不休息，
甚至早已立下遺囑，將他僅存微薄的遺產全數分給他的愛徒，不帶走任何雲
彩，他全心投入的專注研究精神，從不氣餒的使命感，以及對在歷史教育上
的獨特貢獻，皆已化為時代共有的資產。因此，雖然我尚在台灣養病期間，
一定要返港參加他的追思會才感到安心！陳明銶教授在歷史教育上的貢獻，

港人與港大學生是有目共睹，不用我在這裏贅言，他育才無數，現已桃李滿門的成績與風骨才能，讓人們永世不忘，與隨波逐流的學者不可同日而語。看他在生命最後的一天，幾乎都在鍥而不捨的推動之下見諸行動。從其瀕臨生命盡頭的所言所行，已可窺其風範之一班。他的行程，是從三藩市坐夜機至港，上午 7 時抵港之後，馬不停蹄，準備立即投入工作，簡直是以身殉教。的確是做到鞠躬盡瘁，死而後已！所以文灼非兄與區志堅博士希望我寫一篇文章悼念陳教授，我當然樂於遵命，而且覺得是義不容辭。

　　謹以此五千字長文，表達我個人對陳明銶教授深切悼念，以及無盡哀思！麥帥説過：「老兵不死，只是凋零」。這是一句有深長意義的話，因為人可以離我們而遠去，但是他的典範與精神不會消失！

手書於台中市勝美上境燈下

載於《陳明銶教授追思錄》，頁 57-60

2007 年 4 月 7 日，李龍鑣夫婦與陳明銶教授（中）合影於天津市海河之濱。背後紅瓦及有光塔的建築物便是袁世凱故居。

一位謙謙君子、良師益友
── 懷念陳明銶教授

聶德權

撰文時為香港政制及內地事務局局長

與陳明銶教授相識有十多年。2001 年我在美國哈佛大學甘迺迪政府學院修讀期間，在史丹福大學探望文灼非時認識陳教授，之後時有聯繫。

陳教授是著名的歷史學家，一直在史丹福大學做研究，對近代中國，尤

聶德權與陳明銶教授於灼見名家三周年論壇同台演講。

其是華南地區的歷史、文化和發展擁有廣博的知識和精闢的見解，也是在海外從事香港研究的重要奠基人。

他也是一位謙謙君子、一位良師益友，每次見面話題總離不開香港，可見他對香港的熱愛和關心。近數年他經常在與香港有關的國際學術會議上擔任主講嘉賓，成為國際學術界認識香港的重要橋樑。

同台交流大灣區的新機遇

猶記得去年在灼見名家三周年論壇「2018 施政新思維」上，與陳教授同台交流粵港澳大灣區的新機遇。席間陳教授娓娓道來粵港澳五百年的歷史，以及三地可以怎樣在這豐富的歷史基礎上推動區域性合作，給人嶄新的維度思考粵港澳大灣區的發展，實在獲益良多！

陳明銶教授的開朗、豁達和不拘小節，使他贏得海內外學術界的友誼和學生的尊重。我們會永遠懷念他！

載於灼見名家網站，2018 年 12 月 19 日

難得的良師益友

梁志仁

香港大學歷史系畢業生、香港政府資深政務官

自從 1983 年在香港大學歷史系修讀 Ming 教授的課開始，轉眼已三十五年。Ming 是我最喜愛的大學老師。不但講課生動有趣，見解獨到，也鼓勵我們尋找不同的資料作比較分析。還記得當年上他的中國工運史課，我寫了一篇有關 1920 年代湖南安源工運的論文。為了寫論文，既找內地當時最新出版的歷史資料，也翻閱美國最新的學術期刊，了解安源工運的背景和劉少奇的角色，僥倖拿到 A+，對我日後考慮報讀研究院是一大鼓勵。

後來我讀碩士轉到政治與行政學系研究中國現代政治，Ming 還是經常給我意見和鼓勵，也為我寫了不少推薦信，幫助我申請到美國大學攻讀博士。印象最深刻是 1986 年秋天我到美國史丹福大學等地找資料，Ming 介紹我拜會了胡佛研究所專研中國政治的馬若孟教授（Prof. Ramon Myers）。馬教授跟我素未謀面，但因 Ming 的關係，熱情地接待我。後來我接受了香港政府的聘用，沒有繼續到美國升學，白費了 Ming 的熱情幫忙。幸好 Ming 並沒有介意，還不時保持聯繫。

風趣幽默　風采不減當年

九七後 Ming 回到美國，我也有好幾年離開香港到日內瓦工作，彼此較少聯絡。最後一次深談是 2012 年 10 月底在台北。當時我在台北工作，

陳明銶教授 1999 年探訪梁志仁攝於辦公室。

Ming 到中央大學歷史系作兩場學術演講，其中一場談澳門和中葡關係史，澳門經濟文化辦事處的梁潔芝主任和我都去捧場。我還和 Ming 吃晚飯，詳談近況，聊得很開心。

最後一次和 Ming 見面是去年的灼見名家周年論壇。Ming 從歷史角度談粵港澳大灣區的發展，風趣幽默，風采不減當年。可惜論壇後只能跟他匆匆打招呼，沒有機會詳談。我一早已報名參加今年的灼見名家周年論壇，很想把握機會跟 Ming 見面聊聊近況，但 10 月 30 日突然接到舊同學轉來 Ming 在三藩市候機室離世的消息，既傷心又震驚。

Ming 實在是人生難得一遇的良師益友，1985 年畢業的港大歷史系同學都在我們的 WhatsApp 群組表達哀傷和不捨。只能借用其中一位同學的話：願 Ming 息了人世的煩囂，在遠方的國度享受平靜。

載於灼見名家網站，2018 年 12 月 28 日